MW01707947

Nos révolutions

Du même auteur aux
Éditions Rivages

Portraits d'après nature, 1993
Rivages poche n° 148

L'Exploitation, 1993
Rivages poche n° 199

Un appartement à New York, 1995
Rivages poche n° 218

Moo, 1996
Rivages poche n° 277

Chagrins, 1998
Rivages poche n° 308

Le Paradis des chevaux, 2001
Rivages poche n° 427

Les Aventures véridiques de Lidie Newton, 2002
Rivages poche n° 469

Jusqu'au lendemain, 2003
Rivages poche n° 502

En toute bonne foi, 2004

Dix Jours dans les collines de Hollywood, 2008

Une vie à part, 2011

Nos premiers jours, 2016
(Un siècle américain, I)
Rivages poche n° 896

Notre âge d'or, 2019

Jane Smiley

Nos révolutions

Un siècle américain, II

Traduit de l'anglais (États-Unis)
par Carine Chichereau

Rivages

Retrouvez l'ensemble des parutions
des Éditions Payot & Rivages sur

payot-rivages.fr

Édition originale :
Early Warning, Alfred A. Knopf, 2015.

© Jane Smiley, 2015.
© Éditions Payot & Rivages, Paris, 2019
pour la traduction française
© Éditions Payot & Rivages, Paris, 2020
pour l'édition de poche

Un résumé de *Nos Premiers Jours*, premier volume de la trilogie *Un siècle américain*, se trouve en fin d'ouvrage ainsi qu'un arbre généalogique de la famille Langdon.

1953

Les obsèques donnèrent lieu à une exubérante débauche de fleurs – pas seulement de lys, mais aussi de jonquilles, de tulipes, de branches de pommiers et de poiriers en fleurs. Frank Langdon était assis avec sa fille, Janny, six rangs derrière sur la droite ; son épouse, Andy, et les jumeaux, âgés d'un mois, n'avaient bien entendu pas pu se rendre dans l'Iowa. À deux ans et demi, Janny savait se tenir. Frank retira la main qu'il avait posée sur le genou de sa fille, et elle ne bougea pas. Autour d'eux, le reniflement sec des sanglots réprimés. La sœur de Frank, Lillian, son mari, Arthur, et leurs quatre enfants se trouvaient deux rangées devant, sur la gauche. Maman était assise au premier rang, le regard fixé droit devant elle. À son côté, mamie Elizabeth était désormais seule – grand-père Wilmer était mort l'été précédent ; dans les neuf mois qui avaient suivi, mamie Elizabeth s'était rendue à Kansas City, St. Louis et Minneapolis. Maman avait pris l'habitude de dire d'un air entendu : « Elle s'épanouit, hein ? »

Le frère de Frank, Joe, avait lui aussi une petite fille du même âge que les jumeaux, et elle semblait peser à elle seule autant que les deux petits garçons réunis.

Lois, la femme de Joe, et Minnie, la sœur de Lois, se passaient le bébé à tour de rôle pour le calmer. Frank regarda longuement Minnie. Il la connaissait depuis sa naissance, pendant des années ils étaient allés à l'école ensemble, elle l'avait toujours soutenu. Peut-être l'aimait-elle encore. Frank se racla la gorge. La petite fille de Joe s'appelait Annie. Janny ne s'en lassait pas : elle lui parlait et, dès que l'occasion se présentait, lui caressait la tête. De l'autre côté de l'allée, à la hauteur de Minnie, se trouvait le second frère de Frank, Henry, leur tante communiste, Eloise, et sa fille, Rosa. Claire, la sœur de Frank – elle avait quatorze ans, dix-neuf ans de moins que lui, jour pour jour –, ne cessait de se retourner pour regarder Rosa, ce qui n'avait rien d'étonnant. À vingt ans, au sommet de sa beauté, la jeune femme mince et austère avait l'allure d'une actrice française. À côté d'elle, Henry – juste quelques mois de plus – ressemblait à une fille, Claire, à un mouton, et Andy, même la séduisante Andy, à une vieille chouette. Rosa était beaucoup plus belle que sa mère ne l'avait jamais été. Frank détourna les yeux. Il était à l'enterrement de son père.

Après l'inhumation (Janny avait voulu aller de tombe en tombe, pour humer les jonquilles en pleine floraison ; son père l'avait laissé faire), Frank avait décidé de conserver le même sourire triste pendant huit bonnes heures. Il avait à présent un verre à la main, un scotch-soda – fourni par Minnie, désormais principale adjointe du lycée, visiblement très à l'aise de vivre sous le même toit que Lois et Joe. Frank observait les voisins qui allaient et venaient. Cette demeure, d'un cachet supérieur à celle où ils avaient grandi, était d'une propreté industrieuse. La célèbre salle à manger avec ses portes coulissantes qui, quand Frank était enfant, faisaient l'envie de tous les fermiers des environs de Denby, dans l'Iowa, avait gardé son papier peint à fleurs et ses lourdes moulures. Alors que Frank étudiait les fenêtres à double châssis mobiles, Arthur Manning vint vers lui, comme s'ils étaient de simples beaux-frères se retrouvant à un enterrement de famille. Frank se demandait souvent si sa sœur Lillian avait la moindre idée de ce dont son mari lui parlait, voire des missions qu'il lui confiait.

Arthur tenait Tina contre son épaule. Elle avait à présent trois mois et, aussi tonique qu'active, semblait prête à filer à tout moment. La veste de tweed d'Arthur était ornée d'une couche repliée. Il agitait doucement le bébé tel un athlète de renom maniant sa balle, à croire que sa merveilleuse aisance et son éblouissante fécondité étaient les choses les plus naturelles du monde. Tina babillait, gazouillait, les yeux grands ouverts, sans pleurnicher. Frank était admiratif.

Arthur demanda : « Comment vont Richie et Michael ?

– Ça se passe bien.

– Ils ont quel âge, maintenant ?

– Un mois. Mais ils avaient quatre semaines et demie d'avance, donc on peut dire que ce sont des nouveau-nés.

– Ils sont précoces, alors », conclut Arthur, l'air impassible, et Frank sourit pour de bon cette fois.

« Heureusement que maman ne les a pas vus, reprit Frank. Elle aurait proposé qu'on les abatte. »

Arthur parut étonné.

« Maman a toujours été très stricte en matière de bébés. S'ils ne sont pas beaux, c'est qu'ils ont peut-être une maladie contagieuse. »

Arthur embrassa Tina sur le front.

« Ne t'inquiète pas, Arthur. Tina répond aux critères. »

Arthur se mit à rire. Mais Frank n'était pas dupe : même à l'enterrement de son mari, sa mère distribuait paroles et sourires comme s'il s'agissait d'options sur titre. Annie et Lillian étaient ses placements préférés ; Timmy, le fils aîné d'Arthur, âgé de six ans, entrait dans la catégorie A ; Debbie, cinq ans, Dean et Janny, deux ans et demi tous les deux, figuraient dans la catégorie B – on ne prenait pas de gros risques, mais on ne touchait guère de dividendes. Tina, dont on pouvait encore espérer qu'elle serait blonde, pouvait voir sa valeur augmenter ou baisser, selon. Quant à Frank, il avait fondé sa propre compagnie, et maman ne possédait aucune action chez lui – un bisou sur la joue, l'assurance que tout irait bien. Il baissa la voix. « Tu as parlé à Eloise ? »

Arthur se remit à secouer gentiment Tina. Il répondit sur le même ton : « On a trinqué, mais on n'a pas vraiment discuté.

– Vous avez trinqué à la mort de ce vieux Jo ? » Staline était décédé deux semaines plus tôt.

« Sans doute, oui.

– Ton organisation a quelque chose à y voir ?

– Pas que je sache, répondit très sérieusement Arthur. Juste un coup de veine, je pense. Mais si jamais on nous en attribue le crédit, nous l'accepterons. » Il déplaça Tina contre son autre épaule. « Ça ne va peut-être pas changer grand-chose pour autant.

Rien n'indique que les choses bougent, ni que leurs ambitions se soient émoussées. »

Frank acquiesça. « Tu te rappelles ce qu'on disait pendant la guerre ? Quand deux Russkofs crèvent, il y en a quatre qui apparaissent. Pourquoi ce serait différent avec Staline ?

– Tu sais qu'à l'époque où Staline et Hitler roucoulaient, Hitler lui a promis l'Iran ?

– Ah non, je ne savais pas.

– Et si. Maintenant, Mossadegh déteste tellement les Britanniques qu'il prend le même chemin. Et là où ira l'Iran, les autres suivront.

– Truman les aurait laissé faire. Il leur a bien abandonné l'Europe de l'Est. Peut-être qu'Ike aura plus de couilles.

– Zorin est à Téhéran en ce moment. Il était à Prague en 48. Les coups d'État, c'est sa spécialité. »

Frank s'attendait presque à ce qu'Arthur lui confie une mission, mais il ne pouvait imaginer de quelle nature elle serait. Jim Upjohn, l'investisseur le plus rusé que connaissait Frank, avait beaucoup investi chez Getty, mais Getty était basé au Koweït et en Arabie – rien à voir avec l'Iran. « Je suis prêt à aller me coucher, déclara Arthur. Et toi ?

– Toujours prêt », répondit Frank.

Mais le dîner était servi. Une fois qu'elle fut assise entre Frank et Minnie, Janny retrouva sa gaieté. Elle mangea tout ce que lui donnait Minnie et demanda davantage de maïs en conserve. La nourriture était abondante, comme toujours – pot-au-feu de bœuf, haricots, roulés, pommes de terre nouvelles, gâteau des anges. Quand tout le monde fut rassasié, Joe raconta une histoire – ce genre d'anecdotes sur le défunt que les gens partagent après les obsèques au cours des repas de famille. « Un jour, papa m'a fait monter sur Jake, notre cheval, et il m'a emmené jusqu'au pommier en me demandant d'attraper les pommes. Je les cueillais puis je les lui tendais et il les mettait dans un vieux sac de fourrage.

– Oh, c'était des Arkansas Black, dit Rosanna. Elles étaient si bonnes, ces pommes. Mais il n'y avait qu'une récolte tous les deux ans.

– Je me souviens du jour où Walter est venu demander ta main, Rosanna, fit Eloise. Il portait le plus étrange des chapeaux.

– C'était un chapeau melon ! Très élégant.

– Moi, je regardais par la fenêtre. Et j'ai cru qu'il portait un turban.

– Comment ça, un turban ?

– Je n'en sais rien ! Je n'en avais jamais vu non plus ! »

Tout le monde éclata de rire.

Minnie déclara : « Et l'histoire du serpent à sonnette ?

– Quel serpent à sonnette ? » demanda Joe.

Et soudain, Frank se souvint.

Minnie reprit : « Frankie et moi, on cueillait des haricots. On devait avoir sept ans. Il y avait un serpent sous la barrière, à un mètre de là où nous étions. Walter devait nous surveiller parce que dès que j'ai crié, sa longue fourche s'est abattue en coinçant la tête du serpent par terre. On a détalé. J'ignore ce que Walter a fait du serpent ensuite.

– Il lui a coupé la tête avec une houe. Il nous a expliqué ensuite que même avec la tête coupée, le serpent pouvait encore mordre.

– Et toi, maman, tu te souviens de quoi ? demanda Debbie.

– Eh bien, répondit Lillian, un soir tard, à l'époque où je travaillais au drugstore, je faisais le décompte des ventes de la journée sur le comptoir quand quelqu'un s'est assis à mes côtés et a commencé à s'appuyer sur moi, je me suis poussée sans lever les yeux, puis il s'est penché encore davantage, je me suis décalée un peu plus mais il m'a donné un coup de coude, alors je me suis retournée pour lui dire de me laisser tranquille, et c'était papa, un sourire jusqu'aux oreilles parce qu'il m'avait joué un bon tour. On a ri tout du long sur le chemin, jusqu'à la maison. »

Debbie hocha la tête. Frank n'avait jamais trouvé Walter taquin.

Henry prit la parole : « Je devais avoir neuf ans, nous sommes sortis un matin par la porte de derrière, et papa m'a dit : "Regarde ça." Il me montrait quelque chose. Puis son doigt a décrit un demi-cercle, et il a ajouté : "Tu vois comme ça brille ?" Il s'agissait d'une immense toile d'araignée recouverte de rosée. Elle devait bien atteindre trois mètres de diamètre, elle était parfaite. »

Claire fondit en larmes. Rosanna déclara : « Nous aurions pu le perdre longtemps auparavant. » Puis elle essuya ses yeux avec l'ourlet de son tablier.

Tout le monde dressa l'oreille.

Elle hocha la tête. « Un jour, papa est tombé dans le puits. Il était debout dessus – c'était le vieux puits –, et soudain le couvercle a cédé. Il s'est jeté en avant pour se rattraper aux bords. C'est le puits près de la grange : il est profond. Il a réussi à remonter et n'en a jamais parlé à personne, jusqu'à il y a deux ans. Il m'a raconté qu'il était resté accroché là, à réfléchir. Je lui ai dit : "Mais à quoi donc réfléchissais-tu ?" Au meilleur moyen de m'en sortir, a-t-il répondu, mais moi je suis certaine qu'en réalité il se demandait s'il allait ou pas tenter de s'en sortir, parce que laissez-moi vous dire, à l'époque de la grande dépression, le seul choix possible, c'était mourir vite ou à petit feu. » Elle secoua la tête. « Donc, je me dis qu'on a eu un bonus de vingt ans. Voilà ce que je me répète. »

Le souvenir qui revint en mémoire à Frank, c'était qu'on lui baissait sa culotte pour le frapper avec une ceinture – ce n'était pas un souvenir douloureux, il voyait seulement Walter penché au-dessus de lui, les muscles de son avant-bras qui bougeaient, se contractaient, les mots qui accompagnaient les coups en cadence, et Frank distinguait les poils sur le dos de la main de son père.

Aux yeux de Frank, Louis MacIntosh ressemblait à M. Tout-le-Monde, c'est-à-dire qu'il n'était ni grand, ni gros, ni maigre, ni beau, ni laid, ni mat, ni pâle. Il ne fut pas surpris de voir Frank et Arthur arriver au coucher du soleil à la base Stewart Air Force, et Frank s'interrogea sur ce que son supérieur avait pu lui raconter. Ils montèrent à bord d'un De Havilland Comet, avion fin et élégant (Frank se considérait comme un amateur expert : il travaillait chez Grumman et prenait des leçons de pilotage depuis un an). À part une longue bande bleue sur le fuselage, aucun signe distinctif. De chaque côté, on comptait dix sièges les uns derrière les autres, sur lesquels étaient sanglés des sacs de toile unis. Frank et Louis devaient prendre place derrière les sacs ; ensuite se trouvaient les toilettes. Ni l'un ni l'autre n'avait de bagage. Après le départ d'Arthur, les portes se refermèrent et l'avion prit son envol, mais Frank ne vit aucun des membres de l'équipage. En décollant, il aperçut seulement le crépuscule triste ourlant les formes sombres des monts Catskills, à l'ouest.

Fait étrange, MacIntosh n'évoquait rien à Frank, mais peut-être était-ce parce qu'il était plus doué pour observer les détails de loin. Ils demeurèrent assis dans le silence, séparés par l'allée. Les sacs de billets étaient tous identiques : le tissu replié, les coins bien dessinés, avec trois fermetures sur le devant. La personne qui avait rangé les dix millions de dollars, ainsi qu'Arthur l'en avait informé, était méticuleuse. Louis somnolait.

Ils volaient vers l'est. Le Comet était un appareil silencieux. Frank était curieux de voir comment on avait inséré les moteurs, non pas sous les ailes, ce dont il avait l'habitude, mais à l'intérieur. Quant aux ailes, elles lui évoquaient un oiseau qui fond sur un objet – une hirondelle des granges, peut-être.

En s'éveillant, Louis secoua la tête, regarda autour de lui, puis changea de position dans son fauteuil en gémissant. Au bout d'un moment, il se leva pour aller aux toilettes. Dès que Frank l'entendit verrouiller la porte, il se leva. Il palpa les poches de la veste de Louis, posée sur le dossier de son siège, puis celles de son manteau, plié dans le compartiment situé au-dessus. Pas de portefeuille – il devait le garder dans son pantalon. Pas de mallette. Il fouilla la poche du siège avant, puis sous le fauteuil. Rien. Dès qu'il entendit à nouveau le verrou, il se rassit et se tourna vers la fenêtre. Au-dessous d'eux, le vaste Atlantique noir sous une cascade d'étoiles privées de lune.

Cette fois, Frank avait bien l'intention de refuser. Les « missions » qu'Arthur lui avait confiées jusqu'ici étaient intéressantes, elles lui convenaient, et rencontrer Jim Upjohn était peut-être la meilleure chose qui lui soit jamais arrivée – non seulement c'était devenu un véritable ami et une relation profitable, mais il était aussi terriblement excentrique et fascinant comme seul peut l'être un homme riche au sein de ce qu'Eloise appelait « la classe dirigeante ». Le but de cette nouvelle mission – effectuer une lointaine livraison – n'était pas évident (en tout cas pour Frank), et perturbait beaucoup sa vie quotidienne. Une fois de plus, le seul bénéfice qu'il en retirait, c'était de donner à Arthur ce qu'il voulait en échange de sa gratitude, et lorsqu'il vous avait dans le collimateur, il ne vous lâchait plus.

Toutefois, la résistance de Frank n'avait pas duré. La simple idée de passer une autre soirée à la maison en compagnie d'Andy, Janny et les jumeaux en avait eu raison (ils n'avaient pas encore six mois, pourtant cela paraissait une éternité, et on aurait dit des quintuplés : qu'ils dorment ou qu'ils soient réveillés, il fallait sans cesse les nourrir, les changer, leur donner le bain, les prendre parce qu'ils pleuraient ou qu'ils fassent leur rot). Andy passait son temps à s'occuper d'eux, quand elle n'allait pas fumer sur la terrasse. Elle se montrait à la hauteur de la tâche : les nourrices qu'ils avaient engagées pour l'aider les deux premiers mois lui avaient appris à organiser chaque instant de la journée pour elle et pour les garçons ; d'ailleurs ceux-ci se portaient à merveille, mais aux dépens de tout autre loisir. Après beaucoup de tergiversations, ils avaient finalement acheté une maison pendant l'hiver. C'était une demeure spacieuse sur deux niveaux, avec de grandes fenêtres, du mobilier contemporain et de la moquette. Ils avaient emménagé en hiver, mais l'endroit était tout aussi déprimant en été et au printemps. Accomplir cette mission pour son beau-frère, c'était un peu faire l'école buissonnière – revenir à ce que Frank était naguère : un jeune homme brillant menant une vie agitée. Si seulement Andy – celle qu'elle était deux ans plus tôt – avait pu l'accompagner.

Lors de l'escale en Sardaigne pour faire le plein de carburant, l'envie le prit d'aller se dégourdir les jambes et de respirer l'air. Comment s'appelait cette fille, l'amour de sa vie ? Joan. Il l'avait appelée Joan Fontaine. Une prostituée. Qu'il était vain de rêver d'une femme perdue ; il resta tranquillement assis, laissant Louis bouger le premier. Lorsque la porte s'ouvrit, ce dernier se leva et sortit. C'était bien la lumière de la Méditerranée. Difficile à croire qu'il n'était pas revenu en Italie ou en France depuis la guerre. C'est comme s'il ne s'était pas rendu compte que l'Italie avait changé, s'était reconstruite depuis l'époque où il effectuait des missions de reconnaissance dans telle ville dévastée, dans telle maison en ruine, traquant les Boches. Sans même s'en rendre compte, il avait pris les articles sur la reconstruction pour de simples rumeurs dépourvues de substance. Le terrain d'aviation était vide, rien qu'une longue piste en ciment avec une tour rudimentaire à une extrémité, non loin des réserves de carburant.

Louis se baissa pour descendre. Frank se rendit aux toilettes et pissa sans tirer la chasse – tout aurait coulé sur la piste. Il retourna à sa place et mangea la moitié de son sandwich. Louis revint avec deux Coca. Frank en prit un.

Louis s'assit et boucla sa ceinture. Frank dit : « Ça me rappelle la guerre.

– Vous étiez en Europe ?

– D'abord en Afrique, puis en Italie. » On referma la porte de l'avion. Frank entendit l'équipage crier quelque chose.

« Moi, j'étais dans le Pacifique. À Midway. Aux Philippines. Nimitz était un grand homme.

– Ça partait moins dans tous les sens ici, déclara Frank. À l'époque, j'étais très impressionné par Devers, et je n'arrivais pas à piger pourquoi Eisenhower s'était arrêté à Strasbourg, aujourd'hui, je comprends un peu mieux ce que ça signifie d'être à court de carburant.

– Vous aviez une vraie *prima donna* sur les bras. Montgomery était un imbécile. »

Ils poussèrent un soupir de concert. L'avion se remit à avancer lentement sur la piste et Frank se retourna pour regarder les plages et la mer, tellement plus claire ici. Louis reprit : « Je ne peux pas prétendre être très à l'aise en avion. »

Frank le considéra : « Pourquoi ?

– À cause de l'accident de Calcutta.

– Je n'en ai pas entendu parler.

– Ah bon ? En mai dernier. Un avion de la BOAC. Tout le monde a été tué : l'équipage, les passagers, tout le monde. »

De nouveau, Frank regarda le moteur à travers le hublot.

Louis continua : « Et voilà le plus angoissant. D'après les témoins, quand l'avion s'est abîmé dans l'océan

Indien, il était en feu. » Frank avait les yeux rivés sur lui à présent. « Les ailes avaient disparu. Je n'espère qu'une chose : qu'on ne croise pas une tornade.

– Oui, espérons. » Ils se turent. C'était étrange de voler dans un appareil britannique, étant donné l'antipathie des Iraniens pour les Anglais. D'un autre côté, c'était l'avion le plus rapide dans lequel Frank fût jamais monté – deux fois plus qu'un DC-6, en comptant le décollage et l'atterrissage. Frank regarda dehors, imaginant cent mille billets flottant dans les airs.

Le soleil se couchait à nouveau – Frank jeta un coup d'œil à sa montre. Pour lui il était neuf ou dix heures du matin, mais ici, à l'extrémité de la Méditerranée, aux portes de l'Asie, le ciel s'assombrissait et rougeoyait car la nuit tombait.

Il avait somnolé tout en restant sur ses gardes, ce qui non seulement lui rappelait le temps passé en Afrique du Nord, mais lui donnait aussi l'impression d'avoir à nouveau vingt et un ans, pas trente-trois. Il détacha sa ceinture et se leva, s'autorisant à bâiller. Il inclina la tête d'un côté, puis il se dirigea vers les toilettes. Il s'octroya un petit moment, mais pas trop longtemps, puis il appuya sur la chasse d'eau, attendit encore et tira le verrou. Comme pendant presque tout le reste du voyage, Louis lisait son *Saturday Evening Post* assis à sa place. Frank remarqua tout de suite que l'angle du tissu replié pour fermer le troisième sac dans la rangée de droite – la sienne – n'était plus tout à fait identique. Et la fermeture du milieu était moins serrée qu'avant. Les autres étaient intacts. Voilà donc pourquoi Arthur l'avait fait venir : pour observer des détails. Frank se rassit. Louis ne lui prêtait aucune attention. Frank ignorait tout de la capacité de son adversaire à se battre. Il ne savait pas non plus dans quelle mesure ses propres forces avaient diminué depuis la fin de la guerre, époque où il pouvait neutraliser le poing d'un type avant même qu'il ait décidé de le frapper.

Le Comet se posa dans une obscurité très différente de la nuit américaine – bien plus profonde, sans la lumière des villes environnantes, des lampadaires, ni même des phares allant d'un point donné à un autre. Ils avaient atterri en Iran – le 13 août, presque le 14 –, mais pas sur une base, ni dans les champs de pétrole. C'était un endroit tranquille, à l'atmosphère sèche. La porte s'ouvrit. Trois hommes montèrent chercher les sacs. Quand ils eurent pris les deux derniers, Louis se leva et les suivit. Frank l'imita. Louis portait toujours sa veste et, avant de sortir, il enfila son manteau, ce qui n'empêcha pas Frank de remarquer le contour rectangulaire à peine visible sur sa poitrine.

Au bas de l'escalier, Louis se mit à courir. Les trois hommes avec les sacs étaient à peine discernables dans l'obscurité. Frank rattrapa très vite Louis, il lui saisit le poignet et l'immobilisa haut dans le dos. Louis gémit. Frank lui dit : « Je te le casse sans problème. » Louis tenta de se dégager, et Frank lui releva le bras encore plus haut. Louis se courba, et Frank glissa son autre main sous son manteau et sa veste. Ses doigts trouvèrent le rectangle rigide et l'extirpèrent. Il n'y en avait qu'un. Il s'écarta et feuilleta la liasse. Louis trébucha, retrouva son équilibre, mais se contenta de frotter son épaule endolorie. « Tu me l'as déboîtée.

– Tu veux que je te la remette en place ?

– Mais qu'est-ce que ça peut bien te foutre, Freeman ? C'est pas ton pognon. »

Frank sourit. Arthur l'avait de nouveau rebaptisé.

Une voiture arriva – banalisée, un vieux modèle assez lourd. Le chauffeur sortit, ouvrit le coffre et les dix sacs de billets y furent entassés. Puis, on referma le coffre. Le chauffeur ouvrit ensuite la porte de derrière, côté passager, et Louis monta. Le chauffeur referma la portière. Il était barbu. Et se taisait. Les trois hommes qui avaient transporté les sacs s'approchèrent de Frank – à une distance normale pour des New-Yorkais, mais trop proche pour les gens de l'Iowa. Celui-ci se sentit alors un peu mal à l'aise. Au bout de deux minutes environ, la portière se rouvrit et Louis ressortit. L'homme qui se tenait à gauche de Frank lui fit signe de monter. La portière se referma sur lui avec un bruit étouffé.

Le type dans la voiture portait l'uniforme de l'armée américaine, avec deux étoiles sur le col. Il tendit la main à Frank, qui la serra. « Monsieur Freeman. Merci pour votre aide. Arthur dit grand bien de vous et, Dieu tout-puissant, on ne pourrait rien faire sans Arthur. Si tout se passe correctement, c'est lui qu'il faudra remercier, une fois de plus. » Il s'éclaircit la gorge. « Je dois dire qu'à ce stade, les choses sont encore incertaines. Pourquoi il a fallu attendre le mois d'août, c'est un mystère pour moi. Sans doute la main invisible de la menace soviétique. Avez-vous quelque chose à signaler ? »

Frank secoua la tête.

L'homme le toisa avec une dureté qui démentait sa manière très ordinaire de s'adresser à lui. Mais depuis quand Frank mentait-il ? Depuis qu'il savait parler. Enfin, il répondit : « Opération de routine, mon général. »

L'homme acquiesça. Le tissu de sa veste était tendu au niveau de l'aisselle, là où il recouvrait son revolver. Frank attendait qu'il tende la main pour récupérer la liasse de billets, mais il ne le fit pas. Il se frotta le front comme s'il avait mal à la tête. « Dans ce cas, c'est parfait. MacIntosh reste ici avec moi. J'imagine que vous repartez *via* Majorque ? Pour Cuba ? Je ne m'en souviens plus. J'ai fait livrer de la nourriture à bord. Bonne chance. »

L'homme tapa sur le plafond de la voiture, et la portière s'ouvrit. Lorsque Frank sortit, il était seul sur le tarmac. Louis et les trois hommes avaient disparu, et la grosse voiture à son tour repartit. Un silence de mort régnait. Même l'air était immobile. Le seul mouvement perceptible était celui de gros oiseaux, sans doute des vautours – ils se posèrent à une trentaine de mètres pour s'occuper d'une carcasse, puis s'envolèrent à nouveau. Frank avait déjà vu des vautours mais, soudain, leur présence en ces lieux le terrifia. L'équipage de l'avion aurait très bien pu lui tirer dessus et le laisser pour mort ; d'ici à deux jours, il ne serait plus qu'un tas d'os. Mais il y avait autre chose. Il regarda le ciel, les étoiles innombrables au firmament, sans rien reconnaître – ni la Voie lactée, ni la Grande Ourse, ni même pendant un moment l'espèce d'assiette argentée de la lune. Depuis trente-trois ans, il se fiait à l'inconnu. En un millième de seconde, cette idée s'évapora. Il reprit sa respiration et glissa les mains le long de son pantalon, palpant l'argent dans sa poche. Sa mission. C'était rassurant.

Lorsqu'ils atterrirent à Stewart, sa montre s'était arrêtée. Arthur l'attendait au pied de l'escalier, comme s'il n'avait jamais quitté les lieux.

« Bel avion, dit Frank.

– Un emprunt. » Frank attrapa sa main et y fourra la liasse de billets. Arthur les regarda à peine et les rangea dans sa poche. « Tu as vu McClure ?

– Le général aux deux étoiles ? »

Arthur hocha la tête. « Répète-moi tout ce qu'il t'a dit.

– Eh bien, il m'a remercié d'être venu et…

– Non, je veux dire, ses paroles exactes. »

Et Frank répéta mot pour mot tout ce que le général lui avait dit, comprenant soudain que c'était pour cette raison qu'Arthur l'avait envoyé là-bas : pour sa mémoire eidétique. Ce que cela signifiait pour le gouvernement, il n'en avait pas la moindre idée, et il savait qu'Arthur ne lui dirait rien. Il posa quand même la question : « À quoi va servir tout cet argent ?

– Soulèvement populaire », répondit Arthur. Frank crut déceler l'ombre d'un sourire.

Arthur le déposa à l'aube devant chez lui. Il ramassa le journal, entra par le bas et se rendit à la cuisine. Pour une fois, tout était tranquille. Page deux du journal était annoncée la victoire de Mossadegh aux élections iraniennes. On ne parlait pas d'émeutes, mais en apprenant le coup d'État qui suivit – à la fin de la semaine, Mossadegh avait été renversé – Frank ne put s'empêcher de songer à cette énigme humaine qu'était Louis MacIntosh, le genre de personnage à qui Frank n'aurait pas fait confiance pour aller acheter ne serait-ce qu'un litre de lait à l'épicerie.

Lorsqu'il rentra à Iowa City pour retourner à l'université, Henry Langdon se rendit chez un brocanteur d'Iowa Avenue et fouilla, fouilla, jusqu'à ce qu'il déniche un coffret de bois fermant à clé, où ranger les lettres de sa cousine Rosa (étudiante à Berkeley), et des copies au papier carbone des siennes. Celles d'Henry étaient tapées à la machine, celles de Rosa manuscrites. Taper à la machine représentait pour lui un vrai dilemme : on aimait voir sa correspondance personnelle écrite à la main parce que c'était plus personnel, et puis les futurs experts (le type de carrière à laquelle Henry se préparait) pourraient mieux cerner votre personnalité en découvrant des textes écrits à la main plutôt que tapés. Seulement il était presque impossible de faire une bonne copie carbone à la main : c'était bien plus facile à la machine. Le coffret était assez grand et bon marché. Il y rangea leur correspondance – lettre d'elle, de lui, d'elle, de lui – et par-dessus, il déposa le dollar en or avec une tête d'Indien que son père lui avait donné, onze ans plus tôt. Il était daté de 1888. En le regardant, Henry se demanda si le bonheur qu'il éprouvait en revenant à Iowa City n'était pas une forme de trahison, en particulier parce que ici il ne pensait à son père et à la ferme qu'une ou deux fois par jour. (« Dieu du ciel, encore heureux ! » aurait dit sa mère.) Ici, il songeait à la *Chronique anglo-saxonne*, à Bède le Vénérable, il songeait à Defoe, il songeait à Rosa, Rosa, Rosa.

Il ne l'avait pas vue depuis l'enterrement de son père au printemps, mais ils s'écrivaient deux fois par semaine. Il ne s'attendait pas qu'elle vienne à Denby (qui signifiait « village des Danois » – c'était un vrai plaisir pour lui de savoir cela), et n'avait pas l'intention d'aller en Californie, donc il ne pouvait pas dire qu'il était déçu de ne pas l'avoir vue.

Le ton de ses lettres à elle était satirique mais bon enfant, et toujours affectueux. Elle n'appelait jamais tante Eloise « maman », mais Heloise, et les aventures de cette dernière étaient une source d'amusement : « Aujourd'hui, Heloise est tombée en panne d'essence sur Bay Bridge, elle avait laissé son sac sur la table de la cuisine, alors elle a attendu au beau milieu de la circulation en brandissant un papier ("PANNE D'ESSENCE AIDEZ-MOI"), et devine qui s'est arrêté pour la dépanner ? Gary Snyder, un poète d'environ notre âge ! Il était à moto, donc Heloise est montée derrière lui, et il l'a emmenée à la station-service la plus proche. Elle m'a dit qu'il était adorable. Je suis sûre qu'elle va essayer de me caser avec lui, maintenant. »

Dans les lettres qu'il écrivait, Henry trouvait que quelque chose laissait à désirer. Elles étaient sérieuses, détaillées, mais souvent il insistait trop sur les choses qui l'intéressaient, par exemple la façon dont les routes construites par les Romains en Grande-Bretagne avaient ensuite marqué des frontières linguistiques, même mille ans après la chute de Rome (autre difficulté de la copie au papier carbone : on ne pouvait pas effacer). Mais elle répondait toujours fidèlement ; ses lettres étaient aussi longues et fréquentes que celles d'Henry, et elle avait beau mentionner des garçons rencontrés dans les cafés ou aux lectures de poésie (tout était gratuit – pas de films hollywoodiens pourris) les noms ne revenaient jamais plus de deux fois dans ses lettres.

Henry savait que Rosa savait qu'il était amoureux d'elle. Il signait ses lettres : « Ton fidèle serviteur,

Henry. » Elle signait les siennes : « Je t'embrasse, Rosa. » Pendant six semaines, il redouta l'arrivée de Thanksgiving, car tante Eloise et Rosa viendraient alors à la ferme, et il la verrait.

Le mercredi où il devait partir pour Denby, il passa la matinée à se demander quels vêtements il allait emporter, sans jamais perdre de vue le sac débordant de caleçons sales de son camarade de chambre, qui rentrait à Dubuque faire sa lessive semestrielle.

Rosa était toujours habillée de la même manière – chaussures noires, pantalon noir, chandail noir – mais elle avait changé de coiffure, et ses cheveux bruns plus courts que ceux d'Henry lui dégageaient la nuque. Elle avait un long cou. Il ne l'avait pas remarqué auparavant, pas plus que le grain de beauté sur sa joue, ses ongles rongés, ni ses yeux marron. Ils avaient échangé cent soixante lettres en tout, pourtant il ne l'aurait pas reconnue dans la rue. Elle le serra contre elle et l'embrassa sur les deux joues ; il demeura très raide. Je ne suis vraiment qu'un bouseux de l'Iowa, se dit-il tristement.

Le jour de Thanksgiving fut un peu à l'image de celui de l'enterrement de Walter : tout le monde se comporta au mieux, on s'attarda longtemps à table, et on parla beaucoup du défunt. Papa était présent partout, dans chaque pièce, chaque phrase, chaque plat de fête. Bizarrement, il était aussi dans chaque visage, même ceux dont on n'avait jamais souligné la ressemblance. Tous, sauf Rosa. Peut-être était-ce pour cette raison qu'Henry ne cessait de la regarder.

Il ne s'attendait pas à prendre la main de Rosa, ou à s'asseoir auprès d'elle ; il s'était imaginé une conversation au sujet d'*En attendant Godot,* qu'elle lisait, ou du *Paradis perdu*, qu'Henry lisait. Le vendredi matin, rien de tout cela ne s'était encore produit, et peut-être était-ce pour ça qu'Henry traînait encore au lit lorsque tante Eloise arriva toute seule de chez mamie Mary pour prendre le petit déjeuner. Puisque sa chambre méticuleusement ordonnée et remplie de livres était mitoyenne avec la cuisine, il les entendait parfaitement bien. Une des premières phrases de sa mère fut : « Comment est-ce qu'elle espère trouver un mari habillée comme ça ? Et avec cette coiffure. Regarde-moi ça comme c'est court ! » Eloise avait sept ans de moins que Rosanna, mais à entendre le ton autoritaire de cette dernière, on aurait pu croire qu'elle en avait vingt de plus. Henry mit la main sur sa bouche pour ne pas faire de bruit.

Tante Eloise dit : « Allons, Rosanna. Elle a vingt ans. Je ne suis pas inquiète. Et puis tu connais Audrey Hepburn ? Son style est très à la mode.

– À vingt ans, j'avais déjà Frank.

– Et regarde ce que ça a donné. » Eloise se racla la gorge. Henry savait qu'elle plaisantait, et il imagina sa mère secouant la tête. « Moi, j'avais vingt-cinq ans quand j'ai rencontré Julius. De nos jours, on ne prend plus le premier qui se présente. » Un point pour Eloise, pensa Henry.

Silence. Henry se redressa un peu pour mieux entendre. Eloise reprit : « Dans une grande ville, tu... tu as le choix.

– C'est toi qui as choisi Julius ? » Un point pour Rosanna. Henry se mordit la lèvre. Il ne se souvenait pas très bien de son oncle Julius, que de son délicieux accent anglais, et de ses manières impressionnantes, si expressives. Henry l'aurait choisi, lui aussi. Mais

Julius était mort dès le début de la guerre, après le premier débarquement raté à Dieppe, Henry n'avait même pas dix ans.

« Oui, répondit Eloise. Si tu veux tout savoir, c'est moi qui ai fait la cour à Julius et non l'inverse. Il te paraissait bizarre, moi je le trouvais élégant. Dès la première fois où je l'ai vu. »

Le ton restait poli, ou tout au moins neutre.

« Quand même, dit Rosanna au bout d'un moment, il voulait toujours avoir raison.

– Je sais. Mais bon, j'étais habituée : j'avais grandi avec maman et papa, et j'avais vécu ici. »

Un point pour Eloise, pensa Henry.

Bruit de chaise, puis un instant plus tard, d'un robinet qu'on ouvre : sa mère était donc devant l'évier. Henry reprit son livre, puis Eloise dit : « Maman savait que j'avais eu quelqu'un d'autre. Je suis étonnée qu'elle ne t'en ait jamais parlé. »

Le bruit de l'eau cessa. « Non, elle ne m'a jamais rien dit. Qu'est-ce qui s'est passé avec lui ?

– Il est retourné auprès de sa femme. »

Henry eut envie de les rejoindre, juste pour voir la tête qu'elles faisaient.

« Maman le savait ?

– Elle était au courant de tout. Elle me donnait des conseils. »

Au bout d'un moment, Rosanna reprit : « Mon Dieu, et quels conseils a-t-elle bien pu te donner ?

– Elle m'a demandé si je savais où trouver de la carotte sauvage. Et si je savais la différencier de la grande ciguë.

– Tous ceux qui ont grandi dans une ferme savent faire la différence. »

Le silence revint, et Henry se demanda si, lui, saurait. Rosanna enfin demanda : « Et as-tu jamais eu besoin de mettre en pratique les conseils de maman ? »

Eloise ne dit rien ; peut-être acquiesça-t-elle, ou pas, mais Henry ne sut jamais ce qu'elle avait répondu.

Finalement, il dut se contenter d'admirer Rosa de loin. De temps en temps, elle le regardait ou lui souriait. Elle riait lorsqu'il riait, le taquina une ou deux fois. Elle dit à Eloise : « Tu ne trouves pas qu'il est joli, le chandail d'Henry ? Si classique. » Plusieurs fois, elle l'appela « cousin Henry » pour plaisanter, car en fait elle lisait justement un livre d'Anthony Trollope qui s'intitulait ainsi, si bien qu'ils eurent quand même leur tête-à-tête, même si le seul livre de Trollope qu'avait lu Henry était *Orley Farm* – un bon point pour son cours de littérature victorienne. Le meilleur moment, ce fut le retour à Iowa City : il trouva une lettre de Rosa, postée à Denby. Elle écrivait : « Cher Henry, je suis assise à la table de la cuisine, ici, chez oncle Joe. Le bébé pleure. Tu crois que je suis en train de résoudre des problèmes de maths, mais en réalité, je t'observe. Tu lis un livre avec des lettres dorées sur la tranche. De temps en temps, tu regardes Heloise. Je me demande à quoi tu penses… » Et cela continuait ainsi sur trois pages, c'était signé : « Je t'embrasse, Rosa. »

1954

Tina Manning fêtait son premier anniversaire. Sa grande sœur Debbie avait illustré les invitations aux crayons de couleur, puis elle et son frère Timmy étaient allés les distribuer à travers le quartier. Pour une fois, Timmy s'était bien comporté. Il regardait attentivement à droite et à gauche avant de traverser, sans feindre de se précipiter devant les voitures lorsqu'elles arrivaient. En réalité, il ne l'avait jamais fait pour de vrai, mais parfois il se mettait au bord du trottoir et sautait sur place en faisant semblant de s'élancer. L'été précédent, une dame avait pilé et s'était mise à hurler, Debbie avait hurlé de concert, et Timmy s'était roulé par terre de rire. Debbie aurait voulu que la dame sorte de la voiture pour lui fiche une claque, mais elle s'était contentée de secouer la tête et de repartir.

Trois bonnes journées de travail avaient été nécessaires pour réaliser les quinze invitations. Maman avait donné à Debbie des biscuits Oreo pour lui « donner des forces », mais Debbie était heureuse de s'en charger car Tina était une enfant merveilleuse. Elle avait marché à dix mois, savait déjà dire « Debbie », et tendait le pied pour que sa grande sœur lui enfile ou lui retire sa chaussette. Très vite, espérait Debbie, elle et Tina auraient un cheval qu'elles mettraient dans un *silver spring*. Un dessin accroché au-dessus de son lit montrait le *silver spring* : elle avait utilisé son crayon argenté presque tout entier pour le dessiner, et un doré pour le cheval. Debbie prenait toujours garde que les barrières en haut et en bas de l'escalier soient fermées, pour être sûre que Tina ne tombe pas.

À l'occasion de la fête, Debbie mit sa robe de Noël en velours rouge et ferma elle-même les fermetures Éclair. Puis elle enfila ses chaussettes blanches bordées de dentelle et ses babies noires. Elle se regarda dans le miroir. Elle était très bien. Elle ouvrit la barrière en haut de l'escalier, la referma avec soin et descendit en tenant la rampe au cas où Timmy la bousculerait au passage, puis elle recommença le même processus en bas. La pendule sur la cheminée annonçait six heures du soir. Elle était la seule dans sa classe capable de lire l'heure. Timmy avait beau avoir un an et demi de plus qu'elle, il prétendait ne pas savoir, ni même connaître l'alphabet, mais Debbie savait que ce n'était pas vrai.

Quand la sonnette retentit, papa sortit de la salle à manger en criant : « J'arrive ! », et il l'embrassa sur le front. Elle lui donna la main et ils allèrent ouvrir la porte ensemble. Dehors, dans le froid, les Meyer attendaient sur les marches, leurs deux fils derrière eux. La mère dit : « Oh, Arthur ! Vous avez l'air prêt à prendre du bon temps !

– Mary ! Ma chère ! Mais entrez donc ! Salut les garçons ! Lillian et Tina donnent audience dans la salle à manger, comme ça, vous les guerriers, vous pouvez aller vous battre au salon. » Debbie prononça le nom de Mary en silence. Dans sa classe, quatre filles s'appelaient Mary.

Les choses se poursuivirent ainsi pendant un long moment. La sonnette retentissait, ils allaient ouvrir, les gens entraient, le plus souvent donnaient à papa une bouteille et à Debbie un paquet-cadeau, en disant : « Alors, où se trouve la reine de la fête ? »

Elle était dans son parc, et chaque fois que des invités apportaient un cadeau, Debbie le déposait devant elle.

Bientôt, tous les parents se mirent à rire et à parler fort, tandis que les enfants jouaient au loup en courant d'une pièce à l'autre. Timmy adorait jouer au loup. Dans leur version à eux, si l'on vous touchait, il fallait s'asseoir sur une chaise et faire le mort. Le dernier à être touché remportait la partie, mais il ne gagnait en fait qu'une vieille figurine de cow-boy, ou quelque chose du même genre.

Enfin, maman vint la chercher : « Deb, j'ai besoin de toi pour le gâteau. » Elle la suivit, et maman lui demanda de tendre les bras, puis elle déposa entre ses mains le gâteau jaune au glaçage rose qu'elles avaient préparé la veille. Dessus, en lettres vertes : « Bon anniversaire Tina. » Le gâteau était léger, il n'y avait qu'une seule couche. Debbie emporta avec soin le plateau d'argent dans la salle à manger, et tous les enfants et parents présents applaudirent.

Papa avait sorti Tina de son parc et la mit debout sur une chaise en bout de table. Elle avait une grande serviette blanche autour du cou et ses cheveux étaient tout hérissés sur sa tête. Debbie déposa le gâteau devant elle. Tout le monde entonna « Joyeux anniversaire » en chœur, et Tina regarda longuement tout autour d'elle, mais quand ils arrivèrent à son nom, elle se laissa choir en avant comme une poupée de chiffon, la tête dans le gâteau. Lorsqu'elle se releva, elle en avait partout, du menton aux cheveux. « Quel clown ! » s'exclama maman, et tout le monde se mit à rire bien plus que nécessaire, selon Debbie.

À cet instant, elle décida qu'elle ne voulait pas goûter aux roulés à la saucisse qu'elle avait aidé à préparer, ni à la salade carotte-raisins secs, ni même à l'autre gâteau, qui comportait deux couches. Elle recula, quitta la salle, ouvrit la barrière, la referma et grimpa l'escalier à pas de loup. Dans sa chambre, ses poupées étaient sages sur son lit. Elle retira sa robe de velours rouge et enfila son pyjama Minnie Mouse.

Au matin, le plus grand désordre régnait au rez-de-chaussée – les cendriers étaient pleins de mégots, ainsi que les verres, quand ils n'avaient pas été renversés. Les cadeaux de Tina avaient été déballés et empilés dans son parc. Maman et papa étaient à table dans la cuisine avec la petite fille qui grignotait une biscotte. « La voilà ! dit papa.

– Oh, j'ai mal à la tête, répondit maman. Pourquoi a-t-on invité autant de monde ?

– J'ai pas aimé cette fête, dit Debbie.

– La vérité sort de la bouche des enfants, reprit papa.

– Je suis surprise qu'il puisse encore exister des secrets, ajouta maman, étant donné la quantité d'alcool.

– Il n'y a aucun secret, mais heureusement, une fois dégrisé, personne ne se souvient de ce qu'il a entendu la veille. »

Debbie alla vers le réfrigérateur où elle prit un œuf dans la porte. Maman gémit, mais elle se leva et attrapa une casserole. Les œufs pochés, voilà ce que Debbie préférait.

* * *

Rosanna, qui surveillait Annie pendant que Joe labourait et que Lois était en ville, le vit assis sur la barrière de la véranda. Ce regard oblique et cette allure voûtée : c'était Roland Frederick, il paraissait avoir cent ans. Elle ouvrit la porte et dit : « Roland ! On vous croyait mort ! » Il avait les yeux injectés de sang, comme toujours lorsqu'il avait bu.

« Ben non. »

Depuis combien de temps était-il parti ? Des années ! Roland Frederick était le père de Minnie et Lois. Tout le monde le croyait mort. Mais bon, c'était sa maison, pas vrai ? Annie faisait la sieste à l'étage. Rosanna prit la chaussette qu'elle était en train de tricoter. Elle la serra fort, ainsi que les quatre aiguilles, gardant les mains au niveau de la taille. On ne savait jamais avec les ivrognes. Surtout s'ils étaient en colère. Elle reprit : « Vous devez en avoir des choses à raconter.

– Peut-être. »

Il regarda autour de lui, la bouche entrouverte : il avait perdu beaucoup de dents. Autrefois, Roland Frederick était bel homme, et plus encore quand il était jeune ; avec son père, Grafton, ils parcouraient le village vêtus de pantalons gris assortis, à l'époque Rosanna avait, quoi ? environ treize ans, et ils restaient assis bien droit, sans jamais se balancer sur leur siège en rigolant ou en faisant les idiots ainsi que ses oncles à elle. Roland avait disparu pendant la guerre, dépassé par l'état de sa femme, Lorene, victime d'une attaque, et incapable d'endosser ses responsabilités. Nul n'en avait été surpris, Minnie encore moins que les autres sans doute, quoi qu'elle n'en eût rien dit. Rosanna lui demanda : « Vous voulez un verre d'eau, Roland, ou une tasse de thé ? »

Il la dévisagea et répondit : « Votre Frank s'est donc marié ici ?

– Dieu du ciel, non, dit en riant Rosanna. Frank est parti chercher fortune ailleurs. Joe s'est marié avec Lois. Ils ont une petite fille. Laissez-moi vous donner quelque chose à boire. Lois a préparé des biscuits ce matin, et il y a des petits gâteaux, aussi. Venez donc à la cuisine et racontez-moi vos aventures. »

Il se laissa entraîner, sans pour autant cesser de regarder autour de lui, comme s'il trouvait les lieux étranges. « Et vous, qu'est-ce que vous faites ici ?

– Oh, je viens souvent. Je me sens un peu seule chez moi. Depuis la mort de Walter. » Elle pensa que ce n'était pas une bonne idée de parler d'Annie.

« C'était quand ? » Il parlait sèchement, à croire qu'il se sentait insulté.

« Il y a un an. Le cœur. »

Elle posa une assiette devant lui, un biscuit avec du beurre et de la confiture de cerise, et deux petits gâteaux carrés. Elle avait laissé ses aiguilles sur la table de la salle à manger, mais elle savait où se trouvaient les couteaux. Pourtant, dans la maison, Roland lui parut soudain inoffensif.

« Walter croyait toujours tout savoir. »

Rosanna se sentit piquée au vif. « Ça, je n'en sais rien, mais il a toujours admiré votre ferme, Roland.

– Que je sois pendu s'il ne voulait pas mettre la main dessus.

– Walter savait très bien qu'il avait déjà suffisamment de travail, je pense.

– Qui a planté le champ nord, là-bas ?

– Mon fils, Joe, avec l'aide de mon frère, John. » Elle s'exprimait de sa voix la plus claire et la plus éclatante. Impossible de savoir ce dont se souvenaient les ivrognes. Elle alla au cellier chercher du thé.

Elle n'imaginait pas que Roland Frederick eût un point de vue sur les choses. C'était un fermier efficace, exploitant une ferme magnifique et puis, du jour au lendemain, tout avait changé. Il avait la plus belle maison, une femme admirable ; tout le monde dans les environs les appelait Mr et Mrs Frederick, jamais Roland et Lorene. Lorsque Mrs Frederick avait été victime de cette attaque, les gens l'avaient vécu comme un drame impersonnel, tragique, mais dont on ne parlait pas, le genre de drames habituels à la campagne. À présent, en regardant Roland, Rosanna comprit que lui aussi avait une histoire, quelque chose de douloureux, de poignant qui pourrait avoir des répercussions sur Joe, Lois, Minnie. Annie. Quoi que dise Minnie, la ferme était à lui. Rosanna versa une tasse de thé et la poussa vers lui, mais il l'arrêta, si bien qu'elle la reprit et l'entoura de ses mains. « Dites-moi, j'aimerais que vous me parliez de ces endroits que vous avez visités. »

Il mangea un gâteau et la moitié d'un biscuit, mâchant longuement avant d'avaler.

Elle reprit : « Est-ce que vous travaillez ?

– Oui, au marché aux bestiaux d'Omaha.

– C'est un emploi sûr.

– J'aurais dû partir d'ici dès que j'en ai eu la possibilité.

– Et quand était-ce, Roland ?

– Il était prévu que j'aille travailler pour un type que connaissait mon père à Chicago, il était dans la chaussure. Avant la première guerre. Je devais commencer par tenir les registres, et puis partir sur les routes, pour vendre les chaussures. Et puis, mon père est mort, et mes oncles ne voulaient plus me laisser partir, donc ils ont tout fait pour m'aider à reprendre une ferme. Lorene était ma cousine au deuxième degré, vous savez. Du côté de Grundy Center, où vivaient trois de mes oncles. Ils m'ont eu. Ils étaient terrifiés par le péché qui régnait dans le vaste monde. Lorene était une bonne fille : elle allait veiller sur mon âme. » Il posa alors la tête sur la table, ses cheveux gris crasseux débordant dans la petite assiette, et il se mit à pleurer à chaudes larmes. Rosanna déplaça l'assiette. « Je suis sûre qu'ils croyaient agir pour le mieux.

– Ils n'ont jamais eu le moindre doute. À propos de quoi que ce soit d'autre non plus, d'ailleurs.

– Vous étiez un bon fermier. Walter vous respectait. Minnie et Lois sont toutes les deux des filles formidables. Elles sont aussi belles à l'intérieur qu'à l'extérieur. »

Roland poussa un grognement, se redressa, puis sortit de sa poche un mouchoir sale dans lequel il se moucha. Rosanna prit l'assiette, la théière, et alla les déposer dans l'évier. Il sortit sans rien dire, elle le suivit, ne sachant ce qu'elle ferait si jamais il montait à l'étage, mais il se dirigea vers l'entrée, et repartit sans un mot. Rosanna referma la porte derrière lui.

Par la fenêtre, elle le vit descendre le perron, se retourner, puis aller à sa voiture – une Ford, sans doute de 48. Il resta longtemps assis à l'intérieur, puis démarra. Le véhicule était gris. Elle le nota sur un bout de papier.

Il lui fallut deux jours pour en parler à Minnie. Parce qu'elle craignait précisément ce qui arriva lorsqu'elle lui raconta : les narines de Minnie se dilatèrent, et son regard se durcit.

« Il n'a pas intérêt à revenir.

– Peut-être qu'il ne le fera pas », répondit Rosanna.

Elle ne demanda pas qui était le propriétaire de la ferme, ni où étaient les papiers. Au pire, ils pouvaient aller vivre ailleurs pendant les quelques années qu'il restait à Roland. « Tu sais, ton père est vraiment mal en point, Minnie.

– Bonne nouvelle.

– Peut-être, oui. »

Rosanna ne sut jamais si Minnie s'en était ouverte à Lois ou à Joe. Elle pensa de son côté à en parler à mamie Elizabeth, pour que celle-ci lui dise qui étaient les oncles de Roland Frederick – elle aurait bien des choses à lui raconter. Mais finalement, elle garda le silence, songeant chaque fois que cela s'apparentait à une sorte de trahison.

Les jumeaux avaient dix-huit mois à présent, ils marchaient (et se mettaient debout, regardaient devant eux, hurlaient, s'asseyaient), comme les autres enfants du même âge, et Andy était de plus en plus préoccupée par ces albums de bébé que la femme de son frère lui avait envoyés à leur naissance. Elle avait tenu celui de Janny jusqu'à ses six mois – la dernière photo la montrait assise dans son bain, les doigts dans la bouche. Ceux de Richie et Michael ? Il n'y avait même pas de photo de naissance. Ces photos existaient pourtant, mais elles lui faisaient davantage penser à des photos d'identité qu'à des photos de bébé, nus dans les incubateurs, avec leurs membres minuscules et grêles, leurs drôles de têtes sans cheveux, et leurs poils aux mauvais endroits : sur les bras, dans le dos, pareils à des singes. Elle avait fourré les albums de naissance sur l'étagère du haut dans le placard de leur chambre, et chaque fois qu'elle en ouvrait la porte, elle apercevait leur reliure, bleu, blanc et rose, les objets les plus stupides qu'on puisse trouver dans une maison aussi moderne, au point qu'elle ait envie de les jeter.

Mais elle ne pouvait s'y résoudre. Ce serait comme renoncer définitivement, reconnaître que son instinct maternel n'existait pas, n'avait jamais existé, n'existerait jamais, même si elle parlait gentiment à ses enfants, ou *de* ses enfants, même si ses gestes étaient empreints de douceur, qu'elle les caressait comme des petits chats, leur souriait, leur parlait « bébé », ainsi que le conseillait le livre, car elle suivait religieusement toutes les indications du Dr Spock, de même que toute sa vie elle avait respecté les règles édictées. Sa mère riait encore à l'évocation de ce jour où, à huit ans, Andy s'était querellée avec elle au sujet de la propreté de sa chambre. Son père avait débarqué avec une feuille de papier et avait écrit les règles suivantes (en norvégien), puis les avait accrochées à la porte :

1. Elske Gud
2. Adlyd din eldeste
3. Elske din neste
4. Bo ren i kropp og sinn
5. Alltid fortelle sanheten
6. Sett bort sinne

« Aime Dieu, respecte tes aînés, aime tes voisins, que ton âme et ton corps restent propres, dis toujours la vérité, ignore la colère. » Le plus drôle c'est que, dès que ces règles furent écrites, elle les respecta à la lettre. Le papier resta sur sa porte pendant des années – pour ses parents, cela tenait de la plaisanterie ; pour elle ce fut un fardeau.

Elle ignorait tant de choses à propos de ses enfants. Elle aurait pu en faire la liste, là tout de suite, assise comme elle l'était au salon, cigarette dans une main, cendrier dans l'autre (elle le vidait toujours après avoir fumé ; elle écrasait son mégot dans tous les sens, jusqu'à ce qu'il soit plat – et si jamais une cendre s'envolait vers les rideaux et qu'un incendie ravage la maison ?). Elle ignorait si ses enfants étaient mignons. S'ils étaient intelligents. S'ils s'aimaient l'un l'autre, s'ils aimaient Frank. (Mais que savaient-ils de Frank ? Pas grand-chose.) Elle ignorait s'ils étaient heureux, difficiles, gâtés, ou s'ils se comportaient de manière appropriée pour leur âge. Par exemple : Michael, dix kilos huit, passa devant Richie, dix kilos six, et le fit tomber. Richie s'assit par terre et se mit à pleurer, puis il se renversa sur le dos et battit des jambes. Michael avait-il fait exprès de renverser Richie ? Voulait-il lui faire mal ? Et Richie, avait-il réellement mal ou était-il juste en colère ? Quand Michael se mit à son tour à pleurer quelques instants plus tard, était-ce en réponse aux larmes de son frère ? Puis la porte de la chambre de Janny claqua : était-ce intentionnel ? Une fillette de trois ans pouvait-elle claquer la porte de colère ? Andy, elle, ne l'avait jamais fait, elle en était certaine. Janny était-elle en colère ? Si les jumeaux n'avaient pas hurlé, aurait-elle pu déterminer à l'oreille si sa fille s'était coincé les doigts dans la porte ?

Andy se leva et s'approcha de l'escalier. Elle n'entendit rien, donc elle conclut que tout allait bien pour Janny. Elle lui avait déjà demandé trois fois depuis le déjeuner si tout allait bien.

Elle vint vers Richie et le remit debout. Puis elle le prit par la main et l'emmena jusqu'au coffre à jouets, d'où elle sortit son livre préféré (elle savait lequel c'était : *La Veille de Noël*). Elle l'ouvrit à la page où « maman et moi, coiffés de nos bonnets de nuit, étions au lit ». Richie se laissa tomber lourdement par terre pour regarder les images. Elle songea à sortir au jardin avec les garçons, les déshabiller et les installer dans leur petite piscine – il faisait chaud –, elle ne mettrait pas plus de cinq centimètres d'eau et ne les perdrait pas des yeux un instant, au cas où l'un d'eux bascule.

La sonnette retentit et Andy se pencha en avant. Elle vit Alice Rosen, la main devant les yeux, le nez contre la fenêtre près de la porte. La sonnette retentit à nouveau. Le portail du garage était ouvert, et la Rambler était garée à l'intérieur, par conséquent Alice savait qu'elle était là. Alice était gentille et drôle. Peut-être qu'il aurait été agréable de l'inviter au jardin et de lui offrir des cannolis – elle avait souvent envie de partager cela. Mais elle ne bougea pas, et Alice disparut. Elle entendit une voiture démarrer. Elle ressentit alors une chose étrange : son corps se vidait, comme si elle avait ressenti du plaisir, ou l'avait anticipé sans le savoir, et nageait à présent dans la déception.

Michael avait lui aussi entendu la sonnette et il savait ce que cela signifiait. Il s'approcha des cinq marches recouvertes de moquette et en arrivant en haut, il se releva, regardant en bas, et s'écria : « Papa ! » (Peut-être voyaient-ils Frank davantage qu'elle ne le croyait.) Puis il se retourna, s'agenouilla et, les mains sur la marche supérieure, il redescendit. Frank ne croyait pas aux barrières – pourquoi vivre dans une maison sur deux niveaux si on restreignait leur liberté ? N'importe quel gamin pouvait tomber de cinq marches et retenter l'aventure. Michael se retourna, s'assit sur la deuxième marche et lança les pieds en l'air. Richie mit son livre de côté et se leva. Chaque fois que Michael faisait quelque chose, Richie l'imitait. Sa couche était pleine, mais Andy n'était pas prête à la changer. À la place, elle alla chercher son cendrier et ses Lucky sur la table.

1955

Un jour de la fin février où il était tombé beaucoup de neige (pour Washington), Lillian Manning découvrit Lucy Roberts, quatre ans, assise sur le canapé de la salle de jeux à sept heures et demie du matin, attendant que les dessins animés commencent. Lillian toucha les petits pieds dans leurs chaussons de laine : ils étaient froids et mouillés. Elle alla chercher un des pyjamas de Dean dans la buanderie (Arthur avait emmené Dean à sa troisième leçon de patins à glace), puis elle appela Betsey Roberts qui, profondément endormie, n'avait pas réalisé que la porte de sa maison était grande ouverte. Heureusement, les Roberts habitaient en face, une rue plus bas : tout ça n'était pas bien grave. Betsey autorisa Lucy à rester, aussi Lillian lui donna-t-elle deux pancakes et des quartiers d'orange. On commença à venir frapper à la porte pendant que Timmy et Debbie mangeaient leurs céréales. Lorsque *Bugs Bunny* démarra, douze enfants étaient assis en tailleur par terre, les yeux rivés sur la télévision. Ils regardèrent tranquillement *Roy Rogers* et *Sky King* ; puis une partie des filles alla dans la chambre de Debbie, emmenant Tina avec elles, et deux garçons sortirent avec Timmy pour faire de la luge sur « la piste de ski » qu'Arthur leur avait fabriquée.

Lillian ramena Lucy chez elle dans ses bras, avec ses chaussons secs. Betsey était un peu gênée – Lucy était une enfant très active, et elle parlait de Debbie tous les jours : où était Debbie, est-ce que Debbie allait venir, comment s'appelait le nounours de Debbie. Lillian et Betsey rirent ensemble.

Quand Lillian rentra chez elle, l'un des garçons s'était écorché le coude. Elle le nettoya, lui mit du mercurochrome puis, malgré les larmes figées sur ses joues, il repartit jouer dehors en courant. À présent, ils se mettaient debout sur la luge, vacillant en haut du monticule, puis ils levaient les bras et glissaient en hurlant. Quinze centimètres de neige – pas plus – mais Arthur l'avait aspergé d'eau et laissé geler durant la nuit. Lillian faisait la vaisselle en regardant par la fenêtre. Arthur avait installé un Dishmaster sur le robinet ; l'eau arrivait donc à travers un tuyau muni d'une brosse pourvue d'un bouton à l'extrémité : si on voulait récurer, on appuyait sur le bouton pour avoir de la mousse, et au rinçage, on relâchait le bouton.

Après avoir fait la vaisselle, Lillian alla au pied de l'escalier pour écouter. Le calme régnait. Peut-être les filles s'amusaient-elles à se déguiser, ce qui convenait très bien à Lillian qui déposait toutes ses vieilles chaussures à talon, combinaisons, chemisiers et jupes dans la boîte à déguisements de Debbie. Elle décida d'aller voir ce que faisait Tina, mais en réalité elle voulait surtout s'assurer que les filles ne se chamaillent pas trop.

Tina dormait en haut des marches, sa couverture dans une main, le pouce à la bouche. Lillian ouvrit la barrière sans la faire grincer et la prit doucement dans ses bras. Tina se réveilla un instant, le temps de se nicher contre sa mère, qui l'amena dans son petit lit. Il était une heure et demie. Elle allait dormir jusqu'à trois heures, pensa Lillian. Tina avait une épaisse chevelure brune comme Arthur, qui lui tombait aux épaules. En fait, elle ressemblait tellement à son père, avait des mimiques tellement semblables, que c'en était presque perturbant. Arthur se fâchait rarement, mais le jour où Timmy lança exprès une balle de tennis contre la baie vitrée (« Mais c'était pas une balle de base-ball ! Je pensais vraiment que la balle de tennis rebondirait ! »), il fronça les sourcils si fort qu'ils formèrent un V, tandis que sa bouche dessinait un accent circonflexe. Tina avait exactement la même expression quand elle voyait des haricots verts apparaître sur le plateau de sa chaise haute.

Les quatre fillettes jouaient tranquillement – Debbie prenait les choses en main, ainsi qu'à son habitude. Lillian les observait depuis la porte, souriant chaque fois que l'une d'entre elles la regardait. Debbie était stricte mais juste. Un jour, Lillian lui avait fait remarquer que contrairement à Timmy, peut-être que ses amies ne connaissaient pas les règles de tel jeu et qu'elles n'essayaient pas de tricher ; Debbie en avait été stupéfaite. Lillian avait poursuivi en lui expliquant que si elle en savait plus que les autres, elle devait se montrer patiente, voire leur apprendre des choses. Debbie avait compris tout de suite. C'était une bonne petite fille. Aucune des fillettes présentes ne rappelait à Lillian celle qu'elle était, enfant, ni même Jane, sa première amie. Les amies de Debbie avaient toujours vécu dans des quartiers peuplés de gamins qui n'étaient pas leurs cousins. La mère de Lillian avait toujours eu pitié des enfants que sa fille fréquentait, et c'était compréhensible. Pendant la grande dépression, on voyait beaucoup de petits en haillons, portant des souliers qui bâillaient – les parents de Jane commandaient par correspondance une fois par an des chaussures pour toute la famille, et lorsqu'elles devenaient trop petites pour les enfants, ceux-ci devaient malgré tout continuer de les porter. Les gosses avaient disparu – la ferme était perdue, disait papa. Lillian détestait ces mots, elle imaginait la ferme égarée dans la forêt, ainsi qu'Hansel et Gretel. Pendant ce temps, une partie de petits chevaux s'était engagée, et Margie Widger fit rentrer son troisième pion à l'écurie (qui ressemblait davantage à un abri antiatomique pour ses quatre chevaux jaunes), puis elle regarda Lillian. Cette dernière leur dit : « Quand vous aurez faim, les filles, j'ai du beurre de cacahuètes, du saucisson et du bouillon de poule au riz. »

Mais il n'y avait plus de beurre de cacahuètes – Timmy et les garçons l'avaient trouvé et avaient tout mangé avec des bâtonnets de carotte et de céleri. Lillian rangeait derrière eux au moment où Arthur arriva avec Dean. Ce dernier était plus grand et plus fort que Timmy au même âge, mais pas aussi audacieux, si bien qu'Arthur avait décidé qu'il commencerait le hockey à quatre ans pour bientôt aller jouer chez « *les Canadiens* *[1]» comme disait Arthur. En réalité, Arthur n'était jamais allé à Montréal, néanmoins il avait décidé que Dean commencerait à étudier le français

* Les italiques suivis d'un astérisque sont en français dans le texte. (*Toutes les notes sont de la traductrice.*)

dès l'été. Il l'appelait *Doyen**, et lui chantait en français « Alouette » et « La Vie en rose ». Arthur s'était également mis à demander aux gens s'il ne ressemblait pas à Yves Montand, en plus jeune.

« Comment ça s'est passé ? demanda Lillian.

– Comment ça s'est passé, *Doyen, mon fils** ? » répéta Arthur.

Dean leva les yeux vers son père et s'appliqua à répondre en français : « *Tray bun, papaaah**. »

Un grand sourire illumina le visage d'Arthur, qui prit Lillian dans ses bras : « *Ma chère**, tu es une reproductrice d'exception. » Il l'embrassa dans le cou, sous les yeux de Dean. Lillian se déroba à son étreinte et embraya : « Tu dois avoir faim, Dean.

– Il y a du jambon ? demanda l'enfant.

– Du *jambon** ! s'exclama son père en français.

– S'il te plaît, Arthur, reprit Lillian, va voir dehors si les garçons n'ont rien de cassé.

– Oh, ils se sont amusés à ce point-là ? » Il sortit par la porte de derrière. Dean s'assit sur une chaise. Lillian savait ce que sous-entendait cette remarque sur ses capacités de reproductrice : il était prêt pour un autre enfant. Bob et Bev D'Onofrio, au bout de la rue, s'apprêtaient à accueillir le numéro huit ; les Porter, trois rues plus loin, avaient un enfant par section à l'école élémentaire. Lillian en savait long désormais sur la manière dont on faisait les enfants, et à certaines dates, elle restait coudre plus longtemps au salon, ou faisait semblant d'être terrassée par un profond sommeil. Quatre, ça suffit, pensait-elle. Si vraiment Arthur n'y tenait plus, elle lui offrirait un chiot – il adorait tellement *Rintintin*.

Lillian déposa l'assiette de Dean devant lui, puis elle s'assit, le menton dans la main, souriant en le regardant manger. Il était méthodique et méticuleux – elle tendit la main pour l'empêcher de lécher son assiette. « Alors, le patin, c'était bien ?

– J'ai lâché la main à papa deux fois !

– Bravo !

– Je suis fort.

– Je sais. Et ça t'a plu ? »

Dean hocha la tête. Puis il ajouta : « *Je swiss un bun garsson**.

– *Oui**.

– Je peux aller regarder la télévision ?

– Mais oui, va voir ce qu'il y a. »

Il partit vers la salle de jeux. Lillian posa son assiette dans l'évier. Dehors, il y avait à présent six garçons. Arthur les répartit en deux équipes. Ceux de gauche devaient se frotter le ventre de la main droite, et la tête de la gauche. Ceux de droite devaient se frotter la tête de la main droite, et le ventre de la gauche. En moins d'une minute, tout le monde riait et se roulait dans la neige. Lillian aussi se mit à rire.

Il fallut moins d'un semestre à Henry pour réaliser qu'il détestait Berkeley. Il ne pouvait être superficiel au point de se soucier de ne pas être tout à fait à la mode, même s'il avait l'impression que les autres non plus n'étaient pas tout à fait à la mode – agressivement détendus, sales, ou tout en noir des pieds à la tête. À moins qu'ils ne s'habillent en noir parce qu'il faisait si froid en permanence ? Pire qu'en Iowa – un froid humide, moisi, qui pénétrait vos articulations, et puis ce soleil qui faisait de la figuration. Le paysage lui tapait également sur les nerfs : monter, descendre ; monter, descendre. Le ciel était bas, sensation d'enfermement. Il fixait ses pieds en permanence.

Quand il racontait où il avait fait sa licence, les autres étudiants et les professeurs souriaient. Henry savait qu'ils se disaient : quel soulagement d'être ici, à Berkeley, en terre promise ! L'un de ses professeurs s'adressait même à lui en parlant plus lentement qu'aux autres – le professeur Pradet, un homme qui n'avait jamais entendu parler de l'Iowa. Lorsqu'il avait de bons résultats en vieil anglais, Pradet le félicitait davantage que les autres, comme s'il dépassait ses espérances. Parmi les étudiants qui suivaient ce cours, deux venaient de Harvard, un de Stanford ; le seul qui vînt d'une université publique était issu de UCLA. Parmi ceux qui suivaient le séminaire sur Chaucer, il y avait un autre intrus, Pat Clayton, de l'université d'État de l'Ohio. Mais Pat portait tous les jours les mêmes vêtements, il allait bientôt devenir père et ne parlait que de loyer, du prix de la nourriture et du peu de postes en littérature médiévale. Henry n'avait rien en commun avec lui non plus.

Pour ne rien arranger, avant Noël, Rosa s'était lancée dans une histoire d'amour tourmentée avec un type plus âgé (c'est vrai, il avait presque trente ans, et elle vingt-deux), Neal Cassady, très bel homme, mais dont la vie était un spectacle permanent – ou plutôt, selon Henry, un cirque permanent. Ça ne plaisait pas non plus à tante Eloise, ce qui avait peut-être encouragé Rosa à poursuivre cette relation. Henry lui avait simplement dit d'une voix qui semblait sincère : « Je vois bien ce que tu lui trouves, mais… qu'est-ce que tu lui trouves en fait ? » Rosa lui avait raccroché au nez et ne lui avait plus parlé pendant un mois. Puis Cassady retourna auprès de sa femme, et Rosa appela Henry pour lui expliquer que cet homme n'avait absolument rien à voir avec son père et que si Eloise faisait à nouveau la moindre allusion à Freud, elle lui tordrait le cou. Henry répondit : « C'est très grec, comme réaction », (il pensait à Électre, Oreste…) et soudain elle éclata de rire, avant de fondre en larmes et de lui demander s'il partirait en week-end avec elle, parce qu'elle n'en « pouvait plus ». Il garda un instant le silence, à croire qu'il hésitait, avant de dire oui.

Il pensait avoir accepté l'idée que leur relation ne dépasserait pas le stade épistolaire. Il s'était convaincu qu'étant cousins, le scandale éclaterait s'ils allaient plus loin, et il avait décidé que son destin à lui serait d'être désespérément amoureux de sa cousine (il y avait des précédents dans la littérature). Il déménagea d'abord de l'Iowa jusqu'en Californie pour être dans la même ville qu'elle, puis dans le même quartier, Shattuck, et là il dut admettre que Rosa était colérique, égoïste, et d'une hygiène parfois douteuse. Mais il ne l'en aima que davantage, et refuser de passer du temps avec elle était tout bonnement impossible pour lui. Elle dit qu'elle viendrait le chercher dans vingt minutes.

Rosa arriva au volant de la deux-chevaux grise d'Eloise, dont elle se moquait d'habitude. Henry s'attendait à la voir défaite, triste, mais elle était égale à elle-même. Elle se pencha pour l'embrasser sur la joue, puis elle démarra dans Telegraph Avenue. Ils prirent la route 27 en direction du sud, et il songea alors à lui demander où ils allaient. « Carmel », répondit-elle. Henry se sentit ragaillardi. Peut-être était-ce seulement

Berkeley qu'il détestait. Après tout, la Californie était aussi vaste que la France, et aussi variée à ce qu'on racontait. Personne ne l'avait empêché de prendre le car ou le train pour aller voir ailleurs.

Et bien entendu, il découvrit très vite que les terres qui s'étendaient au sud de la péninsule étaient très différentes de San Francisco, le climat y était plus doux, plus sec, le soleil y brillait plus fort. En dehors de cela, il ne parvenait guère à s'intéresser à la langue locale, à l'histoire, la géologie, etc. : il n'avait d'yeux que pour Rosa. Plus elle lui paraissait normale, plus il concentrait son attention sur elle (fumait-elle toujours trois cigarettes par heure, ou venait-il seulement de s'en apercevoir ? avait-elle maigri ? fit-elle une drôle de tête lorsqu'il évoqua Francis Drake, faisant halte en Californie pour y réparer ses navires ?). Ils se promenèrent sur la plage de Carmel, étendue plate et dorée située au pied d'une jolie petite ville proprette, à l'architecture de type beaucoup plus hispanique que celle de San Francisco ; il fixait si intensément le visage de Rosa qu'il trébucha dans un trou creusé par des enfants ou un chien, et tomba à genoux dans le sable. Rosa éclata de rire pour la première fois depuis des heures, puis elle lui tendit la main pour l'aider à se relever. Peut-être qu'il était bon à quelque chose, finalement.

Elle avait de l'argent. Ils mangèrent des soles sur place au dîner et allèrent au cinéma à Monterey. Henry contemplait le profil de Rosa tandis qu'elle regardait l'écran. Elle semblait suivre l'intrigue, mais Henry, lui, remarqua seulement la présence de Grace Kelly, et que l'action se déroulait en Amérique du Sud.

Leur chambre d'hôtel à Carmel était petite, en faux adobe. Sans faire de commentaire, ni même réaliser ce que son comportement avait d'inhabituel, Rosa se déshabilla, enfila son pyjama et se mit au lit avec Henry. Elle fut si rapide et efficace qu'il eut à peine le temps de voir ses seins, ses cuisses, son postérieur, mais essaya de se convaincre que c'était là un rêve qui se réalisait. Elle se blottit dans ses bras, et s'endormit. Mais il n'éprouva rien – pire, la position était inconfortable. Il sentait l'air frais sur son front, mais ne pouvait se dégager pour aller fermer la fenêtre. C'était bizarre de sentir le souffle de Rosa dans son cou, le poids de sa tête sur son bras qui s'enfonçait dans ce mauvais matelas, le contact de son genou entre ses jambes, et il lui était également étrange de respirer son odeur (elle ne s'était pas lavée avant de se coucher), mélange de sel, de sueur, et des effluves de lessive émanant de son pyjama. Elle dormait comme une bûche – poids mort imprimant sa pesanteur au matelas, si bien qu'il dut se dégager et reculer vers le mur, contre lequel il demeura toute la nuit, jusqu'à ce que Rosa se réveille, se redresse et lui dise qu'elle avait rêvé de gaufres. Après le petit déjeuner, elle lui proposa de continuer le long de la côte, mais Henry répondit qu'il avait un examen le lendemain et devait absolument retourner à la bibliothèque pour travailler, et (il garda ça pour lui) pour essayer d'y comprendre quelque chose.

Sur le chemin du retour, il ne la regarda pas, mais contempla le paysage en se disant que, finalement, la Californie à sa manière était aussi intéressante qu'on le disait.

Depuis quelque temps, Joe Langdon regrettait de ne pas avoir un portrait de son père au même âge que lui – trente-trois ans. Ce n'étaient pas les rides ou les cheveux qui l'intéressaient, mais le ventre. Quand celui de Joe avait-il commencé à enfler ? Impossible de se le rappeler. Sa mère disait qu'il ressemblait de plus en plus à son père, mais elle désignait les ornières qui se creusaient entre ses sourcils. Elle déclarait : « Eh oui, tu étais fait pour être fermier, non ? » Il répondait invariablement : « Tu aurais pu épouser une lignée plus commerçante », ce qui lui clouait le bec pour un jour ou deux. Il faisait allusion – elle le savait bien – à la famille Crest, qui possédait l'épicerie du village. On racontait que naguère Dan Crest avait le béguin pour elle, c'est pourquoi pendant la grande dépression, il lui donnait davantage pour ses œufs qu'à n'importe qui d'autre. Peut-être la fibre paysanne venait-elle de la branche Vogel – sa grand-mère Langdon ne voyait plus aucun intérêt à cultiver quoi que ce soit à présent, au point qu'elle avait arraché ses rosiers pour ne plus avoir à s'en occuper au cas où soudain elle ait assez d'argent pour se rendre en Europe. Quant aux frères de sa mère, ils étaient tous mariés à leur exploitation, comme Joe, alors de qui Rosanna se moquait-elle ?

Il avait beau se toucher le ventre avec dépit, lorsqu'il entra dans la cuisine après avoir retiré ses bottes sur la véranda derrière la maison, il ne put résister aux appétissants petits croissants bien beurrés et croustillants qui refroidissaient sur la table. Pas besoin d'ajouter du beurre. « Lois ? » appela-t-il. Pas de réponse, aussi alla-t-il au salon et regarda dehors. Lois avait installé le parc d'Annie sur la véranda de devant, dans un carré de soleil. Poppy, leur petit épagneul âgé de six mois, était avec elle, vautré sur les jambes de la fillette, la tête en arrière, langue pendante. Annie lui caressait la poitrine des deux mains, doucement, ainsi que Joe le lui avait appris. Elle adorait vraiment les chiens : quand il y en avait un dans la pièce, elle n'avait de cesse d'être avec lui.

Lois se procurait de la bonne crème chez les Whitehead, qui avaient plusieurs vaches jersiaises. Elle trouvait les poules dégoûtantes, mais les œufs étaient divins et elle ne gâchait pas les blancs en gâteaux des anges : elle préparait des meringues et des soufflés. Quant aux jaunes, ah ! rien ne valait une bonne sauce hollandaise ou une glace à la vanille. Pour l'anniversaire de Rosanna, Lois avait servi une mousse au chocolat avec de la crème fouettée au lieu d'un gâteau des anges. Rosanna n'avait pas protesté, et elle avait tout mangé. Le livre de cuisine de Lois tombait en morceaux, si bien que Minnie lui avait acheté le *Betty Crocker,* qu'elle dévorait après le dîner à la manière d'un roman. Puis Minnie lui avait apporté un magazine de cuisine, et Lois avait médité les recettes en murmurant pour elle-même : « mortadelle », « tagliatelle », « *scalopini* ». Elle avait essayé une recette : des nouilles avec une sauce fantaisie. Ils avaient tous les ingrédients à disposition (bœuf, porc, veau, bacon, oignon, carottes, céleri) à part une chose appelée « truffe », une espèce de champignon, affirmait Minnie. À la fin, elle avait ajouté de la crème. C'était bon.

C'est alors que Joe l'aperçut, qui examinait les noyers cendrés, même si la floraison n'était pas prévue avant un mois. De tout temps, sa mère avait cuisiné ces noix, aussi, à l'automne dernier, Lois s'y était mise à son tour, et Joe devait reconnaître que ses biscuits étaient délicieux. Rosanna, elle, avait refusé d'y goûter ; elle avait demandé : « Et dans la salade, il y a du sumac ? »

Lois le découvrit alors : « Tu as vu mes croissants ? Ils ont bien gonflé. »

En guise d'accompagnement, elle avait réchauffé le ragoût de la veille et préparé les derniers épinards. Il y avait moins d'une tasse de petits pois – c'étaient les premiers de la saison –, mais ils étaient sucrés, légers et délicieux. Pour le dessert (comment Lois aurait-elle pu ne pas préparer de dessert ?), il y avait des sablés. Joe n'en prit qu'un. Annie mangea de bon appétit – du ragoût, une cuillerée de petits pois, un demi-croissant, un demi-sablé, une tasse de lait. Comme sa mère, elle était grande et mince. Lois, quant à elle, se contenta d'un croissant, d'un peu de ragoût et des petits pois.

« Ça va, Lo ? » demanda Joe.

Elle haussa les épaules : « Oui, ça va. C'est juste que je n'ai pas faim. » Elle essuya la bouche d'Annie. Puis elle reprit d'une voix normale, calme et claire : « J'ai quelque chose à te dire. »

Joe attendait.

Annie se mit à gigoter en disant : « Par terre !

– Par terre, s'il te plaît.

– S'il te plaît. »

Joe se leva et retira le plateau de la chaise haute pour libérer Annie. Elle courut au salon. Lois dit : « Je suis enceinte. »

Joe se rassit, repoussa son assiette. « Depuis combien de temps ?

– Deux mois.

– Donc… c'est pour novembre.

– Mi-novembre. »

Joe se leva, acquiesça, et emporta son assiette à la cuisine. Puis il sortit. Le temps se réchauffait : une douce brise venant de l'ouest agitait les jonquilles et les fleurs de pommiers. Il enfila ses bottes. Il songea à sa veste, et puis se dit qu'il n'en avait pas besoin. Encore deux belles journées comme ça et il pourrait planter le grand champ qui s'étendait tout en longueur au nord de la maison, où il avait fait pousser du soja l'an passé. Cette fois, il mettrait du maïs. Pas pour le ressemer l'année suivante, mais pour le consommer. La mi-novembre. C'était une bonne période. Les travaux d'automne seraient achevés. Annie aurait presque trois ans. Joe avait entendu dire que trois ans c'était un bon écart entre deux enfants. Assez proches pour être amis (éventuellement), mais assez éloignés pour ne pas être en permanence l'un sur l'autre. En y réfléchissant, c'était plutôt une bonne nouvelle. Joe enfonça sa casquette et partit vers la grange en essayant de contenir sa joie, se rappelant le premier principe du fermier : beaucoup de choses pouvaient aller de travers, il fallait se concentrer sur les détails qu'il pouvait régler lui-même – modestes, rien d'important. Pourtant, il ne put s'empêcher de sautiller sur quelques mètres.

Cette année-là, Frances Upjohn avait convaincu Andy de venir passer le mois d'août à Long Island – les Upjohn avaient une vaste demeure sur Gin Lane, à Southampton – mais Andy ne voulait pas être invitée pendant trente et un jours, et s'étant décidés tardivement, ils n'avaient trouvé qu'une maison à Sag Harbor, loin de la plage, ce qui lui allait bien car elle prétendait détester la plage. L'endroit était sombre, orienté au nord, et le mobilier était usé. Frank arrivait le vendredi soir pour repartir le dimanche soir ; ce jour-là, il s'occupait des garçons tandis qu'Andy et Janny faisaient les boutiques.

Assis dans l'escalier, une bière à la main, il les observait. Ils avaient déjeuné et à présent regardaient la télévision, Richie enroulé dans sa couverture, Michael assis en tailleur. Ni l'un ni l'autre n'était aussi dégourdi que leurs cousins Timmy et Deanie au même âge – Frank devait admettre que Timmy était un phénomène dans son genre, le fils qu'il n'aurait jamais. À deux ans et demi – l'âge actuel de Richie et Michael, il aimait grimper sur le dossier du canapé et le parcourir en faisant semblant d'être un funambule avançant sur une corde, les mains en l'air. Richie et Michael couraient partout, mais parfois Richie trébuchait sans raison et tombait, tandis que Michael avait une démarche ondulante – rien d'efficace. Andy lui disait qu'il était trop critique, pourtant, il les préférait à leur sœur, Janny, raide et lointaine, portrait craché de son grand-père, jusqu'à la pointe de son gros nez. Elle avait commencé tôt la maternelle et savait déjà lire, ce qui lui serait utile plus tard. Il pourrait l'envoyer au lycée à Rosemary Hall, puis dans le supérieur à Radcliffe, ensuite son ennuyeux oncle Henry lui trouverait une occupation.

Eh oui, pensait Frank, c'était vrai. Pas besoin d'être fermier ou fils de fermier pour savoir qu'un croisement représentait toujours un pari. Andy et lui auraient dû engendrer une race de dieux et de déesses. Il finit sa bière et appela les garçons : « Si on faisait la course ? » Richie leva vers l'escalier ses yeux ronds et placides.

Frank déplaça des fauteuils, puis poussa les chaises contre le mur. Il alla en mettre une au milieu de la cuisine. Les garçons traînaient. Il éteignit la télévision – un modèle portable avec une horloge intégrée qu'il n'avait jamais vu auparavant. Il prit ses deux fils par la main et les mit debout. Richie se garda bien de pleurer quand Frank lui retira sa couverture et la jeta dans l'escalier.

Frank leur dit : « Bon, les gars, voilà le topo : vous démarrez d'ici, de la bibliothèque, et vous courez jusqu'au fauteuil vert – c'est ça, au fauteuil vert – vous tournez à droite – comme ça. » Il leur fit la démonstration. « Après vous courez tout droit vers la cuisine, vous tournez autour de la chaise, et vous revenez ici. » Du pied, il montra le seuil entre le salon et la salle à manger. « Allez, on essaie. »

Tenant toujours les garçons par la main, il dirigea Michael et tira Richie jusqu'à la bibliothèque. Puis il les fit trottiner (lentement) jusqu'au centre de la pièce, tourner autour du fauteuil vert et revenir (encore plus lentement) jusqu'à la cuisine en passant par la salle à manger. Michael trébucha en contournant la chaise, mais retrouva aussitôt son équilibre. Frank s'exclama : « Allez, les gars ! Dernière longueur avant l'arrivée ! Accélérez un peu ! » Il leur lâcha les mains et ils franchirent la ligne d'arrivée en courant à moitié.

« Très bien ! C'était l'échauffement ! »

Il les ramena devant la bibliothèque et les posta l'un à côté de l'autre, face au parcours. Puis il murmura à l'oreille de Michael : « Attention à tes pieds – tu peux le battre facilement ! Tu me suis ? » Il s'écarta, et regarda Michael jusqu'à ce qu'il acquiesce. Puis il murmura à l'oreille de Richie : « S'il trébuche, Rich, tu continues. Celui qui est lent et régulier gagne la course. Tu m'écoutes ? » Richie acquiesça.

Frank recula et leva le bras : « À vos marques. Prêts ? Partez ! » Son bras retomba et les deux garçons détalèrent. Richie comprenait mieux la course que Michael : il tourna comme il fallait et fila vers la salle à manger, tandis que Michael se demandait toujours quoi faire ; mais soudain il pivota sur lui-même, rattrapa Richie au niveau de la chaise de la cuisine et lui donna un coup de coude au côté, ce qui fit trébucher Richie. Sur la ligne d'arrivée, ils n'avaient plus qu'un pas d'écart, Michael était devant. Au milieu du salon, sourcils froncés, Frank secouait la tête. « Quelle paire de lambins vous êtes ! Il y a trois manches dans cette course. C'était la première. Revenez à votre point de départ. » Il désigna la bibliothèque.

Il donna de nouveau le départ. Cette fois, Michael avait appris quelque chose : il tourna au bon endroit et partit vers la cuisine, Richie sur les talons. Mais celui-ci avait lui aussi appris quelque chose et, arrivé à la chaise, d'un coup de hanche il envoya Michael s'écraser par terre. Il franchit le seuil de la salle tout seul en souriant et s'écria : « J'ai gagné ! J'ai gagné !

– Tu as gagné, en effet ! souligna Frank. Mais est-ce que tu peux le refaire ? »

Richie acquiesça avec force.

« Très bien. Vous avez chacun gagné une manche. Richard, retourne près de la bibliothèque et attends. »

Il se rendit à la cuisine où Michael était assis par terre, rouge de colère. Frank s'accroupit : « Michael ? Tu n'es pas content ? »

Michael opina du chef.

« Tu es vraiment très en colère ? »

Michael hocha la tête de nouveau.

« Bon, dans ce cas, il faut que tu le battes. Tu es plus rapide et tu peux y arriver. Compris ? »

Michael acquiesça et se remit debout. Il revint vers la bibliothèque et tira la langue à Richie, qui répondit de la même manière. Frank dit : « Allez, les garçons, c'est bon. Contentez-vous de courir vite ! » Puis : « À vos marques. Prêts ? Partez ! » Cette fois, la petite guerre démarra aussitôt : Michael poussa Richie sur le fauteuil vert, Richie ne tomba pas, il suivit Michael et l'attrapa par son T-shirt. Frank ne protesta pas. Michael frappa Richie sur le bras, puis le poussa, mais ils continuèrent de courir tous les deux à travers la salle à manger puis la cuisine. Arrivé à hauteur de la chaise, Richie eut une idée : il la poussa légèrement, si bien que Michael dut s'écarter pour l'éviter. Entretemps, Richie avait raccourci son parcours et il était désormais devant son frère. Mais Michael était plus rapide, aussi il rattrapa son frère et le tira par les cheveux. Frank hurla de rire. Il fallait cependant reconnaître à Richie sa ténacité, car au lieu de pleurer, il continua d'avancer à quatre pattes le plus vite possible, saisit la jambe de Michael et le fit tomber. Ainsi finit-il premier, en rampant. Frank riait à gorge déployée, et les deux garçons se retournèrent vers lui. « Je crois que Richie a gagné. D'une tête. » Richie se mit à rire à son tour, mais Michael s'assombrit, alors Frank dit : « Qu'est-ce qu'on gagne ? Vous le savez, les garçons ? »

Les deux enfants le regardèrent. Il reprit : « Le gagnant a droit à des chatouilles ! » Il se jeta sur Richie et se mit à lui chatouiller les côtes jusqu'à ce que le petit garçon, hurlant de rire, réussisse à s'arracher à son étreinte en se tortillant. Au bout d'un moment, Frank les remit debout. Il essuya les larmes sur les joues de Richie d'un pan de sa chemise – il ne voulait pas qu'Andy voie ça –, puis il prit un mouchoir en papier et les moucha tous les deux. « Les gars, vous êtes des durs ? »

Les deux enfants hochèrent la tête.

« De vrais durs ? »

Nouvel acquiescement.

« Très bien ! »

Seulement ils étaient toujours en colère l'un contre l'autre ; ils retournèrent devant la télévision, mais Frank dut les installer à distance sur les coussins, pour ne pas qu'ils se battent. Lorsque Janny rentra, suivie d'Andy, ils étaient à peu près tranquilles. Andy s'écria : « Waouh ! Il fait bon ici, à l'ombre. Nous aurions dû rester à la maison, il fait si chaud dehors. Et vous les garçons, vous avez fait de belles choses ?

– Oui », répondit Frank. Les garçons hochèrent la tête ; « belles » n'était pas le terme adéquat pour décrire les plaisirs particuliers qu'ils avaient partagés. En outre, « belles » ne convenaient pas pour les garçons, pensa Frank. « Éducatives », « stimulantes », « actives ». Ça sortait tout droit du livre du Dr Spock, Frank en était certain.

1956

Mamie Elizabeth voulait à tout prix rendre visite à Henry en Californie (à Eloise aussi – depuis le jour lointain où celle-ci était partie vivre auprès de Rosanna et Walter pour les aider à s'occuper de Frank et Joe, mamie Elizabeth éprouvait une affection particulière à son endroit) : voilà comment Claire se retrouva, le jour de l'An, date de son dix-septième anniversaire, à l'aider à descendre du train à la gare d'Oakland ou de Berkeley, ou Dieu sait quel endroit humide, sombre et froid. Mamie avait mis ses fourrures – une étole composée de quatre visons, avec têtes et queues, qui se mordaient les uns les autres autour de son cou. La chose était déjà démodée depuis plus de dix ans, néanmoins, elle l'arborait avec une fierté extrême – « Ce sont les chiens qu'elle n'a jamais eus », disait Joe. Sur le quai, chargée des deux valises, Claire se hâtait derrière sa grand-mère qui se dirigeait vers la salle d'attente. « Ah, la Californie ! s'écria-t-elle. Tu sais, Claire, dans un jour ou deux, je serai face au Pacifique, debout sur ces pieds qui ont vu passer quatre-vingts hivers, et ça, c'est une chose que ni les Chick ni les Cheek n'ont jamais faite ! Plantée dans la boue, comme toujours, pareille à un chêne au bord d'une rivière, à regarder les créatures plus fortunées qui passent ! Ah, le voilà ! »

Les Chick et les Cheek étaient les ancêtres de mamie Elizabeth, là-bas, en Angleterre. Au fond d'elle-même, Claire avait toujours pensé qu'en réalité ces noms étaient une blague, qu'en vérité, ils s'appelaient Smith et Johnson.

Henry s'empara des valises en riant. Puis Eloise prit Claire dans ses bras, Rosa l'embrassa, et Henry demanda : « Alors, mamie, tu as fait bon voyage ?

– Pas assez long, mais je crains qu'on ne puisse pas aller plus loin. »

Le lendemain matin, Henry arriva chez Eloise. Le café terminé, ils s'entassèrent tous dans la voiture de cette dernière et Henry s'exclama : « Westward ho ! » Deux heures plus tard, ils étaient debout dans le soleil en un lieu dénommé Drakes Bay. Il ne faisait pas chaud, mais comparé à Oakland, la température était délicieuse.

Claire ne perdait pas Rosa des yeux, qui avait retiré chaussures et chaussettes pour les déposer près d'un rocher à la forme bizarre – ils repasseraient à côté au retour. À presque vingt-trois ans, Rosa avait cinq mois de moins qu'Henry, mais elle était beaucoup plus mûre. « Ah, la plage ! » s'exclama mamie Elizabeth avec joie. Il n'y avait personne. Pour Claire, c'était un endroit étrange et austère : plat, du sable passant sous de l'eau froide, l'éclat des nuages, de la mer, du soleil, c'était presque trop. Mamie Elizabeth se tenait toute droite, les bras tendus en l'air. Henry toucha quelque chose du bout du pied dans le sable et se pencha. C'était un coquillage, concave et nacré à l'intérieur, gris et rugueux à l'extérieur. « C'est quoi ? demanda Claire.

– Juste une huître. Et tu sais comment on est sûr que c'est ici que Francis Drake s'est arrêté ? À cause des tessons de porcelaine des ustensiles qu'il transportait sur le bateau. Quand il est arrivé ici, il n'avait plus qu'un seul navire, le *Golden Hind*. Il en avait cinq au départ. Tu vois ces falaises ? » Il eut un grand geste du bras et Claire remarqua alors les hautes falaises pâles qui s'élevaient au-dessus du sable gris-jaune. « Ça lui a rappelé Douvres, en Angleterre, où il y a également des falaises, c'est pour ça qu'il a baptisé cet endroit "Nova Albion", ce qui signifie en gros "Nouvelle Angleterre", et il a déclaré que toute cette côte appartenait à la reine Elizabeth.

– C'était avant les Pères Pèlerins ?

– Quarante et un ans plus tôt. » Henry creusa de nouveau le sable du bout de sa chaussure.

Depuis qu'elle occupait son ancienne chambre à la maison, Claire avait passé en revue les livres d'Henry. Elle ne parvenait pas à croire qu'ils puissent être d'un tel ennui. Elle trouvait également dommage qu'Henry soit si beau – à vingt-trois ans, il ressemblait à James Dean, sauf qu'il ne l'était pas : James Dean avait toujours l'air d'avoir quelque chose en tête ; Henry, lui, ne pensait qu'à la bibliothèque.

Il obéissait à tout ce que Rosa disait. Claire trouvait sa cousine hautaine, et quand elle souriait, c'était seulement pour se moquer de vous, ou bien elle souriait pour elle-même, car vous ne méritiez pas son attention. En cet instant, elle avançait devant les autres, les mains dans les poches, agitant parfois la tête pour faire bouffer sa chevelure, puis contemplant la mer comme si elle avait vu quelque chose qui soit digne d'inspirer un poème. Tante Eloise avait une drôle d'allure, mais au moins elle était gentille. Comment était-ce possible que sa fille ne le soit pas, elle aussi ?

Mamie Elizabeth arriva près de Claire et lui prit la main. « Claire, ma chérie. Cet endroit est vraiment le plus beau que j'aie jamais vu. Tu es vraiment adorable d'avoir amené jusqu'ici ta vieille grand-mère.

– C'était marrant. Je veux dire, c'est marrant.

– Albion, ça veut dire "blanc", tu sais. J'ignore pourquoi c'est également le nom de l'Angleterre. » Puis mamie Elizabeth s'assit sur le sable et elle fondit en larmes.

Claire s'arrêta net et s'accroupit. Au bout d'un moment, elle posa la main sur le genou de sa grand-mère et tira sur sa jupe de crêpe bleu. Aux oreilles de la jeune fille, les pleurs de mamie Elizabeth résonnaient telle une cascade d'objets : des assiettes dans un placard, ou de la glace sur un versant gelé. Claire n'aimait pas pleurer ; ça ne lui était pas arrivé depuis le jour où son père était mort au pied de la haie d'oranger des Osages.

« Tu sais à quoi je m'occupais à ton âge, Claire ? Je jouais du piano. On avait un vieux piano de salon, il n'avait même pas quatre-vingt-huit touches, mais j'en jouais tous les jours. Je jouais pour ton grand-père, et je pensais qu'il aimait ça, seulement au bout d'à peine six mois de mariage, il m'a dit que ça l'agaçait. Il ne m'a pas demandé d'arrêter, mais je l'ai fait quand même, parce que je ne voulais pas qu'il m'entende, même de l'extérieur. » Elle se remit à pleurer. « Oh, Wilmer ! » Claire savait qu'il y avait autre chose : les deux frères de son père, qu'elle n'avait jamais rencontrés, étaient morts jeunes, et c'était bizarre d'y penser. Claire prit la main de mamie Elizabeth.

« Walter était un si gentil petit garçon. J'ai cru que le pire jour de ma vie, c'était lorsqu'il est parti à la guerre en 1917, pire même que le jour où le petit Lester est mort. Je n'avais que dix-neuf ans. » Elle se tut. « Et puis bien sûr, la grippe a emporté Howard après la guerre. » Elle sortit son mouchoir de sa manche et se tamponna les yeux. « Oh mon Dieu. Combien je fois j'ai regretté que ce ne soit pas moi qui parte plutôt que lui ? Je l'ai attrapée aussi, la grippe. » Claire redoutait ce qui risquait de suivre – mamie Elizabeth avait survécu à tous ses enfants, et si jamais elle en arrivait là, et qu'elle évoque les sentiments de Claire à propos de la mort de son père, celle-ci craignait de ne pas pouvoir le supporter. Elle sentit la main de sa grand-mère serrer la sienne. C'est alors qu'Eloise les vit. Un éclair d'alarme traversa son visage, et elle s'écria : « Henry ! Rosa ! » Ils se retournèrent d'un seul coup.

Mamie Elizabeth les vit venir vers elle et elle se pencha à l'oreille de Claire. Finalement, elle ne lui dit rien à propos de son père, mais ses paroles restèrent à jamais gravées dans la mémoire de la jeune fille : « Pour une jeune fille, mieux vaut ne pas être très jolie, comme toi. Tu crois que je suis dure, mais c'est la vérité. Une fille qui n'est pas très jolie a plus de temps pour elle, et quand un homme tombe amoureux d'elle, il l'aime vraiment pour elle-même, pour ce qu'elle est. »

Eloise arriva en courant et tomba à genoux. « Tout va bien ? Tu es tombée ? Ah le sable, c'est traître !

– Oh, non, Eloise, ma chérie. Je ne suis pas tombée. Tout va bien. Juste un petit moment de faiblesse. Dans ma tête. Oh là là. Pourquoi est-ce que les endroits les plus beaux vous évoquent de tristes pensées ? » Claire lui tendit la main. Eloise prit la vieille dame par le coude : « Tu veux rentrer ? Je suis sûre que tu es fatiguée. » Henry s'avança et proposa son bras à mamie Elizabeth. Après que tout le monde l'eut aidée à se relever, ils poursuivirent leur promenade, Rosa en tête, Eloise juste après elle, puis, derrière, Henry, Claire et mamie Elizabeth.

Claire savait qu'elle était taciturne. Paraît-il qu'elle n'avait pas dit « maman » avant l'âge de deux ans. « Ce n'est pas qu'elle ne pouvait pas, disait Rosanna, mais elle s'en fichait. »

À quoi bon parler, songeait Claire, quand personne ne vous écoute ? C'était manifeste lorsqu'on allait chez Eloise. Certaines personnes parlaient tout le temps : Eloise et mamie Elizabeth. Henry discourait en permanence, par longs accès : sir Francis Drake était l'aîné de douze enfants, il avait combattu l'Invincible Armada, etc. Rosa était plus avare de mots, mais lorsqu'elle prenait la parole (« On devrait mettre des champignons »), les autres se taisaient, souriaient et acquiesçaient. Henry était amoureux d'elle et guettait ses moindres gestes. Eloise n'y prêtait aucune attention parce qu'elle se comportait de la même manière. Rosa était l'exemple parfait de l'enfant unique, selon Claire : elle savait se tenir, mais c'est parce qu'elle était en représentation permanente, sous les projecteurs.

Au cours des cinq jours qu'ils passèrent à Berkeley, Rosa ne leur présenta pas une seule fille. De nombreux garçons passèrent : ils ne sentaient pas très bon, n'étaient pas beaux et mal fagotés. Tout le monde s'asseyait pour fumer et parler, encore parler. Ils regardaient pour voir si vous écoutiez, mais ils ne s'adressaient pas à vous directement, ils poursuivaient inlassablement sur l'être et le néant en s'imaginant qu'ils parlaient vraiment de quelque chose. En fait, les cochons étaient plus intéressants. Si on avait sollicité son opinion, Claire aurait décrit la manière dont les porcs recherchaient leurs aliments préférés parmi leur pâtée, repoussaient les écorces d'orange sur le côté pour manger en premier les pelures de pommes de terre, puis revenaient ensuite aux écorces d'orange qu'ils grignotaient – elle avait même vu un jour un cochon manger une écorce de citron puis froncer le groin. Et les porcs avaient des copains, ils formaient des groupes d'amis ; souvent, ils aimaient bien ceux qui leur ressemblaient. Dans chaque portée, il y en avait toujours deux que les autres rejetaient. Claire avait beaucoup à dire, mais rien qui puisse intéresser quiconque.

Eloise les emmena voir le Golden Gate, qu'ils parcoururent dans un sens, puis dans l'autre. Ils allèrent à Chinatown, à San Francisco. Mamie Elizabeth voulait acheter une poupée, elle avait l'argent nécessaire, mais Eloise insista pour marchander et fit baisser le prix à deux dollars ; pourtant à la fin, mamie Elizabeth paya quand même quatre dollars. La veille de leur départ, ils allèrent dîner dans un restaurant où Rosa, pour faire son intéressante, ne mangea que des légumes. Ils prirent des glaces au dessert. Henry leur raconta l'histoire de son tuteur, qui avait divorcé car sa femme ne savait pas prononcer correctement le mot « album ». Elle ne pouvait s'empêcher de dire « alblum ». « Il la corrigeait, mais elle était vraiment têtue », conclut Henry.

« Pourquoi tu ne vas pas faire des fouilles au Mexique ou un truc du genre ? demanda Rosa. Au Nouveau-Mexique. Il y a plein de vestiges archéologiques, là-bas.

– C'est certain, répondit-il d'une voix sèche. Mais je n'ai pas étudié cette culture. J'étudie les Indo-Européens, et il est trop tard pour changer. » Il referma la bouche avec dureté, et tante Eloise les considéra, l'un après l'autre. Rosa haussa les épaules d'un geste étudié : elle savait qu'Henry la regardait, et elle voulait qu'il comprenne bien que, quoi qu'il fasse, elle s'en fichait.

« Combien de langues parles-tu, Henry ? demanda mamie Elizabeth qui n'avait rien vu.

– Anglais. Allemand. Je lis le français et l'italien. Si on lit l'italien, on peut se débrouiller en espagnol. Je lis aussi le latin, le moyen anglais et le vieil anglais, les textes ne sont pas très nombreux, et puis j'arrive à déchiffrer la Bible en version gothique. Et je vais faire du grec ce semestre », acheva-t-il en élevant la voix.

Rosa tourna la tête lentement vers lui, puis de l'autre côté. Tante Eloise prit une gorgée de vin. Claire comprit qu'elle avait quelque chose en commun avec Rosa : elles savaient garder les secrets. Ceux de Claire ne concernaient sans doute que les cochons, mais si ceux de Rosa étaient plus intéressants, ils étaient plus tristes.

Mamie Elizabeth s'essuya la bouche et déclara : « Ah, je suis bien désolée de devoir rentrer ! La tirelire est vide, renversée et toute desséchée, mais ce voyage en valait la peine !

– Et le prochain ? demanda Henry. Tu devrais aller en Angleterre, mamie. » Il détourna les yeux de Rosa.

« Moi je pensais plutôt à Hawaï ! » répondit mamie Elizabeth.

Quand Joe rentra du champ, derrière la maison, il commença par s'arrêter devant l'évier extérieur pour s'asperger d'eau. Puis il ôta ses chaussures. Il faisait chaud et il avait soif, et même si plus tard il se souvint que la porte était entrebâillée, il se contenta de la refermer. Il avait faim. Il appela Lois, mais il n'y eut pas de réponse, aussi regarda-t-il par la fenêtre de la cuisine et s'aperçut que la voiture n'était plus là. Minnie, bien sûr, était au lycée où elle s'occupait de choses et d'autres – même l'été, elle était absente la plupart du temps. Il ouvrit le réfrigérateur. Un reste de côtes de porc dans une assiette et une tasse de fraises l'attendaient à côté d'une note : « J'ai emmené Jesse faire sa visite des six mois. Annie est chez ta mère. Mange tout, Lois. »

Il mangea tout. C'était froid et délicieux. Il prit son déjeuner debout près du comptoir, et fit avec les fraises quelque chose que sa mère, au moins, aurait réprouvé : il les plongea dans le sucre avant de les manger. Puis il débarrassa les assiettes, fit la vaisselle, se lava les mains, et ressortit. Il lui restait au moins quatre heures de labeur, mais travailler la terre ne le dérangeait pas. C'était une tâche de précision ; il aimait voir les herbes folles retournées, puis recouvertes de terre, alors que les rangées de maïs étaient toujours debout – de petits ourlets bien nets.

Un peu plus tard, il aperçut Lois qui lui faisait signe. Il termina sa rangée, se retourna, mais feignit de ne pas la voir. Il détestait éteindre et rallumer le tracteur sans raison. Elle rentra. Il poursuivit sa tâche, tout en songeant que si jamais elle revenait, il irait voir ce qu'elle voulait. Elle ne ressortit pas. Joe termina le champ, jetant de temps à autre un coup d'œil à la maison. Rien.

En arrivant sur la véranda, Joe entendit Minnie dire : « Est-ce qu'il faut appeler le shérif ? »

À travers la porte grillagée il demanda : « Qu'est-ce qui se passe ? »

Minnie se retourna vers lui, pâle mais sans expression. « Mon père est en bas de l'escalier de la cave. »

D'abord, Joe ne comprit pas, puis il s'aperçut combien elle était blême et en colère, et enfin tout s'éclaircit : « Il est mort ?

– Il est vraiment froid. Comme s'il était là depuis longtemps. Je l'ai découvert quand j'ai voulu aller chercher un bocal de pêches. C'était quoi, il y a une heure. » Sa voix était blanche, s'en tenant aux faits.

Joe regarda dans l'escalier. Il n'y avait pas beaucoup de lumière, mais il aperçut le vieil homme, visage tourné vers le haut, le cou tordu en arrière. Il avait les mains au-dessus de la tête, à croire qu'il avait tenté d'attraper quelque chose. Il portait une chemise sale à manches longues et un bleu de travail.

À ce moment, le shérif Dee et son assistant arrivèrent. Au bout de quinze minutes dans la cave, ils firent asseoir tout le monde à la table de la cuisine pour leur poser des questions, que le shérif Dee énonça comme s'il les lisait. Lois faisait sauter Jesse sur ses genoux. Minnie oscillait entre tristesse et colère, mais sa sœur ne montrait rien. L'assistant Carson notait tout. Joe parla de la porte de derrière entrebâillée, à l'heure du déjeuner. Lois raconta qu'elle avait remarqué une voiture sur le bord de la route lorsqu'elle s'était rendue en ville, mais elle ne l'avait pas reconnue, elle était à moitié dans le fossé, il n'y avait pas d'occupant : elle avait cru à une panne d'essence. Ils n'utilisaient jamais la porte de devant, et non, aucune des deux n'était jamais verrouillée. Par ici, personne ne fermait sa porte à clé. Et qu'avaient-ils fait aujourd'hui ? Rosanna était chez elle avec Annie, Minnie était au lycée, Joe cultivait le maïs, Lois s'était absentée pendant quatre heures, elle avait emmené Jesse à sa visite de routine chez le pédiatre, puis elle avait fait des courses, posté des lettres, rendu visite à Dan Crest à la boutique, ensuite, elle avait passé du temps à la bibliothèque de Denby. Des témoins ? D'abord, Joe ne répondit pas ; puis : « Je crois que mon seul témoin, c'est le champ. »

L'assistant opina du chef, mais le shérif Dee demeura impassible.

Rosanna confirma que oui, Roland Frederick était venu, il y avait quoi ? deux ans, maintenant, il avait alors raconté qu'il travaillait à Omaha, il semblait n'avoir pas cessé de boire depuis ces huit dernières années, ses propos n'étaient pas très cohérents, mais non, il n'était pas menaçant, et il était reparti aussi vite qu'il était venu. Elle en avait parlé à Minnie. Joe tourna brusquement la tête vers Minnie ; puis il prit la main de Lois sous la table.

« Je croyais t'en avoir parlé, Lois », dit Minnie en s'éclaircissant la gorge.

Après « l'interrogatoire », Joe et Minnie restèrent assis là tandis que le shérif Dee et l'assistant Carson – ah, mais oui, il s'appelait Seth, c'était le fils de

Rodney – déambulaient à travers la maison, regardant ceci, cela, sortant sur les deux vérandas, pour ensuite rentrer, observer le parquet, vérifier les poignées de porte. Ils redescendirent dans la cave, mais cette fois n'y restèrent que cinq minutes. Il était maintenant six heures passées. Le shérif Dee prit le téléphone et appela les pompes funèbres. Lois demanda s'ils pouvaient se retirer pour le dîner chez Rosanna ; alors Minnie, Lois, Jesse, Rosanna et Annie s'en allèrent en emmenant Poppy. Joe, lui, demeura tranquillement à la cuisine, s'assurant que Nat reste bien auprès de lui tandis que le fossoyeur et ses deux assistants extrayaient le corps de l'escalier, avant de le faire sortir par la cuisine, puis par la porte d'entrée. Nat grogna une fois ou deux, mais il n'aboya pas. Joe le regarda en se demandant ce qu'il savait – il n'était sans doute pas dans la maison, mais il avait peut-être vu quelque chose. Joe éprouvait une certaine honte, sans trop savoir pourquoi. Peut-être parce qu'il demeurait un étranger dans la maison des Frederick ? Peut-être parce que enfin la ferme était à lui ?

« Et vos rêves ? » demanda le Dr Katz.

Andy était allongée sur le divan, qui ressemblait davantage à un lit. Il se tenait derrière elle. C'était son trente-deuxième rendez-vous. Elle avait commencé pendant l'été, après avoir lu que la bombe H était potentiellement utilisable en tant qu'arme conventionnelle. Elle s'était aperçue qu'elle ne parvenait pas à chasser le mot « retombées » de son esprit – il restait planté là, comme un pois noir qui parfois germait – mais le Dr Katz ne semblait ni intéressé ni impressionné par ses inquiétudes. Il disait qu'il voulait quelque chose de « plus profond ». Elle venait cinq fois par semaine à présent, depuis le 1er septembre, à leur retour des vacances d'août. La séance coûtait quinze dollars, mais puisqu'elle venait tous les matins, il lui faisait un tarif à douze dollars cinquante. Ça ne dérangeait pas Frank. Cette année-là, il allait gagner cinquante mille dollars chez Grumman, sans parler de leurs investissements auprès de ce qu'ils appelaient le « fonds de l'oncle Jens », du nom de cet arrière-arrière-grand-oncle d'Andy qui avait laissé tout son argent à ses descendants nés après la mort du dernier de ses contemporains – héritage nordique ombrageux dont Andy n'avait pas encore parlé au Dr Katz. « Pas grand-chose. Il y en a un dont je me souviens. »

Ça faisait partie de son boulot de produire des rêves. Elle resta allongée une minute ou deux, laissant le silence se construire autour d'elle, puis elle dit : « Il y a deux matins de ça. J'avais presque oublié, mais ça me revient. »

Elle ferma les yeux et continua. « Il y avait des collines mais pas d'arbres. Je suis sur le versant d'une colline, en bas coule une rivière, rapide et bouillonnante. Je suis censée descendre. J'ai un peu peur. Je sais aussi que je suis une jeune fille très belle – quinze ans, à peu près. Mais je ne suis pas moi. J'ai des cheveux blonds soyeux qui m'arrivent plus bas que la taille. Je suis assise sur le flanc de la colline et je tortille mes mèches. »

En réalité, ce rêve n'en était pas un, c'était une histoire qu'elle avait lue. Andy ne rêvait pas. Mais le Dr Katz semblait apprécier les histoires qu'elle lui racontait, et y trouver des choses éclairantes.

Elle poursuivit : « J'ai déjà été mariée deux fois. Donc je n'ai peut-être pas quinze ans. Pourtant les deux semblent vraies. L'essentiel, c'est la sensation de l'herbe de la colline : rude et irrégulière.

– Mmmh.

– Puis un homme vient vers moi, et je sais que c'est mon nouveau mari, c'est lui que je préfère. » Elle s'arrêta puis reprit : « Il sourit plus que les autres. Ce n'est pas Frank. Donc, nous continuons sur le versant, qui est abrupt, et soudain, il a un arc entre les mains et il se met à tirer des flèches sur des gens. Ensuite la corde de l'arc se casse, et il me demande des cheveux. Je dis non.

– Pouvez-vous expliquer, s'il vous plaît ?

– Non. Je refuse, c'est tout. Alors il reste là, avec l'arc cassé, on lui tire dans le cou et je me réveille. Je crois que j'ai regardé Frank, il était allongé sur le dos, mais tout allait bien. Après je suis restée couchée comme ça pendant quelques minutes, et je me suis rendormie. » En réalité, Frank n'était pas à ses côtés. Mais bon, elle n'avait pas rêvé ça non plus.

Le Dr Katz reprit : « Pensez-vous que vous cachez quelque chose à votre mari, et que ça l'a tué ?

– En fait, ils étaient supérieurs en nombre.

– Est-ce cela que vous ressentez ? Qu'il est dépassé par le nombre ?

– Pourquoi penser que mes cheveux pourraient servir de corde à son arc ? Ça n'a aucun sens.

– Dans le rêve avez-vous pensé que c'était une idée stupide ?

– Je n'ai rien pensé. J'ai seulement dit non.

– Ressentiez-vous un danger mortel ?

– Non. »

Andy commençait à regretter d'avoir raconté cette histoire. Enfin, elle dit : « Dans mes rêves, les gens meurent tout le temps. » À cause des retombées, pensa-t-elle. Katz acquiesça : « En effet », ce qui la surprit. Elle ajouta : « Mais on dirait que dans le rêve, je sais que c'est un rêve, et que la personne n'est pas vraiment morte, ni d'ailleurs qu'il s'agit vraiment d'une personne. Quelle qu'elle soit.

– Et vous n'avez pas de chagrin ?

– Non. » Une question se présentait à elle : était-elle sans cœur ? La veille au soir, au téléphone, Lillian lui avait raconté en pleurant que le fils d'une amie à elle, âgé de neuf ans, qui s'appelait aussi Michael, avait été tué par une voiture en traversant la route près de la maison, mais Andy était restée de marbre à regarder la cendre de sa cigarette, elle n'avait rien à dire. Était-elle parmi les patientes de Katz celle qui avait le moins de cœur ? Elle n'était pas censée poser des questions mais trouver des réponses.

Silence prolongé. Andy songea à être honnête et lui dire qu'il s'agissait d'une histoire, pas d'un rêve. Mais alors, il lui demanderait quelle était la différence, et elle devrait avouer qu'elle n'en savait rien.

1957

Quand Lillian aurait-elle eu le temps de lire les journaux, ou de regarder les nouvelles à la télévision ? Pourtant, les événements se frayaient un chemin jusqu'à elle : la Hongrie en novembre, la crise de Suez à peu près en même temps, et chaque fois, la répression. Malgré tout, même si Arthur rentrait un peu plus tard, il était égal à lui-même, joyeux, doté d'un bon appétit, reprenant de chaque plat, même si cela ne se voyait pas dans sa silhouette. Ses ardeurs sexuelles demeurèrent inchangées jusqu'en février, ce qui par la suite soulagea secrètement Lillian. Et puis une nuit, elle se leva pour aller aux toilettes, et en revenant se coucher, dans le clair de lune, elle vit les larmes luire sur la joue d'Arthur, yeux grands ouverts, silencieux. Elle eut l'impression de se remettre au lit avec un inconnu. « Arthur ? » dit-elle.

Il se mit sur le côté, lui tournant le dos, et elle se glissa sous les couvertures. Elle posa la main sur la tête de son mari et se mit à gratter très doucement, ce qui la fit s'endormir aussitôt. Peu après, il passa le bras autour d'elle, et la réveilla en pleurant sur son épaule. Ça ne lui était pas arrivé depuis des années, pas depuis que Timmy était né vivant et en bonne santé. Même lorsque son père était mort, Arthur était resté droit, les yeux secs.

Elle fit comme avec Debbie et Deanie, elle le laissa pleurer en lui caressant la jambe. Elle voyait les aiguilles phosphorescentes de là où elle était : trois heures et quart, jusqu'à quatre heures moins le quart. Enfin, il poussa un gros soupir, retira le bras qu'il avait passé sous elle, et s'assit. « Ça va ? » demanda-t-elle.

Il s'essuya le visage avec le coin du drap et soupira de nouveau.

« Si on est sur écoute, je suis viré, c'est sûr.

– Si on est sur écoute ?

– J'ai vérifié, je ne pense pas que ce soit le cas.

– Tu te fiches de moi ?

– J'espère bien. »

Il sortit de la chambre. Elle l'entendit ouvrir et refermer des portes – il observait ses enfants endormis. Puis il s'assit dans le fauteuil et reprit : « Est-ce qu'on a autorisé Dean à dormir par terre ?

– Pour l'instant.

– D'accord. Je voulais juste m'assurer que ce n'était pas une punition cruelle que lui infligeait Timmy.

– Non, Dean fait tout son possible pour avoir une tente. Il voudrait que j'accroche un pan de sa couverture au mur.

– S'il te plaît, dis-moi que ça ne fait pas un siècle qu'on est mariés.

– Nous sommes mariés depuis exactement onze ans et trois mois. »

Arthur renversa la tête sur le dossier du fauteuil et inspira profondément. Soudain, Lillian fut certaine qu'il avait rencontré une autre femme – une femme qui n'avait pas d'enfants, ou qui avait su préserver sa silhouette. En quelques années, elle avait pris deux tailles. Comment avait-elle pu croire qu'un homme aussi éblouissant qu'Arthur puisse se contenter d'elle ? Georgetown était la capitale de l'infidélité : les femmes ne parlaient que de ça, et quand elles n'en parlaient pas, c'est parce qu'elles couchaient avec les maris de leurs amies, comme ça on savait toujours si quelqu'un avait une liaison.

« Je ne vois pas comment je pourrais continuer à supporter ça, alors…

– Alors quoi, Arthur ? »

Il se pencha en avant et enfouit son visage dans les mains en grommelant quelque chose. Lillian comprit tout à coup qu'il ne parlait pas de leur couple. Elle s'agenouilla devant lui, écarta ses mains et lui dit doucement : « Répète-moi ça, Arthur ?

– On consacre quatre-vingts pour cent de notre budget à des conneries ! »

Elle attendit.

« Je hais Frank Wisner. Je hais toutes les idées qu'il a jamais eues, à commencer par le parachutage de ces crétins en Pologne à la fin de la guerre. Action directe ! Sabotage ! Subversion ! Le remède est pire que le mal, à chaque fois. Moi, j'aime Eisenhower. C'est vrai : "I like Ike" ! Mais trente mille personnes sont mortes à Budapest, littéralement fauchées, et tout ça parce que Ike n'a pas voulu lever le petit doigt, et que les Russes les ont balayées. Wisner détestait Nagy, à une époque c'était un bâtard de rouge – c'est comme ça qu'il parle –, et il n'y a pas de rédemption possible pour ces bâtards de rouges. On avait deux types qui traduisaient le hongrois – rien que deux – mais tout ce qu'ils nous fournissaient tendait à montrer que Nagy penchait de notre côté, et nous, tout ce qu'on renvoyait, c'était : “Allez-y, allez-y, on est derrière vous !”, mais en fait, ils n'ont pas bien regardé autour d'eux, parce que s'ils l'avaient fait, ils auraient vu que nous, on partait en courant dans l'autre direction, parce que Ike avait d'autres projets, Dieu sait lesquels.

– Les Hongrois savaient qu'ils couraient des risques, Arthur… »

Il lui prit la main et la regarda longuement. « Tu sais ce que je fais tous les jours, Lillian ? J'exagère la menace soviétique. Je dis qu'ils ont une centaine de nouveaux bombardiers alors qu'ils en ont dix. Je dis qu'ils ont vingt divisions même si elles ne sont qu'une dizaine. Je prétends qu'ils sont trente pour cent plus près d'avoir des missiles balistiques intercontinentaux à tête thermonucléaire qu'ils ne le sont réellement.

– Et pourquoi fais-tu cela, mon chéri ?

– Parce qu'il est possible que les Soviétiques mentent, que nos sources se trompent, et on doit assurer la sécurité, et voilà comment quatre-vingts pour cent de notre budget part dans des choses qui en réalité n'ont pas d'importance. Parce que je suis devenu un abruti. Parce que c'est ça qu'ils veulent entendre. J'ai l'impression d'agir comme ça depuis cent ans, et je ne peux plus continuer.

– Dans ce cas, démissionne », dit Lillian. Tu as quatre enfants et un emprunt sur le dos. Mais ça, elle ne le dit pas.

« Et qui va me remplacer si je démissionne ? Un gars de Yale qui va gonfler encore plus les chiffres ? Un gars de Yale qui n'a qu'une hâte : être envoyé au

Salvador ou au Vietnam, et qui se contente d'essuyer ses semelles sur le seuil de l'analyse de données ?

– Mais il y a longtemps que tu penses ainsi, Arthur. Qu'est-ce qui te dérange autant aujourd'hui ?

– On ne savait pas ! On ne savait rien ni de la Hongrie, ni de Suez avant que ça arrive. Tu as été surprise en lisant ça dans les journaux ?

– Eh bien oui, mais…

– Je l'étais autant que toi, Lillian. J'ai failli m'étaler dans l'escalier. J'ai ramassé le journal devant la porte, j'ai saisi la rampe, et heureusement, parce que j'ai perdu l'équilibre et que je suis tombé à la renverse.

– Ça fait six marches.

– J'aurais été dans un sale état.

– Tu as eu des ennuis parce que tu ne savais pas ça ?

– Même pas ! J'étais prêt à fournir toutes les excuses possibles, et personne n'a rien demandé. Ils s'en foutent ! La Maison Blanche ignore ce que nous savons et quand nous l'apprenons, et Dulles et Wisner nous couvrent, parce que si les gens commençaient à se poser des questions sur ce qu'on sait vraiment, alors ils se demanderaient pourquoi on fait autant de conneries, et notre budget serait menacé et ça, ça n'est pas possible.

– Pourquoi ?

– Eh bien, pour prendre les choses sous un angle charitable, disons qu'on peut en avoir besoin pour quelque chose de sérieux à l'avenir.

– Mais pourquoi pleures-tu ? Je veux dire ce soir plutôt qu'hier soir, ou en novembre ? » Son doigt glissa le long de sa pommette, courbure qu'elle aimait tellement chez lui, et aussi chez Timmy, Dean, Tina, puis elle porta son doigt à ses lèvres.

« On est déjà sur la prochaine connerie.

– Quoi donc ?

– Déposer Sukarno. Wisner pense que c'est un coco caché. L'ambassadeur indonésien dit que Sukarno aime Ike comme un père. Qu'est-ce que tu veux que je fasse ?

– Je ne sais pas. »

Il était presque cinq heures. Le réveil sonnait à sept heures. Ils se remirent au lit et Lillian se blottit dans les bras d'Arthur. Soudain il la serra fort. Que dirait ma mère ? pensa Lillian. À trente ans, Rosanna avait déjà perdu sa fille Mary Elizabeth, et peu de temps après, elle avait accouché d'Henry dans la chambre du bas, en plein vent, sous les yeux de Joe. Sans doute que sa mère aurait considéré les problèmes d'Arthur abstraits, voire sans importance. Lillian ne pouvait dire à Arthur ce qu'il devait faire. Mais elle sentait qu'un tournant s'était opéré, aussi lent et inexorable que le mouvement de la petite aiguille – le cocon qu'elle s'était tissé dans cette maison commençait à craquer, et quelque chose de très différent s'apprêtait à en sortir, qui n'avait rien d'un papillon. Sa mère aurait ouvert les mains, levé les yeux au ciel et dit qu'il fallait bien grandir un jour. Elle aurait sans doute ajouté que ce genre de situations ne produisait jamais rien de bon.

Jim Upjohn avait une théorie sur les femmes : il y avait celles qui étaient plus jeunes et plus jolies que votre épouse, mais taillées dans la même étoffe – disons qu'elles avaient fait leurs études à Vassar, comme votre épouse, pendant au moins une année. Alex Rubino avait également une théorie : il fallait rechercher les femmes les plus différentes possibles de la vôtre, et s'arranger pour ne plus jamais croiser leur route ensuite. Pendant longtemps, ces deux théories firent rire Frank, car il attendait le retour de flamme – ce sursaut de passion qu'il avait éprouvé pour Andy juste avant et juste après leur mariage, avant que les jumeaux ne détournent vers eux tout atome d'énergie. À présent, les jumeaux avaient cessé de l'accaparer, ils ne constituaient plus un gigantesque fardeau d'obligations et de fatigue, mais Andy avait décidé qu'un pan de son enfance l'empêchait d'avancer, un linceul, un fantôme, une peau d'ours. Elle n'était pas la seule femme parmi leurs connaissances à suivre une psychothérapie – Frances Upjohn adorait son analyste jungien. Frank et Jim pensaient tous les deux que la thérapie était un luxe que les femmes pouvaient s'offrir car elles n'avaient pas de passé ; ils pensaient tous deux à la guerre, hélas on ne pouvait en parler autrement que comme d'une grande aventure. Ils abandonnèrent le sujet.

Quand Frank se fit aborder au Waldorf, il sirotait un gin tonic au bar. Il tuait le temps, traînait plutôt que de rentrer chez lui à cause des jumeaux qui, âgés d'un an à l'époque, étaient un vrai tourbillon de cris et de pleurs. En passant à côté de lui, la fille lui dit : « Ça a l'air bon. Vous m'en offrez un ? », sans qu'il comprenne qu'il s'agissait d'une prostituée. Quelle gourde, pensa-t-il. Indécrottable. Elle était jolie, brune, mince, avec des chaussures qu'Andy aurait admirées. Mais il n'était pas descendu à l'hôtel, donc il n'avait pas de chambre. Au bout d'une heure, ils quittèrent le

Waldorf, et une fois sortis il l'embrassa avant qu'elle ne reparte vers le nord de la ville, et qu'il prenne la direction de Penn Station et de la maison. Pourquoi l'avait-il embrassée ? Parce qu'elle lui avait ouvert les yeux. Bien sûr, il l'avait payée.

Il réessaya environ un mois plus tard au Waldorf : il prit une chambre et observa les filles au bar. Cette fois, ce fut une blonde un peu plus jeune – vingt-cinq ans peut-être, de Los Angeles, qui disait chercher un travail à Broadway. Elle aussi portait des chaussures qu'Andy aurait admirées, et elle avait un sac à main coûteux. Il lui donna vingt dollars et dit à l'accueil que finalement il ne pourrait rester la nuit. Ensuite, il essaya le Plaza – mauvaise direction. Plus au sud, il serait mieux. Le Roosevelt semblait parfait – de là, on pouvait se rendre à pied à la gare de Grand Central et l'ambiance était moins compassée qu'au Waldorf. L'hiver était arrivé ; la première fille qu'il leva avait une jolie coiffure à la Sandra Dee avec bandeau et tout, de plus son manteau venait de chez Macy et pas Bergdorf. Elle avait une petite voix plaintive, pareille à celle de l'épouse dans ce film, *L'Ultime Razzia*. La deuxième était une fille du Sud, c'était peut-être la première fois qu'elle faisait ça car lorsqu'il l'avait emmenée dans la chambre, elle avait visité, en touchant à tout, au rebord des fenêtres, à la tapisserie.

La troisième fois, il paya sa chambre au Roosevelt (vingt-huit dollars), puis s'en alla parce qu'il en avait marre. Le Mansfield, un peu plus au sud, paraissait prometteur, mais il décida d'aller explorer le West Side. L'Algonquin l'amusa pendant un mois ou deux – les chambres n'étaient pas très chères, les filles plus expérimentées, comme si elles avaient tenté de postuler pour le Plaza ou le Waldorf, mais n'avaient pas le niveau. Il y alla quatre fois – Leslie, Peachy, Zandra (vraiment ?), et Honey. Il était prêt à aller voir ailleurs.

Il descendit plus au sud, jusqu'au Chelsea Hotel, et il aima ça – partout des filles qui passaient la porte, s'accoudaient à la fenêtre. Mais il n'y était pas à sa place avec son costume impeccable, ses belles chaussures et ses cheveux bien coupés. Mieux valait garder ses distances avec le Chelsea Hotel. Trois rues plus loin, il tomba sur un bâtiment étroit et branlant sur la 20e Rue Ouest, face au nord. Le bar s'appelait le Grand Canyon, il avait deux entrées et une grande baie vitrée donnant sur la rue. Il le traversa deux fois en regardant autour de lui, salua chaleureusement le type de l'accueil, prit une chambre, puis revint au Grand Canyon. Il y avait trois personnes au bar. Les tables étaient vides. Frank s'assit près de la fenêtre. C'était la fin mai, et la lumière était éclatante. Les habitués n'avaient pas envie d'être éblouis.

Frank commanda un gin tonic au barman. Il prit son verre et alla s'asseoir à la table la plus éclairée. Le nouveau tonic, Bitter Lemon, masquait presque entièrement le goût du gin. Le nom se forma sur ses lèvres, et il décida d'en acheter. La première fille qui entra attira son attention, et elle lui adressa un grand sourire. Elle alla au bar, commanda un scotch soda, puis elle se lança dans une vraie parade, passant et repassant devant lui, à la recherche d'une table. Quand enfin elle s'installa, il la regarda, releva un sourcil, et lui sourit. Il savait qu'il avait un sourire irrésistible. Il était toujours aussi beau, juste un peu plus endurci, un peu plus affranchi.

La fille portait une veste en mouton retourné. Sa robe était cintrée à la taille, et elle avait les seins de Jayne Mansfield – mais d'après Frank, dix ans de plus. Elle se leva, vint vers lui, sans oublier de balancer les hanches et de le regarder d'un œil de velours. « Vous êtes du coin ? » demanda-t-elle.

Frank inclina la tête, sans répondre. Il lui fit signe de s'asseoir. « Vous êtes descendu dans cet hôtel ? » De la main, elle désigna le bâtiment où ils étaient. Frank souriait toujours.

« Ok, très bien. » Elle souriait également et but une gorgée. Frank sentait l'excitation monter. Elle paraissait un peu fatiguée, un truc qu'il n'avait pas vu depuis longtemps. Il posa la clé de sa chambre sur la table. Elle acquiesça, puis sourit en disant : « Donc, j'imagine que t'es pas du coin. À voir comme ça, je dirais que tu es allemand, mais ça me dérange pas. J'étais une gamine pendant la guerre. C'est pire, maintenant, d'une certaine manière, en tout cas là d'où je viens – Allentown, c'est un peu à l'ouest d'ici. » Elle continua de pérorer, certaine qu'il ne comprenait pas un mot de ce qu'elle disait. Elle souriait par moments, sans rapport avec son discours, pour maintenir son intérêt en éveil, supposa-t-il. « Donc, on dit que New York est une grande ville, mais en fait c'est rien qu'une petite ville. Moi, je voudrais aller ailleurs, mais j'ai pas assez de pognon. » Frank s'aperçut que sa pommette droite était meurtrie, et qu'elle s'était soigneusement maquillée. Ce qu'il l'excita encore davantage – sans qu'il sache si c'était à cause de l'ecchymose ou du maquillage. Il se leva. « D'accord, monsieur Schulz, on y va, puisque t'as pas grand-chose à dire. »

Ils quittèrent le bar et traversèrent le hall de l'hôtel ; d'une main posée au creux de son dos, il la détourna de l'ascenseur pour aller vers un escalier à la décoration élaborée mais miteuse, avec une corde en soie vert passé et des glands le long du papier rose satiné. Il la poussa en direction de l'escalier. « J'imagine que c'est pas suffisant de bosser toute la journée, on peut même pas prendre l'ascenseur. » Sans doute ne se rendait-elle pas compte qu'elle avait un cul magnifique, qui, enrobé dans sa jupe bordeaux au tissu chatoyant, formait un cœur parfait. Il la maintint devant lui et lui donna la clé. Quand elle ouvrit la porte, il la poussa si fort qu'elle trébucha et faillit tomber. « Eh ! *Nein ! Nein,* pas de ça avec moi, Herr Schulz ! »

Frank sourit et hocha la tête.

Après, il se montra plus doux, mais hâta les choses – il avait une énorme érection, son sexe tendu et dressé palpitait contre sa ceinture. Dès qu'il fut entré, la porte refermée, il ôta ses chaussures et fit tomber son pantalon. Elle écarquilla les yeux.

Elle posa son sac et retira ses escarpins. Sa jupe se fermait sur le côté et il lui fallut un moment pour la retirer. Elle portait une jolie gaine étroite, très excitante, qu'elle mit du temps à ôter après avoir retiré ses bas (avec soin, pour ne pas les filer). Elle ne le quittait pas des yeux – son regard allait de son visage à sa queue, qu'il caressa avant de mettre un préservatif.

Il ne lui laissa pas le temps de retirer son corsage, il l'assit fermement à une extrémité du lit et l'allongea. Il était si excité qu'en la pénétrant, pour se calmer, il dut fermer les yeux et penser à Andy, étalant du *cold cream* sur ses joues et son front. Puis il ouvrit les yeux, son visage était juste à côté de celui de la prostituée ;

elle avait les yeux gris-vert, et on voyait l'arc de sa pupille juste au-dessus de sa paupière inférieure ourlée de cils assombris de mascara. Les mains fermement plantées sur ses fesses, il déchirait son cul parfait.

Enfin, c'était une impression. Il lui donna l'assaut final, et elle poussa un petit soupir involontaire, puis par politesse, elle attendit un moment, et l'écarta pour se lever et aller à la salle de bains.

Quand elle en ressortit, il faillit oublier qu'il n'était pas censé parler anglais, mais il se rattrapa au dernier moment et se contenta de sortir deux billets de vingt dollars qu'il lui tendit. Puis il les jeta sur le lit et haussa les épaules. Elle s'arrêta, prit les billets et les fourra dans son sac sans même chercher son portefeuille. Ensuite, elle prit un paquet de Kent et un Zippo, et s'approcha de la fenêtre qu'elle entrouvrit. « Tu sais, je suis un peu bête, il faut que je commence par une cigarette, avant même de me rhabiller. Je fume depuis que j'ai treize ans – tu te rends compte ! –, c'est à cause de mon frère. Il piquait des Viceroy à mon père. Et lui, il croyait qu'il fumait quatre paquets par jour ! » Elle éclata de rire.

Frank ne supportait pas cette femme. Elle était parfaite.

À dix-huit heures il était sorti, et trois quarts d'heure plus tard, il était chez lui. Il faisait encore jour et Janny jouait avec une petite voisine – mais comment s'appelait-elle, déjà ? – à se lancer son frisbee à l'effigie de Pluto. Frank était de bonne humeur, aussi ne prêta-t-il pas attention à leur maladresse. Il passa le portillon, posa sa mallette et dit : « Hé, les filles, attendez, je vais vous montrer un truc. »

Janny s'approcha avec davantage de prudence que la petite voisine, qui vint vers lui en lui tendant le frisbee. Janny s'écarta. Frank mit un genou à terre, plaça la main de la fillette à l'avant du frisbee, la sienne par-dessus, et il approcha sa tête de la sienne. « C'est ça, maintenant, garde ta main à plat, ton pouce en haut, et regarde par-dessus le frisbee tout le temps où tu le tiens. Garde toujours en ligne de mire l'endroit où tu veux le lancer. Tu dois l'envoyer dans la direction indiquée par ton pouce, d'accord ? » Ils lancèrent le frisbee, qui atterrit dans l'allée, juste devant le portillon. La fillette s'écarta d'un bond en disant : « C'était bien ! » Elle courut le récupérer.

« À mon tour, je veux essayer, dit Janny.

– D'accord. Viens là. » Elle se nicha soudain contre lui, à croire que sa réserve habituelle s'était envolée. La petite voisine rapporta le frisbee. Frank ne dit rien, mais Janny avait tout écouté, et elle lança le frisbee exactement comme il l'avait montré à son amie. L'engin passa par-dessus le portillon du jardin et atterrit dans la rue. Frank serra l'épaule de sa fille : « Bravo, Janny », puis avec douceur, oui, beaucoup de douceur, il la repoussa.

Au début du mois d'octobre, on avait découvert la présence du Spoutnik dans le ciel. À présent que Joe commençait à récolter le maïs avec son oncle John et son fils, Gary, il avait tout le temps pour contempler l'ouest en imaginant une plume brillant à peine sur l'horizon, et il avait tout le loisir d'observer l'est en se demandant ce qui se tramait dans son dos. Bien sûr, les fermiers ne discutaient pas de ça. Le vrai mystère, c'était qu'ils n'y aient pas songé plus tôt. Oui, les

Russkofs avaient la bombe depuis des années, mais les bombardiers mettaient du temps à se déplacer, et on pouvait les faire exploser en vol, au-dessus du Canada par exemple. En revanche, les missiles du genre que lançait le Spoutnik pouvaient arriver en moins d'une demi-heure, à ce qu'on racontait. Plus rapides qu'une tornade, à peine le temps de se réfugier aux abris. De ce point de vue-là, l'année avait été rude : neuf tornades en mai, et cinq de plus pendant l'été – mais aucune n'avait atteint l'ampleur de celle de 1951, qui avait presque entièrement dévasté cette église à Randolph, et balayé la terre pendant une heure, à en croire les gens de là-bas. Ce jour-là, Joe n'avait rien vu : il avait passé son temps dans la grange à effectuer des réparations, et en levant les yeux il avait constaté que le ciel était vert. Enfin, les bombes et les missiles, ce serait pire.

Il ne partageait pas ce genre de pensées avec Lois et Minnie. Peut-être Lois ne savait-elle même pas que le Spoutnik existait – elle ne lisait que des livres de cuisine, et les informations l'ennuyaient –, alors que Minnie, étant donné son poste au lycée, ne pouvait l'ignorer. L'un de ses premiers commentaires à ce sujet avait été : « Regarde ça. Encore du travail en plus. » Et elle avait raison. Chaque jour, les journaux ne cessaient de revenir sur le fait que les petits Américains perdaient leur temps à lire *Dick et Jane* et à apprendre leurs tables de multiplication – peut-être devraient-ils lire des choses plus difficiles et apprendre à se servir d'une règle à calcul dès le cours élémentaire. D'après Minnie, qui était au courant de tout, on allait installer des silos à missiles dans l'Ouest, dans les Dakotas et le Nebraska. Ça ferait de nouvelles cibles.

Le plus drôle, et il y pensait chaque jour en récoltant le maïs, c'est qu'il avait justement acheté un nouveau tracteur au printemps, un International Harvester 400, une énorme machine de quarante-huit chevaux, et il avait passé tout l'été à s'inquiéter de la manière dont il allait le rembourser. Puis le satellite Spoutnik était apparu dans son esprit (on racontait même qu'on pouvait le voir passer, mais ça ne lui était jamais arrivé), et il avait oublié de s'inquiéter pour le tracteur, bien qu'il soit rouge, tel un cœur de cible.

Ils terminèrent le rang qu'ils récoltaient à l'extrémité du champ, au nord de la maison, et il sauta au bas de la machine. En retournant vers la maison, John, qui avait sept ans de plus que lui mais paraissait avoir le même âge, se mit à parler d'une moissonneuse-batteuse qui, paraît-il, était autonome. Le tracteur pouvait être employé à autre chose. Gary demanda : « Comme quoi, aller faire les courses ? » et ils éclatèrent tous de rire.

« Non, dit John, il y a ce cueilleur-épanouilleur qui arrache les tiges et les feuilles. Ensuite, les épis passent dans le cylindre, et ressortent égrenés. Avec de bonnes cages grillagées, tu peux laisser les grains sécher à la ferme.

– Et qu'est-ce qu'on ferait pendant l'automne ? » demanda Joe.

Avant que John ait pu répondre, Gary coupa : « On réparerait la moissonneuse-batteuse. »

Ils se débarrassèrent de leurs bottes, enlevèrent leur veste, tapèrent des pieds et s'époussetèrent. Tout ça n'ôtait guère de poussière, mais ils allaient seulement à la cuisine. Lois ne dirait rien. Dès qu'ils entrèrent et attrapèrent les chaises, elle commença à sortir des plats du four. D'abord, les haricots verts, puis les pommes de terre, les carottes et la côte de bœuf rôtie. Cette pièce de viande extrêmement appétissante venait sans doute d'un des bœufs de John – il gardait encore cinq ou six bêtes dans un pré à flanc de colline, un versant qu'il ne voulait pas labourer.

« Où sont les enfants ? demanda Joe.

– Jesse fait la sieste, et Annie est partie avec Minnie à Usherton passer l'après-midi. Je crois qu'elles vont à une séance de cinéma, voir un film avec un écureuil.

– J'espère qu'elle ne sera pas morte de peur. »

Franchement, à quoi bon parler quand il y avait toute cette nourriture à manger ? Joe, John et Gary se jetèrent dessus.

« Mamie Mary adore Burt Lancaster, reprit Joe. Elle dit qu'il lui rappelle un garçon qu'elle a connu étant jeune. »

Gary le dévisageait. Joe haussa les épaules. Gary avait à présent vingt ans. C'était le seul des enfants de John qui soit resté à la ferme – et pourquoi pas ? Avec John, ils exploitaient plus de deux cent quatre-vingts hectares et aucun de leurs proches – ni Frank, ni Henry, ni Buddy, ni Jimmy, ni Kurt – ne s'y intéressait le moins du monde. Même Gary hésitait – parfois, il parlait de s'engager dans l'armée. Mais un jour, il pourrait hériter de tout ça, s'il le voulait.

Lois était assise à sa place, les coudes sur la table, souriante. L'été, elle avait gagné le concours de tartes à la fête du comté, pour la deuxième année consécutive. Dave Crest avait trouvé une variété de pommes anciennes appelées Spitzenberg, et elle préparait une tourte avec de très fines couches de pommes entrelardées de myrtilles. Lorsqu'elle essayait sa recette (dix tourtes en tout), elle n'en mangeait chaque fois qu'une toute petite part. Joe savait que Lois ne l'aimait plus, et sans doute que son amour pour elle s'était épanoui, puis fané à son tour, parce que ce n'était pas un sentiment très profond ni durable comme autrefois son amour pour Minnie, mais ils s'entendaient bien tous ensemble ; à la ferme, nécessité faisait loi.

L'amour était réservé aux enfants – Lois était particulièrement douée pour ça. Elle était responsable et affectueuse, et sa manière de leur apprendre des choses était vraiment remarquable. Quand elle avait besoin de leur parler, elle s'accroupissait, prenait leur petite main, puis les regardait dans les yeux. Ensuite, elle expliquait, l'enfant acquiesçait, car il comprenait vraiment. Combien de fois, enfant, Joe avait-il juré qu'il comprenait, juste pour que Walter ou Rosanna le laisse tranquille ? Combien de fois avait-il vu Frank hocher la tête, sourire de toutes ses dents, puis retourner faire des bêtises dès que son père avait le dos tourné ? Joe laissait les enfants lui grimper dessus, il les portait sur ses épaules et il faisait sauter Jesse sur ses genoux. Il imitait pour eux les cris des animaux et des oiseaux. Lorsqu'il raconta à Lois qu'autrefois, Lillian lisait des livres à Claire tandis que lui imitait des cris d'animaux en fond sonore, celle-ci aima tellement cette anecdote qu'ils essayèrent avec leurs propres enfants qui adorèrent ça, eux aussi. Il n'était pas très doué question autorité, mais d'après Minnie, les pères stricts effrayaient les petits enfants. S'il fallait donner une fessée, tante Minnie pouvait s'en charger, quant à Joe il n'avait qu'à rester au fond de la pièce, sourcils froncés, en secouant la tête, ensuite maman Lois pourrait donner un biscuit et s'asseoir avec l'enfant pour caresser Poppy. Minnie avait de nombreuses opinions sur les enfants et leurs familles, et ça n'avait rien d'étonnant avec tous ceux qui défilaient dans son bureau chaque année.

À eux trois, Joe, John et Gary mangèrent presque tout ce qu'il y avait sur la table, puis John fit mine d'avoir besoin de l'aide de Gary pour se lever. « Hé, John, dit Joe, qu'est-ce que tu as donné à ce bœuf ? Quelle viande délicieuse !

– Tout le trèfle qui pousse sur ce versant. »

Quand les trois hommes ressortirent, Nat et Poppy étaient assis sur la véranda de derrière, leur fourrure pleine de graines. Il faudrait les brosser ce soir, et sans doute avaient-ils attrapé des tiques s'ils s'étaient roulés dans ces graines. Devant, John dit quelque chose que le vent emporta. Joe sourit. Oh oui. Oui, il était heureux.

1958

Son père et sa mère avaient passé tout l'hiver à se demander s'il fallait ou non quitter Washington, et dans le second cas, où s'installer ; Tim, lui, était contre. Il était le chef de la bande des six garçons qui couraient avec lui sur le terrain de jeux et sillonnaient le quartier. Dans un rayon de trois rues alentour, on trouvait des boutiques, des parcs, des terrains de jeux, tout ce qu'on voulait. Seulement il était également vrai que s'il voulait se débarrasser de Dean et de toutes ses saloperies, il fallait une maison plus grande. Hélas, personne n'était en faveur de son plan à lui, qui consistait à mettre Dean et toutes ses affaires à la cave, ou l'autre variante : que lui, Tim, aille occuper la cave. Pour sortir de la cave, il y avait quelques marches, puis on poussait une porte métallique et on se retrouvait dehors, sur le côté de la maison. Enfin, c'était possible jusqu'au jour où Brad Widger et lui avaient disposé des planches par terre, dans la cave, puis coulé une ligne de ciment DuPont le long des planches jusqu'à une espèce de gros pétard rond placé dans une boîte de conserve (il avait ménagé un trou dans le flanc de la boîte pour y faire passer la mèche). Quand le pétard explosa, la déflagration fut spectaculaire. Debbie, qui lisait sur le canapé, déclara qu'elle avait été projetée en l'air, et maman faillit s'évanouir, car elle savait que Tim et Brad étaient à la cave, et craignait que le poêle ait explosé. La boîte de conserve fut projetée dans l'escalier, elle rebondit contre la porte et retomba en plusieurs morceaux. Mr Widger donna à Brad une bonne correction à coups de ceinturon, et papa obligea Tim à nettoyer les murs à la brosse.

Et puis un jour, ils trouvèrent l'endroit idéal – visite le dimanche, signature le lundi, déménagement quinze jours plus tard, le 1er mars. C'était cher – quarante mille dollars (maman et papa ignoraient que Tim l'avait découvert un jour en lisant les papiers qui traînaient sur le bureau de papa). Celui-ci savait aussi, après les avoir entendus murmurer dans la cuisine, que le Colonel, grand-père Manning, leur avait justement laissé cette somme dans son testament. La nouvelle maison de plain-pied se situait sur un terrain de deux hectares, et possédait six portes donnant sur l'extérieur, par lesquelles Tim pourrait sortir à tout moment, jour et nuit.

Pourtant il ne décolérait pas. Il n'y avait que vingt élèves dans sa classe de sixième, et pire encore, ils n'étaient que quarante en sixième. Il se sentait coincé au milieu de nulle part. Jusqu'à ce qu'il rencontre les Sloan.

Steve et Stanley étaient les aînés d'une fratrie de huit. Steve avait trois mois de plus que Tim, et Stanley, dix mois de moins. Les Sloan connaissaient le coin comme le dos de leurs deux mains. Leur père était électricien. Or, l'électricité, c'était intéressant, et à force de sourire à Mr Sloan et de se montrer attentif, Tim se fit enrôler aux côtés des garçons, qui devaient travailler le samedi, ce qui convenait à tout le monde à la maison : papa trouvait qu'il apprenait quelque chose d'utile, maman pensait qu'il se faisait de nouveaux amis, Debbie soufflait car il ne l'embêtait pas, Dean car il ne le tourmentait pas, et Tina… allez savoir ce que pensait Tina : elle considérait son frère, le pouce à la bouche, même quand il était badigeonné de mercurochrome.

Les Sloan n'étaient pas ce qu'on appelle des petites canailles, car leurs parents avaient une notion plus lâche de ce qu'on appelait « faire des bêtises ». Aller traîner loin de la maison, pêcher, voler des fraises ou des framboises, nager dans le ruisseau, se balancer au-dessus en s'accrochant à des branches : aucune de ces activités n'entrait dans la catégorie des bêtises. S'il y avait une grande quantité de telle ou telle chose, on pouvait se servir, même si ça n'était pas à vous.

À vélo, il fallait à Tim, Steve et Stanley environ quinze minutes pour se rendre jusqu'au nouveau lotissement, une bande de terrains de quatre mille mètres carrés sur lesquels des promoteurs construisaient de grosses maisons. La demeure et la grange des anciens propriétaires étaient en haut d'une colline, derrière ces lotissements ; Steve disait qu'ils avaient vendu ces terres car ils étaient vieux et n'avaient plus d'argent. Tous les terrains donnaient sur Quantock Road, ancien chemin de terre, désormais goudronné. Une rue remontait la colline entre le cinquième et le sixième lot. Cette nouvelle rue s'appelait « Harkaway Street ». Il y avait un étang près de la vieille maison, et un petit ruisseau coulait le long de Harkaway Street, avant de s'engouffrer dans un grand tuyau, qui emmenait l'eau de l'autre côté de Quantock Road, où elle retrouvait son lit naturel à travers la vallée. C'était amusant de jouer à l'intérieur du tuyau. Steve disait que s'il y avait une arrivée d'eau soudaine, ça vous emporterait à l'autre bout du tuyau en moins de dix secondes, que ce serait drôle mais pas dangereux. D'après Stanley, ça n'était jamais arrivé.

L'autre intérêt d'Harkaway Street, c'était que des jeunes plus âgés venaient là en voiture avec leur petite amie pour s'envoyer en l'air – parfois pendant toute la nuit, d'après Steve.

C'était un vendredi, après dîner, il ne faisait même pas nuit. Tim avait mangé, puis il s'était glissé dehors par la porte de derrière et avait retrouvé Steve et Stanley, qui étaient seuls car leurs parents avaient emmené les autres voir *Old Yeller*. Steve et Stanley avaient remarqué une Thunderbird là-bas, face à la vallée, décapotée, tous feux éteints. Tim ignorait ce qu'ils allaient faire ; Steve et Stanley, eux, le savaient très bien. Ils dépassèrent à vélo Harkaway Road, jusqu'à la maison du huitième lot qui était presque terminée. Ils laissèrent leurs bicyclettes derrière, revinrent à pied au croisement des rues Quantock et Harkaway, et là ils descendirent dans le tuyau. À l'intérieur il faisait sombre, mais Steve avait une torche. Ils avancèrent presque jusqu'au bout du tuyau, s'arrêtèrent lorsqu'ils rencontrèrent les barreaux d'une échelle métallique, et Stanley y grimpa. Il était monté si haut que Tim ne voyait plus ses pieds, mais Steve à son tour grimpa trois barreaux et se cala. Tout en haut, Tim voyait un éclat de lumière, là où Stanley avait repoussé le couvercle de la bouche d'égout.

Éclair d'une allumette quand Steve alluma le pétard boule, qu'il donna doucement à Stanley, pour qu'il l'envoie rouler sous la Thunderbird. Puis il remit en place le couvercle de la bouche d'égout, et avec Steve, ils redescendirent les barreaux. Tim entendit le pétard exploser. Il y eut des cris assourdis, et quelques minutes plus tard, la Thunderbird partit en vrombissant. Steve, Stanley et Tim se tenaient les côtes de rire. « Y a quelques semaines, on l'a fait à minuit, dit Steve. Ils ont vraiment été surpris.

– Et ça fait pas sauter la voiture ? demanda Tim.

– Mais non. Un truc plus costaud, ça pourrait. On utilise ces pétards-là parce que ça fait pas de dégâts. »

Lorsqu'il regagna en douce la maison un peu plus tard, son père était dans la cuisine. Il fit volte-face en entendant Tim entrer par la porte de derrière : « Mais qu'est-ce tu fabriques ? Je te croyais dans ta chambre ? »

Tim répondit : « Je suis allé chercher un Coca dans le garage », et son père de l'interroger : « Et dis-moi, il est où, ce Coca ? », et Tim réalisa qu'il aurait mieux fait d'en avoir un à la main pour que l'excuse soit valable, toutefois il eut la présence d'esprit de répondre : « J'ai changé d'avis. »

Papa le dévisagea, mais laissa courir.

Debbie entra dans la cuisine et déclara : « Il est sorti à vélo. Il est resté dehors une heure.

– Pourquoi tu m'as menti ? dit papa.

– Je ne t'ai pas menti parce que tu ne m'as pas demandé si j'étais sorti à vélo, tu m'as demandé ce que je faisais. »

Alors, papa réagit comme à son habitude : il se mit à rire – et Debbie ajouta : « Il sort souvent la nuit à vélo. »

Papa reprit alors : « Ça ce sont mes affaires, pas les tiennes, jeune demoiselle. »

Debbie posa dans l'évier son bol, au fond duquel restaient des grains de maïs gras qui n'avaient pas éclaté, puis elle tourna le robinet, le lava, l'essuya avec soin, et pour finir donna un coup d'éponge dans l'évier. Tim savait qu'elle le faisait exprès pour lui donner une leçon. Elle informait souvent maman que la situation échappait à tout contrôle, mais maman répondait invariablement : « Mon Dieu, tu es vraiment pareille à ta grand-mère, son portrait craché. »

Tim répondit : « Hé, papa. Tu connais l'histoire des deux imbéciles qui construisent une maison ? »

Son père sourit.

Tim continua : « Voilà… le premier imbécile, il prend un clou dans sa poche, il le regarde et, des fois, il le plante dans le mur, et d'autres fois, il le jette. Alors l'autre imbécile lui dit : "Mais t'es bête ! Pourquoi tu jettes tous ces clous ?" "Espèce de débile, ils pointent dans la mauvaise direction !" Là, le second imbécile se met à rire, à rire, et lui dit : "Ouais, t'es vraiment bête ! Ceux qui pointent dans la mauvaise direction, c'est pour l'autre côté de la maison !" »

Son père éclata de rire et lui ébouriffa les cheveux. Ils allèrent ensemble au salon, et papa lui ordonna : « Tim, le soir, tu dois rester à la maison, d'accord ? »

Mais Tim savait qu'il ne le pensait pas vraiment.

Lillian avait le sentiment d'avoir organisé la maison correctement. Combien de temps cela lui avait-il pris ? Deux mois ? Le salon, qui était interdit aux enfants, avait des murs beiges, des fauteuils vert pâle, un canapé rose et ils avaient apporté les estampes chinoises de leur maison précédente. La pièce de vie contenait de solides meubles en rotin, et il y régnait une sorte d'atmosphère océanique : elle donnait sur la piscine ; depuis que la chaleur était arrivée en mai, les portes coulissantes étaient ouvertes en permanence, et serviettes, masques et tuba dégoulinaient partout dans des traînées d'eau de piscine. Tina avait passé trois mois à apprendre à nager à l'association des jeunes chrétiens – elle avait commencé le jour même où il était devenu certain qu'ils emménageraient ici. Lillian était si nerveuse qu'elle vérifiait les barrières de la piscine vingt fois par jour, mais à présent, Tina se débrouillait – elle nageait comme un petit chien – et elle était capable de faire toute une longueur, si bien que Lillian ne se réveillait plus au milieu de la nuit (dans leur chambre or pâle, aux tentures vert olive clair) en croyant entendre des éclaboussures.

La nouvelle cuisine était spacieuse ; Lillian avait acheté une cuisinière et un nouveau réfrigérateur. Deux fenêtres donnaient sur la piscine, ainsi pouvait-elle préparer à manger, téléphoner, faire la vaisselle en surveillant quand même. Quant à Timmy, elle avait renoncé : il passait son temps dehors et sortait avant l'heure du petit déjeuner. Son sixième sens lui disait dans quels pétrins il se fourrait, et il lui racontait à peu près tout, alors elle se reposait là-dessus. Deanie, malgré sa taille et son talent pour le hockey, était très content de rester lire un livre (il ressemblait tellement à Arthur) – elle ne s'inquiétait pas pour lui. Quant à Tina, c'était une enfant prudente ; la maîtresse de maternelle disait qu'elle observait les autres et les imitait, ce qui n'était guère surprenant chez une cadette de quatre enfants.

S'il y avait une personne pour laquelle s'inquiéter, ce n'était pas Lillian : elle était aussi satisfaite de sa nouvelle maison et de son quartier qu'elle se l'était imaginé la première fois où ils étaient venus visiter les lieux. Seulement ils se trouvaient à présent plus près du bureau d'Arthur, et il avait eu beau tenter de garder sa nouvelle adresse secrète, ses collègues avaient pris l'habitude de s'arrêter pour boire un verre en discutant de leur travail avant de rentrer chez eux. Deux hectares à la campagne, un salon d'où les enfants étaient bannis, un bar correctement approvisionné : l'endroit rêvé pour se morfondre à propos de tel coup d'État, tel mouvement subversif ou telle erreur, en se taisant à l'arrivée de quiconque (même Lillian).

La plupart du temps, ils étaient cinq : Arthur, Larry, Burt, Jack et Finn. Ils passaient par la porte d'entrée et allaient se servir au bar. Lillian, qui renflouait les bouteilles, avait noté qu'ils aimaient particulièrement le Grant's Stand Fast, mais que le niveau du Gilbey's et du Noilly Prat baissait également de manière régulière. Le bureau d'Arthur était rempli de fêtards ; la plupart se connaissaient depuis Yale ou St. Paul. Lillian était allée à toutes sortes de réceptions, et elle en avait données elle aussi, d'ailleurs elle s'entendait bien avec les filles de Vassar (même si lorsqu'elle naviguait dans ces eaux-là, elle n'oubliait jamais les déboires et moments de faste qu'elle avait connus au lycée de North Usherton). Mais ces rassemblements du soir n'avaient rien de festif. Pendant toute la saison, ils ne cessèrent de parler du base-ball, et Arthur feignit d'être fan des Braves, mais dès qu'ils évoquaient le bureau, ils tiraient des têtes d'enterrement et sirotaient leur verre comme s'ils méditaient. Lillian finit par comprendre que c'était les mauvais jours qu'ils se retrouvaient dans son salon. Arthur ne lui confiait pratiquement rien à ce sujet.

À dix-neuf heures, il mettait tout le monde dehors, et passait à table de bonne humeur, demandant aux enfants ce qu'ils avaient fait dans la journée ; mais les mauvais jours, il se contentait de repousser les aliments dans son assiette, même le bifteck, son plat préféré. Ensuite, après avoir plaisanté avec Timmy, écouté Debbie lui raconter par le menu son emploi du temps (de minute en minute, semblait-il), parlé français avec Dean, demandé à Tina des mots qui commençaient par « b » ou « t » ou « n », il se levait, se rapprochait de son bureau, et finissait par s'y enfermer pendant que Lillian faisait la vaisselle, regardait la télévision et mettait les enfants au lit. Il réservait son heure de bonne humeur au moment du dîner.

Le jeudi, après avoir déposé Tina à la maternelle (qu'elle fréquentait trois jours par semaine), Lillian allait boire un café avec sept autres femmes du quartier, à la fois sociables et aimables. Elle n'évoquait jamais d'Arthur, mais ce que les autres disaient au sujet de leur mari lui vrillait les tympans : elles racontaient tout, combien l'un était poilu, comment un autre se curait les dents à table, puis balançait le cure-dent par-dessus son épaule en laissant à son épouse le soin de le retrouver. On parlait d'yeux au beurre noir, de poignets tordus, de hurlements sous le nez des enfants. Les trois femmes heureuses en ménage étaient un peu goguenardes. Elles se plaignaient d'avoir raté l'occasion de travailler pour un journal, ou de chanter à Broadway (vraiment ? s'interrogeait Lillian – Rosanna aurait qualifié cette femme d'« à peu près aussi séduisante qu'une chaussure, si vous voulez mon avis »). L'une d'elles jurait que, d'après Ann Landers, quand on passait près du pantalon de son mari posé sur une chaise, il fallait donner un petit coup dedans pour que son portefeuille tombe, et ensuite le ramasser pour y prélever tout l'argent dont on avait besoin. Une autre racontait que son époux ne se baissait jamais pour récupérer sa monnaie : il la laissait par terre ou dans l'armoire. Ça faisait dix ou vingt dollars par semaine.

Le lendemain d'un jour où Arthur avait paru particulièrement sombre à Lillian, une femme raconta qu'elle soupçonnait son mari de la tromper, parce qu'il avait « dû travailler tard » trois vendredis de suite. Elle l'avait fait boire jusqu'à ce qu'il s'écroule sur le canapé, l'avait mis au lit, puis alors qu'il était profondément endormi, bien au chaud, elle lui avait caressé le front en lui murmurant des questions à l'oreille. Il avait dit des choses très gentilles, et un nom, « Liza », du coup elle avait répété plusieurs fois « Liza qui ? Liza qui ? Liza Rakoff ! » Et allez donc ! Il y avait une secrétaire à son bureau qui s'appelait Elizabeth Rakoff, et lorsqu'elle le mit devant le fait accompli, il avoua qu'il était sorti avec elle car elle l'attirait, mais il *jurait* qu'ils n'avaient jamais couché ensemble. À présent, il était dans de beaux draps.

Quatre jours plus tard, par un lundi particulièrement triste où tous les collègues d'Arthur s'étaient rassemblés et avaient vidé les bouteilles de Gilbey et de Grant's, Arthur parla si peu au dîner devant sa côte de porc qu'après, Debbie demanda très sérieusement si son père avait un problème. Lillian lui prépara un grog, qu'elle lui apporta dans son bureau au moment d'aller se coucher.

Arthur était assis devant son bureau vide, il contemplait la fenêtre en fronçant les sourcils. La pièce donnait à l'opposé de la piscine, et la fenêtre s'ouvrait sur un long versant menant à la forêt. Il faisait si noir qu'on ne voyait plus que le reflet d'Arthur sur la vitre.

« Je t'ai apporté quelque chose qui va te faire du bien, dit Lillian.

– Ta voix me fait du bien.

– Bois ça. Et viens te coucher. » Elle l'emmena avec elle. Il but, préoccupé, et s'endormit pendant qu'elle se mettait de la crème, dans la salle de bains.

D'habitude, c'était Arthur qui vérifiait tout avant d'aller dormir. Lillian fit de son mieux ; elle recouvrit Tina, ferma la lumière de Dean, rappela à Timmy qu'il se levait tôt, et lissa les cheveux de Debbie, toujours rebelles. Elle alla vérifier que le garage était fermé, verrouilla la barrière de la piscine et les six portes. En éteignant la lumière de la véranda, elle regretta de ne pas avoir un gros chien qui monte la garde, puis elle retourna à sa chambre. Arthur n'avait pas bougé.

Elle s'agenouilla de son côté du lit et se pencha vers lui. Son souffle était égal, régulier. Après un instant d'hésitation, elle murmura : « Qu'est-ce qui ne va pas, Arthur ? Quel est le problème, mon chéri ? » Elle se trouvait idiote. « Que s'est-il passé ? »

Arthur grommela et secoua la tête. Lillian s'assit sans bouger, observant ses paupières, mais il ne les ouvrit pas. Il cessa de remuer et elle fit une nouvelle tentative. « Dis-moi, Arthur. J'ai besoin de savoir. Je ne parlerai pas. » Sa voix était presque inaudible pour elle-même. Arthur se retourna sur le côté et plaqua un oreiller sur sa tête. Lillian attendit, elle entendit une chouette hululer au loin, puis un autre cri – un renard, songea-t-elle, ce qui la fit penser à Frank. Craquement de la maison. Elle soupira et se remit sous les couvertures.

Puis elle entendit ceci : « Wissssszzzzzner. »

Elle ouvrit les yeux. Arthur était agenouillé à côté d'elle, il se grattait sous les bras en souriant. « Un petit oiseau est venu gazouiller à mon oreille.

– Oh, tu ne dormais pas ? » Il secoua la tête. « Je me sens bête, maintenant. »

Arthur se rallongea et la prit contre lui. Alors qu'elle se détendait enfin, il lui murmura au creux de l'oreille : « Ça ne va pas. »

Elle attendit.

« On a balancé des bombes, et des bombes, et encore des bombes en Indonésie, en prétendant que ceux qui les envoient sont des rebelles indonésiens. Mais ils travaillent pour nous. S'il y a un seul coco dans le secteur, je veux bien chier dans mon chapeau. L'opération tout entière est un tel désastre, qu'on envisage de changer de bord et de féliciter Sukarno pour avoir éradiqué les communistes. Ce sont nos avions qu'il a descendus. »

Lillian ne bougeait pas.

Arthur resta un moment silencieux, puis ajouta : « C'est Finn et moi qui devons réécrire les rapports destinés à la Maison Blanche. Beaucoup de victimes sont des civils. » Il se tut à nouveau. « Et ces rapports sur Frank Wisner. Tout le monde en Indonésie pense qu'il est fou à lier. » Le ton se durcit. Il se détacha d'elle. « J'aimerais pouvoir dire que je ressens de la pitié, de la compassion. C'est juste qu'aujourd'hui, on était tous là au boulot à chuchoter au sujet de Wisner, et moi, dans mon bureau, je pensais à lui, et mon cœur s'est mis à battre à toute vitesse, j'étais tellement en colère que j'aurais pu fondre en larmes. Tu peux me croire, je n'étais pas en train de me dire : Oh, mon pauvre ami… Je me disais : Pourquoi tout ce cirque maintenant, et pourquoi pas plus tôt, ça dure depuis des années !

– Faye Purvis a réussi à faire avouer comme ça à son mari qu'il était amoureux de sa secrétaire. »

Arthur éclata de rire.

Elle ne lui suggéra pas de quitter son travail.

Tim savait qu'il était le cousin préféré de Janny. Oncle Frank l'avait amenée dans son nouvel avion, puis il leur avait proposé de faire un tour. Il n'y avait que quatre places, aussi Tim avait-il pu s'asseoir à celle du copilote, maman et papa derrière lui. Papa n'arrêtait pas de dire : « Lil ! Enlève tes mains de tes yeux ! C'est magnifique ! » Tim avait bien aimé, mais il s'était senti un peu barbouillé, alors en fait il n'avait pas autant aimé qu'il l'avait dit à oncle Frank. Le mieux, c'est quand ils avaient survolé leur maison, un long L au toit gris, posé sur le rectangle de leur « propriété », l'ovale de la piscine niché au creux du L. Il n'aurait jamais cru qu'il y avait autant d'arbres chez eux.

Après le départ d'oncle Frank, Janny était restée six semaines, et elle était allée au centre aéré avec Debbie et Deanie. Tim, lui, traînait dans le voisinage avec les frères Sloan.

Janny possédait cinq tenues différentes assorties, une pour chaque jour de la semaine. Maman disait : « C'est plus facile, de cette manière », parce qu'ils passaient leur temps à attendre Debbie qui n'arrivait jamais à décider de ce qu'elle allait porter. Un jour, elle mit même une tenue de ballet. Selon Tim, c'était une idiote.

Janny lui posait des questions : est-ce qu'il avait une batte de base-ball ? Est-ce qu'il avait une balle ? Est-ce qu'il lui apprendrait à taper dans la balle ? Est-ce qu'il était capable de lancer la balle vingt-cinq fois ? Quelle était la profondeur du grand bain dans la piscine ? Est-ce qu'il plongeait dedans ? Est-ce qu'il savait faire un salto ? Est-ce qu'il savait faire la bombe ? Et la vrille ? Tim lui montra comment frapper la balle, il la lança non pas vingt-cinq mais trente-deux fois, tenta un salto, une vrille, et fit la bombe (dans une gerbe d'éclaboussures). Janny le regardait avec attention, les cheveux plaqués sur sa tête minuscule, son maillot de bain plissant sur son corps très mince. Elle avait juste huit ans. Dès qu'il faisait le pitre, elle riait, elle riait…

Elle jouait aussi avec Debbie, bien sûr, à toutes sortes de jeux de cartes comme le pouilleux, elle jouait même avec Deanie – à la bataille. Lorsque venaient les amis de Debbie, ils se lançaient tous ensemble dans des parties de cache-cache, de colin-maillard, de balle aux prisonniers (Tim et les Sloan étaient autorisés à participer s'ils ne visaient pas directement les filles). Puisque c'était l'été, papa et maman les autorisaient à veiller jusqu'à vingt-deux heures trente, voire vingt-trois heures.

Chaque matin, Janny venait voir Tim dans sa chambre quand il dormait encore, elle s'asseyait sur son lit et lui demandait ce qu'il allait faire de sa journée. Il répondait alors : construire un fort avec les Sloan, aller en ville à vélo, se balancer avec la corde suspendue au-dessus du ruisseau Wilkins (qui était plus grand que l'Harkaway), construire un planeur, résoudre une énigme policière, sauter dans la piscine depuis le toit de la maison dès que maman aurait le dos tourné. À la fin de la journée, elle s'asseyait à nouveau sur son lit et il lui racontait ce qu'il avait fait : le planeur avait parcouru plus de trente kilomètres, l'eau de la piscine avait inondé le salon. Rien de tout cela n'était vrai : il s'était contenté de faire un tour à vélo dans le quartier, et le fort était constitué de bottes de foin recouvertes d'une vieille bâche. Mais elle s'en moquait complètement. Elle disait qu'elle ne voulait jamais, jamais plus rentrer chez elle. Elle détestait oncle Frank, tante Andy, Richie, Michael et Nedra, la bonne, tous autant qu'ils étaient. Lillian lui caressait la tête en disant : « Ça arrive à tout le monde de temps en temps, ma chérie », mais à douze ans, Tim n'avait jamais ressenti ça. Deux jours avant qu'oncle Frank vienne la chercher, elle pleura beaucoup, beaucoup, et supplia Lillian de l'adopter pour la garder auprès d'elle – elle serait toujours sage, quoi qu'il arrive, et elle aiderait dans la maison. Elle avait toujours d'excellentes notes et elle était très en avance dans ses lectures – le dernier roman qu'elle avait lu, c'était *Les Quatre Filles du Dr March* –, mais Lillian avait secoué la tête tout en continuant de la câliner, en disant : « Non, Janny, ce n'est pas possible. Frank et Andy t'aiment et tu leur manques. Nous avons eu de la chance de pouvoir te garder aussi longtemps. »

Tout le monde était couché, la maison était tranquille, Tim s'endormait lorsque Janny, en pyjama, arriva dans sa chambre sur la pointe des pieds et se coucha sur le lit. Tim ne dit rien ; il émit même un petit ronflement, pour voir si elle y croirait, et ça fonctionna : elle le secoua pour le réveiller : « Hein, quoi ?

– Est-ce que je vais te manquer ? »

Tim répondit que oui. Le pensait-il vraiment ? Il n'en savait rien.

« Je peux dormir ici ? Il fait chaud, j'ai pas besoin des couvertures. »

Tim se poussa vers le mur. Janny prit un peu plus de place, s'écartant du bord du lit pour ne pas tomber. « Quand est-ce qu'oncle Frank vient te chercher ? » Il espérait bien faire un autre tour en avion. Steve Sloan disait que si on regardait droit devant soi vers quelque chose d'immobile, comme l'horizon, on n'avait pas le mal de mer.

« Il l'a dit à tante Lillian au téléphone. Je me rappelle plus. »

Elle inspira profondément, mais ne pleura pas. Tim trouva ça encore plus triste. Puis elle dit : « Peut-être que tu pourrais venir me voir. À Southampton. On irait à la plage.

– Peut-être. Mais il faudrait que j'emmène Debbie. Elle me laissera jamais partir, sinon. »

Ils cessèrent de parler. Elle s'assoupit sur le dos, Tim resta encore éveillé un moment, les yeux fixés au plafond, et la regarda deux fois. Était-elle jolie ? Il n'en savait rien. Il s'endormit. Maman ou papa vint la chercher avant qu'il se réveille. Au petit déjeuner, ils mangèrent des pancakes et de la compote. Ils l'emmenèrent à l'aéroport, mais oncle Frank ne proposa pas de faire un tour dans son avion. Janny courut vers son père et lui sauta dans les bras, il l'attrapa et l'embrassa. Après son départ, Janny manqua à Tim. Il décida qu'elle était jolie, mais il n'en parla pas à Steve ni à Stanley.

Andy posa la main sur ses yeux. Cette histoire lui était aussi familière qu'un vieux pull – un pull en laine norvégien, bien sûr –, car il s'agissait d'une histoire de fermiers, ce qui était intéressant. Elle ne se souvenait plus où elle l'avait lue. Il y avait deux frères, Kristjan et Erik, ainsi qu'une folle, dans le cas présent, Signy. Kristjan devait avoir trente-cinq ans, et Signy pas plus de vingt. Trois ans après leur mariage – peut-être avait-elle fait des fausses couches –, ils avaient eu une fille, et Signy avait insisté pour lui donner un nom américain, Fanny. L'enfant était très choyée, Signy prenait grand soin d'elle, hélas, cela ne suffit pas, car le bébé tomba malade et mourut au moment de son premier anniversaire. L'événement eut lieu au printemps, et peu de temps après, Kristjan et Erik partirent acheter des chevaux dont ils avaient besoin pour labourer. Lorsqu'ils revinrent le lendemain, Signy avait perdu la tête.

« Qu'est-ce que cela signifie ? demanda le Dr Katz.

– Elle cherchait partout son enfant à travers la ferme, alors qu'elle avait été enterrée au cimetière. Elle avait éventré le matelas, sorti toutes les plumes. Elle pensait qu'elle était dans une boîte en bois, ou un coffre. Enroulée dans une couverture. Dès qu'elle voyait une pile, ou quelque chose d'enveloppé, elle imaginait que l'enfant se trouvait là, qu'elle essayait de se dégager. Elle ne cessait de se retourner pour regarder derrière elle. Pour finir, elle se mit à arpenter la ferme armée d'une pelle, creusant des trous ici et là. Cette activité occupait tout son temps. »

Andy se demanda si elle aurait la même réaction dans l'éventualité où Janny, Michael ou Richie disparaîtrait et, le cas échéant, si cela lui prouverait à elle-même qu'elle aimait vraiment ses enfants.

« La mort d'un enfant entraîne souvent une forme d'hystérie », dit Katz.

Andy s'éclaircit la voix. « Kristjan et Erik l'enfermèrent dans la grange, dans une stalle pour les animaux, et ils la gardèrent ainsi jusqu'à la fin de sa vie. Ils s'étaient rendus à l'asile, qui n'était pas très loin – à Mendota, je crois – et ils n'aimaient pas l'idée que tous ces gens voient Signy, qu'ils parlent d'elle, alors ils s'occupèrent d'elle comme si c'était une bête. Je crois qu'elle vécut encore cinq ans après la mort du bébé.

– Et ?

– Et quoi ?

– Cette histoire vous reste en tête. Vous dites que vous y pensez fréquemment, pourtant vous la racontez d'un ton très détaché. Je suis, si je puis dire, assez frappé par votre ton.

– Mon ton ?

– En effet. » Pour la première fois, Katz se pencha et la regarda dans les yeux. « Cette histoire me paraît d'une grande injustice. Mais vous ne semblez pas vous en préoccuper.

– Et la fois où l'oncle Freddy, le second fils du frère aîné, est sorti le soir pour ramener les vaches, qu'il est tombé dans l'étang, et qu'il faisait si froid qu'il n'a pas réussi à revenir jusqu'à la maison, car il a gelé à mort ? Il avait quatorze ans. Ils l'ont trouvé avant d'aller se coucher, mais seulement parce que sa mère avait regardé dehors et qu'elle trouvait ça bizarre qu'il y ait une vache dans la cour de la ferme. »

Katz se contenta de soupirer. Andy se demanda ce qu'elle pourrait inventer pour le faire réagir, oui, pour l'émouvoir, et puis aussi ce qui pourrait bien l'émouvoir, elle.

1959

Ruth Baxter gagna l'amitié de Claire dès le premier jour, à l'école de secrétariat, lorsqu'elle s'exclama : « Tu es d'Usherton, toi ? Quelle veine ! Moi, je viens de Buffalo Center », et sans réfléchir, Claire répondit : « Oh, ma pauvre ! », car comme son nom ne l'indiquait pas, Buffalo Center était un minuscule village. À vingt ans, Ruth avait des projets pour chaque heure de la journée, chaque jour de la semaine. Elle voulait apprendre à s'habiller avec la plus grande élégance, à cultiver son esprit et son style, avec l'ambition de prétendre à autre chose que son milieu restreint de secrétaire, aussi observerait-elle les jeunes messieurs encore cantonnés aux rangs inférieurs dans le domaine du management avec l'intention de se trouver un mari ambitieux, âgé d'exactement cinq ans de plus qu'elle. À vingt-huit ans, elle aurait une maison dans l'ouest de Des Moines, deux enfants, un chien, et un compte ouvert au grand magasin Younkers. Son but ultime était de devenir membre du Country Club de Wakonda. Si elle et son futur mari devaient déménager (ça arrivait), Kansas City serait son premier choix, mais Saint Louis restait acceptable. La première étape, trouver un travail, c'était du gâteau : les deux amies furent toutes les deux embauchées chez Midwest Assurance.

Ruth, Claire devait le reconnaître, était encore moins jolie qu'elle, ou disons qu'elle avait démarré avec moins d'atouts, même si elle ne portait pas de lunettes. Mais lorsqu'elle fut épilée, parfumée, qu'elle eut enfilé une gaine, fait une couleur et une permanente, gommé son accent du Minnesota pour le rendre impossible à identifier, et fut capable en toutes circonstances de réagir avec enthousiasme à ce que disait son patron, elle sembla enfin prête à passer aux choses sérieuses, si bien que Claire à son tour s'épila, se maquilla et devint plus raffinée. Elle emmena également Ruth chez son opticien pour l'aider à choisir sa nouvelle monture : « œil de chat », noire avec du doré sur la partie supérieure. Claire était moins espiègle et vive que Ruth – elle n'y parvenait pas –, mais en songeant à Henry et Rosa, elle arrivait à faire preuve d'une certaine ironie et à lancer quelques remarques amusantes.

Bizarrement, elle refusa en premier lieu la demande en mariage de Wayne Gifford, vingt-sept ans, employé chez Claims, non parce qu'elle ne l'aimait pas, mais parce qu'elle ne voulait pas dire à Ruth qu'elle avait atteint leur but commun avant elle. La deuxième raison – qu'elle ne l'aimait pas vraiment – était tout aussi valable. Pendant des années, elle avait cru que son critère principal pour choisir son futur mari serait qu'il ne lui rappelle ni Frank, ni Joe, ni Henry, mais qu'il ressemble à son père, sans toutefois être agriculteur. Wayne ne lui rappelait aucun d'entre eux : il n'était ni beau, ni gentil, ni élégant, et il ne semblait pas apprécier sa compagnie plus que ça. Alors même qu'elle tentait de l'éconduire, le type sur lequel Ruth avait jeté son dévolu, Ed Gersh, lui présenta Paul Darnell.

Paul Darnell avait trente ans passés et il était médecin. Il venait d'ouvrir son cabinet d'ORL. Il était austère, abrupt et venait de Philadelphie. Il détestait Des Moines, l'Iowa, l'humidité, le Midwest, n'appréciait guère son métier, et n'hésitait pas à dire qu'il était heureux que le nez, la gorge et les oreilles conduisent rarement à une mort subite (il envoyait à l'hôpital les cas de grippe et de scarlatine, et les cancers de la gorge chez l'oncologue). Il avait l'intention de s'occuper des oreilles infectées le jour pour se livrer la nuit à sa passion, l'écriture dramatique, carrière que son père, médecin, lui avait toujours interdite. Il ne trouvait pas du tout Claire disgracieuse. Elle avait des yeux en amande : il lui ôta ses lunettes pour pouvoir s'y plonger. Ses mains étaient fines et élégantes. Elle avait de très jolies chevilles, un tour de taille de 56 centimètres, et elle était amusante. Lors de leur troisième rendez-vous (un dîner, suivi du film *Les Grands Espaces*), il lui dit : « Je suis parfait pour vous », et à partir de ce moment, il se conduisit comme si elle avait accepté une demande en mariage officielle. Il ne ressemblait à personne qu'elle ait jamais rencontré. D'après Ruth, c'était « une belle prise ».

Paul disait que dans les eaux tranquilles de Des Moines, il pouvait écrire en paix pendant dix ans, puis il exploserait sur la scène new-yorkaise (mais pas à Broadway – jamais : c'était bien trop corrompu pour produire quoi que ce soit qui ait vraiment du sens). Elle n'avait jamais entendu personne parler ainsi : il s'emportait, argumentait, plaisantait et lui adressait des compliments. Il répondait à chacune de ses mimiques – à croire qu'elle avait dit quelque chose. Claire songeait que s'il écrivait ne serait-ce que la moitié de ce qu'il disait, il tenait sa pièce.

D'après Ruth, on mesurait la progression vers la demande en mariage à chaque rendez-vous régulier que votre éventuel futur fiancé ajoutait à son agenda. Avec Howie Schlegel, et maintenant Ed, elle avait eu droit au vendredi, puis au samedi, et enfin au dimanche. Howie avait abandonné au bout de trois mois, pas prêt à s'engager. Ed semblait plus décidé, même si sa famille n'était pas encore membre du Country Club de Waconda, mais de celui de Davenport, où elle vivait, et où son père et son oncle passaient beaucoup de temps à jouer au golf.

Claire ne voulait partager avec personne ses dimanches après-midi ou ses vendredis soir, en cela, Paul et elle étaient bien assortis puisqu'il appréciait lui aussi d'avoir du temps pour lui, même s'il aimait également l'appeler à la dernière minute pour lui proposer de sortir. En toute chose il était abrupt. Claire gardait tout cela pour elle. Quand Rosanna lui demanda si elle avait un « chevalier servant », elle répondit que non, alors Rosanna mit les mains sur ses hanches d'un air qui signifiait qu'elle s'y attendait. Mais celle-ci s'était mariée à l'âge de dix-neuf ans, à vingt ans elle était mère, tout comme Lillian, et même si mamie Elizabeth s'était montrée très cruelle envers Claire, ce jour-là, sur la plage, au bout du compte, l'était-elle plus que Ruth, qui lui proposait sans cesse de nouvelles coiffures et de nouveaux rouges à lèvres ? Tant que Paul était déterminé à l'épouser, Claire profitait au mieux de sa liberté. Non, il n'était pas agriculteur, il ne lui rappelait pas son père, mais il était attentionné, et elle avait atteint son objectif : il ne ressemblait ni à Frank, ni à Joe, ni à Henry, par conséquent elle ne serait pas à l'image d'Andy, de Lillian ou de Lois.

À la mi-mai, Jim Upjohn appela Frank à son bureau et lui demanda de venir le rejoindre au Plaza après le travail. Il voulait lui présenter quelqu'un. Andy était dans l'Iowa, en visite chez ses parents et Nedra était à la maison pendant tout le week-end, aussi Frank avait donné rendez-vous au Grand Canyon à une fille nommée Ionia (Effie, en réalité, même si elle ignorait que Frank avait jeté un coup d'œil dans son sac, la dernière fois, pendant qu'elle faisait sa toilette), mais Jim insista, et il finit par accepter.

L'homme en question était un personnage insolite en ce sens qu'il portait un costume hors de prix, taillé sur mesure, mais était si mal fichu que ça ne lui allait pas du tout. Sa main calleuse enveloppa celle de Frank dans la sienne, bien qu'il mesurât une tête de moins. Son crâne rouge et luisant montrait une tonsure de moine, et sa peau desquamait. Son regard était brillant et plein de soupçons. Jim les présenta : « Dave, voici Frank Langdon. Ça pourrait être l'homme que vous cherchez.

– Je ne cherche pas un homme, répondit Dave (Dave Courtland ; Frank avait entendu parler de lui, mais il ne savait plus en quelle circonstance).

– C'est une femme que vous cherchez ? demanda Frank.

– Je ne cherche personne.

– Vous devriez, repartit Jim Upjohn. Sinon, vos enfants vont vous mettre hors circuit avant même que vous l'ayez compris. »

Frank feignait de ne pas s'intéresser à la conversation. L'Oak Bar donnait l'impression d'être mal dans sa peau, songea-t-il, comme s'il savait qu'il était un bar d'hôtel et désirait prendre son indépendance pour ne plus être aussi facile d'accès à ceux qui n'étaient pas du coin. Jim commanda à boire pour tout le monde – un gin-martini pour lui, un whiskey soda pour Dave Courtland et une bière pour Frank. Ce dernier avait à présent trente-neuf ans, donc Jim Upjohn devait en avoir quarante-quatre ou quarante-cinq, il avait atteint un plateau en matière de confiance en soi, fondé non seulement sur son argent et son expérience de la guerre, mais également sur l'idée qu'il se faisait de lui-même, homme charitable et libre penseur (qui envoyait toujours sa contribution financière au *Daily Worker*, le journal du parti communiste – et essayez donc un peu de l'en empêcher !). Oh, et puis il ne fallait pas oublier que sa fortune, toujours florissante, avait poussé comme un champignon dans le terreau de l'économie d'après-guerre. Il était souvent classé dans la liste des personnes « les plus riches d'Amérique », et seule Frances Upjohn savait à combien s'élevait exactement le montant de leur richesse. Grâce à lui, sans doute, Frank avait fait une excellente année ; promu au grade de vice-président chargé du développement chez Grumman, il connaissait de belles fins de mois, et sur les conseils de Jim, l'argent de l'oncle Jens n'arrêtait pas de faire des petits, même si Andy et lui n'étaient pas encore dans le top 10 des fortunes. Chaque fois qu'Andy ouvrait un relevé du cours de leur portefeuille, elle demandait : « Tu crois que cet argent est bien réel ? »

Jim reprit : « Dave et moi, nous avons discuté. Je fais partie du conseil d'administration de sa compagnie, Fremont Oil – tu connais, Frank – et je l'ai convaincu de te parler. Il doit trouver quelqu'un qui soit complètement extérieur au monde du pétrole.

– C'est vous qui le dites, déclara Dave.

– C'est ça qui fait de Dave un si grand pétrolier. Il est têtu comme dix mules. C'est à force de respirer toutes ces vapeurs de pétrole.

– Je sais que vous avez découvert un grand champ pétrolifère récemment au Venezuela, reprit Frank.

– Comment vous le savez ? » Dave le regardait d'un air agressif.

« Je vous l'ai expliqué, Dave, Frank Langdon est un éclaireur. Il garde les yeux ouverts vingt-quatre heures sur vingt-quatre. Même quand il dort. Il était sniper en Italie pendant la guerre.

– Je croyais qu'il n'y avait que les marines, dans le Pacifique, à faire ça.

– On était quelques-uns, en Europe.

– Vous en avez tué combien ?

– Vingt-six, en comptant un Boche qui m'a demandé de le faire. » Dave le regarda pour de bon cette fois, ainsi que Jim – Frank ne lui avait jamais raconté cette histoire. « J'étais en Sicile. Un officier allemand circulait dans la montagne, mais il a eu un accident. Le chauffeur s'est empalé sur le volant. L'officier a réussi à sortir du véhicule, et à notre arrivée, il gisait là. Il a essayé de se supprimer, mais il s'est raté. Lorsqu'il nous a vus, il nous a demandé de le faire pour lui. C'est le seul que j'ai vu de près. À la réflexion, ça ressemblait davantage à un meurtre, acheva tranquillement Frank.

– J'ai manqué les deux guerres. Trop jeune pour la première, trop vieux pour la seconde. » Ça lui faisait donc une cinquantaine d'années, même s'il en paraissait vingt de plus.

« Vous avez commencé au Texas ?

– Nan, d'abord en Oklahoma, puis au Texas. Mais l'effort de guerre a asséché ces champs-là. Le Mexique a paru prometteur pendant quoi ? une minute, mais je savais bien que ce coco-là, Cardenas, allait poser des problèmes avant que les plus gros le comprennent. Pour le Venezuela, j'ai eu très vite une intuition. Là-bas, pas de routes, rien. On a tout exploré à pied, à dos d'âne quand on avait de la chance. Le jour où ce type du New Jersey a été tué par une flèche en mangeant ses œufs au bacon, un matin, j'ai juste trouvé ça excitant. »

Franc acquiesça. « Et aujourd'hui ?

– À peine dix pour cent de plus civilisé, mais c'est tout de même mieux que de se colleter les Russkofs.

– Et c'est ça le problème, reprit Jim Upjohn. Les fils de Dave veulent faire de gros investissements chez les Saoudiens. Comme dit Dave, quitte à choisir quel ennemi affronter, mieux vaut celui qu'on connaît le mieux.

– Vos fils, ce sont Hal Courtland et Friskie Courtland ?

– Ouais, Friskie. William Flinders, de son véritable nom. » Dave émit un grognement rauque et sonore, que Frank qualifia de toux. Puis l'autre lui demanda : « Vous vous y connaissez en pétrole ?

– Je lis les journaux, répondit Frank.

– Vous voyez, Dave, c'est là que vous vous trompez. Vous croyez que le marché du pétrole est différent des autres, mais c'est faux. L'immobilier, l'aéronautique, les bombes, les biscuits, les rutabagas : tout ça c'est du pareil au même. Vous identifiez les clients, vous identifiez le produit, et vous les faites se rencontrer. »

Dave examina Frank des pieds à la tête : « Là où je ne suis pas doué, c'est pour m'entendre avec les gens. Je perds vite mon sang-froid. Vous êtes doué, vous, pour vous entendre avec les autres ?

– Frank s'entend avec tout le monde », répondit Jim.

Ou avec personne, songea Frank. C'était une pensée agréable.

La conversation progressait d'un bon pas, Dave Courtland s'y intéressait par intermittence, mais il observait aussi le bar, tel et tel client, pas toujours les femmes. Frank comprit pourquoi Jim songeait à lui pour diriger Fremont : Dave était pareil à un fermier dont le pétrole constituait la récolte. Fier d'avoir arrêté l'école à douze ans, fier d'avoir tout appris lui-même, seulement aujourd'hui, il se sentait souvent à côté de la plaque, et ça le plongeait dans la plus grande confusion. Hal et Friskie (Harvard et Yale ? Princeton et Dartmouth ?) devaient être passés maîtres dans l'art de manier la condescendance, et bien sûr ils voulaient investir en Arabie Saoudite – ils savaient s'entendre avec les Européens, avec les Rockfeller, avec les marchands d'art. Frank était d'accord avec Dave Courtland : mieux valait forer sur son propre continent.

Jim faisait partie de toutes sortes de conseils d'administration, y compris Pan Am et Douglas Aircraft

– il avait emmené Frank lors du premier vol du DC-8, un an plus tôt en mai, et Frank avait été impressionné. Il savait que Jim aimait le DC-8, et il le soupçonnait d'être à l'origine de cette grosse commande de la Pan Am, alors que tout le monde croyait que la compagnie aérienne ferait affaire avec Boeing. À présent, il avait quelque chose en tête – mais quand Frank avait-il refusé de suivre Jim Upjohn ? C'était comme la première fois où il l'avait emmené faire un tour dans son – son quoi déjà ? – son Fairchild machin… c'était un Argus. On voyait à travers le plafond. Pour lui, ce fut une révélation.

Soudain, Courtland regimba. Il rua dans les brancards, fit machine arrière. « J'en ai assez pour aujourd'hui. Je vais dîner dans ma chambre et, après, au lit. »

Jim Upjohn se montra aussi courtois que possible. « Très bonne idée, Dave. On sert un excellent filet, ici ; vous devriez l'essayer. »

Dave Courtland était déjà parti, laissant l'addition à Jim. « Ce type est à la tête de quarante millions, et ses fils lui siphonnent le réservoir.

– Tu as déjà siphonné de l'essence ? » Jim Upjohn secoua la tête. « Ça a un goût immonde et ça te donne un putain de mal de crâne.

– Exactement ce que méritent Hal et Risky-Friskie.

– Mais je ne comprends pas ce que tu attends de moi.

– On va voir. Voilà comment j'envisage les choses à ce stade : Dave te prend pour le remplacer en tant que directeur des opérations. Tu le suis comme son ombre, tu t'assois à côté de lui, tu te tiens légèrement en retrait, tu ne dis pas un mot, et ces deux petits salopards vont chier dans leur froc.

– J'ai déjà un boulot.

– Oui, mais le pétrole, ça paie. »

Ils se quittèrent en sortant et Frank prit la direction du parc.

Fidèle à elle-même, Rosanna commença par demander : « Quel temps fait-il ? »

Lillian savait depuis longtemps que sa mère voulait des détails et qu'elle insisterait, alors elle répondit : « Pas mauvais. Plutôt doux : presque 10 degrés. Beau.

– Ici, la vague de froid est passée, mais il gèle encore toutes les nuits. Tu sais qu'on est descendus à moins 10 degrés ? En novembre ! Je ne suis pas pressée de voir l'hiver arriver.

– Brrr…

– Et comment se sont comportés les garçons ?

– Très bien », répondit Lillian. Frank, Andy et leurs trois enfants étaient arrivés le mercredi pour la fête de Thanksgiving, et ils étaient repartis le matin même. Rosanna attendit. « Ils se sont battus une fois. Aucun problème avec Tina. Elle avait un jouet – un genre de Monsieur Patate – et Michael lui a demandé très gentiment s'il pouvait le prendre. Ce qui ne signifie pas qu'il est aussi gentil avec son frère, Richie…

– Je n'ai jamais vu personne s'emparer des affaires des autres comme Frankie. Dès que Joe avait quelque chose, Frankie le lui prenait, et dès que Joe disparaissait de la pièce, il ne s'y intéressait plus du tout et l'abandonnait. Peu importe ce que c'était. Même un bout de laine.

– Ils se battaient pour un bout de laine ? » Lillian restait toujours confondue en écoutant Rosanna raconter avec quoi jouaient les enfants pendant la grande dépression.

« Tu vois ce que je veux dire.

– Janny a collé Timmy comme de la glu, ils sont allés faire des tours à vélo, et les jumeaux ont adoré Dean. Une fois, il y en a un qui a tiré les cheveux de l'autre, alors Dean les a emmenés courir dans le jardin, pour essayer de les occuper. Ils ont beaucoup ri. » Lillian attendait que Rosanna lui demande si Andy avait bu. Elle avait déjà la réponse (« Pas grand-chose, c'est surtout Arthur qui… ») mais Rosanna déclara : « C'est très bien de la part de Dean. Ces petits garçons me sidèrent toujours tellement ils sont sérieux.

– Tsss… Janny est sérieuse elle aussi. C'est leur tempérament. C'est vrai… » Lillian hésita, puis poursuivit : « Quand as-tu vu Andy éclater de rire ? Elle sourit, mais c'est très rare qu'elle rie, même Arthur n'a jamais réussi à lui arracher un vrai rire.

– Ah, mon Dieu. »

Lillian décida de changer de sujet. « Claire est venue avec quelqu'un ? » Elles comprenaient toutes les deux ce qu'elle voulait dire.

« Il est médecin. Les oreilles et le nez », répondit Rosanna d'un ton indifférent.

Lillian sourit. « Elle portait une bague ?

– Non.

– Comment se sont-ils comportés ?

– En bons amis.

– Ils ne se tenaient pas par la main ?

– Devant moi ?

– On devine quand les gens se lâchent la main au dernier moment.

– Je n'ai rien vu de cela. En fait, il a surtout parlé avec Joe et Lois.

– De quoi ?

– Du prix des récoltes avec Joe, et d'otites avec Lois.

– Comment va Henry ? »

Rosanna soupira. Lillian attendit. Rosanna reprit : « Je pensais qu'il allait nous ramener cette fille, comment s'appelle-t-elle, Sandra. Mais il a dit que c'était fini.

– Ah bon ? Il semblait beaucoup l'apprécier.

– Est-ce qu'il l'a emmenée chez toi ?

– Il devait le faire, mais elle a attrapé la grippe ou je ne sais quoi. Il nous a apporté une boîte de biscuits de sa part. C'était au printemps. Je pensais vraiment que c'était sérieux entre eux. Elle a un doctorat de l'université de Manchester. » Puis elle ajouta, pour enfoncer le clou : « Manchester en Angleterre. Je pensais que c'était la fille de ses rêves. Son nom de famille, c'est Boulstridge. Il a dit que c'était très rare.

– Pour sûr qu'il sait ce genre de choses, ajouta Rosanna. Mais tu ne l'as jamais vue.

– Seulement en photo. Il me l'a montrée lorsqu'il est venu nous voir. Elle était mignonne.

– Il s'est passé la même chose avec l'autre, la Canadienne. Il en a parlé pendant des mois, elle avait tellement hâte de venir ici, et soudain elle a disparu.

– Il est difficile, déclara Lillian.

– Et où est-ce que ça mène ? Il est trop beau. Il est intelligent, il s'est trouvé un bon travail à l'université Northwestern où il enseigne ces vieilles langues bizarres ; il se rend en Europe chaque été, et rien ne l'enthousiasme plus que de fouiller pour découvrir des vieilles choses enterrées. Tu y crois, toi ? » Lillian voyait presque sa mère lever les yeux au plafond. Puis elle reprit : « Comment va Arthur ? » Elle avait lancé sa question de façon si soudaine et si sèche que Lillian songea qu'elle voulait la surprendre pour lui arracher une révélation. Mais tous les mots n'étaient-ils pas révélateurs ? Elle aurait pu répondre « bien », « mieux », « ça va », « pas trop mal », « égal à lui-même », « il a bon appétit », « il dort de temps à autre », « il erre à travers la maison et le jardin », « il reste assis dans la voiture à ne rien faire ». Il perd l'esprit. Alors qu'ils prenaient l'apéritif avant le dîner (une bière pour Lillian et Frank, un gin-martini pour Andy et Arthur), ce dernier avait demandé à Andy ce qu'elle pensait de la psychanalyse, elle avait répondu qu'elle trouvait ça intéressant, que ça valait la peine de payer (elle et son analyste, le Dr Grossman, découvraient beaucoup de choses), et Arthur l'avait dévisagée, presque avec douleur, songea Lillian. Finalement, elle répondit à sa mère : « Il travaille beaucoup.

– Je n'ai jamais rencontré quelqu'un qui ressemble à Arthur.

– Il n'en existe pas d'autre. » Elles se turent un instant, puis Lillian reprit : « C'est toi qui as préparé la sauce ?

– Comme toujours.

– J'ai fait la mienne selon ta recette. À la fin du dîner, on avait tous trop mangé, Arthur a pris la saucière et il a bu directement les quelques cuillerées qui restaient. Ensuite il s'est léché les babines, et il s'est frotté l'estomac. J'ai cru que Debbie allait se déshériter elle-même, les autres petits riaient.

– Oh oui, Arthur est unique en son genre », conclut Rosanna.

Le cabinet du Dr Grossman était un peu plus loin sur Riverside Drive, au croisement de la 78e Rue. Il était facile de s'y rendre, il y avait plein de place pour se garer et Andy imaginait plus facilement une relation d'amitié qu'un rapport patient/thérapeute. Pas seulement parce que le Dr Grossman était une femme, mais aussi parce qu'elle était gaie de caractère, et qu'elle s'habillait bien – non seulement elle portait des vêtements coûteux, mais elle avait du goût et de l'intelligence. C'était une sorte de victoire perverse que Katz ait cessé de recevoir Andy pour lui faire gravir les échelons en l'envoyant chez une collègue plus chère et moins accommodante. Grossman ne la laissait pas s'en tirer si facilement, en racontant des histoires à la place de ses rêves, ni en restant sans prononcer un mot pendant plus d'une ou deux minutes. Parfois, même, elle débattait avec elle. En cet instant, Andy se trouvait vraiment courageuse de poursuivre son propos alors que Grossman ne cessait d'émettre des petits bruits réprobateurs.

« Étant donné ce qui est arrivé depuis à Eunice, je ne ressens guère d'amertume, et puis elle était, enfin, nous étions très jeunes. » La psychanalyste ne mordit pas à l'hameçon, donc Andy poursuivit : « Elle avait décidé de séduire Frank – je le savais à l'époque car elle me l'avait dit. Vous savez comment sont les filles. Certaines dans mon genre mettent juste un peu la tête sous l'eau, et tout vient très lentement. Donc, je crois que c'était pendant l'été, six mois après la mort de notre ami Lawrence, quand elle m'en a parlé dans une lettre. Elle voulait perdre sa virginité de toute façon – c'était aussi inévitable que la guerre –, elle ne pensait pas une seconde que Roosevelt laisserait les Anglais dans la panade – dans ce cas pourquoi ne pas le faire avec un garçon comme Frank Langdon, le plus beau gars qu'on ait jamais vu ? C'était une broutille comparée à la défaite de la France, par exemple. C'est elle qui l'a écrit, ça. » Andy se tut ; Grossman s'éclaircit la voix. Andy ajouta : « Une broutille comparée à plein d'autres choses. » Avoir eu l'habitude de voir tous les jours Katz, puis maintenant Grossman, les seuls juifs qu'elle ait jamais rencontrés, la conduisait à penser d'abord aux camps de concentration, puis à la bombe atomique – elle ne se souvenait plus vraiment de la guerre, derrière le rideau de fumée des bombes A et H. Et Frank n'en parlait jamais. Il ne racontait rien de ce qu'il avait fait, ou pas fait. « Bien sûr, à l'époque, je ne savais pas qu'elle avait perdu sa virginité des années plus tôt, d'une manière pas très agréable, avec un oncle je crois, même s'ils avaient presque le même âge – il me semble qu'elle avait quatorze ans et lui dix-sept. » Grossman émit un bruit sourd, peut-être pour marquer son incrédulité, ou sa réprobation, mais pour Andy, cette histoire au sujet d'Eunice était aussi vraie que les autres. « Naturellement, je n'ai pas dit à Frank qu'elle m'avait écrit. Je ne parlais pas de sexe avec lui, et pour être honnête, il semblait assez timide vis-à-vis de ce genre de choses. » Elle se tut, attendant que la psychanalyste la pousse à reprendre, mais celle-ci se contenta de croiser et décroiser les jambes.

« Lorsque les cours ont repris et qu'Eunice est rentrée de vacances, j'ai compris qu'elle était sérieuse. Elle ne cessait de regarder Frank. On ne se retrouvait pas souvent ensemble, tous les trois, il n'y avait aucune raison à cela. La personne qui faisait le lien entre nous avait disparu.

– Vous voulez bien me raconter à nouveau comment il est mort ?

– Une infection dentaire. Une mort absolument absurde. » Elle s'éclaircit la voix. Le soleil se déversait par la fenêtre et Andy sentait la présence du fleuve Hudson en contrebas dans la qualité de la lumière. « Enfin bref, quand j'étais avec l'un d'eux dans la salle commune ou sur le campus, si jamais l'autre apparaissait, pas besoin de me prévenir. On aurait dit des aimants. Au début ça me faisait mal, et puis ça m'est devenu indifférent. Ce qu'il y avait entre eux a fait émerger en lui des aspects de sa personne que je préférais : "je t'aime", des choses à propos de sa famille, de son frère Joe. Joe est un homme merveilleux. C'était sans doute l'idée du péché. Vous savez, c'est la seule fois de ma vie où j'ai vu Frank vraiment se repentir de quelque chose. D'habitude, il est très fataliste. Si Michael frappe Richie et lui colle un cocard, ou si Jannie se fait maltraiter à l'école, ça signifie que ça devait arriver. Lorsque je lui ai montré cet article dans le *Times* disant que les Russes avaient une centaine de bases avec des missiles, et que j'ai demandé ce qu'on ferait si… il a seulement répondu : "On restera assis là."

– D'accord, continuez votre histoire.

– Frank croyait que c'était totalement secret, mais Eunice m'a tout raconté petit à petit. Comment il l'embrassait, comment il la caressait, lequel de ses vêtements il lui enlevait en premier, comment un jour il lui avait déchiré un bas. Croyez-moi : je ne l'enviais pas. Parfois, je me disais qu'elle était folle, qu'elle couchait non pas avec Frank, mais avec quelqu'un qu'elle prenait pour lui, sans que ce soit réellement lui. C'est vrai, Frank était de plus en plus gentil avec moi, tandis qu'avec elle il était brutal. C'est comme si j'avais dû choisir : il y avait deux Frank, ou il y avait deux Eunice, ou encore ça ne me regardait pas. Mais je l'ai dit, j'étais si jeune alors.

– Vous avez revu chez lui cette double personnalité ? »

Bien sûr que oui. Ou pas. Andy songea à Frank, celui avec qui elle avait dîné la veille, un moment silencieux, puis irritable envers Janny, riant ensuite avec les garçons, mangeant avec plaisir son gratin de pommes de terre (celui de Nedra était en effet délicieux), lui racontant une blague, demandant combien lui avait coûté la robe qu'elle avait achetée pour assister aux cocktails donnés par Jim Upjohn (230 dollars), fronçant les sourcils un instant avant d'éclater de rire. « Disons que ma conception de ce qui compose une personnalité s'est élargie depuis l'époque. À propos de lui, mais aussi des autres.

– Hmm, fit Grossman en guise d'approbation.

– Après, il est parti à la guerre. Voilà comment il a résolu tous ses problèmes. C'est Eunice qui a souffert.

– Et de quoi votre amie a-t-elle souffert ?

– Le type qu'elle a épousé l'a plus d'une fois battue au point qu'elle perde conscience.

– Vous voulez dire littéralement ?

– Oui.
– Qu’est-ce que cela vous fait ?
– Rien. »

Un long silence suivit, et Andy sut que Grossman la croyait.

1960

Henry ne songeait guère à Rosa. Parfois, il la considérait comme son « premier amour », à la manière de Flora dans *La Petite Dorrit* – pas la bonne fille, mais celle qu'on avait esquivée par chance, même si elle était loin d'être aussi stupide que Flora –, elle était querelleuse, belle, rancunière et sévère. Pourtant, quand il arriva au paragraphe où Eloise lui racontait que Rosa s'était mariée et qu'elle attendait un bébé, il sentit son humeur s'assombrir. Il relut : « Je ne sais pas si tu as rencontré Elton Jackman à l'époque où tu vivais ici. C'est un ami d'amis. Rosa m'a dit qu'elle et Elton avaient décidé de se marier en toute simplicité à Big Sur (je n'ai pas été invitée, ce qui n'est pas surprenant non plus), et qu'ils vont rester là-bas chez des amis jusqu'à la naissance du bébé (je crois que c'est pour juin). » Puis elle continuait en lui parlant de choses et d'autres qu'elle organisait à Oakland.

Henry avait rencontré Elton Jackman un jour – un petit homme mince et nerveux dont le véritable nom était O'Connell, et la véritable activité, le recèle de marchandises volées, même si, à la saison, il passait tout son temps aux courses à Golden Gate, Bay Meadows ou Tanforan. Jackman emmenait les amis lettrés de Rosa aux courses et les poussait à parier (pour financer ses propres paris) ; régulièrement, il leur rapportait une somme correcte, si bien qu'ils étaient satisfaits. Bavard et drôle, Jackman était un membre authentique du Lumpenproletariat. Il devait avoir autour de quarante-cinq ans. Henry en avait vingt-six et Rosa presque vingt-cinq ; lorsqu'il avait rompu avec Sandra, il se trouvait vieux, mais à présent, il se sentait presque virginal. Il avait cru que les histoires d'amour ratées étaient le lot de Rosa, comme de porter le deuil de son père mort à la guerre. Il était évident pour tout le monde, y compris pour Rosa, que ces deux faits étaient liés en elle par des connexions profondes et pleines de sens, et l'on pouvait dès lors voir dans sa grossesse un aboutissement de cet état d'esprit.

Il avait également reçu une lettre de Sandra, pas aujourd'hui mais vendredi, quatre jours plus tôt, qu'il n'avait pas encore lue, sans parler d'y répondre. Il espérait très sincèrement que Sandra lui apporte les mêmes nouvelles : qu'elle épousait un homme plus âgé, était enceinte, heureuse, fière, et trop contente d'avoir échappé à leur promesse de mariage hâtive, qu'Henry mettait désormais sur le compte de la découverte non pas d'une mais de deux pièces romaines le même jour lors des fouilles à Colchester (« Camulodunon », puis « Camulodunum », et ensuite peut-être « Camelot » ?).

Henry alla dans sa chambre parfaitement en ordre et ouvrit son armoire parfaitement rangée. Bien ordonnés sur l'étagère, trois pulls sans manches dans différents tons de brun – qu'il définissait comme « tabac » (un mot d'origine arawakienne/caribéenne apparemment lié à l'arabe, *tabaq* signifiant « plante aromatique », et qui par sa simple existence décrivait la colonisation de l'hémisphère occidental par les Espagnols), « rouille » (de l'ancien français *roillie,* du latin *robigo,* mais également du grec *erythros,* du sanskrit *rudhira*, la seule couleur ayant une origine aussi vaste, mais que cela signifiait-il ?), et « marron », le plus foncé (de l'italien *marrone*, « châtaigne greffée », principalement en Lombardie et Vénétie, sachant que la racine *marr-* se retrouvait de l'Italie jusqu'au Portugal, et qu'il s'agissait d'une racine préromane signifiant « caillou » ou « roche »). Henry choisit le pull couleur rouille, puis il enfila une veste en tweed d'un ton vert bleuté, et prit une écharpe bleu marine.

Songeant que son cours sur *Beowulf* débutait dans deux heures, il se dit qu'il lui faudrait écrire un mot au professeur McGalliard, homme d'une infinie patience, qui lui avait enseigné tout ce qu'il savait – ou plutôt tout ce qu'Henry avait été capable de retenir à l'époque, ce qui aujourd'hui ne lui paraissait pas grand-chose – et qui l'avait recommandé pour ce poste. Henry avait encore quelques chapitres à rédiger pour son mémoire, mais quand le département avait demandé à McGalliard qui recrutait après que le professeur Atlee eut succombé à un arrêt cardiaque au mois d'août, celui-ci avait fait l'éloge d'Henry, et on l'avait embauché. Le professeur McGalliard ne s'était jamais marié. À présent qu'il était débarrassé de Sandra, le célibat semblait à Henry le meilleur choix possible.

Il enfila son manteau, prit sa mallette, sortit de l'appartement, referma derrière lui, s'assura que la porte était verrouillée, chaussa ses caoutchoucs, passa son écharpe autour de son cou et descendit les trois marches qui menaient vers la porte du dehors. Des gamins rentrés pour déjeuner de l'école élémentaire toute proche faisaient une bataille de boules de neige devant l'immeuble voisin. Henry leur fit signe. On était en janvier. Il y avait déjà eu quatre tempêtes de neige, et les trois garçons savaient qu'Henry était un excellent tireur, aussi lui sourirent-ils, lui crièrent bonjour, mais se gardèrent bien de le prendre pour cible.

Henry se jura d'ouvrir la lettre de Sandra lorsqu'il rentrerait chez lui.

Il avait cinq étudiants. Arriveraient-ils au bout des trois mille deux cents lignes de *Beowulf* en mai, il n'en avait pas la moindre idée – ça faisait seize semaines. Deux cents lignes par semaine, c'était ambitieux. Mais quel que soit le résultat, ça vaudrait mieux que rien. Les étudiants le regardaient avec espoir quand il ouvrit un grand livre à une page précise, et le posa au milieu de la table. « Vous voyez ce monticule ? J'aurais aimé que la photo soit en couleur. L'herbe est vert vif. C'est le tumulus d'Adils, à Uppsala, en Suède. Lors de sa découverte, en 1874, on y a trouvé un corps allongé sur une peau d'ours, avec une épée et d'autres objets précieux indiquant qu'il s'agissait d'un roi. Il a dû mourir vers le milieu du VIe siècle. En traduisant ce poème, je ne veux pas que vous y voyiez juste une histoire de monstre, mais également un pan de l'Histoire. On considère qu'il parle en effet d'Adils, le roi enseveli dans ce tombeau. » Les étudiants hochèrent la tête.

Le cours durait deux heures. Ils traduisirent vingt-cinq lignes – depuis « *Hwaet ! We Gardena* » jusqu'à « *man geptheon* » (« Quoi ! nous apprenons que les Danois… » jusqu'à « un homme puisse prospérer »).

Ça n'avait pas grand sens, mais ce mystère semblait plaire aux élèves. Voilà ce qu'Henry leur dit à la fin du cours : « Considérez ce poème tel un puzzle, pas seulement comme une traduction, oui, c'est un puzzle que vous comprendrez quand vous aurez assemblé toutes les pièces. Ce qui signifie que nous devrons nous montrer patients. »

Il dîna dans un café non loin du campus, puis rentra chez lui à pied, une heure de marche revigorante. Arrivé à la maison, il remit à plus tard la lecture de la lettre de Sandra en travaillant d'abord sur son dernier chapitre, une analyse du rapport entre le poème *La Bataille de Maldon* et le moine écrivain Byrhtferth.

Finalement, il prit le courrier de Sandra, l'ouvrit et se mit au lit pour le lire. Il était si fatigué qu'il espérait ne pas comprendre ce qu'elle lui écrivait. La lettre était étonnamment courte. « Cher Henry, je n'ai qu'une chose à te dire. J'ai cessé de croire que nos fiançailles n'ont pas abouti parce que tu es américain et que je suis anglaise. Je sais, je l'ai dit, et à ce moment-là je le pensais vraiment, que les Américains sont du genre à vite s'enflammer, mais que leur enthousiasme retombe dès que la nouveauté et l'amusement laissent place à l'engagement et l'habitude. Ma sœur m'a raconté qu'elle a vécu la même expérience avec un garçon de l'université qui l'a traitée de la même manière que toi : il était toujours gentil, mais de plus en plus distant. Il s'est avéré pédé comme un phoque. Réfléchis-y. Bien à toi, Sandra Boulstridge. »

Le plus intéressant pour Henry, c'est qu'il ne fut pas offusqué. Mais décida de terminer son mémoire et de réfléchir à tout ça ensuite.

Ses parents n'avaient pas les moyens de lui acheter un cheval. Aucun des plans et manigances imaginés par Debbie n'avait fonctionné (pas même d'envoyer une lettre à oncle Frank et tante Andy en leur demandant très respectueusement s'ils pouvaient lui prêter mille dollars, remboursables sur dix ans, avec un taux d'intérêt à 5 %). Heureusement, Debbie avait rencontré Fiona Cannon, qui était dans la classe supérieure à la sienne, et du coup elle n'éprouvait plus le besoin d'avoir son propre cheval. Fiona en possédait deux – ou plutôt, elle possédait un cheval (Prince) et un poney pie (Rufus) – et faire du cheval en compagnie de Fiona était bien plus agréable que tous les stages et tous les cours qu'elle avait jamais suivis. Debbie montait Rufus, qui n'était pas très haut. Elle était tombée des douzaines de fois – c'était normal. Il était normal aussi qu'elle admire Fiona, qui chevauchait Prince. À cheval donné, on ne regarde pas les dents.

Fiona habitait à trois arrêts de bus. Elle était fille unique et Prince et Rufus étaient à demeure chez elle, même si ce chez-elle n'avait rien d'une demeure de luxe, avec des écuries et une piste : c'était une maison à étage avec une véranda tout du long, côté route, et une barrière qui descendait le long du flanc de la colline pour se terminer au niveau des arbres. Rufus et Prince vivaient ensemble dans le pré, et tout le matériel d'équitation de Fiona était stocké dans le garage. Sa mère était prof au lycée voisin, et son père avait un petit restaurant en ville où il servait le matin et le midi, mais pas le soir. Debbie y était déjà allée ; elle aimait les gaufres.

Lorsque Fiona l'invitait chez elle – pas tous les jours, quand même, mais très souvent –, Timmy était censé informer maman que Debbie allait chez son amie et, la plupart du temps, il n'y manquait pas. Les filles posaient leurs affaires d'école dans la maison, se changeaient (Debbie était un peu plus petite et un peu plus mince que Fiona), puis elles ressortaient et Fiona allait à la barrière avec un seau d'avoine et une chaîne dont elle frappait le seau en criant : « Allez, venez ! » C'est alors qu'une chose merveilleuse se produisait : Prince et Rufus descendaient la colline au galop, comme s'ils étaient heureux de les voir – Fiona, oui bien sûr, mais aussi Debbie, semblait-il. Prince mangeait directement dans le seau, et Debbie donnait des poignées d'avoine à Rufus. Ensuite, elles les brossaient et nettoyaient leurs sabots.

Debbie amenait Rufus près de la barrière et grimpait sur lui pieds nus. Son corps était lisse sous le sien, et elle devait s'agripper d'une main à sa crinière, tout en tenant le licol de l'autre. Fiona montait sans difficulté sur Prince, puis attendait, souple et détendue, que Debbie soit à son aise ; ensuite Fiona serrait les jambes sur les flancs de Prince et elle remontait la colline en diagonale d'un bon pas. Rufus trottinait derrière pour pouvoir le suivre. Prince était un cheval magnifique, un pur-sang qui avait participé à des courses à Pimlico. C'était un alezan (Debbie répétait ce mot en silence), avec une grande marque blanche sur la tête, et deux pattes blanches.

D'après Debbie, Fiona pouvait tout faire sur un cheval. Non seulement elle savait sauter et participait à des chasses au renard – beaucoup de gens en Virginie étaient capables de faire ça – mais elle adorait montrer à cru, et elle exécutait des tours qu'on ne voyait que dans les films, par exemple se renverser d'un côté et vous regarder par-dessous l'encolure de Prince, avant de se redresser. Elle savait chevaucher à l'envers, sauter au trot, faire tourner et s'arrêter Prince, et même revenir en arrière, sans bride ni aucun matériel, juste à la voix et en modulant le poids de son corps.

Debbie ne savait pas vraiment ce que Fiona voyait en elle – elles n'étaient pas proches à l'école. Debbie était dans un groupe d'élèves de cinquième qui faisaient du latin mais pas de français et pensaient que siéger au conseil des élèves était important. La plupart ne connaissaient pas Fiona, mais à l'automne, à l'arrêt de bus, Fiona avait entendu Debbie dire à une autre fille qu'elle allait prendre des leçons d'équitation. Le lendemain, elle avait invité Debbie à venir faire la connaissance de Rufus et Prince, ce qui, bien sûr, convenait à maman, qui pensait que Debbie n'avait pas besoin de recopier deux fois ses devoirs juste pour s'assurer que chaque mot soit parfait.

Les chevaux avançaient au pas, bientôt, ils surplombèrent le creux du vallon, tandis que le versant de la colline, humide et vert, s'étendait devant eux. Le long de la barrière, à gauche, les cornouillers en fleur se détachaient sur le fond sombre des arbres encore dépourvus de feuilles, et l'on apercevait quelques jacinthes. À l'automne, elles avaient ramassé des mûres au sommet de la colline sans mettre pied à terre, pendant que leurs montures broutaient. À présent, elles longeaient la barrière à mi-chemin de la pente ; puis Fiona dit : « Arrête-toi une minute et regarde ça. » Debbie tira sur le licol, et Rufus s'immobilisa. Fiona remonta un peu, puis fit tourner Prince ; il commença à descendre au petit trot et elle s'accroupit sur lui, puis se leva. Au bout de quelques pas, elle lâcha le licol et sauta en l'air en pliant les genoux. Le cheval s'éloigna, et elle atterrit sur ses pieds. Debbie applaudit, et Fiona salua. Elle sortit une carotte de sa poche et appela : « Prince ! Viens ! » Le cheval décrivit un cercle paresseux, broutant une touffe d'herbe par-ci, par-là, et c'est seulement après avoir réfléchi qu'il remonta chercher sa carotte. Rufus aussi en voulait un morceau. Fiona lui en donna un tout petit et déclara : « J'ai commencé à m'entraîner ce week-end. Je veux essayer en allant plus vite. »

Debbie avait appris à rester calmement assise sur Rufus et, quoi que Fiona propose, à répondre : « Ce serait chouette. » Ce que Fiona voyait en elle demeurait pour elle un mystère, à moins qu'elle recherche juste une oreille attentive pour parler de chevaux : Prince avait remporté trois courses, son nom était alors Ball Four, son père s'appelait Shut Out. Un jour, à la chasse au renard, Fiona était restée en tête, et lorsqu'ils avaient tué l'animal, elle avait eu droit à une patte ; seuls les adultes pouvaient recevoir la queue ou la tête. Ses bottes avaient coûté soixante dollars ; sa selle, soixante-quinze ; elle venait d'Angleterre. Un jour, elle irait chasser en Angleterre ; les meilleures chasses se déroulaient à Belvoir ; elle pourrait assister les chasseurs en s'occupant des chiens. « Bon, je vais réessayer. Toi, tu descends, et tu m'attends là où c'est plat. » Debbie fit tourner Rufus et elle descendit au pas tandis que Fiona repartait au trot. Quand Debbie eut réussi à amener Rufus exactement au milieu de la zone plate, Fiona, tout là-haut, tendit le bras. Debbie lui fit signe. Fiona serra les jambes sur les flancs de Prince, et il partit d'un bon trot. Fiona se pencha en arrière, puis elle s'accroupit sur le dos de prince, tenant encore le licol, et Prince se mit à galoper en direction de Debbie et Rufus. Fiona se redressa. Debbie s'accrochait à la crinière du poney, elle se mordait la lèvre.

Prince approchait de plus en plus. Fiona était debout comme une voltigeuse de cirque, genoux légèrement fléchis, tenant le licol à deux mains – peut-être trouvait-elle qu'ils allaient trop vite pour qu'elle saute, cette fois. Mais elle ne semblait pas effrayée, au contraire, surprise et ravie. Ils arrivaient. Debbie ne savait pas du tout comment Rufus allait réagir. Le bruit des sabots de Prince lui semblait assourdissant, bien que le fracas soit atténué par l'herbe et la terre. Prince lui parut énorme. Ils arrivaient. Les jambes de Debbie se crispèrent contre les flancs gras du poney. Elle vit Fiona, bouche ouverte, relever une main, redresser les épaules, toujours debout sur le dos de Prince. Son cœur battait la chamade. Au dernier moment, Rufus fit un bond de côté, et Prince passa de l'autre. Debbie s'accrocha et tint bon. Fiona assouplit sa posture et ne tomba pas. Deux enjambées plus tard, elle s'accroupit à nouveau sur Prince toujours au galop, posa les mains sur son cou et se rassit. Arrivée à la barrière, Fiona le fit ralentir pour effectuer un demi-tour, puis ils remontèrent au trot. Debbie s'écroula dans la crinière de Rufus, visage enfoui dans ses poils broussailleux. Elle ne voulait pas s'évanouir et tomber de cheval. Elle ferma les yeux.

Fiona était rouge, mais c'est avec nonchalance qu'elle arriva à la hauteur de Debbie et Rufus. Rufus aussi montrait de la nonchalance, Prince en revanche était très content de lui : il tendait le cou, se nettoyait les sabots et reprenait de grandes inspirations. Fiona déclara : « Les chevaux savent parfaitement où ils sont. » Puis : « Je suis désolée si je t'ai fait peur.

– Tu m'as pas fait peur. »

Mais pendant tout le reste de l'après-midi, elles se contentèrent de se promener gentiment à travers le pré. Fiona fit trotter Debbie en cercle pendant quelques minutes, histoire de s'entraîner. Quand leurs montures se furent rafraîchies et qu'elles rentrèrent à la maison goûter, Mr Cannon était là : « Alors, les filles, on s'amuse bien ? » Fiona haussa les épaules. Debbie répondit : « Oh oui. J'adore Rufus.

– C'est un bon poney. »

Ensuite, elles regardèrent le dernier numéro des *Chroniques équestres*, puis Mr Cannon raccompagna Debbie chez elle tandis que Fiona nourrissait les bêtes. Maman entra dans la maison et lui dit simplement : « Coucou, ma chérie. On dirait que le grand air te donne bonne mine. »

Jim Upjohn savait y faire, et Frank fut embauché par le conseil de Fremont Oil pour « réorganiser et rediriger les opérations ». Son « objectivité » était préservée car il touchait un gros salaire sans détenir aucune part de la compagnie. Oncle Jens avait des actifs dans les compagnies pétrolières, mais pas chez Fremont. Heureusement pour Frank, Hal et Friskie avaient déjà déménagé le siège de l'entreprise de Tulsa à Manhattan, aussi lorsque Andy et Janny partirent en quête d'une maison qui convienne mieux au nouveau poste de Frank, elles n'eurent pas à chercher loin. Andy aimait Englewood Cliffs parce que de là, il était ensuite très facile de se rendre dans l'Upper West Side, et les écoles privées y étaient excellentes.

Frank était en très bons termes avec Hal et Friskie. Hal avait trente ans et Friskie vingt-huit. Frank selon le moment les traitait en petits frères ou en experts. Chaque fois qu'Hal lui disait quoi faire, il affichait un sourire plein de gaieté et répondait : « Je crois que c'est une excellente idée. » Friskie, lui, proposait rarement quoi que ce soit, il était plus du genre à se plaindre, et quand il arrivait en trombe dans son bureau, fâché, Frank montrait de la compréhension, lui offrait un verre (Friskie aimait bien avaler une goutte de Glenlivet). Il les écoutait donner leur avis sur leur père : il n'était plus dans le coup, il ne comprenait pas le monde moderne, il agissait par impulsion. S'il fallait employer les grands moyens, il n'hésitait pas à les écarter avec ses grandes mains. Frank acquiesçait avec empathie, disant que son père était pareil, un fermier qui retirait sa ceinture au moins une fois par jour. « La seule question, c'était côté boucle, ou pas ? » Ça les faisait rire. Ils croyaient que Frank avait pris leur parti.

Jim Upjohn l'avait convaincu que Dave Courtland achèterait une propriété tout près – si ce n'était à Manhattan, ce serait dans le New Jersey ou à Southampton. Mais ce dernier détestait l'Est tout autant que le Nord. Ses endroits préférés, c'était Caracas et Galveston. Cela ne gênait guère Frank de ne pas le voir, car il était totalement d'accord avec Jim Upjohn pour développer les investissements au Venezuela jusqu'au maximum de leur potentiel, pour ensuite laisser Jersey ou Getty lancer une opération de rachat. Frank s'était montré un peu inquiet quant à la réaction de Courtland, Jim avait ri en disant : « Zut alors. Quelques millions, c'est un bon lot de consolation. Il piquera une crise, et ensuite, j'en suis sûr, il décidera d'utiliser cet argent pour lancer une nouvelle campagne de prospection. Je le connais ce vieux bandit, ça lui rappellera sa jeunesse. On lui achètera un bel âne. Un type qui démarre une entreprise n'est pas à même de la gérer quand elle arrive à maturité. Il s'ennuie, il est ronchon, par conséquent il faut l'envoyer voir ailleurs, démarrer un nouveau projet. Peut-être qu'il aura des remords, à la manière de Carnegie, et décidera de construire quelque chose pour les travailleurs. » Jim Upjohn était le seul parmi les fréquentations de Frank qui prononçait le mot « travailleurs » de la même façon qu'Eloise.

« Qu'est-ce qu'on fait d'Hal et Friskie ?

– Ils vont tous les deux se marier, tu le sais. Hal épouse une Cornelius, et Friskie s'est trouvé une cousine Sulzberger. Une cousine germaine. Pour eux, l'entreprise représente un problème, pas un avenir. Je pense qu'on est en train de leur préparer un bonheur familial comme ils n'en ont jamais connu. » Il éclata de rire. Jim Upjohn montrait une confiance en lui-même et une aisance que Frank n'avait jamais rencontrées chez quiconque.

Billy Weston, qui vivait dans la même rue que Richie et Michael (pour l'instant, mais maman disait qu'ils allaient bientôt déménager dans un quartier beaucoup plus joli), avait eu une tente pour ses huit ans, et il avait invité Richie et Michael à la monter ; le père de Billy lui avait montré comment on plantait les piquets et lui avait dit qu'il pouvait s'en tirer tout seul. Pour Richie, le seul défaut de Billy Weston, c'est qu'il n'avait pas de frère jumeau. Richie devait faire très attention pour s'assurer que Billy – qui avait plein de jouets magnifiques – ne joue pas davantage avec Michael. S'il avait eu un frère jumeau, alors Richie et Michael auraient eu chacun un ami, seulement il avait quatre sœurs, qui s'engouffraient dans la maison chaque fois que les jumeaux arrivaient.

La tente n'était pas un tipi. Elle était allongée, avec un rabat en triangle aux deux extrémités, et elle s'attachait au moyen de quatre cordes. Il y avait un sol aussi, et Billy disait qu'on pouvait aller camper dans les bois y compris quand il faisait froid ou qu'il pleuvait, car dans ce cas on pouvait refermer la tente hermétiquement en gardant une lanterne à l'intérieur et dormir toute la nuit, même si un ours se montrait. Toutefois, ils n'installèrent pas la tente dans les bois, mais dans le jardin de Billy.

Il fallait commencer par étendre la tente sur l'herbe et s'assurer que le sol était bien plat et les bords droits. Ensuite, de l'intérieur de la tente, Billie tendit à Richie comme à Michael quatre piquets. Il s'agissait de pointes en acier à l'extrémité en forme de L. Richie fit ce qu'on lui disait : longer la tente d'un côté, tirer sur les cordes, puis déposer un piquet à côté. Michael fit la même chose de l'autre côté.

Billie avait un maillet. Ils l'utilisèrent chacun leur tour. Billie enfonça un piquet du côté de Michael puis de celui de Richie ; ensuite il donna le maillet à Richie qui l'imita. C'était plus facile qu'avec un clou car les piquets étaient plus gros. Richie frappa deux fois, et la pointe d'acier s'enfonça. Michael dit : « Je veux le faire. » Richie ne lui prêta pas attention et frappa encore deux fois. Il s'enfonça encore, presque jusqu'au milieu. Richie s'arrêta, prit une inspiration profonde. Michael tira la langue. Richie frappa encore deux fois.

Quand le piquet fut correctement enfoncé – Billie avait donné deux coups supplémentaires –, ils passèrent de l'autre côté de la tente et ce fut au tour de Michael. Il réussit en quatre coups. Assez profond, en plus. Cela mit Richie en colère. Il était toujours furieux de constater qu'il avait beau être l'aîné, Michael était plus grand et plus fort que lui. Ce dernier ne le laissait jamais l'oublier. Son père disait à Richie que ça devrait le rendre plus combatif, plus intelligent, mais ça ne marchait pas toujours. Billy porta le maillet de l'autre côté, et les deux garçons observèrent Richie qui enfonçait son deuxième piquet. Puisqu'il avait un peu d'entraînement, il y réussit en quatre coups, si bien que sa colère s'atténua. Elle disparut comme ça. Une fois tous les piquets plantés, ils entrèrent dans la tente et s'assirent, puis s'allongèrent, avant de ressortir. À l'intérieur, ça ne sentait pas très bon, mais Richie trouvait ça chouette – un peu obscur, parfait pour y entendre des histoires de fantômes. Billy devait penser la même chose car il retourna à la maison et en revint avec une couverture et des bandes dessinées. Il parlait davantage à Michael qu'à Richie, et Michael ne cessait d'adresser certains regards à son frère. Il n'avait pas besoin de lui parler : chacun de ses regards, de ses gestes l'atteignait à la manière d'une onde, qu'il le veuille ou non.

Après la couverture et les bandes dessinées, Billy jugea qu'il leur fallait du 7-Up parce qu'ils avaient travaillé dur, et il retourna à la maison. Michael prit la couverture et l'étendit à l'intérieur en disant :

« Touche pas aux BD, je suis prem's. » Richie ne répondit pas. La plupart du temps, il ne disait rien.

Accroupi près de la tente, Richie s'aperçut qu'un des piquets risquait de s'arracher du sol, donc il reprit le maillet qu'ils avaient abandonné dans l'herbe, et il enfonça de nouveau la pointe métallique. Elle pénétra plus profond, et il continua de taper. C'est alors qu'il vit cette bosse qui bougeait sur la toile de la tente. Bien sûr, il savait que c'était la tête de Michael – il n'était pas idiot. La bosse grossit, puis glissa vers la droite, grossit encore, glissa vers la droite, et soudain il leva le maillet et la frappa. Il y eut un gémissement sourd. La bosse disparut et on entendit un froissement. Il fit le tour et regarda à l'intérieur. Michael était allongé sur le côté.

À ce moment-là, Billy arriva avec les 7-Up et demanda : « Qu'est-ce qui s'est passé ? » et Richie répondit : « Je l'ai frappé avec le maillet. »

Billie courut à la maison.

Il commença à avoir peur quand Mrs Weston sortit en criant de la maison, les filles sur les talons, qui toutes lui lancèrent des regards noirs. Billie aussi semblait inquiet. Michael gisait par terre ; « raide mort », comme on disait à la télé. Ça doit être ça, pensa Richie.

Mrs Weston sortit Michael de la tente et l'allongea dans l'herbe tandis que sa fille aînée, Randy, allait chercher Nedra ; celle-ci accourut le plus vite possible et franchit le portail en s'écriant : « Oh mon Dieu, oh mon Dieu ! Quelle sacrée paire vous faites, il se passe toujours quelque chose ! » Elle donna une tape à Richie sur la tête et lui dit : « Cette fois tu l'as peut-être tué, tu as eu ce que tu voulais, espèce de coquin. Mais tu ne perds rien pour attendre. »

Nedra avait une plaquette de beurre à la main et commença à défaire l'emballage. Michael grogna et remua. Nedra le maintint par terre : « Ne bouge pas, Michael, oui, c'est ça. » Mrs Weston lui tapota le bras. Nedra lui caressa la tête : « Voilà un bel œuf d'oie – Dieu tout-puissant –, il est gros comme mon poing », alors elle appliqua le beurre dessus en le maintenant allongé. Les filles retournèrent à l'intérieur. Puis Nedra dit : « Mais pourquoi diable as-tu fait ça ? Il y a deux jours, ils se sont poussés dans l'escalier. Ils ont dit que ce n'était qu'un jeu, mais pour moi, ça a tout l'air d'une guerre.

– C'était juste un jeu », renchérit Richie.

Mrs Weston secoua la tête. « La plupart du temps, les garçons ne savent pas faire la différence. Et les filles ! Je ne sais pas ce qui est le pire. Il revient à lui. » Michael se redressa. Richie se demanda si Nedra raconterait tout à ses parents. Elle dit : « Je devrais peut-être l'emmener chez le docteur. Mr Langdon est au Venezuela, une fois de plus, et madame est à New York.

– Oh, ce n'est pas la peine. Il va bien. Allons boire un café. Regardez-le. Michael, ça va ? » Il acquiesça. « Tu crois que tu as besoin d'aller chez le médecin ?

– Je veux pas aller chez le médecin », dit Michael, puis il toucha sa bosse, renifla, mais il ne pleura pas. Pas une larme. « On peut retourner dans la tente pour lire des BD ?

– Mais oui, répondit Mrs Weston. Et si tu te sens mal, tu envoies Billy me le dire, d'accord ? »

Il acquiesça.

« J'ai grand besoin d'une cigarette, déclara Nedra.

– Moi aussi », fit Mrs Weston.

Elles se levèrent et, au bout d'un moment, Michael rentra sous la tente, suivi de Billy. Et enfin, de Richie. Ils s'installèrent, et Billy donna à chacun une bande dessinée et un 7-Up. Et voilà, songea Richie. Pour l'instant. Mais il lui faudrait être vigilant, et pas à cause de Nedra. Il regarda Michael, derrière Billy, qui lisait en palpant sa bosse à l'arrière de sa tête. Non, Richie n'était pas désolé. Et il était content qu'on ne l'ait pas forcé à le dire.

L'allée de la nouvelle maison était longue, mais Andy avait prévu l'arrivée du blizzard et laissé la voiture à l'entrée – elle n'avait plus qu'à attendre le passage de la déneigeuse pour dégager sa propre voiture. En se levant, elle enfila des vêtements chauds et sortit vérifier. La neige, encore posée là où elle était tombée, sans que le vent ni aucun autre élément ne l'aient perturbée, formait une véritable œuvre d'art. Arrivée à la voiture, elle regarda autour d'elle. Elle ne s'était jamais enthousiasmée pour la neige ainsi que son frère, Sven, et d'autres parents norvégiens, mais elle l'avait toujours considérée comme une substance qui servait à nimber, cacher, lisser et faire briller.

À la maison, le téléphone avait sonné : pas d'école. Elle se garda d'évoquer les tempêtes de neige à Decorah – ce jour où Sven et elle rentraient à la maison, ce qui prenait un quart d'heure normalement, mais tant de neige était tombée en une demi-heure qu'ils avaient dû se réfugier dans la maison au bout de leur rue, pour que le voisin les ramène en les tirant sur un traîneau – comment s'appelait-il, ce garçon ? « Alors qu'est-ce que vous allez faire aujourd'hui ? » demanda-t-elle.

Janny leva la tête : « On peut inviter quelqu'un ?
– Par ce temps ? Ça m'étonnerait.
– Et si on préparait des biscuits de Noël ? proposa Nedra.
– Des spritz, ce serait bien.
– Je préfère les autres biscuits, répondit Janny.
– Et les garçons ?
– Ils feront ce qu'ils voudront, dit Nedra.
– Au moins, ils ont chacun leur chambre, maintenant.
– C'est en cellule d'isolement, qu'il faudrait les mettre. »

Andy éclata de rire.

Frank était parti. Andy ne savait plus où il était. Tout ce qu'elle se rappelait, c'est qu'après Noël, elle était censée l'accompagner à Caracas, pour embrasser des gens et parler un peu espagnol. Après, lui avait-il dit, comme ils avaient fini d'emménager et que les décorateurs étaient passés, il attendait d'elle qu'elle donne des réceptions, des cocktails au minimum – il ferait venir un traiteur, bien sûr, n'empêche, c'était une intrusion. Peut-être qu'elle en parlerait à Grossman, sa psy, qu'elle allait voir aujourd'hui.

Quand elle ressortit, la déneigeuse était passée, elle avait accompli un excellent travail en silence. Il ne lui fallut pas longtemps pour dégager sa voiture, et très vite elle prit la direction d'East Palisades en roulant avec prudence et sans encombre. La plupart de ses voisins étaient paralysés par la neige. À East Palisades, la situation était bonne, et en tournant vers le sud, sur Parkway, elle vit que tout le monde avançait. Le bouchon sur GW Bridge était agréable à regarder : le soleil brillait à présent, et l'Hudson, qui n'était pas gelé, transportait de miroitants losanges de glace fine. Puis elle emprunta West Side Highway, de là il ne lui restait plus que huit kilomètres. Elle s'était donné une heure pour parcourir le trajet, donc elle pouvait prendre son temps. Riverside Park était aussi beau que sa propre rue, mais d'un style plus vif, plus urbain, et l'on voyait dehors toutes sortes de gens, affublés de fourrures et de bottes, souriant, qui appréciaient cette pureté nouvelle.

Grossman ouvrit la porte : elle était surprise de voir Andy – mais comment avait-elle réussi à venir, un jour pareil ? Si bien qu'Andy songea à lui raconter cette vieille histoire de neige : près de quinze centimètres en une demi-heure, une forte averse. Avaient-ils eu peur ? Elle ne s'en souvenait plus, et de toute façon, Sven ne l'aurait jamais avoué. Elle pouvait raconter qu'ils étaient très emmitouflés, avec plusieurs couches de bonnets tricotés aux couleurs vives, de chandails, de moufles, de gilets, de caleçons longs – penser à tout cela tandis qu'elle prenait place sur le divan la rendit soudain heureuse.

Mais alors, elle retourna à ses bonnes vieilles habitudes, et c'est l'histoire d'oncle Jens et tante Eva qui sortit, les immigrants, les premiers à tenter l'aventure, qui avaient essayé de s'installer dans le Minnesota, ou était-ce le Dakota du Nord ? Là où les Scandinaves se rendaient en masse, où la terre était la moins chère. Ils n'avaient pas eu de chance, hélas : l'horizon infini avait rendu folle tante Eva, qui s'était réfugiée dans le camion en bois apporté avec eux depuis Stavanger, puis l'oncle Jens s'était retrouvé pris dans le blizzard en revenant du village à ski avec des provisions. Il s'était réfugié à l'abri d'une meule de foin, où on l'avait retrouvé mort quelques jours plus tard. Grossman ne dit pas un mot tandis qu'elle racontait cette histoire, et d'ailleurs pourquoi est-ce qu'elle recommençait à raconter des histoires ? Cela n'avait rien à voir avec sa famille. Oncle Jens avait fait fortune, à l'époque, et tante Eva était une femme mûre respectée et instruite qui parlait non seulement le norvégien et l'anglais mais aussi le français, et s'était rendue à Copenhague et à Paris lorsqu'elle était enfant, avant d'immigrer en Amérique. Andy croyait que Grossman n'accepterait jamais ça, elle s'était retenue pendant des mois, et puis la psychiatre avait commis l'erreur de lui dire que toutes les histoires, tous les rêves, tout ce vers quoi on était attiré faisait sens et que, souvent, ce qui paraissait le moins intéressant avait le sens le plus profond. Andy ne savait pas si elle devait la croire, en tout cas, elle avait succombé à la tentation. Un long silence suivit, et Andy se remémora de nouveau les arabesques de neige doucement posées sur les arbres, ce matin-là, comme c'était aérien, beau et fugitif.

1961

Au début, les opinions de Rosanna au sujet du nouveau président et de la première dame faisaient rire Minnie et Joe. Rosanna était catholique, aussi Joe pensait-il qu'elle serait contente de voir un catholique à la Maison Blanche. Mais elle déclara : « Les catholiques irlandais et les catholiques allemands ne sont pas d'accord entre eux. » En réalité, le président ne la dérangeait pas : il était beau garçon, et il avait une voix agréable, si l'on ne s'attardait pas trop sur son accent bostonien. C'était sa femme qui la rendait chèvre.

« Jacqueline ! s'exclama-t-elle en regardant la cérémonie d'intronisation. Quel nom pour une première dame ! Qu'est-il arrivé à Eleanor, Mamie, ou Ethel ?

– Sa belle-sœur s'appelle Ethel, comme vous le savez, répondit Minnie qui était à la maison parce qu'elle avait la grippe et une fièvre à près de 39 degrés.

– Elle est plus jeune que Lillian ! Et le vieux Kennedy est un escroc, tout le monde le sait, il est main dans la main avec des gens comme Davey et pire encore.

– J'ignorais que vous vous souciiez de ce genre de choses.

– Et qu'est-ce que je fais ? Je m'assieds et je regarde la télévision. Et le film du soir ne passe pas toute la journée, ce que je regrette bien, sinon je ne m'embarrasserais pas des émissions du genre *Today*, du journal de cinq heures, et du journal de dix heures. Dieu du ciel ! Regarde-moi cette bouche. Elle a vraiment une drôle de bouche. C'est ça que je n'aime pas, chez elle. Ce sourire faux. »

Minnie n'avait jamais oublié qu'autrefois Rosanna avait été une vraie beauté, même si ça n'avait pas duré longtemps. La dernière chose qui s'était enfuie, c'était son sourire – brillant, ouvert, soudain. Même adolescente, Minnie l'avait remarqué : Rosanna était toujours de mauvaise humeur, sérieuse, et puis tout à coup, son sourire transperçait le brouillard. Elle avait aussi de belles dents, larges et droites, pas comme celles de la mère de Minnie, qu'en général elle dissimulait derrière sa main. Ah… Chaque fois qu'elle pensait à sa mère, elle était triste. Il y avait presque quinze ans pourtant qu'elle était morte.

Rosanna proposa : « Encore un peu de tisane ? Le pot de camomille est chaud. Ça te fera du bien. »

Minnie fit glisser sa tasse sur la table et Rosanna versa le liquide vert pâle tout en le respirant : « C'est ma tisane préférée. Le parfum de juin en plein mois de janvier.

– C'est agréable. Ça me fait penser que j'ai trouvé le dernier bocal de pêches aux épices à la cave. Lois a dû le cacher. » La cave où son père était mort. Minnie retint un soupir. Quand on vivait longtemps au même endroit, tout finissait par vous rappeler autre chose.

« Laissons-la nous les servir. Je suis sûre qu'elle a une idée derrière la tête.

– Comme toujours.

– C'est une constante chez les deuxièmes enfants. »

Elles se remirent à regarder la télévision.

« Tu vois, reprit Rosanna. Elle ne supporte pas le froid. Elle n'a pas l'air à son aise. Ces vêtements français, c'est pas fait pour le froid, ça, c'est sûr. »

Le nouveau président commença son allocution et Minnie, qui avait voté pour lui (sans le dire à Rosanna), fut impressionnée. C'était exactement le genre de discours qu'elle souhaitait faire entendre à ses élèves (et puisqu'elle avait acheté cinq postes de télévision pour le lycée, elle savait qu'en ce moment même, ils l'écoutaient). C'était le discours d'un héros de guerre rappelant sa jeunesse, la gloire du danger surmonté. À côté de lui, Eisenhower faisait office de vieux barbon ennuyeux. Et ridé. Ça lui faisait bizarre d'avoir un président du même âge qu'elle. Elle avait toujours pensé que les présidents étaient des vieillards.

Rosanna secouait la tête sans rien dire.

Minnie demanda : « À quelle heure rentre Lois le mardi ?

– Vers trois heures et demie. Le mardi et le jeudi, elle va chercher Jesse à la maternelle. » La voix de Rosanna avait gagné en vivacité. Jesse faisait cet effet-là à tout le monde (en réalité, c'était Joe junior, mais il avait déjà une charmante petite personnalité). Lois travaillait chez Dan Crest à temps partiel maintenant. « Si jamais une mère a eu besoin d'autres enfants, c'est bien Lois. Elle est faite pour en avoir toute une tripotée.

– Je pense qu'elle a décidé d'arrêter tant qu'elle était dans la course. »

Rosanna se mit à rire : « Peu importe combien de temps ça prendra, je resterai là, au chaud, à attendre qu'elle ramène à la maison cet enfant adoré, juste pour lui faire un petit bisou.

– Elle peut vous déposer si vous voulez.

– Inutile. Je ne suis pas sa majesté Jacqueline Kennedy, qui s'effraie d'un petit peu de neige, de vent et de températures inférieures à zéro.

– Rosanna, ça vous arrive de ne pas avoir une opinion sur quelque chose ?

– Jamais. »

Le soir qui suivit la première rencontre d'Arthur avec un dénommé McGeorge Bundy, Lillian s'étonna de sa bonne humeur. Arthur n'était nullement impressionné par les Kennedy, ni Jack ni Bobby. C'étaient une paire de monsieur-je-sais-tout trop sanguins ; la seule différence entre eux, c'est que l'un avait un peu de tact et pas l'autre. Lillian gloussa au nom de Bundy, et Arthur fronça légèrement les sourcils – signe de colère qu'il ne manifestait jamais envers elle. Elle l'embrassa pour se rattraper, et Arthur se mit aussitôt à parler, appuyé contre l'évier, un whiskey soda à la main, tandis que Lillian remuait la sauce des spaghettis tout en regardant Tina faire du coloriage sur la table de la cuisine. Elle s'y prenait à sa manière : chaque silhouette dans des tons différents de la même couleur. Arthur dit : « Ça fait combien de temps que je sais qu'il existe ? Je sais qu'il y a au moins dix ans, il travaillait avec Dulles et Kennan. Notre version du plan Marshall.

– Et de quelle version s'agit-il ?

– Le financement des factions anticommunistes en France et en Italie.

– Oh.

– Mais je ne l'avais jamais rencontré. Il a quoi ? Mon âge, je pense. Mais il fait plus jeune. C'est un sportif. »

Arthur n'avait pas paru aussi impressionné depuis des années. « Tout le monde sait que c'est une grosse tête. » Il ricana, vida son verre et se tourna vers Lillian : « Tu sais, Lil, c'est ça le truc : il te regarde dans les yeux, il t'écoute.

– Qu'est-ce qu'il a dit ?

– Juste : "Oh, c'est vous, Manning. Il faut qu'on prenne un café ensemble un de ces jours. Appelez-moi."

– Peut-être qu'il dit ça à tout le monde, répondit Lillian en souriant.

– J'espère bien. Tu sais ce que je pense. Ce sont les petits qui savent. Le prince qui se mêle aux pauvres finit par savoir comment marche le monde. »

Ce soir-là, au dîner, il se montra de si bonne humeur qu'il se lança dans quelque chose qu'il n'avait pas fait depuis des lustres : il raconta une histoire. Ils avaient presque fini leur repas, et Debbie s'apprêtait à aller mettre son assiette dans l'évier, quand il dit : « Vous savez ce qui m'est arrivé aujourd'hui ? »

Debbie tourna la tête ; Dean répondit : « Quoi ? » ; Timmy et Tina levèrent les yeux. Même à presque quinze ans, Timmy (Tim, insistait-il) ne pouvait résister.

« J'ai vu une drôle de chose en ville. Je retournais au bureau après le déjeuner, et j'ai vu un chien – vous savez, un grand chien, genre lévrier – qui marchait dans la rue. Il portait un manteau en laine et un petit chapeau.

– On devrait avoir un chien, dit Tina.

– C'est ce chien-là qu'il nous faudrait. Il marchait debout sur ses pattes de derrière, sans aucune difficulté, et il était presque aussi grand que moi. »

Tina éclata de rire.

« Est-ce qu'il portait des talons hauts ? demanda Tim.

– Non, pas de chaussures. Et ce n'était pas une femelle. C'était tout à fait évident. »

Tim éclata de rire à son tour, et Lillian joua son rôle de mère en le gourmandant : « Oh, Arthur !

– Donc, je ne peux pas vous expliquer pourquoi, mais les gens ne semblaient pas le voir. Peut-être qu'ils étaient gênés. Moi, je le regardais, il s'en est aperçu, alors il est venu vers moi à toutes jambes, et il m'a dit : "Comment allez-vous ?" Je lui ai serré la patte. Il avait les griffes manucurées.

– Il savait parler ? demanda Tina.

– Oui. Mais son anglais n'était pas parfait. Il m'a dit : "Peut-êtrrrre vous pouvoir aider moa, je viens arrrrriver en ville." »

Lillian préférait ne pas savoir pourquoi Arthur avait cessé de raconter des histoires.

« Je lui ai dit : "Vous semblez pourtant à l'aise. Vous cherchez un endroit en particulier ?" Il a sorti une note de sa poche. Je n'ai pas réussi à la lire, c'était codé, avec des griffures et des trous. Il m'a dit : "Départ'ment d'Étatt." On n'était pas très loin. » Il se tut et se remit à manger, comme si l'histoire s'arrêtait là. Debbie le regarda longuement, puis elle se lassa et alla finalement poser son assiette dans l'évier. Mais Dean ne voulait pas rester sur sa faim : « C'est tout, papa ? Qu'est-ce qui s'est passé ?

– Oh, pas grand-chose. Je l'ai accompagné jusqu'à l'entrée du bâtiment. J'avais du mal à le suivre. On a bavardé. Il venait de Boston, il était allé à Yale et il travaillait à Harvard. Très ambitieux, pour un chien, je me suis dit. J'ai pensé que c'était l'accent de Boston qui m'avait induit en erreur. Quand on est arrivés, j'ai tout de suite vu qu'ils le connaissaient très bien, au département d'État. »

Long silence. « Et qu'est-ce qu'ils ont fait ? a demandé Lillian.

– Le dogue allemand est sorti – le fauve, tu sais, le frère du noir –, ils se sont reniflés devant, derrière, et puis ils ont fait un tour, pissé sur les buissons. Ensuite le lévrier a monté le dogue allemand, et le dogue allemand s'est couché et il a mis ses pattes sur ses yeux, et le monde a été sauvé.

– Oh, papa ! » s'exclama Debbie en levant les yeux au ciel. Tina avait l'air un peu perdue, quant à Tim et Dean, ils éclatèrent de rire.

Hélas, cela ne dura pas. Moins de deux semaines plus tard, Arthur se remit à se lever en pleine nuit pour errer à travers la maison. Lillian savait que cette fois, c'était à cause de la baie des Cochons. Maintenant, elle connaissait la chanson. Il s'asseyait dans son bureau en revenant du travail, et restait là à regarder par la fenêtre ; ensuite, il rassemblait ses forces pour tenir une heure environ, puis il retournait dans son bureau jusqu'à l'heure du coucher. Il dormait ensuite deux ou trois heures, puis il errait à travers la maison. Au bout d'un moment – cette fois-là il lui fallut deux semaines – il finissait par lui dire quelque chose : « C'est nous qui leur avons appris !

– À qui, Arthur ? » Ils étaient assis dans leur lit, chuchotant dans le noir.

« À Bundy ! À Kennedy !

– Je croyais que tu parlais de Castro.

– Il est bien là, le problème. Ça n'a pas été une surprise pour Castro ! Les Soviétiques l'avaient prévenu. Il en savait plus que moi. Dulles est allé voir Kennedy, et il lui a dit : Tout est prêt pour l'opération, ça va marcher, on y va – et l'autre, il a donné son feu vert. On est seulement en avril, nom d'un chien, la moitié de leurs gars ne savent pas encore où accrocher leur chapeau !

– Et maintenant ?

– Je ne serais pas surpris qu'ils dissolvent l'agence. Le président est dans une rage folle, et je ne sais pas tout. » Il parlait assez calmement, comme si toute sa carrière n'était pas en péril, aussi Lillian attendit-elle pour voir ce qu'il allait dire ensuite, si sa première pensée serait pour elle et pour ses enfants, ou pour cet univers parallèle dans lequel il travaillait. Il souffla et grogna. « Lillian, ma chérie, mon trésor, je vais te raconter une histoire. »

Lillian se sentit soudain un peu nerveuse, alors elle lui prit la main et répondit : « Vas-y. » La porte du placard était ouverte. Elle eut envie d'aller la refermer, mais se retint.

« Il était une fois une femme qui s'appelait Sarah Cole DeRocher, et qui épousa le second lieutenant Brinks Manning, peu de temps après qu'il fut sorti de l'académie militaire de West Point.

– Ta mère et ton père.

– Sarah Cole était l'enfant unique d'un couple âgé. Sa famille habitait depuis toujours à Macon, en Géorgie, et la plupart de ses oncles et tantes étaient d'indécrottables partisans confédérés. Ils appelaient la guerre de Sécession la "guerre d'Agression nordiste". Épouser le lieutenant Brinks Manning en 1915, au moment où il se préparait mentalement à l'entrée en guerre probable de l'Amérique, était un acte de rébellion totale de la part de Sarah, et quand son mari l'emmena dans le Nord, ses parents déshéritèrent Sarah – même si on peut se demander de quoi ils la privaient car ils n'avaient rien. Elle avait dix-neuf ans. Mais, ma chérie, ce n'était pas une Lillian Langdon, une jeune fille ayant déjà un travail, de l'argent et une immense réserve d'énergie. C'était une gamine, et dans l'année qui suivit, elle donna naissance à un autre enfant – pas moi, je n'ai pas quarante-quatre ans tout à coup, mais à une fillette qu'on appela Sarah, comme sa mère, ce qui était une très mauvaise idée. Il y eut l'épidémie de grippe espagnole en 1918, alors que mon père était encore en Europe, et Sari, ainsi que l'appelait ma mère, fut emportée en vingt-quatre heures. De la vie à la mort d'un petit déjeuner à l'autre, présente aujourd'hui, disparue demain. »

Lillian en avait les larmes aux yeux.

« À son retour de la guerre, mon père fut déçu par sa jeune épouse. Il avait gagné en maturité, pas elle. Mais bien sûr, il fit de son mieux, et assez rapidement, un autre enfant naquit, le petit Arthur. J'étais un vrai Manning, et mon père en fut profondément soulagé. C'était un militaire. Il était spécialisé dans tout ce qui était matériel militaire. Il était fier de ce qu'il savait à ce propos, que ça concerne une machine ou un cheval. Il pouvait envoyer en mission une volée de pigeons ou réparer un moteur. Il était comme moi : il désespérait de ces gars romantiques qui voulaient absolument en découdre et fonçaient sans attendre d'avoir tout leur matériel parce qu'ils étaient trop impatients pour attendre. Mais il aimait l'armée, l'ordre qui y régnait, c'était un vrai patriote. Comme moi.

– Comme toi, Arthur.

– Un jour, ma mère m'a mis au lit pour que je fasse la sieste. J'avais deux ans et demi et j'avais un bon sommeil. Elle m'a pris dans ses bras, m'a bercé, puis elle m'a couché et, en me recouvrant avec la couverture, et elle m'a dit de bien dormir, qu'il y aurait du gâteau au dîner. Je me souviens de chaque mot. »

Lillian sentit son cœur s'emballer.

« Ensuite, elle est allée dans sa chambre, elle a pris la ceinture de sa robe de chambre, elle l'a attachée en haut de la rambarde de l'escalier et elle s'est pendue. Mon père l'a trouvée en rentrant pour le dîner. Moi, je hurlais dans ma chambre. »

Lillian tremblait.

« Mon père ne m'a jamais rien caché. Il a toujours répondu à mes questions avec honnêteté. Il a trouvé une dame gentille et aimante pour s'occuper de moi, et quand il m'a envoyé en pension, il a choisi un endroit agréable avec beaucoup d'espace de jeu et des animaux, et il s'est assuré que j'étais assez grand et fort pour me défendre. Il n'a jamais dit de mal de ma mère, mais régulièrement, il me regardait droit dans les yeux, Lil, il cherchait à y déceler de la faiblesse, une faille. Cette incapacité fatale à encaisser les choses.

– Tu es capable d'encaisser les choses, Arthur. » Elle en était certaine – il avait l'air concentré, perplexe, mais pas brisé, ni même près de craquer.

Il répondit : « Pas Wisner.

– Tu détestais Frank Wisner.

– Et pourquoi, à ton avis ?

– Parce qu'il était bête et qu'il se trompait tout le temps ? » Puis elle ajouta : « Il n'y en a pas deux comme toi, Arthur. À côté de toi, Frank est ennuyeux, Henry a l'air idiot, Timmy réservé, et Joe faiblard. Je ne peux pas vivre sans toi. »

Tous deux savaient ce que cela signifiait.

À l'été de sa dernière année au collège, Debbie était devenue bonne cavalière et trop grande pour le poney, ce qui n'était pas gênant car Fiona avait un nouveau cheval, un bai avec une étoile blanche nommé Rocky, plus élégant que Prince (c'était un ancien cheval de course, une fois encore, qui sur les champs de courses s'appelait Roquefort car il avait des origines françaises). Fiona l'adorait. Il était bon pour le saut d'obstacle, et pouvait sauter jusqu'à un mètre quatre-vingts, mais ne pratiquait pas le hunter. Fait étrange, il n'était pas mauvais sur les sentiers – son problème, disait Fiona, ce n'était pas la nervosité, mais il voulait être en tête. Il suivait le sentier avec Prince à condition de passer le premier. Ce qui ne dérangeait pas Prince.

Fiona ne faisait plus peur à Debbie – elle s'était habituée. Tout le monde à l'école trouvait que Debbie avait de la chance d'être son amie.

Quand il faisait chaud, elles allaient se promener tous les jours. La première fois où elles volèrent une pastèque, Debbie fut mal à l'aise. Mais tout se passa bien. Rocky et Prince avançaient sur un sentier longeant un carré sablonneux de pastèques qu'une rangée d'arbres et d'herbes folles séparait de la maison et de la grange. Fiona regarda les fruits en passant, et lorsqu'elle en vit un qui semblait mûr, elle descendit de cheval, donna les rênes à Debbie, et s'approcha de la pastèque ovale, brillante dans le soleil. Puis elle se releva, le fruit dans les bras (c'était lourd), regarda autour d'elle, et le laissa choir. Magnifique explosion de rouge rosé. Fiona, évidemment, commença par en proposer aux chevaux, et Debbie s'aperçut qu'ils savaient parfaitement ce qu'on leur offrait. Rocky plongea le mufle dans la douceur humide, l'avala, léchant et mâchant en même temps. « Il ne faudra pas oublier de bien laver leurs mors », dit Fiona. Elle servit Prince à son tour, puis elle retourna chercher des morceaux pour elle et Debbie. Une fois terminé, Fiona sortit un dollar de sa poche et le glissa sous la pastèque en morceaux.

La seconde fois, Debbie et Fiona parlaient d'un concours auquel Fiona s'était inscrite, et elles ne virent pas les oreilles des chevaux qui frétillaient. Ils empruntèrent exactement le même chemin qui menait aux pastèques, et Fiona descendit de cheval, confiant les rênes à Debbie. Celle-ci scrutait les bois car elle avait peur de voir surgir un chevreuil qui effraierait Prince. Fiona fit exploser la pastèque, en apporta un morceau, puis alla en chercher d'autres. C'est alors qu'elles entendirent des cris, et un moment plus tard, un coup de fusil. Debbie n'avait jamais entendu de coup de feu. Les chevaux hennirent, Fiona laissa choir le fruit, et elle bondit en selle, plus rapide que jamais. Elles détalèrent sur le sentier, le long du champ, Rocky devant, Prince derrière, et un autre coup de fusil retentit. Fiona, couchée sur l'encolure de Rocky, cria : « Aïe ! », et elle se frotta les fesses. Puis Prince partit brusquement sur le côté, manquant désarçonner Debbie, qui heureusement tint bon. Ils galopaient. Debbie ne voyait plus le sentier ; elle garda la tête baissée, laissant Prince se débrouiller, car elle n'avait aucune idée d'où elle allait.

La course folle se termina en haut de la colline située derrière la ferme, et lorsqu'elles atteignirent une petite clairière, Debbie aperçut l'agriculteur, le fusil à l'épaule. Les chevaux soufflaient – remonter la colline à fond de train les avait épuisés. Fiona mit pied à terre, se frotta les fesses à nouveau, puis le bras droit.Elle avait des marques : de minuscules points rouges. Elle les lécha. « C'est du sel. Il remplit ses cartouches de gros sel.

– Il l'a déjà fait ?

– Il m'a tiré dessus deux fois l'an dernier, mais il ne m'avait jamais touchée. » Elle se frotta le derrière encore une fois. « Ça pique. Est-ce que ça a traversé mon pantalon ?

– Non, il n'y a pas de trou.

– Bon. Je crois qu'on va éviter de traîner par là pendant un moment.

– Peut-être que Prince a été touché, il est parti en vrille. »

Mais aucune trace de sang n'apparaissait sur Prince. Quand au bout d'une demi-heure elles arrivèrent à la maison, les chevaux calmés et rafraîchis, une fois de plus Fiona fit comme si de rien n'était. C'était l'été aussi sa mère était à la maison et cousait dans la salle à manger. Elle les salua : « Salut, les filles. Quel beau temps – il ne fait pas trop chaud, pour une fois. Vous passez une bonne journée ? »

Fiona l'embrassa sur la joue avec une aisance parfaite, et répondit : « Il ne se passe pas grand-chose.

– Ah, ce sont les bons vieux étés à l'ancienne. » Vendredi arriva, et Debbie alla dormir chez une amie avec d'autres filles, de bonnes petites filles, et là elle dut admettre qu'elle les trouvait un peu agaçantes et trop nombreuses.

Elle marchait devant lui sur Maiden Lane, presque à la hauteur de Front Street. Frank la reconnut de dos, à la façon dont elle bougeait les hanches. Il accéléra et, au carrefour, se plaça à sa droite, pour attendre. Il feignit de ne pas la regarder ; il était extrêmement doué pour ça. Elle portait un manteau de laine noir, joliment coupé mais bon marché. Évidemment, ses traits accusaient son âge – elle devait avoir à peu près le même que Frank en 1944, c'est-à-dire une vingtaine d'années. Ce qui lui faisait aujourd'hui au minimum trente-huit ans. Frank lui adressa un petit sourire, à mi-chemin entre le sourire qui rassure dans une rue déserte et l'invitation à prendre un verre. Elle le regarda et détourna les yeux. Bien entendu, elle ne le reconnut pas – il n'était plus GI, ses cheveux avaient foncé, il portait un costume coûteux et des chaussures sur mesure. Il la laissa prendre de l'avance. Ralentit pour l'observer, et plus elle s'éloignait, plus il était sûr de lui : c'était elle, « Joan Fontaine », l'amour de sa vie, la prostituée (si peu professionnelle) avec laquelle il avait passé, quoi ? quatre ou cinq heures en Corse, après la campagne d'Italie. Il la vit avancer jusqu'à un joli bâtiment de briques rouges qui faisait l'angle. Elle referma la porte derrière elle, il continua son chemin. Il ne s'arrêta pas, mais nota l'adresse : 158 Front Street, entre Maiden et Fletcher.

Il poursuivit sur Front Street jusqu'à la station de métro de Fulton Street et rentra chez lui. En arrivant, il était de si bonne humeur qu'il passa une demi-heure à écouter Janny lui raconter la fête d'Halloween à l'école (Mary Kemp portait de véritables ailes – enfin, ce n'était pas des vraies, mais elles étaient transparentes –, et Doug Lester était arrivé déguisé en Satan, alors la maîtresse l'avait renvoyé chez lui). Richie et Michael s'étaient costumés en pirate et en cow-boy. À présent ils se battaient avec leur revolver et leur épée.

Depuis longtemps, Frank savait précisément ce qu'il faisait. Il regardait quelque chose, un mécanisme se mettait en place dans sa tête, et il savait. Il n'avait qu'à agir. Ça ne datait pas de la guerre, mais c'est à cette occasion qu'il l'avait découvert : lorsqu'il tirait, il savait toujours s'il allait tuer ou pas. Les autres snipers de son groupe évoquaient parfois une sensation identique. Lyman Hill, le meilleur d'entre eux, pensait qu'il s'agissait de l'instinct de prédateur – pas celui d'un loup, mais plutôt d'un faucon ou d'un hibou, une visée suivie d'une plongée. Frank se représenta de nouveau cette femme. Il tenta d'imaginer ce qu'elle avait fait au cours des dix-sept années passées pour arriver ici, à ce carrefour de New York. Il n'en avait pas la moindre idée, mais il savait qu'il le découvrirait.

1962

Steve Sloan avait décidé d'apprendre à jouer de la guitare, et son frère Stanley le suivit – il choisit la basse. Tim n'y connaissait rien en musique, il savait juste qu'il aimait tout sauf Ricky Nelson. Les Sloan étaient allés à Philadelphie assister à l'émission *American Bandstand.* Tim aimait les Marvelettes, mais bon, qui n'aimait pas « The Duke of Earl » ? Toutefois, il n'avait jamais songé à jouer lui-même d'un instrument.

Steve Sloan ne s'était jamais retrouvé face à un défi qu'il ne se sente pas capable de relever – et puis son oncle, du côté de sa mère, jouait du piano dans différents établissements sur la côte du New Jersey. Il dansait dans les couloirs en fredonnant « Stand by Me » : Tim pensait qu'il faisait son show. Mais les filles souriaient gentiment en le voyant passer. Tim, lui, cultivait une attitude plus réservée, il était intéressant mais plus distant. Ça ne marchait pas. Alors il opta pour la guitare rythmique.

Lorsqu'il demanda une guitare à sa mère, elle le regarda en disant : « Oh, quelle bonne idée ! Enfant, ton oncle Frank avait une très jolie voix, et bien sûr, mamie Elizabeth aimait beaucoup jouer du piano », et elle s'éloigna en chantonnant. Ce n'était pas la réponse qu'il attendait. Au moins, Mrs Sloan allait-elle lever les mains au ciel en s'écriant : « Vous n'allez pas recommencer ? Les garçons, je veux que vous arrêtiez de me déranger comme ça ! »

Ils travaillaient dans la chambre des frères Sloan. Steve disait qu'il fallait apprendre à jouer sur trois cordes – c'est tout ce dont on avait besoin au début – ensuite, ils s'attaqueraient au rythme et, en temps voulu, ils se trouveraient un batteur, mais il lui faudrait être régulier. Ça n'avait pas d'importance que ce soit un ami ; c'était quand même mieux qu'il ne le soit pas. Il serait leur employé.

Depuis que Tim fréquentait Steve et Stanley, ils s'étaient retrouvés plus d'une fois dans des situations difficiles. C'est avec Steve qu'il avait commencé à fumer. Celui-ci buvait de la bière, et ça ne le dérangeait pas de conduire même sans permis s'il le fallait ; la fois où ils étaient partis à Norfolk en auto-stop, c'était l'idée de Steve (maman et papa n'en avaient jamais rien su). Avec lui, c'était toujours comme ça : je vais faire ça, si ça vous dit, vous pouvez venir. À présent, il surplombait Tim et Stanley et leur montrait les cordes, comment placer les doigts de la main gauche, comment jouer avec la droite, il comptait, les arrêtait, recommençait, comptait… Il n'était pas très patient, surtout avec Stanley, mais au bout de deux semaines et demie, ils parvenaient à jouer « Tom Dooley », qui ne nécessitait que deux cordes, ainsi que « This Train », qui ne transportait ni joueurs, ni as de la gâchette, ni promeneur de minuit. La mère de Steve et Stanley leur apprit « Follow the Drink Gourd », chanson qui disait-elle parlait des esclaves qui tentaient avant la guerre de Sécession de gagner leur liberté en fuyant vers le nord – *Drinking Gourd*, c'était la Grande Ourse, avec l'étoile Polaire. Steve chantait les paroles, Stanley l'harmonie. Tim faisait « hey, hey, hey » ou bien « ouh, ouh » et parfois entonnait le refrain. Les trois quarts du temps, ils finissaient tous ensemble.

Steve commença à chercher une occasion de se produire en public – Tim espérait secrètement qu'il n'en trouve pas. Dans les deux semaines qui suivirent, ils ajoutèrent à leur répertoire « Frankie and Johnnie » et « Good Night Irene ». Trois jours de suite, il y eut une fille pour lui dire : « Hé, Tim. Il paraît que vous avez formé un groupe ? », alors il inclinait la tête sur le côté, haussait les épaules et répondait : « On démarre juste, tu sais. » Puis il s'appuyait au mur, mettait un pied derrière l'autre, feignant d'avoir tout son temps, tandis que la fille éclatait de rire, souriait en serrant ses livres contre elle et le regardait, ce qui lui permit aussi de constater qu'il avait vraiment grandi.

« Eh bien, ce n'est pas moi qui fais des cauchemars, dit Andy, mais je pense que c'est intéressant et important, et puisqu'elle hurle presque toutes les nuits, on devrait peut-être en parler.

– On devrait peut-être », répéta Grossman.

Andy se redressa. Elle échangea un regard avec sa psychanalyste qui, selon elle, signifiait qu'elles faisaient une pause dans leur relation habituelle, et elles se jaugèrent entre femmes – coiffure, bijoux, bas, chaussures. Puis Andy reprit : « Hier soir, c'était évident. Il n'y avait là aucun sens caché. Une explosion suivie d'un champignon atomique.

– Janny, quel âge a-t-elle, maintenant ?

– Onze ans. Douze à l'automne.

– D'après vous, comment sait-elle toutes ces choses ?

– Comment pourrait-elle les ignorer ? Notre voisin, deux maisons plus bas, fait construire un abri antiatomique sous sa cuisine. Les ouvriers travaillent depuis deux semaines, ils installent les tuyaux d'aération. Leur petite fille – elle s'appelle Melissa – a dit à Janny la semaine dernière que si elle dormait chez elle la nuit où tombait la bombe, elle pourrait se réfugier dans l'abri, mais si elle dormait chez nous, ils ne la laisseraient pas rentrer. Et nous non plus, d'ailleurs. Du coup, Janny veut qu'on construise un abri antiatomique nous aussi.

– Qu'est-ce que vous en pensez ?

– De construire un abri antiatomique chez nous ?

– Non, de ce que lui a dit cette enfant.

– Ça me paraît juste. » Andy soupira. « Quand on regarde les informations, elle se bouche les oreilles, elle appuie si fort qu'elle n'entend plus rien. Parfois, elle va à la cuisine, et je l'entends chanter pendant toute la durée du journal, pour ne pas entendre ce qui se dit.

– Vous et votre mari, vous avez essayé de lui expliquer…

– Que peut-on expliquer ? Frank ne voudra jamais faire construire un abri antiatomique. »

Grossman resta silencieuse.

Andy l'imaginait lisant calmement des livres intello en allemand – pas seulement Freud, mais aussi *Les Souffrances du jeune Werther*. Dr Grossman et Mr Grossman assis dans des fauteuils assortis, leurs lectures ou leur expérience leur ayant appris à accepter ce qu'il faut accepter plutôt que de le craindre.

D'habitude, se trouver dans ce cabinet bien tenu et décoré avec goût apaisait Andy. Mais ce jour-là, même la lumière semblait lui dire : « Aucun espoir. » Ça ne la dérangeait pas vraiment de n'entretenir aucun espoir – elle avait l'habitude –, en revanche, elle était contrariée que Grossman n'ait aucun espoir. Elle se sentit un peu en colère.

Elle s'écria : « *Nordmennene vise seg å være rett allikevel, ikke sant ?*

– Pardon ?

– Mais admettez-le !

– Quoi donc ?

– Qu'on ne peut être sauvés.

– Je n'ai jamais dit qu'on le serait. »

Un long silence suivit, puis Andy reprit : « Qu'est-ce que je peux faire pour elle ? » Pour moi.

« J'ai un collègue. Cela lui ferait du bien d'aller le consulter. »

Mais en repartant chez elle, Andy songea que c'était la nature qui l'emportait sur la culture. Entre Ragnarök, l'apocalypse mythologique, ou la guerre nucléaire, quelle différence ? Comme c'était commode que la ligne DEW (« Distant Early Warning », ligne avancée d'alerte précoce, se répétait Andy) s'étende à travers le Groenland, l'Islande et sans doute la Norvège. Comment s'appelait-il déjà – Loki –, celui qui était attaché à un rocher avec les entrailles de son fils en guise de cordes. Plutôt que Surt, le géant du feu dévastateur, celui qui lui avait toujours fait peur, c'était Loki, le dieu de la terre qui tremble, des gouffres qui s'ouvrent soudainement, des grottes qui s'effondrent. Quand elle avait l'âge de Janny, le moindre frémissement, ne serait-ce que la branche à laquelle était accrochée sa balançoire, la plongeait dans l'effroi. Au cours des dix dernières années, elle avait réussi à surmonter ses peurs l'une après l'autre – retombées radioactives, conflit thermonucléaire, équilibre de la terreur. À présent, elles se réveillaient, et Janny semblait le sentir. Il ne fallait surtout pas dire à Janny qu'il n'y aurait que deux survivants, un couple nommé Líf et Lífþrasir c'est-à-dire, Adam et Ève. Mais ni Janny, ni Richie, ni Michael. Ni Andy, ni Frank.

Frank ne hantait pas Front Street et Maiden Lane ; il tournait autour, errant de-ci, de-là, les yeux grands ouverts. Il avait le temps : il avait arrêté de fréquenter les prostituées, abandonné l'aviation et presque tout le reste. Il raconta à Andy qu'il s'était mis au golf et qu'il avait l'intention de s'inscrire dans un country club, mais il ne savait pas encore lequel, si bien qu'il les testait l'un après l'autre. Il s'acheta même des clubs, qu'il entreposa dans le coffre de sa Chrysler. Mais il ne s'approchait jamais des terrains de golf. Il traversait le pont GW, suivait West Side Highway, puis prenait Canal Street. Ensuite, il se garait dans un parking près du fleuve et continuait à pied. Parfois il allait vers le fleuve et prenait ensuite vers le sud (sud-ouest – sa boussole interne était toujours fiable). D'autres fois, il descendait Pearl Street ou Gold Street en observant les femmes qui passaient.

Il la vit deux fois la première semaine de mars. Chaque fois, elle portait son manteau noir. Il la suivit de loin, notant non seulement les lieux où elle se rendait, dans quels bâtiments elle entrait, mais aussi à qui elle parlait, si un homme l'accompagnait ou l'abordait (non), et qui elle saluait. Le premier après-midi, il la suivit pendant une heure sans jamais s'approcher à plus d'un demi-pâté de maisons. La deuxième fois, elle entra dans le même bâtiment de brique au bout de trente-sept minutes. Il devait mettre au point un plan.

Au bureau, des événements inattendus l'empêchèrent de mener ses projets à bien. Friskie s'enivra et à l'issue d'un bal gifla la cousine Sulzberger en pleine rue, devant le Waldorf – on en parla dans les journaux ; les fiançailles furent rompues ; Dave Courtland déclara qu'il était temps car elle était juive ; et Frank dut prendre l'avion pour Galveston afin de s'entretenir non seulement avec Dave mais aussi avec son épouse, Anna. Il fallut dix-sept jours pour aboutir à une réconciliation, les parents Sulzberger n'étaient guère satisfaits, mais d'un autre côté ils n'avaient pas eu vent du commentaire désobligeant sur le fait qu'ils étaient juifs, et Friskie était vraiment très bel homme. Ensuite, le responsable des bureaux au Venezuela, Jesus De La Garza, vint en visite une semaine à New York, puis passa un week-end prolongé à Southampton. Après son départ, Jim Upjohn apprit à Frank qu'il avait accroché un mot sur la porte de la chambre de Jesus, disant : « Mes yeux ont été témoins de la gloire du Seigneur. »

La chance frappa Frank alors qu'il était assis à une table au White Horse Tavern et qu'il la vit par la fenêtre. Elle longea la terrasse, entra, s'assit tout près de lui et sortit un exemplaire de *The Atlantic Monthly*. Elle portait un trench fin, à la mode deux ans plus tôt. Quand elle ôta son foulard, il vit qu'elle avait désormais les cheveux courts, foncés, avec des traces grisonnantes, mais bien coupés. Elle avait une poitrine plus plantureuse que pendant la guerre, et un ventre naissant, malgré sa gaine ajustée. Tandis qu'elle lisait, deux rides apparurent entre ses sourcils, et ses lèvres, plus pleines que chez la plupart des femmes, s'étirèrent. Elle commanda un verre de sherry et poursuivit sa lecture. Il plissa les yeux : elle lisait un article intitulé « Tout le monde peut jouer de l'harmonica ». Selon l'expérience de Frank, c'était vrai, aussi fut-il surpris qu'on consacre un article à pareil sujet.

Elle dut sentir son regard peser sur elle, parce qu'elle se retourna et lui adressa un de ces petits sourires. Il demanda : « Je vous connais ?

– Je ne crois pas. » Son accent était très bon, avec juste une pointe méditerranéenne sous-jacente.

Il reprit : « Alors puis-je faire votre connaissance ? »

Cette fois, elle rit, et ce fut le rire dont il se souvenait, profond et joyeux, le rire d'une femme ayant une grande expérience.

« Je suis issu d'une longue lignée de joueurs d'harmonica.

– Vraiment ? »

À cet instant, Frank sut que la suite de l'histoire nécessitait qu'il prétende ne l'avoir jamais rencontrée, et croie à ce qu'elle lui dirait lorsqu'elle prétendrait être du Queens ou de Rome, ou de là où elle voudrait. Ce que les gens avaient dû faire pour survivre pendant la guerre, ça les regardait, pas vrai ? Il sourit, sachant que son sourire était toujours aussi ensorcelant quand il le voulait. « Mon frère est agriculteur dans l'Iowa, il fabrique des harmonicas à la main, avec des racines et des branches. »

Elle éclata de rire. Pour de bon.

Ils bavardèrent pendant une heure, échangèrent leurs noms – elle s'appelait Lydia Forêt – mais rien qui concernait leurs origines ou leur profession. Bouton après bouton, elle retira son manteau. Il le prit et alla l'accrocher sur le portant. Elle portait une robe bleu marine moulante, avec une fine ceinture rouge. Frank retira sa veste et desserra sa cravate. Ils se demandèrent si le taux d'humidité n'avait pas augmenté, et s'il ne risquait pas d'y avoir une tempête. D'autres personnes parlaient de Carol Burnett, qui venait de recevoir une récompense, alors ils les imitèrent. « Elle est drôle », dit Frank. « Elle est capable de faire n'importe quoi. Ça me plaît », renchérit la femme. Puis elle rougit un peu et ajouta : « Pour faire rire, je veux dire. Je l'ai vue sur scène il y a quelques années dans ce quartier même, je crois. » Frank dit qu'il avait vu Nichols et May à Broadway l'année précédente. Elle déclara qu'elle avait un billet pour *My Fair Lady* et qu'elle avait hâte d'y aller. Frank connaissait des gens qui avaient assisté à la première. La conversation marqua une pause, et il ajouta : « Et donc... quelqu'un sait jouer de l'harmonica ?

– Ce monsieur, sans doute, dit-elle en regardant la page. Herbert Kupferberg. Entre deux représentations de *Tannhaüser* et de Mozart, il a appris tout seul à jouer "Taps". » Elle regarda sa montre, et ses pieds bougèrent. Frank se leva pour aller lui chercher son manteau. Elle se leva à son tour, et il le lui donna. « J'aimerais discuter avec vous plus longuement », dit-il.

Elle sourit. C'était le même sourire que dix-huit ans auparavant, solaire, en retrait. « Peut-être que nous nous croiserons à nouveau. » Elle lui serra la main, puis sortit d'un pas rapide de la White Horse Tavern et descendit Hudson Street, ses talons claquant sur le trottoir. Quand elle se retourna pour regarder quelque chose, Frank se sentit à la fois tout chose et ravi.

Selon l'opinion très importante de Ruth Baxter, il était plus inhabituel et donc plus intelligent de se marier à l'automne plutôt qu'en juin ou à Noël, même si à Noël, le choix des couleurs pour les robes des demoiselles d'honneur était plus vaste ; mais si, comme disait Claire, il n'y avait que trois « personnes » d'honneur (on ne pouvait utiliser le terme « demoiselle », car Lillian ne l'était plus), et quatre « petites » demoiselles d'honneur (Debbie, Janny, Tina et Annie), alors le problème des couleurs était simple à résoudre – jaunes et or d'automne, avec une touche de rouge ici et là, et les fleurs de saison (« Pas les plus éclatantes de l'année, mais très classe », disait Ruth). Les projets nuptiaux de Ruth n'étaient pas très précis, mais Claire, elle, se considérait désormais telle la future épouse du Dr Paul Darnell. D'une part, elle aimait bien son travail de secrétaire, et c'était idiot que Paul continue d'employer sa secrétaire, puisque Claire pouvait effectuer ce travail gratuitement ; d'autre part, elle avait presque vingt-quatre ans. Même si elle tombait enceinte tout de suite, elle aurait presque vingt-cinq ans à la naissance du bébé, et il lui serait donc plus difficile de retrouver sa silhouette.

Elle allait et venait chez Paul, installait ses livres de recettes sur l'étagère de la cuisine, et nettoya même les vestiges gelés de restes non identifiés dans son freezer en songeant au retour de leur voyage de noces à Point Clear, en Alabama. Elle passa une matinée à débarrasser les étagères de son garage, puis alla dans sa chambre : elle resta à la porte et regarda la pièce, sachant que dans quelques semaines, c'est à elle qu'il incomberait de plier, laver et accrocher dans la penderie tous ces vêtements qui lui rappelaient tant le Dr Darnell.

Elle l'aimait. Sa mère était fière de la manière dont elle en était venue à l'aimer : pas en tombant amoureuse, en étant comme ravie à elle-même, mais à force de patience et d'amitié. Quand il fut certain que Claire allait épouser Paul, Rosanna déclara : « C'est un diamant brut, un homme qui a un très bon fond, et les enfants l'adouciront. » Désormais, Rosanna disait de Walter que c'était lui qui était têtu, difficile à satisfaire, mais même si ni Claire ni personne d'autre n'avait souvenir que l'un ou l'autre fût ainsi, celle-ci trouvait rassurant que Paul rappelle son père à Rosanna. Le mariage était fixé pour le 14 octobre. Minnie et Lois s'occupaient de préparer la réception qui aurait lieu chez elles, et Annie entraînait Jesse à apporter les alliances sur un coussin.

Vers le 1er octobre, les pleurs commencèrent. Claire et Ruth allèrent voir *Choc en retour* au cinéma en pensant qu'avec Susan Hayward ce serait divertissant, mais le film se révéla agaçant et confus, pas triste. Toutefois, au moment où se brisa la rambarde à laquelle s'appuyait le méchant et qu'il tomba de la falaise, Claire se sentit submergée, elle se mit à pleurer, et ses larmes continuèrent à couler tout le long du chemin qui les ramenait jusqu'à leur appartement. Elles se préparèrent du pop-corn et passèrent à autre chose. Le matin, les larmes revinrent lorsque Claire fila un bas, puis à nouveau après la pause-déjeuner, lorsque son patron lui demanda de retaper une lettre où elle avait mal orthographié par trois fois le mot « récépissé ». Deux jours plus tard, elle se sentit à nouveau submergée et à l'heure du déjeuner se mit à pleurer sur son sandwich au poulet ; enfin le jour suivant, Paul l'appela tard le soir, raccrocha sans lui avoir dit « je t'aime », et elle fondit en larmes, bien qu'il l'ait appelée trois fois « chérie », et une fois « mon cœur ».

Pleurer, ça prenait du temps, surtout quand on allait chez le fleuriste, ou à la boulangerie, ou qu'on appelait le juge de paix au téléphone pour faire quelques changements de dernière minute dans les dispositions concernant le mariage, ou encore en lisant la liste de ce que Lois allait préparer à manger (de minuscules sandwiches allongés avec des crevettes sauce rémoulade, des boulettes de viande à la suédoise, des tranches de pommes avec du bleu de Kalona). Elle pleura au téléphone avec Rosanna lorsqu'elles se demandèrent où on allait faire dormir les parents Darnell pendant le week-end ; pleine de soupçons, Rosanna insista pour comprendre ce qui pouvait causer ces larmes.

Ruth trouvait que ces larmes étaient charmantes et tout à fait appropriées : elle allait se marier ! Elle allait passer avec Paul le reste de sa vie ! Peut-être cinquante, soixante ou soixante-dix ans, et ce qui serait triste, c'est que ce soit moins long ! Bien sûr, c'était triste pour elle de laisser Ruth derrière elle, mais Ruth avait bon espoir car elle fréquentait trois hommes à présent, dont l'un était allé à Grinnell.

Au bout de cinq jours, elle se dit que ces pleurs n'étaient qu'un élément supplémentaire à prendre en compte dans son organisation, alors elle s'équipa de paquets de mouchoirs et continua comme si de rien n'était. Le 14 octobre arriva à toute vitesse ; bientôt, Lillian, Arthur, Tim, Debbie, Dean, Tina, Frank, Andy, Janny, Richie, Michael, cette femme nommée Nedra qui les accompagnait, et Henry (sans petite amie) se mirent à faire des allées et venues entre la maison de Rosanna et celle de Joe et Lois, flanqués de deux garçons du lycée que Minnie avait embauchés pour porter des plateaux, sortir des chaises, vider les cendriers. Eloise n'avait pas pu venir, mais elle avait envoyé un ensemble d'assiettes à dessert sur le pourtour desquelles étaient peints des coquillages, ce fut le cadeau préféré de Claire, qui en outre lui rappelait ce voyage en Californie au nouvel An avec mamie Elizabeth, qui était morte au printemps précédent (la seule chose vraiment triste dans ce décès, à près de quatre-vingt-dix ans, c'est qu'elle n'était jamais allée à Hawaï). Mamie Elizabeth lui aurait dit qu'elle s'était bien débrouillée : elle avait fait exactement ce qu'elle lui avait conseillé, prendre son temps pour tomber sur Paul.

Debbie aida les plus jeunes à s'habiller, et lorsqu'elles se mirent en ligne pour qu'on les photographie, Claire trouva que leurs robes de velours allant du vert au doré faisaient vraiment bel effet. Lillian, Ruth et Irene, la sœur de Paul, étaient jolies, elles aussi, et Lillian, évidemment, fit grand cas de la robe de Claire : elle lui allait à ravir ; évidemment, elle, Lillian ne connaîtrait jamais dans cette vie le bonheur d'avoir un grand mariage ; certes, la guerre avait tout changé, mais quel luxe, et Claire avait tout organisé à la perfection – malgré les épingles qu'elle tenait entre ses dents, Lillian ne cessait de parler tout en boutonnant de haut en bas la robe de Claire, puis en terminant son chignon, laissant deux anglaises encadrer son visage pour le moment où Paul soulèverait son voile afin de l'embrasser. Lillian n'avait jamais compris qu'on se marie le matin : l'atmosphère de la fin d'après-midi était bien plus chaleureuse et agréable.

Joe la conduisit à l'autel. Il était très beau – Lois avait effectué quelques modifications sur le smoking loué pour l'occasion, et il s'était fait couper les cheveux. Alors qu'ils se tenaient dans le vestibule, observant les jeunes filles qui suivaient Jesse (qui réussit à transporter le coussin avec les alliances sans rien faire tomber), Joe posa la main sur l'épaule de sa sœur et l'embrassa sur la joue en lui disant qu'il était très fier d'elle, puis il se redressa, ils firent leur entrée, et elle eut les larmes aux yeux quand Paul se retourna pour la regarder, rayonnant de bonheur. Lorsqu'elle fut près de lui, il lui saisit la main, comme s'il risquait de la perdre au dernier moment, et lorsque ce fut son tour, elle répondit « oui » d'une voix un peu trop forte. En remontant l'allée, elle vit que sa belle-famille lui souriait avec sincérité, même le Dr Evan. Puis Arthur dut prendre congé et repartir fissa à Washington, et Lillian déclara que ça, c'était les Kennedy tout crachés : ils voulaient toujours tout, tout de suite, même si ça n'avait aucune importance. « Si les gens savaient comment ils sont vraiment. C'est choquant. » Puis elle fit semblant de sceller ses lèvres et leva les yeux au ciel.

Sous l'égide de Lois, la réception se déroula à la perfection : la maison tout entière était illuminée de bougies, il y avait partout des plateaux de nourriture, et tout était délicieux. Quand Claire lança son bouquet de mariée depuis l'escalier, Debbie fit tout pour l'attraper. Quelques instants plus tard, ils étaient partis dans l'Oldsmobile couleur crème de Paul, le docteur et madame Paul Darnell, 1209 Ashworth Road, West Des Moines, Iowa.

1963

Richie avait déclaré plusieurs fois qu'il voulait retourner vivre dans l'ancienne maison, mais maman et papa s'étaient contentés de rire, sans rien ajouter, et il fallut que Janny vienne le voir dans sa chambre un après-midi pour lui expliquer : « Arrête de dire ça. Jamais ils ne retourneront dans l'ancienne maison. Celle-ci, elle a coûté 62 000 dollars ! » À présent, ça allait mieux, et Richie admettait qu'il aimait bien sa nouvelle chambre – il l'avait pour lui tout seul, et il pouvait laisser son train électrique installé tout le temps sans avoir besoin de le ranger. Et puis les trains étaient à lui. Toutes les locomotives lui appartenaient, et quand on était propriétaire des locomotives, on était le patron.

La maison de Donna Fitzgerald était située sur le chemin de l'étang, donc ils devaient passer devant pour s'y rendre. Là-bas, il y avait plein de grenouilles et de poissons, le plus drôle, c'était de lancer des cailloux sur les grenouilles. Richie en avait touché trois à l'automne (Michael, quatre). C'était amusant aussi de jeter des pierres sur les poissons, mais à cause de la « réfraction », on n'arrivait jamais à les atteindre. Nedra disait qu'ils auraient une canne à pêche s'ils promettaient de ne pas s'en servir pour se crever les yeux, mais jamais on ne leur avait offert de canne à pêche, et à présent que l'étang était gelé, c'était bien plus passionnant de courir puis de glisser d'une rive à l'autre.

Donna Fitzgerald possédait des patins à glace ; un jour elle hurla à Michael que l'étang était à elle. Seulement, une clôture séparait sa maison de l'étang et, le lendemain, Michael vit à son insu Donna sortir de chez elle par la porte principale, traverser le jardin jusqu'à la route, prendre à droite et aller vers l'étang, ses patins sur l'épaule. Si l'étang était vraiment à elle, elle n'aurait pas eu besoin d'emprunter la route. Donc, d'après Michael, l'étang ne lui appartenait pas.

« À nous non plus, dit Richie.

– N'empêche, elle peut pas nous empêcher de venir quand on veut. »

Donna était une costaude. Les autres enfants disaient qu'elle avait onze ans, voire douze, mais elle avait les épaules larges, de la poitrine et des grands pieds. Elle allait à l'école publique et, toujours d'après les autres, elle avait redoublé deux fois. Michael empoigna Richie et le poussa à travers la barrière ouverte, puis il le fit marcher devant lui. Donna était de l'autre côté de l'étang où elle laçait ses patins. La glace atteignait trente centimètres d'épaisseur. Elle était immaculée, avec des craquelures qui avaient gelé à nouveau, et elle épousait parfaitement la forme de l'étang jusqu'aux rives enneigées. En deux endroits, on pouvait grimper sur une hauteur et dévaler la pente pour s'élancer, penché en arrière, et glisser jusqu'au milieu de l'étang. Richie avait presque atteint l'autre côté, une fois.

Donna se redressa, fit quelques pas en oblique jusqu'au bord, puis elle leva les bras, une jambe et se mit à glisser. Ça n'était pas comme cette fille dans le spectacle de patinage inspiré de *Blanche-Neige*, parce que Donna était beaucoup trop grosse.

L'étang avait la forme d'une larme, à la pointe allongée, recourbée. Donna partit dans cette direction. Richie entendait le bruit de ses patins sur la glace – le silence régnait vraiment ce jour-là. Nedra disait qu'il allait neiger à nouveau. Donna disparut.

Michael avait ramassé une espèce de branche, ou un bâton, et penché sur le bord de l'étang, il forçait l'extrémité à entrer dans une fente de la glace, brisant l'objet en menus morceaux. Richie dévala la pente à toute vitesse depuis le sommet et, en passant près de Michael, il le frappa et le fit tomber. Puis il glissa très loin sans le moindre effort. Il aurait presque pu étendre les bras et prendre son envol. Quand il remonta le versant, Michael lui donna un coup de poing dans le ventre, ensuite ils descendirent tous les deux la butte en courant et glissèrent ensemble, Michael un peu plus loin que Richie. Ils recommencèrent quatre fois.

« On devrait apprendre à patiner, dit Richie.

– Nedra dit qu'il y a une patinoire à Englewood où on peut prendre des leçons. »

Ils soupirèrent tous les deux. On les avait renvoyés des cours de natation et de tennis parce qu'ils se battaient. Le prof de tennis leur avait laissé une seconde chance, mais ils s'étaient fait exclure après que Michael eut frappé Richie non pas avec le tamis, mais avec le bord de la raquette.

« Papa dit qu'on n'a qu'à mettre des patins et se lancer. Plus tu vas vite, moins tu risques de tomber. »

Michael lui mit un autre coup de poing dans le ventre, que Richie sentit à peine, emmitouflé comme il l'était. Il enfonça le bonnet de Michael sur ses yeux, l'assit par terre, passa derrière lui, et le poussa en avant, la tête dans la neige. Michael se redressa en haletant, le visage rouge et gelé, il s'empara des moufles de Richie et, se relevant d'un bond, il détala. Richie éclata de rire et tomba à la renverse, puis il resta couché dans la neige, à regarder les nuages ; Michael revint et laissa choir les moufles sur son visage. Il riait lui aussi.

Au bord de l'étang, légèrement dissimulé sous un coffret de bois, se trouvaient les bottes de Donna Fitzgerald. De larges bottes noires avec des boucles. Dedans, d'épaisses chaussettes de laine. Ils retirèrent les chaussettes, remplirent les bottes de neige et de cailloux. Les chaussettes étaient rouges. Michael les saisit et partit vers l'autre extrémité de l'étang, qui à un endroit n'était pas gelée. Donna s'entraînait à tourner sur elle-même, et il lui passa sous le nez en brandissant ses chaussettes, pour s'arrêter là où la glace était la plus fine. Il s'agenouilla. En le voyant tremper ses chaussettes dans l'eau, elle s'écria : « Espèce de garnement ! » Et elle fonça vers lui le plus vite qu'elle pouvait. Il recula d'un pas prudent jusqu'à l'endroit où la glace disparaissait presque, et il attendit en agitant les chaussettes.

Elle se rapprochait, de plus en plus, quand soudain la glace céda, et elle passa au travers. « Gros tas ! Gros tas ! Gros tas ! », cria Michael, et il passa non loin d'elle à nouveau, lui jetant ses chaussettes au passage. Il se retourna et vit qu'elle avait de l'eau jusqu'aux cuisses. Elle se mit à hurler en levant les bras. Il continua de courir.

Michael arriva près de Richie et lui dit : « Viens, on rentre », et Richie le suivit. Il ne s'arrêta ni ne se retourna pour regarder Donna. Ils arrivèrent au bord de l'étang, remontèrent la colline en courant, revinrent sur la route et filèrent chez eux. À leur arrivée, Nedra préparait un pain de viande. Elle leur dit que maman et papa sortaient dîner et qu'ils mangeraient de bonne heure. Michael suivit Richie dans sa chambre et lui dit : « On est deux, elle est toute seule, et si jamais tu racontes seulement qu'on est allés à l'étang, je te pète le bras.

– Qu'est-ce que tu lui as fait ?

– Je crois que je l'ai tuée. »

Richie ne répondit pas et Michael retourna dans sa chambre.

Richie découvrit quelques jours plus tard que Donna allait bien et que Michael ne l'avait pas tuée – il trouva cela intéressant. Donc, la vie, ce n'était pas comme dans les films.

Arthur avait déjà accepté ce poste chez Grumman et Lillian visitait des maisons à Bethpage et dans d'autres villes de Long Island avec Andy – elle l'avait même aidée à faire une offre pour une maison, beaucoup plus petite que la précédente, à McLean, mais de bonne taille. Tim l'avait persuadée de le laisser habiter chez les Sloan jusqu'à la fin de l'année scolaire, et Dean avait trouvé une équipe de hockey d'un bon niveau non loin de Bethpage. Debbie ne disait rien, et tout ce qui intéressait Tina, c'était de savoir si elle aurait une chambre plus grande. La veille de la visite de l'agente immobilière à McLean, Lillian fit venir une équipe de nettoyage pour présenter sa maison sous le meilleur jour possible. L'agente parcourut la demeure en marmonnant des choses par moments, en souriant à d'autres, elle contempla la piscine et la vue depuis le bureau d'Arthur, et finalement, Lillian se dit qu'arracher Arthur à son bureau actuel était un moindre mal.

À présent, celui-ci se félicitait de la crise des missiles de Cuba. La seule fois où il s'était vraiment inquiété, c'était en remontant dans l'avion à Des Moines, juste après le mariage de Claire – les U-2 avaient pris des photos de l'équipement déployé à Cuba, mais Arthur ne les avait pas encore vues et s'imaginait des missiles d'une grande puissance, dotés de têtes nucléaires, si bien qu'en découvrant les R-12 de portée moyenne, il se sentit presque soulagé. Il dit à Lillian : « Donc, ils nous pulvérisent à Washington. Mais ils ne peuvent pas tuer tout le monde avec ça, c'est de la gnognotte. » Alors oui, peut-être, que pendant un moment, ils avaient feinté – nul ne le saurait jamais, en réalité, pas vrai ? Même les Kennedy, même Khrouchtchev, même le général LeMay ne le sauraient sans doute jamais –, leurs souvenirs de ces moments-là seraient filtrés au travers d'un tamis de regrets et de soulagement. Au moins rien d'irréparable n'était arrivé. Finalement, comme le lui dit Arthur, ça avait été profitable à tout le monde de devoir se confronter aux conséquences de dix ans de gesticulations, et lorsque enfin Khrouchtchev avait reconnu qu'il n'était pas Staline, et Kennedy qu'il n'était pas Churchill, l'atmosphère s'était détendue, et rien que pour ça, cette crise en valait la peine. Sans parler du fait que Kennedy avait décidé de démanteler les missiles Thor en Angleterre, et Jupiter en Italie et en Turquie – il avait fini par comprendre l'éthique de réciprocité, et LeMay, lui, avait compris que Kennedy était vraiment le commandeur en chef.

Seulement Arthur buvait davantage – quatre fois depuis Noël, Lillian avait dû le mettre au lit et, une autre fois, elle l'avait retrouvé, inconscient, sur une chaise longue près de la piscine. L'idée lui avait alors traversé la tête qu'il s'était arrêté sur ce transat parce qu'il n'osait pas atteindre son but véritable, le grand bain : trois mètres pour se libérer de toutes les disputes, toutes les incertitudes, tous les dilemmes. Depuis quand n'avaient-ils pas fait l'amour ? Le jour de la Saint-Valentin, il en avait fait un jeu, avec des chocolats, un nouveau peignoir, mais son ardeur d'autrefois, qui mêlait désir et envie d'enfants, était absente.

Debout à la porte avec l'agente immobilière, elle acquiesça. Celle-ci savait que tout se passerait bien. Elle prit les deux mains de Lillian dans les siennes, et les serra. Puis elle tourna la tête : « Oh, quelqu'un désire vous voir. Ah, madame Manning, j'ai vraiment hâte de commencer les visites ! Bonjour, monsieur. » Elle repartit en faisant claquer ses talons dans l'allée et monta dans sa Lincoln. Le nouveau venu lui adressa un signe de tête et pressa le pas, courbé mais souriant. Le regard de Lillian se porta sur son véhicule – une simple Ford, Country Squire. Puis elle lui serra la main et il lui dit : « Madame Manning ! Nous ne nous sommes jamais rencontrés, mais Arthur a sans cesse votre nom à la bouche. Je suis sûr que vous êtes une source de sagesse ! » Et Lillian de répondre :

« Voulez-vous entrer, monsieur Bundy ? Arthur n'est pas encore arrivé.

– Merci, mais c'est à vous que j'aimerais parler un moment. Ce ne sera pas long. » Il cherchait à capter son regard. Il lui serra la main, la prit par le bras, et sa main se posa au creux de son dos – alors elle comprit qu'elle ferait tout ce qu'il lui demanderait.

Ils allèrent au salon et il s'assit sur le canapé rose, penché en avant, les mains jointes entre ses genoux, les épaules tombantes. « Voilà, madame Manning – mais pour moi vous êtes Lillian. Puis-je vous appeler Lillian ? »

Elle acquiesça.

« J'ai appris les projets d'Arthur ce matin, au petit déjeuner, et j'ai aussitôt bondi dans la voiture de ma femme parce qu'elle était devant la porte, les clés sur le tableau de bord. Voilà à quel point je me soucie d'Arthur.

– Je pense qu'il ira mieux lorsqu'il aura changé de travail. »

Il sourit. « Ah. Peut-être. Ce qui m'inquiète, c'est qu'Arthur m'abandonne. Chaque jour, je dis au président : "Monsieur le président, Arthur Manning dit ceci, ou Arthur Manning dit cela", et si je ne peux plus dire ça au président, qu'est-ce que je vais bien pouvoir lui raconter ? »

Lillian resta interdite. Puis elle répondit : « Je ne pense pas qu'Arthur sache qu'il a une telle influence. Il n'a jamais rencontré le président.

– C'est cela qui est intéressant, n'est-ce pas ? Le président est très très doué pour ignorer tous ceux qui sont dans la pièce. C'est ceux qui ne sont pas là qui le rendent nerveux. » Il sourit. Lillian comprit qu'elle devait sourire, elle aussi.

« Et que dit Arthur ? reprit-elle.

– Il est très prudent. Et je dois dire que quand on a appris pour Ap Bac, j'ai été surpris, le président a été surpris, mais Arthur pas du tout. » Arthur avait parlé d'Ap Bac à Lillian : un village du Sud-Vietnam où le Viet Cong avait ridiculisé les armées sud-vietnamiennes et américaines. Bundy secoua la tête. « Une terrible défaite, et c'était à la même distance de Saïgon que nous le sommes de Baltimore – plus près encore, même. » Il secoua la tête en se tordant les mains.

Lillian reprit : « Je n'en ai jamais entendu parler. » C'était le devoir de toute bonne épouse de n'avoir jamais rien entendu dire.

« C'était le 2 janvier, c'est là une partie du problème. Les forces sud-vietnamiennes ont dû attendre que les Américains aient dessoûlé après le réveillon, et c'est comme ça qu'ils ont laissé l'avantage à l'ennemi.

– Ils savaient que vous veniez.

– Ils nous ont laminés. » Il ne souriait plus.

« Puisque vous le dites. C'est bien là en effet le problème d'Arthur. Nul n'est jamais surpris de quoi que ce soit, à part les nôtres.

– Mais oui ! C'est tout à fait ça ! Une sempiternelle frustration. Sempiternelle !

– Je crois qu'Arthur a pris sa décision.

– Oui, c'est vrai. Il l'a prise, en effet. Je le sais. Mais vous, l'avez-vous prise ?

– Pardon ? »

Il se leva, alla jusqu'à la fenêtre. « Quel endroit merveilleux, parfait pour les enfants, les adolescents.

Très accueillant et très confortable. Joli paysage. Rien de tout cela n'existe à Bethpage.

– Vous savez que nous partons pour Bethpage ? »

Il sourit. Évidemment qu'il le savait.

« Arthur est quelqu'un, par ici ! Respecté pour sa sagesse, son humour, sans parler de sa foi dans son pays. Arthur est irremplaçable, et je frissonne à la pensée de devoir me passer de lui. »

Il revint s'asseoir sur le canapé mais, cette fois, il se pencha vers Lillian et lui prit les mains. « Lillian. Savez-vous quelle est ma fonction ? »

Elle secoua la tête.

« Je suis conseiller à la sécurité nationale. Mon travail consiste à appuyer sur le frein. Je vois très bien comme tout le monde que la route descend, et qu'elle est escarpée. Beaucoup de gens avec lesquels je m'entretiens tous les jours voudraient appuyer sur l'accélérateur et lancer la voiture par-dessus la falaise. Rares sont ceux qui veulent tourner et s'arrêter. Ils n'ont aucune chance que ça marche, peu importe ce que pense le président en réalité – entre nous, même moi je ne sais pas réellement ce que pense le président. Mais je peux freiner, avec l'aide d'Arthur. Je le peux et je le fais, et je continuerai. »

Il y avait en lui quelque chose d'hypnotique, sa manière d'incliner la tête, de capter son regard, puis d'acquiescer si doucement qu'elle se prit à l'imiter. Enfin, cet éclatant sourire : ce sourire qui lui disait qu'elle était d'accord avec lui, oui, Arthur était essentiel, ils ne pouvaient se passer de lui.

Elle voulait lui dire qu'elle n'était pas certaine qu'Arthur puisse supporter encore longtemps toute cette pression, mais elle se tut car, dès que cette idée lui vint, elle sut que le simple fait de l'exprimer, ou de la sous-entendre, serait la pire des trahisons : cela ne ferait que précipiter les choses. « Je pense qu'Arthur appréciera votre souhait, monsieur.

– Je vous en prie, ne m'appelez pas “monsieur”. J'ai l'impression d'avoir quatre-vingts ans. Je sais qu'il n'a rien dit, justement, pour m'empêcher de venir le supplier.

– Arthur est un homme très secret de toute façon. »

Il sut qu'il avait gagné. Il regarda sa montre et se leva.

Arrivé à la porte, il lui serra les deux mains, exactement comme l'agente immobilière. « Faites pour le mieux. »

Elle savait ce qui était le mieux.

Arthur, bien entendu, sut qu'il était venu. Après que les enfants eurent quitté la table du dîner, il dit : « Il est convaincant, hein ?

– Oui, Arthur. Mais je n'essaierai pas de te persuader. Il a cru que je m'y emploierais, mais non.

– Je fais ça depuis dix-sept ans – vingt si on compte la guerre, Lil.

– Je sais.

– Chez Grumman, les gens que connaît Frank m'ont fait passer trois entretiens.

– Je sais.

– Je pourrais gagner des fortunes.

– Vraiment ? »

Arthur ne dit rien de plus, mais la réponse était oui. « Toutefois. »

Lillian reposa sa fourchette dans son assiette.

« Je ne peux pas dire que j'aime beaucoup mes futurs collègues de travail. Des gens très, très sérieux.

– Parce que tes collègues actuels ne sont pas des gens très très sérieux ?

– Ils ont été fourbis, taillés, rabotés, policés. Au bout du compte, il leur reste encore quelques qualités.

– Lesquelles ?

– L'esprit. La peur. L'espoir. Pas forcément dans cet ordre.

– Je n'aime pas vraiment la nouvelle maison.

– Alors, on prend la solution de facilité ? »

Et une fois de plus, ce jour-là, Lillian se contenta d'acquiescer.

Joe et son oncle John ne cessaient de débattre de ce qu'ils devaient planter, en quelles quantités, et s'il fallait laisser des terres en jachère. Joe avait vu dans le magazine *Time* une photo des réserves de maïs, et ça l'avait tétanisé : des montagnes de grains qui attendaient là. D'après l'article, il y avait des millions de tonnes en stock, et pas de marché – peut-être pas avant 1980, dans dix-sept ans. Joe se souvenait du vieux dicton : « Le meilleur moyen de stocker le maïs, c'est dans le porc, le second, c'est dans le whiskey. » Son père avait tenté la première option, mais pas la seconde. Seulement Joe n'élevait plus de porcs – trop de travail pour un seul homme. Certes, le gouvernement avait acheté les surplus l'hiver précédent ; parmi les millions de tonnes en question, certaines provenaient sans aucun doute de chez Joe Langdon et John Vogel. John ne doutait pas que le gouvernement réitérerait l'opération l'hiver suivant, qu'il stockerait à nouveau les surplus et trouverait le moyen de les écouler – en carburant pour fusée, peut-être. À l'automne, les Canadiens avaient vendu près de sept millions de tonnes de blé aux Russes – une première, apparemment, mais bon, les accords secrets, ça existait depuis toujours, non ? Seulement le blé, ce n'était pas le maïs, et Joe n'avait pas vraiment prêté attention à tout ça, même si les gens s'étaient un peu échauffés au café de Denby, la moitié se demandant pourquoi les Canadiens nourrissaient l'ennemi (« Ben les missiles de Cuba, ils étaient pas pointés sur Montréal, hein ! déclara Bobby Dugan. Chacun voit midi à sa porte. »), l'autre moitié, comment le gouvernement américain avait pu être assez bête pour laisser passer pareille occasion (« La bouffe, c'est la bouffe ; s'ils crèvent de faim et qu'on refuse de leur vendre à manger, alors on ne vaut pas mieux que Staline. »). Au moins, pensait Joe, le gouvernement était cohérent. Ce serait dingue de les nourrir de la main droite et d'essayer de les faire sauter de la main gauche.

N'empêche, tout ça ne l'aidait pas à décider ce qu'il allait planter. Il regrettait l'avoine, mais il n'existait plus de marché pour ça, et comment l'aurait-il récoltée ? Le maïs haut et doré faisait l'objet de toutes les convoitises. Ses grandes feuilles s'élevaient pour se gorger de soleil, et un seul grain pouvait en produire des centaines – c'était bien là le problème. Il y avait par ailleurs des quantités de soja dans ces espaces de stockage, aucun doute là-dessus, pourtant, en fin de compte, Joe décida de planter davantage de soja que de maïs cette année-là. On commençait à employer le soja pour produire d'autres choses, pas seulement de l'huile et de la nourriture, mais aussi de la peinture, du plastique, des fibres. John pensait que le soja n'était qu'une mode qui passerait, sauf que ça durait depuis quinze ans, maintenant. Mais Joe savait qu'il avait un argument de poids, et que John finirait par céder.

Dès qu'elle rentra de Caracas, Andy prit rendez-vous avec le Dr Smith, dont le cabinet se trouvait à Princeton. Depuis Englewood Cliffs, il était beaucoup plus difficile de se rendre chez lui, sur Green Street, à Princeton, qu'au cabinet du Dr Grossman, sur la 78e Rue Ouest, mais les inconvénients du trajet faisaient aussi partie de son attrait.

Le Dr Smith était plus grand qu'Andy, avec des yeux si bleus qu'ils semblaient usés, comme s'il allait devenir albinos, toutefois, il avait le regard affûté, un nez crochu et des poignets musclés. Il lui serra la main en l'examinant des pieds à la tête, puis la mena jusqu'à son cabinet. Il prenait deux fois plus cher que Grossman. Celle-ci ne l'avait pas mise dehors, ou vice versa. Elle pensait que les problèmes d'Andy avec son père étaient sur le point d'être résolus. Lars Bergstrom avait toujours été un homme tranquille mais puissant à sa manière. Si l'on parvenait à comprendre quel schéma il suivait dans sa façon de dénier son affection et son approbation à Hildy (Andy enfant) et à Sven, alors il y aurait de vrais progrès.

Le Dr Smith déclara : « Vous voyez, je n'ai pas de divan. Les adultes doivent être assis. Si vous avez besoin de vous allonger, ou de jeter des objets, ou de taper, voilà à quoi servent les deux matelas dans le coin, là-bas. La pièce est insonorisée. Vous êtes libre de mal vous comporter, ou de bien vous tenir. » Andy regarda autour d'elle. On se serait cru dans des toilettes publiques – voilà la pensée qui lui vint. Il lui demanda si elle avait déjà consulté un psychanalyste ou un thérapeute avant lui. Elle fit non de la tête. Il lui demanda comment elle avait eu ses coordonnées. Elle répondit dans l'annuaire. Cette réponse l'étonna tant qu'il éclata de rire. Il reprit : « C'est vrai, j'y suis, mais jusqu'ici, personne n'avait jamais avoué m'avoir trouvé de cette manière. »

Il poursuivit : « Voici un morceau de papier. Je veux que vous écriviez les cinq premiers mots qui vous viennent à l'esprit. Je vous laisse trente secondes. » Andy écrivit : « Retombées, contamination, joli, hurlement, érable. » Les deux premiers étaient évidents ; le troisième concernait Princeton ; le quatrième, ses fils ; et le dernier, les arbres qu'elle avait remarqués en arrivant en ville. Smith reprit : « Pourriez-vous faire une seule phrase en utilisant tous ces mots ? » Elle secoua la tête, mais il insista : « Essayez. » Alors lui vint cette phrase : « À cause des retombées et de la contamination, la jolie femme poussait des hurlements sous les érables dorés. » Dès qu'elle prononça cette phrase, elle la vit, une blonde en combinaison de ski, à mi-chemin d'un versant boisé, qui frottait comme une folle ses bras et son visage, tandis que de scintillantes particules d'uranium et de plutonium, qu'elle tentait de chasser, montaient et descendaient, dansant telle de la brume autour d'elle. Chaque fois qu'elle hurlait, les particules formaient une minitornade autour de sa bouche et elle les avalait.

« Votre réponse automatique, madame Langdon, devrait être l'effroi. Vous parlez de choses effrayantes, mais elles ne vous effraient pas, elles vous impressionnent. J'irai même jusqu'à dire qu'elles vous sidèrent, et ralentissent vos réflexes d'une certaine manière. Elles vous préoccupent, et cela ne vous dérange pas. Elles vous nourrissent, même si c'est aux dépens d'une sorte de négation imaginaire du moi. » Andy dévisagea le médecin. Il lui paraissait complètement abruti.

« Madame Langdon, peut-être tout simplement que votre capacité à vivre une expérience spirituelle n'est pas encore advenue. Ce que vous croyez être de l'ennui ou de l'indifférence est simplement une quête de sens dans une existence qui vous paraît fausse et superficielle. » Andy acquiesça. « Peut-être reviendrez-vous dans ce cabinet, ou pas. Je ne vous le conseille pas. Si mes tarifs sont aussi élevés, c'est en partie parce que je veux que cela signifie quelque chose pour mes patients : que ce soit un sacrifice. Si vous veniez trois ou quatre fois par semaine, auriez-vous du mal à vous acquitter de mes honoraires ? » Andy acquiesça, même si ce n'était pas le cas – les investissements de l'oncle Jens atteignaient plusieurs millions. Ce qu'elle avait dépensé chez les Drs Katz et Grossman n'était que l'écume de sa fortune. Mais la bonne réponse à fournir, c'était « oui ». « Ce que je veux vous montrer, c'est que le chemin sur lequel je vais vous guider sera peut-être effrayant, mais c'est ce que déclenche la prise de conscience. » Andy acquiesça. « Non, s'il vous plaît, ne hochez pas la tête ainsi, ne dites pas oui tout de suite. Rentrez chez vous. Prenez le temps de réfléchir. Voyez vos enfants, votre mari, votre vie, et prenez alors votre décision. Le voyage dans lequel vous vous embarquez est un voyage dans l'inconnu. » Andy se retint d'acquiescer une fois de plus. Ils se levèrent. Il la raccompagna à sa voiture.

À l'instant précis où Andy tournait dans Nassau Street en venant de Witherspoon Street, à l'angle de la 48e Rue et de la Huitième Avenue, Frank scrutait la foule à la recherche de Lydia Forêt, Joan Fontaine, l'amour de sa vie. Ils avaient choisi le Belvedere car c'était le genre d'hôtel où jamais ne se rendrait personne de Fremont Oil ni du *New York Times*, et qui était trop cher pour le mari de Lydia, Olivier Forêt, un Français de Calais. Olivier supervisait des chantiers de construction. Il trouvait les poutres, les planches, les chauffeurs et les plombiers, les peintres et les ouvriers de chantier mohawks. Olivier ne croyait pas à la mode ; il croyait à ce qui était utile. Quand Frank déclara qu'un Français pareil, ça n'existait pas, Lydia expliqua : « Non seulement, il ne se comporte pas en Parisien, mais il n'est jamais allé à Paris. Les Français de la campagne ne sont pas du tout comme les Parisiens. » Elle arrivait. Il la vit une minute et demie avant qu'elle ne le voie, aussi lorsqu'elle tourna la tête pour traverser, il eut le temps d'admirer l'angle aigu de sa mâchoire et sa pommette saillante. Elle sourit. Il espéra que c'était parce qu'elle pensait à lui.

Quelques instants plus tard, ils étaient assis à des tables séparées au bar du Belvedere. Dès qu'on leur eut servi leurs consommations, le regard de Lydia commença à se tourner dans sa direction, timide au début, puis plus audacieux. Frank jouait au même jeu : il faisait semblant de ne pas la connaître, puis de s'intéresser à elle, et enfin de sentir naître le désir. Leurs regards se croisèrent ; elle inspira profondément en posant la main sur sa poitrine. Frank passa la langue sur ses lèvres et prit une autre gorgée de gin tonic.

Bien sûr ils avaient tous les deux la clé de la chambre. C'était leur chambre habituelle, la 312. Frank prit l'escalier ; Lydia, l'ascenseur. Ils se retrouvèrent devant la porte, feignant toujours de ne pas se connaître, puis Frank ouvrit et, une fois entrés, elle se jeta dans ses bras, et il la porta jusqu'au lit. Au cours de toutes les conversations qu'ils avaient eues depuis la première fois qu'il l'avait vue, chaque fois qu'ils faisaient l'amour, pendant les heures qu'ils passaient à discuter ensuite, allongés l'un contre l'autre, jamais elle n'avait fait allusion à son ancienne vie de prostituée, n'avait jamais admis avoir vécu en Corse, ni rencontré Frank, ni accepté son paquet de cigarettes. Elle reconnaissait seulement qu'elle était de Milan, qu'elle était mariée à Olivier, qu'elle était arrivée aux États-Unis en 1952 et qu'elle avait trente-neuf ans. De son côté, Frank n'avait jamais parlé d'Andy ni des enfants, de Dave Courtland, ni de Hal et Friskie. Quand il devait se rendre au Texas ou à Caracas, il disparaissait, tout simplement, et elle ne posait aucune question.

S'il n'avait pas été tout à fait certain de reconnaître le visage de Lydia (mais il n'en douta jamais vraiment), son allure ou sa nuque, en revanche il reconnut avec certitude l'intérieur de ses cuisses, la texture de ses poils, la forme et la proéminence de ses lèvres, la manière précise dont elle le prenait en elle, et les replis de son vagin. Il préférait faire l'amour comme la toute première fois, lorsqu'il s'était allongé sur son lit, sonné par la guerre, et qu'elle était venue sur lui. Pourtant ils essayaient différentes positions, ne serait-ce que pour qu'il puisse prétendre ne plus être ce garçon-là, avoir eu d'autres expériences et appris des choses. Quelle que soit la manière dont Olivier Forêt se comportait avec elle – elle n'en parlait jamais –, elle semblait apprécier l'ardeur et la gentillesse de Frank. Il ne lui révéla pas qu'en dehors de cette chambre, il n'était guère réputé pour sa gentillesse.

1964

Après avoir vu les Beatles à la télévision, puis s'être rendu au Coliseum, Steve Sloan montra à Tim et Stanley la deuxième émission présentée par Ed Sullivan. Ils étaient muets ; Steve observait du mieux possible la manière dont George Harrison jouait de la guitare. Le lendemain, il jeta toutes leurs chansons et renvoya le batteur. C'en était fini des classiques du genre « Tom Dooley » ou « Banks of Ohio ». Ce n'était pas avec des histoires de pendaisons et de noyades qu'on faisait craquer les filles. Steve devait pourtant bien admettre qu'il n'était guère impressionné par « I Want to Hold Your Hand ». Pourtant, il y avait un rythme particulier, les Beatles avaient un genre à eux, et les filles dans le public pleuraient et se tenaient le visage entre les mains. Le but de Steve, c'était de jouer au bal de promo, en juin. D'ici là, il fallait qu'ils se trouvent de nouvelles chansons et un nouveau style – pas une imitation des Beatles, mais une nouvelle version d'eux-mêmes rebaptisée : The Sleepless Knights ? The Knight Riders ? The Colts ?

Debbie regarda l'émission sur les Beatles à la maison avec maman, papa, Dean et Tina ; deux jours plus tard, elle rentra avec un magazine sur les Beatles.

Tim se moqua d'elle, mais dès qu'elle eut le dos tourné, il y jeta un coup d'œil. Il trouvait qu'il ressemblait surtout à John. Au lycée, il s'aperçut que les filles formaient des groupes : celles qui préféraient John, Paul, etc. Les filles à maman, comme Debbie, avaient un faible pour George ; sinon, il n'arrivait pas à détecter de modèle.

Tim avait envoyé son dossier aux universités de Williams, Amherst et à l'université de Virginie. Son père était allé à Williams (Amherst était dans la même rue que Williams), et son grand-oncle à l'université de Virginie, deux ans avant que son grand-père n'entre à West Point. Steve Sloan n'avait envoyé aucun dossier. Il avait décidé de quitter la maison le lendemain de la remise des diplômes (il aurait dix-huit ans en mai) pour aller à New York, sa guitare en bandoulière. Stanley avait un an de moins, donc il devait passer l'été à travailler avec son père. Le bal de promo serait leur concert d'adieu.

Ils passèrent les deux dernières semaines de mars à écrire des chansons : Steve disait que plus elles étaient idiotes, mieux ça passait. « I Want to Hold Your Hand » ? « I Saw Her Standing There » ? Pas un mot sur la baise. Pas étonnant que ça rende dingues les lycéens. Tim trouva ça : « Come here to me, yeah yeah. Baby I need you now. Come here to me, yeah yeah, and say hello. Helloooo. Helloooo. Come here and say hello. Baby, I see you now, please don't go. Walk me down the street, sweep me off my feet, please don't say no ! » Puis, répétition du premier vers. Il était plutôt fier de lui.

Assis dans sa voiture, sur le parking du lycée en fin de journée, vitres fermées, il répétait sa chanson à pleins poumons quand Fiona Cannon passa près de lui, ouvrit la porte côté passager et monta. « Non, vas-y, continue. J'ai envie de t'entendre. » Et malgré deux fausses notes et une voix un peu tremblante, il alla au bout de la chanson.

« Ça pourrait être pire, dit-elle.

– La voix ou la chanson ? »

Elle éclata de rire.

Fiona Cannon avait eu un petit ami, Allen Giacomini, qui avait une moto. Elle faisait peur aux autres garçons. Elle lui demanda : « Tu me ramènes ?

– Elle est où, ta voiture ?

– Au garage. Ils changent les plaquettes de frein. » Fiona conduisait une Chevrolet bleu et blanc de 1956.

« Elle a combien de kilomètres au compteur ? demanda Tim.

– Cent soixante-sept mille. » Elle se pencha par-dessus lui pour regarder le tableau de bord. Il conduisait l'ancien break de son père, un Mercury Comet de 1960. C'était pratique pour transporter les instruments des Colts, mais ça le gênait un peu. Le compteur marquait 87 819 kilomètres. Elle ne dit rien.

« Bien sûr, que je te ramène », dit-il.

Après cela, il ne la raccompagna pas tous les jours, mais de temps en temps, et parfois, au déjeuner, elle venait dans le parking et lui disait : « Tu veux un Coca ? » Ou elle montait, relevait ses cheveux et disait : « Tu veux aller au ciné, vendredi soir ? » (Jamais le samedi car tous les dimanches jusqu'à la fin mars étaient consacrés à la chasse au renard.) Quand sa voiture était là, elle l'abandonnait sur le parking ; ce qui signifiait qu'il devait passer la chercher le lendemain matin pour aller en cours.

Il sortait avec d'autres filles – il allait régulièrement au cinéma et à des fêtes avec Allison Carter et Janie Finch lorsqu'il n'était pas en répétition avec les Fire-Eaters, ou les Dragons, ou les Cameron. « Les Cameron ? dit-il à Steve. Ça veut dire quoi ?

– C'est un clan célèbre en Écosse.

– C'est les Campbell », corrigea Stanley.

Pendant deux semaines, ce fut Steve and the Rattlers. Puis *The Beatles Second Album* sortit et Steve constata qu'ils avaient repris « Long Tall Sally » et « Roll Over Beethoven » de Little Richard et Chuck Berry, alors il se détendit et déclara qu'ils n'étaient pas obligés d'écrire toutes leurs chansons, mais celles qu'ils reprenaient, il fallait que ce soit des titres de musiciens noirs. Ils se mirent à travailler « What'd I Say ».

Puis de fines enveloppes arrivèrent d'Amherst et de Williams, disant : « Merci d'avoir proposé votre candidature. » La grosse vint de l'université de Virginie, et Tim sut qu'il irait là-bas. Il n'était pas déçu. C'est son père qui l'était. Lui, l'université de Virginie, ça lui convenait. Et ça n'était pas cher, comme il l'avait dit à sa mère. Amherst, en revanche, coûtait trois mille deux cents dollars par an, et Williams, trois mille six cents. Sa mère répondit qu'ils auraient trouvé l'argent, ça en valait la peine. Mais l'université de Virginie suffisait à Tim, il n'y serait pas complètement dépaysé.

Son destin était scellé, il voyait Fiona de temps à autre : jamais il ne s'était senti aussi bien de toute sa vie. Elle commençait par lui dire : « Tu as déjà poussé à 140 ? 150 ? Elle monte jusqu'à combien, en fait ? Tu as déjà bloqué le compteur ? » Un jour où il roulait à 120, elle lui mit les mains sur les yeux en éclatant de rire. Le soir même, elle lui montra un endroit sur la colline qui surplombait sa maison en direction de l'ouest, vers Blue Ridge, et pendant qu'il l'embrassait, elle ouvrit sa braguette et glissa la main à l'intérieur. Il sentit ses doigts dans son caleçon, qui extrayaient sa bite. « Tu es la seule personne que j'aie jamais rencontrée qui soit plus dingue que moi.

– À quel point tu es dingue ?

– Jusqu'à 140, mais pas 150. »

Elle déboutonna sa chemise, glissa ses mains froides sur sa peau nue, posa la tête sur sa poitrine. Sa queue appuyait contre l'épais tissu du Levis de Fiona. Mais il n'alla pas plus loin cette nuit-là.

Une semaine plus tard – on était en mai – ils se rendirent dans sa voiture à Arlington pour voir *Je suis une légende*, et elle ne cessa de l'enquiquiner. Au début, il riait en la repoussant, mais elle continua, et à la fin, il perdit son sang-froid, ce qui ne lui était jamais arrivé auparavant, et il s'écria : « Arrête ! Putain ! » Ils s'arrêtèrent au feu suivant ; elle descendit en claquant la portière. Il la verrouilla, et quand le feu passa au vert, au moment où il redémarrait, elle se jeta sur le toit de la Comet. Il continua de rouler. Elle se mit à taper. Il accéléra, mais elle tint bon, continuant à frapper, et lorsqu'il s'arrêta, un kilomètre et demi plus loin, ouvrit la portière, elle se jeta sur le siège avant. Elle riait. Elle lui prit la main et ils allèrent au cinéma voir le film de vampires. Cette nuit-là, elle lui montra comment entrer dans sa chambre : il fallait grimper à un arbre, traverser le toit, et passer par la fenêtre qu'elle ouvrirait. Ça en valait la peine.

Andy ne retourna pas tout de suite voir le Dr Smith. À l'issue de ce premier rendez-vous, elle l'avait trouvé bizarre – ce n'était pas vraiment ce qu'il disait, mais plutôt ses yeux, sa façon de se tenir, ses mains. Après l'assassinat de JFK (il n'existait plus que deux périodes désormais, avant, et après l'assassinat), elle avait commencé à lire un livre sur la lobotomie. D'après ce qu'elle comprenait, le médecin soulevait la paupière du patient, appuyait la pointe d'un pic à glace contre l'os, au-dessus de l'œil, et il le faisait entrer dans le cerveau du patient d'un coup de marteau. Puis il recommençait de l'autre côté. Le Dr Smith lui paraissait être le genre de personne qui n'aurait aucun mal à commettre un tel acte. Mais le Dr Grossman désespérait : elle avait consulté son mentor au sujet de « l'absence d'affect » d'Andy. La seule bonne séance qu'elles avaient eue, c'était comme amies, lorsqu'elles avaient parlé de l'assassinat et évoqué leur peur commune qu'il se passe à Washington et dans le monde des tas d'autres choses dont nul ne se doutait. Ensuite, Grossman était redevenue professionnelle, et Andy avait épuisé ses stocks d'histoires à raconter, en tant que rêve, ou récit de son enfance. Elle avait lu l'histoire de Dora, la patiente de Freud, et commis l'erreur de raconter le même rêve. Grossman sembla le reconnaître, même si c'était un rêve qu'Andy trouvait assez commun : rentrer chez soi après la mort de son père, se perdre, ce qui était bien moins intéressant que rêver d'avoir un invité pour le dîner qui mangeait beaucoup trop et devait ensuite aller se soulager à la cabane au fond du jardin. À mi-chemin, il se mettait à grossir pour atteindre une taille monstrueuse, sautait sur le toit de la maison qu'il se mettait à chevaucher ainsi qu'un animal en hurlant et en faisant trembler les murs. Le Dr Grossman trouva ce rêve trivial et dépourvu de signification.

Donc, elle retourna chez Smith. Avec le printemps, il paraissait en meilleure santé, moins déprimé qu'à l'automne. Elle lui fit un chèque de cinq cents dollars, payant d'avance pour dix séances. Ensuite, il lui demanda de rester contre le mur pour qu'il puisse la dessiner : de face, de dos, profil droit, profil gauche. Cela lui prit cinquante minutes. Lors du rendez-vous suivant, ses dessins étaient posés sur son bureau. Sur chacun, il avait appliqué une grille grâce à laquelle il pouvait diagnostiquer où et dans quelle proportion son équilibre était défaillant. Par exemple, si elle avait les hanches très larges, il aurait diagnostiqué un blocage entre la moitié inférieure et la moitié supérieure de son corps. Pour ce genre de patientes, le premier pas vers la guérison consistait à lever les épaules et ouvrir grande la bouche afin de s'habituer à aspirer plus d'air. Résultat, elles finiraient par être capables de dire la vérité sur elles-mêmes.

Andy était disproportionnée dans l'autre sens : elle avait les épaules larges, un buste proéminent, mais des hanches minces et des jambes et des pieds fins. Elle était à peine reliée à la terre, disait-il, et plus important, à sa sexualité. À quelle fréquence son mari et elle avaient-ils des rapports sexuels ?

« Presque jamais. »

Avait-elle des relations sexuelles avec d'autres hommes ?

« Non.

– Des femmes ? »

Elle secoua la tête.

Il l'amena jusqu'aux matelas, lui demanda de s'asseoir en tailleur et de fermer les yeux. Il la fit se redresser et ajusta la posture. Ça faisait un peu mal. Puis il lui dit de penser au sexe et de prononcer cinq mots. Ces cinq mots furent : « chaussure, terre, automobile, bain et Kennedy ». Mais elle ne pensait pas au sexe – c'étaient juste les cinq premiers mots qui lui étaient passés par la tête en regardant le bureau et par la fenêtre. Un long silence suivit.

Elle ouvrit les yeux. La position devenait un peu plus confortable et elle inspira profondément. C'est alors que le Dr Smith s'assit juste en face d'elle sur le matelas, jambes croisées à l'orientale, les pieds posés sur ses cuisses, les genoux à plat. Au bout d'un moment il se pencha, leurs visages se touchaient presque, et il prononça ces mots : « Ne me racontez pas de conneries, Andrea Langdon. Je n'aime pas ça. »

Son haleine était rance. Andy s'écarta vivement, mais elle dit : « Très bien. »

Ils tombèrent d'accord pour qu'elle vienne les lundis, mercredis et vendredis.

Jesse voulait apprendre à conduire le tracteur. C'était une affaire très sérieuse pour lui, et il ne se décourageait pas malgré les refus multiples de Joe. « Quand ? »

Joe répondit avec une gravité feinte : « Je ne sais pas.

– Tu y as réfléchi, papa ?

– Tu veux dire depuis hier, lorsque tu m'as posé la question ? »

Il hocha la tête.

« Non, Jesse, je n'y ai pas encore réfléchi. Tu as huit ans.

– À mon âge, oncle Frank a conduit la voiture de grand-père jusqu'à Usherton.

– Qui t'a raconté ça ?

– Mamie Rosanna.

– Eh bien elle se trompe. » Il ne lui dit pas que Frank avait treize ans, à l'époque, ce qui n'était déjà pas mal.

« Quel âge il avait ?

– Les lois étaient différentes alors.

– Quel âge il avait ?

– Dis-moi, tu t'appelles Walter ?

– Pourquoi tu me demandes ça ?

– Parce ton grand-père Walter rendait fou sa maman et son papa à force de poser des questions.

– C'est vrai ? »

Joe regarda Jesse et lui dit : « Descends de ce tracteur. »

Jesse descendit. Puis il demanda : « Fous ? C'est vrai ? Fous comme ceux qui vont à l'asile ?

– Non, fous au point qu'ils le corrigeaient à coups de ceinturon.

– Est-ce que tu vas me corriger à coups de ceinturon ?

– Est-ce que je l'ai déjà fait ?

– Non.

– Alors est-ce que je vais le faire ?

– Non. »

Le silence suivit, puis Jesse reprit : « Quand est-ce que je pourrai apprendre à conduire le tracteur ? »

Joe se mit à rire et répondit : « Quand tu auras treize ans. Voyons voir. Cet été-là, Frank avait treize ans et demi lorsqu'il a pris la voiture. Tu en as huit et demi. Donc tu as le temps.

– Cinq ans. »

Joe sourit : « Soustraction correcte. Tu dois être un vrai premier de la classe, toi. »

Jesse ne sourit pas, il se contenta de demander : « Quand est-ce que la pluie va s'arrêter ?

– La météo a dit plus tard dans la semaine.

– Est-ce que la récolte de maïs est perdue ?

– Pas encore.

– Est-ce que tu es inquiet ?

– Je ne m'inquiète jamais.

– Pourquoi ?

– Parce que dans une ferme, il y a toujours quelque chose qui marche. »

Ce fut Henry qui proposa à Claire et Paul de venir passer leurs deux semaines de vacances en Angleterre, non loin de York, où il participait à des fouilles – il n'était pas archéologue, mais il pensait que tous les médiévistes devraient de temps à autre sortir de leur bibliothèque pour mettre les mains dans la glaise. Il écrivit à Claire que l'endroit était magnifique : il y avait beaucoup de choses à visiter, pas seulement la cathédrale, mais aussi The Shambles, une vieille rue médiévale, ainsi que le château et plusieurs musées. Ensuite tout près, il y avait la région du Vale of York et, un peu plus loin, le Lake District.

Rosanna déclara : « Ah, mamie Elizabeth aurait adoré ça, même si les Chick et les Cheek, comme elle n'oubliait jamais de me le dire, étaient du Wessex, ce qui est à l'autre bout de l'Angleterre. » Cela rappela autre chose à Rosanna, et trois jours plus tard, Claire trouva au courrier une petite boîte emballée dans du papier blanc. Elle l'ouvrit : à l'intérieur se trouvait un minuscule mouchoir de dentelle au crochet, passé mais adorable, aux motifs de coquillage. Un mot l'accompagnait. Claire l'ouvrit avec soin. C'était l'écriture de son père : « Fait par mon arrière-grand-mère, Etta Cheek, vers 1830. Mis de côté pour Claire, mars 1942. » Elle n'avait jamais vu cette boîte, ni le mouchoir, ni le message. Elle avait trois ans en 1942. Elle fondit en larmes. Elle avait l'impression de sentir l'odeur des vêtements de son père autour d'elle.

Elle téléphona à sa mère le lendemain, et Rosanna lui dit : « Oh mon Dieu. Cette année-là, Frank était en Europe. On a simplement oublié l'anniversaire de ton père, alors voilà ce qu'il a fait. Il est allé chercher une boîte où il conservait différents objets, un pour chacun de ses enfants. Il a laissé chacun choisir ce qui lui plaisait le plus. Lillian a pris la plume. Joe un brin de… de thym. Non, de lavande. Henry a pris une pièce. Et on a mis de côté pour Frank une photo de ton père avec ses copains de régiment. Le mouchoir t'est revenu. On l'a mis de côté pour plus tard, et tu sais ce qui arrive quand je fais ce genre de choses. Lorsque tu as dit que tu irais peut-être en Angleterre, ça m'a rappelé la petite boîte dans le tiroir de la commode. Je suis désolée d'avoir attendu aussi longtemps pour… Oh, Claire, ma chérie, ne pleure pas. »

C'était inutile : Claire pleura à chaudes larmes. Elle écrivit à Henry : est-ce qu'il se souvenait de cette pièce, et bien sûr qu'il s'en souvenait. C'était un dollar en or avec une tête d'Indien. Il répondit qu'il la conservait avec une pièce à l'effigie de Marc Aurèle qu'il avait trouvée toute seule dans un fossé boueux à

Winchester. Elle ouvrit à nouveau le minuscule mouchoir. Le lin très fin mesurait environ dix centimètres de côté, la bordure au crochet semblait avoir été faite à la machine, suivant des motifs de feuilles d'orme. Elle les lissa. L'après-midi même, elle l'emmena dans une boutique pour le faire encadrer afin de le préserver.

Paul n'aima pas la chambre du *bed and breakfast* avec ses lits bateaux jumeaux : il dut dormir sur le dos, les jambes écartées, ou sur le côté, en chien de fusil et, à un moment, il s'étira et se cogna la tête. Ensuite, pour le petit déjeuner, on leur servit des toasts froids et non beurrés sur un présentoir, seulement lorsqu'on voulait les beurrer, ils se cassaient. Henry leur fit visiter les lieux ; Paul ne pouvait s'empêcher de le reprendre – évidemment, York Minster, c'était la cathédrale de York ? C'était bien des rois, là, sur le jubé (Claire, elle, voyait parfaitement qu'ils portaient des couronnes) ? Et ce vitrail illustrait vraiment la guerre des Deux-Roses ? Est-ce qu'Henry avait lu *Richard III* ? Henry resta poli jusqu'au bout.

La troisième nuit, en pyjama, assis en face d'elle sur son lit, Paul dit : « J'ai l'air d'un crétin, quand j'ouvre la bouche, hein ?

– Je crois que pour ce genre de choses, Henry ne se trompe jamais.

– Il a été parfait.

– Il t'apprécie.

– Je me demande sincèrement pourquoi. »

Elle vint s'asseoir à côté de lui. Le lit ployait presque jusque par terre. « Et moi je ne vois pas pourquoi il ne t'apprécierait pas.

– Je sais que parfois, je suis un imbécile.

– Mais tu ne le fais pas exprès. C'est juste que, de temps en temps, une idiotie s'échappe de ta bouche. »

Paul passa un bras autour d'elle, et ils s'allongèrent sur le lit étroit. Le lendemain matin, il demanda à avoir une chambre avec un lit double, or justement, quelqu'un s'en allait ce matin-là, et le propriétaire accepta de transférer leurs affaires. Ce jour-là, Henry travaillait, alors ils retournèrent à la cathédrale, achetèrent un petit guide très simple avec de grandes photos et de courtes explications, et ils passèrent une excellente matinée. Le meilleur moment de la journée, à part le « thé », ce fut cette heure dans une petite librairie sur trois étages, au sol inégal, où les livres s'empilaient un peu au hasard. Sur les étagères consacrées aux curiosités du Yorkshire, elle vit *Les Hauts de Hurlevent*, qu'elle était censée lire au lycée, mais n'avait jamais pris la peine d'ouvrir. Elle l'acheta pour une demi-couronne.

Henry les emmena dîner dans un restaurant indien, avec huit étudiants américains participant aux fouilles, qui tous avaient à peu près l'âge de Claire, ou moins. Quatre des garçons portaient la barbe, ce que Claire jugea intéressant. Deux d'entre eux, un couple, vivaient dans une tente, non loin des fouilles. Ce jour-là, Henry les avait laissés prendre une douche dans sa chambre, car depuis trois jours ils creusaient la fosse des tanneurs. La fille raconta avec gaieté comment à la fin le garçon avait dû la tenir par les chevilles pour qu'elle puisse creuser tout au fond, à la truelle. « De haut en bas, de droite à gauche, et la puanteur monte jusqu'au ciel. »

Henry se tourna vers Claire : « Au Moyen Âge, on tannait le cuir avec du fumier.

– Ça ne servait à rien de se laver, dit le garçon, parce qu'il fallait recommencer le lendemain. Alors on a dormi à la belle étoile. Dieu merci, il n'a pas plu. »

Claire les examina l'un après l'autre. Ils semblaient propres à présent. L'un des garçons était noir. Il devait avoir l'âge de Claire et avait fait ses études à New York. Il s'appelait Jacob Palmer. Il ne semblait pas se rendre compte qu'il était le seul Noir dans le restaurant. Il discutait et riait des blagues d'Henry exactement comme les autres. Claire s'aperçut qu'elle le regardait plus souvent que Paul, mais Paul venait de Philadelphie, pas de Des Moines. Claire était en faveur des droits civiques. Elle avait été très choquée l'année précédente quand une bombe avait explosé dans cette église de l'Alabama, mais l'assassinat de Kennedy avait tout éclipsé. Et puis il y avait eu ces trois garçons, du même âge qu'elle, assassinés dans le Mississippi, dont on avait découvert les cadavres quatre jours avant leur départ pour l'Angleterre – ça remontait à huit ou neuf jours maintenant. Elle n'avait pas eu d'autres nouvelles de cette affaire depuis leur arrivée, mais la présence de Jacob Palmer dans cette mer de gens à la peau blanche la lui avait rappelée. Bien sûr, c'était facile d'être en faveur des droits civiques lorsqu'on passait toutes ses journées dans le cabinet de Paul, à écouter jacasser ses patients (ou leurs mères, puisque beaucoup de ses patients étaient des enfants souffrant d'une otite), qui se demandaient si à présent que le président Johnson avait signé le Civil Right Act, on allait laisser des Nègres entrer au country club de Wakonda. Et pourquoi pas ? se disait Claire, qui s'y était rendue deux fois. Il y avait déjà plein de noirs sur place – caddies, serveurs, personnes chargées de l'entretien. Jacob Palmer s'exprimait exactement de la même manière que les autres étudiants pour parler des fouilles, des grilles, des tessons et autres vestiges.

Ce soir-là, elle commença à lire *Les Hauts de Hurlevent*. Elle lut sans s'arrêter pendant deux heures – Paul était profondément endormi. Heathcliff avait beau être brun, il lui faisait penser à Frank, pas à Joe. Deux jours plus tard, lorsque Henry les emmena jusqu'à un village appelé Otley faire une petite promenade dans un lieu qui n'était pas trop escarpé, elle trouva que l'endroit correspondait parfaitement à la description du livre. L'histoire était choquante, mais quand elle l'eut terminée, elle recommença au début.

Après avoir déposé sa malle et sa valise et fait la connaissance de ses deux camarades de chambre, Tim revint à McLean. Seulement il ne rentra pas le mercredi chez lui, où on l'attendait pour un dernier déjeuner en famille, à l'issue duquel Lillian le ramènerait à l'université pour de bon ; il arriva tard le mardi soir chez Fiona, et s'arrêta sur la route, non loin du pré des chevaux. Il était presque minuit. Il faisait chaud et humide et l'air était saturé de mouches et moucherons. Fiona partait pour le Missouri deux jours plus tard, elle entrait dans une université qui, d'après ce que Tim en savait, n'était renommée que pour ses programmes équestres. Rocky, qui avait été champion en 1963, était déjà parti. Debbie avait gagné suffisamment d'argent en travaillant dans un camp de vacances pour la jeunesse pour s'acquitter des frais de Prince pendant l'année scolaire. Le seul qui ne retirait rien de tout ça, pour ce qu'il en savait, c'était Tim, lui-même.

Il sauta par-dessus le fossé et traversa le jardin des Cannon jusqu'à l'arbre. Il se hissa sur la branche la plus basse, posa le pied sur un nœud de l'écorce à environ un mètre vingt du sol et grimpa sur la branche. Il se redressa, se hissa sur une branche plus élevée, puis sur la suivante. De là, il sauta sur le toit de la véranda de derrière, s'accroupit et se dirigea vers la fenêtre de Fiona. Une autre fenêtre s'ouvrait du même côté, celle de la salle de bains, dont le rideau était en général fermé. Une fois seulement, en mai, le rideau avait été tiré d'un coup, et le visage de Mr Cannon était apparu. Tim s'était immobilisé en dehors du triangle de lumière, et le rideau était revenu en place. Fiona se souvenait de cette nuit-là comme de leur plus romantique. Sa fenêtre était ouverte, la moustiquaire, pas verrouillée. Il posa la main sur le rebord et Fiona demanda : « Qui est là ? » d'une voix douce et chantante. Tim répondit : « Je ne sais pas », sur le même ton. Cet échange le fit rire. Il poussa la moustiquaire et se glissa à l'intérieur. La lumière de la pleine lune, bien qu'arrêtée par l'épais feuillage de l'arbre, illuminait le parquet et le bout du lit. Il vit qu'elle était nue. « Waouh ! Sexy ! »

Elle rit à nouveau.

Il commença à se déshabiller.

Elle avait une règle : il ne pouvait venir pendant les compétitions (et il y avait beaucoup de compétitions, l'été). En outre, elle avait été malade deux nuits, et il n'avait pu venir pendant une semaine car il s'était foulé la cheville en jouant au base-ball. Avec son déménagement à l'université et ses cours d'orientation, il y avait donc six nuits qu'il ne lui avait pas rendu visite. Il dégagea son sexe en érection de son caleçon, qu'il laissa choir, puis il se glissa auprès d'elle sous le drap. Elle l'embrassa. Au début, ses lèvres étaient toujours plates et dures, puis elles s'adoucissaient, se réchauffaient. Il appuya son sexe contre son ventre, la jambe de Fiona passa par-dessus la sienne pour le rapprocher ; puis elle encadra son visage de ses mains et sa langue se glissa dans sa bouche. Sa queue durcit encore – trop, pensa-t-il. S'il la pénétrait maintenant, il jouirait trop vite, il le savait. Il décida de penser à autre chose, et lui vint l'idée de la soupe brûlante sur sa langue. Il donna un coup de rein, recommença, puis il s'arrêta. Elle fermait les yeux. Elle le mit sur le dos et vint sur lui, souriant dans le clair de lune.

Elle bougeait doucement, lentement. Le lit craqua une fois, et elle s'arrêta. Malgré toute sa témérité, elle n'avait jamais rien fait qui risque d'alerter ses parents (par chance leur chambre était à l'étage supérieur et à l'autre bout de la maison). D'après elle, ils étaient sûrs qu'elle était encore vierge et puisqu'elle « passait tout son temps » avec les chevaux, elle n'en avait plus pour les garçons. Et c'était vrai, depuis le début des compétitions d'été, ils n'étaient pas sortis une seule fois ensemble – ils n'étaient pas allés manger un morceau, ne s'étaient rendus ni au cinéma ni à aucune fête. D'ailleurs quelqu'un savait-il seulement qu'ils étaient amis ? Tim n'avait rien dit aux frères Sloan. En songeant à la clandestinité de leur relation, il ne put retenir un nouvel assaut. Elle poussa un gémissement, à peine plus fort qu'une respiration.

Elle eut alors un sourire magnifique, qu'il n'avait pratiquement jamais vu, à part sur cette photo d'elle, sur son bureau, à l'âge de sept ans avec un cheval, cheveux en bataille, visage rayonnant d'un plaisir délirant. Ses yeux se plissèrent, révélant sa malice intérieure. Il l'attira vers lui et l'embrassa de nouveau, deux ou trois fois. Soupe brûlante. Soupe brûlante. Un instant, sa queue cessa de battre la chamade, et il sentit ses boules, gonflées entre ses jambes, prêtes à exploser.

Elle s'immobilisa, posa les mains sur ses épaules et regarda en direction de la porte. C'est alors qu'il l'entendit à son tour : des pas dans le couloir. La voix de son père résonna : « Fiona ? » Puis encore : « Fiona ? »

Elle tourna la tête vers lui, un O se forma sur sa bouche et elle dit, comme si elle venait de s'éveiller : « Hein ? Oui, papa, ça va.

– J'avais cru entendre du bruit dans ta chambre.

– Quoi ? » À croire qu'elle dormait.

Soudain, parce qu'il bougea, parce qu'elle bougea, Tim éjacula. Son dos se cambra, la moitié inférieure de son corps se mit à trembler, à battre, et il ouvrit la bouche. À l'instant même où il sentit cette onde scintillante parcourir son cerveau, la main de Fiona lui recouvrit la bouche. Il ouvrit les yeux et posa sa main par-dessus la sienne, s'efforçant du mieux possible à rester immobile. Elle répondit : « Oui, ça va, papa, je me suis endormie en lisant.

– Ta porte est fermée à clé. »

Tim sentait ses muscles vibrer, mais il ne bougeait pas.

« Oh, j'ai pas fait attention. Je l'ouvrirai demain matin. » Elle bâilla bruyamment. « Je suis trop fatiguée, là. Bonne nuit.

– Bonne nuit, ma chérie. Si tu vas bien, tout va bien.

– Oui, papa, ça va. »

Tim s'aperçut soudain qu'il ne s'était pas retiré.

À présent, ils ne bougeaient plus du tout, écoutant décroître le bruit des pas – trois quatre, puis l'escalier. Tim eut envie de fuir, mais elle le clouait sur place. Ses cheveux blond vénitien lui tombaient devant le visage, et elle le regardait, il faut le reconnaître, avec adoration.

Ils dormirent jusqu'à l'aurore. Tim se réveilla en la sentant remuer à côté de lui. C'était la première fois qu'il passait la nuit avec elle. Elle était belle même à cette heure matinale, même lorsqu'elle murmura : « Il est six heures et demie passées. Quand je vais descendre prendre mon petit déjeuner, il faudra que tu partes. »

Il hocha la tête.

Elle s'habilla de façon très méthodique. Se fit une grosse queue-de-cheval, qu'elle attacha au moyen d'un élastique. Elle l'embrassa sur le front, puis sur la bouche. Elle sortit ; il attendit et, quand il n'entendit plus rien, il se glissa par la fenêtre, puis dans l'arbre, par-dessus le fossé, et remonta la route sans se retourner. Si quelqu'un l'avait vu, il le saurait bientôt.

À l'école Madeira, à environ six kilomètres de chez tante Lillian et oncle Arthur (qu'elle ne pouvait aller voir qu'une fois de temps en temps), Janny déclara aux autres filles qu'elle s'appelait Janet, après quoi elle se sentit plus mûre, plus intelligente et plus jolie. Ça n'avait pas d'importance que Tim soit parti à l'université et que Debbie soit totalement absorbée dans la préparation de ses dossiers de candidature auprès des universités, ni même que tante Lillian soit un peu distraite. Chaque fois que Janet avait la permission de venir, il se passait tant de choses chez eux – Dean et ses amis s'ébrouaient dans la piscine ; Tina était devant son chevalet, dans sa chambre, ou errait en se parlant à elle-même (Janet lui demanda de quoi elle parlait, et elle lui dit qu'elle se racontait une histoire) ; tante Lillian préparait à manger pour dix personnes, ajoutant des assiettes pour les amis, jusqu'à ce qu'on doive s'installer sur le comptoir, sans parler des collègues d'oncle Arthur qui allaient et venaient (une fois, en ouvrant la porte des toilettes, elle trouva un homme assis, affublé d'un chapeau ; elle eut un mouvement de recul, l'autre sourit et lui dit : « Coucou ») – qu'elle faisait le plein de gaieté pour plusieurs jours, rien qu'en sachant qu'elle les aimait et qu'ils l'aimaient eux aussi. Comme pour elle, rien ne pouvait surpasser le fait d'être liée aux Manning, elle ne se sentait nullement intimidée par le pensionnat chic où elle vivait désormais, ni par les filles qui s'y trouvaient.

Elle suivait des cours d'anglais, de français, de géométrie, de biologie et d'histoire ancienne. Alors que sa camarade de chambre, Cecelia, rouspétait chaque fois qu'elle devait sortir ses livres, Janet gardait les siens sur son bureau et faisait ses devoirs dans l'ordre, savourant chaque minute qu'elle ne passait pas auprès de son père, sa mère et ses deux mous du bulbe de frères. Elle n'était la meilleure dans aucune matière, mais c'était elle la plus méthodique, la plus reconnaissante. De même lorsqu'elle jouait au hockey : si une fille de l'autre équipe s'approchait des buts, ou faisait une passe, Janet ne perdait pas des yeux la balle – elle était d'une telle efficacité que la goal s'ennuyait et bâillait, même. Dès octobre, les professeurs avaient cessé de lui donner du travail supplémentaire. Était-elle ambitieuse ? Voulait-elle entrer à Radcliffe ou Vassar ? Pas du tout. Si l'on attachait un fil à une aiguille, et qu'on plante cette aiguille sur la carte à Englewood Cliffs dans le New Jersey, là où vivaient ses parents et ses frères, alors le point le plus éloigné des États-Unis était l'université d'Hawaï – ce qui lui allait très bien.

Elle se montrait aimable avec tout le monde, même avec Cecelia, qui plus que tout voulait aller à Chatham Hall, là où sa meilleure amie était inscrite. Cecelia faisait exprès d'être désagréable pour qu'on la renvoie chez elle ; elle refusait de se doucher et de se laver les cheveux. Lorsque Janet raconta cela chez tante Lillian, tout le monde éclata de rire et lui dit de l'amener pour qu'on la jette dans la piscine. Cecelia apprécierait chaque minute qu'elle passerait là, Janet en était sûre. À Madeira, comme dans tous les lycées, il y avait des clans, des commérages, mais Janet s'en moquait. Ça ne la dérangeait pas qu'on ne fasse pas attention à elle, ni qu'on parle d'elle ; ça ne la gênait pas de ne pas avoir la coiffure ni les bagues dentaires qu'il fallait ; ni de transgresser les règles et d'être punie, même si c'était peu probable. La seule chose qu'elle redoutait, c'était de rentrer chez elle aux vacances de Noël.

Elle démarra sa campagne dès Halloween. En enrobant la tête de Tina dans son costume de momie (elle prit soin de laisser des ouvertures pour le nez et les yeux), elle déclara : « C'est quand les vacances de Noël, pour toi ? » Tina allait dans une école publique.

Elle avait insisté pour que Janet lui enveloppe la bouche. Elle marmonna : « On n'a qu'une chemaine.

– C'est vrai ? Nous, on en a trois.

– T'as de la change ! Tu de'rais 'enir ici.

– Oui, demande à ta mère. On pourrait faire plein de trucs ensemble. Je t'emmènerais faire les courses de Noël. »

Ensuite, il fallait écrire à sa mère. Elle commença ainsi : « Chers maman et papa, je vais très bien, j'ai eu un A au contrôle de géométrie, et je dois faire une rédaction sur les cellules en biologie. C'est pour la semaine prochaine, mais j'ai déjà presque fini. Si je le rends plus tôt, j'aurai 10 % de bonus. Vous savez quoi ? Ma camarade de chambre, Cecelia, part en voyage à Noël avec sa famille. Ils vont… » En Floride ? Trop près. À Paris ? Ça plairait à maman, mais pas à papa. En Australie ? Sauf que Richie et Michael risquaient de faire sauter l'avion avant d'arriver. À Caracas ? Au Texas ? Ses parents y étaient tout le temps fourrés. Elle eut une idée : « … à Disneyland. Je crois qu'elle et ses frères y sont déjà allés trois fois, mais ils adorent y retourner. Il y a tant de choses à faire là-bas… » Elle réfléchit à nouveau. « … que, au dîner, ils arrivent à peine à garder les yeux ouverts. Leur papa les dépose le matin, et après avec leur maman, ils vont faire des trucs à Hollywood. » Elle se relut. C'était parfait. Elle signa : « Gros bisous, Janny » en dessinant un petit cœur à côté, puis elle ferma l'enveloppe et l'envoya.

Sa mère était une correspondante fiable. Elle répondit : « Ma chérie, merci pour ta lettre. Je suis si contente que tout se passe au mieux pour toi. Et que tu te plaises là-bas. Je sais que tu es parfaite en toutes circonstances. J'aimerais pouvoir dire la même chose de qui-tu-sais. J'ai été à nouveau convoquée chez le principal hier. Rien de très méchant, heureusement.

Je savais que c'était une erreur de les mettre dans la même classe, mais Richie va être transféré dans l'autre classe. Je crois que ce professeur saura se débrouiller avec Michael s'il est tout seul. Épuisant ! J'ai vu le Dr N, l'autre jour. Il m'a demandé de tes nouvelles. J'ai dit que tu allais bien, que tu n'étais pas anxieuse. C'est vrai, hein ? Je ne peux m'empêcher d'être triste pour les Nord-Vietnamiens, mais je pense que cette guerre, et même les bombardements du Nord-Vietnam font diminuer le risque de conflit nucléaire plutôt que de l'augmenter. Donc, NE T'INQUIÈTE PAS. Papa va bien, il me charge de te dire qu'il t'aime. Gros bisous, Maman. » Rien sur Disneyland.

Janet écrivit ensuite un mot à tante Lillian sur une carte spéciale, avec des fleurs, pour lui dire que beaucoup des filles qui habitaient loin, comme elle, allaient rester pour Thanksgiving. Tante Lillian lui répondit : « Janny, j'espérais en effet que tu t'invites chez nous toute seule ! Tu pourras prêter main-forte à Debbie et Tina pour préparer les tartes. Dean et oncle Arthur ont l'intention d'accommoder la dinde d'une manière inhabituelle, donc les tartes seront d'autant plus importantes. » Quand elle écrivit chez elle pour dire qu'elle ne viendrait pas pour Thanksgiving et que tante Lillian lui avait proposé de venir chez elle, sa mère répondit : « Peut-être que nous nous joindrons à vous », mais le temps était mauvais. Ils ne manquèrent pas à Janet. La dinde se révéla délicieuse – oncle Arthur et Dean l'arrosaient toutes les demi-heures chacun leur tour d'un mélange de cidre, de beurre et de whiskey, du coup elle mit beaucoup plus de temps à cuire, alors ils jouèrent aux charades. Les tartes étaient également très bonnes, pomme et noix de pécan, la préférée des nombreuses tartes de Lillian, toujours aussi délicieuses.

Le lendemain de Thanksgiving, elle lança une nouvelle offensive pour les persuader d'aller passer Noël à Disneyland et écrivit une carte postale à Richie : « Salut Richie ! Devine où va ma camarade de chambre à Noël ? Disneyland ! Elle dit que Tomorrowland, c'est super ! » À Michael, elle écrivit : « Cher Michael, demande à Nedra de persuader maman de nous emmener à Disneyland ! Tu vas adorer Frontierland ! »

Quelques jours plus tard, elle crut que ça avait marché : « Ma chère Janny, je dois avouer que la demande perpétuelle pour aller à Disneyland me rend folle. Même si l'on m'a dit que l'endroit était agréable. Papa ira sans doute rendre visite à des amis à Los Angeles, et il nous emmènera. Noël ne fait pas partie de mes fêtes préférées ! On devrait toujours partir en voyage ce jour-là, comme les Français. » Hélas ! le projet n'aboutissait pas et Noël approchait.

Janet réussissait à faire lever Cecelia pour aller en cours, mais guère plus. Parfois, celle-ci portait les mêmes habits pendant des jours et s'enroulait dans son dessus-de-lit sur le matelas nu. Janet essayait de montrer le bon exemple en faisant son lit avec soin – les coins tirés comme à l'hôpital, ainsi que Nedra lui avait montré – tout était propre et lisse, son bureau et son armoire bien rangés. Mais Cecelia semblait hermétique. Janet s'éveillait parfois la nuit, et elle entendait un bruit léger, si léger qu'elle n'était pas certaine que ce soient des pleurs.

Le 10 décembre, elle reçut son billet de train pour partir le 17 décembre et rentrer le 10 janvier. Elle le rangea sous son matelas et se demanda si elle ne dirait pas qu'il n'était jamais arrivé, ou qu'elle l'avait perdu, mais l'école serait alors fermée, et quelqu'un d'autre, sans doute tante Lillian, lui achèterait un nouveau billet. Le soir du 16 décembre, après le spectacle de Noël et la fête, elle pleura, puis elle renonça. Le lendemain matin, elle laissa Cecelia enveloppée dans sa couverture et monta dans un taxi avec deux autres filles qui prenaient le train elle aussi. Quand elle revint, en janvier, elle avait une nouvelle camarade de chambre, Martha, qui faisait des mathématiques renforcées. Elle ne revit jamais Cecelia.

1965

« Vous ne trouvez pas ça mystérieux ? » dit Andy. Trois mois s'étaient écoulés depuis le meurtre ; Lillian en était encore bouleversée, et Arthur dans tous ses états. « Je n'ai jamais vu Arthur aussi… aussi… je ne sais comment dire.

– Qui a été assassiné, déjà ? demanda le Dr Smith.

– Une amie à eux qui s'appelait Mary Meyer. Une balle dans la tête et une autre dans le cœur alors qu'elle avançait sur le chemin de halage en plein jour, à Georgetown.

– Vous aviez déjà rencontré cette femme ?

– Je ne crois pas, mais ça me terrifie. J'en ai fait des cauchemars, et nous sommes rentrés deux jours plus tôt. » Andy était allongée sur le matelas, les yeux au plafond. Elle ne s'autorisait pas souvent à s'allonger ainsi, mais les expressions du Dr Smith étaient parfois déplaisantes. Ses sourcils broussailleux descendaient si bas sur ses yeux qu'ils semblaient disparaître. Parfois, pendant qu'Andy parlait, il tapait sur ses dents de l'extrémité de son crayon à papier, et cela la déconcentrait tellement qu'elle se taisait. Elle ne se sentait pas à l'aise pour avouer ce qui l'horrifiait le plus : que le couple de Lillian et Arthur semblait mal en point.

Cette injustice la dérangeait. « Je peux changer de sujet ? demanda-t-elle.

– Il n'y a qu'un seul sujet.

– Je suis allée chez Bendel acheter une robe pour un cocktail chez les Upjohn, la semaine prochaine. Frank a dit qu'il fallait une Dior ou une Chanel, mais je détestais la Chanel et la Dior faisait beaucoup trop jeune fille, même si elle était marron. C'est si terne, le marron. Il était quatorze heures. »

Il toussa comme s'il perdait patience.

« Enfin bon, j'étais dans le vestibule, mais je n'étais pas encore dehors, et c'est là que j'ai vu Frank passer avec une femme à son bras – pas très jolie, je dois dire. Je me suis arrêtée. Je savais que c'était Frank : il portait le pardessus gris Brooks Brothers que j'étais passé chercher la veille chez le teinturier. Il souriait. Ça, je l'ai remarqué tout de suite.

– Vous n'avez pas reconnu la femme ?

– Je ne l'avais jamais vue.

– Vous êtes sortie ?

– Oui. Je les ai observés, et quand ils ont tourné au coin, je les ai suivis sur la 57e Rue.

– Pouvez-vous me décrire leur attitude et leur façon de se tenir ? »

Andy commençait à avoir mal à la hanche aussi croisa-t-elle les chevilles. Smith allait le noter, elle le savait. « Elle avait l'air réservée et se tenait droite. Elle avait les coudes le long du corps et la tête relevée. Ses épaules étaient bien alignées.

– Et votre mari ?

– Au début, il la tenait par le coude, puis il a passé le bras autour de ses épaules.

– Il était penché vers elle ?

– Oui. »

L'analyste écrivit profusément, puis il renifla.

« Elle n'avait pas l'air d'une prostituée, reprit-elle.

– Parce qu'elle aurait dû ? »

Andy décroisa et recroisa les chevilles. « Ce jeune homme, à son travail, l'un des fils, l'été dernier, lors d'une fête, alors que nous étions à Southampton, il m'a demandé si je savais que Frank fréquentait des prostituées.

– Qu'avez-vous répondu ?

– J'ai dit oui.

– Vous ne m'en aviez encore jamais parlé, Andy. Lui avez-vous dit la vérité ?

– Ce n'est pas que je le savais réellement… »

Ce fut moins difficile qu'elle le pensait de raconter qu'elle les avait vus, tous les deux, Frank et la femme qu'il aimait. Elle reprit : « Je suis allée chez Bonwit acheter une robe. Bleu marine en shantung, avec un manteau assorti. C'est de la saison dernière, mais c'était en solde.

– Donc la vue de votre mari avec une autre femme plutôt mal fagotée vous a motivée d'une certaine manière ? »

Elle acquiesça.

« Laissez-moi vous poser une question. Qu'est-ce que cette nouvelle robe met le plus en valeur, chez vous ? »

Elle releva le menton, presque inconsciemment, et posa la main dans son cou. « Votre cou. Votre menton, dit le Dr Smith.

– Mon tour de taille. Mes jambes et mes chevilles. Je me ferai un chignon bien sûr.

– Donc, vous avez l'intention d'accentuer votre minceur, votre pâleur, par contraste avec la couleur sombre de la robe, votre allure, si je puis dire, androgyne, comme pour proclamer à tous une fois de plus que la sexualité, ce n'est pas pour vous ? Ainsi donc, le fait que votre mari soit tombé amoureux, s'il s'agit en effet de cela, d'une rivale moins sophistiquée, disons, est tout à fait logique.

– Je suppose que oui, de son point de vue à lui. » Elle répondit cela d'une voix parfaitement raisonnable, et elle allait ajouter autre chose quand soudain le Dr Smith se trouva presque nez à nez avec elle, visiblement furieux. Andy s'écarta. L'analyste s'exclama : « Andrea Langdon, êtes-vous si petite et sans substance que vous n'ayez aucune réaction face à ça ? N'y a-t-il donc rien en vous, pas une once d'émotion ou de résistance ? Pas d'ego ? Pas d'identité ? Pas d'être ? Vous venez me voir ici trois fois par semaine sans faute. D'après ce que je vois, vous êtes un fantôme, vous flottez à travers votre vie non seulement sans affect, mais sans la moindre réaction ! Je vous demande si vous buvez, vous me répondez oui. Je vous demande si parfois vous êtes ivre, vous dites oui. Je vous demande si parfois votre conduite est inconvenante lorsque vous vous enivrez, et vous dites non, que vous vous contentez de somnoler ou de vous asseoir dans un coin. Parfois vous dites que vous riez pour rien. Voilà l'étendue de vos transgressions.

– Je pensais que je devais me contenir si jamais je buvais trop. Frank dit que…

– Votre mari vous trompe ! Il aime une autre femme ! Il est allé voir des prostituées ! Mais votre voix tremble seulement à l'évocation du meurtre d'une inconnue.

– C'était la maîtresse de JFK ! En tout cas d'après les rumeurs. » Andy toussa, songeant au nombre de fois où le Dr Grossman lui avait expliqué le concept de transfert. Sa voix redevint neutre : « Je ne pense pas qu'elle soit amoureuse de lui. Elle n'était pas penchée vers lui. D'après son langage corporel, elle…

– Vous utilisez mon propre vocabulaire pour me surpasser ? » À présent, il était vraiment en colère. Andy glissa vers la droite et posa la main gauche sur son bras pour ne pas qu'il s'approche davantage. « Je suis en train de vous hurler dessus ! Je vous humilie ! Qu'est-ce que cela vous fait ?

– Je pense que vous avez passé une mauvaise journée.

– Et vous croyez que tout ça n'a rien à voir avec vous ? »

Andy le dévisagea en songeant que ça avait dû être un enfant turbulent, et que cela expliquait peut-être pourquoi il était devenu psychiatre. Puis elle dit : « *Ragnarök.*

– De quoi s'agit-il, s'il vous plaît ? dit-il d'une voix à la fois surprise et méprisante.

– La fin du monde, en norvégien.

– *Gotterdämmerung*. L'apocalypse ? »

Elle hocha la tête.

« Décrivez-moi cela, s'il vous plaît » reprit-il.

Elle ferma les yeux pour se souvenir. C'était encore très clair. « D'abord, je pensais que les chiens se mettraient à hurler, puis les loups de la forêt les rejoindraient en ville, à Decorah, là où j'ai grandi. Ils hurleraient si fort qu'on n'entendrait plus rien, même si on tendait l'oreille, et les serpents sortiraient de la rivière. On habitait à Winneshiek, juste au sud de la rivière. Les serpents seraient gros comme des pythons, mais ce seraient des mocassins d'eau, plus venimeux que les serpents à sonnette, et ils ramperaient jusqu'à notre porte, puis monteraient l'escalier, d'abord ils iraient dans la chambre de mes parents, ils les étoufferaient et les mordraient partout, mais on ne pourrait pas les entendre crier à cause des hurlements. Ensuite, les serpents attendraient dans le couloir que j'ouvre la porte. Je resterais dans ma chambre pendant des jours, mais au bout du compte, ils m'encercleraient et me mordraient. Ils seraient aussi froids que la glace. Ensuite, la maison serait détruite dans un incendie. » C'était un véritable souvenir, elle avait sept ans à l'époque.

« Qu'est-ce qui déclencherait cet incendie ?

– Je ne sais pas. » Andy frissonna.

Le Dr Smith la regarda, puis il dit : « Peut-être que nous arrivons quelque part. »

Quand Claire sortit de la torpeur dans laquelle l'accouchement l'avait plongée, Gray avait trois mois et c'était le 1er mai. La saison des forsythias était passée, de même que celle des cornouillers et des jonquilles, et elle s'aperçut qu'elle n'avait plus d'excuse pour ne pas aller rendre visite à Rosanna, ce que d'ordinaire elle détestait. Elle se réveilla de mauvaise humeur, alors qu'il faisait beau, que Paul était guilleret et Gray mignon à croquer, et après avoir embrassé son mari qui lui souhaita bon voyage, elle installa Gray confortablement dans sa nacelle, achetée par Paul à quelqu'un qu'il connaissait en Europe, en veillant à ce qu'il soit correctement attaché. Il lui fallut une heure pour remonter la route 330, une heure beaucoup trop courte, et soudain elle fut devant Rosanna, qui regardait par la fenêtre, puis arriva sur la véranda, les bras grands ouverts. Claire grinça des dents, mais cela ne dura pas. Elle lui tendit le bébé.

« Oh, qu'il est adorable ! » s'exclama-t-elle, mais elle ne dit rien à Claire. D'un autre côté, Claire pouvait arpenter le jardin, Gray dans les bras (il ne portait qu'un pull), en humant les fleurs de pommiers, l'herbe, la camomille qu'elle foulait en marchant. À présent, Rosanna l'observait par la fenêtre de la cuisine où elle était censée préparer le déjeuner, même si, en réalité, elle dressait l'inventaire de ce que Claire faisait mal. Pourtant il suffisait de regarder Gray pour s'apercevoir qu'elle se débrouillait très bien. Elle tira vers elle une branche de pommier et en respira le parfum. S'il était une chose que Gray ne tenait pas de son père, c'était son sourire : il était si large et si joyeux que parfois Claire se demandait comment aurait été Paul si son père l'avait laissé se salir une fois de temps en temps.

Rosanna avait décongelé des tourtes au poulet et aux petits légumes, mais Claire ne dit rien quand elle plongea sa fourchette à travers la croûte de la main gauche – du bras droit, elle tenait Gray contre elle, qui regardait devant lui en gazouillant.

Rosanna prit une cuillère. Gray agita sa menotte. Rosanna dit : « Le seul jouet que Frank a jamais eu, c'était une cuillère.

– Oh, maman ! Et toi, c'était une galette de boue !

– Non, j'avais beaucoup de jouets, parce que ta mamie Mary adorait faire des poupées de chiffon et des marionnettes au crochet. Tes grands-mères étaient beaucoup plus drôles que moi. Moi, j'étais trop occupée à chercher les veuves noires dans les tiroirs de la commode et à chasser la famine des placards.

– Lillian est comme mamie Mary.

– Tout à fait. Je l'ai trop gâtée, et j'ai retenu la leçon.

– Quoi ? »

Rosanna tapota la tête de Gray. « On ne gâte jamais trop les bons sujets.

– Il y en a des mauvais ?

– Tu le découvres plus tard. »

Claire savait qu'elle parlait de Frank.

Elle mangea la croûte, le reste était plutôt mauvais. Les minuscules morceaux de poulet et de carottes n'avaient pas de goût, et les petits pois étaient bizarres. Soudain, la première surprise, Claire s'entendit dire : « Lillian m'a dit qu'Elizabeth…

– Mary Elizabeth.

– Mary Elizabeth avait été frappée par la foudre.

– Mon Dieu ! s'exclama Rosanna en posant bruyamment sa fourchette dans son assiette. Elle le croit vraiment ? Juste ciel, non ! La foudre s'est abattue, c'est vrai. Mais Mary Elizabeth est tombée. Peut-être que c'est le tonnerre qui l'a effrayée. Un grand fracas, et si proche. L'arrière de sa tête a heurté le coin d'une caisse à œufs. Elle est morte sans aucune marque sur elle. » Rosanna secouait la tête. « Je suis stupéfaite de pouvoir dire ça à haute voix. Quel jour sommes-nous ?

– Le 1er mai.

– Elle est née il y a quarante et un ans. Le 28 janvier. Et elle n'a jamais posé le moindre problème. Comme celui-là. »

Mais Claire refusait toute association entre cette misérable enfant et son fils, destiné à de grandes choses. Rosanna présenta à nouveau la cuillère à Gray, et cette fois, il enroula ses petits doigts autour. « Je le trouve très en avance.

– Bien sûr qu'il l'est ! » dit Claire en riant.

La glace était très bonne – c'était Lois qui l'avait préparée, elle était dans sa phase crème glacée. Elle était parfumée à la menthe, à la fois douce et forte. Elles en mangèrent tandis que Claire donnait le sein, puis Rosanna fit la vaisselle en silence (lavant y compris les barquettes en aluminium qui contenaient les tourtes, pour Dieu sait quelle raison). Ensuite elle alla au salon et mit la télévision, en baissant le son. Assise dans la cuisine, Claire sentait Gray tirer le lait et la douleur peu à peu diminuer, et tout en le berçant, elle pensa qu'elle pourrait peut-être pardonner à Rosanna, même si elle ne savait plus vraiment ce qu'elle devait lui pardonner.

Lillian prit la Mustang. Tim ne savait pas qu'elle venait, mais elle savait où il habitait, et elle pouvait l'attendre au besoin. Elle laissa un mot à Arthur au beau milieu de son bureau afin qu'il puisse le voir s'il n'était pas trop distrait. Plus elle se rapprochait de Tim, plus elle se sentait libre et sereine. Elle s'attendait à l'inverse : elle croyait que plus elle serait proche de Tim et plus son anxiété augmenterait. Mais non, en réalité, plus elle s'éloignait d'Arthur, plus son angoisse diminuait.

La route était l'une des plus belles que Lillian connaissait, bien plus romantique et vallonnée que toutes celles de l'Iowa. Ainsi qu'Arthur le faisait observer chaque fois qu'ils partaient se promener, l'ordonnance de 1785 sur les routes était arrivée trop tard en Virginie, et les routes ne suivaient pas un plan en damier, leur tracé s'était dessiné au gré de la géographie. Ce qui signifiait que Lillian devait traverser tel et tel village, prendre ce virage, grimper cette colline, dans l'ombre des montagnes, longer les fermes, les barrières, les épaisses haies d'arbres. Des chevaux et des vaches paissaient dans les prés verts et les maisons étaient éparses. Passé Culpeper, elles se mirent à ressembler à celles qu'elle connaissait en Iowa : les plantations paraissaient dissimulées. Lillian aimait ces étendues et les noms des villages : Haymarket, Ruckersville.

Quand Bundy était rentré du Vietnam (Arthur avait failli partir avec lui, mais à la dernière minute, la grippe l'avait cloué au lit), c'était un autre homme. La vue des cadavres à Pleiku l'avait physiquement transformé : alors qu'avant il était vif mais un peu en retrait, comme si en permanence il procédait à des calculs, à son retour, il était sûr d'une chose : il fallait rendre au Viet Cong coup pour coup. Bien sûr, il exprimait cela en termes de stratégie : oui, c'était possible, il fallait pousser plus fort, larguer plus de bombes, lâcher les freins pour mettre plein gaz, s'ils perçoivent à quel point on est déterminés, ils se replieront – en vérité, son sang bouillait, il brûlait de colère. Au début, Arthur riait en disant : « Ah, si on m'avait laissé lui passer la camisole de force quelques jours, pour l'emmener dans une suite au Hay-Adams et lui donner une douche dix fois par jour, j'aurais pu le sauver. » Et puis Bundy avait convaincu Arthur, et le printemps s'était avéré calme, mais plein de conviction : les bombes étaient un mal nécessaire ; ce serait bientôt fini ; parfois, il fallait cautériser une plaie. Cette période de calme fut agréable. Arthur était redevenu le même qu'autrefois, avant JFK, il rapportait à Lillian des fleurs, de la lingerie, il avait bon appétit, allait assister aux matchs de base-ball de Dean et ne se contentait pas d'admirer les peintures de Tina, mais en discutait avec elle. JFK avait rendu fou tout le monde : il disait ceci, puis cela, et les deux ne se rencontraient jamais, mais c'en était fini, c'était terminé depuis un an et demi. Penser à JFK conduisit Lillian à penser à Mary Meyer, tuée au bord du canal. (Avait-elle réellement été sa maîtresse ? Ces temps-ci, la rumeur étrangement se taisait.) Lillian chassa cette pensée de son esprit pour prêter davantage attention au paysage.

Elle traversa Gordonsville et peu après quitta la route 29 pour prendre Ivy Road, balayant du regard les prés à sa droite dans l'espoir d'y voir Tim. Deux F ! La note la plus basse qu'il ait eue jusque-là était un C (mais il y en avait eu plusieurs). Elle fit demi-tour avec précision et prit la direction du centre-ville pour acheter un Coca et peut-être un sandwich.

Les A étaient tellement habituels avec Debbie, qu'Arthur considérait presque cela comme un défaut de caractère. Quand elle ramenait ses bulletins scolaires à la maison, Arthur fronçait les sourcils et grommelait : « Tu as fait des devoirs supplémentaires pour avoir de si bons résultats ? » Debbie devait alors sourire en répondant : « Presque pas, papa ! » Ses résultats de fin de lycée étaient tellement parfaits qu'Arthur y lisait le profil d'une jeunesse mal employée. Tim, lui, avait bien réussi mais sans plus, et la même semaine où il reçut ses résultats, il défonça le parechoc de la

Comet, ce qui en quelque sorte soulagea Arthur. Ah, les garçons !

Mais il n'était pas nécessaire qu'il fiche en l'air ses études. Lillian se gara devant un drugstore et entra. La fontaine à sodas était tout au fond, c'était une blonde qui s'en occupait. Lillian s'installa sur un tabouret, posa les coudes sur le comptoir et se promit de ne pas lui dire qu'elle aussi, elle avait fait ce travail autrefois. Les quelques étudiants perchés sur les autres tabourets ne lui rappelaient pas ceux qu'elle avait vus à la manif contre la guerre au Capitole en avril. Eloise l'avait appelée depuis la Californie pour la convaincre d'aller à la manifestation – avec un chapeau et des lunettes noires pour que personne ne la reconnaisse et que sa photo n'atterrisse pas sur le bureau d'Arthur. Et elle y était allée. Eloise s'était rendue à la manifestation d'Oakland en février avec Rosa, le bébé et même son étrange mari joueur, qui était par ailleurs « apolitique » selon Rosa. Lillian ne croyait pas qu'il y ait eu vingt-cinq mille manifestants ainsi que le prétendait Eloise depuis son point de mire à Berkeley – peut-être la moitié. Mais la manifestation de Washington l'avait enthousiasmée. Arthur, Debbie, Dean ou Tina avait peut-être soupçonné qu'elle s'y soit rendue, mais nul n'avait rien dit.

Le sandwich était très bon. Elle mangea lentement, parce qu'une fois le sandwich avalé jusqu'à la dernière miette, son soda bu, lorsqu'elle se serait essuyé la bouche et recoiffée aux toilettes, il lui faudrait trouver Tim pour essayer de comprendre.

Elle était venue deux fois déjà le voir et connaissait le numéro de sa chambre – le 215. Elle frappa à la porte, d'abord doucement, puis un peu plus fort.

Il y eut un grognement, silence, puis la voix de Tim répondit d'un ton irrité : « C'est qui ?

– C'est moi », répondit Lillian. Elle regarda sa montre. Il était treize heures quinze.

« Quoi ??? »

Un peu plus fort : « C'est moi. Ta mère.

– Oh la vache ! » Bruits de pas. Il ouvrit. Appuyé contre la porte, Tim apparut en T-shirt blanc et jean sale. Il la dévisagea et dit : « Oh mon Dieu. » Laissant la porte ouverte, il retourna se vautrer sur son lit. Lillian le suivit.

« Tu as la gueule de bois ?

– Oh, mon Dieu. »

Les preuves étaient sous le lit – des bouteilles de bière vides.

« Tu m'avais pas dit que tu venais. » Il grogna à nouveau.

« Je l'ai décidé à la dernière minute, et je pensais que tu travaillerais, alors comment te joindre ? » Elle regarda autour d'elle, satisfaite de trouver dans le bazar général des indices montrant qu'il y avait bel et bien eu une fête : des disques éparpillés, une chaussure de fille, deux verres, deux assiettes, un pull qu'elle ne connaissait pas, sans doute oublié. « Tu as fait la fête ?

– On peut dire ça. »

Lillian ouvrit son sac et en sortit une lettre.

Il la regarda et dit : « Je sais.

– Et qu'est-ce que tu comptes faire ?

– Je vais recommencer.

– Ça ne t'inquiète pas ? »

Il secoua la tête et gémit.

« Ça va ? Hein ? Dis-moi. » Il était égal à lui-même, grand et souple, mal rasé, les cheveux en bataille, mais beau malgré tout. Elle s'aperçut qu'il ne pouvait pas répondre à cette question, en tout cas, pas à elle. Et si ça n'allait pas, est-ce qu'ils avaient échoué, elle et Arthur ? En revanche si tout allait bien, son inquiétude ne risquait-elle pas de déstabiliser Tim ? Peut-être que le spectacle qu'elle avait sous les yeux montrait Tim tel qu'il était vraiment depuis des années lorsqu'il était livré à lui-même et qu'il faisait ce qu'il voulait, donnant le change en leur laissant croire que tout allait bien. Lillian se sentit prise de vertiges. « Est-ce que tu veux manger quelque chose ?

– Je peux pas.

– Dis-moi que tu as la gueule de bois.

– J'ai la gueule de bois.

– À quelle heure tu t'es couché ?

– Arrête de me poser des questions, maman. »

Elle se tut. Puis elle se leva, fit le tour de la pièce en ramassant une chemise et le pull en question qu'elle plia, puis déposa sur la commode. Tim se mit sur le ventre. Elle resta à le contempler une minute ou deux, puis sortit. En arrivant à sa voiture, elle avait la tête qui tournait au point de ne pouvoir conduire, aussi resta-t-elle longtemps assise au volant de la Mustang, ne démarrant que quand un homme en uniforme la toisa à travers le pare-brise. Le retour se passa ainsi qu'elle s'y attendait, hanté par l'image de Tim assoupi et vide dans sa chambre en désordre, et elle arriva à la maison avant Arthur. Quand il rentra, celui-ci dit à peine un mot. Elle prépara à manger des hamburgers et des pommes de terre au four pour Dean et Tina ; Debbie sortait ce soir-là, et Lillian était trop triste pour manger. Arthur resta enfermé dans son bureau.

C'est vrai que Dave Courtland avait du flair en matière de pétrole – même s'il ne savait pas très bien ce qu'il reniflait, il ne pouvait résister. C'est lui qui avait acheté le champ pétrolifère que Fremont avait mis tant de soin à développer pendant huit ans, dont six avec l'aide de Frank et Jim Upjohn. Il avait acquis un autre terrain trois ans avant cela, sur un coup de tête. On ne l'avait pas développé car un géologue avait déclaré : « C'est une bonne terre pour l'élevage. » Dave ne savait pas pourquoi il l'avait acheté. Seulement les géologues venaient d'y trouver du pétrole en quantité, du brut conventionnel léger.

Jim Upjohn dit à Frank de se contenter de secouer la tête d'un air grave devant Dave Courtland, comme si l'aventure vénézuélienne était décidément trop incertaine. La compagnie Sun semblait encore plus avide que Getty de mettre la main dessus, en raison des différents types d'essence disponibles. Le commercial de Sun invita Frank au Tabac Club, dans l'Upper West Side. Ils se déshabillèrent dans les vestiaires puis allèrent discuter des champs pétrolifères de Dave allongés sur des tables de massage où on les aspergea d'eau chaude, leur fouetta le sang avec des lanières fibreuses, avant de les asperger à nouveau ; puis ils se rendirent au sauna. Le type de Sun ne cessait de poser des questions. Celui de Humble Oil invita Frank à déjeuner. Jim Upjohn pensait que si Frank se débrouillait bien, Dave Courtland pourrait s'en tirer avec trois ou quatre fois le montant de ce qu'il avait investi au départ. Sun avait raison : l'essence ? Si vous conduisiez une Ford Thunderbolt, c'était exactement ce qu'il vous fallait. Et fait inexplicable, la Bourse montait en flèche – Frank ne put s’empêcher de rire lorsqu’il lut cet article dans le *Times* en se rendant à son bureau : « Le marché a prouvé encore une fois qu’il se comporte avec autant de mystère qu’une femme. » (Évidemment, il songea à Lydia, ainsi qu’à Andy.) « Tout le monde essaie de deviner ce qu’il va faire, mais obéissant à une logique inexplicable, qui lui est propre, il fonce devant lui de manière totalement inattendue. » L’indice Dow, qui était tombé à 840 en mai, avait atteint le niveau record de 942,65 le lundi. On était à présent mercredi, et il était juste retombé à 940, avec dix-neuf millions de titres échangés. Personne n’avait jamais vu ça. Il poursuivit sa lecture : « “Christophe Colomb n’en aurait pas cru ses yeux”, a déclaré hier un trader. » Frank eut ce commentaire : « Hé, Tony, on dirait qu’on est riches.

– Peut-être bien, patron. »

Frank poursuivit sa lecture et décida qu’il allait retirer une partie de l’argent de l’oncle Jens investi dans la télévision en couleur et la Pan Am pour le réinjecter dans l’acier et les bonds du Trésor. L’article disait également que les titres de fond allaient suivre le même mouvement que les titres plus volatils, et par conséquent prendre de la valeur, ce que Frank croyait aussi. Puis il lut que l’opération de la vésicule biliaire de Johnson était une véritable œuvre d’art.

Lorsqu’il arriva à son bureau, il avait déjà reçu quatre appels de Jim Upjohn. Celui-ci ne manifestait aucune impatience – cela ne lui arrivait jamais –, il expliqua juste à Frank ce qu’il devait faire à présent. D’abord, appeler Hal, et le tirer du lit. Jim l’avait vu la veille à une soirée à la bibliothèque municipale, il était tellement bourré qu’il ne savait plus où étaient ses chaussures – « Ou ses pieds, dit Upjohn. Il faut qu'il se lève tôt pour méditer ses péchés. » Ensuite, appeler Friskie. Il avait dû passer une nuit blanche. Friskie lisait quatre journaux, ce qui déteignait sur son humeur, toujours pour le pire. Le marché atteignait des niveaux jamais vus ? Dans ce cas, il ne pouvait que retomber. « Avant dix heures, il voudra vendre », continua Upjohn. Quant à lui, avec le soutien du conseil d'administration, il appellerait Dave. Frank organiserait une réunion dans son bureau, il s'inquiéterait, froncerait les sourcils, puis dans les vingt-quatre ou quarante-huit heures suivantes, termina Jim : « Ils seront tous à se rouler par terre en hurlant et on les emmènera tout droit au nirvana.

– Qu'est-ce que c'est ? demanda Frank.

– Une version du paradis sur terre où l'argent n'est plus un problème. »

Frank contemplait ses futures confortables indemnités de licenciement ainsi qu'une nouvelle mystérieuse proposition de travail. Jim Upjohn lui avait dit que ce serait dans l'industrie de l'armement, qui connaissait un véritable boum économique. Frank éprouvait un peu de nostalgie pour ses années passées à l'université d'État de l'Iowa et pour ce boulot qui l'avait occupé pendant trois ans, à vainement essayer de fabriquer de la poudre avec des tiges de maïs. Cette nouvelle carrière lui plaisait déjà, et il se demandait vraiment ce que tous ces marchands d'armes avaient bien pu apprendre des montagnes de patentes et de documents allemands qu'il avait passé deux ans à trier et à traduire après la guerre. Peut-être que l'armement, c'était sa vocation.

Dans ses toilettes personnelles, Frank s'examina dans le miroir. Il avait quarante-cinq ans. Il ressemblait un peu à grand-père Otto en plus grand, plus mince et plus froid. Il avait les cheveux courts et, les blancs étant de plus en plus nombreux, la différence entre peau et cheveux s'estompait ; peu importe, il savait choisir un chapeau et comment le porter. Sa mâchoire et ses pommettes étaient plus saillantes. Tout ce qui demeurait, c'était ses yeux bleus. Lydia, dont les prunelles étaient marron, se plongeait souvent dans ses yeux, comme aimantée. Frank rajusta sa cravate.

Les accords, qui avaient mis si longtemps à mûrir, aboutirent le vendredi, et Frank sortit de son bureau à dix-sept heures. Il était surpris de la rapidité des choses. Tout ce qu'il emportait, c'était sa mallette, presque vide. Les gens de chez Sun lui avaient dit de laisser tous ses documents, ainsi que sa secrétaire. Celle-ci, heureuse de conserver son emploi, promit de faire envoyer chez lui toutes ses affaires : un portrait d'Andy et des enfants, un imperméable et un parapluie. C'était tout.

Frank prit un taxi et se rendit à l'hôtel Belvedere. Il n'avait pas vu Lydia depuis un mois. Évidemment, il ne l'avait pas appelée, ni prévenue. Ils ne communiquaient pas ainsi. De temps à autre, ils se laissaient des messages au Belvedere, mais Frank était persuadé qu'en se rendant au bar, il la verrait. Ils s'y étaient retrouvés un mois plus tôt la dernière fois, avant qu'Olivier ne l'emmène en France, en août. L'un des plaisirs de cette liaison, pour Frank, consistait à considérer leurs séparations inattendues ainsi que des disparitions, comme si se rejouait leur première séparation, suivie de retrouvailles exaltantes et presque prédestinées. Elle n'était pas au Belvedere et aucun message n'attendait Frank. Sans qu'il le lui demande, le barman lui apprit qu'il ne l'avait pas vue depuis deux ou trois semaines.

Frank prit un autre taxi et se rendit au 158 Front Street, où elle habitait. Dès qu'il sortit du véhicule, il leva les yeux ; il savait quelles étaient ses fenêtres, bien qu'il ne soit jamais monté. L'appartement était plongé dans le noir, et il le demeura toute la soirée. Frank ne rentra pas chez lui avant vingt-deux heures, et il arriva après vingt-trois heures. Il n'avait plus de chauffeur désormais : il devait se débrouiller par ses propres moyens. Chez lui aussi l'obscurité régnait, détail qui ne lui échappa pas. Même la lumière extérieure était éteinte.

Il entra par le garage. La porte de Nedra était fermée ; la cuisine était déserte et sombre ; de même que le salon et la pièce de vie. La porte de Richie était entrouverte – Frank la referma –, comme celle de Janny, car elle était en pension. Celle de Michael était fermée, de même que celle d'Andy. Il entra dans sa chambre à lui. L'accès à celle de sa femme était verrouillé. Voilà comment vivaient les gens riches, et Frank aimait ça. Jim Upjohn lui avait dit que sa femme et lui avaient chacun leur suite – la sienne, contemporaine, celle de son épouse, plutôt Art nouveau.

Mais il se sentait seul, et déjà il était certain de ce qu'il découvrirait le lundi : que Lydia et Olivier avaient déménagé sans laisser d'adresse. Impossible de les retrouver dans l'annuaire, ni à Manhattan, ni à Brooklyn, ni dans le Queens, ni dans le Bronx. Au cours des deux semaines qui suivirent, il partit chaque matin comme s'il se rendait à son bureau (oui, dit-il à Andy, les accords de cession avaient été signés ; ils lui laissaient deux semaines pour préparer son départ), mais en réalité il se mit à explorer New York en décrivant des cercles de plus en plus grands, sachant que si Lydia était encore dans les parages, il la verrait. Sa vue était toujours aussi bonne, voire meilleure de loin, puisqu'il devait désormais porter des lunettes pour voir de près. Mais pas une seule fois il ne la vit.

Claire avait persuadé Joe et Lois de venir fêter Noël à Des Moines avec leurs enfants, Minnie et Rosanna. Henry était d'accord pour rester dormir car il y avait six heures de route depuis Chicago. Rosanna n'avait jamais fêté Noël ailleurs que chez elle, si l'on exceptait la maison de Joe. Elle devait apporter un plat de haricots verts, Lois un cake aux fruits et des pains au lait. Ce qui laissait donc à Claire la responsabilité de s'occuper de la dinde et de son accompagnement, de la purée, de la salade, et puisque Paul insistait, des laits de poule. « Maman va demander s'il y a de l'alcool dedans.

– Tu lui diras qu'il y en a.

– Alors elle ne voudra jamais laisser Joe conduire pour rentrer, même s'il n'en a pas bu.

– Minnie conduira. Elle ne fait jamais le moindre écart.

– J'adore Minnie.

– Je ne veux pas dire que je ne l'apprécie pas. Mais qu'elle pourra les reconduire à la maison. »

Paul s'assit près du sapin de Noël avec le journal du matin et elle retourna à la cuisine.

À quatorze heures, tandis qu'elle pelait les pommes de terre, Henry entra par la porte de derrière. Il transportait des paquets enveloppés dans du papier-cadeau à l'effigie de Rudolph, le petit renne au nez rouge, derrière lui suivait Jacob Palmer, et la première pensée qui vint à l'esprit de Claire fut une expression de son père : « Noir comme du charbon » ; elle rougit et dit : « Bonjour, Jacob ! Vous vous souvenez de moi ?

– Bien sûr », répondit Jacob avec son accent presque britannique très musical, et Claire songea que ce réveillon de Noël allait être intéressant. Henry la prit dans ses bras, l'embrassa, lui souhaita un joyeux Noël et passa au salon. Un instant plus tard il revint : « Où est le petit ?

– Il fait la sieste.

– Le pauvre.

– Mais pas du tout. C'est un bon garçon, et tout à l'heure nous nous réjouirons tous qu'il ait fait une bonne sieste. Vous avez faim ?

– Jacob a décidé de ne pas rentrer pour Noël, alors je l'ai invité ; ça ne pose pas de problème ?

– Absolument pas. La bestiole fait neuf kilos. Tu es tout beau. » Henry portait un costume gris au pantalon étroit, des chaussures pointues, une chemise blanche et une étroite cravate sombre. Claire l'examina des pieds à la tête. « Tu ressembles à un des Beatles maintenant.

– Lequel ?

– Stuart Sutcliffe.

– Le plus sexy ! »

Jacob portait un costume prince-de-galles, une chemise bleue et des chaussures normales. Il présentait mieux qu'Henry et paraissait plus riche. « Et moi, je ressemble à qui ? demanda-t-il.

– À personne de Des Moines », répondit Claire.

Il éclata de rire.

Paul entra. Claire vit la surprise un instant se peindre sur son visage, puis il sourit : « Jacob ! Je ne savais même pas que vous étiez dans ce pays !

– Je suis dans le Wisconsin. »

Joe, Lois, Minnie et les enfants arrivèrent en se bousculant dix minutes plus tard, suivis de Rosanna qui parlait déjà avant même d'avoir franchi la porte. « Eh bien, après toute cette humidité, ces derniers jours, j'étais sûre que les routes seraient complètement verglacées, mais Joe… » Elle vit Jacob et s'arrêta net. Puis elle regarda autour d'elle pour s'assurer qu'elle ne s'était pas trompée de maison.

Henry arriva et la serra dans ses bras. « Bonjour, maman. Joyeux Noël. » Il l'embrassa sur les deux joues en la maintenant fermement (Claire s'en aperçut), comme pour l'empêcher de bouger. « Mon Dieu », dit-elle.

Henry déclara d'une voix douce et pleine de gaieté : « Je te présente Jacob Palmer. C'est un ami que j'ai rencontré en Angleterre. Tu te rappelles quand j'effectuais ces fouilles dans le Yorkshire ? Maintenant, il fait son doctorat dans le Wisconsin. »

Jacob sourit et tendit la main. Ils virent tous Rosanna hésiter, puis Henry se pencher vers elle. Elle tendit à son tour la main mollement et Jacob la serra. « J'ai tant entendu parler de vous, madame Langdon », dit-il d'un ton enjoué, et Rosanna sembla se ressaisir. La poignée de main passée, elle fit un pas en arrière, alla saluer chacun et demanda à Claire : « Comment est la dinde ? »

Ce fut Minnie, bien sûr, qui engagea la conversation avec Jacob tandis que Joe déshabillait les enfants et que Lois apportait la nourriture à la cuisine. Claire rejoignit sa mère alors qu'elle refermait le four. Rosanna se releva et dit : « Mais qu'est-ce que c'est que cet accent ?

– Il est jamaïcain.

– Tu l'as déjà rencontré ?

– En Angleterre, quand nous sommes allés voir Henry l'année dernière.

– Henry et lui sont amis ?

– On dirait, en effet », répondit Lois d'un ton très neutre.

Rosanna fit la moue et ajouta : « Certes, il faut faire preuve d'hospitalité. »

Claire sentit la moutarde lui monter au nez.

Rosanna se campa, les mains sur les hanches. « J'ai trouvé que ces émeutes à Watts, l'été dernier, étaient terribles. Une centaine de personnes ont été tuées. »

Henry apparut à la porte. « Ce n'est pas vrai.

– Eh bien… » fit Rosanna.

Henry la toisait d'un air sévère. Claire ne l'avait jamais vu aussi sérieux. D'habitude, il maintenait une aimable distance, comme s'il ne parlait pas vraiment leur langue. Lois arrosait son cake d'alcool. Puis Henry reprit : « Et Jacob n'est jamais allé à Los Angeles. Donc il en sait autant que toi au sujet de ces émeutes. Sa spécialité à lui, c'est le trafic d'esclaves dans les Caraïbes.

– Ça n'existe plus, répondit Rosanna.

– Eh bien tu en discuteras avec Jacob.

– Parfait ! » s'exclama Rosanna, au bord de l'explosion. Elle se laissa choir sur une chaise. Puis elle leva les yeux vers Henry, qui la toisait toujours comme face à un étudiant qui s'était mal conduit et devait s'amender. Claire regarda l'horloge de la cuisine et dit : « Vous pensez vraiment qu'il faut retourner la dinde ?

– Je me demande pourquoi tu l'as mise sur le côté, commenta sèchement Rosanna. Je n'ai jamais vu une chose pareille.

– C'est Claig Claiborne…

– Oh ! Un homme ! »

Et ce fut tout. Après avoir écrasé les pommes de terre et préparé la sauce, Rosanna marqua une pause, et quand elle et Claire apportèrent les plats sur la table, tout le monde était assis. Dans sa chaise haute, hilare, Gray recevait les petits morceaux de pain au lait que Jesse lui distribuait en riant lui aussi. Jacob était assis entre Minnie et Joe ; absorbés dans leur discussion, ils débattaient du sujet dont tout le monde se délectait : le temps. Horrible, à Madison, disait Jacob. Il sourit : « L'année dernière, à mon arrivée, je n'avais jamais connu un froid pareil. Un jour, je traversais le campus, et il devait faire moins vingt, une de mes profs m'a couru après et m'a demandé si j'avais un bonnet. J'ai répondu non, alors, elle a enlevé le sien et me l'a donné. Elle m'a expliqué qu'on perdait soixante pour cent de sa chaleur corporelle par la tête. Personne ne me l'avait jamais dit. »

Tout le monde tomba d'accord sur le fait que le froid était beaucoup plus rigoureux dans le Wisconsin que dans l'Iowa, qu'il y avait également plus de neige et de vent, puis la conversation s'orienta vers Minneapolis et Rosanna demanda : si vous deviez vivre quelque part « là-haut », entre deux maux, vous choisiriez lequel, Milwaukee ou Minneapolis ? Or quelqu'un connaissait quelqu'un qui habitait Fargo – mais qui était-ce donc déjà ? Claire et Henry échangèrent un sourire complice.

1966

Plus tard, quand Tim repensa à ces semaines qui avaient précédé son engagement dans l'armée, tout ce dont il se souvenait c'était d'avoir dormi. Il se rappelait également avoir bu mais, avec le recul, il avait le sentiment d'avoir été ivre de sommeil, pas assommé par l'alcool. Ses camarades de chambre travaillaient (parfois, il ouvrait les yeux et les voyait penchés sur leur bureau, enfermés dans un halo lumineux). Ils passèrent leurs examens (il se retournait de temps à autre lorsqu'ils revenaient dans la chambre). Brian lui faisait même son lit et ramassait ses affaires qui traînaient par terre. Mais bon, Tim avait échoué, et il se retrouva chez lui, dans le salon, enfin réveillé, avec son père qui le toisait. Il parlait aussi, mais Tim l'entendait à peine. Toute son attention était absorbée par ce regard incrédule. Oui, il s'était enrôlé puisque, de toute façon, il serait appelé un de ces jours sous les drapeaux, et non, il ne voyait pas d'autre manière d'occuper son temps. Le camp d'entraînement, l'arrivée sur le terrain : non, il ne parvenait pas à imaginer le Vietnam. Il ne lisait pas les journaux, il ne savait pas « dans quoi il s'engageait », mais qui était donc son père pour l'en blâmer ? Arthur Brinks Manning ne faisait-il pas en permanence la promotion de la guerre ? Est-ce qu'il n'avait pas pété les plombs en découvrant que maman avait participé à une grosse manifestation contre la guerre à Washington ? Son propre père n'était-il pas militaire de carrière ?

Arthur répondit : « Je veux que cela ait du sens, Tim. Que tu saches un peu où tu vas, plutôt que de mettre un pied devant l'autre au hasard ! »

Tim fit alors une réponse qui lui paraissait parfaitement logique : « S'engager plutôt que d'attendre qu'on vous appelle, ça a du sens.

– Qu'est-ce que tu veux faire, là-bas ?

– Est-ce qu'on ne te dit pas toujours ce que tu dois faire ? »

Papa souffla ainsi qu'il le faisait toujours lorsqu'il ne voulait pas complètement perdre son sang-froid ; Dean passa dans le couloir et cria : « T'es un vrai con !

– Va te faire foutre ! » hurla Tim. Puis il se leva d'un bond, palpa ses poches à la recherche de ses clés, et ficha le camp. Les jours suivants furent un fondu enchaîné de neige et de pluie, jusqu'à ce qu'il arrive à Fort Bliss, où il faisait chaud le jour et froid la nuit, où le paysage était sec, friable, et plat comme une poêle à frire, sauf là où s'élevaient les montagnes. Pas de pluie. Dans le car, un gars de Dallas lui dit qu'il ne pleuvait à El Paso que quand la température avoisinait les 40 degrés, mais Tim ne sut dire s'il plaisantait ou pas.

Les cris commencèrent tout de suite. Les instructeurs militaires, en uniforme et casquette, se penchèrent vers eux pour leur hurler dans les oreilles allez, cours, cours, cours ! Tim détala en essayant de ne pas lâcher son sac. Lui qui n'avait jamais eu peur dut bien l'avouer, il était un peu effrayé, surtout lorsque son sac tomba de son épaule et heurta l'instructeur Wheeler, qui le poursuivit à travers le parking en vociférant de toute la force de ses poumons.

On les houspilla ensuite jusqu'aux baraquements où on leur ordonna de se trouver un lit. Tim prit la couchette du dessus. Le gars du dessous s'appelait Harry Pine, il venait de Waterloo dans l'Iowa. Tim ne parla pas de la ferme de Denby. Le baraquement avait la forme d'un H. Chaque branche du H accueillait une section de dix à douze recrues. Les latrines et les douches se trouvaient dans la barre du milieu – ni rideau ni cloison. Leurs quatre sections composaient un peloton qui regroupait toutes sortes de gens : des noirs, des Mexicains, des blancs et même un Chinois, Jim Song.

On lui rasa la tête. Les instructeurs lui hurlaient dessus. Ils couraient, marchaient au pas, tiraient sur des cibles (jamais au fusil), couraient à nouveau, transportaient leur barda, mangeaient, criaient (mais seulement : « *Oui ! Chef !* » et « *Non ! Chef !* »). On leur hurlait dessus, ils ne parlaient que si on leur adressait la parole, et regardaient là où on leur disait de regarder. Une nuit où Tim dormait profondément, il entendit un cri, puis il sentit des coups dans son matelas, et fut jeté à terre par les longues jambes d'Harry Pine qui faisait un cauchemar. Il atterrit sur les fesses, et le lendemain, courir et bouger lui fut douloureux, mais il s'y obligea quand même.

L'instructeur Wheeler se penchait vers les futurs soldats. Chaque fois que l'un d'entre eux ouvrait la bouche, ou faisait basculer son poids sur l'autre jambe, Wheeler lui demandait pour qui il se prenait, et si en effet il se prenait pour quelqu'un, alors lui, Wheeler, était là pour lui donner une leçon. D'où venait ce soldat ? Du Texas ? Ah, tout ce qu'il y avait au Texas, c'était des bœufs et des pédés, et Wheeler ne voyait pas de cornes sur la tête de ce soldat ! Il venait de Californie ? Ah, tout ce qu'il y avait en Californie, c'était des homos et des clubs de strip-tease, et ce soldat ne portait pas de string ! Ensuite, il envoyait le soldat en question (parfois Tim, mais c'était rare) faire quelques tours de piste sur le terrain en courant à toute vitesse, et mieux valait ne pas tomber dans les pommes. L'instructeur George, lui, se plantait devant le soldat en lui marchant presque sur les pieds, hurlait en le toisant, à croire qu'il allait finir par le frapper, mais il ne le faisait jamais – Tim comprit qu'ils n'avaient pas le droit de les toucher. Vingt-cinq pompes, en vous faisant traiter tout du long de chochotte. L'instructeur George demanda à Tim où il avait appris à faire les lits, bordel, ensuite il arracha la couverture et lui ordonna de recommencer. Wheeler lui demanda de présenter son arme, il inspecta le canon et lui demanda pour qui donc il se prenait pour n'avoir pas essuyé jusqu'à la dernière trace de poudre sur ce putain de canon ? Vingt-cinq pompes, tout de suite !

Les soldats s'écroulaient. Les soldats s'évanouissaient. Ils pleuraient. Se faisaient des bleus, se cassaient un bras, une jambe, le nez. Un gars d'Omaha se brisa la mâchoire. Certains disparaissaient. Tim qui à deux ans se hissait tout en haut de la bibliothèque avant d'en redescendre tout seul ; qui à six ans parcourait des kilomètres à vélo ; Tim, pour qui, au même âge, courir jusqu'à l'école aussi vite qu'il le pouvait n'était rien, ne souffrait guère de ce traitement. Il appréciait de voir que les autres soldats, bien qu'ils portent tous le même uniforme, aient la même coupe de cheveux, doivent faire encore et toujours les mêmes exercices, demeuraient eux-mêmes avec constance : Harry Pine était lent, peu importait qu'on lui crie dessus, il ne pouvait remuer ses membres plus vite ni accélérer ses réflexes. Eddie Briggs était une tête brûlée : l'instructeur George pouvait l'obliger à faire cinquante pompes, jamais il ne parviendrait à lui enseigner de ne pas lui répondre d'aller se faire foutre. Jack Saylor, un Noir de Chicago, riait de tout, même quand George lui sautait au visage en hurlant : « Mais qu'est-ce qui vous fait rire comme ça, bordel ? » Quant à Tim, lorsqu'il courait ou faisait des pompes, il pensait à la musique : *Tell him that you're always gonna love him,/ Tell him, tell him, tell him right now.*

Il passa des examens. Il lui fallut résoudre des problèmes de ce genre : vous avez 15 litres d'essence dans votre réservoir, sachant qu'un litre permet de parcourir trois kilomètres, pourrez-vous atteindre Kansas City qui se trouve à cinquante-six kilomètres, et si vous avez dix-sept pommes et douze poires, combien d'hommes pourrez-vous nourrir si la moitié d'entre eux veulent deux pommes, et l'autre moitié une pomme et une poire ? Que ferait-il si une jeep avec trois passagers tombait dans un ravin haut de trois mètres, ou encore s'il voyait quelqu'un se noyer dans un plan d'eau dont il ne connaît pas la profondeur ? Il écoutait des enregistrements de *tapping* et cela lui tenait lieu de rythme, lui rappelant l'époque où il faisait partie des Colts avec Steve et Stanley Sloan. Il se révéla doué pour les transmissions, ainsi que trois autres blancs et six noirs.

Un jour, au cours de la sixième semaine – toujours pas de pluie et la température ne cessait de grimper –, le soldat Wagner de Camden, en Caroline du Sud, demanda à tout le monde de l'argent. C'était un grand au teint pâle, qui mesurait deux ou trois centimètres de plus que Tim (un mètre quatre-vingt-huit), avec des yeux bleus ronds, des lunettes, et une assurance que Tim respecta au début – il n'avait certes jamais rien répondu aux instructeurs, mais il avait déjà levé les yeux au ciel sans se faire prendre. Il avait l'intention de sortir en douce pour aller se ravitailler en herbe à Juárez. Tim avait du mal à imaginer comment un gars de Caroline du Sud pouvait connaître un dealer à Juárez, mais Wagner laissait entendre qu'il savait tout ce qu'il y avait à savoir. Et comme prévu, la nuit en question, après l'extinction des feux, Wagner fila avec cinquante dollars en poche. Il y eut des chuchotements, mais le sommeil gagna Tim. Quand il se réveilla avec la sonnerie du matin, il jeta un coup d'œil à la rangée et vit Wagner descendre de son lit, à croire qu'il avait dormi là toute la nuit. La rumeur se répandit qu'il avait récupéré la marchandise, et ils y goûtèrent le soir même. Tim, qui avait pas mal fumé avec les frères Sloan et avec Fiona, ne ressentit rien du tout, et il trouva que l'herbe avait une drôle d'odeur. Deux jours plus tard, la rumeur circula qu'en fait, c'était bien de l'herbe, et c'était justement ça le problème… Après cet épisode, Wagner ne fit plus le malin, et Tim le vit tel qu'il était réellement : un garçon de dix-huit ans qui ne savait pas faire la différence entre sa tête et son cul. L'entraînement ne paraissait pas difficile à Tim. La seule fois où il se retrouva de corvée, il n'eut pas à peler des patates : il dut se lever plus tôt et lisser le glaçage des gâteaux préparés la veille au soir : ils étaient couverts de traces de cafards.

Le trajet en car à travers ces paysages brûlants, fenêtres ouvertes, sembla durer des jours et non des heures à Tim. La plupart des soldats allaient dans les transmissions comme lui, mais certains (les gros) se destinaient aux cuisines. Ils étaient plus calmes et assis à l'avant. Ils avaient un chef, qui aurait pu être Tim, car on l'avait désigné chef de son peloton pour une raison quelconque, sans doute parce qu'il avait plus de dix-huit ans, était allé à l'université (apparemment, l'anglais et l'histoire n'étaient pas des matières critiques pour diriger des hommes), et qu'il avait bien supporté l'entraînement. Tous portaient leur uniforme et leur casque. Le car s'arrêtait ici et là pour déposer des soldats. En fin d'après-midi, il franchit le portail de Fort Huachaca, beaucoup plus petit que Fort Bliss, bâti au cœur d'un paysage plus stérile et désert. C'était le début d'avril ; quelques fleurs poussaient ici et là – il fut surpris de voir de longues branches aux fleurs orange et rouge et des étendues de petites plantes plus simples, orange elles aussi. Un peu partout se dressaient des cactus épars. Il avait vu les dessins animés de Bip Bip et le Coyote, il savait ce qu'était un cactus, mais n'était pas préparé à ce spectacle. Ni à l'Arizona.

À la descente du car, un vent sec soufflait. Il n'était pas chaud – plutôt le passage de la chaleur à la fraîcheur. Et transportait des senteurs. On ordonna à Tim d'aller faire son rapport dans un bâtiment de l'autre côté de la route. Il dit alors à son peloton de l'attendre.

Était-il fatigué ou un peu désorienté, il n'aurait su le dire, mais en entrant dans le bâtiment en question il commit une erreur – pratiquement la première depuis qu'il était dans l'armée. Il savait parfaitement qu'on n'était pas obligé de saluer à l'intérieur. Il tenait son casque dans la main droite, et quand le lieutenant le salua, il lui rendit son salut – mais ce fut sa main gauche qui se porta à son front. On aurait dit qu'il dégainait son pistolet pour tirer sur le lieutenant, qui se plaqua contre son bureau, mais qu'est-ce qui vous prend, soldat, vous avez suivi l'entraînement ou pas ? Est-ce que vous ignorez la première règle dans l'armée ? Tim demeura immobile, le visage impassible, les yeux légèrement voilés, attendant que le lieutenant ait terminé. Puis il dit : « Soldat Manning au rapport, chef. » Il tenait maintenant son casque dans la main gauche et saluait de la droite. Le lieutenant Canette lui rendit son salut et se rassit comme si de rien n'était. Ce fut la dernière fois que l'on cria sur Tim.

Le baraquement était un long bâtiment, au bout duquel se trouvaient les latrines. Tim avait la couchette du haut et il dormait au milieu de son peloton. En dessous se trouvait le soldat Rowan. Le réveil était à six heures, ce qui à cette époque tombait après le lever de soleil. La première tâche de la journée pour Tim consistait à rassembler ses hommes après que le sergent leur eut dit de lâcher leur bite et de mettre leurs chaussettes, puis de s'habiller et de faire leur lit (même si plus personne ne passait pour jeter par terre leur couverture et les dénigrer parce qu'ils laissaient des plis). Il emmenait ensuite sa formation jusqu'à la cantine – à quatre cents mètres environ. « Gauche, droite, gauche, droite ! Pas la peine de pleurnicher ! » (Le chœur reprenait : « Pas la peine de pleurnicher ! »)

« Jody s'envoie ta copine ! » (« Jody s'envoie ta copine ! ») « Pas la peine de déprimer ! » (« Pas la peine de déprimer ! ») « Jody s'tape aussi ta sœur ! » (« Jody s'tape aussi ta sœur ! ») Il y avait d'autres versions. Tim fronçait les sourcils quand il hurlait pour que sa voix résonne plus fort dans le vent. À l'époque où il chantait avec les Sloan, il n'avait pas réalisé à quel point son timbre était puissant et musical.

Quelques-uns de ses hommes s'asseyaient autour de la petite table, où ils devaient prendre une double ration et tout manger, même si les œufs étaient verts. Deux ou trois prenaient place à la table des gros, et Tim, à la table commune – tous les matins, il avalait de la viande hachée sur du pain sans jamais se poser de question sur la façon dont c'était préparé. La nourriture était abondante – rien n'était bon, mais ça n'empêchait pas Tim de manger. La bouffe, ça donnait des forces.

Après le petit déjeuner, il accompagnait un effectif réduit au bâtiment de formation des transmissions. Le temps était plus chaud à présent, mais il les faisait avancer en gueulant : « Gauche, droite, gauche, droite ! Jody a vu ta copine ! » (« Jody a vu ta copine ! ») « Et pourquoi il irait pas ? » (« Et pourquoi il irait pas ? ») « Elle a r'tourné ta photo ! » (« Elle a r'tourné ta photo ! ») « Il a laissé ses pompes dehors ! » (« Il a laissé ses pompes dehors ! »).

Ils passaient les quatre ou cinq heures suivantes à apprendre alpha, bravo, charlie, delta, echo, foxtrot. Il y avait là plusieurs radios, dont la Prick 10, qui mesurait environ vingt-cinq centimètres sur vingt-sept, ressemblait à un manuel scolaire et pesait près de cinq kilos. C'était ce modèle qu'ils devraient transporter.

L'Angry 19 ressemblait plus à une console, environ de la taille d'une valise. Elle devait peser dans les vingt-sept kilos et sa portée était plus grande. Elle avait des cadrans lumineux noirs, et l'opérateur devait utiliser soit un casque, soit un micro. Tim s'imaginait hurlant dedans au moment où un soldat ennemi faisait irruption dans la pièce et lui logeait une balle en pleine poitrine.

Dans la classe, trente soldats armés de crayons et de feuilles. Leur instructeur, que la conscription avait arraché à une équipe de base-ball de la *minor league*, évoluait avec indolence dans la salle comme un tigre apprivoisé. Ce n'était pas seulement ses biceps, ses triceps et ses épaules où l'on voyait bouger les muscles, ni ses pectoraux, qui allaient en se rétrécissant jusqu'à son tour de taille (soixante-quinze centimètres) ; c'était sa grâce pleine de souplesse. Il n'attendait qu'une chose : intégrer l'équipe de base-ball de Fort Huachuca. Son boulot consistait à faire tourner la bande. Sur cette bande, une série de bips, et les mômes devaient écrire le plus vite possible les groupes de cinq lettres qu'ils arrivaient à distinguer. Ça ne voulait rien dire, ou plutôt chaque lettre avait un sens, et un seul : ti ti ti = S. Ti ti = O. Ti = E. Taah = T. Taah ti ti taah taah = Tim. Ils devaient retranscrire les lettres, et cela plus vite de semaine en semaine. Tim était un peu plus rapide que les autres – il lui fallut environ une semaine pour comprendre les lettres. Le soldat Rowan n'y parvint jamais, si bien qu'on l'envoya aux cuisines. Quand la bande arrivait au bout, les soldats criaient au joueur de base-ball : « Hé, Bobby, réveille-toi ! » Le tigre s'éveillait, s'étirait, et appuyait sur le bouton.

Après le repas, Tim les emmenait tous suivre d'autres cours : les règles de l'armée, la chaîne de commandement, les codes de vie des transmissions : « ti ti taah taah ti ti » signifiait : « Répète ce que tu as dit. »

Après Fort Gordon (téléscripteur), Tim eut une permission de deux semaines avant d'être envoyé au Vietnam. Il en passa une chez lui, mais se révéla incapable de se mettre à table, de parler, ni même de regarder son père. Son impatience était telle qu'à l'aéroport, il ne put attendre l'avion de San Francisco, où il comptait passer quelques jours chez tante Eloise. Il prit l'avion pour Los Angeles et se tortilla sur son siège pendant tout le trajet. En descendant à l'aéroport, il se sentit incapable de prendre le car, ni même un autre avion, pour remonter le long de la côte. Il décida de faire du stop, et le chemin le plus direct lui parut être la route 101.

Le Texas et l'Arizona ne l'avaient pas préparé à la Californie. Le soleil était étincelant mais frais, et même quand on ne voyait pas l'océan, Tim sentait sa présence – ce n'était pas l'océan plat, tiède et bleu-vert du Maryland ou du New Jersey, non, c'était plus froid, plus beau, infini, le soleil lui donnait d'heure en heure une couleur de jacinthe lustrée qui demeurait ensuite toute la journée. Faire du stop s'avéra facile, surtout avec son uniforme. La première voiture l'emmena à Venice ; le type lui offrit un hamburger. Le couple suivant, des gens de l'âge de ses parents, le déposa à Morro Bay et l'invita à rester pour la nuit. Ensuite, ce fut une fille de dix-sept ans qui s'arrêta, elle ne semblait pas avoir peur, et lui fit grimper une côte escarpée

– peut-être la plus impressionnante qu'il ait jamais vue – jusqu'à Atascadero. Un Mexicain l'emmena à Salinas, un autre type le déposa près de l'aéroport San Jose. Le temps était parfait, les collines de part et d'autre de la route, d'un velours vert pâle. À San Jose, il changea de route, prit celle qui menait à Oakland et attendit. Le crépuscule tombait presque lorsqu'un pick-up – un vieux Ford – s'arrêta à une trentaine de mètres, et que par la fenêtre côté passager un bras lui fit signe de s'approcher. Il hissa son sac sur l'épaule et courut.

Un type en costume de laine brillant ouvrit la porte, descendit et jeta à l'arrière un gros paquet, puis il fit signe à Tim d'y déposer aussi son sac. La femme qui conduisait avait à peu près l'âge de Tim. Elle portait une robe de coton beige très ouverte et des sandales à talons. L'homme et la femme avaient des lunettes de soleil, alors qu'il faisait presque nuit. Tim s'installa entre les deux, et le regretta aussitôt. « T'es dans l'armée ? » lui demanda le type, comme si ça n'était pas évident, mais sans lui laisser le temps de répondre, il ajouta : « J'étais dans les marines. À camp Pendleton. Tu sais où c'est ? Dans le Sud. On en vient, là. » Il inspecta Tim des pieds à la tête et commenta : « On devrait donner ce gars-là à bouffer aux chevaux. » La fille se mit à rire. « J'ai passé huit ans dans les marines. Tu y crois, toi ? » Tim s'apprêtait à dire quelque chose, mais la fille rit à nouveau et lança : « Non !

– Putain, huit ans ! Je me prenais pour un caïd. Qui c'est qu'a eu Wayne ?

– Un marin, répondit la fille.

– Ouais.

– C'est ce qu'il a dit.

– Toute façon, j'y suis plus. J'suis jamais allé au Vietnam. Je les fais pas, mais j'ai quarante ans.

– Tu les fais.

– Ta gueule.

– Tu t'habilles comme un père de famille…

– Je m'habille comme ton père à toi. C'est pour ça que tu baises avec moi. »

Tim changea de position. Ils croisèrent un panneau qui annonçait « Fremont ». Tim jeta un coup d'œil au compteur : cent vingt-cinq. « Vas-y, continue à te la raconter, connard », dit la fille.

Silence, tout à coup le type se tourna vers Tim et lui dit : « Où est-ce que tu vas, soldat ? »

Sans réfléchir, il lui donna l'adresse d'Eloise. Le type et la fille échangèrent un regard qui voulait dire : joli coin. Pour que ce soit plus clair, le type proposa : « On peut t'emmener là-bas. Pas de problème. »

Tim en avait la chair de poule tant il était persuadé que cet homme était dangereux. On était en 1966, et il était habillé tel un gangster du New Jersey d'autrefois : costume de laine brillant, jusqu'à la cravate voyante et, dans ses cheveux, la trace du peigne, qu'on obtenait seulement avec une bonne dose de lotion Vitalis. Il proposa à Tim une cigarette, qu'il accepta, et ils fumèrent tous les trois dans la nuit, l'air inspiré, tout en filant vers Oakland.

La fille connaissait parfaitement l'itinéraire, à croire qu'elle était du coin, et par deux fois, en tournant à un carrefour, elle échangea un regard avec le type. Au premier abord, le quartier d'Eloise n'avait rien d'attrayant : modestes maisons de bois, toutes semblables et sûrement vendues en kit. Mais les jardins étaient vastes, les arbres avaient eu le temps de pousser, et à présent le quartier s'embourgeoisait, comme Eloise l'avait dit à Debbie. Dans la lumière des lampadaires, on voyait de jolies voitures garées sur le côté : Ford Thunderbird, deux Chrysler, une Oldsmobile, une Cadillac. Quand le type regarda à travers le pare-brise, qu'il siffla en examinant la rue, Tim comprit qu'il avait l'intention de le tuer, ainsi peut-être qu'Eloise et les personnes présentes sous son toit – sa cousine Rosa, son bébé. Il devait peser une douzaine de kilos de plus que Tim, mais c'était tout dans le ventre. Si c'était nécessaire, Tim pourrait s'occuper de lui.

Le type lisait les numéros des maisons dans l'obscurité, et la fille s'arrêta juste devant celle d'Eloise, à peine visible, mais dont la véranda était éclairée. Elle coupa le moteur. Ils restèrent assis, tous les trois. Puis l'homme se tourna vers Tim et le dévisagea : « Pas mal, ce coin. Oui, ce quartier me plaît. Et si tu nous présentais à tes amis ? »

Au bout d'un moment, sur le ton le plus dur dont il était capable, Tim répondit : « Bon allez, pousse-toi. » Il pensait attraper son sac, et frapper le type derrière les genoux lorsqu'il s'engagerait dans l'allée. Si jamais il avait une arme, et qu'il fasse passer Tim devant lui, alors il s'arrêterait tout à coup et lui balancerait son sac dans la figure. Son cœur cognait fort. L'homme ouvrit la portière et descendit – ils n'étaient pas arrêtés sous le lampadaire, mais c'était bien éclairé quand même. Tim sortit à sa suite. Le type mit la main dans sa poche et Tim recula, la main sur le bord du pick-up, jusqu'à ce qu'il soit dans l'ombre. Il attrapa son sac, le tira vers lui, et passa derrière le véhicule. Il s'accroupit, se redressa, s'accroupit de nouveau, prêt à bondir. Soudain l'homme tapa des deux mains sur le capot, et Tim sauta en l'air. Le type éclata d'un rire moqueur. Il grimpa sur le siège passager, et lui cria : « On t'a fait marcher, mon gars ! » La fille démarra en trombe, laissant Tim debout dans la rue, son sac entre les bras. Il demeura là pendant deux bonnes minutes, tremblant, peut-être de peur, peut-être parce que ses muscles étaient sous tension. Plus tard, cet épisode lui resta en mémoire comme la première fois où il avait craint pour sa vie.

Tim était persuadé que le combat commencerait dès que l'avion toucherait terre. Ce serait pareil à ce film qu'il avait vu des années plus tôt, *La Gloire et la Peur* : des alignements d'hommes casqués, rampant d'une tranchée à l'autre, ne se redressant que l'espace d'une demi-seconde pour tirer sur un ennemi invisible. Mais la première chose qu'il vit, ce fut des gars de l'armée de l'air qui se baladaient torse nu au soleil. La première odeur qu'il respira, c'était celle des excréments qu'on faisait brûler avec de l'essence, puissant mélange typique du début de journée. L'atmosphère était chaude et humide, semblable aux pires moments de l'été en Virginie, mais la lumière était éclatante et océanique. Partout il y avait du sable. Soudain, il comprit qu'il avait atterri sur une plage des tropiques. Puis il huma une deuxième senteur, vive mais florale : de l'encens. Ce fut grâce à ces odeurs qu'il comprit qu'il était loin de chez lui.

Il donna ses papiers et vingt-quatre heures plus tard, encore engourdi par le décalage horaire, on l'envoya à la 101e, à Phu Bai, un coin plat et humide près de l'océan, bien qu'il n'y ait pas de vent – c'était plus le Maryland que la Californie.

La hutte mesurait près de cinq mètres de large sur dix de long, avec un sol en contreplaqué. Les murs étaient constitués d'une hauteur de contreplaqué, puis de moustiquaires. Les toits de tôle ondulée étaient maintenus en place par des sacs de sable, qui s'empilaient aussi le long des murs. Chaque fois qu'une roquette s'abattait près de la hutte, les shrapnels venaient se ficher dans les sacs de sable, ou au-dessus de Tim, allongé sur sa couchette, à quarante-cinq centimètres au-dessus du sol. L'autre caractéristique de la cabane, c'est qu'elle était pleine de moustiques.

Deux semaines après son arrivée, une roquette entra par la porte ouverte d'une autre hutte. Le toit sauta, et cinq soldats furent tués. Environ dix jours plus tard, une autre tomba sur le terrain d'aviation, en plein sur un hélicoptère chargé, et fit voler en éclats tout l'armement qu'il transportait en une déflagration spectaculaire qui projeta l'engin sur un réservoir de JP-4 tout proche, contenant vingt mille litres de carburant. L'explosion fut telle que la terre en trembla. Dix blessés furent évacués ce soir-là, puis les choses se calmèrent. À mesure que les unités gagnaient du terrain jour après jour dans les collines, la chaleur et le taux d'humidité devenaient de plus en plus insupportables, bien pires qu'en Virginie, et les attaques à la roquette de moins en moins fréquentes.

Il s'habituait à son travail, qui comportait deux parties. La première consistait à conduire son capitaine en jeep au plus près des hommes qui envoyaient des signaux depuis la jungle. Certains ne se trouvaient qu'à dix minutes mais, selon les circonstances, ils semblaient parfois à l'autre bout du monde. Son autre boulot consistait à se rendre en hélicoptère sur la ligne de front. Il devait s'assurer que ses gars avaient tout ce qu'il leur fallait, tandis que le préposé aux morts apportait les sacs funéraires pour ramasser les cadavres. Au début, Tim ne pouvait s'empêcher de l'observer. Il y avait trop de victimes – au moins une tous les deux ou trois jours. Le plus dérangeant, ce n'était pas la mort, même quand le corps était déchiqueté par une roquette : c'était la façon dont le gars retirait la plaque d'identification des soldats autour de leur cou, la glissait dans leur bouche, puis donnait un coup sec de la crosse de son arme pour la planter dans leurs gencives.

Lorsque Tim servait de chauffeur au capitaine Bloom, ils avançaient parfois dans une relative solitude, et d'autres fois au milieu d'une foule de gens – des femmes, des enfants, des vieillards, que le soleil accablait de tous ses feux. Ces gens transportaient tout ce qu'ils pouvaient, sur eux ou dans des espèces de brouettes. Le capitaine Bloom jacassait tandis que Tim conduisait : attention à ceci, attention à cela, prenez garde, vous voyez ces enfants qui courent là-bas, arrêtez-vous une minute. On pouvait faire « Ouh ! » au capitaine Bloom et il bondissait de peur sur son siège. C'était un type carré, sorti de West Point, originaire de l'État de Washington, arrivé à la base en janvier. L'objet de leurs trajets, c'était d'établir le meilleur contact possible avec les types qui se trouvaient sur la ligne de front dans la jungle. À ce stade, Tim allumait la radio sur la banquette arrière de la jeep, et il appelait chaque camp pour avoir son rapport. S'ils ne pouvaient entrer en contact, ils devaient s'approcher au plus près de la lisière de l'impénétrable forêt vierge afin de comprendre ce qui se passait.

L'épisode le plus effrayant que vécut Tim constitua aussi sa meilleure histoire – et il la raconta pendant des jours. Il était monté au front, au nord, sur une colline assez plate surplombant des rizières. L'hélicoptère descendit pour récupérer les cadavres et le type qui s'en occupait ; puis Tim embarqua à son tour. L'engin décollait quand il y eut des tirs tout près de là. L'hélico fut pris d'un soubresaut, et Tim perdit l'équilibre. Il était presque à vingt mètres au-dessus du sol. Sans réfléchir, il se recroquevilla sur lui-même, comme s'il faisait la bombe en sautant du plongeoir. Il tomba dans la rizière, et s'y planta à la manière d'un bulbe de tulipe. Il était assez grand pour que sa tête et ses bras dépassent. Il fit signe, et secoua la tête pour chasser l'eau, puis il vit que l'hélicoptère revenait vers lui. Une échelle descendit, il l'empoigna, et fut arraché à la rizière, couvert de boue, dégoulinant, dans un grand bruit de succion, ajouta-t-il lorsqu'il raconta l'histoire.

Ils avaient passé presque deux jours dans leurs huttes, dans l'attente d'un cyclone imminent. La pluie s'arrêta pendant la nuit – Tim se réveilla dans le silence. L'atmosphère était encore chaude et humide. Le matin, juste après le petit déjeuner, le capitaine Bloom lui tomba dessus : ces tempêtes faisaient des ravages sur la ligne de front. Ils devaient sur-le-champ aller voir si tout allait bien. Lorsque la jeep fut prête et la radio chargée derrière Tim, le ciel s'était dégagé, même si l'humidité régnait encore. Il conduisait lentement en sortant de la base. Sur la route, la file des réfugiés avait diminué sans pour autant s'arrêter ; tout le monde dégoulinait.

La route formait un crochet vers la gauche ; Tim ralentit. Il tourna le volant. Le capitaine Bloom avait son arme sur les genoux, et penché en avant il scrutait le chemin. Quand Tim appuya sur le frein, il jeta un coup d'œil sur la droite, et il vit un garçon aux bras maigres et aux épais cheveux noirs qui le dévisageait, puis une grenade atterrit à l'arrière de la jeep. Elle tomba juste derrière la radio, et explosa. Tim hurla quelque chose, et la dernière image qu'il vit, ce fut le visage du capitaine Bloom qui se tournait vers lui et éclatait.

Lillian reçut la dernière lettre de Tim après le télégramme. Elle était gentiment rangée entre la facture d'électricité et une lettre de sa mère. Son écriture, presque toujours indéchiffrable, semblait à présent chargée d'un sens terrible. Il fallut plusieurs secondes à Lillian pour se résoudre à la toucher, et elle ne put s'empêcher de la porter à ses narines pour la sentir. Comme toutes celles qu'il avait envoyées depuis le Vietnam, elle dégageait une légère odeur de santal. Elle la contempla longtemps avant de retourner à la maison et de la poser sur la table de la salle à manger, près du *New York Times* de la veille qu'Arthur lisait quand le télégramme était arrivé. Il l'avait laissé ouvert à la page d'un article sur Nixon s'adressant à l'American Legion, une association d'anciens combattants, à l'hôtel Hilton. Arthur était censé s'y trouver mais il n'y était pas allé. Lillian regarda l'article. Nixon avait déclaré : « Ceux qui prédisent que la guerre du Vietnam sera finie dans un an ou deux ont fumé de l'opium ou pris du LSD. » Son regard se posa de nouveau sur la lettre.

Arthur avait fait jouer ses relations, et il se rendrait à la base militaire d'Andrews pour assister à l'arrivée du corps. Il emmènerait Dean avec lui. Debbie, qui était déjà partie à Mount Holyoke, serait de retour pour l'enterrement. Tina était enfermée dans sa chambre depuis vingt-quatre heures, elle travaillait sur un tableau à la mémoire de son frère. Lillian contemplait toujours la lettre, et dut s'accrocher à la table pour ne pas s'évanouir et tomber. La lettre lui était adressée : c'est ainsi qu'il procédait depuis qu'il était parti pour le camp d'entraînement, il envoyait tous ses courriers à sa mère, pas à Arthur, sachant qu'elle les lui lirait à voix haute. Elle en avait discuté avec Arthur, et ils étaient d'avis que ce stratagème permettait à Tim de rassurer tout le monde sur son sort plus facilement, et qu'il s'était simplement lancé dans une aventure classique pour se prouver sa virilité. Écrire à son père se serait résumé à quelques mots : « Tout va bien. Le colonel est un vrai connard. J'ai descendu deux Viets hier. »

La lettre datait de la semaine précédente.

Chère maman,

Il pleut à verse à nouveau. C'est un vrai bourbier ici, je ne sais pas comment ils font pour supporter ça. Merci pour les livres. J'ai commencé *Le Berceau du chat*. C'est pas mal. J'ai prêté *Dune* à un autre gars de ma hutte qui a lu *La Grève* tant de fois que le bouquin tombe en morceaux, mais quand il a commencé *Dune* il a arrêté d'en parler. J'ai acheté une guitare vietnamienne. Elle n'est pas terrible et, avec la pluie, c'est encore pire, mais j'arrive à en tirer quelque chose. Je joue avec un autre gars qui vient de Caroline du Nord, il est vraiment bon. Sa guitare est de meilleure qualité. Un autre type, d'Austin, au Texas, joue de la batterie, en fait, c'est des boîtes en métal pour stocker la bouffe, mais il arrive à en tirer quelque chose. Si je fais à nouveau partie d'un groupe, un jour, c'est sûr que j'utiliserais ces boîtes en métal. Et merci pour les biscuits. Je crois que j'en ai mangé un. Dès que les gars les ont vus, ils se les ont passés entre eux, et ils ont disparu. Le capitaine Bloom dit : « Encore, encore, encore. » Je crois qu'on peut appeler ça un ordre, maman. Sinon, c'est assez calme, je pense que l'infanterie fait son boulot, ça s'appelle opération Byrd, même si pour rigoler j'appelle ça l'opération « The Byrd », comme le groupe de rock. Ici, on parle beaucoup de musique, parce que Billy Copps a fait partie d'un groupe, lui aussi, avant d'être ici. Austin, ça a l'air d'être une chouette ville.

Bon, va falloir que je m'arrête parce que j'ai un boulot à faire pour le capitaine Bloom. Ne t'inquiète pas. Plus personne ne se fait tuer par ici maintenant. Les civils nous sourient tout le temps. Embrasse papa et les petits. Message spécial pour Dean : mords-moi.

Bisous,

Tim

Lillian laissa la lettre ouverte sur la table. Elle ne serait pas capable de la lire à haute voix. Au bout d'un moment, elle se leva et alla au bord de la piscine où elle prit l'épuisette et se mit à retirer les feuilles et autres débris flottant à la surface de l'eau. Elle regarda au loin, au pied de la colline, vers les arbres. Elle eut soudain le sentiment très fort d'avoir prévu tout ça, d'avoir entendu une voix dans la nuit, trois jours plus tôt, qui lui disait : Le moment est venu. Et pourtant elle savait qu'elle se trompait, que rien de tel ne s'était produit. Si les choses s'étaient passées ainsi, alors tout cela ferait partie d'un ensemble. Mais ce n'était pas le cas. Tim avait disparu ; c'était tout. Il lui avait échappé depuis longtemps – dès qu'ils avaient emménagé dans cette maison. Ce n'était pas qu'elle l'ait vu de moins en moins (au début plusieurs fois par jour, puis tous les deux ou trois jours, puis toutes les deux ou trois semaines, tous les deux ou trois mois, enfin plus guère du tout) ; en réalité il était devenu de plus en plus évanescent, au début visible de temps en temps, puis presque invisible, se manifestant très rarement, en des lieux inattendus : au fond de la piscine, dans sa douche à elle, dans le grenier à la recherche de quelque chose. Il était tout à fait possible qu'il se manifeste encore, songea-t-elle. Elle n'avait pas l'intention de partager cette pensée avec Arthur.

1967

Ils étaient nus sur le canapé-lit. Il faisait chaud dans le cabinet (il avait monté le chauffage à 26 degrés), aussi n'avaient-ils pas besoin de couvertures, bien qu'il n'y ait pas de rideaux aux fenêtres et qu'il fasse très froid au-dehors. Andy restait dans la position qu'il lui avait indiquée, sur le dos, mains nouées sous la nuque, bras relevés, genoux repliés, les pieds à plat sur le matelas. Le Dr Smith était assis. Il était beaucoup plus poilu que Frank – la première fois, elle n'avait pu s'empêcher de l'observer. Il avait des poils gris sur les épaules, plus foncés sur le torse. Ses poils pubiens étaient noirs. Andy déclara : « Vous m'avez dit que vous avez travaillé avec des soldats qui souffraient du syndrome posttraumatique. Vous avez trouvé le lien ?

– Entre quoi et quoi ?

– Entre, je ne sais pas, entre un comportement turbulent et le fait de se retrouver parmi les victimes ? Frank est rentré sans une égratignure, et il a été tout le temps au front : l'Afrique du Nord, l'Italie, l'Allemagne. Il ne s'est pas fait la moindre écorchure.

– Il était…

– Sniper. Pourquoi est-ce que vous ne vous êtes pas engagé, déjà ?

– Je me suis engagé, mais pas dans une unité de combat. Je souffrais d'asthme. Mais servir en psychiatrie n'était pas inutile. » À présent que le traitement d'Andy nécessitait une plus grande intimité, le Dr Smith lui fournissait parfois des informations personnelles. Elle savait que cela devait le rendre plus humain, en faire à ses yeux un homme ayant une vie intérieure et une histoire, un homme vulnérable et digne de compassion. Sa mère, par exemple, était une femme d'une froideur exceptionnelle, déterminée et râblée ; dans l'un de ses souvenirs les plus anciens, il l'aidait à retirer son corset. Mais ces faits anciens n'avaient rien de dramatique. Même si à l'époque voir ainsi ses chairs se relâcher l'avait effrayé, grâce à la thérapie il méditait désormais tous ses souvenirs avec une égale indifférence, ce qui n'était pas un manque d'intérêt, mais un exercice intellectuel affranchi de l'émotion. Que pouvait-on apprendre de ce genre d'épisode ? S'il avait persisté à les considérer avec les mêmes sentiments qu'à l'époque où ils s'étaient produits, il n'aurait rien pu en apprendre. Voilà le but qu'il voulait lui faire atteindre. « Vous revenez sans cesse sur ce sujet, madame Langdon. Ce jeune homme a été tué il y a des mois.

– Janet m'a encore écrit à ce propos. Je crois qu'elle a dit à une des filles de son école qu'elle aurait voulu mourir à sa place, et la fille l'a répété à un enseignant.

– Vous êtes inquiète ?

– Je n'ai pas peur qu'elle fasse quelque chose mais… »

Il se leva et se dirigea vers le matelas posé par terre où il s'assit en tailleur. Il lui avait dit de manière parfaitement claire qu'il ne l'aimait pas : l'amour n'était ni son but, ni dans ses intentions (après tout, il était marié), et si d'aventure elle tombait amoureuse de lui (impossible, pensa Andy), il lui reviendrait alors de détourner et d'analyser ses sentiments en tant que transfert. Pour l'instant, il était suffisant qu'elle ait un orgasme presque à chaque fois, et de plus en plus souvent leurs orgasmes étaient simultanés. L'orgasme simultané était un comportement acquis comme un autre. De même que l'amour.

« Mais quoi ?

– Je considère sa réaction exagérée. Je l'ai toujours trouvée un peu lointaine.

– Nous voyons chez les autres ce que nous ressentons nous-mêmes, madame Langdon. Une fois que vous aurez exploré vos propres passions, peut-être saurez-vous comprendre celles de votre fille. »

Il attendit un moment, puis reprit : « À présent, je veux que vous contractiez vos muscles pubococcygiens par séries de dix. » Il se mit à compter et Andy, toujours allongée sur le dos, fit de son mieux, bien qu'il aille un peu vite pour elle. Il compta trois séries de dix, puis il lui dit : « Vous pouvez vous reposer. » Ensuite, il la fit se redresser et fléchir la jambe gauche dix fois, puis la jambe droite, la gauche, la droite. « Retournez-vous », dit-il, et elle se retourna. « Serrez les muscles glutéaux. » Il compta trois fois jusqu'à dix. Cet exercice était facile pour elle : elle travaillait son maintien depuis l'âge de dix ans, époque à laquelle elle avait entendu pour la première fois prononcer ce mot. Lorsqu'il eut fini de compter, elle s'assit. « Je ne sais pas quoi lui dire pour la réconforter. Si je ne dis rien, elle prétend que je m'en fiche, et si je dis quelque chose, elle me rétorque que je ne sais pas de quoi je parle. »

Il était toujours assis en tailleur, toujours aussi poilu et maître de lui-même. « Que lui avez-vous dit ?

– Ma belle-sœur et son mari ont laissé leurs enfants s'élever tout seuls. Il me semble que s'ils avaient manifesté un peu plus d'autorité, ce garçon aurait eu une ligne de conduite, et tout cela ne serait pas arrivé. Je suppose que c'était précisément la chose à ne pas dire à Janet, c'est vrai, j'ai critiqué sa tante Lillian et son oncle Arthur, et ça ne se fait pas ! » Andy savait qu'elle avait haussé le ton.

« Je pensais que vous croyiez au destin, madame Langdon.

– C'est exact, mais… » Elle se tut, déconcertée. Et c'était vrai : un an plus tôt, elle aurait considéré les choses de manière complètement différente. Ne serait-ce qu'en septembre dernier, elle avait dit à Janet que la mort de Tim devait arriver. À présent, cinq mois plus tard, elle ne pouvait s'empêcher de voir la relation de causalité, les chemins qui n'avaient pas été empruntés, ce qui aurait pu tourner autrement.

Le Dr Smith regarda sa montre et se leva sans que ses mains touchent le sol. C'était ce geste qui la convainquait quand elle hésitait à poursuivre ses séances. Il alla consulter son agenda : « Nous reparlerons de tout cela. »

Andy se redressa et prit ses vêtements et son sac. « Vendredi », dit-elle. Il la regarda remettre son soutien-gorge et sa culotte, attendant quelque chose. Elle chercha son chéquier dans son sac. Il lui tendit un stylo. Elle lui fit un chèque de cinq cents dollars. À propos de cela comme de tout le reste, il était très strict. Il disait souvent : « Peut-être avez-vous cru, enfant, que votre père était gentil, mais sa supposée gentillesse n'avait pas d'objet, n'est-ce pas ? Aussi, en tant que femme, vous n'avez pas de modèle à suivre, et vous êtes à la dérive. » Andy lui tendit le chèque. Elle dut s'avouer qu'il avait raison.

La camarade de chambre de Debbie avait un petit ami régulier, sa meilleure amie sortait avec trois garçons d'Amherst qu'elle voyait tour à tour, mais Debbie affirmait que son but était l'excellence intellectuelle : elle ne voulait pas entrer à Harvard, mais à Oxford. Son oncle Henry disait que c'était tout à fait possible. Debbie savait que si elle était allée à l'université de Virginie ou du Massachusetts, les soirées passées à la bibliothèque se seraient transformées en rendez-vous avec des garçons qui travaillaient là-bas eux aussi, mais dans un établissement tel que Mount Holyoke, ça ne risquait pas d'arriver puisqu'il n'y avait que des filles.

Elle se trouvait à présent à une soirée mixte, debout dans un coin, se tamponnant les yeux avec une serviette en papier parce que tous les garçons lui rappelaient Tim – non qu'ils lui ressemblent, mais parce qu'ils remplissaient l'espace où Tim aurait dû se trouver. L'un après l'autre, ils arrivaient, un peu gauches, sur la piste de danse, bière dégoulinante à la main, pomme d'Adam saillante, bouche entrouverte. Debbie avait toujours su que Tim était plus beau qu'elle, car le regard des autres glissait sur elle pour s'arrêter sur lui. Elle avait toujours su que, quoi qu'il fasse, on lui pardonnerait, aussi avait-elle toujours été parfaite. Par ailleurs, elle s'était toujours montrée mesquine et irritable. À présent, elle étudiait la psychologie, la dynamique familiale, et les bases de la théorie freudienne, et elle se reconnaissait dans le rôle de la belle-sœur, dont le pied était trop grand pour la pantoufle de vair, quelle que soit sa taille. En d'autres termes, elle faisait figure de personne réaliste environnée de fantaisistes.

Un des garçons un peu gauches, qui mesurait au moins un mètre quatre-vingt-treize, se planta devant elle et lui dit : « Tu danses ?

– J'ai dansé, répondit Debbie.

– Je dansais, j'ai dansé, j'avais dansé, j'aurais dansé, j'aurais pu danser, j'aurais dû danser.

– Tu études la conjugaison ?

– Danseras-tu dans un avenir proche ? »

Debbie se détacha du mur. La sono passait « Ruby Tuesday ». Elle se mit à bouger, et le garçon l'imita, sans trop s'approcher. Suivit « Georgy Girl » que Debbie n'aimait pas trop, alors elle cessa de danser et recula. Malheureusement, il la suivit.

Le même soir, à plus de vingt-deux heures, Debbie discutait toujours avec ce garçon, qui s'appelait David (pas Dave) Kissell, et faisait ses études à l'université wesleyenne. Il connaissait déjà son nom, et était aussi au courant que son frère Tim avait été tué au Vietnam, chose que seules sa meilleure amie et sa camarade de chambre savaient. David Kissell n'avait pas paru surpris. Il n'avait pas reculé d'horreur ou d'aversion, et lorsque ses larmes s'étaient mises à couler, il lui avait donné une autre serviette en papier et une bière. Il lui proposa très simplement : « Viens avec moi à la manif. Un type de mon dortoir a une voiture. On est trois à y aller, tu peux nous accompagner. » Debbie répondit :

« Je ne sais pas, peut-être. » Puis ils retournèrent à l'intérieur et dansèrent sur « You Keep Me Hangin' On », et David lui dit qu'il venait de Long Island et qu'il avait vu Vanilla Fudge en concert. Quand il la raccompagna à son dortoir juste avant le couvre-feu de minuit, il l'embrassa non pas sur la bouche mais sur le front.

Il la retrouva à l'angle de la rue où on l'avait déposée. Elle vit les trois autres filles le dévisager, puis s'intéresser à autre chose – il portait un jean et un sweat-shirt, ses cheveux balayaient son col (mais il était propre et il sentait bon). Il prit son sac et ils se dirigèrent vers une pizzéria. Là-bas, il y avait deux autres types qu'il connaissait, ils avaient déjà à moitié mangé leur pizza à la saucisse et aux champignons. Debbie s'assit. C'était elle qui avait les cheveux les plus courts, et la couleur la plus terne, châtaine. Le type assis en face d'elle portait un long manteau en laine issu des surplus de l'armée, attaché avec une ceinture, bien que ce soit le mois d'avril, et sa moustache était entretenue avec soin. C'était visiblement lui le chef. C'est à lui que David la présenta en premier : Jeff MacDonald.

Ils retournèrent dans la chambre de Jeff et, bientôt, les garçons lui passèrent une fine cigarette – elle savait que c'était un joint. Elle resta à le contempler, et David le récupéra pour le donner à Jeff, qui hocha la tête d'un air inspiré et prit une autre taffe. Il possédait une bonne stéréo et ils écoutaient les Electric Prunes.

Ils avaient prévu de partir pour New York à six heures, aussi dormit-elle avec David dans son lit, chose dont, malgré des années passées à dormir chez les copines, elle n'avait pas vraiment l'habitude. Mais c'était amusant, et de toute façon il prenait des somnifères.

Jeff MacDonald connaissait quelqu'un sur la 73e Rue Est, si bien qu'ils laissèrent la Falcon là-bas et allèrent au parc à pied. Déjà à neuf heures du matin, Manhattan grouillait, et Debbie dut donner la main à David pour ne pas le perdre. Quand ils arrivèrent à l'entrée du parc sur la 79e Rue, un petit panneau les dirigea vers un autre groupe d'étudiants, mais Debbie eut l'impression que tout le monde se mélangeait déjà. Des banderoles blanches officielles s'étalaient partout – elle trouva que le slogan : « Nos fils sont pas nés pour se faire cramer » était plus efficace que : « Arrêtez de bombarder ! » D'autres étaient plus personnels : des jumeaux brandissaient des pancartes : « Eh, eh, LBJ, combien de gosses » / « t'as tués aujourd'hui ? » Ils avançaient collés l'un contre l'autre parmi la foule, l'air grave, tenant avec précaution leurs panneaux pour qu'on puisse les lire dans l'ordre. Il y avait aussi des familles, des couples avec des bébés dans leur landau, des vieilles dames, et même des hommes portant d'anciens uniformes de soldat. Juste avant onze heures, avec David, elle suivit Jeff jusqu'aux rochers près de Sheep Meadow. Là, celui-ci grimpa sur un rocher et il brûla ses papiers militaires avec un briquet, tandis que Debbie, David et Nathan, l'autre garçon, prenaient part à la chaîne de protection qui entourait les réfractaires à la conscription. Debbie regarda derrière elle pour voir si la police s'apprêtait à charger, mais elle ne vit aucun policier, seulement d'autres manifestants alignés derrière elle, qui criaient tandis que les papiers militaires partaient en fumée. Quand les siens furent calcinés, qu'ils tombèrent en poussière, Jeff leva les bras en guise de salut et tout le monde s'écria : « Non, non, on n'ira pas ! Non, non, on n'ira pas ! » Puis ils se regroupèrent et prirent vers le sud.

Sur Park Avenue, juste avant la 48e Rue, Jeff MacDonald reçut un œuf sur la tête. Il s'écrasa et macula ses lunettes, David faillit rire mais se retint. Debbie en évita un – un autre tomba à ses pieds. Ils levèrent tous les yeux et pressèrent le pas, mais il n'y eut pas de mouvement de panique. Jeff rangea ses lunettes dans sa poche et continua de crier. Ils passèrent devant trois gars aux cheveux très courts qui brandissaient des panneaux où il était écrit : « Pendés les manifestants ! » Debbie eut envie de s'arrêter pour corriger la faute, mais la foule avançait, alors elle se contenta de lever le poing et de leur faire un doigt d'honneur.

C'est en entendant Phil Ochs chanter qu'elle fondit en larmes. Elle n'était pas du genre pleurnichard. Elle avait un album des Beatles, et elle aimait écouter les morceaux acoustiques de Bob Dylan. Son seul souvenir lié à la pop music remontait à trois ans, lorsqu'elle était allée à un concert de Peter, Paul and Mary, à la fin elle avait voulu obtenir un autographe de Paul. Il y avait six personnes devant elle ; il était tard ; elle bâilla et Paul la vit. Il la regarda droit dans les yeux et se mit à chanter « On a Desert Island ». Mais Phil Ochs était beau et gracieux, il avait une voix profonde, même parmi cette foule. Quand il se mit à chanter en les regardant « Is there anybody here who'd like to wrap a flag around an early grave? », elle sut qu'il chantait pour elle, pour Tim, et elle fondit en larmes – c'était très gênant, si bien que David Kissell passa un bras autour d'elle. Phil Ochs continua par « I Ain't Marching Anymore ». Elle entendit David chuchoter : « Son frère a été tué », puis elle sentit quelques mains qui lui tapotaient l'épaule. Tim aurait-il participé à cette manifestation ? Debbie n'en avait aucune idée. Son fantôme, peut-être, sachant ce qui s'était passé.

Janet aussi participait à la manifestation. La semaine précédente, elle avait reçu une lettre de sa tante Eloise. La jeune fille s'intéressait à elle car chaque fois que son nom revenait dans la conversation, papa se mettait à rire, et maman déclarait : « Oh, Frank », avant de rire à son tour. Pour eux, Eloise était une source d'embarras pour la famille, n'empêche, c'était une correspondante plus fiable que ses parents.

« Chère Janet,

Merci pour ta lettre ! Je suis toujours heureuse de te lire, et non, je n'en ai pas marre que tu écrives à propos de ton cousin Tim, ni que tu me dises combien il te manque ! C'est normal qu'il te manque. Pour moi, il a été assassiné, pas par le Viet Cong, mais par Lyndon Johnson et cette bande d'impérialistes qui mènent une guerre illégale qu'ils ne remporteront jamais. Je sais que tu n'entends pas ce genre de choses à l'école MADEIRA, mais tu es assez grande pour connaître la vérité. À ton âge, j'arpentais la ferme, je regardais par la fenêtre, et je me demandais bien ce qu'il pouvait y avoir au-delà. Maintenant, je le sais, et je ne peux pas dire que cela m'a apporté le bonheur, mais cela m'a rendue forte. Il y a beaucoup de choses contre lesquelles nous ne pouvons rien, mais contre la guerre du Vietnam, il est possible d'agir. Il va y avoir une grande manifestation à New York le samedi 15 avril (à San Francisco aussi). Réfléchis au moyen d'y aller. Je ne connais pas le règlement de ton école. Mais il n'y a rien de mal à enfreindre le règlement, et tu devrais même t'y mettre dès que possible. Tu es une élève sage, ce qui te fera une excellente couverture. Nul ne s'attend à ce que tu fasses des bêtises, alors pour une fois, tu pourrais en faire de judicieuses (je ne parle pas de sexe et de drogue, si tu vois ce que je veux dire, et j'espère que ce n'est pas le cas).

Suivaient des considérations sur Rosa et sa fille, Lacey.

À minuit ce soir-là, Janet écrivit une fausse lettre de sa mère : « Rentrée de Floride il y a quelques jours. Ton père est toujours à Palm Springs. J'imagine que l'hôtel est en chantier et qu'il doit rester là-bas une semaine de plus. Au fait, Nedra est très malade et elle a demandé à te voir. Étonnant. Je ne sais pas comment les choses vont évoluer, mais il vaudrait mieux que tu rentres ce week-end, bisous, maman. » Elle la fourra dans l'enveloppe d'une lettre plus ancienne en prenant soin de déchirer le cachet de la poste comme si elle l'avait ouverte ainsi. Elle comprit tout de suite ce que tante Eloise voulait dire en la donnant le lendemain à miss Green, sa responsable. Celle-ci regarda à peine la lettre, fit un grand sourire à Janet et lui dit : « Oui, bien sûr. Tu as déjà ton billet de train ? » Elle l'avait.

Janet ne raconta pas à tante Eloise quelle avait été sa plus grande aventure lors de cette escapade à New York : elle passa la nuit du vendredi sur un banc de Penn Station. Elle réussit à dormir, mais guère plus d'une heure, son sac à main coincé entre sa poitrine et le banc, les bras passés dans les anses. Elle était réveillée quand la foule commença à envahir le bâtiment, et lorsqu'elle vit deux filles avec des couettes accompagnées de deux garçons aux cheveux longs portant des vestes des surplus de l'armée prendre la direction de Central Park, elle les suivit.

Quand les manifestants quittèrent Central Park pour emprunter la 59e Rue, Janet était en tête du cortège. Elle n'osait pas parler aux gens, mais elle sourit plusieurs fois, et on lui sourit en retour. En passant devant l'hôtel Plaza, où sa mère l'avait plusieurs fois amenée pour prendre le thé, elle se retourna pour contempler la 59e Rue ; jusque-là, elle n'avait pas songé que nombre de gens qu'elle connaissait puissent se trouver dans les parages et la voir, même si aucun des membres de sa famille n'était en ville. Derrière les barrières s'entassaient des personnes âgées qui les regardaient défiler. Seuls les manifestants criaient, hurlant : « Arrêtez la guerre ! Plus de bombes ! » Janet cria elle aussi. Tante Lillian disait que Tim avait été tué par une grenade – un shrapnel lui avait perforé l'arrière de la tête, la mort avait été immédiate –, et c'était tout ce que la jeune fille avait besoin de savoir. Elle s'époumona jusqu'à ne plus avoir de voix, tout en se rappelant Tim : elle avait huit ans, il lui lançait des balles qu'elle essayait de frapper ; enfin il visa précisément l'endroit où sa batte allait taper, et elle réussit son coup.

À un moment, elle s'aperçut que le grand type blanc et le petit Noir devant elle étaient le Dr Spock et le Dr King. Janet n'avait jamais vraiment cru à l'existence du Dr Spock, pas plus qu'à celles de Betty Crocker et Tante Jemima, qu'on rencontrait sur les paquets de préparations pour gâteau et les flacons de sirop, seulement il était là, souriant et riant, même lorsqu'ils passèrent devant une pancarte accusatrice : « Traîtres ! » C'est alors qu'elle se retourna. La rue marquait une légère déclivité, c'est ainsi qu'elle vit la chose la plus excitante qu'elle avait jamais vue : des kilomètres de gens qui remontaient jusqu'à l'horizon, entre les bâtiments, entre les nuages. Ils marchaient tous vers l'East River, vers les Nations unies. La dernière fois qu'elle était venue là, c'était lors d'une sortie scolaire en sixième. Elle se trouva un coin tranquille.

Janet était certaine que le fantôme de Tim l'accompagnait, présence parmi la foule qu'elle aurait pu pratiquement percevoir, qui se trouvait peut-être derrière la bannière des Vétérans du Vietnam contre la guerre. Il ne lui avait écrit qu'une seule carte postale de là-bas, postée à Nha Trang, et tout ce qui y était écrit, c'était : « Salut, ma petite ! Tout va bien ici ! Envoie-moi d'autres barres Hershey ! Gros bisous, Tim. » Tante Lillian l'avait laissée lire sa dernière lettre après qu'elle le lui eut demandé trois fois. Elles savaient toutes les deux que Janet pleurerait pendant des jours ensuite, mais c'était bon pour elle, d'après sa mère. Quand Phil Ochs entonna « I Ain't Marching Anymore », Janet ferma les yeux, les mots errèrent sur ses lèvres et elle imagina que c'était Tim qui chantait, comme il chantait naguère toutes ces chansons avec les Colts.

L'appartement où il passait ce week-end prolongé, au croisement de Broadway et de la 84e Rue, avait une fenêtre à l'est, et peut-être Henry et Basil Skipworth entendirent-ils la rumeur des cris que la brise apportait du parc. À vol d'oiseau, ils étaient à moins de deux kilomètres des manifestants. Ils avaient envisagé de les rejoindre, mais finalement avaient eu la flemme.

Henry se sentait un peu coupable en songeant à Tim. Mais en se rendant à New York, il n'avait pas songé à la manifestation ; il envisageait ce week-end telle une pause bien méritée loin de ce qui touchait à Tim, et qui jetait la zizanie entre sa mère, Claire, Paul, Lillian et lui-même évidemment. Basil enseignait l'allemand à Yale. Il avait beau lui donner du « mon cher ami » de temps à autre, il avait deux ans de moins qu'Henry, et il était six fois plus sophistiqué, si on entendait par là qu'il avait lu Balzac en français, Boccace en italien et Goethe en allemand (Kafka, aussi). En revanche, il n'avait que des connaissances rudimentaires sur l'étymologie du mot « pied » (*pié, pes* [latin], *pod* [grec], *pada* [sanskrit], *-ped* [indo-européen], et encore moins de « pénis », qui signifiait « queue » en latin et n'avait quasiment pas changé depuis les origines. Basil, qui avait fait ses études à Cambridge, était beaucoup plus sophistiqué qu'Henry dans de nombreux domaines, mais, ils le savaient tous les deux, il était beaucoup moins beau. Il avait commencé à le poursuivre de ses assiduités en décembre, à la réunion de l'association pour la langue moderne. Henry s'était laissé séduire en mars, intrigué par le courage de Basil, car lui-même n'avait jamais osé mener les choses jusqu'à leur terme logique. Ils étaient dans l'appartement d'un ami rentré passer un mois en Angleterre.

Basil était totalement à jour au sujet des lois concernant la sodomie : en Angleterre, c'était encore illégal, puni non plus de mort mais d'emprisonnement, comme dans le cas d'Oscar Wilde. D'après Basil, celui-ci avait été condamné par le même texte de loi qui fixait à douze ans l'âge du consentement pour les jeunes filles ; « toutefois, mon cher ami, pour nous, nul consentement n'est possible. J'imagine que c'est un signe de progrès qu'il y a un siècle, un homme ait pu être condamné à la prison pour avoir baisé une fille de moins de dix ans, hélas, la roue du progrès se meut avec une lenteur extrême ». Ils ne pouvaient pas non plus se retrouver dans le Connecticut où l'homosexualité était passible de prison si le juge en décidait ainsi. L'Illinois était l'État le plus ouvert – comment Henry pouvait-il l'ignorer ? À New York, enfin, il s'agissait d'une peccadille, et avec tous ces rebelles en ville, la police avait déjà bien assez à faire.

« Enculer », « merdier », « couilles », « bâtard », « maquereau », « pédé », « forniquer », « branleur », « gaule », « bite », « bander ». À force d'entendre Basil prononcer ces mots avec son accent mélangé (typiquement britannique, avec de temps en temps quelques traces du terroir du sud-ouest de l'Angleterre), Henry s'y habitua comme s'il s'agissait de plaisanteries, comme si ce que Basil lui montrait n'avait rien d'effrayant (« Oh, mon cher ami, nous n'en sommes pas encore là »). Il savait que parfois Basil adoptait un lourd accent du Sud-Ouest car c'était dans cette région que survivait l'anglo-saxon le plus pur. Basil se moquait de sa propension à se préoccuper de résidus et de miettes linguistiques si triviaux comparés à *Mort à Venise*, ou tout au moins au *Docteur Faustus*, qui avaient une portée universelle. La réplique standard d'Henry dans ces cas-là était la suivante : *Le Docteur Faustus*, écrit il y a juste vingt ans, avait-il réellement résisté à l'épreuve du temps ? Il reconnaissait que *La Tragique Histoire du Dr Faust* de Christopher Marlowe possédait des éléments intéressants qui lui permettraient peut-être de durer, mais…

Alors ils éclataient de rire. Basil disait : « Mon Dieu, que tu manques de hauteur pour un garçon qui a de si grandes jambes. »

Henry était nu. Les fenêtres de la chambre donnaient au sud, sur un minuscule carré de verdure environné de chats et de pots de fleurs. L'appartement était situé au deuxième étage et il y avait des volets ; Basil les avait tirés mais pas fermés. Henry songea que les voisins d'en face pouvaient suivre leurs ébats. Ils s'étaient embrassés. Ils s'étaient caressés. Basil avait fait tiédir de l'huile de massage et il avait commencé par ses épaules, puis il était descendu, s'attardant sur son cul, admirant ses poils blonds si fins. Henry avait lui aussi caressé Basil, s'occupant bien de ses épaules avant de descendre à son tour vers ses fesses (poilues, pas comme celles des filles qu'Henry avait connues). Pour l'instant, ils n'étaient pas allés plus loin, et se contentaient de dormir côte à côte, Henry en short et T-shirt, Basil en pyjama (mot qui en fait était de la même famille que « pénis »). Basil pratiquait la sodomie de manière active et passive, mais il était patient. Quand Henry lui avait rendu visite en mars, Basil se promenait nu dans l'appartement, parfois en érection, et il n'avait rien fait, à part se toucher de temps à autre, pour qu'Henry s'habitue. En le regardant ainsi, sans rien dire, Henry imaginait Jacob Palmer à sa place. Celui-ci avait terminé son doctorat dans le Wisconsin – motivé par le froid, disait-il – et il s'était marié à une de ses camarades étudiantes, une spécialiste de Yeats venant de St. Paul. Ils avaient un petit garçon de six mois. Jacob avait décroché un bon poste à UCLA.

Ils allaient lentement. Peut-être qu'à son âge, Henry aurait dû se sentir embarrassé, mais ils savaient tous les deux qu'Henry s'était porté volontaire pour que Basil fasse son éducation, et que celui-ci était parfaitement satisfait de leurs accords, quels qu'ils soient.

La question était de savoir s'ils voulaient remonter l'avenue Amsterdam et encore deux blocs jusqu'à Barney Greengrass, ou descendre Broadway jusque chez Zabar, soit pour résumer : tu préfères manger le meilleur des bagels, ou le meilleur des gravelax ? Henry laissait Basil décider, et ils allaient toujours chez Barney Greengrass, où les employés étaient encore plus désagréables que chez Zabar. (« Mon cher ami, tout est dans la manière. S'il éructe : "Qu'est-ce que vous voulez, les gars ?", alors les bagels seront un petit peu plus caoutchouteux et le gravelax un peu plus graveleux. ») Tout en marchant dans la rue, Henry pensa que rien ne laissait deviner les actes délictueux qu'ils avaient commis ou s'apprêtaient à commettre. Basil avait très légèrement changé de posture, ses hanches étaient plus souples, ses épaules plus droites. Henry sentit qu'il faisait la même chose. Est-ce qu'ils se connaissaient ? Vaguement : rien que des collègues qui s'étaient rencontrés par hasard et allaient manger un morceau ensemble.

Chez Barney Greengrass, beaucoup de gens parlaient de la manifestation, de ces fous de hippies, mais c'était quoi leur problème, Johnson ne faisait-il pas tout son possible, ces gosses n'avaient rien compris s'ils s'imaginaient que la conscription était un problème. Henry et Basil échangèrent un regard, pourtant, Henry ne lui avait pas parlé de Tim, d'ailleurs, il n'avait rien dit au sujet de sa famille. Bagel aux oignons, grillé, refroidi, avec plein de fromage frais, pas de câpres, un peu d'oignon. Café noir, deux sucres. Ils prirent leurs plateaux et s'installèrent à une table près de la fenêtre.

Claire redoutait la chaleur et les bruits moites qu'elle devrait endurer à la fête de l'État, mais comme Paul l'avait informée que l'irritabilité était l'un des symptômes classiques de la femme enceinte, elle se taisait. Paul n'était pourtant pas enceint, mais brûler tous les manuscrits qu'il avait commencé à écrire dans le jardin derrière la maison, le jour de ses trente-huit ans, donna le ton de son humeur pour tout le reste de l'été. Peu importait que son cabinet soit florissant au point qu'il ait dû prendre un associé. Il voyait en celui-ci le meilleur d'une piètre cuvée – Cornell University, puis l'école de médecine de Wake Forest. Il était parfait avec les enfants, mais Paul ne l'aimait pas. Il s'appelait Martin Sadler. Il pensait qu'une visite chez le médecin devait être un moment agréable pour l'enfant, ou au minimum qu'il ne la redoute pas.

Le Dr Sadler était sympathique. Quand il demanda s'il pouvait les accompagner, Claire répondit oui et commença à penser que, peut-être, cette visite ne serait pas si pénible malgré son gros ventre. Lorsqu'ils arrivèrent sur le parking, Sadler était déjà là. Paul lâcha d'un ton sec : « Ça ne me plaît guère de fermer le cabinet un vendredi », mais comme il faisait frais et que la journée promettait d'être belle, il ajouta : « Mais nous avons vraiment choisi le bon jour pour ça. »

Joe et Lois arrivèrent dans le pick-up avec Annie et Jesse ; Minnie suivait avec Rosanna, qui transportait sur ses genoux la tourte que Lois présentait au concours. Claire trouva que sa mère avait vraiment piètre allure. Elle n'avait pas si mal pris la mort de Tim : combien de poulets avait-elle tués en son temps ? Et ça faisait quoi de découvrir le corps de son propre mari recroquevillé sous la haie d'oranger des Osages ? (Il avait alors dix ans de moins qu'elle aujourd'hui.) La mort était un fait, et nul ne le savait mieux qu'une vieille femme vivant à la campagne. Pourquoi en parler ? Mais aujourd'hui elle avait l'air de ne s'être qu'à moitié coiffée, d'avoir boutonné son gilet à demi, et posé deux pauvres traces de rouge à lèvres sur sa bouche sans le moindre soin. Claire l'embrassa et lui demanda comment elle allait.

« Je vieillis, c'est tout. J'ai la goutte. Et mes hanches. Bref. » Elle eut un geste évasif. « La question c'est plutôt de savoir comment toi tu vas. » Claire pensait que sa mère la trouvait trop proche de l'accouchement pour se montrer en public. Elle répondit : « Je suis en pleine forme, en fait. » Le Dr Sadler vint vers elle et tendit la main à Rosanna : « Si je comprends bien vous êtes la mère de Claire. Je suis Martin Sadler. Heureux de vous rencontrer. » Il n'aurait pu sourire davantage. Rosanna posa la main sur son bras et lui demanda s'il était fiancé ou sortait avec une femme.

Paul attacha Gray avec soin dans sa poussette de luxe Maclaren, puis il fixa son chapeau, lui remonta ses chaussettes et baissa les jambes de sa salopette. Si un seul rayon de soleil touchait la peau du petit, Paul le ramènerait à l'intérieur. Il refusait absolument d'avoir un chien, et Claire avait beau dire qu'un garçon avait besoin d'un chien, en réalité c'était elle qui en avait besoin. Mais la réponse préférée de Paul était : « Je ne crois pas, non. »

Annie avait changé du jour au lendemain – une poitrine (soudaine et opulente), mais pas de taille. Jesse s'habillait exactement comme Joe, jusqu'à la chemise blanche mal coupée, le pantalon kaki trop court et la coupe en brosse. Il restait toujours dans l'ombre de son père. Quand le Dr Sadler lui demanda en quelle classe il était, il regarda Joe avant de répondre. Lois, selon son habitude, vaquait à ses propres affaires. Elle ouvrit la portière et prit la tourte alors que Minnie n'avait même pas encore coupé le moteur.

Claire passa la main dans ses cheveux. Elle en avait dénombré trente blancs, tous devant, sur le côté gauche de sa raie, visibles de tout le monde. Elle avait vingt-huit ans ! C'était vraiment injuste, pensait-elle. Paul fit rouler la poussette sur ses pieds.

Lois déclara : « Je vais aller voir les machines agricoles. Je vous retrouve à l'artisanat », aussi suivirent-ils Rosanna dans la salle. Un tricot torsadé avec des manches longues, un gilet dans le style typique des îles Aran, de Fair Isle, un maillot de football américain à l'effigie des Iowa Hawkeyes tricoté à la main, jusqu'au nom du joueur : Murphy. Après le tricot, ils arrivèrent parmi les conserves, les peaux de mouton, puis les tomates, le haricot vert le plus long, l'oignon le plus gros, l'épi de maïs le plus lourd. Claire et Paul s'échangèrent des regards conflictuels lorsqu'il s'agit d'emmener Gray voir les animaux, mais ce fut elle qui l'emporta : Paul prit son fils, et Claire replia la poussette. Il était important de se tenir droite, de ne pas demander d'aide et de ne pas se tapoter le ventre. Il y avait là des espèces de cochons qu'elle n'aurait pas reconnues sans les affichettes – Old Spots, Mulefoot, Tamworth (ceux-là étaient roux) –, comme pour les vaches (Red Poll, Randal Lineback, Belted Galloway). Elle aimait les chevaux, surtout les chevaux de trait et les poneys. Paul se prit d'intérêt pour les poulets. Rosanna saisit le Dr Sadler par la manche : « Juste ciel, nous en avons eu, des Chanticleer. De bonnes volailles. Intelligentes. J'ai beaucoup entendu parler de ces Dominiques, mais je n'en avais jamais vues. Qui est-ce qui avait toute une volée de ces Russian Orloff rouges ? Claire, tu te rappelles ? On pouvait les laisser dehors par tous les temps, mais c'étaient de mauvaises pondeuses. C'est grâce aux poules qu'on a survécu à la grande dépression. Et à la crème ! » Sadler hochait toujours la tête. Joe s'attarda près des moutons, la main posée avec affection sur l'épaule de Jesse tout en lui montrant les Southdown, l'espèce dont il avait lui-même présenté un animal à la foire – mon Dieu, ça remontait à trente-trois ans. Emily, c'est ainsi que s'appelait sa brebis. C'est alors qu'il avait rencontré une fille qui elle aussi s'appelait Emily.

Claire trouvait que les Southdown étaient les plus beaux. Quand Jesse demanda à en avoir un, Joe répondit : « On verra. » C'était mieux que : « Je ne crois pas, non. » Claire savait qu'elle était d'humeur chagrine.

Ils ressortirent et elle sentit le vent sur elle. Il était presque midi et il faisait bon – 25 degrés, aurait-elle parié. Paul déclara : « On pourrait élever des poules. Le jardin est assez grand. » C'était tout lui, ça, de rejeter l'idée d'un chien mais de soudain se passionner pour des poulets. Le Dr Sadler et Rosanna étaient au stand du maïs. Claire s'écarta de Paul et vint les rejoindre. Sadler lui adressa un aimable sourire. Elle lui dit : « Vous connaissez la recette du maïs grillé ?

– Je n'ose y penser.

– Douze épis de maïs, une petite plaquette de beurre, du sel. »

Paul la faisait cuisiner avec de la margarine.

Rosanna tendit la main et Sadler y déposa un épi de maïs. Claire commençait à se sentir un peu jalouse.

Paul insista pour aller voir une réplique de la première église jamais construite en Iowa. « Catholique ! s'exclama Rosanna. Bâtie à Dubuque. » Elle se tourna vers Sadler. « Vous ne seriez pas catholique, par hasard ? »

Sadler secoua la tête et Claire sentit que ses oreilles commençaient à chauffer, mais lui ne dit rien, à part : « Beau travail. »

Les tourtes, joliment disposées sur une table, devaient être jugées à seize heures. Claire trouvait que celle de Lois avait l'air délicieuse, mais elle ne fut que deuxième. Ensuite, elle alla voir les juges en souriant et leur serra la main en les remerciant d'avoir rendu leur jugement. Claire trouvait que Lois était toujours d'une politesse excessive. On ne savait jamais ce qu'elle pensait vraiment.

Ainsi réussirent-ils à oublier Tim pendant huit heures, et Rosanna retrouva sa gaieté. Quant à Claire, elle était si fatiguée qu'elle laissa Paul coucher Gray, ce qu'il fit de bien meilleure grâce pendant tout le reste de l'été. Elle était allongée sur le côté et sentait le bébé bouger à l'intérieur ; elle l'imaginait qui faisait des cabrioles. Une fois Gray au lit, Paul entra dans leur chambre, s'assit sur le rebord du lit, prit la main de Claire et repoussa doucement sa frange. Il lui dit : « C'était une bonne idée, c'est agréable de s'intéresser aux plantes, aux animaux et aux gens pendant une journée. On devrait faire ça tous les ans. » Il lui caressait la main, et elle s'endormit ainsi, d'un sommeil profond comme un puits et deux fois plus sombre – qui est-ce qui disait ça, déjà ?

1968

Noël avait été doux-amer. Debbie avait invité son petit ami, un garçon un peu gauche mais gentil. Il avait aidé à faire la vaisselle, et remarquait des détails comme le coin du tapis retourné ou le gaz qu'on avait oublié d'éteindre. Lillian l'aimait bien. Tina suivait un cours de gravure et elle avait fabriqué elle-même leurs cartes de Noël. Après toutes ces années passées à l'encourager ainsi que le lui dictait son devoir de mère, Lillian avait adoré ces cartes qui montraient deux moutons, une chèvre et trois poulets regardant par la porte d'une étable, tandis que l'étoile du berger scintillait dans le ciel. Dean décrocha une admission anticipée à Dartmouth, endroit que tout le monde imaginait environné d'hectares de neige pure. Arthur semblait plein d'énergie, presque heureux, et seule peut-être Lillian nota que tous ses cheveux étaient gris désormais. Ils avaient accroché les décorations préférées de Tim sur le sapin, et burent à sa mémoire, puis ils racontèrent certaines des anecdotes les plus drôles à son sujet, pour que le petit ami de Debby comprenne qu'ils avaient fait leur deuil.

Certes, quand McNamara avait donné sa démission, Arthur s'était énervé devant la télévision en marmonnant : « Frank Wisner s'est tiré une balle. Qu'est-ce qui vous en empêche, monsieur le secrétaire à la Défense ? », puis il s'était enfermé dans son bureau, comme tant d'autres fois. Ce fut la première chose qui vint à l'esprit de Lillian lorsqu'elle trouva Arthur sous le lit.

Il avait tout prévu. Dean suivait un entraînement de natation avant d'aller en cours, le matin, et Tina aimait partir avec lui pour travailler à la bibliothèque, Lillian devait donc se lever à six heures pour préparer le petit déjeuner. Elle repassa le chemisier de Tina, dénicha une paire de chaussettes pour Dean, fit la vaisselle, but une deuxième tasse de café. Elle croyait qu'Arthur était parti – il avait dit qu'il filerait en douce de bonne heure et qu'il ne fallait pas s'occuper de lui. Elle retourna une fois dans la chambre et s'aperçut que le lit était fait. En venant ranger son peignoir, elle remarqua que le dessus-de-lit faisait un pli par terre. Elle voulut l'aplatir ; c'est là qu'elle sentit sa chaussure. Il n'y avait pas de sang ; il n'était pas blessé, mais il était froid et raide, alors elle sut qu'enfin il l'avait fait. Elle arracha le dessus-de-lit et appela une ambulance.

Il portait un costume, une chemise repassée, des chaussettes et des mocassins. Les infirmiers durent le tirer par les pieds, ce qui ébouriffa ses cheveux. L'un d'eux trouva un message dans sa main et le donna à Lillian. Elle déplia la feuille : « Ne préviens le bureau que si je suis mort. »

Elle demanda : « Est-ce qu'il est… ? » en secouant la tête, les larmes aux yeux. Les infirmiers qui le hissaient sur le brancard lui répondirent : « Pas encore. » Elle n'appela pas son bureau. Elle monta dans l'ambulance avec lui et ne le perdit pas de vue durant tout le temps du trajet, vingt minutes environ. À intervalles réguliers, un infirmier prenait son pouls, écoutait son cœur et hochait la tête. Lillian avait posé une main sur sa poitrine. Son souffle était court, mais il respirait. Il faisait froid. Le paysage était blanc, le ciel gris, et elle savait qu'il avait tout préparé dans l'intention de réussir. Dans le cas d'Arthur Manning, mal finir, c'était continuer de vivre.

Quand le médecin vint la voir dans la salle d'attente, elle tremblait, malgré son manteau, et cela continua pendant tout leur entretien. Il avait pris du Séconal : votre mari souffrait-il d'insomnie, lui avait-on prescrit des barbituriques, avait-il l'air étrangement engourdi, désorienté, aurait-il pu tomber et rouler sous le lit ? Lillian répondit : « Ils ne vous ont pas parlé du message ?

– Non, pas du tout. Mr Manning a-t-il été traité pour dépression, ou syndrome maniaco-dépressif ? A-t-il montré…

– Notre fils a été tué au Vietnam. »

Pour la première fois, le médecin la regarda dans les yeux et dit : « Je suis navré. Puis-je savoir…

– Ça fait presque un an et demi.

– Votre mari manifestait-il des signes de… »

Et ainsi de suite.

Il devait rester trois jours en observation. Lillian demanda : « Je peux le voir ?

– Il faudra quelques heures avant qu'il se réveille. J'imagine qu'il sera surpris de se retrouver ici.

– Et très déçu.

– Peut-être pas. On change d'avis… »

Elle secoua la tête.

C'est seulement lorsqu'elle rentra chez elle pour récupérer sa voiture et qu'elle remit le dessus-de-lit en place qu'elle vit l'autre message, d'une écriture maîtrisée, juste à côté de la carte de Noël de Tina :

Ma petite Lily Pons,

Je te joue un mauvais tour, ma chérie. Je sais encore mieux que toi que je commets là l'ultime trahison, d'ailleurs c'est la seule manière dont je pourrai jamais te trahir. Mais tu sais que j'attendais ce moment. Tu sais que j'ai mis mes affaires en ordre – pas les affaires financières, mais les affaires domestiques. J'ai attendu que chacun d'entre vous se soit remis de la mort de Tim, à présent nous sommes à la croisée des chemins, tout le monde a un avenir devant lui. Je l'ai vu, à Noël. Même Debbie est entre de bonnes mains. Il n'y a que toi. Pourquoi ne puis-je pas t'emmener avec moi ? Je me le demande. Et je me pose à nouveau la question en te sentant contre moi en cette nuit, ta main dans la mienne, alors que je t'entends respirer. Mais ça, je ne peux pas, pas plus que je ne peux rester. Pourquoi ? Parce que je ne vois littéralement aucun avenir. Le vide. Le rien. Le néant. Enfin. Et j'en suis heureux. Tu es parfaite. Je t'aime.

Arthur

La première chose qu'il lui demanda quand elle le vit dans sa chambre, encore sonné, fut si elle avait informé son bureau de ce qui s'était passé. Elle lui répondit que non, ce qui était la vérité – elle n'en avait parlé à personne du bureau. Dans ce cas, à qui l'avait-elle dit ? À Minnie. Elle devait parler à quelqu'un ; elle avait appelé la personne la plus éloignée à laquelle elle avait pensé, Minnie, dans son bureau au lycée, et elle avait pleuré pendant dix minutes. Minnie en parlerait peut-être à Rosanna, mais une chose était certaine, elle voulait le dire à Joe – Joe saurait se taire. Arthur ferma les yeux quelques instants, lui tapota la main. Enfin, il répondit : « Bon, eh bien nous saurons bientôt une fois pour toutes.

– Savoir quoi ?

– Si le téléphone est sur écoute. »

C'était le cas.

Wilbur et Finn arrivèrent après le dîner. Ils emmenèrent Lillian dans le salon, allumèrent les lumières, lui offrirent un verre, servi dans son propre bar. Non, rien, pas même une goutte de Rémy Martin. Wilbur se versa un scotch soda. Finn, une petite crème de menthe avec des glaçons. Sheppard Pratt, à Towson, voilà où irait Arthur ; depuis de longues années, des hommes de sa trempe passaient par là ; la dépression nerveuse était l'un des risques du métier, Arthur le savait. Il avait toujours pris les choses très au sérieux. Ça avait ses bons et ses mauvais côtés. Les électrochocs étaient aussi une possibilité.

Elle dit aux enfants qu'il était hospitalisé car il souffrait d'une pneumonie. Tout irait bien ; mais non, ils ne pouvaient pas lui rendre visite, c'était trop dangereux. Elle aurait dû raconter autre chose, mais Arthur ne lui avait rien dit. Les deux médecins vinrent la voir dès qu'elle arriva à Sheppard Pratt le lendemain matin : Dr Rockford, grand et impatient, et Dr Kristal, plus jeune, plus petit, plus charmant. Qu'avait dit Arthur ces derniers mois ? au cours de l'année passée ? de quoi se souvenait-elle ? Rockford s'assit à sa gauche, Kristal à sa droite. Rockford posait les questions : Mr Manning montre-t-il des signes de dépression ? Kristal traduisait : Souffrait-il de troubles du sommeil ? Mangeait-il suffisamment et avec plaisir ? Son rapport à l'alcool avait-il changé ? Au bout d'une demi-heure, ils lui avaient fait dire tout ce dont elle se souvenait à propos d'Arthur, lorsqu'il regardait par la fenêtre de son bureau, errait la nuit à travers la maison, ou repoussait la nourriture dans son assiette. Oui, il buvait un peu, mais il avait beaucoup diminué.

Puis ils en vinrent à son histoire personnelle : la mort de sa femme en couches, ainsi que celle de son enfant, son mariage avec Lillian moins d'un an après, sa grossesse immédiate, sa réaction « maniaque » (expression du Dr Rockford) face à la paternité, son « appétit sexuel excessif » (Dr Kristal). Son habitude du secret. « Il y est contraint, dit Lillian. C'est une nécessité professionnelle. » Ils acquiescèrent tous les deux. Enfin, sentant qu'ils l'y avaient amenée pas à pas, mais incapable de faire autrement, elle leur raconta la mort de sa sœur aînée victime de la grippe espagnole, le suicide par pendaison de sa mère. Kristal notait tout minutieusement, Rockford hochait la tête comme s'il s'attendait à tout cela. Lillian eut aussitôt la sensation que rien dans leur couple ne sortait de l'ordinaire, ni ne suscitait l'admiration. Tout ce qu'elle aimait était soit un symptôme de pathologie, soit un détail sans la moindre importance. Elle se tut.

Eh bien, ils allaient le garder quelques mois. Le personnel était très compétent et d'une efficacité extrême ; mieux valait qu'elle ne vienne pas trop souvent, voire pas du tout ; un environnement nouveau, pour faire le point sur soi, en quelque sorte, sur sa vie ; souvent, les effets étaient impressionnants, même si la dépression était chronique, comme ça semblait être le cas ici. Un isolement total faisait des merveilles, pas de télévision ni de journaux, afin de se concentrer sur l'instant présent.

Ensuite, ils l'emmenèrent voir Arthur dans sa chambre. On lui avait donné quelque chose. Il prit la main de Lillian à travers un brouillard médicamenteux. Le Dr Rockford expliqua quel serait le traitement sans jamais leur demander la permission ni solliciter leur accord. Arthur regardait le plafond, Lillian signa les papiers que le Dr Kristal lui mit sous le nez. Quand elle eut terminé et qu'elle lui rendit le stylo, il lui murmura à l'oreille : « Vous verrez ! Ce sera un homme neuf ! Ces choses-là sont toujours difficiles ! » Elle embrassa Arthur sur la bouche. En rentrant chez elle, elle se demanda s'il lui pardonnerait jamais.

Il ne fallut pas longtemps à Charlie pour comprendre ce qui était écrit sur sa poitrine grâce à un miroir. C'était un petit écriteau qui disait :

elleppa'm eJ
ttekciW eilrahC
ua etibah'J
.dvlB odexuT 004
9564-20W

Le message était accroché sur sa chemise au moyen de deux épingles à nourrice. Il ne pouvait pas sortir sans le porter. Tous les matins, maman s'agenouillait auprès de lui et disait : « Tu restes avec moi, Charlie. Tu sais ce que ça veut dire ? Juste à côté de moi. Et si je t'appelle, il faut que tu répondes. » Charlie hochait la tête et disait oui, qu'il allait rester près de maman, qu'il répondrait si elle l'appelait, et que plus jamais il ne s'enfuirait, obligeant la police à partir à sa recherche dans le noir pour le ramener chez lui. Les policiers étaient grands, ils étaient habillés en bleu et ils n'aimaient pas aller chercher les enfants perdus.

L'école maternelle était au coin de l'église grise, pour y aller il fallait marcher longtemps, mais en arrivant là-bas, chaque matin, les jambes de Charlie ne tressautaient plus, elles ne sautillaient plus comme au petit déjeuner. Au début de la journée, ils s'asseyaient en cercle sur le tapis rouge et miss Ellery leur lisait une histoire ; quand il venait à pied, Charlie pouvait rester tranquille, sans bouger, mais pas s'il venait en voiture. Maman mit sa petite main dans celle de miss Ellery et dit : « Au revoir, Charlie. Fais bien ce qu'on te dit. » Charlie acquiesça et posa le doigt sur le petit écriteau. « C'est ton étiquette, dit miss Ellery. Charlie Wickett. Tu as de la chance d'avoir une étiquette, alors ne l'enlève pas, hein ? »

Le livre d'aujourd'hui parlait d'un chat qui portait un chapeau. Sur la couverture, le chat était orange. Charlie regardait le livre, tranquillement assis, ses yeux se posaient parfois sur le chat, et parfois sur CHAPEAU et CHAT. Il se demanda si cela pourrait être TAHC, et toucha son étiquette. C'est seulement lorsque miss Ellery en arriva aux tic-tac que Charlie se leva et se mit à courir autour du tapis rouge – d'abord dans un sens, aussi vite qu'il le pouvait, puis dans l'autre sens. Miss Ellery ne dit rien. Elle poursuivit la lecture. Charlie prenait garde à ne pas écraser les doigts des autres, et à ne pas tomber sur eux. Lorsqu'il courait ainsi la pièce était éclatante et les couleurs tourbillonnaient autour de lui.

Miss Ellery posa le livre et dit : « Charlie, penses-tu que tu peux t'asseoir pour écouter ? »

Charlie s'arrêta et fixa des yeux miss Ellery ; puis il s'assit pour entendre une page de plus. Quand il se releva, miss Plesch vint le chercher. Ils sortirent dans la cour, et Charlie se mit à courir autour des balançoires et de la cage à poules. Une fois fatigué, il alla s'asseoir et miss Plesch dit : « A.

– Antenne. B, répondit Charlie.

– Banane. C.

– Corvette. D »

Miss Plesch sourit. « Dalmatien. E. »

Charlie était coincé, alors il se releva d'un bond et se remit à courir autour des balançoires dans l'autre sens, puis il dit : « Essence. F

– Fleur. G

– Gasoil. H. »

Soudain la porte s'ouvrit et les autres enfants déboulèrent en courant. Les filles partirent d'un côté, et les garçons – Davie, Herbie, Barry et Petey – vinrent vers Charlie. Celui-ci posa la main sur le genou de miss Plesch et dit : « Herbie. »

« Très bien », répondit-elle. Charlie détala, Herbie et Barry sur les talons. Ils coururent, coururent. Il faisait beau ce jour-là. Quand maman vint le chercher pour déjeuner, miss Ellery lui dit : « Il connaît tout le vocabulaire des voitures.

– Sa première phrase a été : “Voilà une Muttang.” Il avait presque deux ans. Avant, nous ne l'avions jamais entendu prononcer un mot.

– Parfois les enfants adoptés parlent un peu plus tard. Selon mon expérience. Mais ils rattrapent ce retard. » Elle se baissa et demanda : « Charlie, tu as toujours ton étiquette ? »

Il posa la main dessus.

Pour rentrer, ils prirent le chemin le plus long, en passant par Greeley. À la maison, il s'assit calmement et mangea son sandwich au beurre de cacahuètes et aux pickles. Maman lui dit qu'il était un bon garçon.

Frank devait aller à Palm Springs pour voir où en étaient les rénovations de l'hôtel entreprises par Rubino, mais il s'était attardé à Malibu, au Hughes Laboratories, aussi à vingt et une heures remontait-il le boulevard Wilshire quand il passa devant l'hôtel Ambassador. La circulation était un vrai cauchemar et il sentait qu'il s'énervait de plus en plus, c'est alors qu'il se souvint de cette histoire de Jim Upjohn, qui était allé au Cocoanut Grove dans les années 1940 avec Howard Hughes. Frank pensa à Hughes, même s'il savait bien que jamais il ne le rencontrerait (ne se terrait-il pas à Las Vegas de nos jours ?). Il tourna dans l'avenue Mariposa, alla se garer deux rues plus loin et revint à pied vers l'Ambassador. L'hôtel grouillait de monde, et dès qu'il eut franchi le seuil, il se sentit à cran. Frank n'avait rien à perdre, voilà pourquoi il était toujours calme. Ce qui le gênait ici, ce n'était pas la foule, mais l'acoustique du hall de l'hôtel. Le brouhaha n'était pas un vacarme uniforme et incompréhensible : des mots fusaient et s'imprimaient dans sa conscience : « rouge », « fontaine », « *hola* », « j'ai dit », « Nixon », « Pittsburgh ». Il se rendit au bar, mais l'impression persista : il ne parvenait pas à comprendre ce que l'homme à côté de lui disait au barman, en revanche il entendit une inconnue déclarer très clairement : « Ne touche pas à ça. » Le mot qui semblait se détacher dans tout ce tapage, c'était : « Bobby, Bobby, Bobby. »

Frank se moquait de savoir qui serait le candidat aux élections. Bobby Kennedy l'intéressait car c'était encore un homme jeune, de l'âge de Lillian, qui avait déjà beaucoup perdu et avait encore plus à perdre. Ces derniers temps, il s'était transformé : il rajeunissait à vue d'œil, alors que Frank et tous ceux qu'il connaissait vieillissaient de plus en plus. C'était peut-être pour ça que les collègues d'Arthur le détestaient. Il suffisait de regarder des photos récentes : jamais il n'avait été aussi beau, aussi ébouriffé, aussi brillant. Et quand de temps à autre réapparaissait une vieille photo de Bobby et JFK, ce dernier avait l'air épuisé en comparaison.

Jim Upjohn aimait bien Bobby Kennedy, sur le plan personnel et politique. Il avait changé d'avis depuis l'assassinat de JFK, en grande partie parce qu'il pensait que Johnson était un bouseux du Texas, et qu'Eugene McCarthy cherchait trop la petite bête. Il disait que Bobby ne gagnerait peut-être pas les primaires, mais il poussait Frank à s'investir – ce serait pour lui une expérience morale positive, lui qui était si radin. Ce que Frank n'aimait pas chez Bobby Kennedy, c'est qu'il était incapable de garder pour lui ses sentiments, quoi qu'il dise. À l'époque où celui-ci avait travaillé pour Joe McCarthy, il avait pourchassé Jimmy Hoffa, et lorsqu'il marchait auprès de son frère, on le voyait presque trembler tant son besoin d'action le dévorait. Plusieurs fois, au fil des années, Arthur et Frank avaient discuté de Bobby à la manière dont on parle de ces jeunes hommes qui sortent de l'ordinaire, et pas seulement parce que Bobby et les siens habitaient aussi à McLean et semblaient avoir adopté la même politique éducative laxiste qu'Arthur Manning (un jour, Arthur entendit dire que leur fille Kathleen avait engagé sa propre nounou en allant à la plage à Hyannis Port, et qu'Ethel lui avait fait passer un entretien à travers la porte des toilettes). Les collègues d'Arthur haïssaient Bobby Kennedy, ils disaient qu'il leur flanquait la chair de poule, et qu'ils éprouvaient à son égard du dégoût, comme envers toutes les petites créatures venimeuses.

Dans le hall surpeuplé, Frank se sentait sur les nerfs. Il ne pouvait détacher le regard de deux personnes au comportement étrange dans cette ambiance surchauffée : un type là-bas, et un autre à l'extrémité de la salle, parfaitement immobiles, qui observaient et n'avaient pas l'air de s'amuser dans cette foule électrisée. Ils semblaient habitués à porter le costume ; ils étaient à peu près du même âge que Frank, et devaient en savoir trop long pour se laisser emporter par l'enthousiasme général. Leurs prunelles dardaient sur le côté avant même qu'ils ne tournent la tête, comme s'ils étaient aux aguets. La foule, à l'inverse, paraissait obéir à une exubérance coordonnée, têtes en arrière, bouches ouvertes pour parler ou sourire, bras levés, corps redressés. Le genre de foule qui croit savoir ce qui l'attend. Frank frissonna et s'éloigna du bar. Sans doute serait-il toujours le gosse qu'il était à la fac, vivant dans une tente au bord de la rivière, tuant des lapins pour se faire un peu d'argent, et puis celui qu'il était à l'armée, à l'aise par un matin calme, observant dans son viseur une silhouette lointaine qui s'arrêtait, s'étirait un peu, bâillait. C'était son moment préféré pour tuer, un instant de bien-être et de confiance. Il leur offrait une mort douce, et il s'appliquait : un seul tir suffisait. On apprenait aux snipers à ne jamais faire feu une seconde fois pour ne pas dévoiler leur position, aussi Frank s'assurait-il que cette situation ne se présente pas. Il n'y avait pas pensé depuis des années.

Tout à coup, Bobby apparut entouré de types baraqués – Frank reconnut Rafer Johnson – et se dirigea vers le podium. La nervosité de Frank atteignit son comble, et il éprouva un chatouillement désagréable. Il vida sa bière et s'en alla. Dehors, le boulevard Wilshire était vide. Même les prostituées étaient là pour essayer d'apercevoir le prochain président. Frank alla chercher sa voiture et roula pendant une heure ou deux, lui qui n'avait rien à perdre, mais qui venait de comprendre ce qu'il avait déjà perdu : pas seulement Lydia, mais également Andy, Janet, Eunice, Lawrence (qui aurait adoré Bobby Kennedy).

Il était au moins trois heures du matin quand il revint à l'hôtel Beverly Hills où, comme toujours, il avait passé les trois dernières nuits. L'employé à l'accueil semblait perturbé ; Frank comprit seulement pourquoi lorsqu'il arriva dans sa chambre et alluma la télévision. Il s'assit sur le coin du lit en caleçon et assista à la panique en noir et blanc sur l'écran. Était-il le seul dans le pays à ne pas être surpris de l'assassinat de Robert Kennedy – ou plutôt à être surpris que le tueur soit ce gamin à l'air aussi stupéfait et inoffensif qu'un faon pris dans les phares ?

En rentrant de Mount Holyoke en juin, Debbie comprit que son vrai boulot d'été serait d'aider sa mère à s'organiser et, après son retour à la maison, de surveiller son père qui venait de passer cinq mois à Sheppard Pratt. Elle dut supplier sa mère, puis la forcer pour qu'elle mette un mot sur le mal : dépression, oui, assez sévère, et puis paranoïa, même si sa mère ne l'avait jamais remarqué, mais peut-être que son père ne l'exprimait pas. Apparemment certaines personnes avaient l'air parfaitement normales en surface, mais quand on lisait leur journal ou leurs lettres, ce n'était que de longues descriptions de complots et autres projets. On lui avait fait des électrochocs. Pétrifiée d'effroi, Debbie ne demanda pas combien de séances il avait subies. Enfin, Lillian lui parla de la tentative de suicide, puis elle évoqua sa grand-mère, la première femme de son père, pendant la guerre, et Debbie pleura, mais tout cela était si étrange et nouveau pour elle que son chagrin ressemblait plus à celui qu'elle aurait éprouvé en lisant un roman triste. Elle écrivit à David pour lui raconter.

Pourtant, à son retour à la maison, son père lui sembla égal à lui-même. Il n'était pas encore prêt pour reprendre le travail, aussi acheta-t-il un livre de cinq cents pages intitulé *La Cuisine pour les gourmets*, alla chercher des plantes et des arbustes dans une serre, dont lui et maman discutèrent comme si c'était des chiots, et il supervisa l'équipe qui vint tailler certains des arbres. Au fond du jardin, il sema à la volée des graines de fleurs sauvages qu'il avait trouvées dans un muséum d'histoire naturelle. Il lava les deux voitures. Debbie se mit à compter ses blagues. S'il en faisait moins de cinq dans la journée, il ne se sentait pas bien, s'il en faisait entre cinq et dix, ça allait, mais s'il en faisait plus de dix, alors il était dans une phase « maniaque », et il fallait s'inquiéter. Il ne regardait pas les actualités à la télévision ni ne lisait les journaux. Debbie se demanda s'il était la seule personne au monde à ne pas être au courant que Bobby Kennedy et Martin Luther King avaient été assassinés. Son père était la personne idéale avec qui parler de ces événements, pourtant elle ne parvenait pas à s'y résoudre. Sa mère, elle, ne disait jamais rien.

À David, qui avait un emploi de caddie pour l'été dans un golf de Middletown, elle écrivit : « On dirait qu'on vit dans un tombeau. C'est la chose la plus triste du monde. Quand on était petits, personne ne s'amusait autant que nous. On a eu la première télévision, on avait un bac à sable, des balançoires et une corde attachée à une branche. On avait plus de vélos que nous n'étions d'enfants parce que chaque fois que mon père en voyait un pas cher à vendre, il l'achetait au cas où un gosse du voisinage n'en ait pas. On avait tellement de balles que tous les chiens du coin venaient jouer, même si leur maître n'était pas là. Dean n'arrête pas de me dire de laisser papa tranquille et de cesser de le regarder, parce que c'est ça qui le rend paranoïaque ! »

Elle trouvait qu'elle gérait correctement la situation, jusqu'à ce qu'elle parte pour le week-end à Middletown, du vendredi soir au dimanche soir. Maman voulait lui payer une chambre d'hôtel. Elle lui dit : « Tu as presque vingt et un ans. À ton âge, j'avais déjà Timmy et tu étais en route. Ce que tu fais, ça te regarde. Je n'irai pas te demander si c'est sérieux avec ce garçon. Les choses ne se passaient pas ainsi avec ta grand-mère. C'est pour ça que je me suis enfuie avec ton père sans rien lui dire. » Elle sourit, bien qu'elle ait l'air épuisée. Debbie ne savait pas vraiment à quel point c'était sérieux avec David, il la réconfortait plus qu'il ne l'excitait, mais elle avait envie d'aller le voir.

David la serra dans ses bras, à croire qu'il était réellement content qu'elle soit venue, il avait bronzé et grâce à son travail en plein air sur les parcours de golf il avait l'air en peine forme. Il avait dû se couper les cheveux, mais ça repoussait.

Ce ne fut pas avec lui qu'elle se disputa, mais avec Jeff MacDonald, qui s'occupait d'un « samizdat » rassemblant quelques articles tapés à la machine qu'ils polycopiaient, agrafaient et distribuaient au coin de la rue. La querelle débuta quand David admit qu'il avait tapé dans quelques balles pour s'entraîner en début de semaine. Jeff lui rétorqua de ce ton très sérieux et un peu traître : « Je t'avais dit que t'étais pas fiable, et puis de toute façon, est-ce que tu m'as donné vingt-cinq pour cent de tes pourboires ? »

David fronça les sourcils et Debbie prit la parole : « Pourquoi est-ce qu'il devrait te donner vingt-cinq pour cent de ses pourboires ?

– La classe dirigeante doit payer pour son renversement.

– Tu parles de classe dirigeante dans un golf public, où ce sont des vieux Italiens et des gens des usines qui jouent ?

– Deb… » dit David.

Elle se remit à ôter les olives de sa pizza. Depuis neuf mois que Debbie sortait avec David, elle s'était habituée à Jeff MacDonald et ne le prenait plus au sérieux. Mais elle ne voulait pas renverser la classe dirigeante ; elle voulait mettre fin à la guerre du Vietnam.

Les trois garçons continuèrent à parler de pourboires. Nathan, qui était serveur dans un snack sur

Main Street, gagnait vingt-huit dollars par semaine, plus quarante en pourboires. Il payait cinquante dollars pour sa colocation. David gagnait cinquante dollars, et pouvait monter jusqu'à cinquante de plus lorsqu'il accompagnait les joueurs sur le terrain, voire parfois dix de plus, mais sans tenir compte des jours de pluie. Jeff bien sûr, ne payait pas le loyer parce que le journal était trop radical pour avoir un public payant important, cependant ils en avaient distribués cinquante exemplaires la semaine passée, et cinquante-trois cette semaine. Jeff et le rédacteur en chef se demandaient s'ils devaient faire de la publicité – un magasin qui vendait des articles liés à la consommation de drogue était prêt à payer, ainsi qu'un type qui tirait les tarots.

Debbie retint un sourire. Jeff le vit, car il déclara, d'un ton irrité : « Donc, ton vieux a été emmené par ses potes taupes ? »

Dès qu'il ouvrit la bouche, elle sut que David avait révélé son secret. Elle répondit : « Je ne sais pas de quoi tu veux parler.

– Si, tu sais. Mais faut pas le prendre de manière personnelle. Il y a des choses plus importantes que le destin des individus quand on est engagé dans la lutte.

– Ça m'étonne que tu penses ça parce qu'on dirait que pour toi, le plus important, c'est d'avoir toujours le dernier mot.

– Si je considère que mes analyses sont les plus justes, il faut que je sois certain d'être bien compris.

– Et là, tu as analysé la… maladie de mon père, alors que tu n'es pas psychiatre, que tu ne l'as jamais rencontré, et que tu n'en as même jamais discuté avec moi ?

– Je n'ai pas besoin de connaître les individus eux-mêmes pour comprendre que la classe dirigeante ferait n'importe quoi pour garder la mainmise sur les moyens de production et les organes de l'endoctrinement.

– Ouais. Comme dans *1984*.

– Des erreurs ont été commises. » Il haussa les épaules. « Regarde ce qu'ils ont fait à Bobby Kennedy. Je ne dis pas que je l'apprécie. Il était pas mal réac, mais c'était la clé. Il s'est juste un peu écarté de la ligne directrice, et ils l'ont tué.

– Ils n'ont pas descendu Eugene McCarthy, dit Nathan.

– Il n'a aucun charisme ni aucune chance. Ils le savent. Tu sais qu'il y a cinq cent mille Américains au Vietnam ? Pourquoi tu crois qu'ils sont là-bas ? Ils font le tri. Nous sommes toute une génération. Quand tout le monde sera sous les drapeaux, ils nous trieront. À quoi ça sert, à ton avis, les "tirs amis" ? Quand on nous aura appris à obéir, ils nous ramèneront tous à la maison, nous mettront au travail, et tu n'entendras plus jamais un membre de notre génération s'exprimer. JFK a été le premier avertissement, Martin Luther King le deuxième, Bobby Kennedy le troisième.

– C'était écrit dans ton article, commenta David.

– En effet.

– C'est toi, Kropotkin ? »

Debbie éclata d'un rire méchant. Jeff la regarda droit dans les yeux. Elle prit la parole : « Tout le monde sait que le communisme, ça ne marche pas. Même ma tante Eloise le sait.

– Peter Kropotkin était anarchiste.
– Le parti d'un seul homme. »

Jeff remonta ses lunettes sur son nez. David contemplait sa part de pizza à moitié mangée. Debbie s'attendait que Jeff embraye au sujet de Tim. Ses mains tremblaient. Mais de sa voix la plus supérieure, il dit : « Que se passe-t-il après le troisième avertissement ? Eh bien, la révolution éclate, et ça ne va pas tarder. Franchement, vous croyez que tout le monde a été triste qu'un tueur de la CIA ait expédié Martin Luther King dans un monde meilleur ? Vous ne savez donc pas reconnaître les larmes de crocodile ? Demandez à Eldridge. Whites le détestait, même si King ne s'en est rendu compte qu'au tout dernier moment, et les noirs qui ont un peu de bon sens, eux aussi le détestaient, parce qu'il ne comprenait pas les blancs. Il pensait que si les noirs se comportent comme de bons garçons et de bonnes filles, alors les blancs qui dirigent la maison les laisseront grandir. Bobby Seale et Eldridge, eux, ne sont pas dupes. Ils sont contents que King soit mort. Et moi, pour des raisons équivalentes, je suis content que Bobby Kennedy soit mort. Tout le monde doit mourir un jour. Mais si tu te mets dans le passage, si les gens croient que tu vas tout changer, mais qu'en réalité tu ne le fais pas, car tu ne peux pas, et que d'ailleurs tu ne le veux pas, parce qu'en réalité tu penses que si les pauvres ont besoin d'une maison, ils n'ont qu'à jouer les larbins des grandes entreprises plus encore, dans ce cas autant mourir sans attendre plus longtemps. » Il remonta à nouveau ses lunettes et regarda à travers le restaurant. Il avait élevé la voix. Il baissa d'un ton : « Voilà ce que je pense.

– Tu dis vraiment que des conneries, fit Debbie.

– Demande à ta taupe de père. Demande-lui ce qui se passe vraiment. Je te mets au défi.

– Tu crois que j'aurais envie de vivre sous un gouvernement que tu dirigerais, ou que tu aurais mis en place ? C'est bien joli de dire que tu es anarchiste, mais l'anarchie, tu ne la souhaites que pour toi. Les autres, tu veux juste qu'ils fassent ce que tu demandes, qu'ils pensent la même chose que toi et n'oublient pas que c'est toi le patron. Tu veux que je te dise pourquoi tu portes cette veste, pourquoi tu distribues ce torchon dans la rue, même si tu sais pertinemment que les gens le jettent dans la première poubelle qu'ils rencontrent, ou encore pourquoi tu portes ces lunettes qui sortent tout droit de *Docteur Jivago* ? Tu as juste envie de baiser, comme tous les mecs. Mon frère, Dean, croit que c'est en jouant au hockey qu'il va réussir à baiser. Toi, tu crois que c'est en faisant semblant d'être russe – tu parles d'une différence ! » Elle secoua la tête. « Et ça ne te déplairait pas de diriger General Motors. Tu détestes les grandes entreprises uniquement parce que ce n'est pas toi le patron. Si par magie tu pouvais devenir président de... Dow Chemical, par exemple, tu sauterais sur l'occasion, et tu serais heureux de produire du napalm, parce que si la mort d'une personne ne te dérange pas, alors celle des autres non plus. Tu n'es qu'un salopard sans cœur. »

David s'était déjà levé : « Je crois qu'on devrait y aller.

– Je ne partirai pas avec lui, dit Debbie.

– On n'est pas obligés. » Il lui prit la main et l'emmena vers la porte. Dehors le temps était chaud et très beau. Après avoir fait quelques pas, David lui dit : « Je crois que son père est membre du syndicat des routiers à Pittsburgh. Ils ont toujours été très militants. Et son grand-père connaissait Big Bill Haywood.

– Il n'est pas…

– Non, mais c'est pas comme s'il parlait toujours à son père. Je crois qu'il ne lui a plus dit un mot depuis qu'il a quinze ans. Il n'est pas d'accord avec lui, il dit toujours : "Si tu bosses à l'usine, même si tu es syndiqué, tu cautionnes quand même l'existence de l'usine."

– Et après, c'est bien qu'il y ait des usines. Est-ce que c'est ta mère qui va coudre tes vêtements, tes sœurs qui vont fondre des bougies et aller chercher des seaux d'eau à la rivière ?

– Tu m'en veux ?

– Je t'avais demandé de ne pas en parler.

– Ça m'a échappé. Tu m'en veux ?

– Je ne sais pas. »

Ils arrivèrent près d'un cimetière. À Middletown, partout où on allait, il y avait toujours un cimetière. « On va aller regarder les tombes et je vais y réfléchir », dit-elle.

Après, elle lui dit qu'elle ne lui en voulait pas, et ils allèrent au cinéma, il passa la nuit avec elle, et le lendemain, il l'accompagna à la gare. La première lettre qu'il lui écrivit arriva le mercredi. Elle lui répondit et aucun d'eux ne mentionna plus leur querelle, mais elle accepta de sortir avec un autre garçon, un étudiant de Vanderbilt, et lorsque les émeutes éclatèrent à Chicago au moment de la convention démocrate, elle songea que la révolution avait commencé.

Richie était dans le bâtiment Alpha, et Michael, Gamma. Les autres jumeaux, John et Clay Simpson, étaient dans le bâtiment Delta. Tout le monde, y compris les Simpson, trouvait que Richie et Michael s'entendaient très bien, même si leurs blagues et leurs farces allaient parfois trop loin. Voilà pourquoi d'ailleurs Richie se trouvait à présent dans le bureau du major, attendant que celui-ci revienne avec son dossier – Richie avait pointé un vieux fusil Springfield sur la tête de son frère, et pressé la détente ; tout le monde savait que l'arme était hors service. Même Michael avait ri. Et puis Richie avait poussé son frère du haut du grand plongeoir, à la piscine. Michael avait écarté les bras et les jambes et crié : « Yahou ! » en tombant.

Ils partaient en vrille, une fois de plus.

Dehors, nouvelle averse de neige fondue. Jamais il ne tombait autre chose ici. Jamais de vrais flocons. La porte s'ouvrit et le major revint. Il était petit – l'an dernier, Richie faisait la même taille, mais en un an il avait pris au moins quinze centimètres (Michael, dix-sept), et même sans sa casquette, il était désormais bien plus grand que le major. Il baissa les yeux.

« Caporal Langdon », dit le major.

Tout le monde dans sa classe était caporal. L'année suivante ils deviendraient sergents juniors, puis officiers seniors. Richie salua. « Oui, chef. »

Le major secoua la tête. « Je vous observe.

– Oui, chef.

– Vous ne le savez peut-être pas, mais j'étais à la piscine l'autre jour, et je vous ai vu pousser votre frère du grand plongeoir.

– Oui, chef.

– Il s'en est bien tiré, mais vous l'avez pris par surprise, et caporal Langdon, je ne crois pas que c'était pour rire.

– Ça l'était, chef. Il savait que j'étais là. Il était prêt. Vu de l'extérieur, on pourrait croire que je l'ai surpris, mais ça, c'est parce qu'il en a fait toute une histoire. Il était…

– Est-ce que vous contredisez mon propre témoignage, mon garçon ?

– Oui, chef », dit sèchement Richie, menton relevé, regard fixé droit devant lui.

« Terminez ce que vous avez commencé, dans ce cas.

– Il allait me pousser. Il le savait, je le savais. J'ai seulement été plus rapide. Pour une fois.

– Vous ne vous faites jamais de cadeaux, tous les deux, hein ?

– Non, chef.

– Que se passerait-il si l'un de vous deux était blessé ?

– Je ne sais pas, chef.

– Vous ne savez pas ?

– On n'a jamais été blessés. » Dans le sens où aucun d'eux n'était jamais allé chez le médecin à cause de l'autre, pensa Richie.

« Eh bien réfléchissez-y.

– Je n'y manquerai pas, chef.

– Non, maintenant. »

Richie se mit à réfléchir en regardant la neige fondue, dehors, qui donnait à la fenêtre du bureau l'air humide et embuée. Souvent, il imaginait Michael blessé. Par exemple, peut-être que le major demanderait que l'un d'eux quitte l'école. Ce serait Michael, et le jour de son départ, Richie l'emmènerait quelque part et il le poignarderait à mort. Il répondit : « Ça irait mal. Je le sais.

– Parfois les garçons ne réfléchissent pas. »

Richie scrutait le toit du bâtiment d'en face. Il était raide, garni de métal. Si Michael et lui se trouvaient sur ce toit, Michael détournerait peut-être les yeux un instant, et Richie pourrait le pousser. Il y avait deux étages et Michael s'écraserait par terre. Il le voyait déjà tomber la tête la première.

« Je dois vous sanctionner, caporal Langdon. D'après le règlement, que votre comportement soit intentionnel ou pas, la punition infligée vous fera prendre conscience de la gravité de vos actes.

– Oui, chef.

– Je ne vous rétrograde pas au rang de simple soldat, mais je vous avertis que cela pourrait arriver.

– Oui, chef.

– Demain, et pendant les trois jours suivants, vous ferez six fois le tour du champ de manœuvres en courant avec votre fusil et votre barda.

– Oui, chef.

– Ensuite, vous enchaînerez avec vingt-cinq pompes. Vous ferez ces exercices pendant que vos camarades s'entraîneront aux manœuvres, ça leur servira d'exemple.

– Oui, chef. » Ce qui mènerait ensuite aux cris et aux moqueries de retour au dortoir. Michael lui disait toujours : « Merde alors, mais tu cours comme une fille ! » Richie serra les dents.

« Si ça ne vous aide pas à réfléchir, caporal, je ne sais pas comment vous y parviendrez. Mais je crois en vous. » Le major tapota l'épaule de Richie. Celui-ci supposa qu'il s'agissait là d'un geste paternel. Le regard fixé droit devant lui, il adopta l'attitude qu'il montrait toujours, c'est-à-dire qu'il afficha un air totalement impénétrable qui ne laissait rien transparaître.

« Ça ira, caporal Langdon. Rompez.

– Oui, chef. » Richie salua à nouveau.

1969

Aux vacances de printemps, Minnie avait organisé un voyage sur la côte Est pour les élèves méritants : d'abord New York, l'Empire State Building, le Metropolitan Museum of Art, la statue de la Liberté ; puis le train jusqu'à Washington, D.C., où ils iraient visiter le Congrès, la Maison Blanche, les différents monuments, et passeraient une journée à la Smithsonian Institution. Seulement deux élèves sur quatorze avaient déjà pris l'avion. Minnie, une seule fois, pour aller assister à une conférence à Dallas. Elle dit à Joe : « Tu crois qu'on doit porter notre étiquette "Bouseux" épinglée sur le col ou sur notre derrière ? » Joe éclata de rire. Annie, qui avait seize ans mais en paraissait quatorze, faisait partie des meilleurs élèves. Minnie et elle partaient en éclaireuses et devaient rester deux nuits chez Frank et Andy. Janet, qui était entrée à l'université de Sweet Briar, viendrait passer le week-end avec eux. Rosanna affirmait : « Janet a choisi la famille de Lillian comme famille d'adoption, elle tolère la présence de Frank et Andy en gardant une certaine distance. » C'est ça, les gosses, aurait dit Minnie.

Quand l'avion décolla, Annie rangea docilement ses deux livres dans la poche contre le dossier de devant. Ensuite, elle se plongea dans la lecture avec une régularité d'horloge, une demi-heure du *Moulin sur la Floss*, une demi-heure de *L'Éternité de l'amour*. Barbara Cartland. Enfin, c'est toujours mieux que la télévision, songea Minnie. Elle lissa sa jupe de laine sur ses genoux. Ça aussi, c'était nouveau – orange. Jamais elle ne se serait imaginée vêtue d'une jupe orange et d'un pull assorti, orange et vert. Annie était allée chez Younkers, et elle en était revenue avec une nouvelle robe marron ; parfois Minnie se demandait ce que serait devenue Annie si elle n'avait pas vécu toute sa vie sous le même toit qu'une proviseure adjointe (et dès l'année prochaine, une proviseure tout court, la première du comté d'Usher). Annie était douce et affectueuse, pas très futée, elle ne ressemblait pas à sa mère, Lois, qui faisait tout très bien, y compris dormir dans la même chambre que son mari et traiter ses enfants avec gentillesse. Lois était parfaitement courtoise envers Minnie, mais ne manifestait aucune chaleur. Annie, comme auraient dit les élèves, était un peu innocente, ce qui lui donnait un certain charme. Minnie savait qu'il était de son devoir de pousser sa nièce, de lui donner un peu d'étoffe pour qu'elle fasse quelque chose de sa vie. L'hôtesse déclara que l'atterrissage était imminent ; Minnie s'aperçut qu'elle allait bientôt devoir affronter le couple de Frank et Andrea.

Cette dernière les attendait à la sortie. Minnie la vit examiner Annie, puis aviser sa présence à elle tout en venant à sa rencontre, les bras tendus. Minnie la serra un instant contre elle, et Andy lui dit : « Quel ensemble gai et éclatant tu portes ! »

Andy, elle, avait de fines bottes à talons hauts, un collant noir et un manteau de laine noir avec une ceinture, ce qui n'avait rien de gai. Minnie entraperçut alors l'aspect comique de cette visite.

« Arthur et Lillian devraient être là pour le dîner. Nedra nous prépare un gigot d'agneau. Ça vous va ? Janet a des amis qui s'évanouissent à l'idée de manger un pauvre petit agneau. Annie, tu ressembles tellement à ta tante Claire. Ce sont vos valises ? Je suis garée juste devant. C'est si facile. Newark est beaucoup plus accessible que LaGuardia. Frank devrait être là quand nous arriverons. Je pensais qu'il serait plus souvent à la maison après avoir quitté l'industrie pétrolière. Je croyais que, dans l'armement, il aurait un emploi du temps plus souple. » Elle sortit ses clés de son sac et laissa Minnie et Annie se débrouiller pour hisser leurs bagages dans le coffre de sa Cadillac jaune à capote noire.

Le trajet depuis l'aéroport fut une véritable leçon en matière d'échelle sociale de la côte Est. Sur une trentaine de kilomètres, d'après le compteur, on démarrait dans une friche industrielle, pour terminer dans un paradis de verdure. L'allée était longue, très ombragée. Andy s'arrêta devant une vaste maison de style contemporain aux pignons saillants et aux hautes fenêtres étroites. Elle ressemblait à celle que Frank Lloyd Wright avait bâtie à Mason City, mais en moins lourde et moins sombre. Andy et Annie entrèrent mais Minnie s'attarda dehors pour regarder les forsythias. Par-dessus la haie elle vit que les voisins avaient un court de tennis et une piscine. Elle se promit de ne pas avoir l'air impressionnée. Nedra sortit de la cuisine en disant : « Comment allez-vous, miss Frederick ? Je vous ai installée dans la chambre d'amis, là-haut. »

L'ensemble de Minnie jurait avec tous les meubles de la maison, si bien qu'elle se changea et enfila un vieux pantalon noir et un pull bleu marine. Elle redescendait l'escalier quand Frank entra. Elle ne l'avait pas vu depuis le mariage de Claire. Elle lui trouva une mine affreuse. Lorsqu'il enleva son chapeau, elle constata qu'il s'était beaucoup dégarni. Elle eut juste le temps de penser que la forme de sa tête était très attirante, avant qu'il ne remarque sa présence.

« Je sens qu'on rôde dans les buissons, dit-il.

– C'est juste une vieille chèvre qui mastique quelques feuilles. »

Il la serra chaleureusement contre lui. Andy apparut, un verre dans une main, une cigarette dans l'autre : « Nedra a préparé une omelette norvégienne.

– Oh, j'adore ça, répondit Minnie.

– Ce sont les Bergstrom qui ont inventé l'omelette norvégienne, là-bas, à Eidsvoll, en 1234.

– Vraiment ?

– Mais non. Ma tante a toujours recouvert la génoise de confiture d'airelles. » Elle but une gorgée. Frank l'embrassa sur le front et s'éclipsa à l'arrière de la maison. « Bourbon, scotch, vodka, gin, bourgogne, bière ?

– Qu'est-ce que tu bois ?

– Un Old Fashioned. Un seul. Un seul. Un seul, insista Andy en souriant.

– Plus tard, peut-être. »

Andy fit tourner les glaçons dans son verre du bout du doigt, puis elle demanda : « Comment vont les autres ?

– Très bien. Et les garçons, est-ce qu'ils se plaisent dans leur école militaire ?

– Oh, non. Et c'est ça le problème. Mais il fallait pourtant leur trouver une école où les adultes aient le dessus.

– Mais tout se passe bien ? Cet endroit a la réputation de les occuper sainement et de leur apprendre à s'organiser.

– Je voulais les envoyer à Summerhill, en Angleterre…

– Juste ciel !

– Mon psychiatre connaît A.S. Neill et il le respecte. Il a dû faire face à beaucoup de critiques injustifiées. Frank a refusé d'en entendre parler, hélas. »

Minnie s'en félicita.

Frank revint à l'instant où la porte s'ouvrait devant Tina, suivie de Janet. Tina portait un pantalon noir et une chemise teinte en noir, imprimée de fleurs bleues et vertes. Par-dessus, une cape noire elle aussi, qui lui arrivait aux genoux. Elle ressemblait à Arthur en modèle réduit – cheveux bruns, yeux marron – mais sérieuse, pas joviale. Janet, elle, avait acquis une maturité soudaine. C'était Joe, version fille – yeux bleus, lèvres pleines, bouche aimable, l'air sérieux. Elle portait un pantalon pattes d'ef des surplus de l'armée avec treize boutons, un col roulé noir et un caban de marin. Elle avait les cheveux presque jusqu'à la taille, blond foncé à présent. Janet regarda autour d'elle, tout dans son expression laissait entendre : « Oh, cette baraque. Quel merdier. » C'était la plus belle demeure que Minnie ait jamais vue.

Lillian arriva en trombe, la main sur le bras d'Arthur, puis elle se jeta sur Minnie à croire que celle-ci avait dû affronter le blizzard pour arriver jusque-là. Personne en Iowa ne savait très bien ce qui était arrivé à Arthur – une espèce de crise de nerfs, un hôpital renommé, un été en disponibilité, de retour pendant un mois à la fin de l'automne, et maintenant à nouveau chez lui. C'était toujours « pas trop mal, il y a du progrès » d'après Rosanna, qui répétait les propos de Lillian. C'était sûrement à cause de la mort de Timmy. Rosanna disait : « Je le voyais venir », et Joe répondait : « C'est bizarre que tu n'en aies rien dit. » Mais lorsqu'il serra Minnie dans ses bras et fit la bise à Andy, Arthur souriait, égal à lui-même, puis il retira son chapeau et ses gants en évoquant ce combi Volkswagen qu'ils avaient croisé sur la route, peint en vert à la manière d'un paysage, avec des fleurs en bas, du bleu pour le toit, et des visages dessinés sur les vitres. « Quand il nous a dépassés, le visage sur la lunette arrière hurlait. » Il avait les cheveux gris à présent.

« Papa a voulu le suivre jusqu'au Joyce Kilmer Plaza pour l'échanger contre notre voiture, dit Tina.

– Direct, dit Arthur. Et j'aurais jeté les gosses dedans s'il le fallait. »

Tout le monde se mit à rire.

L'agneau était délicieux, comme le gratin de pommes de terre et les asperges sauce Mornay. Minnie et Annie avaient déjà tout avalé lorsque Minnie s'aperçut que les autres picoraient avec délicatesse. Janet ne prit pas de viande. Andy semblait s'être servi un autre Old Fashioned.

Arthur et Lillian menaient la conversation, par moments aidés de Tina, assise à côté d'Annie, qui lui parlait à mi-voix de groupes de rock. Annie préférait Credence Clearwater Revival, mais Tina était fidèle aux Stones. Annie dit : « J'adore ton T-shirt. » Tina répondit : « J'en ai fait quatre. Je peux t'en envoyer un, si tu veux. » Oh, oui, s'il te plaît, pensa Minnie.

« À quelle université est-ce que vous allez, les filles ? » demanda Andy. Minnie se demanda si elle avait bien réfléchi : les filles étaient encore au lycée.

« J'irai à la Rhode Island School of Design, répondit Tina.

– Elle travaille déjà sur les dessins qu'elle compte présenter. En fait, ça fait dix ans qu'elle est dessus », ajouta Lillian.

Annie ne répondit rien.

« C'est drôle que tous ces cousins soient nés à quelques mois d'intervalle.

– C'est comme une expérimentation génétique, dit Andy.

– Les garçons sont plus lents, quoi qu'il arrive, dit Frank.

– Combien mesurent Richie et Michael, maintenant ? demanda Lillian. Dean fait un mètre quatre-vingt-treize. Je ne sais pas d'où ça vient.

– Je mesurais un mètre quatre-vingt-trois à leur âge. Je crois que Richie fait un mètre soixante-dix-huit et Michael est un peu plus grand. Il pèse aussi sept kilos de plus, et c'est tout du muscle. Oui, il est tout en muscle. Richie est plus fin. » Ce qui semblait lui déplaire. Nedra arriva de la cuisine, vit la nourriture qui restait sur le plateau et dans les assiettes, et posa les mains sur les hanches. Minnie déclara : « Mon Dieu, c'était délicieux, merci Nedra. » Celle-ci lui adressa un signe de tête.

« Elle fait toujours des efforts quand Frank est là », dit Andy.

Aïe, pensa Minnie.

Un muscle minuscule se mit à vibrer près de l'œil droit de Frank.

« Oui, c'était délicieux », dit Arthur. Il avait passé le bras autour du dossier de la chaise de Lillian d'un air détendu mais possessif et, peut-être sans même s'en rendre compte, la regardait avec tendresse. Ah, tout le monde voyait bien quel couple la vieille fille devrait envier.

Mais Minnie n'enviait personne. Elle aimait toujours Frank, à la manière dont les fantômes vivent dans les demeures abandonnées, mais quand votre travail consistait à superviser les rejetons de toutes sortes de couples qui venaient parader dans votre bureau de septembre à juin, alors c'est l'institution du couple en elle-même qui devenait suspecte. À cinquante ans, Minnie savait que le petit Billi Crockers ressemblait au frère de sa mère qui avait mal tourné, mais les parents étaient comme pétrifiés, ils entretenaient encore de l'espoir, pensaient que Minnie était capable de redresser les choses par le simple pouvoir de la parole, des heures de colle, du travail supplémentaire, ou qu'ils réussiraient à lui faire entendre raison en lui tapant dessus. Aux yeux de Minnie, les jeux étaient faits pour chacun d'entre eux, dans le bon ou dans le mauvais sens.

L'omelette norvégienne eut encore plus de succès que le gigot. Nedra avait utilisé une douille pour donner à la meringue une forme de spirale, elle l'avait ensuite saupoudrée de sucre brun et fait caraméliser avec fermeté. À l'intérieur, la délicieuse glace à la fraise était encore dure et le biscuit au chocolat imbibé d'un alcool fort au goût puissant. Tout le monde finit son assiette. Au désespoir, Minnie se leva de table et alla à la cuisine, où elle insista auprès de Nedra pour l'aider à faire la vaisselle.

Quand ce fut terminé, que la cuisine fut nettoyée et que Nedra l'eut mise dehors, Minnie revint au salon. Les filles étaient montées ; Andy était passée du whiskey au cognac. Frank avait les mains posées sur ses cuisses et les yeux fixés sur sa femme, son verre dans une main, sa cigarette dans l'autre. Sa cendre, longue de plus de deux centimètres, menaçait de tomber sur le tapis. Lillian et Arthur étaient blottis l'un contre l'autre sur le canapé. Lorsque Minnie entra, ils levèrent tous les yeux en même temps. Andy expliquait : « Je parle seulement de principes généraux. Ça n'a rien de personnel. Mais maintenant qu'on sait comment fonctionnent les chimpanzés, on pourrait adopter la même structure dans nos familles. Lillian, Lois et moi on aurait une maison commune où on vivrait avec les enfants. Il y ferait chaud aussi on pourrait se balader sans chemisier ni soutien-gorge et les bébés s'accrocheraient à nous, pour téter à leur demande jusqu'à l'âge de trois ans, alors Frank, Joe et Arthur, qui le reste du temps chasseraient ensemble, pourraient venir nous féconder, et à la naissance des bébés, les plus grands nous aideraient à nous en occuper. Ça pourrait résoudre tous les problèmes de notre civilisation. » Son élocution était ralentie et moins distincte. Frank lança un regard à Minnie. Celle-ci s'assit et dit : « Qui aurait le pouvoir ?

– Tout le monde. Toute cette putain de civilisation. »

Minnie n'avait encore jamais entendu prononcer pareille grossièreté dans un salon.

Arthur se tourna vers Lillian : « Il me semblait que c'est comme ça qu'on avait élevé nos enfants. En tout cas, on a essayé. » Lillian sourit. Andy avala le fond de son verre et renversa la tête contre le dossier de son fauteuil. Arthur reprit : « Enfin, Rosanna pense que ce sont les principes que nous avons suivis.

– Je crois plus en la nature qu'en la culture, pour ma part, dit Minnie. Vous n'avez qu'à voir cette lignée de Dugan passer dans votre bureau et plus jamais vous ne croirez à l'influence de la culture.

– Ma première victoire, commenta Frank en souriant.

– Bobby Dugan n'a pas été avare en matière de reproduction. Je n'ai jamais vu chez l'*Homo sapiens* quelque chose qui ressemble autant à une portée.

– Bobby Dugan nous brutalisait quand on était petits. À deux ans et demi, j'ai installé un piège à souris à son intention dans les latrines de l'école.

– Oh, tu avais sept ans. Mais c'était astucieux. Enfin, aujourd'hui, il a onze enfants issus de deux femmes différentes, mais on dirait qu'ils sortent du même moule. Ils ont tous la même fossette au menton, et le même sourire de travers. Et ils s'imaginent qu'ils pourront fumer en cachette sans se faire prendre en choisissant tous exactement le même coin dans la cour du lycée.

– Y a pas de mal à fumer, déclara Andy dont la tête reposait toujours sur le dossier du fauteuil. Un paquet de cigarettes, c'est un petit trésor, voilà ce que je crois. »

Frank se leva et sortit.

Ce fut Lillian qui monta avec Andy en riant, en la cajolant, en parlant des projets pour le lendemain.

Minnie resta avec Arthur et attendit, malgré son envie d'aller se coucher. « Vous croyez que c'est une vraie maison de Frank Lloyd Wright ?

– Une bonne imitation. C'est du Wright dans lequel on peut vivre. » Il jeta un coup d'œil en haut de l'escalier. Minnie vit qu'à présent, c'était Lillian qui prenait tout en main. Elle se sentit bouleversée.

Quand celle-ci redescendit, elle lui dit : « Minnie, tu dois être fatiguée.

– Je ne vais pas tarder à aller me coucher. Je suppose que les filles sont bien installées ?

– Tina va peut-être faire un tatouage à Annie, déclara Arthur.

– Un tatouage !

– Oh, mais avec des marqueurs. J'en ai un. » Et il remonta son pantalon pour lui montrer un flocon de neige psychédélique sur son genou. « Celui-là, c'est une collection plus ancienne – il y a deux semaines, quoi. À présent, elle est dans sa phase escargots.

– J'attends les fleurs, dit Lillian, mais elle trouve que c'est trop statique. » Les deux parents affichaient des sourires béats. « Si tu voyais sa chambre. Un mélange de San Francisco et de la Côte d'Azur française.

– Comment va Debbie ? demanda Minnie.

– Elle est sérieuse, répondit Arthur.

– Elle aura son diplôme avec les félicitations du jury, j'en suis sûre, ajouta Lillian. Tu sais qu'elle est à Mount Holyoke ? Son petit ami a disparu.

– C'était inévitable. On voyait bien qu'il était encore trop novice. Je pense qu'elle va se trouver un homme plus âgé, marié de préférence. »

Lillian secoua la tête d'un air affectueux.

« C'est freudien, conclut Arthur.

– En parlant de ça, reprit Lillian en se penchant, le psychiatre d'Andy a une réputation épouvantable. Frank est hors de lui. Ils ont donné à ce type des dizaines de milliers de dollars, et comme tu vois… »

Minnie savait que chez elle, à ce stade, quelqu'un aurait dit : « Ces gens de l'Est, je ne les comprends pas. »

La chambre de Minnie donnait sur une terrasse qu'elle n'avait pas remarquée auparavant. Puisqu'elle avait emporté sa robe de chambre et ses chaussons (au cas où elle ait des problèmes avec des élèves récalcitrants après l'extinction des feux), elle s'emmitoufla et sortit pour admirer la vue. Quelques instants plus tard, une autre porte s'ouvrit et Frank apparut, encore habillé. Minnie posa la main sur sa porte-fenêtre, mais Frank lui demanda : « Tu as vu ça, là-bas, à droite ? »

Elle regarda mais ne vit rien. Que des arbres. « Qu'est-ce qu'il y a à voir ?

– Rien.

– Alors pourquoi tu m'as dit de regarder ?

– Pour engager la conversation. »

Minnie se mit à rire.

« Comment ça va ? » reprit-il.

Elle serra plus fort sa robe de chambre autour d'elle. « Ça pourrait être pire.

– J'aimerais pouvoir dire la même chose.

– Dieu du ciel, Frank. Tu as une maison magnifique, je lis des choses sur toi et ta société d'armement si innovante dans les journaux, et Richie et Michael…

– Sont hors d'état de nuire pour le moment.

– Rosanna m'a montré leur photo de classe. Ce sont de très beaux garçons.

– C'est pire.

– Toi-même, tu étais un très beau garçon.

– Tu me le disais.

– Tout le monde te le disait. »

Appuyé sur le garde-corps, Frank contemplait la verdure. Comme toujours, il semblait ne pas sentir le froid. Enfin, il lui demanda : « Est-ce que ton père te battait ?

– Non. Mon père était réservé, à ce qu'on dit, et autrefois, il ne buvait pas du tout, même si c'est difficile à croire. Ma mère me donnait de temps en temps une petite fessée, mais c'est tout. Mon grand-père a usé du martinet avec tous ses garçons. Je sais que Walter te battait.

– Quand les autres sont arrivés, il a compris que ça ne servait à rien. Je n'ai jamais frappé mes fils, mais maintenant je me demande si je n'ai pas eu tort. J'étais à Caracas le jour où Richie a donné un coup de maillet sur la tête de Michael. Il l'a assommé. Je l'ai découvert un an plus tard.

– Et qu'est-ce que tu aurais fait ?

– Je n'en ai aucune idée. J'étais content de ne pas être là. »

Minnie ne dit rien. Frank passa le bras autour de ses épaules. Elle eut juste le temps d'être surprise lorsqu'il déposa un baiser sur ses lèvres, elle se laissa faire et il l'enlaça. Elle sentit sa nuque se hérisser, avec le sentiment d'avoir été prise par surprise, mais ce fut tout. Enfin elle se baissa pour se dérober à son étreinte.

Frank ne s'attendait pas qu'elle s'abandonne ainsi – la dernière fois où il l'avait embrassée, quarante ans plus tôt, c'était dans le vestiaire, à l'école, alors qu'elle accrochait son manteau. Cette fois aussi, il l'avait prise par surprise. C'était sans doute ça qui l'excitait, car Minnie semblait avoir toujours une longueur d'avance sur lui. « Je suis désolé », dit-il, ce qu'il convenait en effet d'ajouter.

« Tu veux dire que tu me présentes des excuses, ou que tu regrettes ce que tu as fait ?

– Je te présente des excuses. Je ne le regretterai que si tu m'en veux.

– Je ne t'en veux pas. »

Mais elle s'écarta. « Tu as le droit de dire que tu as froid afin de rentrer, dit-il en se trouvant vraiment très prévenant.

– Je pourrais. Sauf si tu veux qu'on parle. »

Qu'avait donc cette suggestion de surprenant ? Mais bon, à qui parlait-il d'habitude et de quoi ? Ces derniers temps, il discutait de la manière de tirer des balles de différentes formes dans l'eau pour calculer la perte de leur vitesse. Les hommes avec lesquels il en parlait n'avaient ni nom ni personnalité. « Je ne crois pas que je sache parler.

– Frankie, tu as l'air triste.

– Quoi ? Mais je n'ai encore rien dit.

– Je t'ai observé au dîner, et après.

– Je croyais que tous les regards étaient braqués sur ma femme.

– Le tien, oui.

– Tu sais ce qu'il lui faudrait ? Conduire un chariot bâché tiré par une paire de bœufs à travers le Colorado et les montagnes Rocheuses pour sauver un groupe de colons des griffes de trois grizzlis et ensuite les aider à surmonter le long hiver. » Cette pensée le fit rire.

« Tu habites un quartier très agréable.

– J'avais dit à Andy de chercher une maison dans ce coin. Elle a trouvé. La classe totale. Ensuite, elle l'a redécorée et elle a fait réaménager le jardin. Maintenant, c'est terminé. Et après ? Son frère est pareil : il était né pour diriger une grosse exploitation dans le Dakota du Nord, mais il a raté l'occasion, et aujourd'hui il entraîne tous les gosses qu'il rencontre pour les jeux Olympiques d'hiver. Elle va voir son thérapeute. » Finalement, il s'aperçut qu'il savait très bien parler.

Silence ; puis Minnie reprit : « Peut-être que ça ne marche pas.

– Et merde, dit-il en se retournant, non, Min', ça ne marche pas. Ce psy est un détraqué qui profite d'elle chaque fois qu'elle tente de changer de traitement.

– Il profite d'elle ?

– Il la baise. »

Minnie parut choquée.

« Je crois qu'il appelle ça la thérapie Kama. Ça ne se pratique guère dans le New Jersey. Qu'est-ce qu'ils lisent aujourd'hui ? Ah oui, *Amour et connaissance*. Ils viennent de finir *L'Expérience psychédélique*.

– Elle a pris du LSD ?

– Elle dit que lui en a pris et qu'elle a fait semblant. C'était une minuscule pilule jaune, elle l'a poussée sous un radiateur pour la première souris qui passe. Arthur m'a dit que toutes sortes de gens à son bureau ont pris du LSD et qu'ils n'en sont pas morts. Ça n'impressionne plus personne, Minnie. Mais voilà ce que je veux dire ! Regarde-la. Elle a une santé de fer et paraît trente-cinq ans ! Elle n'a ni vocation, ni centre d'intérêt et nous avons le chauffage central, alors à quoi pourrait-elle s'occuper ? » Jamais Frank ne s'était exprimé ainsi, surtout pas devant Andy. Certes, il était rarement seul avec elle, puisque la porte de communication entre leurs chambres était toujours fermée à clé.

« Elle a dit que tu jouais au golf.

– Le golf, c'est terriblement ennuyeux. » Il lui prit la main. Elle était froide. « Et toi, qu'est-ce que tu fais ?

– Pour m'amuser ?

– Oui, bien sûr.

– Je n'en sais rien.

– Oh, Min' !

– Revenons en arrière. Voyons voir. Avec Lois nous avons beaucoup de fleurs dans le jardin. Ce sont toutes des vivaces. Nous y réfléchissons et nous en discutons. Et nous les sentons : jonquilles, muguet. Les lilas de ta mère sont incroyables. Je suppose que tu ne viens jamais à la saison où les lilas fleurissent : ils forment une vraie canopée. On les sent jusque chez nous. Je nettoie des choses. J'amène des trucs à l'église, à l'armée du Salut. J'écoute parler les jeunes. Ils sont amusants. Aujourd'hui, les professeurs de mes élèves sont des gosses à mes yeux, ils sont drôles, eux aussi. Je lis. Joe et ta mère regardent la télévision, mais Lois n'a pas le temps et moi, ça ne m'intéresse pas tellement. » Elle prit un air perplexe. « En fait, je n'ai pas vraiment de distractions ! »

Il l'embrassa à nouveau. Cette fois, pour de bon, parce que soudain, après toutes ces années – ça faisait quoi, quarante-cinq ans ? –, enfin, il savait l'apprécier. Elle le sentit et ne se déroba pas. Il n'y avait rien d'inquiétant. C'était un doux baiser plein de gratitude. Après, elle passa le bras autour de sa taille et posa un instant la tête sur son épaule ; puis elle l'embrassa sur la joue et retourna dans sa chambre.

Frank se redressa et regarda le réveil. Il était près de trois heures. Il s'était assoupi et avait rêvé de Lydia, enfin, d'une petite femme portant des talons qu'il avait identifiée comme étant Lydia. Elle marchait dans une rue – à Londres, pas à New York. Voilà tout ce dont il se souvenait. Il avait trop chaud. Il repoussa les couvertures et se leva pour aller pisser.

Il était parfaitement réveillé. C'était gênant que Minnie, Andy et Lydia se retrouvent dans la même maison. Il prit un Kleenex sur sa table de nuit et se moucha.

En poussant la porte battante, Frank sentit une présence dans la cuisine, mais la personne qui était assise n'avait pas pris la peine d'allumer. Frank s'immobilisa. C'était Arthur. Il s'était écarté de la table et regardait droit devant lui, les avant-bras posés sur les cuisses. Il ne broncha pas quand Frank entra. Peut-être avait-il pris une substance quelconque. Frank dit : « Arthur. » Ses yeux s'étaient adaptés à l'obscurité. « Je peux faire quelque chose pour toi ?

– Pas que je sache, murmura Arthur.

– Tout va bien ? Et Lillian ? »

Il ne dit rien. Frank s'assit à son tour. En réalité, il ne mettait jamais les pieds dans sa cuisine ; Nedra servait tous les repas soit dans la salle à manger, soit dans la pièce du petit déjeuner. Si jamais Arthur voulait quelque chose, Frank aurait du mal à le trouver. Il s'éclaircit la voix et reprit : « Laisse-moi te raconter ce que j'ai fait la semaine dernière, ça va te plaire. J'ai regardé deux types tirer des projectiles de formes variées dans un réservoir d'eau. Ils essayaient de calculer dans quelle proportion l'eau ralentit l'évolution du projectile, jusqu'à ce qu'il s'immobilise. C'était intéressant. Ils m'ont demandé de faire des estimations, chaque fois je me suis trompé. L'eau, c'est un mur de brique pour un projectile. »

Arthur ne répondit pas.

Frank se sentait à l'aise et poursuivit : « En théorie, ils m'ont expliqué qu'on devrait pouvoir donner une forme à l'extrémité du projectile qui crée un vide juste devant lui lorsqu'il avance. En théorie, il pourrait alors accroître sa vitesse. » Il ne demanda pas à Arthur s'il le savait déjà. D'après les rumeurs, les Soviétiques étaient très en avance sur ce projet ; il s'attendait à voir Arthur opiner du chef, ou battre des paupières en guise d'acquiescement, mais cette fois encore, rien. « Supersonique. »

Enfin, Arthur bâilla et regarda Frank. De jour, il avait l'air bien, mais à présent, dans cette lumière, il paraissait cadavérique. Quel âge avait-il ? se demanda Frank. « Arthur, tu me fais penser à un macchabée. »

Celui-ci se mit à rire.

Son rire était contagieux, aussi Frank rit-il à son tour.

« Excuse-moi, j'étais à moitié endormi. Je sais que ça n'en a pas l'air. C'est un truc que j'ai appris quand j'étais au pensionnat. C'est très utile.

– Tu parles comme un bureaucrate. Mais pourquoi tu t'es levé ?

– Et toi, pourquoi tu t'es levé ?

– Trop de femmes dans la maison. Ça me rend nerveux.

– Six femmes sous le même toit, ça ne me dérange pas. Au fait, j'aime beaucoup ce que vous avez fait dans l'entrée. Ce sol en ardoise. Ça va parfaitement avec le style de la maison. Le lustre est intéressant.

– Dix-huit ampoules.

– Qui est-ce qui les change ? C'est à trois mètres cinquante de hauteur au moins.

– Tu peux le faire descendre. Il y a une poulie.

– Ce système me plaît. »

Pendant des années, Frank avait soigneusement entretenu son indifférence face aux soucis personnels des autres. Si quelqu'un avait des problèmes, à lui de s'exprimer, mais peut-être influencé par Minnie, il dit soudain : « Comment es-tu ? Ça va ?

– C'est une question intéressante. Je vais certainement mieux que jamais.

– Qu'est-ce qu'ils t'ont confié comme boulot ?

– Divulguer des informations top secret.

– Pardon ?

– En fait, je me suis tu pendant si longtemps que maintenant, quand je parle à un journaliste, il croit que je lui fais une révélation, parce que bien sûr ça se passe toujours dans le cadre d'une longue promenade à Rock Creek Park, ou dans un parking, où la voix est sans cesse couverte par le bruit des moteurs.

– Tu te fiches de moi ?

– Non. Même le KGB pratique les relations publiques. On ne peut pas tout le temps dire “pas de commentaires”, parce que “pas de commentaires”, ça veut dire oui.

– Mais pourquoi toi ? » demanda Frank en se penchant en avant.

Arthur haussa les épaules. « Qu'est-ce que j'en sais ?

– Tu es là depuis le début. Tu as été au courant de tout.

– Je croyais savoir certaines choses. Mais je les ai oubliées. »

Les électrochocs. Un frisson parcourut Frank.

Henry ouvrit la porte de son bureau au deuxième coup frappé. En ce début d'automne, il s'attendait à voir des étudiants souhaitant s'inscrire ou se désinscrire de l'un des trois cours qu'il dispensait. Mais il découvrit un jeune homme gracieux avec une mallette, qui lui sourit et lui tendit une enveloppe sur laquelle était écrit son nom en caractères gothiques. Il l'ouvrit :

« Mon cher ami,

Prête attention au porteur de cette missive. C'est l'un de mes étudiants les plus brillants, Philip Cross, qui s'est mis en tête de tenter sa chance aux États-Unis à présent que les pédés ont décidé de sortir du placard et de se révolter. Il s'apprête à s'inscrire en critique littéraire auprès de ce monument dédié au capitalisme qu'est l'université de Chicago. Je t'en prie, ne discute pas de littérature avec lui car tu ne comprendras pas un traître mot de ce qu'il dit, et cela amoindrira l'estime que tu portes à notre système éducatif. C'est un jeune homme d'une grâce et d'une intelligence exceptionnelles, et je lui ai dit que tu lui ferais découvrir les étendues sauvages du Midwest, comme tu l'as fait pour moi. Je l'ai fréquenté de manière assidue et je te mets au défi de découvrir ses origines à sa façon de s'exprimer. En outre, c'est un vrai cordon-bleu. Suet est son second prénom.

Je reste à jamais ton dévoué.

Basil »

« Philip. Je vous en prie, entrez », dit Henry. Il recula et le jeune homme pénétra dans son bureau (Henry ne lui donnait pas plus de vingt et un ans, il mesurait un mètre soixante-quinze mais il était bien fait). « L'université de Chicago. Dieu du ciel. Mais c'est une vraie jungle. »

Philip sourit, ouvrit la bouche et Henry entendit alors la plus belle voix qu'il ait jamais entendue, vibrante, profonde, suave. « Pardon, vous dites ? demanda Henry.

– Cela semble en effet un monde très différent de ce campus, qui a l'air très ouvert.

– Northwestern University est un petit morceau d'Iowa au bord du lac Michigan. Elle a été construite avant la ville, vous savez. Notre approche dans de nombreux domaines nous vient de l'Iowa : par exemple, nous traitons les turbulences qui agitent les étudiants en nous interrogeant sur ce qui peut les fâcher ainsi. À l'université de Chicago, ils se contentent de les mettre dehors.

– Est-ce un avertissement ?

– Êtes-vous turbulent ?

– Basil dirait que oui. » Il s'assit sur le rebord de la fenêtre.

Donc… ce jeune homme appelait son professeur « Basil ». Henry reprit : « Sa lettre indique que je ne dois pas discuter de littérature avec vous, dans ce cas, à quoi d'autre vous intéressez-vous ?

– Que pensez-vous de ce qui se passe actuellement dans le monde étudiant, de ces… »

Henry attendait de voir quel mot il allait employer : « troubles » ? « bêtises » ? « brutalités » ? Henry avait entendu des douzaines de qualificatifs. Sa tante Eloise, qui connaissait un peu la meneuse des étudiants de l'université de Chicago, Marlene Dixon, disait d'elle qu'elle était « bien intentionnée mais doctrinaire », et elle parlait toujours des « prémices des campus ». Philip dit enfin : « … rébellions ? »

Cela limitait gentiment les choses, mais c'était respectueux.

« Posez-moi la question dans dix ans. Je n'en ai pas la moindre idée. Disons que j'éprouve plutôt de la sympathie pour eux, mais à distance. En tant que médiéviste, on ne me demande pas de donner des conférences sur des sujets d'actualité, mais si j'avais une idée intéressante, je le ferais. Le destin des cathares n'est pas un précédent très encourageant. Je pense que la conscription obligatoire est un véritable don de Dieu pour la gauche. »

Philip sourit. « Je n'avais pas réalisé que Dieu faisait des cadeaux à la gauche, ni que ces cadeaux étaient acceptés. »

Quel garçon charmant, songea Henry, et Basil avait raison : c'était à croire qu'il était né au siège de la BBC tant sa prononciation était parfaite.

C'est alors qu'on frappa à la porte, Henry ouvrit et découvrit Marcy Grant, son étudiante la plus grande, la tignasse emmêlée, affublée comme d'habitude de son gigantesque pantalon des surplus de l'armée attaché avec une corde, et de ses lunettes réparées avec du scotch. Elle scruta Henry et dit : « Oh, professeur

Langdon », puis son regard erra à travers le bureau. Elle lui adressait son plus beau sourire. Un jour, elle se tiendrait droite, et elle découvrirait qu'elle était une adorable jeune femme. « C'est bien moi, répondit Henry.

– J'ai oublié de signer pour le cours d'histoire de la langue, parce que je croyais l'avoir fait. J'ai déjà rédigé mon premier essai pendant l'été. » Elle lui tendit des pages dactylographiées. Henry savait que son essai serait excellent. Il le posa sur la bibliothèque près de la porte : « Entrez, je vais vous faire un mot. »

Elle l'examina et entra. Philip ne manifesta aucune curiosité envers elle, mais Henry n'aurait su dire si c'était à cause de son allure débraillée ou parce que c'était une femme. Marcy, en revanche, réagit à Philip. Elle resta bouche bée, le regard aimanté vers lui tandis qu'Henry écrivait un mot pour l'administration. Henry dit : « Marcy, je vous présente Philip Cross. Il est venu d'Angleterre pour s'inscrire à l'université de Chicago. Philip, Marcy Grant, une excellente étudiante, quoiqu'un peu désorganisée. »

Marcy se montra à la hauteur des bonnes manières que sa mère, native du Wisconsin, lui avait inculquées – heureuse de vous rencontrer, j'espère que vous vous plaisez ici –, mais elle ne put faire davantage. Philip lui tendit la main mollement en répondant : « Vous êtes très gentille », comme si Marcy pouvait à présent être tranquillement retranchée de la compagnie civilisée pour être passée par les armes. Henry lui donna le message et la raccompagna à la porte, qu'il referma soigneusement derrière elle.

Philip feuilletait la monographie d'Henry qui était posée sur le rebord de la fenêtre : *Variations dialectales dans la poésie épique anglo-saxonne*, publiée par les presses universitaires de Yale, qu'aucune revue américaine n'avait mentionnée, mais que soutenaient deux professeurs, l'un à Cambridge, l'autre à Oxford, ainsi que sa mère, Rosanna Vogel Langdon. « Ça pourrait vous empêcher de dormir », dit Henry.

La personne qu'il attendait frappa à la porte. Rick Kingsford entra en disant : « Vous êtes là, professeur ? Bonjour, comment ça va ?

– Ça va Rick, et vous ?

– Oh, je tousse, mais aujourd'hui c'est un peu mieux. J'ai cru que j'aurais besoin d'aller à l'infirmerie, mais ça peut attendre. » Rick était un étudiant féru de vieil anglais. Il avait l'intention de faire une traduction commentée du « Marin » pour sa thèse. Il avait toujours sur lui un thermomètre et refusait de serrer la main aux gens. En voyant Philip, il eut un mouvement de recul.

« Que puis-je pour vous, Rick ? » Du coin de l'œil, Henry vit que Philip commençait à se lasser.

« J'ai besoin d'un formulaire pour ma bourse de thèse.

– Je dois avoir ça. Voyons voir. »

Philip se leva et s'étira, puis il regarda par la fenêtre. Henry ouvrit le premier tiroir de son armoire et commença à chercher parmi les dossiers.

Rick, qui regardait par-dessus son épaule, dit : « C'est ça, professeur.

– Ah, très bien. Est-ce tout ce dont vous avez…

– Bon Dieu, non ! En fait, j'avais pensé que je pourrais faire un truc en vers libres par exemple ; après, je me suis dit que le pentamètre iambique était évident, mais maintenant je ne suis plus très sûr. Ça pourrait fait écho avec Ibsen par exemple. »

La main sur la poignée de la porte, Philip allait sortir. Rick s'assit sur la chaise près du bureau en se trémoussant pour être plus à l'aise. « Les mots seraient en anglais, mais le mètre évoquerait la Scandinavie, vous voyez ? Je vois mon gars – disons qu'il s'appelle Thor – qui vogue presque jusqu'au cercle arctique. Il fait froid et sombre. Pas de mots à racine latine, ni française – surtout pas. Enfin peut-être quelques-uns, mais alors…

– Une minute, Rick, d'accord ? »

Tout le monde savait qu'Henry était célibataire sur le campus, aussi se montrait-il prudent, pourtant il s'approcha de Philip.

Leurs regards se croisèrent. Henry lui dit : « Si vous avez besoin de quoi que ce soit, faites-le-moi savoir. Et si vous lui écrivez, transmettez mes amitiés à Basil. »

La porte se referma derrière lui.

« Bon, revenons à ce que vous me disiez », reprit-il d'un air ennuyé qui alarma Rick.

Il rentra chez lui à pied dans le crépuscule, vaguement déprimé en songeant aux seize semaines de cours qui commençaient à peine, longue plage de discours et de lectures. Il éternua et plongea la main dans la poche de sa veste à la recherche de son mouchoir. Mais à la place – il se souvint l'avoir laissé sur son bureau –, il en retira un morceau de papier. Dessus était écrit : « Philip, 312 678 3456. » Henry se sentit soudain beaucoup mieux.

« Tu as une mine superbe, déclara Ruth.

– Ne dis pas ça », répondit Claire. Elles prenaient leur petit déjeuner à la Pancake House, comme tous les lundis matin. Dans la voiture, une dinde et une douzaine d'œufs, mais il faisait plus de cinq degrés : les œufs ne risquaient pas de geler. Paul voulait fêter Thanksgiving « entre nous », mais la plus petite dinde qu'elle avait trouvée pesait huit kilos. Claire et Ruth n'avaient plus grand-chose en commun mais elles se déclaraient toujours « meilleures amies ». Bradley était tranquillement assis entre Claire et le mur. Il tenait dans sa main un muffin aux myrtilles qu'il observait en le faisant tourner et dont il prenait de petites bouchées. Il était très concentré. Claire lui lissa les cheveux.

« Pourquoi pas ?

– Parce que chaque fois que Paul le dit, c'est quand je suis enceinte. »

Ruth se mit à rire, et ajouta : « Tu n'as pas l'air…

– Non. Pas encore. » Claire savait que c'était un sujet sensible, et elle regretta d'avoir parlé trop vite. Elle prenait la pilule depuis deux mois, et elle savait qu'elle avait grossi d'au moins deux kilos. Elle portait aussi des lentilles désormais – elle racontait à tout le monde (y compris à Paul) que c'était son idée à lui. Ça l'était en effet au début, mais il l'avait oublié. Brad leva les yeux vers elle. Claire lui dit : « C'est bien, BB. Continue à manger. C'est bon pour toi. »

Brad hocha la tête.

« Il a l'air en pleine santé, dit Ruth. Il a mangé son morceau de saucisse.

– Ma mère dit que jamais elle n'a mis au monde un bébé difficile.

– J'aurais aimé l'être. On a tellement entendu parler des Arméniens qui mouraient de faim qu'on formait le club du plateau vide. Pas de l'assiette, hein ! Tes fils sont tellement mignons.

– C'est vrai. » C'était sa punition pour avoir abordé un sujet qui faisait désormais figure de tabou entre elles : en effet, Ruth était mariée depuis deux ans avec Carl et elle n'avait toujours pas d'enfant. Elle n'avait même pas fait de fausse couche. Elle allait bientôt fêter ses trente et un ans ; dix ans plus tôt, elle était certaine à ce stade de sa vie d'avoir déjà deux enfants. Elle n'était pas non plus membre du country club de Wakonda, alors que Paul s'y était inscrit l'été précédent – trois mille dollars de cours d'initiation, plus mille dollars d'inscription à l'année. Claire y emmenait Ruth aussi souvent qu'elle voulait, mais Carl, qui était entrepreneur, refusait d'y aller. C'était un bel homme, extrêmement gentil, capable de réparer n'importe quoi (Claire le faisait venir chaque fois qu'il était disponible), mais le golf, le tennis, la piscine comme les dîners formels en tenue de soirée, ce n'était pas pour lui.

Ruth soupira. « J'ai toujours voulu en avoir trois. »

Elle avait une manière de transformer ses projets anciens pour les rendre plus ambitieux, encore moins accessibles. « Ma chérie, dit fermement Claire, ça peut très bien arriver. »

Les sourcils de Ruth se contractèrent, et elle mit la main sur sa bouche.

Brad se mit à genoux, posa le reste de son muffin dans son assiette puis examina le quartier d'orange. Claire y goûta et le reposa dans l'assiette en disant : « Tu peux la manger. C'est sucré. »

Brad secoua la tête.

Ruth demanda : « Il aime le pain perdu ? Je n'ai pas touché à cette tranche. » Elle tendit son assiette à Claire, qui prit le triangle jaune avec la fourchette de Brad, le déposa dans son assiette à lui, puis le coupa en morceaux. Elle donna la fourchette à Brad, qui lui répondit : « La vie sauvase.

– Ton livre est dans la voiture. On le lira plus tard. C'est dans la voiture, la vie sauvage. » Brad eut un grand sourire.

Pourtant c'était elle qui menait une vie sauvage, non ? Il y avait quatre degrés dans la vie sauvage : le premier degré, c'était être mariée et tomber peu à peu amoureuse d'un homme jeune et charmant sans rien dire. Le deuxième degré, c'était entreprendre quelque chose dans l'espoir d'échanger votre mari autoritaire et insatisfait contre le charmant bien-aimé ; le troisième degré consistait à laisser le corps souple et le joyeux caractère du charmant bien-aimé envahir toutes vos pensées. Au quatrième degré, on se fichait de tout et on passait à l'action. Elle en était au troisième degré. Si son analyse était la bonne, dans ce cas, elle était une créature sauvage, même si elle ne se percevait pas comme telle car elle était à l'intérieur de la cage, dont la porte était ouverte, et pour l'instant, cela lui suffisait.

Brad parvint à piquer le premier morceau avec sa fourchette et à l'enfourner dans sa bouche, et Ruth dit : « C'est bien. Miam miam. » Il en prit un deuxième.

« Tu es un bon garçon », ajouta Claire. Elle regarda sa montre. « Il est temps d'aller récupérer Gray à la maternelle. J'ai un quart d'heure.

– Il n'y a pas beaucoup de circulation. Et ce n'est qu'à quelques rues d'ici. Je pourrais rester avec Brad, et tu ramènes Gray ici ? »

Claire aida un peu le petit garçon à amener à bon port sa troisième bouchée. Ça semblait lui plaire. « Pourquoi pas ? Mais ça ne te dérange pas ? »

Ruth secoua la tête. Elle avait l'air si triste que Claire sentit les larmes venir lorsqu'elle se leva. Oui, pensa-t-elle, je mérite que tout m'explose à la figure car visiblement je ne me rends pas compte de la chance que j'ai. Pourquoi en était-il ainsi, elle n'en savait rien. On se serait cru dans *Madame Bovary.*

1970

C'était une chose de se casser un pied lorsque de toute façon on s'attendait à subir une lente décrépitude dans sa propre maison, où Rosanna tenait les deux rampes de chaque côté de l'escalier pour monter ou descendre. Mais comment pouvait-on trébucher sur une marche unique, chez Younkers, en rapportant une nappe offerte par sa belle-fille à Noël, et si mal tomber qu'on était obligé de pratiquement vous porter jusqu'à l'hôpital, où l'on vous annonçait que votre pied était cassé ? Voilà comment Rosanna se retrouva chez Claire en attendant sa guérison.

Sa chambre était adjacente à la cuisine. Elle restait clouée là, soit dans son lit (très confortable), soit dans le grand fauteuil que Claire lui avait installé. Au bout de trois jours, elle avait pris l'habitude de se boucher les oreilles chaque fois que Paul ouvrait la bouche. Si elle avait pu, elle se serait levée pour fermer la porte.

« Les œufs sont trop cuits. Tu as respecté le minuteur ? Tu en es sûre ? Bon, je les mange quand même. Ne t'inquiète pas. Ça va. Je vais me contenter d'un toast. Il est un peu trop grillé, dessous. Mets-en un autre à griller et surveille-le mieux cette fois. Juste un peu de beurre. Oui, ça suffit. Juste un tout petit peu.

En fait, je n'ai pas très faim. » Comment diable Paul avait-il pu rappeler Walter à Claire ? Pour Rosanna, c'était un vrai mystère.

Puis : « Combien fait-il, déjà ? Non je parle de la température extérieure. Moins neuf ! Dans ce cas, il faut que Brad mette son bonnet et son écharpe, et prends soin de passer ses moufles à l'intérieur de ses manches, ensuite tu les rabats par-dessus. Herb Baker a vu un enfant la semaine dernière qui avait des engelures aux pieds. Grayson, ton pull-over est entièrement boutonné ? Montre-moi ! C'est bien, mon garçon. Neuf degrés au-dessous de zéro. Tu sais compter jusqu'à neuf ? Non, pas avec les doigts. C'est bien, mon garçon. »

Sa voix mettait Rosanna sur des charbons ardents, à tel point qu'elle se cachait sous les couvertures en se bouchant les oreilles ; elle dut s'assoupir car l'instant d'après, Claire était à son chevet, lui demandant : « Maman, tu as faim ? Je t'apporte ton petit déjeuner. »

Claire était tout apprêtée, elle se tenait là telle une de ces servantes que personne n'avait jamais vues en Iowa, prête à suivre les ordres qu'on lui donnait.

Le dîner était tout aussi épouvantable – le « souper », disait Paul. Il envoyait Claire chercher ceci, cela : Gray avait laissé choir sa fourchette, il lui en fallait une autre ; le biberon de Brad avait été mal lavé après le déjeuner ; pouvait-elle réchauffer les haricots verts, ils étaient froids ; ah, du beurre ; franchement, la margarine, c'était mieux. Mâche vingt fois chaque bouchée, Gray ; ne parle pas en mangeant, tu pourrais t'étouffer ; tu sais ce que ça veut dire « s'étouffer » ? C'est quand quelque chose se coince dans ta gorge et que tu n'arrives plus à respirer : c'est très dangereux. Brad, c'est un haricot. Dis : « Haricot. » Les haricots sont très nutritifs. Gray, répète : « Nutritif » ! Cela veut dire que c'est bon pour toi. Tiens-toi droit sur ta chaise. Si tu te renverses en arrière, tu augmentes les risques de t'étouffer. C'est bien, mon garçon.

Claire ne disait rien. Rosanna l'imaginait, assise en bout de table, mangeant quelques bouchées entre deux allers-retours à la cuisine (Rosanna entendait le bruit de ses pas), souriant comme si elle n'avait rien en tête, et dès le lendemain, Rosanna appela Minnie et lui dit : « Tout sauf ça. » Minnie vint la chercher et la ramena chez elle, où Joe installa un lit dans le salon, juste en face de la télévision. Mais Rosanna ne l'alluma pas : chaque moment de silence était pour elle une bénédiction.

Andy trouvait que la séance avec le Dr Smith avait été bonne – ils s'étaient contentés de parler, très calmement, et elle lui avait raconté quelques faux rêves. Ils n'avaient pas pratiqué la thérapie Kama depuis plusieurs semaines car Smith était trop préoccupé par ce qu'il écrivait pour se concentrer. Le trajet en voiture fut très agréable. En pénétrant dans le garage, elle s'aperçut que les voitures de Frank et Nedra n'étaient pas là et qu'elle était seule – ce dont elle se réjouit. Elle monta dans sa chambre, enfila un short (il faisait très doux pour un mois de mai) et, au moment où elle entra dans la cuisine, le téléphone sonna.

Elle n'aurait pas dû répondre, mais elle réagit sans réfléchir, et s'en voulut encore plus quand elle entendit la voix de Janet, hors d'haleine. « Je voulais te raconter avant que tu l'apprennes aux nouvelles.

– Que j'apprenne quoi aux nouvelles ?

– On est en grève. On ne va plus en cours et ça va avoir des répercussions sur mes résultats. Et on va aussi manifester à Washington. C'est ça que tu risques de voir à la télé. Je pourrais finir en prison. Tu n'as pas besoin de payer ma caution. Je préférerais y rester. »

Andy sentit sa bonne humeur fondre. Elle faillit raccrocher, mais répondit sèchement : « Je n'y comprends rien. Contre quoi manifestez-vous, Janet ?

– Les meurtres à la fac de Ken State. Ces jeunes n'étaient pas à côté de la garde nationale, et ils n'avaient aucune arme. »

Andy ne suivait jamais l'actualité et elle avait lancé le journal du matin sur la console de l'entrée sans même le regarder. Ce n'était pas la première fois qu'elle se retrouvait être la dernière personne dans le pays informée d'un événement – le Dr Smith refusait de parler de « l'éphémère ». Mais Frank et Janet trouvaient son ignorance embarrassante, si bien qu'Andy répondit : « Comme c'est triste.

– C'est pire que ça, maman ! Même si la mère d'Eileen a dit que ces jeunes méritent ce qui leur est arrivé. Tu te rends compte ! C'est une affreuse partisane de Nixon. Eileen va peut-être rompre avec sa famille. »

Andy ne savait pas qui était Eileen non plus. « Les personnes désarmées qui se font tirer dessus ne le méritent jamais. » Mais si elles avaient deux sous de bon sens, pensa-t-elle ensuite, elles s'y attendraient.

« Tu me laisseras en prison si on m'arrête ?

– Mais oui, bien sûr. Enfin essaie quand même de ne pas te faire arrêter.

– Je ne sais plus quoi faire. Où est papa ?

– À Francfort. » Ça, elle l'avait inventé.

Silence. Andy reprit : « Est-ce que tu… » mais Janet avait déjà raccroché. Elle voulait lui demander ce qu'elle ferait l'été suivant.

Elle se lava les mains dans l'évier de la cuisine et brancha la cafetière. Elle tomba sur les *donuts* de Nedra, les contempla quelques secondes – rose, chocolat, sirop d'érable – avant de les remettre là où elle les avait trouvés. Par la porte de derrière, elle regarda la pelouse, qui avait besoin d'être tondue. Sur la console de l'entrée, le journal replié. Elle le rapporta à la cuisine. En une, un garçon étendu sur le ventre, la tête et les pieds tournés sur le côté, un bras replié sous la poitrine. Ça pouvait être n'importe quel jeune homme. Andy cacha l'image de sa main, puis la retira. Il y avait une fille, les bras ouverts, agenouillée près du garçon, la bouche laissant échapper un cri. Andy cacha de nouveau l'image. Il n'y avait aucune raison valable pour que cette photo l'affecte ainsi. Tout ça ne la regardait pas, et de toute façon, la mort lui était familière, non ? Le Dr Smith disait qu'il n'avait jamais rencontré quelqu'un qui soit aussi déconnecté de ses sentiments ; il n'y avait qu'à voir la manière dont elle revenait sans cesse sur le meurtre de cette femme qu'elle n'avait jamais rencontrée, alors qu'elle avait vécu la mort de Tim, ce charmant garçon, comme si elle s'en fichait. Peut-être n'éprouvait-elle aucune sensation en dehors de ses terminaisons nerveuses. Était-ce possible ? Mais cette image… Elle retira de nouveau sa main et regarda. Quelques instants plus tôt, ce jeune homme était en vie. À présent, il était mort. Quelqu'un du même âge que lui l'avait abattu. Andy contemplait cette photo. Elle ne lut pas l'article – elle n'en avait pas besoin.

La première fois, Claire faisait ses courses du samedi chez Hy-Vee. Elle tomba sur le Dr Sadler au rayon des céréales (il achetait des Frosties, ce que Paul n'aurait jamais toléré à la maison). Oui, il flirtait avec elle depuis des années, mais peut-être n'avait-il jamais envisagé d'aller plus loin. Il l'embrassa sur la joue, et elle tourna la tête, transformant cette bise en vrai baiser passionné. Ils laissèrent leurs caddies au rayon des céréales et allèrent tout droit chez lui, quatre rues plus loin. Deux heures plus tard, elle était rentrée à la maison avec les courses, racontant qu'elle n'avait pas réussi à trouver de lampe assortie au canapé – pourtant elle avait cherché partout. Paul lui rapporta tout ce qu'il avait fait avec Gray et Brad en son absence sans le moindre soupçon, et il en alla ainsi pendant sept semaines, à croire qu'une faille s'était ouverte dans le cours normal du temps pour permettre à leur liaison d'exister.

Claire n'éprouvait ni honte, ni remords, ni peur. C'était Sadler qui se chargeait de ce genre de sentiments. De semaine en semaine, de rendez-vous en rendez-vous, il se montrait de plus en plus tourmenté et de plus en plus beau. La première fois fut comme un jeu auquel ils s'adonnaient tous les deux : cache-cache, il ne faut pas que les adultes nous découvrent. Ils rirent de bout en bout – il jouit en moins d'une minute, et c'était hilarant ; ils recommencèrent, le drap fut arraché au coin du lit par la violence de leurs ébats et ce fut merveilleux. Il admirait Claire, sa patience, son caractère facile, et puis ses yeux, surtout depuis qu'elle portait des lentilles – ils étaient beaux, magnétiques, d'une couleur si singulière, pas tout à fait marron, des yeux de chat ; il lui demanda de les garder ouverts pendant qu'ils faisaient l'amour. Lui aussi était très beau : le soleil qui jouait sur ses muscles, les ombres sur ses côtes. Après l'amour, il lui apportait des friandises qu'ils mangeaient au lit – un reste de porc à la chinoise, des sucettes glacées, un Mai Tai, ce qu'elle ne connaissait pas (Paul interdisait qu'on mange ailleurs que dans la cuisine, il n'aimait pas les restes, et jamais il ne mettrait les pieds dans un restaurant chinois). Que voulait Claire maintenant ? Sadler le fit. Juste un baiser ? Il lui en donnerait mille. Elle voulait le toucher et le regarder ? Il sourit et la laissa explorer. Il n'avait aucune inhibition – l'école de médecine, ça servait à vous débarrasser de ce genre de choses – mais, surtout, il était curieux, curieux à son sujet. Jamais parmi tous les hommes qu'elle avait fréquentés elle n'en avait rencontré un qui s'intéresse vraiment à elle, et Paul, au bout de sept ans de mariage, éprouvait de la suspicion à l'égard de sa vie intérieure, pas de la curiosité. Par exemple, quand elle disait ce qu'elle voulait manger au petit déjeuner, il présentait toujours une objection : elle désirait des pancakes ? les œufs étaient meilleurs sur le plan nutritif ; elle voulait des œufs ? les gaufres, ça changerait un peu.

Au bout de deux semaines, Sadler se demandait comment ils pourraient continuer, mais bien sûr qu'ils allaient continuer, il plaisantait. Il la serrait très fort contre lui, comme s'ils devaient se quitter, mais ils ne se quittaient pas. Chaque étreinte était plus ardente que la précédente. Il ne lui disait pas « Je t'aime », mais « Tu es adorable », « Je n'ai jamais rencontré quelqu'un comme toi », « Je n'arrive pas à me passer de toi », « Tu me tues ». Claire se laissait flotter, chacun de ses désirs satisfait avant qu'elle ne l'ait imaginé. La sixième semaine, Sadler annonça à Paul qu'il partait dans un mois : il s'installait avec son jeune frère à Kansas City. Le Dr William Sadler était chirurgien, spécialiste du pied, et il avait fait ses études à l'université du Texas. Paul fit asseoir son associé et lui expliqua que ça n'avait aucun sens pour un ORL de s'associer avec un chirurgien spécialiste du pied, et que démarrer de zéro dans un lieu où il ne connaissait personne était une folie – à quoi diable pensait-il donc ? Une semaine plus tard, il avait disparu, il n'était plus ni chez lui, ni au cabinet, ni au supermarché, son téléphone était coupé, et devant sa porte s'entassaient journaux et publicités. Claire le savait car elle passait devant chez lui quoi qu'il arrive, où qu'elle ait besoin d'aller. Une fois même, elle s'arrêta et entra dans la maison – la porte n'était pas verrouillée. Une semaine plus tard un panneau « À vendre » apparut sur la pelouse, et elle lut le descriptif : « Deux chambres de plain-pied, une salle de bains avec W-C indépendant, excellente condition, 36 000 dollars. »

Il n'eut pas besoin de lui écrire ni de l'appeler. Il n'y avait aucun mystère : il l'avait tenue informée de la moindre variation de ses états d'âme, chaque fois que son anxiété atteignait un nouveau palier, sa conviction grandissante d'avoir commis une trahison impardonnable qui ne pouvait se prolonger. Claire ne fut pas malheureuse ; il était tellement présent à son esprit que c'était comme s'il était toujours là. Deux autres semaines passèrent ; elle n'était pas enceinte. Et voilà.

Richie supposait qu'à présent ils le cherchaient. Il avait peut-être une journée devant lui, aussi allait-il en tirer le maximum possible en s'engageant dans l'armée. Une fois qu'on avait signé, plus personne ne pouvait venir vous récupérer. Il avait dix-sept ans. Il y avait des années qu'il était dans une école militaire. Quant au consentement parental, il y penserait si jamais ils s'apercevaient que la lettre était un faux.

Et il faisait dix-huit ans. Michael était encore un peu plus grand que lui, mais pas de beaucoup : un mètre quatre-vingt-dix et demi pour soixante-dix-sept kilos, contre un mètre quatre-vingt-douze pour soixante-dix-neuf kilos. S'il le prenait par surprise, il parvenait encore à avoir raison de lui, mais il y avait bien un an qu'il ne l'avait pas fait. À présent, ils s'ignoraient la plupart du temps. Michael était fan des Kinks ; Richie de Black Sabbath. Voilà tout ce qu'il y avait à savoir. De toute façon, il était à Boston et le bus était là, qui l'emmènerait passer les tests et épreuves physiques nécessaires. Il fut le premier à monter et alla s'installer à l'arrière.

C'était une belle journée de juillet, ensoleillée mais humide, une journée typiquement bostonienne, loin de la moiteur du midwest où l'on dégoulinait de sueur jour et nuit. Il y avait une semaine qu'il avait quitté le boulot de peintre que son père lui avait trouvé au country club, club qui selon Richie n'avait rien de très sélect. Certains jours, ils peignaient en vert, d'autres, en blanc, et ses collègues parlaient de bordels et de tatouages. Richie regarda par la fenêtre les types en uniforme qui disaient aux jeunes recrues de monter. Enfin, le sergent grimpa dans le bus à la suite du dernier candidat et la porte se referma. Un des conscrits se leva de son siège et déclara : « Il faut qu'on vote !

– Assis ! » répliqua le sergent.

Mais le jeune homme ne se rassit pas. En fait, Richie s'aperçut que le jeune homme était plus âgé que le sergent. Il déclara : « L'Amérique est encore une démocratie. Ce bus partira quand les gens qui sont dedans l'auront décidé. Messieurs ! » Il se tourna vers les autres gars. « Que tous ceux qui veulent que la porte du bus se referme disent oui ! »

Richie s'écria « Oui ! » ainsi que cinq ou six autres

« Non ? »

« Nooon !!! » hurla tout le reste du bus.

Le jeune homme rétorqua : « Il faut qu'on en débatte ! La procédure parlementaire s'applique désormais !

– Asseyez-vous », ordonna le sergent.

Le jeune homme s'approcha, passa le bras autour de sa taille et le poussa un peu. Il devait peser presque dix kilos de plus que lui. Il dit d'une voix calme : « On va ouvrir le débat, d'accord ? » L'enserrant toujours de son bras, il poussa le sergent, jusqu'à ce qu'il s'en retourne auprès du chauffeur en haussant les épaules. Le débat sur la fermeture de la porte et le départ du bus dura vingt minutes. Richie y participa. Son argument était qu'il ne fallait pas bloquer la circulation.

Le sergent finit par s'asseoir, et le jeune homme prit place à côté de lui. Il était clair que c'était lui qui commandait. Quand le bus arriva à destination, la porte s'ouvrit et monta un autre sergent, plus âgé, qui avait fait toute sa carrière dans l'armée. Le silence s'abattit sur le bus. Le nouveau sergent tendit des cartes et des crayons où ils devaient noter leurs nom, date de naissance, et autres informations. Comme personne ne bougeait, le sergent fit semblant de se mettre en colère et lança : « Et que ça saute ! »

Le jeune homme se leva.

« Asseyez-vous ! cria le sergent.

– Par la volonté du sergent, je m'assois. Qui soutient la motion ? »

Une main se leva.

« Mais qu'est-ce que…

– Ceux qui y sont favorables ? »

Quelques oui. Pas Richie – il voulait voir ce qui allait se passer.

« Ceux qui s'y opposent ? »

Le bus rugit.

Le sergent s'écria : « Mon gars, si tu t'assois pas, c'est moi qui t'y colle !

– Motion pour me faire asseoir de force. Qui soutient la motion ? »

Une main se leva.

« Ceux qui y sont favorables ? »

Tout le monde dans le bus cria : « Oui ! » et le sergent le fit asseoir. Mais il se redressa aussitôt en s'exclamant : « Motion adoptée ! » et tout le monde se mit à rire.

À présent, ils écrivaient sur leur carte, mais quand le sergent demanda à récupérer les crayons, ils les lui jetèrent dessus et il dut même se baisser. Après avoir débattu et voté pour savoir s'ils devaient descendre du bus, même le sergent paraissait intimidé, bien qu'il soit rouge de colère. Richie ne savait plus que penser.

Une fois à l'intérieur du bâtiment, on leur demanda de se mettre en ligne. Richie eut l'impression que les types devant et derrière lui se connaissaient, même s'ils n'échangeaient ni un mot ni un regard. Pendant un moment, les choses suivirent leur cours – ni débat ni vote. Le « délégué » du bus était cinq rangs devant Richie, et il se contentait d'engager la conversation avec tous les médecins et les assistants qu'il croisait. Le Dr Untel était-il au courant que 68 % des électeurs américains n'étaient plus en faveur de la guerre au Vietnam ? Que pensait le Dr Machin de l'invasion du Cambodge ? Le Dr Truc connaissait-il personnellement le lieutenant Calley, et était-il présent lors du massacre de My Lai ? (Cette question fut posée d'une voix amicale et douce.) « Avancez ! » Voilà tout ce que les militaires disaient. Mais ça avançait très lentement, on aurait dit qu'il fallait à chacun au moins une minute pour dénouer ses lacets et défaire chacun de ses boutons. Richie trouva les militaires très patients.

Ils entrèrent dans une grande salle et on leur demanda de se déshabiller en mettant leurs vêtements dans un panier, et de rester en file indienne. Il s'aperçut alors que le type derrière lui s'était peint des crânes noirs aux yeux rouges sur le torse et le dos, ainsi que les mots « US Army » sur les clavicules. Celui de devant avait une bombe qui explose dessinée dans le dos. La file avançait, les médecins gardaient les yeux baissés. Le « délégué », toujours cinq rangs devant, avait sur le dos la carte du Cambodge et ces mots : « Prochain arrêt, Pékin. » Ils traînaient les pieds avec lenteur. À un moment, les premiers de la file s'arrêtèrent. Richie vit le type en tête se placer devant un médecin assis sur un tabouret. Il tourna la tête à droite et toussa, puis à gauche et toussa. Quelques minutes plus tard, Richie vit mieux ce qui se passait : chaque jeune homme devait baisser son pantalon et le docteur lui tâtait le scrotum. Ils avancèrent encore.

Enfin, le « délégué » arriva près du médecin. L'assistant lui murmura quelque chose, et le délégué demanda : « Veuillez répéter votre requête.

– Baissez votre slip !

– *Pardon ? Je ne comprends pas ?* » dit-il en français.

Le médecin et son assistant échangèrent un regard et le médecin répondit en français : « *Baissez votre slip. Tout de suite.* » Alors, le jeune homme baissa son slip. Tout le monde se regroupa autour de lui pour regarder. Sur sa poitrine était peinte une flèche qui descendait vers le bas, et au bout de sa bite, se trouvait une photo du président Nixon, découpée dans un magazine. Tout le monde éclata de rire, même le médecin sourit.

On avait dit à Richie que ces formalités duraient deux heures, mais c'est seulement en milieu d'après-midi qu'ils remontèrent dans le bus – ça avait donc pris six heures et quart. Il était fatigué et content que les Yippies (en effet, c'étaient des membres du Youth International Party) laissent tranquillement le bus repartir. On les laissa devant le bureau de recrutement. Richie ne savait pas très bien ce qu'il devait faire à présent. Il avait cru que la porte au fond du bâtiment où ils se trouvaient allait s'ouvrir sur une plateforme et que tous ceux qui étaient aptes monteraient dans un bus ou un train pour Fort Dix. De là, il appellerait ses parents et leur raconterait ce qu'il avait fait. Seulement il se retrouvait à nouveau à Boston, non loin de Kenmore Square, avec juste un peu de monnaie en poche, et du haut de ses dix-sept ans il ne savait plus quoi faire.

Debbie ne se rendait pas souvent à Kenmore Square. D'habitude elle allait faire ses courses sur Coolidge Corner et prenait du bon temps à Cambridge – son nouveau petit ami était étudiant à la Harvard Business School, il semblait se souvenir de son nom de famille et la trouvait jolie et amusante. Il respectait ses principes. Il venait de Lincoln, dans le Nebraska, où apparemment, on avait des principes, même si on jugeait qu'il fallait se méfier des gens de l'Iowa. Il la faisait rire.

Le cabinet du dentiste de Debbie se trouvait juste en face des boutiques sur Beacon Street. Elle regardait la nourriture dans la vitrine lorsqu'un garçon la bouscula. Elle leva la tête et lui fit les gros yeux. Elle aurait juré que c'était son cousin Richie, mais plus grand, et sans Michael, ce qui ne s'était jamais vu. Elle chassa donc cette pensée, pourtant en l'entendant demander un sandwich au jambon, elle reconnut la voix de Richie, ainsi que celle d'oncle Frank. Quand il alla payer, elle le suivit. Il avait exactement la démarche d'oncle Frank, aussi une fois dehors, elle hasarda : « Richie ? » Et il se retourna.

Il la serra dans ses bras. Il ne l'avait pas fait depuis qu'il avait quatre ans, sauf si on l'y obligeait. Il avait un sourire magnifique et Debbie fut éblouie. Quand il engouffra la seconde moitié de son sandwich, elle comprit qu'il mourait de faim, et qu'il n'était pas venu à Boston en voyage scolaire. Elle adopta le ton le plus professoral dont elle était capable (avec des élèves de treize ans, ça marchait), et dit : « Très bien, Richie, que se passe-t-il ? » et tandis qu'ils remontaient Beacon Street en direction de Coolidge Corner, il lui raconta toute l'histoire : qu'il avait quitté son emploi, s'était rendu à Boston pour s'engager dans l'armée, et qu'il était tombé dans un groupe de Yippies.

« Personne ne sait où tu es ?

– Aucune idée. »

Le ton était maussade.

« Où est-ce que tu dors ?

– J'avais de l'argent parce que j'ai été payé vendredi. Il y a un hôtel à Copley Square. Mais je n'avais plus assez, alors j'ai dû partir. Je croyais que je serais dans l'armée à l'heure qu'il est, mais ils nous ont tous laissé repartir, même ceux qui n'étaient pas des activistes yippies, je crois qu'ils en avaient marre. »

Arrivée chez elle, elle appela d'abord sa mère, mais nul ne répondit – il était dix-sept heures trente ; peut-être étaient-ils dehors. Ensuite, avec la permission de Richie, elle appela sa tante Andy, pas de réponse non plus. Richie demanda : « On est quel jour ?

– Mardi.

– C'est le jour de congé de Nedra.

– Tu veux que j'appelle au bureau de ton père ?

– Il n'y a plus personne à cette heure-là.

– S'ils te cherchent, tu ne peux pas savoir où ils sont ni ce qu'ils font.

– Je suis sûr que Michael leur a raconté un bobard.

– Quel genre de bobard ?

– Que je suis tombé dans la rivière et que ce n'est pas la peine de draguer le fond parce que j'ai déjà été emporté jusqu'à l'océan.

– Ah, vous, les garçons ! Tout le monde sait qu'il plaisante, non ?

– Il sait être assez convaincant. »

Richie alla aux toilettes. Il réveillait les instincts protecteurs de Debbie – en l'absence de Michael, malgré son mètre quatre-vingt-dix, il lui paraissait vulnérable. Lorsqu'il revint, elle lui proposa d'aller manger une pizza.

Elle prit deux parts ; lui en mangea six et but deux Coca. Et elle n'eut pas besoin de le forcer à parler. Il n'était pas comme Tim, avec lequel tout était secret. Il lui parla de l'école militaire : il avait été rétrogradé deux fois au rang de caporal parce qu'il s'était battu avec Michael, et puis il s'était fait un ami à lui, Greg, de Little Rock, un nageur. Richie se révéla meilleur nageur que coureur, et il fut pris dans l'équipe universitaire. Greg et lui passaient leur temps à s'entraîner, et il était excellent en papillon : il avait gagné six courses pendant l'hiver. Greg était aussi bon en maths, et il avait aidé Richie à améliorer son niveau jusqu'à obtenir des A+, aussi à la fin de l'année était-il redevenu sergent. Les garçons qui traînaient avec Michael arrêtèrent de se moquer de Greg quand Richie cogna l'un d'eux si fort qu'il s'effondra à terre ; Michael refusa de s'en prendre à son frère en disant que si un gars n'était pas capable de se défendre tout seul, ce n'était pas à lui de s'en charger. Une paix précaire régna entre eux pendant tout le printemps, trêve jusqu'à la promotion de l'automne qui devait déboucher sur le passage à West Point, l'académie navale ou quelque chose du genre – pourquoi attendre ? avait songé Richie.

« Mais tu ne peux pas être pour la guerre du Vietnam ? » dit Debbie. Tout au long de leur conversation, elle n'avait eu qu'une pensée : Tim Tim Tim. Mais peut-être que Richie ne l'avait pas ressenti. Il avait quoi, treize ans à la mort de Tim ? Forte de son expérience professionnelle, elle savait bien qu'à treize ans, on était complètement dans son monde.

« Pourquoi pas ? Le président a été élu. C'est lui le commandant en chef ; il en sait plus que moi. Son boulot, c'est de savoir des choses que moi je ne sais pas. C'est pour ça qu'il a décidé d'envahir le Cambodge. Ces étudiants qui occupent les campus et font des émeutes et tout ça, c'est rien que des feignants qui veulent pas se battre. »

Debbie sentit la colère monter en elle, mais elle garda pour elle la tirade au sujet de Tim qui grondait en elle en se rappelant que Richie était dans une école militaire depuis trois ans. Elle se contenta de dire : « J'imagine qu'on a des idées différentes quand on est dans une école militaire ou qu'on fait des études littéraires.

– Mon père a combattu pendant la Seconde Guerre mondiale. Il ne regrette rien.

– Et que pense-t-il de la guerre du Vietnam ?

– Il dit que c'est eux ou nous.

– Ah. Je l'ignorais.

– Et toi ? Il en pense quoi, ton père ? »

Debbie secoua la tête. « Je crois que personne ne le saura jamais. » Elle dut montrer de la tristesse, car à cet instant, Richie – oui, Richie ! – lui tapota l'épaule en disant : « Oncle Arthur est l'adulte le plus drôle qui a jamais existé sur terre. » Puis il ajouta : « Pour moi, Tim, c'était le Superman de la famille. »

De retour chez elle, elle essaya de joindre à nouveau tante Andy sans succès, alors elle lui dit : « Écoute, Richie, je vais te donner de l'argent pour t'acheter un billet pour New York, de là tu iras à Englewood, et tu rentreras chez toi. Tu as la clé ? »

Il hocha la tête.

« Le mieux, c'est encore que tu ailles là-bas, et tu verras bien ce qu'ils disent. Réponds honnêtement à leurs questions, mais ne leur en dis pas plus. Je parie qu'ils seront tellement contents de te voir qu'ils lâcheront l'affaire au bout d'un jour ou deux. Et puis, embrasse ta mère chaque fois que tu peux, dis-lui qu'elle t'a manqué, et restes-en là. Tu as donné ton adresse à l'armée ?

– Oui, on a rempli des cartes et tout ça.

– Mon copain dit que les Yippies ont de bons résultats ici parce que les jeunes concernés par la conscription sont très nombreux. Si tu les embêtes, ils rayent ton nom de la liste et ils passent au suivant.

– Mais je ne veux pas être rayé de la liste.

– Mais si. Au moins tant que tu n'as pas fini ton lycée. »

Il acquiesça. Elle le fit partir tôt le lendemain matin en traînant la valise qu'il avait laissée à la consigne lorsqu'il était parti passer les tests. Elle le poussa à prendre une douche, comme ça, seuls ses vêtements sentaient mauvais – c'était vraiment incroyable que les garçons de dix-sept ans ne remarquent pas ce genre de choses. Bien sûr, il ne lui donna pas de nouvelles par la suite, mais une semaine plus tard, elle en eut par sa mère.

« Ma chère Debbie,

Il fait horriblement chaud ici. J'espère que tu profites de la brise marine ! Quand tu viendras pour la fête du travail, tu en ramèneras un peu si tu peux ! Écoute-moi ça. Richie avait disparu pendant six jours ! Il est revenu mercredi matin, et il n'a RIEN dit. Ta tante Andy était très inquiète, alors elle est allée le voir dans sa chambre et elle a essayé de le faire parler, et il lui a répondu : Tu n'as pas lu mon mot ? Et non, évidemment. Apparemment, un de ses amis de l'école était arrivé dans l'Est. Ils sont allés à Annapolis et à West Point, et à l'université de Pennsylvanie, juste pour voir. Je suppose que Richie avait gagné de l'argent en travaillant. Ensuite, il lui a montré la note qu'il lui avait laissée, accrochée au bar du salon, mais du fait qu'elle a arrêté de boire, elle n'ouvre plus le bar, et elle ne l'avait pas vue. Frank a dit que c'était un signe d'indépendance virile qu'ils soient partis ainsi, et il ne s'est pas mis en colère. Jamais je ne cesserai d'être étonnée (là je parle du fait qu'Andy n'ait pas ouvert le bar pendant six jours). C'est une femme très mystérieuse, et ton père se demande si maintenant qu'elle ne boit plus, elle va se mettre à vieillir comme nous tous.

Il fait trop chaud pour continuer.

Nous t'embrassons fort,

Maman »

Andy regarda autour d'elle. Vingt-quatre personnes ; toutes souriaient. Elle était déjà venue vingt fois, et jamais elle ne s'était levée en disant : « Bonjour, je m'appelle Andy et je suis alcoolique. » Elle avait lu presque tout le livre. Il était posé sur la table basse et parfois elle voyait que Frank ou Nedra l'avaient ouvert, ou touché. Déjà ce soir-là, Bob s'était levé pour raconter comment il avait perdu les pédales le soir de Thanksgiving, qu'il avait trébuché dans la cuisine et qu'il s'était cogné la tête. Roman devait se rendre chez sa mère, et il savait qu'il y aurait de l'alcool, là-bas. Alors il s'en était remis aux Puissances supérieures et il avait pensé à autre chose. Quand il voulut prendre sa voiture le jeudi, la batterie était morte, et à l'instant même où il réfléchissait à l'endroit où il irait manger, son voisin, deux maisons plus loin, sortit de chez lui et lui demanda ce qu'il faisait, parce que en réalité ils n'étaient que tous les quatre, aussi Roman prit la tarte aux noix de pécan qu'il devait apporter chez sa mère, et il se trouva que le voisin avait l'intention de changer le comptoir de sa cuisine, qu'il avait l'argent, qu'il voulait ce nouveau revêtement, le Corian, allez savoir ce que c'est, mais ça coûtait cher, et Roman avait souri. Ensuite, Mary déclara qu'elle avait su négocier la fête de Thanksgiving, mais qu'hier, le 29, c'était le cinquième anniversaire de la mort de sa fille qui était tombée par la fenêtre de leur ancien appartement sur la 91e Rue, et, ils avaient beau habiter Greenwich Village à présent, elle s'était rendue là-bas, à l'endroit même où sa fille était tombée, elle n'avait pu s'en empêcher, pourtant, elle n'avait pas bu une goutte, même si elle avait failli. C'était une histoire choquante, mais on n'avait pas le droit d'en rajouter, et c'est peut-être pour ça qu'Andy ne disait rien.

Avant d'y aller, elle répétait : « J'ai cinquante ans, et peut-être que votre vie n'a aucun sens, mais la mienne en a encore moins », seulement les comparaisons n'étaient pas autorisées. Si bien qu'elle songeait à ça : « On dit que j'existe, mais j'en doute. » Lorsqu'elle l'avait dit au Dr Smith, qu'elle n'avait pas vu pendant dix semaines, il lui avait répondu qu'elle était grandiloquente. D'après ce qu'elle entendait, il fallait s'en tenir à des incidents spécifiques : « J'étais dans mon lit, hier matin, après le départ de mes fils, allongée sur le dos je regardais le plafond et je ne pensais à rien. » Pas même à boire un verre. « La semaine dernière j'ai entendu une femme dire qu'elle avait arrêté de boire sans difficulté, mais au milieu de la nuit, elle se retrouvait à faire du pop-corn, du coup elle a arrêté le pop-corn, et elle a eu toutes les peines du monde. » Peut-être que les autres aussi devraient en être informés ? À côté d'elle, Jean se leva : « Bonjour, je m'appelle Jean, et je suis alcoolique. Je voulais juste remercier ma marraine, Mary, qui est là-bas, car elle a répondu au téléphone quand je l'ai appelée à deux heures et demie dans la nuit de dimanche. Je ne me sentais pas bien, et elle m'a parlé pendant un quart d'heure, ensuite je me suis rendormie. Mary, tu es une sainte, et je te suis très reconnaissante. » Tout le monde sourit et acquiesça. Andy examina Mary, en face d'elle, elle avait l'air gentille, et leurs regards se croisèrent, alors, sans réfléchir, Andy se leva et se présenta : « Je n'ai pas bu un verre depuis le massacre de Kent State, je crois que ça m'a tirée d'un long coma de vingt années, et je ne sais absolument pas pourquoi, je ne comprends pas ce qui se passe. Je sais seulement que mon fils a disparu pendant six jours en juillet, puis il est revenu, et même si je ne crois pas en Dieu, ni à la magie ni à rien d'autre, j'ai maintenant une peur mortelle des bouteilles, je ne peux plus les toucher même pour les jeter. » Elle se tut. Les autres la regardèrent. Bob dit : « N'importe quelle raison est valable, du moment que ça marche. »

1971

Quand Frank suggéra qu'Andy, les garçons et lui aillent passer deux semaines à Paris, au George V, pour fêter Noël avec Janet, qui effectuait là-bas son année à l'étranger, il était bien clair qu'il n'aurait pas le temps de se rendre à Calais – d'ailleurs qui voudrait aller à Calais à la fin décembre ? Mieux valait rester dans le 8e arrondissement, le 1er ou le 3e, mieux valaient même les catacombes plutôt qu'imaginer Lydia et son mari de retour à Calais, qu'elle puisse être assise quelque part dans un bistrot, à attendre Frank. Dans sa tête, Lydia avait complètement remplacé « Joan Fontaine ». Petit à petit, il s'était fait à l'idée que peut-être il s'agissait de deux femmes différentes – sœurs, cousines, parentes éloignées, mais pas une seule femme. Et à choisir, il préférerait Calais à la Corse, l'homme mûr au jeune homme, car « Joan Fontaine » avait disparu, mais « Errol Flynn » aussi, et l'homme endurci, au cuir épais, qui habitait la maison d'Englewood Cliffs, n'avait plus rien à voir avec le garçon d'autrefois.

Malgré tout, il ne put s'empêcher de scruter la foule sur les Champs-Élysées, au Louvre, sur le boulevard Haussmann, et même dans le hall du George V, à la recherche de ces gestes caractéristiques : un menton qui se relève, une tête qui se tourne ; de dos, le balancement de ses hanches. Elle devait avoir les cheveux gris désormais, à moins qu'elle ne les teigne, comme elle était française. Son mari le permettrait-il ? Mais peut-être qu'elle s'était débarrassée de lui, qu'elle l'avait laissé à Calais pour partir vivre à Paris. Qu'y ferait-elle ? Quelque chose de précis et de concret – s'occuper de la comptabilité d'un homme politique riche, gérer sa vie avec discrétion en appelant sa maîtresse ou en versant leur pension à ses enfants.

Puisque c'était l'hiver, ils étaient environnés de Français et non de touristes, et bien que Janet parle la langue, que les gens lui répondent gentiment, Frank avait du mal à supporter sa voix trop forte, les mouvements exagérés de Richie et Michael, ainsi que les commentaires sans fin d'Andy. Ces derniers étaient une véritable révélation : Andy ne s'était jamais épanchée, sauf quand elle buvait, or elle ne buvait qu'à la maison. Seulement à présent qu'elle avait cessé de boire, elle parlait sans arrêt : quel élégant bâtiment, est-ce réellement Napoléon, je le croyais petit, oh, il y a eu plusieurs Napoléon, regardez ces statues équestres sur leur socle. Les Français ne la regardaient pas, leurs enfants s'en fichaient (sauf Janet qui répondait à beaucoup de ses questions), mais cela rendait Frank complètement dingue. Il ne pouvait s'empêcher d'observer les mouvements de sa bouche. Autour de lui, les Parisiens bougeaient à peine les lèvres, leurs paroles s'écoulaient en un flot lisse. La bouche d'Andy était pareille à celle d'une marionnette, qui montait et descendait, révélant le vide intérieur. Pendant dix jours, ses yeux ne cessèrent de faire le va-et-vient entre cette bouche et des images de Lydia, disparaissant au coin d'un immeuble, en haut d'un escalier, de l'autre côté d'un pont. Au bout de dix jours, tous les cinq tombèrent d'accord que deux semaines, c'était trop long – on ne pouvait passer tout son temps aux Galeries Lafayette, ni à contempler les tableaux représentant le long corps blême de Jésus, les yeux clos, qu'on descendait de la croix, ou encore un petit homme en costume chatoyant assis sur un cheval fringant. Janet pensait qu'ils auraient mieux fait de passer à Nice la seconde semaine ; Frank se demandait comment il avait pu oublier Rome ; les garçons regrettaient de ne pas être allés skier ; Andy, enfin, rêvait de Madrid.

Le soir du dixième jour, Janet les persuada de se rendre dans son restaurant préféré de la rive gauche, un vietnamien bon marché où elle allait tous les quinze jours avec ses camarades d'études. Richie et Michael n'apprécièrent pas du tout la nourriture, et Andy détesta les toilettes à la turque, dont l'ampoule était grillée. Frank trouva qu'après leur en avoir remontré sur le menu, Janet avait utilisé ses baguettes avec une dextérité pleine d'arrogance. Puis elle voulut prendre le métro, au lieu d'un taxi, et Richie et Michael décidèrent de rentrer à pied en se servant d'un plan – soit en longeant le quai d'Orsay, puis en traversant par le pont de l'Alma, ou bien en prenant par le Pont-Neuf, et en remontant la rue qu'empruntaient les charrettes qui emmenaient les prisonniers se faire guillotiner pendant la Révolution. Janet déclara : « Ça doit être la seule chose que vous sachiez au sujet de Paris, vous deux », et Andy s'enquit : « N'est-ce pas un peu dangereux ? », comme si ces deux-là ne pouvaient se charger des voyous parisiens. Regardez-les donc :

ils avaient l'air menaçants. Ils partirent donc à pied, glacés jusqu'aux os. En arrivant à l'hôtel, Frank alla se coucher, et se releva deux heures plus tard, pour trouver Janet dans le salon de leur suite, qui lisait un livre, enveloppée dans une couverture. Lorsqu'il entra, elle lui jeta un coup d'œil et se retourna.

« C'est gentil, dit-il.

– Ne le prends pas personnellement, d'accord ? » Mais elle paraissait vraiment irritée qu'il se permette d'entrer à l'improviste dans une pièce pour laquelle il déboursait trois cents dollars par nuit.

« Je crois que si.

– Très bien. C'est toi qui vois. » Elle remonta légèrement son livre. C'était un exemplaire en français de *Sodome et Gomorrhe* de Proust, titre que Frank trouva à la fois choquant et prétentieux. Il dut soupirer, car elle leva les yeux et fronça les sourcils, et il songea qu'elle avait toujours préféré Lillian et Arthur. Avec lui, elle n'était qu'une invitée daignant accepter le luxe qu'il lui offrait sans rien donner en retour, et qui se contentait de manifester une sorte de perfection académique condescendante très désagréable. « C'est quoi, ton problème, demanda-t-il.

– Bon, puisque tu veux le savoir, je ne supporte pas la manière dont tu repousses maman chaque fois que vous marchez ensemble. C'est très grossier. Ici, les hommes savent se tenir.

– Ah, vraiment ? Je n'ai pas remarqué.

– Bien entendu. » Elle ferma son livre. « Eux, en revanche, te remarquent. Je vois leurs têtes qui se tournent.

– Ta mère parle beaucoup.

– Et alors ? Elle manifeste son intérêt. Elle n'est pas dédaigneuse comme toi, ni totalement inintéressée comme Michael et Richie, même si, je l'admets, Richie regarde de temps en temps autour de lui.

– Quand est-ce que tu es devenue aussi garce ? »

La stupéfaction se peignit sur les traits de Janet – c'est vrai que jamais Frank ne l'avait insultée auparavant, il laissait la discipline à Nedra et gardait ses distances. Mais elle ne se laissa pas intimider : « Quand j'ai compris que tu passais chaque minute de ta vie professionnelle à nourrir la machine de guerre, et à chercher le moyen de massacrer les paysans vietnamiens un peu plus vite. » Elle se tut soudain, mais une autre pensée lui vint et elle ajouta : « Et en gagnant un peu plus d'argent.

– Merci pour ta contribution, Joan Baez.

– Je prends ça pour un compliment.

– Tu sais, on n'appelle pas ça la défense pour rien. Tu passes tes journées assise à te lamenter en disant que tu n'aimes pas ceci, que tu n'aimes pas cela, et c'est vrai, tu peux le faire en toute quiétude. Tu crois que les Vietnamiens ne veulent pas se défendre ? Tu crois qu'ils veulent devenir communistes, soumis à la Chine rouge ? Tu crois qu'Ho Chi Minh est un gars sympa, ouvert, qui va dire un jour à ceux qui l'ont combattu : "Oh, mon vieux, je suis tellement désolé qu'on n'ait pas réussi à se mettre d'accord, allez, rentrez chez vous et allez planter votre riz" ? Voilà ce qui se passe lorsqu'un groupe de gens veut en soumettre un autre : ils envahissent le village, massacrent les chefs, et enrôlent les jeunes garçons dans leur armée. Je ne te dirai pas ce qu'ils font aux filles. Ensuite ils passent au village suivant, et ainsi de suite. Voilà comment sont les êtres humains. Ici même, en France, c'est arrivé plus d'une fois, malgré la *crème Chantilly** et la *haute couture** », mots de français qu'il prononça fort bien. « Ou peut-être à cause de ça.

– Ce ne sont pas nos affaires. De toute façon, les Français ont été chassés du Vietnam, et ce n'était pas à nous de prendre leur place.

– Donc, j'imagine, si tu vois une famille alignée contre un mur, prête à être fusillée, tu appuies sur l'accélérateur parce que ce ne sont pas tes affaires ? » Il crut l'avoir mouchée.

Mais elle répliqua : « Quand est-ce que tu t'es arrêté pour aider quelqu'un dans le besoin, toi ? Tu te souviens de ce couple, sur le bord de Turnpike, à la sortie de Newark, il y a dix ans ? Elle avait l'air d'être en fin de grossesse, et il se débattait avec sa roue. Tu te rappelles ? »

Frank parut déconcerté. Elle poursuivit : « Je crois que tu ne les as même pas remarqués. Moi, oui. Maman aussi, mais toi, tu as appuyé sur l'accélérateur.

– Ta mère les a remarqués ?

– Elle a posé la main sur ton bras, elle te les a montrés, mais tu as repoussé sa main. »

Frank la dévisagea. Elle n'était pas jolie, mais pas dénuée d'intérêt – une *jolie laide*, pour ainsi dire. Jusqu'où était-il responsable de son caractère ? Mais il répondit : « Je ne te crois pas.

– Pourquoi ?

– Parce que je suis plus observateur que vous deux.

– Je n'ai pas dit que tu ne les avais pas vus. »

Frank alla au bar et prit une bière. À sa gauche, la porte du couloir. Il était vêtu de sa robe de chambre et de ses chaussons. Il pouvait sortir pour mettre fin à cette querelle. Mais il décapsula sa bière et se retourna : « Qui m'a mis le pied à l'étrier au début de ma carrière ? Qui m'a envoyé lire des documents pris aux Allemands après la guerre ? Qui m'a appris comment fonctionnait le système ? Tu le sais ? » Elle ouvrit la bouche, mais il ne lui laissa pas le temps de répondre : « Ton divin oncle Arthur, c'est lui. À ton avis, quelle est l'opinion de M. Parfait Amour au sujet de l'impérialisme ? De la nécessité de casser des œufs pour faire son omelette ? De passer à la moulinette quelques paysans, si au bout du compte la saucisse nous revient ? »

Ses sourcils se fronçaient de plus en plus, elle était furieuse – à vingt ans, elle arborait la même expression qu'à la naissance. Il vint vers elle et lui prit les mains. Elle essaya de se dégager, mais il les lui ouvrit : « Regarde, miss Chochotte. Regarde bien les mains d'Arthur, la prochaine fois, et renifle-les aussi, tu verras qu'elles sont couvertes de sang. »

Elle s'arracha à lui : « Pourquoi est-ce que je te croirais ? J'ai toujours su que tu étais un connard. »

Elle était blême. Et cela signifiait que plus jamais elle ne ferait confiance à son instinct, et que si elle rencontrait l'amour, elle ne saurait le reconnaître. Alors il songea : Mais pourquoi devrait-elle être différente des autres ?

Quand la maison de Rolf avait été démolie – sept ans plus tôt pour être exact – Rosanna n'avait manifesté aucune objection, ni émis le moindre commentaire à propos de son frère, à part : « C'était un Vogel, tandis que nous, nous sommes des Ausberger » (Autrichiens plutôt que Prussiens). Joe préféra attendre pour lui dire que John et lui avaient vendu la propriété, jusqu'à ce qu'elle l'interroge sur ce qu'il comptait planter dans ces champs – d'ailleurs, qu'est-ce que ça pouvait lui faire ? Désormais, il ne plantait plus que du maïs ou du soja. Mais un samedi de mars, il vint déjeuner chez elle avec Jesse, et elle dit : « Jesse, tu sais comment ton grand-père et moi on a su que ton père serait un excellent agriculteur ? »

Jesse secoua la tête.

« À seize ans, il a décidé d'hybrider le maïs lui-même, l'année suivante, il l'a planté, et il a fait une récolte invraisemblable, bien meilleure que celle de ton grand-père. Ah, tu l'aurais vu, il était fou ! » Elle se tourna vers Joe. « Tu ne fais plus ce genre de choses de nos jours.

– Il y a des laboratoires pour ça, maman.

– Tu pourrais essayer dans le champ de Rolf, pour te remettre du cœur à l'ouvrage. »

Avait-il besoin de se remettre du cœur à l'ouvrage ? Il but une gorgée de café, la regarda et en toute honnêteté, devant son fils, il avoua : « J'ai vendu.

– Quoi ? Tu as vendu la propriété de Rolf ? La ferme de mon grand-père, qui était dans la famille depuis l'arrivée d'Opa en Amérique ?

– Oui, John et moi, on l'a vendue. Maman, à nous deux, on cultive déjà quatre cent cinquante hectares. John…

– John ne sait pas prendre soin de lui. Il n'a que cinquante-six ans, et ses rhumatismes sont tels qu'il peut à peine marcher ! S'il buvait de la camomille deux fois par jour avec une cuillerée de miel et une autre de vinaigre de cidre, tout irait bien.

– Tu as peut-être raison…

– Tu devrais, toi aussi. Tu es assez vieux pour ça. Ça ne te ferait pas de mal.

– On a obtenu un bon prix, et on a investi dans une nouvelle moissonneuse-batteuse.

– Combien en as-tu tiré ? » Joe regarda Jesse, et Rosanna ajouta : « Il a quinze ans. Il est assez grand pour savoir. »

Joe se mit à tousser. Il ne parvenait pas à le dire.

« Deux mille sept cents dollars à l'hectare. »

Rosanna le dévisagea.

Jesse dit calmement : « Ça fait cent soixante-seize mille dollars.

– Non ! s'exclama Rosanna.

– Si, répondit Joe.

– Cette ferme vaut donc un million de dollars ?

– C'est ce qu'ils disent. Plus, même. Pour certains champs, ça monte à quatre mille dollars à l'hectare.

– Tu n'as pas dépensé cent soixante-seize mille dollars pour acheter une moissonneuse-batteuse.

– Environ dix mille.

– Et qu'as-tu fait du reste ?

– John et moi, on a mis quinze mille de côté pour les études d'Annie, Jesse et Gary Junior. J'ai utilisé le reste pour régler nos emprunts.

– Tu veux dire qu'on a tout remboursé ?

– Presque. »

Rosanna le regarda longuement, puis, lentement, elle porta la main à sa bouche ; les larmes roulèrent sur ses joues. Joe dit : « Oh, maman.

– Je ne sais pas à quoi je pensais lorsqu'on s'est installés ici, mais je ne m'attendais pas à mettre cinquante ans pour rembourser la ferme. Combien Walter avait-il acheté ? Quatre-vingts hectares ? Je ne me le rappelle même plus, c'est dire combien ma mémoire est devenue mauvaise, ou peut-être que je ne voulais pas m'en souvenir. Mais, Dieu du ciel, je pensais demeurer entre les mains des banques jusqu'à la fin de mes jours. »

Au bout d'un moment, Rosanna se redressa, s'essuya les yeux et dit à Jesse : « Tu sais, à l'époque où ton père vivait encore dans cette vieille maison, il avait quatre lapins : Eenie, Meenie, Miney et Moe. Il avait aussi deux chats, des moutons, des vaches, des poules et je ne sais quoi d'autre. Sa brebis s'appelait Emily. Il disait que quand il serait grand, il aurait des animaux dans toutes les pièces de la maison et qu'il ferait entrer les chevaux par la porte de derrière. »

Jesse regarda son père, qui répondit : « J'ai toujours voulu avoir des Cheviots. Ils n'ont pas de poils sur le devant de la tête.

– Jesse, le jour où on a emmené la brebis, Emily, à la foire de l'État, ton grand-père m'a dit quelque chose dont tu devrais te souvenir.

– C'était quoi ? demanda Jesse.

– Cette ferme valait à l'époque vingt-sept dollars à l'hectare. » Elle se pencha vers lui et répéta : « Vingt-sept ! Rien, quoi ! Peu importe les efforts qu'on faisait. Il l'avait achetée juste après la guerre – il l'avait payée cent dollars, disait-il. J'ai toujours pensé que c'était cent dix en réalité. Exorbitant ! Mais il était prêt à tout pour quitter le domicile de ses parents, même à se coller un emprunt sur le dos. » Elle se tapa sur les cuisses et regarda Joe. « Dieu soit loué ! Et maintenant, que se passe-t-il ?

– De nouveaux soucis.

– Pour l'amour du ciel, bien sûr que oui. Comme toujours. Mais offre-toi quelque chose. Au moins un couple de Cheviots. Tu pourrais construire un petit enclos derrière la haie d'oranger des Osages. Jesse, tu n'aimerais pas avoir des moutons ?

– Maman, tu perds la tête, ou quoi ? Tu n'as jamais aimé les animaux.

– Pour tout te dire, on s'ennuie par ici. Minnie dirige le lycée, Lois, l'épicerie Crest, Annie et Jesse sont à l'école toute la journée, et toi tu portes un casque pour ne pas entendre de bruit. Les moutons me feraient un peu de compagnie. »

Joe éclata de rire, puis il se demanda où diable on pouvait trouver des moutons aujourd'hui. Plus personne n'en élevait. En retournant à la grange ce soir-là, avant le dîner, il regarda autour de lui. Il prononça ces mots : « Un million de dollars. » Mais à son âge, il en savait assez pour comprendre que les dollars sont tels les particules du brouillard : elles flottent autour de vous puis se dissipent. Le vrai mystère serait de comprendre comment la ferme vous enchaînait à elle au point qu'on aurait littéralement donné n'importe quoi, consenti à tous les sacrifices simplement pour pouvoir continuer à fouler ses ondulations familières, encore et toujours.

Ainsi que l'avait imaginé Basil, Henry et Philip (jamais « Phil ») étaient tout à fait compatibles, mais Henry aurait été surpris de savoir combien Basil était attaché à des détails tels que l'angle des coussins posés sur le canapé, l'ordre des couleurs dans lequel il fallait ranger les pulls de droite à gauche (« toujours en partant du rouge ! » s'exclamait Philip en les ordonnant à nouveau. « Comment peux-tu commettre une erreur aussi élémentaire ? »), ou quelle dose d'ail on pouvait supporter dans les spaghettis. Pour le reste, Basil avait pourvu à l'éducation de Philip. Le sexe était un jeu exquis. De même qu'Henry, il avait toujours attiré les femmes, et s'était toujours demandé ce qu'elles voyaient en lui. « Et puis Basil est arrivé et il m'a tout expliqué. J'étais médusé, dit-il à Henry.

– Il t'a tout expliqué ? » dit Henry. Ils dégustaient ensemble les premières fraises de la saison à même le carton.

« Eh bien, chéri, c'était comme si ma tête avait été détachée de mon corps : j'étais si cérébral. Tu te rappelles cette fille dont je t'ai parlé, elle était dans ma classe et elle a seulement compris qu'elle était enceinte quand l'enfant est descendu, peu avant l'accouchement. Après elle a raconté qu'elle se demandait justement quelle était cette étrange sensation qu'elle éprouvait, les coups de pied, tu sais, mais jamais il ne lui était venu à l'esprit d'en parler à quiconque. » Il prit une autre fraise qu'il aspira, avant d'en arracher la queue. Henry en profita pour renvoyer en arrière les cheveux qui tombaient sur son front adorable. « Tous les autres étudiants ont dit : ah, il n'y a qu'en Amérique qu'on voit ça, seulement je ne leur ai pas raconté la fois où j'étais allé nager, et où j'étais revenu avec une sangsue sur le postérieur, elle a gonflé, et je n'ai remarqué sa présence que lorsqu'elle est tombée à mes pieds, pendant que je discutais avec deux filles de Sidney. » Car Philip n'était pas né en Angleterre, mais en Australie – à Brisbane pour être exact –, et jamais Henry ne le prit en défaut de prononciation. Il parlait tel un comédien – il prenait l'accent de la BBC, la plupart du temps, mais pouvait aussi imiter celui de Johannesburg, de La Nouvelle-Orléans, du Minnesota (ce qui faisait rire Henry), et celui des Parisiens s'exprimant dans un anglais approximatif, ce qui était fort commode pour ses études de critique littéraire.

Soudain la porte s'ouvrit, alors qu'ils étaient complètement nus sur le canapé au beau milieu de l'après-midi, et c'est en voyant Claire qu'Henry se rappela qu'elle et Paul devaient venir passer le week-end, c'était une escapade à deux, et il lui avait envoyé les clés au cas où il serait encore à l'université. Mais cela remontait maintenant à trois semaines ; la chose lui était tout à fait sortie de l'esprit. Claire regarda Philip, puis Henry. Elle avait encore la main sur la porte, et Henry songea qu'elle allait ressortir, mais elle s'écria : « Coucou ! On est là ! Tu t'en souviens ? » Derrière elle, Paul – il avait beau porter une très belle veste sport en tweed, il était si raide et pâle qu'on l'aurait cru vêtu de sa bouse blanche. Philip déclara : « Vous devez être Claire. Cette robe est d'un chic ! Elle vous va à ravir, ma chère, la couleur est parfaite. Je suis Philip. Nous avons presque fini les fraises, mais il reste encore les meilleures. »

Henry se leva, alla dans sa chambre et en revint avec son jean et le pantalon de Philip. Claire était au téléphone. Philip fit signe à Henry de ne pas faire de bruit tandis que Claire disait : « Oui, Sarah. Nous sommes bien arrivés. J'ai laissé de quoi grignoter au réfrigérateur. Vous avez trouvé ? Et pas de télévision avant le dîner. Nous sommes tellement impatients de voir cette pièce. Oui. Embrassez les garçons pour nous, et merci encore de nous avoir aidés à organiser ce week-end. » Paul tendit la main pour prendre le combiné, mais

Henry vit Claire se tourner, feignant de n'avoir rien vu. Dans le silence qui suivit, après qu'elle eut raccroché, Paul s'approcha de Philip et se présenta : « Je suis Paul Darnell. »

« Je pense que ma mère ne sait même pas qu'une telle chose existe, murmura Claire.

– Pourtant ils ne s'en cachent pas.

– Henry s'est toujours comporté comme le garçon qui n'a pas trouvé la fille qu'il lui fallait.

– Ta mère m'a dit qu'aucune n'était assez ennuyeuse pour lui.

– Eh bien elle se trompe. »

Il était seulement vingt et une heures ; le plafond de la chambre était encore baigné de lumière, ainsi que la surface d'un étang. Paul posa la tête sur son épaule et elle reprit : « J'ai l'impression que c'est ma vie tout entière qui est en train de se réorganiser.

– Il a trente-huit ans. Je n'arrive pas à croire que personne n'y ait pensé plus tôt.

– Tu te souviens quand il a amené Jacob chez nous pour Noël ?

– Jacob a des enfants. Je ne sais ce que ton frère pensait de lui, mais ce n'était pas réciproque.

– N'empêche que c'est un très bel homme, il faut l'avouer.

– Maintenant, on sait. »

Claire se hissa sur son coude et contempla son mari. Elle s'attendait qu'il se montre plus outré, qu'il dise par exemple qu'Henry ne devrait plus passer de temps auprès de leurs enfants. Elle ne pensait même pas qu'il aurait serré la main de Philip, ou alors en mettant des gants. Mais il s'était montré de bonne humeur pendant tout le trajet depuis Des Moines, il avait pris plaisir à conduire, sans se plaindre. Elle se demanda si elle n'allait pas devoir changer d'avis à propos de Paul si elle voulait rester avec lui. « Tu ne veux pas qu'on aille à l'hôtel ? proposa-t-elle.

– Oh, je ne sais pas. »

Mais il n'essaya pas de se rapprocher d'elle. Ils demeurèrent allongés en silence, puis il reprit de sa voix de docteur : « Tu sais ce qu'ils font, hein ?

– Pas exactement, dut-elle admettre à regret.

– Eh bien moi je le sais, et cette proximité ne m'excite guère.

– D'accord », répondit Claire. L'obscurité régnait presque dans la chambre, ce qui avait pour effet d'amplifier la signification du silence à l'autre bout du couloir.

Paul éleva un peu la voix. « Non mais franchement, tu ne savais vraiment pas ?

– Je ne savais rien. Et toi ? »

Il s'écarta légèrement d'elle, mais pas consciemment, comme si soudain il se sentait mal à l'aise. Elle reprit : « Il est seulement neuf heures dix. Allons à l'hôtel. On en a les moyens. »

Mais à l'hôtel, ils se querellèrent – pas à cause d'Henry, ou de leurs enfants, ou encore de ce que Paul appelait son « comportement » ; juste à cause du dîner, de l'endroit où ils étaient allés avec Henry et Philip. Comment pouvait-on venir à Chicago et ne pas manger italien. Ou à la rigueur un steak ? Pourquoi avait-elle souri et dit oui quand Philip avait suggéré qu'ils aillent manger grec ? Paul détestait la gastronomie grecque – trop d'olives et de fromages au goût bizarre, et c'était quoi cette viande qui tournait sur la broche ? Le goût était affreux, et l'odeur pire encore.

« Tu aurais pu dire quelque chose, répondit gentiment Claire.

– Pourquoi dois-je toujours passer pour le rabat-joie de service ? Tu m'en laisses la responsabilité alors que tu es d'accord avec moi : tu as à peine touché à ton assiette et tu n'as presque mangé que du pain. »

Claire essaya de ne pas élever la voix. « On ne peut pas essayer des choses nouvelles de temps en temps ? » Depuis le départ du Dr Martin Sadler, un an plus tôt, elle essayait de jouer l'apaisement.

« J'ai plus de quarante ans. Je viens de Philadelphie. J'ai déjà essayé tout ce que j'avais l'intention d'essayer. Lorsqu'on se rend à Chicago, c'est pour une bonne raison. Tu le sais. Tu disais que tu avais envie d'un steak. Tu m'as trahi. C'est toujours moi le méchant. »

Claire lui présenta des excuses.

« Ne t'excuse pas. C'est pire. »

Elle se couvrit le visage de l'oreiller et resta allongée en silence sur le dos tandis que Paul se préparait à nouveau à aller se coucher, ainsi qu'il l'avait déjà fait un peu plus tôt chez Henry : se brosser les dents, se laver et se sécher les pieds, se mettre des gouttes pour s'humidifier les yeux, ajuster les couvertures de manière qu'elles ne pèsent pas trop lourd sur lui, placer avec soin les oreillers contre lui. Depuis la fin de sa liaison avec le Dr Sadler, elle avait souvent songé à tout raconter à Paul, qui n'avait jamais rien compris, bien qu'il mentionne régulièrement Sadler et son frère. (« Ils se débrouillent pas mal ; les problèmes de pied chez les enfants sont sans doute plus courants que je ne l'aurais cru. ») En ce genre d'occasion, elle songeait que ce serait lui rendre service que de tout lui raconter, ainsi il comprendrait qui était le vrai méchant. Enfin, la vraie méchante.

Il faisait froid – à peine au-dessus de zéro pour un 1er mai –, il avait même gelé avant-hier, et Joe s'attendait que ça recommence. Il marchait le long de la parcelle d'herbe qu'il avait plantée au-dessus du ruisseau. L'herbe était épaisse et drue malgré le mauvais temps, et le niveau de l'eau était haut : la petite rivière boueuse et écumeuse atteignait neuf mètres de large pour un peu plus d'un mètre cinquante de profondeur. Il avait épandu de l'atrazine sur ce champ le 30 mars et le maïs aurait dû être déjà planté, seulement le temps était trop humide. Il lui restait quatorze jours pour planter, et il était nerveux.

Quand on cultivait trois cent soixante-cinq hectares, en en laissant quatre-vingts en jachères chaque année (ce que très peu d'agriculteurs faisaient encore), il fallait vraiment aimer l'atrazine. C'était un produit pas cher, sûr et très efficace. On l'épandait sur les champs avant de planter, et on ne voyait plus pousser ni digitale, ni plantain, ni oseille. Plus besoin de parcourir les rangées avec une houe, de déterrer les racines des mauvaises herbes en utilisant le coin du soc pour arracher un maximum de racines. À l'époque de Jake et Elsa (il y avait très très longtemps), les travaux des champs étaient agréables, tout au moins pour le jeune garçon qu'il était à cette époque, assis sur le dos de Jake, les doigts accrochés au harnais, tandis que les deux chevaux tiraient la charrue. Conduire un tracteur n'avait rien d'amusant, et l'engin perturbait le sol beaucoup plus que la charrue d'antan. C'est alors qu'était arrivée l'atrazine, les fabricants avaient envoyé leurs représentants et tous les gars de la région s'étaient rassemblés au magasin de matériel agricole pour regarder ce type avaler un verre de produit, roter, rire, et dire : « Miam ! » Bien sûr, Joe savait que le verre contenait de l'eau, mais la démonstration avait porté ses fruits. Et puis, ces paroles magiques : « plus besoin de préparer les sols », que jamais il n'avait imaginé entendre un jour au sujet de ces terres agricoles. Lois faisait très attention au puits : lorsqu'il épandait le produit, pendant des semaines elle rapportait de l'eau en bouteilles. Il n'y faisait pas objection, de même qu'il n'avait rien dit quand elle s'était mise à dire les grâces avant le repas (la première fois, Minnie et lui s'étaient regardés, mais ils s'étaient vite habitués à « Seigneur Dieu », puis à « amen »).

Il avait fini par se laisser convaincre au sujet des moutons, et il avait acheté quatre Suffolk pour Jesse – tête noire, pattes noires, curieux, pleins de vie. Jesse prenait soin d'eux de manière responsable, mais sans manifester un grand intérêt ; Joe, lui, allait les voir dix fois par jour et riait de leurs cabrioles. Il les avait achetés à un jeune garçon ambitieux qui avait suivi le programme 4-H à Burlington, et dont le frère s'occupait de cochons Berkshire. Walter aimait tout particulièrement cette race de porcs ; Joe ne se souvenait pas qu'ils aient l'air aussi gracieux, avec leurs oreilles dressées, leur ventre plat, leurs délicates pattes blanches malgré leur taille imposante. À force d'y songer tout en remâchant sa frustration de ne pouvoir planter, il se sentait presque prêt à construire des stalles de confinement et à se lancer dans l'élevage des cochons – reproduction, naissance, six semaines d'engraissement, pour les vendre ensuite à quelqu'un d'autre qui finirait le travail. En quarante-deux jours, les porcelets prenaient une vingtaine de kilos puis on les expédiait ailleurs, alors qu'ils étaient encore tout mignons. Dix truies pouvaient produire trois ou quatre portées chacune en un an et demi. Cette pensée le fit sourire.

Quand on passait son temps à s'inquiéter, il était difficile de rompre cette habitude. Jamais la production de maïs n'avait été si élevée (six tonnes à l'hectare, contre trois pour le soja), ce qui faisait presque sept cent cinquante tonnes de maïs et près de quatre cent quatre-vingt-dix tonnes de soja, qu'il avait dû acheminer jusqu'aux silos de stockage. Et là, allez savoir comment, en dépit des probabilités et de toutes les leçons de l'histoire, le marché les avait absorbées. Minnie lui avait dit : « Si la terre vaut trois mille sept cents dollars à l'hectare » – c'était la moyenne d'après tous les fermiers du coin qui venaient au café de Denby – « il doit y avoir une raison. » Walter aurait secoué la tête et répondu : « Non, aucune raison. Ça n'a jamais eu aucun sens et ça n'en aura jamais. » Mais Joe commençait à croire qu'en effet il y avait une raison et qu'il y avait aussi un marché. Peut-être était-il vrai, comme le disaient beaucoup d'agriculteurs, que les intermédiaires – les compagnies qui géraient le grain, ceux qui s'occupaient des ventes – se goinfraient au passage, mais il y avait beaucoup à manger. À combien se montait la population mondiale à présent ? Plus de trois milliards et demi, et aucun signe de ralentissement – Lois avait vu un livre qui avait pour titre : *La bombe démographique*, ou

L'Explosion démographique et qui prédisait la famine. Ou encore, pensait Joe, le début d'une ère où les agriculteurs seraient payés pour ce qu'ils produisaient.

Ah, quatre moutons, c'était un bon début. Et un chien, peut-être. À la mort de Nat, puis de Poppy, il n'en avait pas repris d'autre. Le vent forcit alors qu'il revenait vers la grange. Il rentra la tête dans les épaules. Il n'avait plus beaucoup de cheveux pour se protéger du froid, et sa casquette ne valait rien. Il s'arrêta malgré tout pour observer un autour qui plongeait vers un champ nu, s'arrêtait sur le sol, picorait quelque chose, puis s'élevait dans le ciel, un serpent long et mince entre les serres. Joe n'avait jamais vu cela – en fait, il y avait peut-être deux ou trois ans qu'il n'avait pas vu de faucon, et bien plus encore un autour. Il les regarda monter de plus en plus haut, le serpent se tortilla, puis abandonna la partie. Bientôt ils disparurent dans les nuages et Joe retourna à la grange. Qu'allait-il y faire ? Il ne le savait pas – un long printemps froid permettait de s'assurer que toutes les machines étaient en bon état, tous les mécanismes huilés, chaque sangle de chaque équipement serrée.

Debout à la porte de la grange, il regarda les quatre agneaux, le paysage désert et froid, le ciel lumineux (mais pas ensoleillé) qui se déployait au-dessus des champs sombres, pas encore plantés, et il ne vit pas âme qui vive. D'après son expérience, la Terre était beaucoup plus vaste que la plupart des gens ne se l'imaginaient. Les moutons le firent penser aux croisements, à la manière dont différentes lignées se rencontraient, celle de Walter et de Rosanna s'était mêlée à celle de Roland et Lorena (qui étaient cousins, il le savait). Il secoua la tête : les croisements servaient à faire du profit, ça n'avait rien à voir avec l'amour. Il bricola autour de la grange jusqu'en fin de matinée, il avait si peu à faire qu'il se mit à songer à adopter un chien. Un chien de chasse. Qui filerait à travers champs pour attraper un faisan ou un lapin, quel beau spectacle, ce serait un luxe, un ami. Après tout, un homme dont les terres valaient presque un million et demi de dollars méritait bien un chien.

Le lundi, qui s'annonçait comme une belle journée, Rosanna enfila ses chaussettes, ses bottes et un pull par-dessus sa blouse, puis elle prit la direction de la grange nouvellement repeinte où elle savait qu'elle trouverait Joe. Le maïs s'étendait telle une longue barrière très haute du côté gauche de la grange, et la haie d'oranger des Osages, plus drue que jamais, cachait tout ce qui se trouvait à l'est (même si Rosanna entendait la brebis que Joe avait décidé de garder pour la reproduction – elle s'appelait Hasta, à cause de *hasta la vista* – l'humour de Joe). La petite chienne était mignonne, elle aussi, c'était une golden retriever pure race appelée Dory ou D'Ory – « dorée ». Lorsque Rosanna ouvrit la porte, elle courut vers elle et s'assit car Joe lui avait appris qu'elle ne pouvait obtenir de caresses qu'une fois assise. Rosanna se pencha et lui gratouilla les oreilles en se disant qu'elle s'adoucissait avec le temps, puis elle se redressa et déclara : « Je veux apprendre à conduire. »

Joe la dévisagea.

« Je suis sérieuse. Ça fait quarante-cinq ans que je suis assise dans cette maison. Je ne me rappelle même plus pourquoi j'ai décidé de ne plus en sortir. Quelque chose en rapport avec mon apparence, j'en suis certaine : j'étais très vaniteuse quand j'étais jeune.

– Où veux-tu aller ? »

Rosanna mit les mains sur les hanches. « Là où ça me chante. » Cela devait être la bonne réponse parce que Joe sourit. « Tu pourrais commencer par prendre la voiture de Lois : c'est une boîte automatique. Tu veux essayer tout de suite ? Elle n'est pas encore partie travailler. »

Rosanna releva le défi et le suivit jusque chez lui, où il dit à Lois : « Ma mère veut emprunter ta voiture », et Lois qui préparait une recette française compliquée n'entendit sûrement pas car elle se contenta d'agiter la main. « Les clés sont dessus. » Ils ressortirent par la porte de devant avant qu'elle ne puisse les arrêter.

Rosanna était montée quelques fois dans la voiture de Lois. C'était une petite Volkswagen bleue, neuve. Joe fit demi-tour et conduisit jusqu'à la route où il se gara. Rosanna prit sa place, et Joe passa à celle du passager. Il lui montra où l'on mettait la clé de contact, où étaient le frein et l'accélérateur. Puis il lui expliqua comment on mettait en route, comment on passait en marche arrière, et où était le point mort. Enfin, il dit : « Tu veux toujours essayer ?

– Oh oui, encore plus parce qu'on est dans la direction d'Usherton.

– On va attendre demain pour aller jusqu'à Usherton.

– Tu ne m'apprends pas à conduire parce que tu veux te débarrasser de moi, hein ? »

Joe éclata de rire. « J'ai abandonné tout espoir, de ce côté-là. »

Elle pensait rouler jusqu'au carrefour, mais finalement, elle leur fit faire tout le tour de l'exploitation (ce qui en réalité se résumait à quatre virages, tous à gauche). Assise bien droite, le regard fixé devant elle, elle longea l'ancienne école à présent murée, l'ancienne ferme de Rolf dont la maison avait été détruite, croisa la route qui menait chez John, le chemin de sa maison à elle, le ruisseau, puis elle tourna encore à gauche. Elle prit garde aux fossés profonds de part et d'autre (sans doute conduisait-elle trop au milieu, mais il n'y avait personne), et freina avec soin avant d'arriver aux stops en mettant le clignotant à gauche (plus besoin de tendre la main par la fenêtre, à présent). Joe semblait à l'aise – du moins ne sursauta-t-il pas ni ne s'exclama devant ce qu'elle faisait. Le panorama à travers le pare-brise offrait une perspective nouvelle et étrange pour quelqu'un habitué à toujours voyager à l'arrière. Quand elle s'arrêta devant la maison de Joe, elle déclara : « Ce n'est pas tellement différent de l'époque où je conduisais ce vieux Jake en ville.

– J'ai toujours rêvé de faire ça.

– Je sais. Je regrette de ne pas t'y avoir autorisé. »

La leçon avait duré une demi-heure. Elle laissa les clés se balancer sur le contact, serra Joe contre elle et sortit. N'osant pas aller voir Lois, elle contourna leur maison et se fraya un chemin à travers le maïs pour rentrer chez elle, où elle arrangea le salon, fit la vaisselle du petit déjeuner, et monta procéder à l'inventaire de son armoire. Si elle devait se rendre à nouveau en ville, songea-t-elle, il fallait qu'elle s'occupe de sa coiffure et de sa tenue.

1972

Lillian trouvait cocasse qu'au bout de plus de quarante ans, ce soit finalement la poignée de main entre le président Mao et Richard Nixon qui ait dégoûté tante Eloise du communisme. Assise à la table du petit déjeuner, Janet lui raconta tout lorsqu'elle revint de ses vacances de printemps en Californie. Lillian, qui n'avait pas faim, posa les œufs brouillés et les toasts devant sa nièce et baissa les stores. Pour une fin mars, le soleil était éclatant ; Janet était arrivée à l'aéroport de Dulles tard la veille au soir. Lillian avait promis de l'emmener à Sweet Briar, et le temps était parfait pour ça : elle profiterait pendant tout le trajet des magnolias en fleur. Janet lui raconta : « Je suis restée cinq jours, et on a passé notre temps à apporter des caisses et des caisses de livres à la décharge. Je lui ai proposé de les donner à un bouquiniste, mais Eloise ne voulait pas courir le risque que toutes ces bêtises n'influencent quelqu'un.

– Et autrement, tu l'as trouvée bien ? » Lillian ne pouvait se figurer qu'on puisse abandonner ainsi ce qui avait fondé toute une vie – la version du divorce selon Eloise.

« Tu veux dire est-ce qu'elle a perdu la tête ou est-ce qu'elle a une tumeur au cerveau ? Non, je ne crois pas. Elle a l'air en forme. Elle m'a emmenée visiter une magnifique roseraie tout près de chez elle. Impossible de s'imaginer qu'elle ait sept ans de moins que grand-mère, ni qu'elle ait jamais vécu à la ferme. Elle est si mince et musclée, elle teint ses cheveux avec soin, elle marche ou court plusieurs kilomètres par jour. J'étais impressionnée. Je pense qu'elle a quelqu'un dans sa vie. Il lui a téléphoné, mais je ne l'ai jamais vu. »

Elles rirent ensemble.

« Et comment est-ce qu'elle gagne sa vie ? demanda Lillian.

– Va savoir. C'est vrai, quand a-t-elle acheté sa maison ? Elle m'a dit qu'elle avait fini de la payer. Elle travaille dans une coopérative de fromage à Berkeley. Elle doit avoir trente ans de plus que les autres, mais elle est parfaitement à sa place. Elle m'a dit : "Quand Spender a abandonné, j'ai tenu bon. Quand Koestler a abandonné, j'ai tenu bon. Quand Mitford a abandonné, j'ai tenu bon. Enfin Sartre a abandonné, mais j'ai tenu bon, et c'est maintenant que j'abandonne. Tu as vu cette expression sur le visage de Mao ? À croire qu'il allait rouler un patin à Nixon !" On aurait dit qu'elle se sentait personnellement insultée. »

Lillian ne dit pas qu'Arthur, lui aussi, avait réagi avec véhémence devant l'image de Nixon et Mao. Ils regardaient le journal à la télévision, et il avait déclaré : « Je suis stupéfait qu'on ne l'ait pas descendu. » Lillian en savait assez pour ne pas poser de questions, mais elle comprenait très bien qu'il parlait de Nixon, pas de Mao. Elle demanda ensuite : « Rosa est toujours mariée avec ce joueur ? Mon Dieu. » Elle secoua la tête. « La petite Rosa va avoir quarante ans l'an prochain.

– Je crois que Rosa et sa fille, Lacey, vivent avec son nouveau compagnon dans un endroit reculé des montagnes de Big Sur, et Lacey met une heure en bus pour aller à l'école, mais ils ont de l'argent. Rosa vend des savons à la glycérine qu'elle fabrique avec des herbes qu'elle fait pousser elle-même, par exemple de la lavande ou de l'estragon, et son compagnon fabrique des archets pour violon que des violonistes du monde entier s'arrachent à des prix astronomiques. Ils n'ont ni la télévision ni la radio. Eloise m'a donné des savons, ils sont dans ma valise. J'en ai un pour toi. Ça sent superbon. Tu peux choisir celui que tu veux, sauf le citron. » Elle repoussa son assiette en disant : « C'était bon.

– Je t'en prie.

– Merci. »

Lillian posa l'assiette dans l'évier, la rinça puis la mit au lave-vaisselle. Janet se leva de table et, comme toujours, elle alla regarder les photos de Tim. Tim nouveau-né. Tim marchant sur le dossier du canapé en riant, Debbie sur le côté, furieuse. Tim souriant devant la vitre cassée par la balle de tennis qu'il tenait à la main (Arthur avait écrit une légende dessous : « En plein dans le mille ! »). Tim marchant sur les mains. Tim déguisé en Elvis Presley pour Halloween. Une photo envoyée par Steve Sloan montrait Tim sur scène lors d'une soirée, faisant négligemment tomber la cendre de sa cigarette au creux de la banane d'un garçon plus âgé qui ne se rendait compte de rien – quatorze ans, sourire jusqu'aux oreilles, fumant déjà tel un expert. Tim jouant de la guitare. Tim photographié au lycée, l'air si lisse et innocent. Janet les examinait pour la centième, la millième fois. Depuis sa grosse dispute avec Frank, dont Lillian ignorait les détails, Janet leur rendait moins souvent visite, même si elle venait régulièrement regarder les photos de Tim. Debbie avait seulement dit que Janet avait juré que plus jamais elle n'adresserait la parole à son père. Elle racontait aussi que sa cousine n'avait jamais eu de petit ami ; Lillian espérait que ce n'était pas à cause de la dévotion qu'elle témoignait à ces photos.

« Je crois que ta grand-mère n'est plus la vieille dame que nous avons connue. Tu sais que Joe lui a appris à conduire ? Et quand elle a réussi à obtenir son permis, il lui a acheté une voiture. Elle a dû passer deux fois le test de vue, car ils croyaient qu'elle avait triché la première fois. »

Janet se retourna. Elle avait l'air triste, mais sa voix était normale lorsqu'elle s'exclama : « Tu plaisantes !

– En fait, ils n'ont pas dit ça, mais ils trouvaient que ses résultats étaient inhabituels pour une dame de son âge. Elle avait dix dixièmes.

– Quel modèle Joe lui a-t-il acheté ?

– Elle a appris à conduire sur celle de Lois, donc je pense qu'ils ont jugé que le plus sûr était de lui prendre le même modèle. Deux mille dollars. Minnie m'a dit que Lois était bonne à enfermer – à sa manière à elle, bien sûr.

– C'est-à-dire ?

– Elle a fait un chèque de mille dollars pour payer le nouveau toit de l'église méthodiste. Que voulais-tu que Joe lui dise ?

– Oncle Joe est toujours gentil. »

Lillian entendit des pas derrière elle, et avant même que Janet sache qu'il s'agissait d'Arthur, ses traits se durcirent, pour laisser place à une expression totalement neutre. Arthur passa le bras autour de la taille de Lillian, l'embrassa sur la tempe, et s'exclama : « Janny ! Je ne savais pas que tu étais là ! » Il s'approcha pour la serrer contre lui, comme à son habitude, mais elle se raidit et recula, souriant malgré tout en disant : « Salut, oncle Arthur. Comment ça va ?

– Des hauts et des bas et des virages à droite à gauche. » Mais elle ne rit pas.

« Je crois qu'elle préfère que tu l'appelles "Janet", chéri.

– Ça m'est égal », répondit celle-ci.

Arthur guettait son muffin dans le grille-pain. Lorsqu'il remonta, il le remit à griller, et quand il le jugea juste à point, il le sortit et jongla pour le faire atterrir sur le comptoir où il le beurra. Tout ce manège mit Lillian mal à l'aise sans qu'elle sache pourquoi.

« Tes frères se plaisent à Cornell ? demanda Arthur.

– Ils sont assez occupés, je crois. Il y a encore un entraînement militaire pour les officiers de réserve, là-bas, donc ils s'y sont inscrits.

– Ton père a tenté de fabriquer de la poudre à canon pendant toutes ses études, dit Lillian. Ils essayaient d'en faire à partir des tiges de maïs pour soutenir l'effort de guerre. Je crois que ça a marché une fois, mais c'est tout. Il t'a raconté qu'il vivait dans une tente, à l'époque ?

– Je ne l'ai pas cru. Tu crois sincèrement que c'est vrai ? Il m'a dit aussi qu'il n'avait jamais terminé ses études.

– Pearl Harbor. »

Janet observait Arthur, qui ne semblait pas s'en rendre compte. Soudain, elle renvoya la tête en arrière et déclara : « Il faut que j'y aille. J'ai mon mémoire de fin d'études à rendre dans une semaine, et je dois le taper aujourd'hui.

– C'est sur quel sujet ? » demanda Arthur.

Enfin, elle le regarda droit dans les yeux : « La CIA. »

Mais Arthur se contenta de répondre : « Je croyais que tu étudiais la culture française ?

– Je voulais travailler sur Violette Lecoq, mais il n'y avait pas assez de matière. Donc j'ai choisi André Malraux. »

Un long silence suivit au bout duquel Lillian dit : « Bon, il est presque midi. Arthur, je serai là pour le déjeuner. Avec le déjeuner. »

Dans la voiture, Janet se sentit plus à l'aise. Elle avait donné à tante Lillian le savon à la lavande, qui était dans l'ordre son deuxième préféré. Elle y voyait la dernière part d'elle-même qu'elle laissait en ce lieu qu'elle avait autrefois tant aimé, mais où elle n'avait plus rien à faire. Elle n'avait même plus envie d'emporter cette photo de Tim sur son vélo, plissant les yeux dans le soleil, prise pendant l'été qu'elle avait passé avec eux et où elle apparaissait presque – au moment où oncle Arthur approchait l'appareil de son œil, une abeille avait foncé sur Janet, et elle s'était écartée. Quand on regardait attentivement, on voyait son ombre, tout en bas. Chaque fois qu'un de ses professeurs à Sweet Briar utilisait le terme « paradoxe », Janet songeait à cette photo : son ombre à elle sur la photo de Tim ; l'ombre de Tim dans sa vie à elle.

Tante Lillian conduisait en s'accrochant au volant comme si la voiture risquait de s'échapper à tout moment – c'est ce que Tim avait dit une fois.

« Qu'est-ce que tu vas faire après avoir obtenu ton diplôme ? demanda tante Lillian.

– Je vais m'installer en Californie. » C'était la première fois que Janet le formulait à voix haute. Elle trouva qu'elle avait répondu avec assurance. « J'ai rencontré des jeunes qui ont une maison à Oakland. L'un d'eux est facteur, un autre travaille chez Safeways, et deux des filles sont à Berkeley. Je les ai tous rencontrés. » Celui qui travaillait chez Safeways était noir. Le facteur vivait dans le grenier, il disait que c'était plus facile pour se dématérialiser et s'évaporer à travers le toit, d'autant plus qu'il n'y avait pas d'isolation. La troisième fille (noire elle aussi) travaillait en tant que modèle nue pour les artistes du coin qui la payaient vingt-cinq dollars l'heure, voire plus. Pas besoin de ressembler à Marisa Berenson pour être modèle – c'était même le contraire.

« Ça doit être une grande maison, dit Lillian.

– Trois étages. Le loyer est de quarante dollars par mois par personne, et un peu plus en hiver pour le chauffage. L'un d'eux part pour Hawaï, donc je vais prendre sa chambre. Une des filles va m'aider à trouver un boulot. Tout ce qu'il me faut, c'est cent dollars à peu près, alors j'économise sur ce que me donnent mes parents tous les mois. Je devrais y arriver.

– Et comment vas-tu faire pour y aller ? » demanda tante Lillian d'un ton détaché, comme si elle n'essayait pas de lui soutirer des informations. Janet répondit : « Le car coûte cinquante-deux dollars. » Elle ne lui dit pas qu'un étudiant de l'université de Virginie qu'elle connaissait lui avait proposé de partir en auto-stop. Tout dépendait de ce qu'elle parviendrait à mettre de côté sur l'argent des deux derniers mois où sa mère subviendrait à ses besoins. Peut-être qu'il y aurait un cadeau de fin d'études. Si son père lui donnait quelque chose, elle considérerait cela à la manière d'une indulgence. Qu'elle accepterait.

Elle regarda tante Lillian en pensant : « J'ai vingt et un ans. » Mais elle se contenta de dire : « Ce n'est pas la meilleure période pour trouver un emploi. Mais c'est le bon moment pour tenter des choses. »

Elle eut la surprise d'entendre Lillian lui répondre : « Je suis sûre que tu vas bien t'amuser. » Naturellement, elle pensait qu'elles se reverraient ; mais Janet n'en était pas certaine. Même tante Eloise ignorait qu'elle revenait en Californie – elle croyait qu'elle avait trouvé un travail à Chicago.

Le lendemain de la fin de sa deuxième année à l'école, Charlie mit dans sa poche un dollar et une des barres aux Rice Krispies que maman lui avait préparées le dimanche, puis il partit à la piscine. Il savait où étaient le nord, le sud, l'est et l'ouest, et il savait que la piscine était au sud, mais aussi qu'il pouvait prendre le bus juste devant l'école, qui s'arrêtait pendant l'été, même si dans une semaine, Charlie devait aller à l'école d'été pour apprendre à mieux écrire. Charlie était gaucher – il le savait parce que son index de la main gauche était plus long que l'autre ; pour faire la différence entre la droite et la gauche, il devait donc regarder ses doigts.

Maman disait qu'il irait à l'école d'été de dix heures et demie à midi. Il faisait chaud ce jour-là, et Charlie avait envie de nager. Il avait suivi des leçons au YMCA tout l'été précédent puis pendant l'hiver, et il nageait le crawl et la brasse. Il sortit son maillot de son tiroir, et il prit une serviette dans l'armoire du couloir dans laquelle il roula son maillot. Ensuite il ouvrit la porte et la referma sans bruit derrière lui. Maman prenait sa douche.

Toute l'année, il était allé à l'école à pied, d'abord avec maman, puis avec Barry Clayton, qui était dans la classe supérieure, et quelquefois tout seul, lorsque Barry était malade. Il sortit de l'allée pour prendre la rue Tuxedo, puis obliqua vers le nord sur Glen Road. Il y avait six chiens sur le chemin de l'école. Un seul était effrayant, un grand chien marron avec du noir sur la tête, qui était derrière une grille, et lorsque Charlie longea la grille, le chien se mit à courir de l'autre côté, reniflant le sol en grondant et en aboyant. Charlie fit de sa voix la plus autoritaire : « Chut, chut, chut », tout en continuant de marcher, sans se mettre à courir. Ça n'aurait fait qu'inciter le chien à sauter par-dessus la grille. Glen Road suivait la voie de chemin de fer, et Charlie n'avait pas le droit de grimper le monticule jusqu'aux rails, même si parfois il le faisait quand même. Il croisa la rue Clark : à l'angle vivait Ricky Dangle (la rime faisait toujours rire maman) ; puis la rue Atalanta, pour arriver sur la rue Marshall. Pas de voitures. C'était une matinée tranquille. Il n'avait aucune idée de l'heure. Si on allait au bout de cette rue et qu'on tourne à droite, on tombait sur une boutique qui vendait des bonbons à un penny. Charlie aimait les caramels au beurre de cacahuètes, les sachets de poudre qui pique et les bonbons en forme de boutons. En prenant à gauche pour traverser Glen Road (ce qu'il n'avait pas le droit de faire), on pouvait passer sous les rails et continuer vers le ruisseau Deer, qui coulait au fond d'une gorge aux flancs escarpés, et Ricky Horner disait qu'on pouvait trouver des fossiles si on regardait avec attention. Il en avait montré deux à Charlie. Plusieurs enfants de sa classe vivaient de l'autre côté de la voie ferrée, et ils venaient tous les jours à pied à l'école, si bien que Charlie ne comprenait pas pourquoi il n'avait pas le droit d'aller là-bas.

L'arrêt de bus pour aller à la piscine était de l'autre côté du terrain de jeux. Il était désert, mais à l'ombre. Charlie songea que c'était trop dangereux d'aller acheter des bonbons – et puis il avait emporté sa barre aux Rice Krispies – donc il alla directement attendre près du poteau où était inscrit « Arrêt de bus » ; il savait lire ces mots, même si on pouvait aussi les lire ainsi « sub ed têrrA », si on voulait. Il avait passé l'année dans le groupe de lecture des plus faibles. Miss Lewis n'appréciait pas la façon qu'il avait de lire. Elle voulait qu'il lise « pots » quand lui aurait voulu lire « stop ». Et puis elle voulait toujours qu'il lise les mots dans l'ordre, de gauche à droite, même si c'était plus drôle de les lire dans l'autre sens. Voilà pourquoi il devait aller à l'école d'été. Mais comme disait maman, il n'y avait pas de raison de s'énerver, alors il ne s'énervait jamais, et de toute façon, miss Lewis l'aimait beaucoup, plus que John King, qui était dans le même groupe de lecture et passait son temps à claquer des doigts et à dessiner des parachutistes qui sautaient depuis des avions, ou Billy Swenson, qui se contentait de regarder le livre en se décrottant le nez. Il n'y avait pas de filles dans leur groupe.

Le bus arriva et la porte s'ouvrit. Le chauffeur, un gros monsieur, se pencha, regarda si un adulte l'accompagnait, mais Charlie lui tendit un dollar et le conducteur lui remit trois pièces de vingt-cinq cents, deux de dix et une de cinq. Charlie les prit et mit quinze cents dans la machine, qui tombèrent dans le conduit en verre, tandis qu'il rangeait le reste dans sa poche et allait s'asseoir. Il y avait cinq personnes dans le bus ; deux noirs, une très vieille dame et deux jeunes qui devaient être au lycée. Quand Charlie fut assis, le bus démarra, et il vit la voiture de sa mère passer dans l'autre sens. Il s'adossa au fauteuil et posa la serviette enroulée sur ses genoux. Il était très important de ne pas l'oublier ni de la perdre. Il pensa qu'il se débrouillait bien.

Debbie se fit plaisir en assistant pour la première fois de sa vie aux compétitions nationales d'équitation au Madison Square Garden. Assise à mi-hauteur sur les gradins, elle suivait l'épreuve du joueur, où le cavalier et sa monture avaient une minute pour franchir le plus grand nombre d'obstacles possibles. Chaque saut donnait des points – les plus difficiles rapportaient davantage. Elle n'avait pas regardé le programme, mais elle reconnut Fiona dès qu'elle apparut. Cela faisait quoi, huit ans qu'elle avait dormi chez elle pour la dernière fois, la veille de son départ pour cette université dans le Missouri, elles s'étaient alors un peu disputées, ce qui n'était pas dans leurs habitudes. Fiona montait un alezan fin et musclé ; elle coupa dans le tournant et prit la direction d'un obstacle triple barres (un gros). Debbie cria de joie et faillit se lever. Fiona était formidable ! Les mains légères, le dos droit quand le cheval sauta magnifiquement, puis se réceptionna sur la gauche, avant de faire un piaffer, et de galoper vers un des obstacles les plus difficiles, une rivière. Debbie regarda un instant le tableau des résultats, et peut-être que Fiona l'imita – il lui restait dix secondes, aussi s'enfonça-t-elle bien sur sa selle, poussa son cheval, et fila vers le *liverpool*, un bassin de plus de quatre mètres de large. La sonnerie retentit, signalant la fin de l'épreuve, à l'instant même où le cheval de Fiona atterrissait sans toucher l'eau, même des sabots arrière. Debbie se leva pour applaudir, ainsi que quelques autres spectateurs, mais au même moment Kathy Kusner, ancienne membre de l'équipe olympique, fit son entrée sur un cheval à robe grise et tous les regards se braquèrent sur elle. Debbie vit Fiona quitter l'arène tranquillement, adressant un signe à Kathy. Elle regarda son programme. Le cheval de Fiona s'appelait Torch. Fiona Cannon, la fille capable de tout, s'appelait désormais Fiona McCorkle, et son écurie, Ranlegh Stables. Si elle avait choisi l'épreuve du joueur, c'est qu'elle était sans doute encore capable de tout. Son entraîneur avait participé naguère aux jeux Olympiques. Debbie ne se souvenait plus de l'année, même si l'année 1952 lui revenait en tête. Elle prit son sac.

Elle longea la barrière jusqu'au bout. Là, elle attendit en regardant le classement. Fiona avait pris la troisième place, mais il restait encore six concurrents. Debbie s'assit pour suivre le spectacle. Parmi les autres concurrents, il y eut quatre chutes, ce qui coûtait chaque fois quatre points, et un cheval refusa un obstacle, ce qui lui fit perdre du temps et trois points. Fiona avait exécuté sept sauts en une minute ; un des types en réussit deux. Kathy Kusner termina première de l'épreuve, et Fiona, troisième. Elle avait raté la seconde place à un point près. Debbie se demanda si Kathy avait jamais dévalé un versant au grand galop debout sur sa monture. Les vainqueurs revinrent dans l'arène et on leur remit trois rubans sous les applaudissements. L'épreuve du joueur n'était pas une discipline olympique, mais le public en était friand. Debbie essaya de faire signe à Fiona quand elle passa près d'elle en souriant et en brandissant son ruban. Celle-ci lui jeta un coup d'œil, un sourire impersonnel, mais alors qu'elle s'éloignait, elle se retourna – le sourire impersonnel se transforma en surprise puis la gravité se peignit sur son visage. Debbie sauta par-dessus la barrière. Il y eut quelques « Eh ! » mais Fiona fila.

La croupe de Torch disparut dans le tunnel qui menait sans doute aux stalles, et Debbie le suivit le plus doucement possible – elle savait comment se comporter en présence des chevaux. Un instant plus tard, un petit homme – un palefrenier sans doute – apparut et tendit la main. Fiona, qui avait retiré sa bombe et son filet à cheveux, lui donna les rênes. Il emmena le cheval, et Debbie interpella Fiona. Celle-ci se retourna, retira ses gants, elle afficha un petit sourire faux, mais continua d'avancer, un peu plus lentement. Lorsque Debbie la rattrapa, elle dit : « Debbie ! Comme je suis heureuse de te voir ! Je ne me rendais pas compte…

– Tu étais formidable ! J'ai adoré la manière dont tu as sauté par-dessus ce bassin ! Tu es vraiment…

– C'est une épreuve pour s'amuser. » Puis elle lança : « Bon, c'était chouette de te voir. Il faut que je me prépare pour la prochaine épreuve. » Et elle s'éloigna.

Debbie courut après elle et lui attrapa le bras. Fiona fit volte-face et se dégagea. Elle était forte – Debbie sentit la tension de son biceps à travers sa veste. Elle lui dit : « Je suis contente de te voir ! J'aurais aimé que tu le sois aussi ! »

Elles restèrent à se dévisager longuement, puis Fiona répondit : « Mais je le suis. Sincèrement. Tu as l'air d'une dame. »

Debbie se mit à rire : « C'est un compliment ?

– Je ne sais pas. » Elle sourit. Enfin. Puis elle ajouta : « Et moi, j'ai l'air d'une dame ?

– Non. Tu ressembles à un garçon.

– Alors les rêves se réalisent. » Elle redevint sérieuse et ajouta : « Je suis désolée, Deb. J'étais très concentrée pour cette épreuve. Jamais on était arrivés jusqu'au Madison Square Garden. Et tu me connais. Je n'ai jamais été une fille sympa. »

Et sans le vouloir, Debbie ajouta : « Je t'aimais, Fiona. »

Celle-ci sourit à nouveau, se pencha et l'embrassa sur la joue. « Tu étais très patiente. Qu'est-ce que tu fais, maintenant ?

– J'enseigne à des gamins de treize ans dans une école privée.

– Tu montes encore ? »

Elle secoua la tête.

« Tu devrais. Tu étais toujours prête à tout, et je te faisais faire des trucs qui auraient foutu une trouille du diable à la plupart des filles. C'est moi qui ai une trouille du diable maintenant, quand j'y repense. »

Debbie éclata de rire.

« Et ton beau gosse de frère, qu'est-ce qu'il devient ? »

D'abord, Debbie crut qu'elle parlait de Dean, et elle répondit : « Il a fini ses études à Dartmouth au printemps, et il… » Puis elle comprit. « Oh. Mais tu parles de… Tim ? Je ne savais pas que tu le connaissais.

– Comment j'aurais pu ne pas connaître le garçon le plus mignon du lycée ? » Elle avait l'air innocente, indifférente.

Debbie se mordit la lèvre et ses yeux s'emplirent de larmes. « Il a été tué au Vietnam il y a six ans. »

Fiona blêmit.

C'était drôle comme ça finissait par s'apaiser en vous, comme on pensait que tous les gens qu'on connaissait savaient que votre frère avait été tué, que son crâne avait été transpercé par un éclat de grenade, si bien que jamais on n'avait besoin de prononcer les mots, ni même de penser à la chose, parce que, chaque fois, c'était encore trop frais pour être tolérable, ne serait-ce qu'une minute.

Fiona tripota ses gants, et répondit : « Je ne savais pas. Je suis désolée. » Elle baissa les yeux. « Il ne t'a jamais dit qu'il… qu'il me ramenait en voiture parfois.

– Je n'ai jamais su ce que faisait Tim. » Était-il sorti avec Fiona ? L'idée paraissait tellement farfelue que Debbie ne put l'envisager.

Les larmes de Fiona roulèrent sur son visage. Elle les essuya et reprit : « Il faut que je me prépare pour la prochaine épreuve. Le cheval est assez fougueux, et il faut le préparer longtemps à l'avance.

– Je suis contente de t'avoir vue.

– Moi aussi. »

Elle partit à travers le tunnel qui menait vers les stalles des chevaux.

Debbie retourna à sa place où elle demeura sans bouger pendant les deux épreuves suivantes, mais elle ne revit pas Fiona, bien qu'elle soit inscrite au programme avec un cheval appelé Impatient. Il n'y eut ni explication ni annonce. À cause de la circulation, Debbie arriva chez elle à minuit, mais elle ne put s'endormir avant quatre heures, elle se demandait si Fiona et elle avaient réellement été amies un jour, ou si cela avait été ainsi qu'elle le voyait parfois parmi les élèves : Fiona, la fusée lancée à toute vitesse vers l'avenir, sans se soucier du présent, et les autres filles qui menaient leur petite vie, prisonnières de la lutte quotidienne pour obtenir l'amour et la reconnaissance. Laquelle préfères-tu être ? s'interrogea Debbie. Pourtant restait dans sa mémoire l'image de l'alezan volant au-dessus du *liverpool*, les pattes avant repliées, le cou tendu, les oreilles rabattues, Fiona agrippée sur son dos. Lorsqu'on décrivait ce genre d'arc, Debbie le savait, il y avait un moment de grâce en apesanteur. Quand on avait éprouvé cela une fois, on était condamné à vouloir le revivre.

1973

Janet trouvait que Marla Cook, qui avait emménagé dans leur maison après que Liza fut allée vivre avec son petit ami, ressemblait trait pour trait à Cicely Tyson, mais elle savait bien qu'il ne fallait pas parler aux noirs de leur apparence, ni en discuter avec les autres. Le terrain était miné, parce que même si on venait d'une famille où tout le monde utilisait respectueusement le mot « noir » (elle n'avait jamais entendu en Iowa quiconque parler de « Nègres »), il y avait encore plein d'autres mots qu'il fallait manier avec précaution, comme « petit », au sens de jeune. Quand elle éprouvait de bons sentiments à l'égard de Richie ou Michael (c'était très rare), elle disait : « Tu es un bon petit. » Or un jour, à Oakland, alors qu'elle parlait à Hunter Morrison, qui avait à peu près l'âge des jumeaux et travaillait avec elle chez Lasagna Paradise, elle éclata de rire et lui dit : « Tu es un bon petit », et c'en fut fini. Ils furent tous les deux si gênés que plus jamais ils ne rigolèrent ensemble, et malgré tout, elle ne parvint pas à s'excuser.

La chambre de Marla était voisine de la sienne et elles partageaient une salle de bains : elle avait emménagé là car elle connaissait Bobby chez Safeway, et aussi Cat, qui était passée de modèle nue à actrice – en fait, elle avait joué dans un court-métrage, mais bon, ça suffisait pour dire qu'elle était actrice. C'était sans doute parce que Marla était très belle qu'elle et Cat gardaient des relations assez formelles. Au bout de quatre jours, Marla et Janet se rapprochèrent, et Marla l'invita dans sa chambre. Dans une maison telle que la leur, il était important de ne pas créer de clans, ni de cancaner au sujet des autres, donc ni l'une ni l'autre ne parla de ce qui se passait (pas même du stockage de la nourriture, qui posait problème). Elles discutèrent de films et de pièces de théâtre françaises. Janet avait vu deux films avec Alain Delon ; Marla, huit – dès que le moindre petit cinéma d'art et d'essai diffusait un film obscur, Marla faisait son possible pour s'y rendre. Malgré sa beauté, elle ne voulait pas devenir une star de cinéma ; elle voulait être metteur en scène. Elle économisait l'argent que lui rapportaient ses deux boulots pour pouvoir aller en France – elle voulait que Janet lui parle français. Marla savait deux choses de la France : une belle femme, noire ou blanche, pouvait s'en sortir là-bas et, au théâtre, toutes les thématiques étaient acceptées ; on pouvait installer sur scène quatre personnes qui passaient leur temps à croiser et décroiser les jambes en toussant de temps en temps.

Marla venait de Los Angeles – pas de Hollywood, mais de Crenshaw. Là-bas, rien ne l'impressionnait. Quand Janet lui posait des questions (surtout les jours de pluie), elle mettait les pieds de côté et les essuyait sur le tapis. Son père travaillait pour la municipalité et sa mère était couturière au service des costumes de la Paramount.

La seule chose qui impressionnait Marla, c'était Paris – il suffisait à Janet de dire « les Tuileries », ou « Montparnasse », pour que Marla sourie. Au bout d'une semaine, elle convainquit Janet de lui lire des pièces en français. D'abord *Rhinocéros*, de Ionesco, puis *Antigone*, d'Anouilh. Chacune avait un exemplaire ; Janet traduisait une réplique, puis la lisait en français, et Marla la lisait à son tour. Si sa prononciation était fautive, Janet était censée la corriger. Marla s'adonnait à cela avec un sérieux extrême, et comme son destin lui paraissait gravé dans le marbre, Janet considérait l'aide qu'elle lui apportait plus importante que son travail chez Lasagna Paradise. Elle raconta à Marla que son père était agriculteur à Usherton dans l'Iowa, et qu'elle était allée à l'université de l'Iowa. Marla ne lui demanda pas si cette université avait des programmes d'échange avec l'étranger. De toute façon, dans une société juste, oncle Joe serait son père et tante Minnie sa mère. C'étaient des mensonges qui faisaient du bien.

Cat aussi était sympa. Dans l'atmosphère tendue qui entourait la nourriture, Cat était la seule qui se fichait que les garçons boivent son lait, du moment qu'ils ne buvaient pas à même la brique, elle était également la seule qui apportait du pop-corn à partager dans le salon quand tout le monde regardait la télé. En réalité, le problème de la nourriture venait de Louis, le facteur. Il avait toujours faim. Il achetait beaucoup à manger, mais s'il avait terminé ses provisions, qu'il était tard le soir et qu'un reste de spaghettis bolognaise traînait dans le frigo, il le prenait. Quant à Janet, elle déjeunait gratuitement chez Lasagna Paradise, donc elle s'en moquait un peu, à part des abricots secs, mais elle les conservait dans sa chambre. Elle était blanche, n'était pas une fille à problèmes, alors elle n'avait pas d'histoire à raconter. Elle était contente que les autres l'acceptent et soient gentils avec elle.

Ithaca était l'endroit le plus septentrional où Richie ait jamais vécu – déjà en mai, il faisait encore jour le soir. Il regarda sa montre en se demandant ce qu'il allait manger. Il était tout près de chez Haunt, et c'était dimanche soir. Il avait passé presque toute la journée à travailler, il n'avait pas le choix s'il voulait rattraper tout un semestre de travail sur l'histoire des États-Unis au XXe siècle car l'examen tombait dans une semaine. Il aimait bien aller chez Haunt – la veille au soir, il y avait emmené Alicia écouter les Roscoe, et elle s'était déchaînée. Ils étaient rentrés ensemble à son dortoir à lui, et elle était repartie dans la nuit en le laissant dormir. Il n'avait pas eu de nouvelles depuis. Balch Hall était à une bonne distance de son dortoir et il faisait froid.

Aujourd'hui, cependant, il y avait du soleil. Richie prit le virage de Willow et il vit un couple sortir de chez Haunt en riant. Ce couple, c'était Alicia et lui-même. Ils prirent à gauche, vers le golf. Richie ralentit, car ils ne marchaient pas très vite, et les suivit.

Il avait beau ne pas avoir vu Michael depuis une semaine, ils portaient tous les deux les mêmes vêtements – jean et blouson de cuir. Les cheveux de Michael étaient légèrement plus longs que les siens, d'un peu plus d'un centimètre peut-être. Alicia portait la même tenue que la veille : une longue jupe verte, des bottes marron, un manteau qu'elle s'était fabriqué elle-même avec de vieux jeans découpés, cousus ensemble en forme d'étoile. Elle portait son sac de grosse toile sur l'épaule. Créer des vêtements, c'était son truc ; elle commençait ses études, et voulait se spécialiser dans les arts. Michael avait passé le bras autour de sa taille. Richie se demanda sans vraiment réfléchir : « À quel point est-ce qu'on se ressemble ? Est-ce qu'elle croit qu'elle est avec moi ? » Il ne lui avait jamais présenté Michael.

Son frère et Alicia arrivèrent à l'endroit où la route formait un T : Willow Road tournait à gauche, le long du bras du lac où étaient amarrés les bateaux, et Pier Road partait vers la droite, pour contourner le golf. Comme on était en mai, le golf était d'un vert vif. Le ciel aussi était clair, ça changeait. Si Michael avait voulu emmener la copine de Richie jusqu'au golf pour la baiser dans le bac à sable, la veille, il n'aurait pas eu de chance car la pluie l'en aurait empêché.

Richie et Alicia sortaient ensemble depuis deux mois. Elle venait d'Indianapolis – Alicia Tomassi. Elle était bavarde, si bien qu'il en savait long sur elle. Son père travaillait pour une grande chaîne de supermarchés. Son frère y était entré également, après ses études à l'université de l'Indiana. Alicia avait entamé une grève de la faim pour que son père accepte qu'elle aille à Cornell, mais ça n'était pas un problème – elle avait perdu presque cinq kilos et ses vêtements lui allaient beaucoup mieux. Elle avait des cheveux bruns qui lui tombaient jusqu'à la taille, mais qu'en général elle attachait, et un corps fin et souple, prêt pour une carrière professionnelle. Elle était toujours d'attaque pour se lancer dans une grève de la faim, même si à Cornell on appelait ça « jeûner ». Elle avait déjà quelques cheveux gris qu'elle arrachait chaque jour, ce qui n'était pas grave car elle en avait plein d'autres. Elle avait un très beau cul, de jolis seins et des lèvres attirantes. Elle avait aussi du caractère et détestait le retard sous toutes ses formes. Il l'avait rencontrée en traversant le campus : elle avait glissé sur du verglas et il l'avait rattrapée. Il ne lui avait pas parlé de son frère jumeau.

Michael et Alicia dépassèrent le *green* et passèrent entre les bateaux et le *fairway*. Richie était à environ vingt-cinq mètres derrière eux. Sur le *green*, un groupe de quatre personnes ; un autre attendait un peu plus loin que les premières aient joué. Michael pinça les fesses d'Alicia. Elle fit un bond et cria, puis elle le repoussa. Il éclata d'un rire que Richie ressentit dans tout son corps – bon enfant en apparence, mais revanchard dans le fond. Avec Michael, c'était toujours œil pour œil, dent pour dent. Les pas de Richie résonnaient et il s'étonna que Michael ne se retourne pas, car il était prudent comme un chat, en tout point pareil à son père. Que se passerait-il s'il se retournait ? Il épargnerait à Richie quelques soucis.

Michael et Alicia s'arrêtèrent pour regarder les joueurs. Le *fairway* était long et étroit, mais aucune des balles ne termina sa course dans l'eau, et l'une d'elles faillit même arriver jusqu'au *green*. Michael, Alicia, et bien sûr Richie, se remirent en marche. Un peu plus loin, au-delà du golf se trouvait un petit parc avec des arbres. Richie pressa le pas. Le vent soufflait vers lui et il entendait ce que les deux autres disaient : Michael avait une voix qui par nature portait, tandis que celle d'Alicia était haut perchée et pointue. Michael disait : « … devrais rester pour l'été. On ne sait jamais ce qui peut se passer si tu rentrais.

– Tout peut arriver, hein ?

– Oui. » Ils éclatèrent tous les deux d'un rire de conspirateur, et Alicia dit : « Tu pourrais venir me voir chez Dairy Queen. Je te servirais.

– Tu parles ! »

Ils rirent à nouveau. Ils arrivaient au petit bois et, en quittant la route pour emprunter le sentier, Alicia retira son manteau qu'elle donna à Michael. Elle ne portait pas le même chemisier que la veille – celui-là, un *tie-and-dye* fait maison ressemblait à un soleil explosant dans un ciel bleu. La veille, elle en avait un en dentelle blanche qu'elle avait également confectionné elle-même. Richie les suivit dans la forêt, et quand ils se furent suffisamment enfoncés, il fit traîner ses pieds exprès parmi les feuilles, et les deux autres se retournèrent. Il était à trois mètres à peine.

Michael sourit et déclara : « Putain, mec ! C'est quoi ce bordel ? »

La bouche d'Alicia marqua un O de surprise, puis elle sourit à son tour. Elle remua les hanches, les yeux mi-clos. Elle s'écarta très légèrement de Michael, mais il l'attira contre lui et la força à reprendre sa marche. Michael reprit : « Comment tu fais, mec ? Tu sors d'où, là ? »

Richie ne répondit pas, il s'approcha de l'autre côté d'Alicia et passa le bras autour d'elle, malgré son sac. Les Trois Mousquetaires. Ils continuèrent d'avancer.

Richie n'aurait su dire s'ils allaient faire ça ensemble, tous les trois. Il ne savait pas si l'idée venait de lui, ou si elle lui avait été transmise, car il recevait souvent des idées de Michael, mais il n'aurait su dire si celle-ci venait de Michael ou d'Alicia. Celle-ci semblait aimer faire l'amour de manière un peu brutale :

elle aimait se débattre, et riait lorsqu'il la poussait. Elle aimait également se quereller à propos d'autres choses, par exemple la sincérité d'un compliment qu'il lui avait fait, et après elle se réconciliait avec enthousiasme, aussi avait-il compris que, pour elle, se quereller était un jeu. Sur certains plans, il la trouvait inaccessible, mais à présent, Michael la regardait avec un certain mépris tout en riant comme si elle était comique.

Dans une clairière dépourvue d'herbe mais au doux sol de feuilles et d'humus, Michael lui dit : « Allonge-toi, salope », et Alicia répondit : « Va te faire foutre, connard. » Richie ne savait pas s'ils plaisantaient. Il se retint une seconde, et passa par-dessus une racine. « Ça fait longtemps que vous sortez ensemble, tous les deux ?

– Deux semaines, répondit Michael. C'est pas mal. »

Alicia ramassa son sac, le posa près d'elle et ajouta : « Et vous, les gars ?

– Ce petit con-là, je l'ai jamais vu de ma vie, dit Michael en riant.

– On dirait qu'on est à deux contre un », déclara Alicia.

Mais qui étaient les deux en question ? songea Richie.

Depuis deux ans qu'ils étaient à Cornell, Richie avait toujours pris grand soin d'attendre une demi-seconde que Michael annonce ce qu'il allait faire pour dire qu'il envisageait autre chose. Leurs chemins n'avaient pas divergé : ils étaient parallèles. Certains savaient qu'ils étaient jumeaux – ils se ressemblaient toujours beaucoup –, d'autres s'y étaient laissé prendre. Au printemps précédent, un professeur avait dit à Richie qu'il avait déjà suivi ce cours. Richie avait aussitôt répondu : « Et comment je m'en suis tiré ? » Le professeur l'avait regardé à croire qu'il était fou, et dit : « Vous avez obtenu un B+. Vous auriez pu faire plus d'efforts. » Richie avait déclaré : « Ça devait être mon frère jumeau. Je suis sûr d'obtenir un B–. » Le professeur avait regardé la liste des étudiants et il avait éclaté de rire comme si c'était une farce. Une fille qui les avait rencontrés tous les deux dans des soirées et qui parvenait à les différencier lui dit un jour : « J'ai vu ton frère la semaine dernière. » Richie répondit : « Comment tu le sais ? » Elle expliqua : « Tu as la paupière gauche légèrement tombante, lui, c'est la droite. » Richie était impressionné. Il lui conseilla de devenir détective privé. Ils avaient dansé un moment puis bu une bière. Mais Richie n'avait pas l'intention de demander comment Michael avait rencontré Alicia, ni si Michael savait qu'il sortait avec elle. C'est alors qu'il songea que peut-être Michael l'avait rencontrée avant lui.

Alicia se glissa sur le côté, et se retrouva dos à un arbre, son sac serré contre elle, Michael s'approcha et elle lui donna un coup de pied dans le tibia en riant à nouveau. Richie reconnut ce rire : c'était une expression de défi. Michael se pencha vers elle, elle plongea sur le côté, lui saisit le poignet et le flanqua par terre. Son genou cogna contre quelque chose. Richie sentit au plus profond de lui-même que Michael se mettait en colère. Cela pouvait très vite tourner au « Richie et Alicia contre Michael », aussi lui dit-il : « Pourquoi tu es partie la nuit dernière ? Je me suis réveillé vers quatre heures et tu n'étais plus là ? »

Michael le regarda.

« J'avais mes règles, et je n'avais pas de tampon dans mon sac. »

Richie n'avait vu aucune trace de sang, mais bon, c'était une raison comme une autre. Il reprit : « Tu devrais en laisser dans la petite boîte avec ta brosse à dents, ta brosse à cheveux et ton déodorant. » Michael prit le menton d'Alicia dans la main et l'embrassa longuement, avec fougue. Elle demeura les bras ballants et regarda Richie. Il ne sut interpréter leur expression – avait-elle peur, lui lançait-elle un appel, disait-elle que deux c'est mieux qu'un ? Pourquoi une fille sortait-elle avec des jumeaux sans rien leur dire ? Et pourtant Alicia était justement le genre de fille capable de cela. Elle essayait toujours de faire monter la pression d'un cran : elle ne choisissait pas un daiquiri, plutôt un hurricane ; pas un joint mais plutôt une pipe à eau ; pas de la marijuana mais plutôt du skuff ; pas de la mescaline mais plutôt du LSD ; pas le *Dernier Tango à Paris* mais plutôt *Gorge profonde*. Soudain sa main se leva, et elle frappa Michael dans les couilles, puis elle s'écarta de l'arbre à toute vitesse. Michael resta interdit pendant un instant, puis il bondit après elle. Richie s'interposa et le heurta. Michael se retourna vers lui, mais Richie leva un bras et para le coup. « Ah c'est comme ça ? » hurla Michael, et Alicia répondit d'un ton moqueur : « Ah, j'ai compris, c'est toi le jumeau maléfique, hein Mike ! » Mais elle reculait.

« Alicia, va-t'en, dit Richie. Je sais quand il est en colère, et là, il est hors de lui.

– Merci, mais je suis assez grande pour me débrouiller toute seule », répondit-elle.

Soudain, Michael lui donna un violent coup de poing dans la mâchoire – pas à Richie, à elle. Richie sursauta, lui qui en avait déjà pris un certain nombre du même acabit. « Mais putain, Michael, fous-lui la paix ! cria-t-il. Occupe-toi de tes affaires. » Il s'approcha d'eux.

Alicia ouvrit alors le rabat de son sac. Dans sa main, une paire de ciseaux qu'elle tenait à la manière un couteau. Richie eut le sentiment vertigineux que la situation leur échappait. Il cria à nouveau, d'une voix étranglée. « Mais pourquoi tu t'es lancée dans une histoire avec lui ? C'était avec moi que tu sortais ! On s'amusait bien ! »

Elle dévisageait Michael et, soudain, elle l'atteignit au bras, mais pas le bon – il était droitier, donc le bras gauche n'était pas le bon. Il lui flanqua un crochet du droit et la mit par terre, puis il s'agenouilla et commença à la frapper. Le sang trempait la manche de sa chemise, mais il ne semblait plus rien ressentir d'autre que de la fureur ; ça aussi, Richie l'avait vu souvent. Les ciseaux s'étaient envolés. Richie les ramassa parmi les feuilles et les lança plus loin dans les fourrés. Alicia glapissait, elle donnait des coups de pied, mais Michael, à califourchon sur elle, lui immobilisait les bras et la giflait. Richie fit la seule chose à laquelle il pensa : il balança un bon coup de pied là où Michael était blessé. Il l'envoya sur le côté et, en s'écroulant, Michael lui dit : « Mais bordel, tu es de quel côté, là ? »

Alicia se releva, prit son sac, son manteau, et détala, en larmes. Il commençait à faire sombre à présent. Michael resta étendu sur le dos, sans rien dire, Richie debout, près d'un arbre. Ils entendirent Alicia qui courait, puis n'entendirent plus rien. Que le chant des oiseaux. Lorsqu'il fit vraiment noir, Richie dit : « Quand est-ce que tu l'as rencontrée ? » et Michael répondit : « Qu'est-ce que ça peut te foutre ? »

À l'infirmerie, on fit des piqûres à Michael, et on lui dit que la blessure était sérieuse mais pas dangereuse du moment qu'il la nettoyait avec soin et ne se servait pas de son bras – « l'arme » (les garçons avaient prétendu qu'il s'agissait d'un couteau) avait transpercé le triceps assez profondément. Richie hésita à appeler Alicia, mais se révéla trop lâche pour ça. Deux semaines plus tard, le dernier jour des examens, il tomba sur Eileen qui le toisa d'un air sévère : « Alicia m'a dit que toi et ton frère, vous l'avez agressée. » Elle voulait qu'il s'explique, ou qu'il nie – elle le prenait pour un type bien. Mais il ne trouva rien à répondre.

Tout le monde savait que les Russes avaient acheté quatre ou cinq cents tonnes de maïs après l'élection de Nixon en 1968, et tout le monde savait que Nixon avait fermé les yeux. Et pourquoi pas ? disait Joe à John. Ils en ont besoin, qu'on leur en donne. Clarence Palmby, le type du département de l'agriculture sous Nixon qui avait mené l'affaire avait environ l'âge de Joe, il était du Minnesota. En plissant les yeux, on pouvait le voir assis au café de Denby, verser du sucre dans son café et plaider sa cause, en tout point pareil à Dave Crest, ou Ralph Torn. Tout le monde disait aussi que les Russes payaient cash – c'est ce que faisaient les gangsters, pas vrai ? – et que, évidemment, ça n'était que la partie émergée de l'iceberg. Ensuite, tout le monde oublia cette histoire, parce que les dockers refusèrent de transporter la marchandise, et que les Russes refusèrent de payer le transport par les cargos américains, et on en resta là. Par la suite, avec le Vietnam et le Watergate, les journaux ne parlèrent plus des accords sur les ventes de céréales, et les rapports sur l'agriculture qu'on entendait tous les matins à la radio disaient la même chose que les gens du village.

À Denby, personne ne connaissait Earl Butz, le secrétaire d'État à l'agriculture. Il venait de quelque part dans l'Indiana et, là-bas, ils ne se conduisaient pas de la même manière que les gens de l'Iowa, qui ne disaient jamais les choses désagréables à entendre. Pourtant, Joe était d'accord avec cette sentence : « S'adapter ou mourir », même si mourir semblait l'issue la plus probable. Comme disait Rosanna : « Au moins, on sait ce qu'il pense, c'est une différence appréciable. » Quand Butz et Palmby se rendirent en Russie, aucune rumeur ne courut sur ce qu'ils avaient découvert là-bas. Palmby disparut, mais Butz resta là, répétant à qui voulait l'entendre combien cet accord serait profitable pour l'agriculteur moyen. Ensuite, Palmby réapparut, il travaillait à présent pour Continental Grain, si bien qu'il y eut conflit d'intérêts, Continental Grain conclut le plus gros contrat céréalier de l'histoire, et les Russes repartirent avec des millions de tonnes de maïs, de blé et de soja à un très bon prix – dont pas un penny n'arriva jusqu'aux fermiers qui étaient assis au café de Denby. Ce qu'ils en retirèrent, ce fut la conviction qu'il était temps de se retirer de l'élevage des porcs. Tout à coup, le maïs n'avait plus seulement la couleur de l'or, il en avait aussi la valeur, et les éleveurs durent décider s'ils voulaient envoyer leurs cochons à l'abattoir pour vendre directement cet or. Certains agriculteurs présents au café trouvaient que Palmby avait foiré sa présentation au Congrès de façon typique pour un gars du Minnesota. Les accords avec les Russes avaient-ils fait grimper le prix du blé, de la farine, du pain ? Oui. La vente du maïs avait-elle entraîné une hausse du prix de la viande et des œufs ? Oui. Un type de Chicago aurait sans doute répondu : « Peut-être », ou : « Difficile à démontrer », mais un gars de Blue Earth, dans le Minnesota, savait à quoi s'attendre. La leçon que Joe retira de toute cette affaire, ce fut que les gens des villes n'avaient pas la moindre idée d'où venaient leur pain et leurs steaks, et que personne à Washington n'avait l'intention de le leur expliquer.

Andy regarda autour d'elle et sourit. Seules dix personnes étaient présentes ce matin-là ; une grosse tempête s'annonçait – le temps était froid, venteux, sombre, et on soufflait de la fumée – pourtant il faisait sûrement plus chaud dans le sous-sol de l'église que chez elle. Et l'endroit était mieux fréquenté. Frank était à… Enfin, il était quelque part. Ils avaient accompli une percée dans leurs recherches supersoniques de missiles sous-marins. Elle aurait pu raconter qu'il était à Hollywood, pour essayer d'en tirer un film. C'était drôle, et cela décupla son sourire. Lorsque Roman eut fini de parler de son anniversaire (il avait écrit des lettres d'excuses à ses deux ex-femmes), elle se leva. « Je m'appelle Andy et je suis alcoolique. Aujourd'hui, je voudrais partager avec vous des choses qui me font du bien, pas le mauvais temps, évidemment. » Elle se racla la gorge. « La première chose, c'est que mon fils Richard a quitté Cornell et qu'il est maintenant à Rutgers. J'en suis heureuse parce que je mesure à quel point il est mieux en l'absence de son frère jumeau, Michael, qui est toujours à Cornell – c'est la première fois qu'ils sont séparés. Je suis allée à Rutgers pendant le week-end pour lui apporter des affaires, et une fille l'a appelé, et pendant qu'il lui parlait, il souriait et il était très beau. Je sais qu'à Cornell, mes deux fils buvaient, mais ça suffit sur ce sujet. Enfin bon, je suis heureuse que Richard soit plus proche maintenant, à moins de quatre-vingts kilomètres.

« Une autre chose qui me fait du bien : j'ai enfin reçu une lettre de ma fille, Janet, avec une adresse. Elle est partie cet été, et tout ce qu'elle nous a envoyé depuis, c'est une carte postale, où elle nous disait qu'en cas d'urgence, on pouvait la joindre à tel numéro, mais quand j'ai essayé d'appeler, je suis tombée sur un restaurant, j'ai demandé à parler à ma fille, mais la personne au bout du fil m'a demandé si c'était urgent, et j'ai dû répondre que non parce que depuis que je viens ici je ne mens plus. La personne a raccroché, et je suis à peu près sûre que c'était elle. Je viens de lui écrire une lettre où je lui présente mes excuses et où j'essaie de faire amende honorable pour la négligence dont j'ai fait preuve envers elle.

« Enfin, pour ce qui est de mentir, je suis heureuse de ne plus le faire. Mes mensonges ne m'ont jamais attiré d'ennuis, en tout cas d'après ce que je sais, mais entre ça et l'alcool, je me suis complètement égarée, et la moitié du temps, je ne savais plus ce que je faisais. Si on grandit en se disant que la dernière chose qu'on souhaite, c'est créer des problèmes, alors le mensonge apparaît comme une solution de facilité. » Elle regarda autour d'elle et tout le monde acquiesça. Ils avaient tous vécu la même chose, pas vrai ?

Janet ne l'avait pas vu avant qu'il se fraie une place sur le banc à côté d'elle et lui écrase le pied. Elle se poussa contre Cat, qui se poussa contre Marla, qui dit : « Aïe. » « Pardon », murmura-t-il en souriant à Janet, et il continua de la regarder en souriant toujours. Janet, Cat et Marla allaient au Temple à San Francisco. Le temps était humide – elles avaient pris le ferry car aucune d'elles n'avait de voiture, puis le bus jusqu'à Geary. Le trajet était long. Le révérend Jones était une personnalité montante, il le savait, ça se voyait, et cela décuplait son enthousiasme. Le Temple était en très mauvais état, mais les membres de l'Église avaient prêté main-forte et l'avaient restauré. Marla disait qu'il s'agissait d'un vieux bâtiment servant naguère au rite écossais ancien et accepté, « et y avait pas de noirs à l'époque ! Ah ! ». L'une des raisons pour lesquelles elles s'y rendaient consistait à remplir le bâtiment de noirs afin de chasser les fantômes des francs-maçons, et chaque fois qu'elles y allaient, elles constataient que le révérend Jones s'y employait très bien. Tante Eloise avait déjà entendu parler de lui : d'après elle, il avait commencé sa carrière chez les rouges et, en quittant l'Indiana pour Eureka, en Californie, il avait déclaré que le seul moyen d'importer le socialisme en Amérique, c'était de le faire entrer par la porte de service de l'église. Tante Eloise racontait qu'il avait tenu tête aux bigots de l'Indiana sans faillir. Pour Marla, qui n'avait aucune éducation religieuse, tout ça, c'était du spectacle, mais Cat déclarait que si elle voulait vraiment voir du spectacle, elle l'emmènerait à l'église méthodiste épiscopale africaine au Texas.

Le révérend Jones revenait encore et encore sur la nature des cieux, qui, en fait, se trouvaient « *somewhere over the rainbow* », quelque part au-delà de l'arc-en-ciel, et cet arc-en-ciel était constitué de tous les peuples du monde. Pour atteindre ce paradis, il suffisait de se tourner vers ses frères et sœurs et de les accueillir dans son cœur, dans sa vie, et l'on se retrouvait au paradis. Les sermons du révérend Jones ne variaient pas beaucoup, mais c'était agréable à écouter et inoffensif, Marla, Cat et Janet le pensaient toutes les trois. Seulement, Janet n'écoutait guère, distraite par le jeune homme assis à côté d'elle. La foule était si compacte qu'ils étaient serrés l'un contre l'autre. Sa jambe contre la sienne, qui la réchauffait. Son souhait le plus cher, en cet instant, aurait été de se faufiler sous son bras pour se nicher contre lui. C'est alors qu'il tourna la tête autour de lui et que leurs regards se croisèrent.

Il s'appelait Lucas Jordan ; il vivait également à Oakland, à trois rues de chez elles. Il était peintre en bâtiment, et faisait partie d'un groupe – il jouait de la batterie. Janet lui dit : « J'ai connu quelqu'un qui était dans un groupe, lui aussi. Il disait que le batteur devait être quelqu'un de super ennuyeux mais aussi le membre le plus fiable du groupe, et le seul à ne pas fumer. » « Il me connaissait ? » demanda Lucas Jordan. Il l'invita à venir l'écouter le lendemain soir dans le bar où ils jouaient, et elle s'y rendit, accompagnée de Marla. C'était un bar de nuit minable, mais la sono était bonne, et elle tomba tout de suite amoureuse de Lucas Jordan, assis sur son tabouret, derrière sa batterie, qui jamais ne lâchait l'affaire, ne perdait le rythme, ni ne cessait d'embarquer toutes les personnes présentes vers l'avenir, un battement après l'autre.

1974

Henry composa le numéro du restaurant où Janet travaillait et annonça que c'était une urgence. La voix à l'autre bout de la ligne s'écria : « Oh mon Dieu, c'est une blague ? » Et Henry expliqua : « Janet, l'urgence, c'est que je serai à l'hôtel Mark Hopkins du 3 au 8 juin, et je veux que tu viennes déjeuner avec moi. » La voix répondit : « Oh, mon Dieu, oncle Henry ! » Mais elle accepta et il ajouta : « Amène ton petit ami », alors elle éclata de rire, mais ne dit pas non. Philip n'était jamais allé en Californie, et il voulait descendre la côte en voiture – ce serait son aventure de l'été. Philip et Henry passeraient ensemble une semaine à San Francisco et Napa, puis Henry retournerait à ses cours d'été, tandis que Philip se lancerait dans son voyage, qui devait s'achever, au Grauman Chinese Theatre à Hollywood.

Leur chambre surplombait la pente de Mason Street, qui débouchait sur une zone plus plate et plus agréable. Les tremblements de terre ? Ils pouvaient imaginer l'hôtel vacillant sur ses bases comme un arbre dans la tempête, mais ça n'arriverait pas – le simple fait d'être au treizième étage était original. Philip trouvait ça excitant, de même qu'une tornade à Chicago pouvait être excitante.

Ce qui surprit Henry, quand Janet arriva, ce ne fut pas qu'elle était vêtue d'un ensemble élégant – une robe verte avec un col en V, une veste blanche, et des chaussures à talons vert foncé –, ni que son petit ami (il avait la main sur ses fesses) porte une chemise classique avec une veste de tweed, mais qu'il soit noir, avec une coupe afro. Ils entrèrent ensemble, s'arrêtèrent et regardèrent autour d'eux. Janet avait une épaisse chevelure blonde et ses pommettes étaient plus saillantes désormais – elle ressemblait davantage à Joni Mitchell qu'à Linda Ronstadt, mais moins à une chanteuse qu'à une souris de bibliothèque. Il se leva et s'écria : « Janny ! » Elle se retourna, et son petit ami sourit. Il était vraiment très beau, songea Henry. Janet se précipita vers lui et le serra dans ses bras. Le petit ami s'appelait Lucas Jordan ; de près, il paraissait plus jeune qu'elle. Il examina le hall de l'hôtel autour de lui, guère impressionné, comme si passer en revue chaque détail était une question de vie ou de mort. Henry se sentit soudain beaucoup mieux – il n'était plus seulement là pour s'assurer que sa nièce allait bien. Il tendit la main à Lucas. « Vous n'avez pas eu trop de mal pour monter jusqu'ici ?

– J'ai seulement saigné du nez avec l'altitude », répondit Janet. Lucas se mit à rire, et Henry s'aperçut qu'elle avait aussi acquis de l'esprit.

Ils étaient assis à leur table du Fairmount quand Philip apparut. Il s'était acheté le pantalon pattes d'ef le plus large et le plus voyant possible, ainsi que des richelieus à plate-forme qui lui faisaient gagner au moins cinq centimètres. Il salua Janet et Lucas de son accent le plus affecté, s'assit et dit à Henry : « Qu'en penses-tu ? Ça fait très Louis XIV, non ?

– Je crains que si tu marches sur le revers de ton pantalon, tu ne te ramasses par terre. »

Philip commanda de l'agneau, Janet des croquettes de crabe. Henry prit du saumon grillé en essayant de ne pas se montrer trop curieux à l'égard de ce que Lucas voulait manger. Il tergiversait, disant : « Je ne sais pas ce qui me tente. » Janet lui dit : « J'ai failli prendre le *cioppino*. » Lucas acquiesça et commanda un *cioppino*. Sans intérêt. Henry se reprit et arrêta d'analyser tous les faits et gestes de ce très jeune homme dont visiblement sa nièce était éperdument amoureuse. Il déclara : « Vue d'ici, la ville est magnifique. J'ai détesté Berkeley. Maintenant, je ne comprends plus pourquoi. »

Leurs plats furent servis. À travers la fenêtre, le soleil mettait en valeur le contenu de chaque assiette, le rendant unique et irrésistible. Ils mangèrent en silence, jusqu'à ce que Philip dise : « Auriez-vous des conseils à me donner quant à mes pérégrinations ?

– Où tu vas ? demanda Janet.

– Je vais descendre la côte vers Big Sur.

– Je suis allé à Carmel une fois, mais jamais plus loin », dit Henry, sans avouer qu'il n'en avait pas envie. Quel étrange garçon il avait été. Il serra le genou de Philip sous la table.

« Mais tu ne vas rien voir si tu descends tout seul parce que tu devras regarder la route, dit Janet.

– Le mieux, c'est de descendre en stop, proposa Lucas. La personne qui conduira saura ce qu'elle fait.

– Je n'y avais pas pensé, dit Philip. Suis-je habillé correctement ?

– Non, à moins que tu aies élevé tes propres moutons, filé la laine, tissé l'étoffe et cousu ton costume, répondit Janet.

– C'est ce que vous faites, en Iowa, pas vrai ? » interrogea Lucas.

Janet et lui regardèrent Henry. Ce garçon a vraiment un étonnant charisme, songea-t-il. « Je n'ai pas cousu de costume depuis l'école élémentaire. Je crois que le tissu que j'avais choisi était en fait de la toile à matelas. C'était très avant-garde. » Tout le monde éclata de rire. « Mais en parlant de l'Iowa, vous savez qui s'est présenté comme le sauveur de Chuck Colson ? » Henry espérait sincèrement que ces jeunes gens sachent que Chuck Colson était l'avocat diabolique qui représentait Nixon, l'auteur de la liste des ennemis qui comprenait Carol Channing – Dieu du ciel !

« Non, qui c'est ? » demanda Lucas.

Soulagé, Henry répondit : « Harold Hugues. »

Philip, qui s'était personnellement donné pour mission d'ignorer l'affaire du Watergate, resta concentré sur son assiette.

« Ce millionnaire qui vit en reclus ? demanda Janet. Je croyais qu'il habitait en Floride ou à Las Vegas.

– Non, Harold Hughes, pas Howard Hughes. Il était gouverneur de l'Iowa et il est devenu sénateur. Je crois qu'il a converti Colson au christianisme et maintenant il le soutient.

– J'ai appris pour John Dean. Il dit qu'il a discuté avec Nixon pour maquiller les événements une trentaine de fois, ou un truc comme ça.

– Quand as-tu entendu ça ? Je n'ai rien lu à ce sujet.

– Il y a deux jours. » Janet prit une croquette de crabe, la trempa dans la sauce et la tendit à Lucas. Il ouvrit la bouche, et mangea en souriant. L'aisance de ce geste donnait à Janet une allure différente de tout ce qu'Henry avait vu chez elle jusqu'à présent – elle était plus gracieuse qu'attentionnée.

« Maman a parlé de tout ça avec Lillian, et elle a dit qu'Arthur ne pensait pas que Nixon l'ait fait. Il pense que toute l'histoire du Watergate est une conspiration.

– N'importe quoi, dit Lucas. C'est sûr que ce salopard de Nixon est responsable. »

Henry termina son saumon et répondit : « D'après Arthur, il y a eu deux effractions, ils s'en sont tirés la première fois. La seconde, ils ont bloqué la serrure avec du scotch. Le morceau était positionné de manière horizontale, pas verticale, ce qui aurait été normal. Le scotch dépassait et il était blanc, donc il était certain que le garde le verrait en passant. C'était fait pour être vu.

– Mais pourquoi auraient-ils voulu compromettre Nixon ? demanda Janet.

– À cause du voyage en Chine. »

Janet le dévisagea et demanda : « C'est oncle Arthur qui a dit ça ?

– C'est ce que je pense, moi. Si je vois Arthur, je lui poserai la question et, s'il ne secoue pas la tête, alors ça signifiera que c'est juste.

– Qui est Arthur ? » demanda Lucas.

Janet regardait son assiette vide. Henry lui expliqua : « C'est le mari de ma sœur. Il est au cœur du système. Quel que soit le système. » Lucas et Philip éclatèrent de rire. Janet ne broncha pas. Henry poursuivit : « Comme Nixon est républicain, ils ne le laisseront pas se faire descendre. »

Le silence tomba.

« Excusez-moi, je plaisantais », reprit Henry.

Au bout d'un moment, Janet demanda à Philip quels étaient ses projets précis.

« Franchir le Golden Gate et faire du tourisme. Partir à la recherche de Patty Hearst. Il faut bien que je me mette à conduire à droite un jour.

– Oh mon Dieu ! s'exclama Janet avec alarme. Quand as-tu conduit une voiture pour la dernière fois ?

– En Angleterre. On dit que… »

Janet et Lucas échangèrent un regard. Dix minutes plus tard, ils s'étaient mis d'accord pour emmener Philip à Los Angeles et le ramener à San Francisco pour le remettre dans l'avion à destination de Chicago. Henry se sentit en partie soulagé – cette partie sensée en lui qui n'avait pas mesuré le danger d'envoyer Philip seul sur la Highway 1. Mais une autre partie de lui se rembrunit : celle qui se sentait vieille, telle la cinquième roue du carrosse, en entendant les jeunes gens décider de l'endroit où ils allaient se retrouver, où ils iraient, où ils dormiraient, et combien cela coûterait. Janet pouvait changer son planning, Lucas devait terminer de peindre la maison sur laquelle il travaillait en fin de journée, mais il lui faudrait rentrer vendredi pour son concert habituel. Et une fois de plus, Henry se retrouva mis de côté. Un jour peut-être il comprendrait pourquoi il finissait toujours par être exclu de tous les groupes qu'il avait jamais fréquentés.

John était désormais incapable de travailler, aussi Joe était-il vraiment soulagé que Jesse puisse l'aider

– ils avaient procédé à tous les labours, aux épandages et avaient planté tout ce qu'il fallait. Peut-être influencé par Rosanna, Jesse avait persuadé Joe de planter le champ censé rester en jachère avec du maïs qui servirait à ressemer – Jesse avait promis de retirer les tassels et de désherber le champ jusqu'à la récolte. Il s'était également habitué aux moutons ; il les avait tenus lorsque son père les avait tondus en mars, et bien qu'il n'y ait pas le moindre marché pour la laine, il avait décidé d'en acheter deux autres, ainsi avaient-ils maintenant six brebis. Un bélier pourrait les féconder à la foire de l'État, Joe était prêt à essayer. Mais il ne voulait surtout pas que Jesse décide de devenir agriculteur juste parce que c'était la suite logique de tout cela. En réalité, la dernière chose qu'il souhaitait, c'était que Jesse demeure le bon garçon qu'il était, mais il aurait du mal à expliquer cela à Lois et Minnie sans leur dire également que, naguère, il avait songé lui aussi à ce que le monde lui offrait en dehors de planter, labourer et récolter.

Le plus étrange, c'est que tout semblait aller de soi : Annie avait choisi de devenir infirmière et Lois était aux anges. Celle-ci quant à elle avait décidé d'ouvrir un petit magasin d'antiquités à Denby, à deux boutiques de l'épicerie Crest. Elle passait tout son temps libre à chercher des objets. Elle avait déjà trouvé beaucoup de chaises, un lit au sommier de corde et trois secrétaires avec abattants et tiroirs décorés. Rosanna était très occupée par sa Volkswagen. Elle passait ses journées à décrire des cercles de plus en plus larges autour de Denby, pour explorer les alentours. Joe pensait que les circuits qu'on pouvait parcourir en une journée autour de Denby n'avaient pas grand-chose à offrir en terme d'exotisme, pourtant, Rosanna revenait toujours enthousiaste – Vinton, Waterloo, Clarion, Fort Dodge, Ogden, Ankeny, Montezuma, Vinton, et retour à Denby. Plus de huit cents kilomètres en douze heures à peu près. Prochain arrêt, Chicago, où elle séjournerait chez Henry, d'après ce qu'elle disait, mais elle continuait à « s'entraîner ». Minnie était partie pour un long voyage en Europe. Il s'avéra qu'elle mettait de l'argent de côté depuis dix ans, et qu'à présent elle était prête : France, Italie, Sicile. Frank était allé en Sicile pendant la guerre, et elle avait toujours eu envie de s'y rendre. Elle était partie le 5 juin et ne reviendrait pas avant le 16 août. Joe avait l'impression que sa maison avait explosé et que tous les habitants avaient été dispersés à travers le paysage. Lui, il était le gros morceau de métal lourd qui finissait à la cave, plus que jamais ancré sur place.

Quand Jesse rentra pour le déjeuner, ils réchauffèrent le ragoût de la veille ; le téléphone sonna pendant qu'ils mettaient le couvert. Joe coinça le combiné contre son épaule tandis qu'il servait à manger. Jesse cherchait les couverts dans le tiroir. À l'autre bout du fil, la voix de Frank. Joe faillit laisser choir le téléphone, sans doute parce qu'il lui dit : « Je vais passer par chez vous. J'ai un nouvel avion : un Learjet. Je volerai jusqu'à Des Moines et je finirai en voiture. »

Joe faillit dire : « Pourquoi ? »

Jesse demanda : « C'est qui ?

– Je peux rester deux jours, ça te va ? demanda Frank.

– Bien sûr », dit Joe. Il ne voyait pas un seul sujet dont ils pourraient parler.

Jesse demanda : « C'est grand-mère ? Elle a eu un accident ? » Joe secoua la tête. « Elle a une façon de conduire bizarre.

– Voyons voir, je pense que je peux être là vers vingt heures, reprit Frank. Le vol est censé durer trois heures. J'ignore si c'est vrai. On verra.

– Tu viens accompagné ? demanda Joe.

– Je serai avec le pilote, mais il restera à Des Moines.

– Heureusement qu'elle met toujours sa ceinture, dit Jesse.

– Et Andy ? demanda Joe, mais Frank avait déjà raccroché.

– C'était qui ?

– Ton oncle Frank qui va venir nous voir avec son nouveau Learjet. »

Ils se mirent à table comme s'il s'agissait d'un événement plus ou moins habituel, de même que la tornade qui s'était abattue sur la route 27 du comté un mois plus tôt – pas celle qui avait tué deux personnes le même jour et semé la destruction dans son sillage depuis Ankeny et Carlisle jusqu'à l'est de Des Moines, convainquant Paul Darnell d'agrandir son abri antiatomique pour passer d'une pièce de la taille d'un placard à trois pièces.

L'après-midi, Joe appela Rosanna. Elle répondit qu'elle serait heureuse de dîner le lendemain soir avec Frank, mais que le jour suivant, elle partait pour Minneapolis, où elle devait passer la nuit à l'Holiday Inn de Bloomington.

« Toute seule ?

– Tu veux venir ?

– Qu'est-ce que tu vas faire là-bas ?

– Je pense que l'autoroute 35 offre une meilleure pratique pour conduire à 110 kilomètres à l'heure que la 80. »

En d'autres termes, après ce premier dîner, il allait se retrouver en tête à tête avec son frère. Joe se demanda s'il leur était déjà arrivé de se retrouver volontairement seuls tous les deux – bien sûr, enfants, ils dormaient ensemble, mais Frank détestait ça. Quand Joe faisait des cauchemars, Frank le secouait pour le réveiller, lui disait de se retourner et de la fermer. Quand Joe devait aller aux cabinets, dehors, Frank refusait parfois de le laisser entrer tant qu'il n'avait pas prononcé plusieurs mots magiques, qui pouvaient être n'importe quoi. Frank lui avait balancé de l'eau, il l'avait giflé, piqué avec des bâtons, chatouillé, il avait caché sa chemise de nuit. À l'âge adulte, ils avaient ri de toutes ces farces, mais Joe éprouvait toujours une certaine réticence à l'idée de se retrouver seul avec Frank.

Il essaya de convaincre sa mère d'aller à Minneapolis pour le week-end. (« Il y aura trop de circulation. » Mais n'avait-elle pas envie de voir Frank ? « Je l'ai déjà vu. »)

Frank arriva vêtu d'un pantalon de grosse toile et d'une chemise rose à manches courtes, il transpirait un peu car il faisait chaud, il avait une valise étrangement grosse et il serra tout le monde dans ses bras, y compris Joe, si fort que celui-ci se demanda s'il était sincère.

Lorsqu'il sortit se promener après le dîner – « histoire de jeter un coup d'œil » –, Rosanna dit : « Il va divorcer, j'en suis certaine. » Mais à son retour une heure plus tard, il n'annonça aucune nouvelle, et ne leur parut ni tendu ni fâché. Ils parlèrent du Watergate.

Tout le monde ne parlait que de ça. Frank, lui, avait déjà lu *Les Hommes du président*, sorti deux semaines plus tôt, mais il n'y croyait pas, enfin pas vraiment. Il n'avait pas confiance en Woodward. Arthur lui-même n'avait pas confiance en Woodward ! Et il pensait que Bernstein était « la barbe ».

« Qu'est-ce que c'est ? demanda Rosanna.

– Eh bien, quand un homosexuel se marie, on appelle sa femme "la barbe". »

Rosanna leva les mains en l'air et s'exclama : « Juste ciel ! »

Joe et Lois échangèrent un regard.

Frank reprit : « Enfin bon, si vous voulez savoir, je pense que Bernstein est persuadé que tout ça, c'est honnête, c'est pour ça qu'il a écrit son bouquin. Mais Woodward, il sait, lui. Il a juste arrondi les angles. C'est vrai, l'histoire est bonne, les gens se laissent convaincre. Bref, je croyais que Nixon partirait juste après Agnew, mais il tient toujours, alors peut-être qu'il va rester. »

Lois se lança sur ce que son nouveau meilleur ami, le pasteur Campbell de l'église Harvest Home Light of Day, disait de la nature humaine, prompte à pécher, en particulier les puissants, tandis que Jesse, assis à côté de Rosanna, demeurait les mains tendues pour que celle-ci puisse transformer le fil en pelote de laine. Joe observait Jesse, qui regardait Frank, d'abord au dîner, et après. Mais il ne pouvait rien en conclure. Peut-être Jesse voyait-il simplement en lui un vieux de cinquante-quatre ans, et son regard ne s'arrêtait pas davantage sur lui que sur les autres vieux. Joe, lui, voyait en Frank un chasseur, souple et à l'affût. Mais que Frank traquait-il ? il n'en avait pas la moindre idée.

Frank sortit avant le petit déjeuner et ne rentra pas de la journée. Joe et Jesse étaient assis sur la véranda, devant la maison, attendant que se lève le vent du soir, quand Frank revint. Il ouvrit la portière et bondit, visiblement de bonne humeur, puis il grimpa les marches et s'assit sur une chaise libre. « Je me demande bien où est mon vieux fusil ?

– Il y en a un dans le placard chez maman, dit Joe.

– Va savoir si j'ai encore l'œil. » Puis Frank demanda à Jesse : « Tu chasses ? »

Jesse secoua la tête.

« Tu as envie d'apprendre ?

– C'est la saison de quoi ?

– On peut tirer sur des boîtes de conserve. »

Le lendemain matin, Joe les entendit sortir en bavardant. Il saisit juste ce que disait Frank : « Je ne chassais que le renard à l'époque. C'était vingt dollars la peau, ce qui fait cent dollars aujourd'hui, peut-être plus. Il fallait tirer dans la tête, pour ne pas endommager la fourrure. Je connaissais un type à New York, quand j'ai emménagé là-bas, il se nourrissait en chassant les canards à Central Park de bonne heure le dimanche matin, mais ce n'est pas gênant car les canards sont vraiment de sales bestioles.

– C'est où Central Park ? » demanda Jesse.

Frank se mit à rire et dit : « Viens me voir et je te montrerai. »

Joe sentit la déprime le gagner, non pas parce qu'il n'avait jamais visité Central Park, mais parce qu'il n'y avait jamais songé.

À midi, ils étaient de retour. Il faisait 35 degrés, ils posèrent leurs fusils, s'aspergèrent d'eau à la pompe, dehors, et allèrent se vautrer à l'ombre sur la véranda de derrière. « Comment ça va ? » demanda Joe.

Jesse arborait un grand sourire. Il s'essuya le visage du revers de sa chemise et dit : « J'ai eu un écureuil. Oncle Frank, deux geais et une corneille.

– La corneille était posée sur une branche, elle me hurlait dessus, me défiait de tirer, alors je lui ai montré. On a tué une centaine de bouteilles aussi. Je suis étonné qu'il soit resté autant de cartouches.

– Est-ce que Richie et Michael chassent ?

– Ils ont appris à tirer à l'école, mais ils n'aiment pas particulièrement ça.

– Tu as déjà tué quelqu'un ? »

Frank fixa longuement Jesse sans rien dire. Jesse regarda Joe. Joe ne put s'empêcher de relever les sourcils. Et puis il demanda : « Vous avez faim ? Il reste plein de rôti en croûte d'hier.

– Où est Lois ? demanda Frank.

– Elle s'occupe de son magasin. Elle voudrait ouvrir dans deux semaines. Elle a appelé pour me dire qu'elle avait trouvé un rocking-chair au revêtement perforé. Dans une grange, près de Pierce-Arrow.

– Dis donc… »

Joe se raidit.

« Je pourrais t'emprunter quelques trucs ? demanda Frank.

– C'est-à-dire ?

– Un bleu de travail et ton camion.

– Toi, tu vas encore faire des bêtises, dit Joe d'un ton moqueur.

– Comme toujours.

– C'est ce que disait papa. »

Jesse les regardait l'un l'autre.

La vérité jaillit au dîner : Frank était à la recherche de fermes à acheter. Un de ses amis, Jim quelque chose, voulait acquérir des terres agricoles à présent que le prix des céréales était élevé. Il envisageait aussi de s'offrir une ferme dans le sud de la France pour y cultiver de la lavande et du pavot.

« Des trucs de base, quoi, dit Joe.

– Il y a des fermes en France où on ne cultive que les prunes. Ou le tournesol. Ou les vaches blondes. C'est ça qu'il te faudrait. Des Blondes d'Aquitaine. De très belles bêtes. Tranquilles comme des souris ; plus grosses que les Angus.

– Vas-y, explique-moi donc ça », dit Joe. Son bleu de travail était trop large pour Frank. Quand il lui ramena le camion, Frank avait parcouru plus de trois cents kilomètres.

Il repartit trois jours plus tard. Joe trouva qu'ils s'étaient plutôt bien entendus. Évidemment, ils étaient trop vieux pour se battre, et même pour se quereller, d'ailleurs ils n'avaient aucun sujet de dispute. Frank avait arpenté les champs, regardé dans la grange. Ce n'était pas Joe qui allait lui apprendre le prix de la terre aujourd'hui, mais un expert d'Usherton ou de Des Moines. C'était la réaction de Jesse qui l'attristait. Son premier mouvement consista à prendre son fusil pour aller tirer sur différentes cibles – objets, hirondelles des granges, geais, lapins, écureuils ; la seconde, d'interroger Joe et Rosanna sur les aventures de Frank. Qu'avait-il fait à l'armée ? Était-ce vrai qu'il avait tué des gens ? Où était-il allé à part en Italie ? Est-ce qu'il avait vraiment vécu dans une tente à Ames ?

Est-ce qu'il avait vraiment inventé la poudre ? Est-ce qu'il avait vraiment volé des documents en Allemagne à la fin de la guerre ? Les réponses de Joe ne lui suffisaient pas, aussi commença-t-il à écrire directement à Frank, qui lui répondit et, comme par hasard, au mois d'août, Jesse demanda s'il n'était pas trop tard pour s'inscrire à la fac d'Iowa State. Minnie lui dit que non, et qu'elle était fière de lui. Elle confia à Joe : « J'ai toujours pensé qu'il était lent au démarrage. C'est pour ça que je ne lui ai pas parlé de faire des études. Je voulais que ça vienne de lui. » Joe répondit : « Il va me manquer. »

Henry ne s'était jamais demandé de qui il tenait son caractère méthodique, mais alors que l'automne avançait et que Rosanna se rapprochait de Chicago, petit à petit, il comprit qu'elle en était la source. Elle avait pour objectif de venir au début d'octobre, quand les arbres seraient les plus beaux – elle ne demandait rien d'exceptionnel en matière de nourriture ou de visite, mais elle voulait voir la Sears Tower et le lac, aller se promener sur le campus et observer le feuillage. Henry fit une réservation dans un petit restaurant italien célèbre pour ses boulettes de viande, lui donna une carte avec des instructions claires pour passer de l'autoroute 80 à la 55 jusqu'à Lake Shore Drive, puis jusqu'à son appartement. Il récura l'évier de la cuisine, la baignoire, les plinthes, et il lava non seulement les draps de la chambre d'amis, mais aussi le couvre-lit. Il arpenta l'appartement en reniflant partout : aucune odeur douteuse. Il acheta des chrysanthèmes qu'il plaça sur la console de l'entrée, et un gâteau au café à la boulangerie. Il avait beau tenter de se persuader que tout cela l'agaçait, ça n'était pas vrai. Au bout de combien de temps devait-il commencer à s'inquiéter en se demandant si Rosanna n'était pas tombée dans le lac Michigan et appeler la police ?

Mais elle arriva tôt ; elle frappa à la porte sans utiliser la sonnette, et lorsqu'il ouvrit et la vit avec son petit chignon serré et son visage respirant le bonheur sur fond d'érable, il fut très content. Elle avait un sac en papier sous le bras. Soudain Henry réalisa qu'il contenait toutes ses affaires, et que, alors que ses escapades la menaient de plus en plus loin, personne n'avait songé à lui acheter un sac de voyage.

Elle entra en parlant déjà : « Tu as maigri. Mais j'aime ta coupe de cheveux. Oh, ce canapé ; j'ai vu le même tissu chez Younkers et ça m'a plu. J'ai même dit : "Ça plairait à Henry", c'est vrai, hein ! C'est si vif. C'est parfait pour Chicago. Tu as parlé à Claire ? Je viens de l'appeler – je ne ferai aucun commentaire. Si, je vais quand même dire un mot : folie. Mais tu seras mis au courant de tout ça. Ah, ces garçons ! C'est vrai qu'ils travaillent bien à l'école, pourquoi pas, hein ? Avec la vie qu'ils mènent, c'est normal qu'ils ramènent des bonnes notes. J'exagère, évidemment. Jesse a tiré un étourneau juste au-dessus de ma maison ; j'ai failli mourir de peur. Il a fait un bruit de tonnerre en s'abattant sur le toit du salon télé – tu sais, là où tu dormais autrefois. Je suis contente qu'il aille à l'université. Il faut dire qu'il sait se débrouiller pour un garçon qui n'a jamais ouvert un livre de sa vie. Comment avez-vous fait, vous tous, pour être aussi différents les uns des autres, je ne le saurai jamais, mais il a gagné mille dollars avec ce champ de Pioneer qu'il a planté entre nos deux maisons. Il s'est assuré que l'arrosage était toujours parfait – et il a fait rudement chaud, tu sais. Mais… »

Henry lui offrit un verre du riesling le plus léger qu'il avait pu trouver, elle s'assit dans le fauteuil couleur avoine et se mit à le siroter en regardant autour d'elle. Enfin, elle prononça les mots magiques : « C'est joli, chez toi. C'est petit, mais c'est propre. »

Henry se mit à rire. « Tu as fait bon voyage ?

– Tout s'est bien passé jusqu'à ce que j'arrive à Chicago, mais là il y avait une voiture qui brûlait juste à côté de la route. Je n'avais jamais rien vu de tel. Personne alentour. J'ai failli faire une sortie de route à force de regarder.

– Tu aurais pu venir en avion, maman.

– Pourquoi, alors que j'ai une voiture en parfait état ? Je crois que je suis passée près de l'aéroport. » Pause. « Chicago, ce n'est pas du tout comme Minneapolis.

– Pas du tout. »

Rosanna prit une gorgée de vin et regarda autour d'elle. Henry laissa le silence envahir la pièce tandis qu'elle regardait ses livres, aussi ordonnés que les rangées d'une bibliothèque. Elle but encore un peu de vin, sourit et dit : « Ah, cette cicatrice a presque fini par disparaître. » Henry passa le doigt sous sa lèvre. Rosanna secoua la tête : « Ah, quelle époque ! Quand tu penses que j'ai dû te recoudre moi-même, tu étais sur les genoux de Lillian et tu hurlais à t'en déchirer les poumons. Heureusement que j'avais ce fil de soie. Seigneur ! » Puis : « Je crois que je suis un peu fatiguée. Et il faut que je me lave.

– Tu peux aller t'allonger une heure si tu veux. J'ai réservé au restaurant pour dix-huit heures. »

Il l'aida à se relever du fauteuil, qui était profond, et lui donna le bras avec douceur pour l'emmener jusqu'à la chambre. Puis il lui apporta son sac en papier. Assise sur le lit, elle regarda autour d'elle. « Quel joli tissu – autrefois on appelait ça le "Wild Goose Chase". Aujourd'hui, je ne sais pas quel nom ils lui donnent. » Elle passa la main sur le dessus-de-lit. « Le noir et blanc avec du rouge, c'est très moderne. » Elle s'allongea, et il étendit une autre couverture sur elle. Il baissa les stores, bien qu'il commence à faire sombre car il était dix-sept heures et que le crépuscule approchait. Ensuite, il sortit pour aller voir si elle était garée correctement ; puis il regarda les copies qu'il devait corriger pour le lundi matin, se rendit à la cuisine, ferma la porte et appela Philip. Ils riaient lorsque soudain Henry sursauta et laissa choir le téléphone, inquiet. Que se passait-il ? Il n'avait rien entendu pourtant, en entrant dans la chambre, il trouva sa mère par terre, à mi-chemin entre le lit et la porte.

« Oh merde ! » s'exclama-t-il, mais Rosanna bougea, ouvrit les yeux. Il s'agenouilla, tira sa jupe sur ses jambes. Elle dit quelque chose, mais il parvint à peine à la comprendre, ce qui l'inquiéta encore plus. Il n'y avait pas de téléphone dans la chambre, et il faillit courir appeler une ambulance. Mais il se retint et la prit dans ses bras pour la déposer sur le lit. Elle était très légère. Elle poussa un long soupir qui se termina par une quinte de toux, puis elle dit quelque chose qu'il comprit cette fois : « Je me prenais pour une reine, tu sais, quand j'allais en ville avec Jake. Je souriais et je faisais bonjour aux gens. Un coup à droite, un coup à gauche. Je levais la main, et Jake redressait la tête. » Elle leva la main à quelques centimètres au-dessus de sa jupe et sourit. « C'était bête.

– Non, maman, ce n'était pas bête, tu étais magnifique.

– Tu crois ? » murmura-t-elle. Puis elle secoua la tête. Elle souriait toujours en pensant à ce souvenir, espéra-t-il. Henry posa la main sur sa tempe. Il sentit la peau sèche et fine de son front, et au bout de ses doigts, la petite veine qui battait, et qui soudain ne battait plus… Il attendit. Au bout d'une minute ou deux, il lui ferma les yeux.

1975

Mon cher Jesse,

J'ai dû te parler d'un copain qui était à l'armée avec moi – il venait d'Oklahoma, mais je l'ai rencontré à Fort Leonard Wood, dans les Ozarks. C'était un bon tireur, mais c'était aussi un vrai phénomène. Il y avait un sergent à Fort Leonard Wood, le genre de sergent si parfait et si accompli que j'ai oublié son nom. Enfin bref, il avait entendu parler des snipers chez les marines. Il voulait nous endurcir, Lyman et moi, donc un jour, il nous a emmenés jusqu'à la rivière qui coulait un peu à l'écart sur les terres de la base, là il nous a dit de nous déshabiller, de prendre nos fusils, d'entrer dans l'eau et d'observer le gibier dans les arbres et sur les rives. On était censés faire ça pendant une heure – il devait nous retrouver plus bas et voir ce qu'on avait tiré. Le truc, c'était d'avancer le plus lentement possible. Lyman pensait tirer un poisson-chat, et il a eu un castor, et moi un raton laveur. Lyman, qui était très observateur, m'a ensuite montré un mocassin d'eau qui nageait à la même hauteur que nous, à trois mètres environ. J'en avais déjà vu un ou deux, et en général ils ne mesuraient même pas un mètre de long, mais celui-là atteignait un bon mètre cinquante, il était gros comme ton bras – un vieux spécimen rusé. J'ai voulu tirer dessus, mais Lyman préférait l'observer, alors on a ralenti en gardant les yeux bien ouverts. Bientôt, le serpent a traversé la rivière devant nous et s'est hissé sur la berge d'en face où il a fait une chose que je n'avais jamais vue : il s'est approché de la carcasse d'un chevreuil pour la manger. Finalement, on ne l'a pas tué : pendant qu'on le regardait ainsi, Lyman a aperçu un lynx roux qui le surveillait de derrière un arbre. On est restés debout dans l'eau et on a attendu, au bout d'un moment, le lynx roux est sorti de derrière son arbre en montrant les dents, le poil hérissé. Je suppose qu'il voulait effrayer le serpent et le chasser pour récupérer ce qui était sans doute sa proie. Mais dès qu'il s'est approché du chevreuil, Lyman l'a tué. Le mocassin d'eau s'est roulé en boule et s'est mis à regarder autour de lui en tirant sa langue fourchue. Lyman aurait pu lui faire exploser la tête. Mais il s'est retenu, et m'a arrêté. Je suppose qu'il avait une certaine sympathie pour cet animal et qu'il le respectait pour avoir survécu si longtemps, jusqu'à un âge aussi avancé. Lyman, c'est ce soldat qui a marché sur une mine en Italie – il nous a fallu quatre heures pour le redescendre à travers les montagnes. Il a perdu une jambe en fin de compte, mais il est rentré, chance que beaucoup d'autres n'ont pas eue.

Je dois te laisser,

Oncle Frank

Au printemps, environ six mois après l'enterrement, Lillian prit la route depuis McLean jusqu'à Denby pour aller vider la maison. Arthur et Debbie (enceinte de quatre mois) se montrèrent soucieux quand elle leur annonça qu'elle voulait s'y rendre seule – un si long voyage, était-ce raisonnable, où s'arrêterait-elle ? – mais elle avait hoché la tête d'un air décidé. Elle avait déjà écrit à Minnie, Lois et Claire pour leur dire : « Ne touchez à rien », si bien qu'elles n'avaient rien fait, même lorsque Claire avait répondu : « C'est un vrai trou noir, tu es sûre ?

– Ne touchez à rien. »

C'était également une manière de préserver la maison pendant quelques mois de plus, car Joe et Frank étaient décidés : il fallait la démolir. Deux des murs de la cave ployaient, et la salle de télévision se détachait du bâtiment principal. L'escalier n'avait jamais été aux normes – il tenait davantage de l'échelle, alors comment Walter mais surtout Rosanna, à son âge, avaient-ils pu…

« Ne touchez à rien. »

Donc personne n'avait touché à rien, et il avait beau faire presque nuit quand elle arriva enfin de South Bend, où elle avait passé la nuit précédente, Lillian entra dans l'allée et se gara. Elle avait oublié que la maison serait plongée dans le noir ; Joe avait évidemment coupé l'électricité. Elle fut frappée par cette impression de se heurter à un objet solide. Joe s'était assuré que tout demeure en bon état. Ces maisons à l'abandon, aux fenêtres brisées, où les oiseaux et les guêpes faisaient leur nid, représentaient pour lui une vision de cauchemar remontant à l'enfance, à l'époque de la grande dépression. Jamais il n'aurait toléré ça.

Elle ouvrit la portière et posa le pied dans une ornière. Sur le flanc est de la maison, un massif de jonquilles à présent fanées, parmi elles se dressaient les premières feuilles de tulipes, telles des pointes de lance. En Virginie, les tulipes étaient déjà passées et les iris étaient au faîte de leur croissance, même s'ils n'avaient pas encore fleuri. Et les magnolias. Sa mère n'avait jamais réussi à faire pousser un magnolia. Elle descendit de voiture, ferma la portière et attendit quelques secondes dans le silence, sans savoir ce qu'elle pouvait attendre ainsi.

Henry avait simplement dit que Rosanna paraissait en pleine forme en arrivant à Chicago : bavarde, contente d'elle-même. Elle était allée se reposer, ce qui était normal – la route était longue –, puis il avait entendu quelque chose, mais il ne savait pas quoi. Aux obsèques, tout le monde s'était accordé à dire que c'était une belle mort, après tout il fallait bien partir un jour, et puis elle avait gardé toute sa tête jusqu'à la fin, elle mangeait ce qu'elle voulait, quand ça lui plaisait. La vie, c'était faire ce qu'on voulait comme on voulait, qu'elle repose en paix. Même le pasteur Campell, qui était nouveau et assez strict, avait dit en chaire que Rosanna manifestait la grâce de Dieu dans sa générosité d'esprit. Ensuite, on l'avait inhumée à côté de Walter. Bientôt, on abattrait la maison, on comblerait les fondations, on labourerait la terre, on planterait du soja ; un cycle était bouclé, et, Lillian le savait, sa mère aurait considéré cela juste et bon. Personne, pas même la morte, ne regrettait ce décès autant que Lillian. Elle grimpa les marches du perron et ouvrit la porte (avait-elle jamais été verrouillée ?).

La vision de Lillian s'ajusta et elle découvrit la maison ainsi que Rosanna l'avait laissée : le plaid replié sur le dossier du canapé, le numéro de septembre de *McCall's* sur la console, le programme de télévision de la semaine du 30 septembre par-dessus. Près du canapé, son panier de laines, des morceaux de fil, des pelotes presque terminées en rose et bleu sur le dessus. Au milieu, un livre de motifs ouvert sur un modèle de napperons. Lillian était incapable de tricoter vingt rangs sans en sauter cinq, mais Debbie avait déjà confectionné deux bonnets, des bottons et une couverture pour le bébé. Son mari, Hugh, le seul intellectuel également manuel que Lillian ait jamais rencontré, fabriquait un berceau d'après un modèle amish. Il était spécialisé dans l'histoire des membres de l'Église réformée néerlandaise qui avaient émigré aux États-Unis, ce qui d'après Lillian expliquait pourquoi il était capable de penser et de faire quelque chose en même temps. Il était méthodique, avait l'esprit pratique, aimait sincèrement Debbie, pourtant Lillian avait espéré pour sa fille un homme plus beau et plus romantique, un peu plus semblable à Arthur en fait. Tina avait également un petit ami, étudiant en art lui aussi, qui peignait des galaxies géantes, dont chaque point représentait une étoile. Tina avait expliqué à Lillian que l'impossibilité était un signe de l'art. Elle-même faisait des collages d'emballages de nourriture déchirés qui formaient des animaux.

L'obscurité n'était plus si noire. Lillian s'assit dans le rocking-chair et regarda autour d'elle. Soudain, elle se rappela Rosanna assise à cette même place, dans le crépuscule, qui chantait doucement cette chanson que Lillian connaissait depuis toujours, « sa » chanson à elle : « God Sees the Little Sparrow Fall » /[1]. « He paints the lily of the field, / Perfumes each lily bell ; If He so loves the little flo'rs. I know He loves me well.[2] » À l'époque Rosanna avait une voix légère et mélodieuse, et Lillian lui demandait sans cesse

1. « Dieu voit le petit moineau qui tombe ».
2. « Il peint les lys des champs, parfume chaque corolle.
Il aime tellement les petites fleurs,
Et je sais qu'il m'aime vraiment. »

de chanter et chanter encore cette chanson, comme font les enfants. Elle se mit à la fredonner et comprit alors qu'elle avait vécu une vie extraordinaire pour une seule raison : elle avait connu le véritable amour depuis le jour de sa naissance. Ensuite, d'instinct, elle s'était remise entre les mains d'Arthur, qui traversait la ville, et il l'avait lui aussi aimée d'un amour profond et fidèle.

En observant la pièce, malgré sa fatigue et sa déception à l'idée que la maison soit condamnée, elle comprit que tout l'amour de Rosanna avait pu exister grâce au destin d'une victime sacrificielle, Mary Elizabeth. Nul ne savait comment elle avait pu ainsi tomber en arrière et se cogner la tête contre la caisse à œufs. Rosanna disait qu'il y avait eu au même instant un éclair et un coup de tonnerre : Mary Elizabeth, qui dansait, avait sursauté, puis elle avait glissé et fait une chute. Pourtant Andy avait dit des années plus tôt de ce ton énigmatique bien à elle que Frank s'était senti responsable : il se disputait avec Joe et avait frotté les pieds sur le tapis ; lorsqu'il avait bougé, Mary Elizabeth était tombée à la renverse. Lillian n'osait pas poser la question à Frank, alors elle avait interrogé Joe, qui lui avait répondu qu'à cinq ans et demi, Frank n'aurait pas pu faire bouger le tapis, il était trop lourd. Tout ce dont il se souvenait, c'est que, quand leurs parents leur en avaient parlé, Rosanna avait dit que c'était la main de Dieu qui avait repris son enfant bien-aimé auprès de lui, et Walter avait acquiescé. Joe ignorait ce que celui-ci aurait dit plus tard. Comment était Mary Elizabeth ? Joe secouait la tête. Il se souvenait à peine d'elle : il avait trois ans et demi à sa mort.

Le fantôme de la petite fille, songea Lillian, même bébé, serait un individu parfaitement complet. Elle aurait une manière de tendre la main, d'ouvrir et de fermer le poing pour demander quelque chose. Elle aurait sa comptine préférée, qu'elle réclamerait encore et encore, et elle sourirait quand on la lui chanterait. Elle aurait une façon bien à elle de se balancer sur ses petits pieds, une démarche précipitée dont chaque pas présenterait un risque calculé. Elle se laisserait tomber sur les fesses et lèverait les bras en l'air en riant. Elle traînerait partout avec elle son lapin de chiffon, lui mâchonnant une oreille d'un air méditatif, peu importait le nombre de fois où sa mère le lui aurait ôté de la bouche en lui disant : « Non, c'est sale. » Le fantôme de la petite fille se tiendrait debout près du berceau de sa sœur pour l'observer, sans jamais la toucher, mais en se posant des questions sur elle, sur la manière dont elle était arrivée sur terre, à qui elle appartenait. Le fantôme d'une petite fille ne serait pas forcément sage : son existence serait sans doute en proie à une grande confusion.

Lillian savait que le fantôme de Mary Elizabeth n'existait pas, mais une fois qu'elle l'eut créé, elle ferma les yeux et l'invita à s'approcher, pas à pas. Elle ouvrit la main posée sur l'accoudoir en invitant la fillette à la prendre. Puis elle lui dit : « Merci. »

Ce fut Jesse qui la trouva. Il était rentré pour le week-end et s'en revenait après avoir poursuivi un troupeau de dindons. Il avait emporté son fusil mais n'avait pas tiré : il voulait juste s'entraîner à les approcher. Il vit la voiture dans l'allée, la porte entrouverte. Lillian avait dû s'assoupir : elle se réveilla quand il lui dit : « Coucou ! » C'était un grand garçon gracieux, mince, large d'épaules. Elle répondit : « Jesse, c'est moi, ne tire pas ! » et ils éclatèrent de rire. Elle repensa seulement à Mary Elizabeth lorsqu'ils redescendirent les marches du perron. Mais en effet, elle se sentait apaisée, nettement plus prête à écouter Lois, Joe et Minnie procéder au partage du contenu de la maison. « Tu es sûre que tu ne veux aucun des meubles ? » demanda Lois. « Tout ça n'a pas grande valeur. Les assiettes sont toutes simples. Je peux les mettre en vente au magasin. Min, tu devrais demander à Henry si tu peux donner ses livres à la bibliothèque. Certains sont en bon état. » Etc. En vérité, Lillian voulait seulement récupérer les restes de laine pour Debbie, le plaid du salon, et les livres posés sur l'étagère de sa chambre rose pour le bébé à naître.

Il n'était pas encore midi, mais il faisait déjà si chaud qu'il fallait traverser le ciment sur la pointe des pieds pour accéder au bord de la piscine, sans quoi on se brûlait. Claire avait mis un T-shirt à Gray bien qu'elle l'ait déjà tartiné deux fois de crème solaire ainsi que l'exigeait Paul. De la brume semblait flotter dans l'air, et la piscine n'était guère rafraîchissante. Claire but une gorgée de Coca. Paul ne quittait pas des yeux Gray qui jouait avec des flotteurs dans le petit bain. Il était bon nageur, pourtant : ils avaient fait prendre des cours aux deux garçons dès l'âge de cinq ans, et Gray, qui en avait dix, avait fait partie pendant tout l'hiver d'une équipe de natation. Brad était à l'intérieur. Claire envisageait de préparer des sandwiches avec les restes du poulet rôti pour le déjeuner. Assis sur le transat, surveillant Gray, Paul dit : « La terre vaut plus de six mille dollars à l'hectare, ce qui fait un total de plus de deux millions.

– Qu'est-ce que tu veux que ça me fasse ? » répondit Claire en remontant ses lunettes sur son nez et en baissant exprès la tête pour ne pas énerver Paul davantage. Elle avait eu une demi-heure de retard le mardi précédent en allant chercher Gray et Brad au centre aéré, et comme ils n'arrivaient pas à la joindre chez elle, ils avaient contacté Paul à son cabinet. Ils étaient arrivés tous les deux en même temps, et pour ne rien arranger, en les voyant, Brad avait fondu en larmes.

« Une partie t'appartient. Joe peut faire un emprunt pour te racheter ta part. Les banques sont plus que désireuses de prêter en ce moment. Cent mille dollars : je pourrais les placer en Bourse. » Il agita son verre et croqua un glaçon.

« Désireuses de prêter ? Rusty Burke m'a dit que prendre un prêt était une chose horrible. De toute façon, les taux d'intérêt s'élèvent à 7,5 %. Pourquoi irais-je demander à Joe de payer cinq cents dollars par mois pour que tu puisses jouer à la Bourse ? Cinq cents dollars, c'est plus que nous remboursons chaque mois pour la maison. » Minnie lui avait dit le lundi que Joe, Frank et Gary, le dernier des cousins Vogel qui s'intéressait encore à l'agriculture, commençaient à s'interroger pour savoir qui possédait quoi, et ce qu'il faudrait en faire ; Claire ne voulait pas s'en mêler. Seulement chaque fois que Paul pensait à ces deux millions, il décidait de ne pas demander à Claire où elle était ce mardi à seize heures et pourquoi elle était décoiffée. En réalité, elle avait fait une sieste qui s'était prolongée plus que prévu, mais elle était trop vexée pour le lui avouer.

Il rajusta son chapeau pour protéger son crâne chauve, puis appuya un doigt sur son avant-bras pour voir s'il avait pris un coup de soleil. Claire n'avait jamais compris pourquoi ils avaient fait construire cette piscine. Paul déclara : « Au minimum, si cela a de la valeur, il est important de diversifier ses investissements pour ne pas tout perdre au cas où le marché s'effondrerait.

– Le marché ? Quel marché ?

– La valeur des terres agricoles a augmenté de 30 % chaque année depuis deux ans. C'est une bulle financière. Et les bulles éclatent. »

Elle se redressa, puis elle se pencha vers Paul, le visage tout près du sien, car elle savait qu'il détestait cela. « Paul, tout ça n'est pas à toi. »

Il s'écarta mais rétorqua : « C'est à nous. À nos enfants. Tu crois que c'est donné de faire ses études dans les grandes universités ? Nous devrions commencer à économiser dès maintenant. Impossible de savoir à combien se monteront les frais dans huit ans. »

Claire se rallongea sur son transat. Gray avait abandonné les flotteurs et il sautillait maintenant au bout du plongeoir – encore un danger. Si Paul avait eu des filles, songeait souvent Claire, il n'aurait pas eu à en faire autant. Elle répondit : « Difficile à dire s'ils auront le niveau pour y entrer à ce stade.

– Bien sûr qu'ils pourront. » Paul était médusé que leur propre mère ait si peu foi en leurs capacités intellectuelles.

Claire replia les jambes, joignit les mains et les glissa entre ses genoux tout en se disant à elle-même : ne dis rien. Ne dis rien. Il ne fallait surtout pas mentionner le fait que Paul gagnait plus de cent mille dollars par an, que son père, âgé de soixante-dix-huit ans, allait lui laisser un joli portefeuille. Que la demeure de style Tudor aux six chambres de ses parents à Bala Cynwyd en Pennsylvanie valait cent cinquante mille dollars (ce que Paul avait dit lui-même quelques semaines plus tôt). Leur maison à eux, avec piscine et garage pour trois voitures, en valait quatre-vingt mille. Elle adopta un ton complice : « Allez, mon chéri. Naguère tu ne t'intéressais pas autant à l'argent. Tu savais que tu n'avais pas épousé une héritière terrienne. »

Paul sourit mais répondit : « Je n'avais pas encore rencontré ton frère.

– Joe est agriculteur, pas propriétaire terrien.

– Je parle de Frank.

– Frank a beaucoup d'argent. » Claire voulait dire qu'il n'avait pas besoin d'en gagner davantage, mais elle vit aussitôt que Paul voyait Frank comme quelqu'un dont il fallait se méfier tout en l'imitant. Elle soupira. Claire en était venue à penser qu'il y avait un juste milieu en matière d'argent. Quand on arrivait à ce chiffre médian, qu'elle estimait à environ cinq mille dollars par mois, on s'inquiétait moins que si l'on en avait moins, ou que si l'on en avait eu plus. Cela laissait une place dans votre vie personnelle pour d'autres choses.

Elle en était venue à penser cela à cause d'Eliot. Celui-ci était plus âgé que Paul – cinquante-cinq ans, disait-il – et aussi plus dégarni – sa belle tête portait bien sa frange poivre et sel. Il parlait davantage que Paul, mais jamais d'argent, ni de ses enfants, ni de son ex-femme, et il n'expliquait pas ce que les gens devraient faire dès à présent (l'un des sujets de prédilection de Paul). Il ne discourait ni sur les hippies ni sur la météo. Il parlait de livres. Sa phrase préférée, c'était « Est-ce que tu as lu… » par exemple : « “Arrêtez les pendules”, d'Auden ? » ; « Est-ce que tu as lu “Le Cheval à bascule”, de D.H. Lawrence ? » ; « Dis-moi, tu as lu “Bitter-Sweet” ? » Et puis : « Ah, my dear angry Lord, / Since thou dost love, yet strike ; / Cast down, yet help afford ; / Sure I will do the like.[1] »

Il y avait six semaines qu'elle avait rencontré Eliot en allant laver sa voiture sur Hickman Road. Il avait un livre avec lui et s'était plongé dedans en attendant que sa voiture soit prête. Elle avait attiré son attention en disant qu'elle l'avait lu – c'était *La Coupe d'or* – bien qu'en réalité, ce ne soit pas vrai. Le livre était à présent posé sur sa table de nuit, à côté de deux autres parmi ses préférés, *Le Bon Soldat* et *La Peste*. La veille au soir, Paul avait demandé : « Pourquoi tu lis ces livres ?

– Il paraît qu'ils sont intéressants.

– Qui a dit ça ? »

Elle avait failli le lui dire.

Paul se leva pour aller regarder le thermomètre. « Trente-six degrés à l'ombre. Il faut que Gray rentre.

1. « Bitter-Sweet », « Doux-amer », est un poème de George Herbert (1593-1633).

« Ah, mon cher Seigneur furieux, / Bien que vous aimiez, vous frappez ; / Jetez dans le découragement, et pourtant épargnez ; / Bien sûr je vous imiterai. »

Je vais fermer la maison. Nous devons nous reposer au frais pendant une demi-heure avant d'ingérer de la nourriture. »

Elle ne voulait pas coucher avec Eliot – il était beaucoup trop vieux et lui rappelait un de ses profs, au lycée de North Usherton. En outre, le Dr Sadler devait demeurer son seul grand amour. Il avait trente-six ans à présent, et d'après Paul il était marié. Autre chose dont elle lui savait gré : il avait disparu au faîte de sa beauté. Mais elle n'allait pas annuler son rendez-vous le lendemain à dix heures avec Eliot pour prendre le café. Elle aurait enfin terminé *La Coupe d'or* et ils en discuteraient intelligemment, comme s'ils étaient à Londres, ou au moins à New York, mais pas à Des Moines, en tout cas.

Claire prit la serviette. Paul déclara : « C'est bien d'être sentimentale à propos de la ferme et de ta famille, mais il faut aussi se montrer réaliste. Tu le comprends, n'est-ce pas ? » Il s'approcha. « Tu comprends, hein ? » Elle acquiesça, ainsi qu'elle le faisait toujours.

Pour faire des économies de chauffage, Janet et Marla avaient fermé la porte de la chambre et s'étaient enroulées dans des couvertures. Marla était assise dans le fauteuil, Janet sur le lit. Elles lisaient *La Folle de Chaillot*, c'était leur troisième séance et elles arrivaient à la fin de l'acte un. Deux des pièces de Marla avaient été montées, dont la meilleure, une pièce en un acte qui s'appelait *Cedar Rose Park*, par la troupe de Berkeley. Elle continuait d'accompagner Janet au Temple tous les dimanches, mais elle s'en plaignait de plus en plus et jurait qu'elle allait écrire une pièce sur le révérend Jones, qu'elle intitulerait *Grande Gueule.*

Elle n'aimait pas tellement la pièce de Giraudoux, mais elle tenait à toujours terminer ce qu'elle avait commencé. Elle lut : « Dans les trois cent cinquante. Nous n'enverrons qu'aux chefs. » Sa prononciation s'était améliorée, mais elle n'était pas encore parfaite, aussi Janet répéta-t-elle la réplique avec plus de fluidité, laissant Marla y réfléchir, puis la traduire. Sa traduction était à peu près correcte, donc Janet opina du chef et Marla passa à la réplique suivante. « Qui va les distribuer ? Surtout pas le sourd-muet ! On lui rend en moyenne quatre-vingt-dix-neuf enveloppes sur cent ! » Marla avait vingt-quatre ans et elle était très inquiète à l'idée d'être trop âgée pour percer en France. Elle devait fêter ses vingt-cinq ans à la fin mars, et donc avait prévu de partir le 1er février pour profiter des deux mois de jeunesse qu'il lui resterait en arrivant à Paris. Elle avait désormais un passeport et ses économies atteignaient 1 498,76 dollars. Elle comptait mettre encore de côté deux cents dollars au cours des deux mois qui précéderaient son départ – avec un peu de chance, elle tomberait sur un riche Français qui s'occuperait d'elle. Sur ce dernier point, Janet ne pouvait l'aider, mais elle ne doutait pas que Marla rencontrerait un Français – elle était en effet d'apparence aussi soignée que toutes les Françaises que Janet avait jamais vues, et elle était beaucoup plus gentille. Janet corrigea sa traduction et Marla poursuivit sa lecture. L'été précédent, elles avaient traduit ensemble *Cedar Rose Park* en français – la traduction était restée orale. Marla en était très fière : elle voulait à tout prix être parfaite à son arrivée à Paris.

La porte s'ouvrit et Lucas se glissa dans la pièce. Marla continua de lire, mais Janet lui adressa un baiser et lui fit signe de s'approcher. Elle ne pouvait s'en empêcher, alors elle se nicha contre Lucas, le plus près possible. Il avait la peau si froide qu'elle frissonna. Quand Marla eut achevé sa lecture, Janet demanda : « Tu as froid, mon chéri ? » Il l'embrassa, retira ses chaussures, et s'enroula dans un pan de la couverture. Puis il dit : « Continuez, j'aime bien écouter. »

Marla lut : « Vous, Fabrice, vous me reconduisez. Si, si, vous allez venir. Vous êtes encore tout pâle. J'ai de la vieille chartreuse. J'en bois un verre tous les ans, et l'année dernière j'ai oublié. Vous le boirez. » Janet corrigea la prononciation du dernier mot. Sa traduction fut excellente. Janet acquiesça. Lucas lui prit le livre des mains, le contempla un moment, puis il secoua la tête. « Ça n'a aucun sens pour moi. » Il le lui rendit.

« Franchement, Lucas, tu devrais être comédien. Tu es beau, te montrer en public ne te pose aucun problème, et tu as du style », dit Marla.

Il haussa les épaules.

« Tu devrais commencer tout de suite, poursuivit-elle. Tu es parfait. Ça m'énerve de te voir gâcher ton talent comme ça pendant que nous autres, on se crève le cul à essayer d'y arriver. »

Lucas éclata de rire. « Tu me montreras ça quand ça arrivera. »

Marla lut la réplique suivante.

Cat et elle n'étaient pas d'accord sur la manière dont Janet devait s'y prendre avec Lucas.

Marla disait qu'il avait une vraie présence sur scène, ce qui était rare chez un batteur, dommage qu'il soit assis au fond, parce que le chanteur était tellement laid qu'il aurait fallu lui mettre un sac sur la tête. Lucas était très largement supérieur aux autres, mais il ne manifestait pas la moindre ambition « et tu peux trouver ça bien aujourd'hui, mais dans dix ans, tu verras », répétait-elle souvent à Janet.

Cat, qui avait renoncé à toutes ses ambitions théâtrales, était inscrite à la fac en marketing, et elle connaissait une liste longue comme le bras de musiciens qui croyaient qu'ils allaient casser la baraque et qui, évidemment, n'avaient jamais percé. Elle pensait que Janet devrait pousser Lucas à reprendre ses études pour devenir comptable ou documentaliste. « Il est souriant, les blancs n'ont pas peur de lui : il devrait s'appuyer là-dessus. »

Janet tourna la page. Le premier acte touchait à sa fin. Lucas s'appuya contre elle tandis qu'elles continuaient de lire, de corriger, de traduire. Quand elles eurent terminé, Janet crut qu'il s'était endormi, mais pas Marla. Elle lâcha son livre, sa couverture, et se leva d'un bond. Elle s'approcha de l'étagère des livres, qu'elle examina un moment, puis choisit un volume. Elle le laissa choir sur les genoux de Lucas qui se redressa un peu. « Allez, on essaie.

– On essaie quoi ?

– De te donner quelques conseils. »

Janet songea que Lucas n'avait que faire de ses conseils. Elle l'observait lorsqu'ils assistaient aux sermons du révérend Jones : si celui-ci disait quelque chose avec lequel Lucas était d'accord, son visage était réceptif, mais s'il n'était pas d'accord, il décrochait complètement. Il était pareil à une radio qui n'aurait capté que les ondes qu'elle voulait bien recevoir. À cet instant, son visage était dépourvu de toute expression.

Marla se pencha vers lui, prit le livre et l'ouvrit au début. C'était *Mademoiselle Julie*, dans une édition de pièces en un acte que Marla avait étudiées à l'université. Elle dit à Janet : « Tu fais Mlle Julie, je fais Kristin, et Lucas sera Jean. » Elle lut ensuite les didascalies d'une voix claire et donna le livre à Lucas. Celui-ci le contempla, puis le lui rendit. Janet, qui avait posé la main sur son bras, le sentit se raidir. « Allez, dit Marla. C'est mon jeu préféré. Rien qu'une page ou deux. »

Janet détestait cette sensation d'aller-retour quand il fallait poser les yeux alternativement sur deux personnes qui n'étaient pas d'accord. Elle jeta un coup d'œil à Marla, souriante, puis à la couverture, qu'elle lissa sur ses genoux. La chambre ne lui paraissait plus aussi froide.

Lucas s'éclaircit la voix. D'après ce que savait Janet, Lucas n'était pas du genre à s'énerver, toutefois elle commençait à se poser des questions. Marla, quant à elle, ne se laissait jamais intimider. Elle dit : « Lis juste la première ligne : "Ce soir, mademoiselle Julie est de nouveau folle, complètement folle." »

Il prononça la phrase d'un ton très naturel.

Marla prit le livre et poursuivit sa lecture : « Ah vous voilà donc de retour ! » Elle avait un ton folâtre, comme si elle était contente de le voir et le serait plus encore dans une minute ou deux. Elle donna le livre à Lucas.

Celui-ci regarda le mur, à la recherche d'espace, et répondit : « Je n'y suis pas. Je déteste le théâtre.

– Pourquoi ? demanda Marla.

– Les gens parlent, parlent, et si au bout d'un moment ils ne se mettent pas à hurler, le public s'endort. À la fin, j'en ai marre. »

Janet comprit qu'il disait vrai.

Mais Marla n'était pas du genre à se laisser convaincre par une simple théorie. « Lis simplement la tirade. » Ils se regardèrent longuement tous les deux, Marla de plus en plus dans une posture de prof – une enseignante à la française, avec du style et une certaine supériorité, mais prof néanmoins. Puis, en bonne actrice qu'elle était, elle se transforma : un sourire fleurit sur son visage, à la fois gai et espiègle, et elle lui dit : « Fais-moi plaisir, monsieur Jordan, juste une fois. »

Le regard de Lucas se posa de nouveau sur la page. Au bout d'une minute de silence, il regarda Marla et prononça la tirade en lui donnant forme et chaleur. Puis il reposa le livre, et plaça la main de Janet pardessus. Marla déclara : « Mon Dieu que tu es têtu. Mais je pensais que tu serais bon, et tu l'es en effet. C'est pas parce que je te dis de faire un truc que tu ne peux pas le faire. »

Si, pensa Janet.

Lucas lui adressa ce sourire éclatant et charismatique. Pas étonnant que Marla voulait qu'il devienne comédien : peu importait la pièce, les gens viendraient le voir et en redemanderaient.

Il y eut un long silence, Marla se rassit et reprit la pièce française. Elle dit une nouvelle réplique, Janet la corrigea, puis elle la répéta. Appuyé contre le mur, Lucas fermait les yeux. Janet, la main toujours posée sur le livre, celle de Lucas par-dessus, termina *La Folle de Chaillot* avec Marla. Dès qu'elles eurent prononcé la dernière réplique, Marla se leva, se pencha vers Lucas et lui dit : « Je vais écrire une pièce rien que pour toi. En un acte. »

Lucas ouvrit les yeux et sourit : « Pas de dialogue alors.

– Tu crois que je n'en suis pas capable ?

– On verra. »

Marla partit déterminée, à croire qu'elle allait s'y mettre dès à présent.

Depuis dix-huit mois que Lucas et Janet étaient ensemble, celle-ci avait fait attention à respecter les limites, comme aurait dit sa mère, non pas parce que Lucas était sourcilleux sur ce point, mais parce qu'elle était toujours très scrupuleuse. Peut-être qu'en ce qui le concernait lui, elle n'avait pas de limite. Il avait trois ans de moins qu'elle, quinze centimètres de plus, cinq ans d'études en moins, mais il était moitié plus séduisant qu'elle, avec 20 % d'assurance en moins, deux fois plus de talent, avait voyagé deux fois moins qu'elle, mais avait deux fois plus d'expérience. Ils n'étaient égaux en rien et elle avait beau soutenir le mouvement des droits civiques, cela ne lui avait rien appris qui puisse l'aider dans leur relation. Elle regarda sa montre. Il était plus de vingt-deux heures. D'habitude ils ne se couchaient pas avant minuit, mais elle dit : « Il fait froid. Tu veux te mettre au lit ?

– Qu'est-ce que tu en penses ?

– De quoi ?

– Tu me trouves bête ?

– Est-ce que je pense qu'une personne capable de dire un extrait de pièce de théâtre après l'avoir lu une seule fois est bête ? Ou qu'une personne capable de jouer un solo de batterie qui vaut la peine d'être écouté sans qu'on ait besoin de fumer six joints avant est bête ? »

Il se mit à rire. « Ils me mettaient le bonnet d'âne et ils me faisaient asseoir dans un coin.

– Qu'est-ce que tu avais fait de si mal pour ça ?

– Rien. Mes trucs. Regarder par la fenêtre en pensant à des chansons. Refuser de leur accorder de l'attention. Quand la prof m'interpellait, je faisais attention à ne pas entendre.

– Mon cousin Tim t'aurait vraiment apprécié. »

Lucas se déshabilla et se glissa sous les couvertures. Janet finit de ranger la chambre, puis elle baissa les stores et se mit au lit avec lui. Il la prit dans ses bras, et cela suffit à Janet.

1976

Debbie et Hugh étaient d'accord sur tout au sujet de Carlie – quatre mois, sept kilos, soixante et un centimètres. Elle était née avec une crinière de cheveux roux qui étaient tombés pour repousser plus foncés. Ils étaient d'accord pour qu'elle soit allaitée jusqu'à ce qu'elle arrête d'elle-même ; pouce ou tétine, ce serait elle qui choisirait ; pas de petits pots ni de nourriture classique tant qu'elle ne serait pas intéressée ; le lait maternel était parfait pour un bébé. Ils étaient d'accord pour ne pas lui donner de piment avant l'âge de huit mois. (Ça, c'était une blague. Ils avaient emmené au restaurant chinois un ami historien qui leur rendait visite, et Debbie, toujours très attentive, avait montré les piments séchés qui accompagnaient le poulet Kung Pao. L'historien, originaire du Ghana, en avait pris un et l'avait mangé en souriant. Un autre convive, qui s'était déjà rendu au Ghana et voulait faire étalage de sa connaissance du monde, l'avait imité, et il avait fondu en larmes. Le Ghanéen leur avait alors expliqué que là où il était né, les mères commençaient à donner à leurs enfants du piment dès l'âge de huit mois.) Ils étaient tous les deux contre ces parcs où l'on enferme les bébés. Contre le fait de laisser Carlie pleurer jusqu'à ce qu'elle s'endorme. Contre le rose et le bleu, et pour un nombre égal de jouets « pour fille » et « pour garçon » – Carlie choisirait elle-même. Ils étaient d'accord sur tous ces points, en partie parce que la mère de Hugh avait appris à ses trois fils à tricoter à l'âge de huit ou dix ans, et qu'il avait tricoté pour sa fille un bonnet rouge avec cache-oreilles et pompon. S'ils avaient eu un garçon, ils n'auraient pas été d'accord sur la circoncision, mais le problème ne s'était pas posé.

Pourtant, au bout de quatre mois, Debbie commença à en avoir assez de donner le sein la nuit. Elle en parla à sa mère, mais bien sûr Lillian n'avait jamais allaité. Tante Andy l'avait fait – « en fumant tout le temps, et en tournant la tête pour que les cendres ne tombent pas sur le bébé ». Après la naissance des jumeaux, elle avait bénéficié de deux aides maternelles à domicile, Sally et Hallie, qui lui amenaient les bébés au lit. Quel soulagement ce serait, songea Debbie, allongée sur le dos, les yeux grands ouverts. Hugh ronflait doucement, face au mur. Carlie ne pleurait pas encore, mais c'était imminent. Debbie se réveillait souvent juste avant qu'elle ne se mette à pleurer : quel signal pouvait-elle donc lui envoyer depuis l'autre pièce ? Y avait-il un lien biologique ? Carlie remuait à présent, ce qui inquiétait un peu Debbie. On avait toujours dit à sa tante Claire de coucher ses fils sur le ventre, à présent il ne fallait plus le faire. Sur le dos, c'était pire, car ils risquaient de vomir et de s'étouffer. Il fallait donc les coucher sur le côté, en les calant avec une couverture roulée. Debbie s'y était employée avec une extrême méticulosité ces derniers temps, parce que c'est vrai, on ne sait jamais. Et puis il y avait cette femme dans son groupe de lecture féministe qui disait avoir porté son enfant dans un tissu en bandoulière jusqu'à l'âge de huit mois, quand il s'était mis à marcher à quatre pattes. Elle venait aux réunions avec de longues jupes et disait que le véritable féminisme, ce n'était pas de décrocher de meilleurs emplois, mais de faire revivre le matriarcat et la Déesse. Elle ne savait pas encore si elle laisserait son fils apprendre à lire et à écrire, car la lecture et l'écriture privilégiaient la pensée analytique du cerveau gauche. Debbie n'avait que mépris pour cette femme qui prononçait le mot « Déesse » avec un petit sourire, comme si elle songeait alors à son ample personne.

Carlie se mit à pleurer. Debbie attendit pour voir si Hugh réagissait et se levait pour aller la chercher, mais il continua de ronfler. Il ne l'entendait pas, même si aux oreilles de Debbie, Carlie criait assez fort pour réveiller les voisins – finalement, c'est ce qui la poussa à se lever.

Elle commença par lui donner le sein gauche en soulevant son T-shirt et en détachant le bonnet de son soutien-gorge. Son sein était énorme et dur ; la pointe, tendue en avant, dégoulinait de lait. Carlie se jeta dessus avec enthousiasme – elle n'avait pas mangé depuis six heures. Sa menotte s'agita autour pendant un moment, puis se posa doucement avec contentement sur le sein de sa mère. Elle téta avec une grande concentration pendant quelques secondes, louchant presque sous l'effort, puis elle leva les yeux et croisa le regard de Debbie. La fillette avait de grands yeux très beaux, d'un bleu qui ne virerait pas au marron. Debbie lui caressa le front. Carlie téta encore pendant trois ou quatre minutes, puis sa bouche se détendit, et elle lui fit un grand sourire. Elle commençait juste à sourire. Debbie lui sourit à son tour et dit : « Ma chérie, ma chérie, ma chérie. » Elle lui adressa un baiser.

Carlie se mit à téter le sein droit avec plus de plaisir et moins de fureur. Debbie avait lu qu'il existait trois types de lait – la crème, le lait, l'eau – mais elle avait oublié dans quel ordre ils se succédaient. Carlie la regarda et sourit à nouveau ; puis sa main s'abattit sur le sein de Debbie.

C'était le meilleur moment, ce doux endormissement dû à la tétée, ou au léger bercement. Debbie devait se concentrer sur le petit visage ou sur le poster de *Prince Noir* affiché au-dessus du berceau pour ne pas s'endormir elle aussi et – cauchemar – lâcher Carlie (mais ça n'était jamais arrivé). Elle bâilla, bâilla encore. Carlie s'était détendue et assoupie. Debbie se leva lentement avec beaucoup de précautions, resta penchée en avant, déposa doucement la fillette dans son berceau, cala la couverture roulée derrière elle, puis la recouvrit de l'autre couverture, douce mais fanée, que sa mère lui avait donnée, et qui vingt-neuf ans plus tôt avait été la sienne.

Hugh avait repoussé les couvertures ; elle les remonta et s'étendit auprès de lui. Il était allongé sur l'autre côté à présent et semblait profondément endormi. Elle se coucha sur le dos et ferma les yeux, imaginant le gai sourire de Carlie. Tous les gens qu'elle connaissait et qui avaient des bébés ne comprenaient pas comment ils avaient réussi à survivre aux biberons de lait en poudre, aux parcs et aux « mères réfrigérateurs ». C'étaient des discussions sans fin. Lillian avait fait de son mieux étant donné la manière dont elle avait elle-même été élevée, songea Debbie. Mais ce sourire... Oh, ce sourire... Debbie s'assoupit.

Assis à son bureau, Frank regardait la pluie tomber sur le Chrysler Building en songeant à son sujet de prédilection : les torpilles à supercavitation. Pour la marine, il était évident que les Russes étaient plus avancés que la compagnie de Frank. En dehors du danger extrême que représentait l'objet sur lequel les Russes travaillaient encore – s'ils atteignaient leurs objectifs, alors les sous-marins nucléaires deviendraient pareils à des poissons dans un bocal –, le plus sûr restait encore de croire, comme Frank l'avait toujours fait, que les Russes infligeraient aux autres ce qu'ils redoutaient qu'on leur fasse. Les armes occidentales étaient presque en tout point supérieures à celles des Russes, c'était d'autant plus rageant que les Russes puissent maîtriser les missiles sous-marins supersoniques. Frank les soupçonnait d'avoir mis la main sur des documents nazis dont les Américains n'avaient jamais eu connaissance, et d'avoir gardé le secret pour eux. À moins qu'un autre Wernher von Braun n'ait lui aussi disparu derrière le rideau de fer à l'insu des Américains. Frank repensait souvent à la guerre – pas à son expérience personnelle, mais à la manière dont les choses s'étaient déroulées. Il avait écrit à Jesse qu'il n'arrivait pas à définir si la guerre s'était terminée juste avant son terme à cause de la bombe atomique et des V-2, évités de justesse, ou si elle était vraiment allée jusqu'au bout, sans parler de la guerre froide. À force d'ainsi réfléchir, Frank avait décidé d'autoriser de nouvelles expérimentations sur les torpilles, même si le coût du projet rendait le conseil d'administration nerveux.

Wendy, sa secrétaire, lui annonça que Gary Vogel était arrivé. Il fallut à Frank une seconde pour se souvenir de qui était Gary Vogel.

Il avait bien l'air du routier longue distance qu'il était devenu – cheveux courts, ventre proéminent, manières prudentes. La dernière fois, Frank avait entendu dire qu'il travaillait pour un équipementier d'Omaha. Il se leva pour aller lui serrer la main en disant : « Je suis désolé pour oncle John, Gary.

– Ah putain, c'était pas une surprise. Il arrêtait pas de se disputer avec le médecin qui voulait le mettre sous oxygène, disons que tout ça lui a été épargné. Sympa, ton bureau. » Il s'approcha de la fenêtre et regarda le Chrysler Building. « Tu es du bon côté, question loyer.

– On est arrivé avant les autres. »

Frank savait qu'il ne s'agissait pas d'une visite de courtoisie, mais il s'assit sur le bord de son bureau pour donner à l'entretien un caractère plus informel – dans toute négociation, mieux valait attendre que l'autre partie étale ses cartes. Gary dit : « Tu sais pourquoi je suis là ? » Frank garda le silence. « Je ne suis pas agriculteur, au cas où tu l'aurais pas remarqué.

– J'ai appris que tu conduisais des poids lourds.

– C'est ça que je détestais à la ferme. Le paysage ne change jamais, ou alors, ça devient pire. »

Frank sourit.

« Mais mon père, il aimait ça, lui », poursuivit Gary. Il revint à la fenêtre, observant les triangles et les courbures qui évoquaient toujours à Frank la mitre papale. « Tu sais ce qu'on dit, ces terres sont disponibles.

– Tu parles des champs que ton père et mon frère cultivaient.

– C'est ça. Le prix à l'hectare a beaucoup augmenté. On a même pas dit à mon père à combien l'estimait ce type de Des Moines. Maman avait peur que le choc soit trop rude.

– Et qu'a dit le type de Des Moines ?

– Près de sept mille cinq à l'hectare.

– Et tu as…

– Cent quarante hectares.

– Si je me souviens bien, une partie est trop vallonnée pour être cultivée.

– Un peu moins de douze hectares. Forêts et pâturages. Badger Creek coule à un bout, ça coupe à peu près un hectare.

– Tu as tout fait mesurer par un géomètre ? »

Gary hocha la tête.

« Et tu voudrais que je te rachète ta part.

– C'est ça. »

Le passage de témoin entre les générations posait problème à tout le monde en Iowa, et si jamais Lois avait poussé Roland Frederick dans l'escalier de la cave, ainsi que Frank le pensait parfois, elle s'était montrée pragmatique et Frank la respectait pour cela. « Qu'est-ce que tu as dit à Joe ?

– Ton frère refuse d'en parler. Pourquoi est-ce qu'il le ferait ? Tout est exactement comme il le voulait, maintenant.

– Je ne pense pas qu'on puisse te donner sept mille cinq cents dollars de l'hectare. Le retour sur investissement ne sera jamais à la hauteur. »

Gary sortit son mouchoir et se moucha, puis il le replia avec soin et le rangea dans sa poche. « Frankie, toi tu le sais, moi je le sais, mais il y a plein de types à Chicago et Omaha qui semblent ne pas le savoir, et je ne vais pas te mentir, j'ai l'intention de me retirer de l'affaire tant que je peux en tirer un bon prix.

– Quelles sont tes échéances ?

– Je ne me vois pas planter cette année.

– Très bien. »

Vint le moment toujours difficile en Iowa où il fallait se dire au revoir. Gary et Frank échangèrent quelques mots aimables et, par chance, la porte n'était pas loin. Frank la referma dès que Gary fut sorti. Bon, il allait devoir investir dans la terre. Ce n'était pas une bonne idée, mais en regardant le Chrysler Building, à présent luisant d'humidité dans le soleil de la fin de l'après-midi, il eut une idée, d'un genre qui n'aurait rien évoqué à l'oncle Jens, mais qui, pensait-il, pourrait résoudre le problème, au moins pour les années à venir. Il décrocha le téléphone et composa le numéro de Lillian.

L'une des règles, à la piscine, c'était qu'il fallait avoir plus de dix ans pour suivre les cours de plongeon. On pouvait apprendre le plongeon classique sur le petit plongeoir, et Charlie avait réussi à persuader son moniteur de natation de le laisser tenter un salto, mais du haut du grand plongeoir, on pouvait seulement sauter, même pas faire la bombe. Cela avait mis Charlie en rogne tout l'hiver, pourtant maman lui avait fait observer plus d'une fois que la piscine intérieure n'atteignait que trois mètres de profondeur et que c'était dangereux. En outre, Charlie était capable de toucher le fond sans difficulté, ce qui jouait contre lui. À présent, c'était l'été, il avait onze ans et il pouvait donc s'inscrire au cours de plongeon qui se déroulait dans le bassin extérieur – il atteignait trois mètres soixante de profondeur. Charlie sentait que, désormais, le grand plongeoir n'attendait plus que lui.

À huit heures du matin, il venait nager pendant une heure pour entretenir son dos. Il avait grandi de trois centimètres depuis l'an passé, et certes Alex Durkin était plus rapide, mais il avait un an et presque huit centimètres de plus. À neuf heures, il était censé s'asseoir dans un coin pour lire un des livres de sa liste de lectures d'été en attendant sa leçon de plongeon, et souvent il grimpait tout en haut du plongeoir avec le livre et restait assis là-haut, les jambes pendantes, à contempler la vue. Ses entraîneurs – Mr Jenkins pour la natation et Mr Lutz pour le plongeon – ne disaient rien tant qu'il avait son livre avec lui et ne troublait pas le calme. Mr Lutz enseignait le plongeon au lycée, et Charlie voulait à jamais rester dans ses bonnes grâces.

Maman disait souvent : « Avec toi, Charlie, j'ai renoncé », mais elle le disait toujours avec le sourire, avant d'ajouter : « Tu n'en feras jamais qu'à ta tête. Heureusement pour toi que tu es beau et plein de charme. » De temps en temps, papa s'asseyait avec lui pour avoir une conversation sérieuse au cours de laquelle ils parlaient de responsabilité. Maman et papa vivaient dans la peur de l'irresponsabilité, en particulier à cause du frère de papa, oncle Urban, que Charlie n'avait jamais rencontré car il était mort à l'âge de seize ans parce qu'il conduisait en état d'ébriété et avait foncé dans un lampadaire sur un pont qui enjambait la rivière Des Peres. Le lampadaire en question, rongé par les termites, s'était brisé, et il avait basculé dans la rivière avec la voiture, qui roulait à cent cinquante à l'heure (selon Charlie). Urban, ou « Urbie », n'avait jamais été un garçon responsable. Quand maman et papa avaient adopté Charlie à la maternité, ils avaient juré à notre Seigneur Jésus-Christ que Charlie recevrait une bonne éducation, aussi allaient-ils tous les dimanches à la messe à l'église Holy Redeemer. Maman voulait qu'il devienne enfant de chœur, mais Charlie voyait que ceux-ci devaient rester immobiles – jamais leurs jambes ne s'agitaient, et ils ne faisaient aucun bruit. En outre, ils devaient s'exprimer correctement. Par exemple on ne pouvait pas associer les expressions « Et avec votre esprit » et « Et vos pieds dans les étriers », phrase qui lui passait souvent par la tête pendant la messe, et quand elle lui venait en tête, il était certain qu'à un moment ou à un autre elle lui échapperait. À présent qu'il plongeait du grand plongeoir (le tremplin de trois mètres, on l'appelait), maman allait tous les jours à la messe, mais elle le déposait au YMCA en souriant et en lui disant : « Amuse-toi bien ! », et certes il s'amusait. Il savait qu'elle priait pour lui – elle priait pour tout le monde, y compris Jimmy Carter.

Tous les matins, avec Lutz, ils faisaient des étirements : « Touchez vos pieds, puis votre nez, tenez la pose pour avoir la dose », voilà la phrase rituelle sur laquelle ils se penchaient jusqu'à ce que leur nez touche leurs genoux ; puis : « Restez bien droits, comme des bouts de bois, restez bien droits, tendez les doigts », c'était la phrase rituelle pour s'assurer que leur corps était tendu, de la main aux coudes, collés contre leurs oreilles, en descendant aux épaules, aux hanches, aux genoux et jusqu'à leurs orteils tendus.

Lorsqu'ils étaient enfin autorisés à monter sur le tremplin d'un mètre, ils commençaient par sauter de nombreuses fois droits comme des piquets, quoi qu'il arrive. Charlie essayait d'imiter Moira, qui savait avec précision ce qu'elle faisait à chaque étape et dont les sauts étaient toujours parfaits.

Ensuite, ils durent apprendre le plongeon groupé. Du tremplin d'un mètre, ça consistait à faire la bombe. S'ils entraient dans l'eau sans avoir effectué un bon groupé serré (difficile à réussir depuis le tremplin d'un mètre, mais pas impossible), ils perdaient dix dollars de crédit sur les cent que leur entraîneur leur accordait à chaque début de journée. On racontait qu'un jour il leur donnerait de l'argent pour de bon, mais Charlie savait que c'était une plaisanterie. Le plus souvent possible, il demandait à maman et papa un trampoline pour mettre dans le jardin. Maman lui disait d'arrêter de l'embêter avec ça, papa répondait qu'ils n'en avaient pas les moyens, mais apparemment maman avait allumé des cierges à l'église pour ça, et ils commençaient à y réfléchir. Selon l'expérience de Charlie, le harcèlement portait ses fruits.

Pour sauter du grand plongeoir, il fallait être groupé, puis s'étirer en tombant les pieds les premiers, la pointe en avant. Ils gagnaient dix dollars lorsqu'ils n'éclaboussaient pas. Charlie s'améliorait : quand il se dépliait avec souplesse, sans brusquerie, son plongeon était bon, mais pas assez pour lui rapporter dix dollars. Aujourd'hui, il fallait être groupé, puis s'étirer en tombant les mains en avant. Charlie y avait réfléchi pendant tout le week-end et toute la matinée, il était tellement concentré qu'il en avait laissé choir son livre dans l'eau, avait dû aller le chercher et l'étendre sur le bord en ciment dans l'espoir qu'il sèche.

Le moment était venu. Moira était passée, Emma aussi : sa tête remonta à la surface et elle leur adressa un signe. Charlie grimpa l'échelle, tirant avec ses mains, poussant sur ses pieds, hissant consciemment son corps pour devenir plus grand, plus fort. Arrivé en haut, il prit une respiration profonde et regarda autour de lui la piscine bleue, le parc vert qui s'étalait, puis il releva les bras, songeant que c'était sûrement ça que ressentaient les oiseaux. Nouvelle inspiration – le pied droit en avant, trois grands pas, genoux et hanches pliés, saut, rebond, groupé, roulé, déplié, attente du contact de l'eau, les mains agrippées l'une à l'autre, les coudes sur les oreilles.

Peut-être, se dit-il plus tard, que c'était ça qu'on ressentait en s'évanouissant, car après avoir vu son pied droit s'avancer, il ne savait plus ce qui s'était passé. Mais jamais il n'avait ressenti une chose pareille : le monde sens dessus dessous, qui se retourne encore, son corps qui se tend tel un fil, les mains qui crèvent la surface comme elles transperceraient une feuille de papier. Il reprit ses esprits en touchant le fond de la piscine, secoua la tête et nagea vers le bord. Remonter. Inspirer profondément. Lutz se tenait près du bord. Il s'écria : « Et c'était quoi, ça, Charlie ? »

Il répondit qu'il ne savait pas.

« C'est quoi, ce plongeon ? »

Charlie secoua la tête.

Lutz le dévisagea. « Tu ne te rends pas compte que tu m'as fait un tour et demi, là ?

– Non, monsieur. » Charlie utilisait toujours une tournure polie telle que « monsieur » ou « madame » quand il se retrouvait dans une situation embarrassante.

Long silence. Lutz reprit : « Ce serait n'importe quel autre gosse, je ne le croirais pas, mais toi, Charlie, je te crois. » Puis il ajouta : « C'était un beau plongeon. Mais ne recommence pas. »

Alors seulement il sourit.

Après cela, aller aux cours de plongeon équivalut pour lui à rentrer dans une boîte en refermant le couvercle. Il faisait exactement ce qu'on lui demandait de la manière requise. Mais le jour viendrait, comme à Noël, où on l'autoriserait à ouvrir la boîte, ce jour-là, les saltos et les vrilles lui donneraient à nouveau cette sensation de savoir à la fois tout et rien et, entre le moment où il apercevrait son pied et où il sentirait l'eau, se déploierait un mystère enivrant : c'était là la seule chose au monde qu'il désirait.

Michael s'était mis en tête que le meilleur endroit où sortir les filles, c'était à New Hope, là où les homos avaient ces grandes boîtes de nuit telles que le Prelude. Richie n'avait aucune objection : la sono était étourdissante, les boules à facettes parfaites, la piste de danse immense, et les filles pouvaient arborer de belles tenues en récoltant toutes sortes de compliments. Si la compagnie des homos ne vous gênait pas et que vous n'aviez pas les mains baladeuses aux toilettes, ça allait, et puis il y avait toujours plein de poppers, ce qui agrémentait encore plus la soirée. Parfois, Michael s'y rendait sans Richie, ils n'étaient pas forcés d'aller partout ensemble, d'ailleurs ils n'habitaient pas ensemble. Michael travaillait pour Mr Upjohn, il était opérateur en salle des marchés ; Richie travaillait pour

Mr Rubino, il répondait au téléphone et mettait à jour les fichiers clients. Michael gagnait quinze cents dollars par mois, Richie, seize cents.

Ils avaient une vieille Chrysler (Michael lorgnait sur les Jaguar, Richie préférait les Porsche). Marnie Keller était la première fille sur la liste. Elle était assistante d'édition chez Viking et gagnait environ deux centimes l'heure. Elle sous-louait illégalement un appartement à Chelsea et ne pouvait ni ouvrir la porte ni répondre au téléphone. Si Michael voulait la voir, il fallait qu'il se rende chez elle, frappe, alors elle regardait par le judas et le laissait entrer si elle était d'humeur. La deuxième fille de la liste était une collègue de Marnie qui vivait dans un taudis de l'Upper East Side. L'étage principal de l'appartement était agréable, mais la chambre d'Ivy se trouvait au pied d'un escalier en colimaçon qui avait été découpé dans le sol. Pas de fenêtre, mais il y avait un lit double, un tapis coloré et c'était mieux que de dormir sur un canapé, ce qu'elle avait fait les trois premiers mois où elle était à New York, après ses études à Bard. Marnie s'occupait de la publicité, Ivy de l'éditorial. Elles refusaient qu'on leur tienne la porte, mais pas qu'on paie pour elle. Michael disait que si c'était ça, la libération de la femme, ça lui convenait.

Tout le monde attendait Richie devant chez Michael sur la 84e Rue, un autre taudis, mais dans un beau quartier. Celui-ci avait passé un bras autour de chacune des filles. Il portait une veste cintrée et des bottes à talons. Une cigarette au coin des lèvres. Quand Richie se gara, Michael poussa Marnie sur la banquette arrière, la suivit, et laissa Ivy s'installer toute seule devant.

Elle s'assit et fit la bise à Richie ; Michael s'exclama : « Putain, il fait froid. Tu as mis le chauffage ? »

Richie embrassa à son tour Ivy. « Salut, Marn. Où est-ce que tu as pêché ce con-là ?

– Comme d'hab », répondit-elle, et les deux filles se mirent à rire.

« Putain, elle m'aime un peu, beaucoup, passionnément… » répliqua Michael. Richie comprit tout de suite à son attitude démonstrative qu'il avait bu quelques verres avant l'arrivée des filles. Il occupait presque toute la banquette et attira Marnie contre lui. « Et comment tu veux que j'attache ma ceinture, dit-elle.

– Pas de ceinture pour toi, chérie. »

Ivy attacha la sienne et posa la main sur le genou de Richie.

Il y avait de nombreuses différences entre la vie d'étudiant qu'ils avaient connue et la vie à New York, l'une d'entre elles était que les filles qu'il avait fréquentées à l'université voulaient se trouver un petit ami qui leur passe la bague au doigt, alors que celles de New York recherchaient plutôt un frangin qui les emmène faire la fête. D'après Michael, tout ce qu'elles voulaient, c'était un appartement digne de ce nom et, pour ça, il fallait se trouver un homme plus âgé, qui (Richie le savait) avait acheté son appartement dans les années 60. Et s'il fallait s'accommoder d'enfants et d'une ex-femme, tant pis. Les garçons de leur âge, c'était pour s'amuser, les hommes plus âgés, pour la carte du MoMA, un abonnement auprès d'une compagnie de taxis, et des invitations à des soirées littéraires où elles pourraient rencontrer Norman Mailer. Ce système convenait très bien à Michael. D'abord, il fallait voir les parents, qui peut-être vivaient à l'hôtel comme à la maison – au moins la belle-mère âgée de trente ans pourrait-elle acheter des costumes plus à la mode à son vieux mari. Ensuite, dans dix ans, quand elles auraient elles-mêmes fait carrière, ce seraient elles qui feraient leur choix parmi la promo de 1963, et qui sait si 1963 ne serait pas une excellente année ? Michael avait l'intention d'essayer tous les échantillons possibles des autres années.

Richie pensait qu'il pourrait partir dans n'importe quelle direction, tout dépendait de la fille. Il se sentait un peu seul, aussi pouvait-il très facilement imaginer s'installer de façon définitive à Brooklyn, dans un appartement en étage où la plomberie fonctionnait et où les cafards se montraient plus timides. Il se voyait parler avec la fille, plaisanter, sortir prendre le petit déjeuner, voir des films, prendre le métro tous les matins pour aller travailler. Sans lui présenter Michael. D'un autre côté, le système qu'ils avaient mis au point ne posait aucun problème, et ils auraient pu sortir tous les soirs avec une fille différente s'ils l'avaient voulu. Elles étaient si nombreuses.

New Hope se trouvait à environ une heure et quart. La ville était remplie de restaurants et de boutiques, toutes les maisons étaient entretenues, repeintes, et flanquées d'un jardin. D'après Michael, les homos avaient décidé qu'il leur fallait un lieu plus joli et plus proche que Woodstock. Voilà comment ça marchait à New York : l'argent s'installait dans les Hamptons, les hippies et les juifs dans les Catskills, les homos à New Hope et Fire Island. À l'arrière, Michael pelotait Marnie. Ils riaient, et elle s'exclama : « J'aurais mieux fait de mettre un jean ! Garde tes mains sur ton pantalon, Michael !

– Tu ne le penses pas vraiment.

– Oh que si ! » Elle avait l'air très sérieuse.

Richie appuya sur le frein et la voiture fit une embardée. Il y eut un moment de silence. En regardant dans le rétroviseur, Richie vit Michael se redresser. Un instant plus tard, il attacha sa ceinture (Richie entendit le clic), et Marnie fit de même. Ivy et lui échangèrent un sourire. Sur les lèvres de la jeune femme se formèrent les mots « Mission accomplie », et ils se mirent à leur tour à rire doucement.

Au Prélude, voir des hommes qui dansaient enlacés et parfois s'embrassaient choquait un peu Richie, et puis il vit quelque chose d'encore plus étrange : de très grandes femmes aux hanches étroites, aux hauts talons, très maquillées, qui, il le réalisa au bout de quelques minutes, étaient en réalité des hommes travestis. Deux fois ils avaient assisté à des numéros de danse sur scène. Les danseurs étaient beaux et très doués, et quand ils saluaient à la fin, ils retiraient leur perruque, révélant une tête aux courts cheveux ébouriffés. Ils étaient salués par des applaudissements déchaînés. Les stroboscopes et la musique rythmée rendaient le spectacle encore plus étrange ; chaque fois qu'il venait là, il lui fallait bien un quart d'heure pour s'habituer et se mettre dans l'ambiance. Quelles que soient les tenues de Marnie et Ivy, c'était toujours lui et Michael qui attiraient les regards. Ivy commença à rire dès qu'ils entrèrent – elle adorait la façon de s'habiller de ces garçons qui empruntaient à la garde-robe des filles des vêtements qu'elle n'aurait jamais pu porter elle-même, soit parce qu'elle n'osait pas, soit parce qu'elle n'avait pas le physique adéquat ; elle adorait aussi le soin qu'ils mettaient à imiter la façon de danser de Fred Astaire et Gene Kelly. Elle n'arrêtait pas de les montrer à Richie. La musique avait beau être disco, la danse rappelait davantage *Un Américain à Paris*. Elle était si contente d'être là qu'elle l'embrassa en disant : « Comme tu es gentil, Richie. »

Il dansa, dansa, faisant en sorte de danser à parts égales avec Ivy et Marnie, jusqu'à ce qu'il s'écroule près d'une table et commande une Heineken. Michael préférait la vodka pamplemousse. Il disait que c'était plus nourrissant.

À une heure et demie, Richie se sentit prêt à partir – il avait bu cinq bières et il était encore capable de conduire, mais il n'en aurait pas bu une sixième. Ivy dormait contre son épaule, et Marnie dansait avec une grande femme en talons hauts qui avait bien besoin de se raser. C'est alors que passa la chanson de Donna Summer « Last Dance ». Il ne savait pas où était passé Michael, jusqu'à ce qu'il entende sa voix résonner. Sur la piste de danse, trois homos se querellaient pour les raisons habituelles : « Il est avec moi, il va rentrer avec moi », suivi de : « Non, Tommy, c'est mon nouvel ami. C'est moi qui pars avec lui. » Puis une autre voix s'éleva : « Tu veux venir avec nous ? » La première voix s'écria : « C'est moi qui t'ai amené ! Tu m'as appelé parce que ta transmission était foutue ! J'ai payé l'assurance ! » Puis Michael s'écria : « Ouais ! »

Richie fit délicatement glisser la tête d'Ivy sur la table et se leva. Il n'était pas très en forme. La voix de Michael s'éleva à nouveau : « C'est bon. » Richie comprit tout de suite qu'il était énervé et prêt à se bagarrer. Il se fraya un passage parmi les danseurs. Ils étaient au fond. Michael avait retiré sa veste et sa chemise était déboutonnée, mais les trois autres garçons (habillés en garçons) ne lui prêtaient aucune attention. L'un d'eux secoua la tête à regret, tandis qu'un autre lui passait le bras autour de la taille. Le troisième se trouvait entre Michael et les deux autres ; à l'instant où il ouvrit la bouche, Michael le poussa vers eux et s'exclama : « Comporte-toi en homme, espèce de pédé ! » Le type tomba en avant, les deux autres le rattrapèrent. Michael se rua vers eux et réussit à en attraper un avant que Richie ne l'intercepte pour le mettre sur la touche ; il parvint quand même à lui empoigner le bras et le ramena à travers la piste de danse jusqu'à l'endroit où Marnie attendait en caressant les cheveux d'Ivy. Il leur dit : « On va passer au snack. J'ai besoin d'un café avant de rentrer.

– Va te faire foutre, lui dit Michael.

– Oh, déclara Ivy, moi aussi. Moi aussi, j'ai besoin d'un café. Je pourrai prendre un pancake en plus ?

– Même deux », lui répondit Richie. Il l'aida à se relever puis tendit la main à Marnie, qui se mit debout à son tour en s'ébrouant à la manière d'un chien et dit : « Waouh, vous avez vu ce mec avec qui je dansais ? On aurait dit Cyd Charisse. Mais en plus grand. » Elle continua de parler. Richie passa un bras autour de chacune des filles et les emmena vers la sortie. Comme prévu, Michael les suivit en se traînant, tout en marmonnant : « Putain, fait chier. » Il faillit partir tout seul en arrivant sur le parking, le long d'Old York Road, mais Richie resta avec les filles, qu'il fit monter à l'avant, puis il ouvrit la portière arrière et y fourra Michael. Celui-ci se recroquevilla et laissa échapper un gémissement. Marnie déclara : « Il boit vraiment trop, tu sais.

– Je sais », dit Richie. Marnie ferma les yeux, mais Ivy, elle, semblait revigorée. Elle prit la main de Richie et la serra.

Arrivés au snack, Richie aida les filles à grimper les quelques marches, puis à s'installer dans une alcôve, Marnie à sa gauche, Ivy à sa droite, et lui bien installé entre les deux. Marnie avait faim elle aussi à présent. La serveuse n'arrêtait pas de bâiller devant son bloc-notes. Michael arriva en titubant au moment où on leur apportait leurs assiettes. Par la fenêtre, Richie vit qu'il avait laissé la portière ouverte. Michael ne commanda rien mais il mangea la moitié du sandwich de Richie et une des tranches de bacon de Marnie. Il but un café et dit : « Vous savez ce qui me fait vraiment chier ?

– Quoi donc, mon chou ? dit Marnie.

– Ce pédé qui était assis à côté de moi au bar ? Je lui dis : “Fais gaffe à ta clope, la lope”, parce qu'il avait une longue cendre au bout de sa cigarette, et ben il l'a laissé tomber sur mon pantalon. »

Richie éclata de rire.

« Rigole pas ! Y a un gros trou, maintenant. » Il se dégagea avec peine pour se lever. En effet, à l'avant de la jambe droite, il y avait un trou de plusieurs millimètres de diamètre dans son pantalon. Le polyester avait fondu et brûlé. « Et puis ça fait mal. J'aurais dû lui mettre mon poing dans la figure, mais j'avais peur de tomber de mon tabouret. » Il se mit à tousser.

Ivy et Marnie levèrent les yeux au ciel.

Lorsqu'ils arrivèrent chez Michael, il était très tard, mais il y avait une place pour se garer juste devant l'immeuble. Richie se sentait bien – pas du tout ivre.

Avec l'aide des filles, il sortit Michael de la voiture, le fit entrer et prendre l'ascenseur jusqu'au premier étage. Il était tout raide – dans son état d'ébriété, son corps avait conservé toute la tension de son orgueilleuse colère. Richie le laissa choir sur le canapé et Marnie lui retira ses chaussures. Ivy alla chercher une couverture pour l'en recouvrir.

Quand son frère fut installé, Richie leur dit : « OK les filles, il est plus de cinq heures. On fait une petite sieste ? » Il ouvrit la porte de la chambre de Michael. Le lit était accueillant : il était fait, sans vêtements qui traînaient partout. Marnie bâilla et Ivy déclara : « Je prends le côté gauche. Je ne peux dormir que du côté gauche.

– Je prends le milieu », ajouta Richie.

L'avocat qui travaillait dans un bureau aux lambris de noyer dans son énorme demeure de style gothique de North Usherton n'était autre que l'ancien partenaire de Frank en cours de chimie. Les substances fumeuses emprisonnées dans les tubes à essai l'avaient toujours rendu nerveux, mais ça ne le dérangeait pas de noter les résultats. Frank lui serra la main de bon cœur et l'écouta lui raconter combien tout le monde ici était fier de lui, il était vraiment devenu quelqu'un, sa réussite faisait l'envie de tous, il ne menait pas la petite vie étriquée d'un avocat du fin fond de l'Iowa, avec six enfants, qui tous réussissaient, néanmoins, l'aîné étant désormais installé dans le sud de la Floride, où il lui avait donné son premier petit-fils – il soupira, malgré lui. Et cette maison, ah, ça demandait autant d'entretien qu'une ferme. Avec deux mille mètres carrés de terrain – Joe et Jesse entrèrent. Joseph Walter

Langdon ; « Jesse », et non « Joe junior ». Tous trois s'assirent autour de la table. Jesse sourit à Frank, il était content de le voir. Joe lui adressa un signe de tête sans rien dire. Frank s'était bien débrouillé, ce qui avait surpris tout le monde, y compris lui-même.

L'avocat revint tandis qu'ils prenaient place, et il étala les papiers à signer. Frank avait eu raison, comme toujours. Lillian avait cédé de bonne grâce sa part de la ferme à Joe. Henry avait dit : « Rappelle-moi ce que c'est qu'une ferme, déjà ? » puis il avait éclaté de rire. Il savait qu'ils ne vendraient jamais, alors pourquoi y voir un capital ? Paul naturellement, avait failli renverser Claire en se précipitant sur les 260 000 dollars qu'oncle Jens avait versés à celle-ci (après avoir payé les frais de succession). Gary et tante Angela s'étaient montrés fort reconnaissants en fin de compte de toucher leur argent – Gary avait l'intention de s'acheter son propre camion. Andy n'avait manifesté aucune objection ; son Conseiller suprême et ses amis des alcooliques anonymes pensaient que c'était en effet la bonne chose à faire, en outre l'argent la laissait indifférente, du moment qu'elle avait un compte illimité chez Bergdorf. Frank sourit à Jesse et lui demanda : « Tu as ton dollar ? »

Jesse sortit un dollar de sa poche et Frank fronça les sourcils : « J'ai changé d'avis. J'en veux dix maintenant. »

Jesse répondit avec une grande solennité : « Je les ai. Je m'apprêtais à... »

Mais ils éclatèrent tous de rire et Frank haussa les épaules en disant : « Allez, va t'acheter à manger.

– C'est pour payer l'essence. »

Chacun signa, et Frank reçut son dollar symbolique, qu'il rangea dans la poche de sa veste. « Bon, je pense que je vais investir ça dans les ordinateurs. »

Tout le monde rit de nouveau.

L'avocat ramassa les papiers. Il félicita Joe et Jesse, à présent tous les deux propriétaires d'une belle exploitation, et en quittant le bureau, il posa la main sur le bras de Frank : « Il faut que je te dise : j'ai vu beaucoup de larmes et de colère dans ce bureau. Je suis vraiment content que cette ferme soit préservée et reste dans la famille. »

Frank lui tapa dans le dos d'un geste amical, puis il suivit son frère et son neveu dehors. Ils s'arrêtèrent dans la rue. C'était la fin de l'après-midi, mais il faisait encore grand jour et la poussière était immobile. Joe dit : « Jamais je n'aurais cru que ce serait si facile. À la mort de John, je me suis senti très déprimé, je dois te l'avouer.

– Qui va vivre dans cette maison ? » Il en restait deux à présent : la maison montée en kit où Joe et Lois vivaient avec Minnie, et l'ancienne demeure des Vogel-Ausberger.

« Elle est en bon état. John m'avait dit qu'elle avait été bâtie par un célèbre briquetier venu de Bavière, qui avait appris son métier là-bas. Je pense qu'il avait lui-même fait les briques.

– Tu te rappelles l'histoire qu'Opa nous racontait sur le briquetier qui avait refusé de donner une brique de plus au roi ?

– C'est quoi, cette histoire ? demanda Jesse.

– Eh bien, chaque fois que le briquetier sortait ses briques du four, il en mettait quelques-unes de côté pour le roi et, à la fin de l'année, il les lui apportait dans une brouette jusqu'au château. C'étaient de belles briques, d'une couleur inhabituelle et, au bout de nombreuses années, le roi décida de se faire construire une demeure avec, pourvue d'une porte d'entrée en forme d'arche. Seulement quand les maçons eurent fini la maison, il manquait une brique : celle qui devait servir de clé de voûte à l'arche de l'entrée. Puisqu'il fallait que toutes les briques soient assorties, on envoya des représentants chercher une dernière brique auprès du briquetier. Mais celui-ci s'était acquitté de tous ses impôts, donc il demanda qu'on la lui paie un aureus – c'est-à-dire une pièce d'or. Le représentant envoya un messager au roi qui arpentait sa nouvelle demeure et, en apprenant cela, il se mit en colère devant l'arrogance du briquetier. Il renvoya le messager arrêter le briquetier, et le fit enfermer dans le donjon. Il continuait d'arpenter encore et encore sa nouvelle demeure et, au bout d'un moment, toujours rempli de fureur devant l'orgueil de ce gueux de briquetier, il décida d'aller lui-même réclamer une brique. Il sortit de la maison précipitamment, et sa couronne heurta le sommet de l'arche de l'entrée, or, comme elle n'était pas fixée, elle s'effondra sur lui et le tua.

– Je ne me souvenais pas de cette histoire, dit Joe.

– Il y a une morale ? demanda Jesse.

– Parfois, c'est plus simple de payer, expliqua Frank. "Va au plus facile", c'était la morale d'Opa. Et c'était un homme heureux. »

Frank ne voulait pas qu'on le remercie. Ce qu'il souhaitait, c'était justement ce qui se produisait à présent : Jesse qui riait de son histoire, l'assurance que son argent avait servi à financer une bonne cause, enfin, que contre toute attente il se révèle lui-même un homme bien, et que le bonheur puisse s'acheter – si ce n'était le sien, celui de Jesse, et, oui aussi, celui de Joe. Joe et Jesse montèrent dans la même voiture, que Jesse conduisait et, en démarrant, ils lui firent au revoir. Frank resta là un moment, ne sachant pas vraiment ce qu'il allait faire de sa soirée.

1977

Malgré tout ce qu'elle avait vécu, tout ce qu'elle avait vu, Eloise comprenait de moins en moins la politique. Avec quelle légèreté Julius et elle avaient-ils discuté autrefois pour savoir si en Amérique la société était davantage divisée par les différences de classe ou de race ! D'après Julius, c'était les classes – mais c'était un traditionnaliste, non ? – alors que pour Eloise c'était les races. En réalité, ni l'un ni l'autre ne savait de quoi ils parlaient : ils avaient tout appris dans les livres. Dans le Chicago des années 1920, ils étaient tels des touristes qui savaient tout, écrivaient des articles et des tracts en extrapolant à partir de théories conçues par des Allemands vivant en Angleterre. Comment fallait-il appréhender les meurtres commis par les Death Angels, ces jeunes hommes noirs convertis à l'islam qui arpentaient San Francisco en tuant au hasard et en torturant des femmes et des vieillards uniquement parce qu'ils étaient blancs, et que les blancs, c'était le diable ? Plusieurs pensées lui venaient, après tout pourquoi pas, étant donné les actes de cruauté passés et présents que les blancs avaient perpétrés contre les noirs ? Et puis : si les femmes étaient les égales des hommes, pourquoi était-on plus affecté lorsqu'une femme était assassinée ? Enfin, elle pensait que la religion n'était pas seulement l'opium du peuple, mais un véritable poison ; et pour finir, j'espère que je ne me ferai pas descendre dans la rue en me demandant si je dois ou pas amener ma voiture au nettoyage. Et que penser de l'Armée de libération symbionaise et de Patty Hearst ?

Plus présent et plus déconcertant encore, l'engagement de plus en plus fort de Janet et Lucas auprès du Temple des Peuples. Eloise aimait tous ces jeunes. Janet, fille de la bourgeoisie ; Lucas, fils de la classe ouvrière aux aspirations artistiques ; Cat, enfant des classes moyennes qui travaillait pour s'élever socialement ; Marla, d'une telle beauté qu'elle était unique en son genre, quoi qu'aurait dit Julius. Il y avait aussi Jorge, dont le père avait été médecin à Mexico, mais il était mort quand son fils avait deux ans, si bien que Jorge avait dû ramasser des légumes dans la vallée de Salinas avec ses cousins, jusqu'à ce qu'un groupe d'âmes charitables lui donnent la possibilité d'aller à l'école ; il s'avéra qu'il était bon en maths et en sciences, alors il s'était inscrit à l'université d'État de San Francisco où il se préparait à entrer en médecine.

Il y avait également Lena, une fugueuse du Dakota du Nord, que les autres avaient rencontrée au Temple. Elle devait avoir dans les seize ans. Apparemment, le révérend Jones appréciait beaucoup sa beauté blonde. Elle était en passe de sombrer dans le Lumpenproletariat. Mais bon, en tant que militante féministe, Eloise ne pouvait classer les prostituées parmi les catégories moralement suspectes uniquement parce qu'elles étaient travailleuses du sexe. En vérité, elle était dépassée sur le plan politique, tout comme Julius et même Marx l'auraient été. Alors elle se contentait d'offrir des conseils de temps à temps en espérant que les choses tournent au mieux. Mais elle s'inquiétait beaucoup néanmoins.

Elle était inquiète car une seule visite au Temple pour voir à quoi ressemblait le « révérend » Jones lui avait suffi pour comprendre : c'était une sorte de Joseph Staline de l'Indiana, le genre de type qui avalait quelques idées puis les régurgitait avec force, désormais irrémédiablement contaminées par le poison de son propre ego. Et de son âme, si on croyait à l'existence de l'âme, ce qu'Eloise, en bonne matérialiste, réfutait. Peu lui importait que Billy Brown l'ait qualifié de « mélange de Martin King, Angela Davis, Albert Einstein et du président Mao » – conneries de campagnes électorales. Ou que Jerry Brown le suive lui aussi. À présent qu'ils avaient été élus, ils allaient prendre leur distance avec le Temple le plus vite possible. Jones était dingue, et sa folie allait croissant, inutile d'être un ancien membre du Parti communiste américain pour s'en rendre compte.

Sauver Marla fut facile : elle avait reporté d'un an son départ pour Paris dans l'espoir que ses deux nouvelles pièces en un acte soient produites par le théâtre régional de Berkeley, il n'y avait qu'à la pousser. Enfin, la pousser un bon coup. Elle avait dépensé presque toutes ses économies pour faire représenter les deux pièces dans un café de Berkeley : aucun article, un public réduit, perte sèche de 487,32 dollars. Eloise avait bien aimé les pièces, qui se déroulaient toutes les deux dans une salle de classe. Dans la première, Lucas déambulait en tambourinant sur un bureau, il dansait, dessinait, fouillait, échappant visiblement à tout contrôle. Un prof en voix off lui donnait des ordres, de plus en plus impatients, jusqu'à ce qu'enfin Lucas s'asseye à son pupitre et se mette à lire, à contrecœur, un vieux manuel pour apprendre à lire, sur la couverture duquel apparaissaient Dick, Jane et Spot. Puis il abandonnait, se recroquevillait par terre, et y restait un long moment tandis que l'éclairage augmentait de plus en plus. La pièce ne durait qu'un quart d'heure, mais Lucas était convaincant et émouvant. Dans la seconde pièce, Marla jouait son propre rôle à six ans. La scène se déroulait dans la même salle de classe, et une petite femme, guère plus d'un mètre cinquante, jouait la maîtresse. Marla interprétait l'enfant de six ans à la perfection : elle se balançait sur sa chaise, interpellait pour aller aux toilettes, interrompait la récitation (imaginaire) d'autres élèves (imaginaires), faisait des erreurs de calcul au tableau, se retrouvait au coin avec un bonnet d'âne. Elle était si belle, si élégante que c'était un véritable choc quand la maîtresse lui donnait des coups de bâton. Hélas, apparemment, personne à Berkeley ne s'intéressait à l'enfance des noirs ainsi représentée par une dramaturge. Cette année-là, le théâtre régional de Berkeley donnait du Shakespeare, du Noël Coward et *Notre Petite Ville*. Bâillement.

Aussi lorsque Eloise toucha sa petite part de la vente de la ferme de son père que lui devait Gary – vingt mille dollars – elle appela Marla et lui proposa d'investir dans sa carrière française – ne dis rien à Janet ! –, ainsi lui donna-t-elle deux mille dollars, et lui acheta un aller simple pour Paris. Marla la remercia tout en se montrant nerveuse : la seule chose qui l'inquiétait, disait-elle, c'est que le révérend Jones pensait que si la guerre nucléaire se déclenchait – et ça ne faisait aucun doute –, Paris ne partirait pas en fumée mais serait détruit par les ondes radioactives. « Bien sûr que non, lui dit Eloise. Même Hitler a préservé Paris. » Puis elle mit la jeune femme dans l'avion et celle-ci partit pour de bon.

Avec Cat, ce fut plus difficile. Elle avait grandi dans une ville du Texas où il n'y avait que des noirs, et elle était venue s'installer en Californie contre l'avis de ses parents. Elle avait alors fait quelques trucs qu'elle regrettait. Mais elle était fidèle au Temple et à Jones. Elle se considérait « marraine » de Janet, et Jones lui avait confié des responsabilités qu'elle prenait très au sérieux, comme s'occuper deux jours par semaine de ses enfants en bas âge. Cat restait vague quant à l'identité des mères : « On est toutes leurs mères, et le révérend Jones est leur père, de même qu'il est notre père. » Quand elle ne parlait pas du Temple – qui venait désormais, qui ne venait plus, qui avait trahi et qui se montrait loyal –, elle adorait parler de cuisine et de course à pied, deux des passe-temps d'Eloise. Cat aimait beaucoup Janet, mais pas Lucas. Eloise ne comprenait pas pourquoi, mais elle pensait que cela avait un rapport avec le Temple.

Eloise adorait Lucas. Et bien sûr Janet – elle lui rappelait tellement Rosanna, même si elle avait les cheveux plus foncés et mesurait douze bons centimètres de plus. Elle avait certaines attitudes de Rosanna : lorsqu'elle disait quelque chose qu'elle pensait vraiment, elle se levait et demeurait très droite, les narines dilatées ; elle s'asseyait toujours les jambes collées l'une contre l'autre, sans jamais s'avachir. Eloise, qui pendant des années avait refusé de laisser sa grande sœur lui donner des ordres, mais qui de tout temps avait toujours admiré sa beauté et son assurance, était toujours frappée par cette ressemblance. Quand Lucas montait sur scène, elle regardait les femmes dans le public qui l'observaient. Il était pareil à Cary Grant. Il existait en lui un être si charmant qu'on ne pouvait lui résister, seulement il était distinct de son moi de tous les jours. Eloise s'inquiétait pour lui en se demandant si le Staline de l'Indiana avait repéré le charismatique Lucas, le classant parmi les rivaux ou les personnes à risque. Dans ce cas, songeait Eloise, Lucas était peut-être en danger, toutefois, dès qu'elle formulait cette pensée à voix haute pour elle-même, elle ne pouvait qu'en rire. Tout le monde en ville semblait en effet considérer le révérend Jones comme une puissance bienfaitrice dans la communauté. Ses fidèles l'aimaient, disaient du bien de lui, ne cessaient de répéter que leur vie avait changé grâce à son influence et celle de son aimable congrégation. Ils avaient trouvé l'amitié, la discipline, l'espoir. S'ils le révéraient, quel mal y avait-il à cela ? Si la race était la principale faille de la société américaine, alors pourquoi Eloise montrait-elle tant de soupçons à l'égard d'un homme qui plus que tout autre avait réussi à rassembler les blancs et les noirs sous le même toit, s'acceptant les uns les autres sans la moindre gêne ?

Malgré elle, Janet était heureuse qu'elle et Lucas ne possèdent pas grand-chose, car elle voyait combien il était difficile pour les membres du Temple d'abandonner leurs biens à la communauté. Elle avait observé un couple qui avait donné sa maison de Portero Hill. Elle devait être transformée en lieu communautaire. On lisait sur le visage de l'homme le soulagement d'être débarrassé de cette propriété, mais la femme, elle, était en larmes. Janet l'observa ; elle pleura longtemps, l'homme lui jetait un coup d'œil de temps à autre, comme s'il était déçu et attendait qu'elle arrête. Quand les enfants furent remis aux soins de la communauté, il y eut beaucoup de sanglots ; Janet songea qu'elle n'aurait sans doute pas pu supporter ça, et elle se félicita que Lucas et elle n'aient pas d'enfants. Elle n'était pas non plus d'accord avec les châtiments corporels, mais peut-être avait-elle tort, puisque à peu près tous les gens qu'elle connaissait avaient reçu des fessées ou des coups de leurs propres parents, autrefois, alors pourquoi ceux qui s'occupaient des enfants à l'église n'auraient-ils pas fait de même ? Le révérend Jones était plein de compassion, mais il était strict : il fallait bien que le nouveau monde démarre un jour ; et soudain, ce jour advint. Ceux qui adoraient Jésus n'avaient-ils pas souffert pour avoir cette révélation ? On ne demandait pas aux membres du Temple de se faire écorcher vifs, cribler de flèches ni de subir le supplice de la roue (le révérend riait très fort). Seulement de partager. Seulement de comprendre qu'il y avait là largement matière à trouver satisfaction, quelle qu'en soit la nature. Seulement de renoncer à la responsabilité de ses biens pour l'échanger contre la liberté des relations avec les autres.

Janet savait aussi qu'en ce moment, il était plus difficile pour Lucas que pour elle de renoncer à ses biens. Elle n'en parlait pas – elle gardait un visage impénétrable, sans la moindre expression. Il disait que sa batterie lui appartenait, ce qui était vrai. Il disait que son argent était à lui, ce qui était vrai. Il disait que ses disques préférés lui appartenaient, et c'était vrai. Quelle que soit la pression qu'on ferait peser sur lui, elle ne viendrait pas de Janet. Un soir où ils s'étaient disputés à propos du Temple, Lucas déclara qu'il refusait de signer quoi que ce soit, même une feuille de papier vierge, et qu'il attendait de Janet la même chose. Si elle voulait qu'ils continuent de se rendre au Temple comme leurs amis, ils devaient être libres de le faire à leur guise ; et lui devait être libre d'aller donner ses concerts. Il ne signerait rien. Lucas dit qu'une femme, Joyce, prétendait que ces papiers étaient des confessions selon lesquelles ils avaient maltraité des enfants, et que le révérend s'en servirait contre eux si jamais ils manquaient de loyauté ou essayaient de quitter le Temple, mais Janet et Lucas étaient d'accord que c'était complètement ridicule et paranoïaque, et que cette femme avait dû tout inventer. Les gens racontaient toutes sortes d'histoires à propos du révérend Jones : qu'il se faisait appeler Dieu ; qu'il prétendait pouvoir guérir le cancer ; qu'il gardait tout l'argent pour lui ; qu'il avait menacé une femme avec un serpent venimeux lors d'un office – mais Janet n'avait jamais rien vu de tel, pas plus que Lucas. La pression était forte pour que les fidèles viennent assister à l'office plus d'une fois par semaine, mais après tout, sa mère se rendait aux réunions des alcooliques anonymes trois ou quatre fois par semaine, et dans le fond, quelle différence cela faisait-il ? La dîme de 25 % était certes lourde, mais quand Janet regardait les membres de la congrégation autour d'elle, les visages souriants des personnes âgées et d'autres tel Jorge, qui n'avaient rien, elle ne voyait pas comment elle aurait pu mieux dépenser son argent, alors pourquoi ne pas le donner à la communauté ?

Aujourd'hui, elle allait mieux. La veille au soir, elle avait eu du mal à supporter de rester plantée là tandis que Cat, Lena et le révérend Jones lui disaient combien elle était superficielle, stupide et égoïste, qu'elle ne pensait qu'à Janet Langdon et à personne d'autre, qu'elle semblait incapable d'apprendre les leçons que le révérend tentait de lui enseigner. Elle s'était montrée évasive ou hébétée, comme vous voudrez – quel était le pire, dans le fond ? Si elle cherchait vraiment la vérité, qu'attendait-elle ? Où était son portefeuille ? Donne-le. Quels étaient donc ces biens stupides qu'elle gardait pour elle ? Vanité et enfantillage. Personne ne lui demandait de se promener dans la rue sans vêtements – juste sans argent. Qu'y avait-il de si mal à cela ? Des quantités de gens vivaient ainsi à travers le monde, et leur âme ne s'en portait pas plus mal. Donner, c'était recevoir : combien de temps lui faudrait-il pour comprendre ? Si Lucas, son petit ami, l'empêchait d'aller de l'avant, elle n'avait qu'à s'en débarrasser ; ce serait mieux pour tous les deux. Allez, vas-y, hoche la tête et dis oui ; personne ne te croit ; on te connaît tous ; on sait combien tu as le cœur sec, combien tu es égoïste ; tu ne mérites rien tant que tu ne possèdes rien, ensuite, il en sortira quelque chose. Etc. Jusqu'à minuit passé. Lucas était resté à regarder pendant un moment, et puis il était parti. Enfin, lorsqu'elle s'était vraiment mise à pleurer, à genoux, les mains sur le visage, le révérend Jones était venu vers elle, lui avait pris les mains, l'avait relevée, et l'avait serrée dans ses bras. Il lui avait dit qu'il fallait expier par les larmes : chaque larme était une goutte d'égoïsme qui sortait, laissant place à l'humilité qui était la véritable grâce de Dieu. Bien sûr qu'elle ne voulait pas demeurer telle qu'elle était au début, l'enfant corrompue d'un monde corrompu. Non, il savait qu'elle ne le voulait pas ; il l'aimait ; il voyait la lumière précieuse qui sourdait de ses yeux.

Ce fut Cat qui la ramena à la maison, qui lui retira ses vêtements trempés, l'aida à sécher ses cheveux, la mit au lit et lui donna un baiser et, malgré ses larmes, elle était si fatiguée qu'elle finit par s'endormir. À présent, elle était vidée, comme si elle avait la gueule de bois ; elle savait qu'elle devait se lever pour aller travailler, mais elle en était incapable.

Le problème d'Eloise, quand Jorge vint lui raconter que les ennemis du Temple étaient déterminés à le détruire, fut qu'elle le crut. Jorge avait vingt-deux ans ; il ne songeait jamais à l'assassinat des Kennedy à part comme des histoires un peu surnaturelles. Il ne savait pas non plus ce que faisait la CIA, à part ce que Jones leur en disait, c'est-à-dire qu'elle infiltrait des organisations pacifistes telles que la sienne pour les détruire de l'intérieur. Eloise savait que c'était vrai, surtout si l'organisation en question professait ouvertement des principes socialistes – peut-être par défi –, ainsi que Jones le faisait. Celui-ci racontait que J. Edgar Hoover l'avait un jour lui-même appelé pour le menacer de les détruire, lui, sa femme et ses « enfants arc-en-ciel », puis il lui avait dit qu'il avait sur lui tout en dossier criminel, « vous et moi, nous savons que vous n'avez rien fait, pourtant je peux tout prouver ». C'était la première fois que Jorge entendait parler de J. Edgar Hoover, et il crut le révérend qui s'était montré bon pour lui, à la manière d'un père strict mais aimant, et l'avait laissé venir travailler en tant qu'aide-soignant au service médical du Temple. Les gens arrivaient, souffrants, et repartaient, joyeux, car non seulement ils recevaient des soins, mais aussi de l'amour ; Jorge était convaincu que l'amour comptait davantage que les soins. Eloise se rappela ce que Frank avait dit un jour au sujet d'une jeune femme – Judy – qu'Hoover détestait car elle savait qu'il rassemblait jusqu'à la dernière molécule de saloperie qu'il pouvait sur les autres afin d'asseoir son emprise sur eux : était-ce donc si inhabituel ? Pas du tout, d'après son expérience à elle.

Jorge insistait sur le fait qu'il n'y avait rien de mal à ce que Cat, Janet, Lucas et lui-même veuillent se rendre au Guyana : la propriété là-bas était magnifique, un peu comme Marin County, la terre était fertile et humide. La clinique était déjà en activité, et la situation sanitaire n'était pas moins bonne qu'autrefois dans les fermes du midwest.

« Ce n'est pas un argument à employer auprès de quelqu'un qui a grandi dans une ferme du midwest », lui dit Eloise, mais Jorge répliqua : « Je préfère travailler les champs de la communauté plutôt que des terres exploitées par United Fruit. »

Eloise répondit qu'elle ignorait que United Fruit possédait des exploitations sur le sol des États-Unis. Jorge fronça les sourcils mais poursuivit. Tout ce dont ils avaient besoin, c'était de l'argent du voyage. Janet avait laissé entendre que la ferme familiale avait été vendue, ou partagée, et qu'il y avait de l'argent. Quelques centaines de dollars, voilà tout ce dont ils avaient besoin. Ni Lucas ni Janet ne savait qu'il était venu la voir pour les lui demander.

« Et Cat ? »

Jorge se contenta de sourire, puis il dit : « Nous savons qu'au fond de vous, vous êtes une sympathisante socialiste et que vous soutenez notre expérience. Vous avez donné de l'argent à Marla. »

Eloise, qui se balançait dans son rocking-chair préféré sur la véranda, demanda : « Qui t'a raconté ça ?

– Marla n'est pas heureuse à Paris. Peut-être qu'elle va nous rejoindre. »

Dans sa dernière lettre, Marla lui avait raconté toutes sortes de choses : qu'elle avait été prise en main par un groupe de féministes qui adoraient la profondeur intime de ses textes. Elles voulaient donner une représentation en pleine rue, à l'angle du boulevard Saint-Michel et du boulevard Saint-Germain, sans même traduire le texte en français, mais en jouant selon les réactions des badauds, et surtout des touristes américains, puisque l'été arrivait. Elle avait encore assez d'argent, même si elle commençait à en avoir un peu assez du houmous et du caviar d'aubergine. Eloise rétorqua : « C'est inconcevable. »

Jorge, qui était assis sur la banquette, à boire la camomille qu'Eloise lui avait préparée, reprit : « En fait, elle ne m'a pas écrit à moi, mais le révérend Jones a reçu une lettre.

– Si le révérend Jones veut mon argent, il lui faudra venir me le demander lui-même, parce qu'il y a longtemps que j'ai appris qu'il ne fallait discuter finances qu'avec le patron. »

Elle s'attendait qu'il éclate de rire, mais il secoua la tête d'un air grave. « À présent que Rupert Murdoch finance son élimination et la destruction du Temple, il ne va plus nulle part. Sa vie est trop menacée.

– Qui est Rupert Murdoch ?

– Même genre qu'Hearst.

– William Randolf Hearst ?

– À peu près. Donc, Rupert Murdoch a fait assassiner l'un de nos membres à l'automne dernier, en guise d'avertissement, et ses projets n'ont fait que prendre de l'ampleur, c'est pour ça que nos membres ne sont plus en sécurité nulle part sauf au Guyana. On croyait qu'en Californie, tout irait bien, mais non. Le soulèvement nazi général est proche, et le jour où ça se produira, des gens comme moi et Lucas, on nous enverra dans des camps. Ça recommence environ tous les trente ans. Nous pensons que pour la sécurité de Janet et Lucas, vous devriez… »

Eloise s'aperçut qu'elle se balançait avec de plus en plus de fureur, et se força à s'arrêter.

« Nous avons déjà fait des demandes de visas et de passeports, même si celui de Janet est toujours valide.

– Qu'est-ce que tu ignores encore sur elle ? » demanda froidement Eloise, en songeant : Et sur moi, tant qu'on y est.

« Janet dit facilement ce qu'elle pense et ressent.

– Et sa situation financière ? »

Jorge sourit.

J'aimais bien ce garçon, auparavant, se dit Eloise. « Quand envisagez-vous de partir ?

– Nous devrions avoir les visas début août, donc on ne va pas tarder à acheter les billets d'avion. » Il la regardait droit dans les yeux. « Quatre billets : pour Janet, Lucas, Cat et moi.

– Combien coûtent les billets ?

– Trois cent cinquante par personne. Aller simple. »

Elle fit semblant de réfléchir un moment en regardant par la fenêtre, mais ce qu'elle remarqua, en réalité, ce furent ces deux hommes qui passaient dans la rue : quelques minutes plus tôt, ils étaient déjà passés dans l'autre sens. « Tu veux un chèque ? » Elle pensa que sept cents dollars, le prix des billets de Janet et Lucas, ce n'était pas un prix trop élevé pour débarrasser le pays de Cat et Jorge. « Et Lena ?

– Le révérend s'occupe d'elle. Il apprécie sa compagnie. »

Tu parles, se dit Eloise. Puis elle songea que Lénine était peut-être un salaud, mais au moins il n'était ni religieux ni libidineux.

« Je vais chercher mon chéquier. Dis-moi, tu connais ces types qui ne cessent de passer et repasser devant chez moi ? »

Jorge regarda dehors : « C'est Zeb et Vic.

– Mais qu'est-ce qu'ils font ?

– Nous sommes tous en danger. On ne se déplace jamais seuls. »

Eloise, qui vivait à Oakland depuis de nombreuses années sans jamais avoir eu d'arrière-pensées, en eut soudain.

Cat ne cessait de pousser Janet à augmenter la dîme qu'elle versait au Temple, surtout depuis que « le révérend, avec toute son éloquence, n'est plus là pour nous aider à lever de fonds ». Elle se comportait comme si la fuite du révérend Jones au Guyana et l'article dans le magazine *New West* ne signifiaient rien – bien sûr, le révérend s'était fait des ennemis, et ils étaient trop heureux d'en dire du mal. Cat continuait de se rendre au Temple, elle parlait de ceux qu'elle avait vus là-bas, de ce qu'ils faisaient. Et puis un beau jour, le 16 août, elle disparut de sa chambre. Lucas se rendit chez Jorge, mais nul ne répondit. La maison de Mission District était vide, la porte de derrière n'était même pas verrouillée. Janet ne cessait de sortir son billet d'avion pour le regarder, puis le rangeait. Les noms de lieux la rendait nerveuse – Georgetown, Guyana ; *via* JFK, New York – mais elle ne savait lequel des deux l'angoissait le plus.

Au début, Lucas était heureux. Il vint la voir trois jours de suite, puis ce fut vendredi, il avait son concert habituel, mais il ne l'invita pas à venir le voir. Ensuite, à son tour, il disparut – ça, elle aurait dû s'en apercevoir ; elle l'avait vu tant de fois sur scène, souriant en manipulant ses baguettes, penché sur sa batterie, le regard fixe tandis qu'il faisait monter la cadence, le beat de plus en plus complexe, et quand la chanson se terminait, il levait les bras en l'air en souriant. Le reverrait-elle jamais ? Pas s'il était parti au Guyana. Peut-être avait-il changé son billet, pris un vol plus tard, saisi cette occasion pour la quitter parce qu'il s'était rendu compte qu'elle n'était qu'une bourgeoise matérialiste après tout. Le mystère régnait. Mais elle se ressaisit. Elle alla travailler, dit qu'elle accepterait le poste de manager dans le nouveau restaurant qui s'ouvrait sur Fulton Street, qu'elle déménagerait de l'autre côté de la baie, trouverait une chambre à Castro, ou peut-être, puisqu'elle gagnerait un peu plus, un studio. Peut-être que la vie collective n'était pas faite pour elle. Qu'elle avait besoin de mettre des limites, et que ces limites commençaient par une porte qu'on puisse fermer sur l'extérieur. Elle n'avait pas non plus de nouvelles de Marla. Jorge lui avait dit qu'elle avait fini par se rendre à son tour dans ce paradis agricole, qu'elle s'était aperçue que Paris était superficiel et corrompu, et qu'elle avait tourné la page. Ils étaient donc tous là-bas ; ils l'avaient laissée toute seule.

Elle ne s'enfuit pas par la porte de derrière en voyant arriver tante Eloise dans la partie du restaurant dont elle s'occupait. Son chef lui fit signe, et elle alla donner le menu à Eloise en lui disant : « Est-ce que tu veux savoir quel est le plat du jour ? »

Eloise leva les yeux : « Je me demandais vraiment si tu étais partie.

– Non.

– Dieu merci ! J'ai lu cet article. J'étais atterrée. »

Janet allait lui dire que tout ça n'était que mensonges, quand elle se reprit : « Moi aussi. » Puis : « Tu devrais essayer le risotto. C'est du riz cuit dans un bouillon avec des champignons, de l'ail et du parmesan.

– Je sais ce que c'est. »

Eloise regarda le menu comme si elle n'arrivait pas à se décider, puis demanda : « Et Lucas ?

– Il est parti. »

Janet s'assit à côté d'Eloise, et prit sa tête dans ses mains. Ses cheveux formaient un rideau sale autour d'elle, qui lui donnait l'air encore plus triste. Eloise les repoussa doucement, la regarda dans les yeux et lui prit la main. Puis elle murmura : « Ma chérie, est-ce que tu ne veux pas quitter cet endroit pour rentrer chez toi ? »

Janet hocha la tête.

Minnie n'avait jamais vu un enfant tirer aucun bénéfice de l'influence des adultes, et cela malgré des années passées à accorder des entretiens au cours desquels elle disait : « Peut-être que si vous preniez Billy en main », « Peut-être que si vous aidiez Janie à se concentrer davantage sur ses devoirs… » Janet aurait sûrement dit que ses parents l'avaient pourrie, mais Minnie trouvait qu'elle présentait un étrange mélange d'audace et de vigilance, de force et de faiblesse, qu'elle était trop préparée, trop intelligente pour son bien, et jamais prête. Minnie avait de l'affection pour elle. On pouvait dresser la liste de ce que Frank, Andy, Lillian, Arthur, Tim et ce mystérieux garçon dénommé Lucas lui avaient fait, on pouvait imaginer de quelle manière ces cruautés (intentionnelles ou pas) l'avaient affectée, n'empêche, c'était toujours la même personne qu'autrefois.

Quand elle arriva en Iowa (elle refusait toujours de se rendre à New York), elle dormit douze heures d'affilée, puis elle se leva, se lava les cheveux, les peigna, fit son lit et rangea ses affaires. Il restait à Minnie une semaine avant la reprise des cours aussi s'assit-elle dans la cuisine tandis que Janet se préparait un œuf dur et un toast qu'elle mangea avec soin. Elle fit sa vaisselle, puis s'assit en face de Minnie. Elle avait l'air hagarde, triste, pourtant elle dit : « Il faut que je fasse quelque chose.

– Pourquoi tu ne reprends pas tes études ?

– Où ça ?

– À l'université d'État de l'Iowa. À Drake.

– Je n'ai jamais fait de demande pour entrer en master.

– Tu peux sûrement suivre des cours. Des cours du soir si tu préfères. Ames et Iowa City sont des endroits très tranquilles, tu sais, en tout cas comparé à… »

Janet sourit. « Ça me changerait.

– Est-ce que tu as envie de parler de… »

Elle secoua la tête, et Minnie se demanda de quoi elle ne voulait pas parler : de ce qui s'était passé à San Francisco, ou de ce qui l'avait conduite là-bas en premier lieu. Mais ce n'était pas le propos. Janet était assise devant elle, et rien n'empêchait Minnie de lui donner des conseils. « Je dis toujours qu'il faut choisir la ville, pas la fac. C'est comme ça qu'on se sent le mieux.

– Dans ce cas je choisirais Iowa City.

– Moi aussi. »

Elles procédèrent donc pas à pas. Janet refusait d'accepter l'argent de Frank, qualifiant sa fortune d'« argent de la guerre », cependant elle voulut bien accepter un prêt de 250 dollars de la part de Minnie. Elle lui avoua alors qu'elle avait donné toutes ses économies au Temple des Peuples à la dernière minute, sorte de geste désespéré après que tous ceux qu'elle connaissait furent partis. « Combien avais-tu ?

– Onze cents dollars. J'avais un bon boulot. Je me faisais cinquante dollars de pourboires le soir. »

Minnie ne posa pas d'autre question, elle l'aida seulement à se trouver un petit appartement sur Gilbert Street, proche du centre-ville, et un emploi à temps partiel chez Things, Things, and Things, une boutique de luxe pleine de gaieté sur Clinton Street. Elle l'accompagna pour acheter un lit, du linge, une commode, une lampe et une chaise. Elle alla avec elle voir l'administration de l'université, et en effet, elle put s'inscrire à certains cours. Elle choisit un cours de conversation en français niveau avancé, et un autre en histoire de l'art. Minnie paya son inscription, qui n'était pas très chère. Ensuite elle la laissa là, assise sur son lit, le visage triste, par un bel après-midi tiède et humide et, en rentrant à Denby, elle se demanda si elle avait simplement remis Janet sur une voie moins destructrice, ou si elle n'avait fait que la diriger vers un destin similaire.

1978

Il était neuf heures. Henry était habillé et il avait mangé un bol de flocons d'avoine. Il neigeait depuis cinquante-trois heures. Henry le savait car il se rappelait s'être levé pour aller pisser (de l'ancien français *pissier*, XIIe siècle, origine inconnue) deux nuits plus tôt, avoir regardé par la fenêtre en songeant qu'il neigeait de nouveau – c'était quoi ? la dixième tempête de neige depuis Thanksgiving ? –, puis vérifié l'heure, et s'être rendormi. À cause des vents violents et de vaines tentatives pour déneiger, certaines congères atteignaient les fenêtres du premier étage, recouvraient les voitures, bloquaient les rues. Il avait déblayé son allée sans faillir à la tâche – sinon, il n'aurait plus pu sortir de la maison. Il était content d'avoir vendu sa voiture sans en racheter une autre : il aurait détesté voir son nouveau véhicule enseveli sous la neige pendant quatre mois d'affilée. Ne pas avoir de voiture signifiait qu'il ne prendrait pas la route pour Milwaukee, par exemple, et ainsi ne se retrouverait pas pris au piège, au péril de sa vie. D'un autre côté, quand on allait partout à pied, comme Henry, on risquait aussi d'être emporté et de geler à mort.

Rosanna évoquait parfois la tempête de 1936 – Henry avait trois ans ; il ne se souvenait de rien –, l'année où ils avaient envoyé Frank à Chicago car l'école de Denby avait dû fermer. Frank, racontait-on, était passé dans un tunnel de neige et avait failli mourir, deux dames l'avaient sauvé en lui payant une couchette. Peut-être qu'à l'époque, il se trouvait toujours deux dames pour sauver Frank. La même année, la neige montait jusqu'aux pignons de l'extension où dormait Joe, future chambre d'Henry. Après cet hiver-là, Henry pensa qu'il pouvait en remontrer à Rosanna ; il vivait dans la ville la mieux préparée au monde pour affronter la neige, et il n'y avait plus d'espace où la mettre. Ce qu'il leur fallait à présent, songea-t-il, c'était une bonne tempête verglaçante pour les pétrifier définitivement sur place.

En temps ordinaire, personne n'aurait dit d'Henry que c'était un gars de la campagne, pas même ses parents, néanmoins, il avait fait des provisions en fils de fermier : sacs de farine, de riz, de haricots secs, boîtes de spaghettis, tomates en conserve, un congélateur rempli de blancs de poulet et de steaks. Il avait du vin, il avait de l'eau, des anchois et plusieurs variétés de fromages italiens ; aurait-il eu besoin de se préparer une pizza pour la semaine qu'il aurait pu le faire. Il possédait une lampe à huile ; du bois pour la cheminée (il en avait utilisé la moitié et veillait à ce que le conduit soit bien ramoné – sa collègue Nina avait perdu conscience plusieurs fois, elle croyait que c'était parce que son manuscrit était particulièrement ennuyeux, mais il s'avéra que sa cheminée produisait du monoxyde de carbone dans le salon).

Il alla chercher dans l'entrée *The Poetry of Jean de La Ceppède: A Study in Text and Context*, qui venait juste d'arriver d'Oxford pour qu'il en fasse une critique. Jean de La Ceppède entrait désormais dans son champ d'étude. L'été précédent, Henry avait visité Aix-en-Provence et découvert que la France médiévale était absolument captivante, pourquoi donc n'avait-il pas levé les yeux de Caedmon et Cynewulf pour regarder vers le sud, où le climat était plus clément et la littérature et l'histoire plus complexes ?

Non seulement ses intérêts intellectuels s'étaient-ils réorientés vers la France, mais Henry se sentait seul depuis le départ de Philip, deux ans plus tôt. Celui-ci habitait New York à présent, et il n'avait guère l'espoir de le voir avant les vacances de printemps, dans sept semaines. Et quand bien même il le verrait, Philip avait avancé. Henry était venu passer quatre jours auprès de lui, en octobre, ils étaient sortis tous les soirs en club, et pendant que Philip passait joyeusement de chambre en chambre, de partenaire en partenaire, disparaissant pour mieux revenir, Henry, lui, restait au bar, à siroter des gin tonics, un peu effrayé, heureux de ses cheveux grisonnants et de son allure très formelle – pantalon de grosse toile, pull-over, chemise bleue. Il avait beau apprécier l'aspect coloré et orgiaque, il avait beau se faire draguer, il se serait accroché au bar en résistant de toutes ses forces pour ne pas qu'on l'entraîne dans une de ces chambres. Philip, irrité et un peu vexé, lui avait dit, l'air sincère, que cela résultait de cette expérience médiévale emblématique qu'Henry avait vécue dans son enfance, le jour où un cheval sans yeux avait explosé au fond d'un fossé repli de déchets antédiluviens, et que c'était là la clé de tout son Weltanschauung : la nature humaine est fondamentalement mauvaise et il ne faut jamais lui faire confiance. Philip était tellement romantique.

De temps en temps, il regrettait de ne pouvoir appeler Rosanna pour se chamailler avec elle comme ils en avaient l'habitude naguère. « Maman », elle détestait ; mais quand il l'appelait « 'Man », elle répondait : « Et quoi, tu as douze ans ? » S'il disait : « Mère », elle rétorquait : « Je ne suis pas une bonne sœur », aussi pendant quelques mois, lorsqu'elle était à portée de voix, il l'avait surnommée « la mère supérieure », alors elle souriait en faisant la moue. Maman ! Maman ! Comment appeler une figure maternelle aussi tatillonne ? Elle aurait peut-être aimé « Rosanna » tout simplement, mais aucun d'eux ne l'avait jamais tenté. Il avait pleuré en la voyant dans son cercueil, bien habillée avec sa robe grise, ce pull rose tricoté par ses soins et ses escarpins noirs. Ils l'avaient coiffée, sans toutefois lui faire son chignon habituel, et Lois avait proposé très sérieusement : « Peut-être qu'on devrait y mettre tous les pulls qu'elle s'est tricotés. Ça m'embête vraiment de les donner à l'Armée du Salut. » Mais c'était trop bizarre, donc les pulls étaient partis à l'Armée du Salut – ils étaient trop petits pour les autres membres de la famille.

Après l'enterrement, il était rentré chez lui, dans l'appartement même où elle était morte, et n'y avait plus vraiment pensé. Il avait eu beau la ramasser par terre, la prendre dans ses bras, lui tenir la main, il lui arrivait parfois de se surprendre à composer son numéro parce qu'il n'avait pas eu de ses nouvelles depuis un moment et se sentait coupable – et tout à coup, il se souvenait. N'avait-il donc pas réussi à comprendre qu'elle était décédée, malgré l'évidence, parce qu'il ne parvenait pas à y croire, ou parce qu'elle n'avait jamais accepté qu'il soit gay (même s'il ne le lui avait jamais dit non plus, laissant cela à Lillian ou à Claire, ce qu'elles n'avaient sans doute jamais fait) ? Peut-être savait-elle ce qu'était un homosexuel, si jamais elle avait osé envisager la chose – la sexualité en général n'était pas un sujet qu'on abordait. Si on voulait savoir comment ça fonctionnait, on allait observer les moutons dans les champs. Est-ce qu'il y avait des garçons dans le voisinage qui avaient essayé avec les moutons ? Dieu du ciel, mais pourquoi parlons-nous d'une telle chose ? Henry sourit et interrompit sa lecture. Les fenêtres étaient d'un blanc floconneux. Dans le lointain, il entendit une sirène. Elle faisait un bruit ridicule.

S'il appelait Philip maintenant, celui-ci écourterait la conversation, se montrerait brusque peut-être. Henry se demanda si Basil lui rendait visite, et s'il faisait meilleur usage des opportunités qui se présentaient à lui. En Angleterre, il ne devait pas neiger, ou alors les flocons se déposeraient en silence sur le rebord des fenêtres d'élégantes cathédrales gothiques.

Pour s'amuser, il avait fait un test de personnalité et l'avait fait passer à d'autres – à Beowulf, sire Galahad, sire Lancelot et au roi Arthur. Ils étaient tous soit malades, soit particuliers. Lui s'en était sorti avec CIRI – critique, introverti, réfléchi, intuitif – sans surprise, et il n'avait guère eu de difficulté à trouver des synonymes : snob (*sine nobilitate*), coincé, irrationnel, tatillon – que ses collègues auraient très bien pu lui appliquer. Hélas, se lamentait-il, les gens snobs, coincés, irrationnels et tatillons avaient eux aussi des besoins et désirs ! Et le fait qu'il ait renoncé à l'humour des années plus tôt n'arrangeait rien à l'affaire. Lorsque le département devait désigner quelqu'un pour rédiger un rapport ennuyeux et délayé pour l'administration, c'était Henry qu'on choisissait. Quant à être gay, il acceptait la vision de Philip selon laquelle si on était gay, on était gay, tout en se demandant parfois ce qui venait d'abord : la méticulosité ou l'homosexualité ? À l'époque où il sortait avec des filles (et rétrospectivement, il n'avait pas vécu sa relation avec Rosa comme une relation avec une femme à cause de son assurance, son agressivité, ses vêtements, sa poitrine plate, ses airs sophistiqués) et envisageait de se marier et d'avoir des enfants, l'idée d'être gay lui avait paru telle une sorte d'échappatoire pour se soustraire au chaos et, au final, c'était ainsi que les choses s'étaient passées. Chacune de ses rencontres sentimentales avait été réservée et bien programmée, tels deux espions qui se rencontrent à un coin de rue en évitant de se faire repérer par le MI5 ou le KGB – Henry aimait cet aspect des choses. Pouvait-on sortir de son identité de CIRI, ou était-on condamné à la vivre jusqu'à son terme ? Était-ce une question de tempérament ou d'éducation, de nature ou de culture ? Peut-être était-il un peu tard à quarante-cinq ans pour se poser la question. Seulement lorsqu'on avait passé quarante-quatre ans à disposer les choses à sa guise (d'après Rosanna, dès qu'il avait été en âge d'attraper un cube, il avait cherché à le coordonner avec le cube d'à côté), qui pouvait donc vous dire que peut-être la satisfaction représentait le sentiment le plus mortifère entre tous ? Il regarda par la fenêtre et décida d'appeler Rosa – mais quand il demanda son numéro de téléphone aux renseignements, il n'obtint pas de réponse.

Andy était aux toilettes, où elle lisait *Vogue*. Elle ne savait que penser du nouveau look drapé de chez Madame Grès. Peut-être fallait-il sentir le contact du tissu contre la peau pour vraiment apprécier les robes ; sinon, elles étaient plutôt ternes. Le téléphone sonna. Elle en avait fait installer un dans la salle de bains pour pouvoir converser à sa guise en prenant son bain, mais de même que – qui était-ce déjà ? – le président Johnson, souvent, elle décrochait malgré tout quand elle était aux toilettes. « Maman ? » fit la voix de Janet.

Andy referma le magazine. Elle n'avait pas eu de ses nouvelles depuis Noël, deux mois plus tôt. Elle répondit avec prudence : « Bonjour, ma chérie », comme si c'était un coup de fil habituel.

« Comment ça va ?

– Très bien. » Depuis qu'elle avait fui San Francisco, Janet lui avait dit quatre fois qu'elle n'avait pas envie de reparler de toutes ces conneries (conneries qu'Eloise avait racontées en détail à Andy avec une colère sans borne), aussi n'osa-t-elle ajouter : « Et toi ? »

« Où est papa ?

– Je suis sûre qu'il est encore au bureau.

– Il est plus de vingt heures, ici.

– Alors peut-être qu'il est allé manger un morceau quelque part. »

Silence. Andy s'imagina Janet ravalant sa réprobation de leurs arrangements domestiques. Mais après que Nedra eut pris sa retraite (avec de belles indemnités, avait assuré Andy à son groupe des alcooliques anonymes), plus personne n'avait envie de faire la cuisine. Andy pouvait se préparer ses salades toute seule.

« Et que font Richie et Michael ?

– Tu sais qu'ils ont fêté leur vingt-cinquième anniversaire ?

– Je leur ai envoyé des cartes.

– C'est vrai ? J'espère qu'ils les ont reçues. L'appartement de Michael est dans un tel désordre, aucune personne saine d'esprit ne voudrait y mettre les pieds, quant à Richie il passe la plupart de son temps avec une fille de l'Upper East Side. Elle est juive.

– Maman !

– Mais quoi ? C'est vrai. J'ai rencontré ses parents. Ils sont juifs eux aussi. »

Andy entendit sa fille répéter ses paroles à quelqu'un. Elle en était arrivée au même stade que son père autrefois, quand elle riait de tout ce qu'il lui disait, mais si c'était là le prix à payer pour pouvoir parler avec Janet, alors elle l'acceptait. « Son oncle est fourreur. Ils m'ont offert un chapeau. Il me va bien. Tu peux me rappeler, je…

– Maman. »

Andy changea de position et posa son magazine par terre. Elle savait qu'elle avait quelque chose à lui dire, et elle redoutait ce moment, puis elle sentit de quoi il s'agissait. Au moment où Janet le lui dit, les mots fleurirent également sur les lèvres d'Andy. Celle-ci dut se forcer pour ne pas s'exclamer : « Oh mon Dieu ! »

Janet reprit : « Il est merveilleux.

– Tu sais déjà que c'est un garçon ?

– Non, maman. Jared. Jared Nelson, mon amoureux. Celui qui est à l'origine de cette grossesse. » Elle se mit à rire. Un autre rire résonna derrière.

Il y avait de nombreuses questions qu'Andy n'osa pas poser : tu es mariée ? Tu l'as rencontré à San Francisco ? D'où est-il ? Que fait-il ? Est-il divorcé (pas une mauvaise chose, selon Andy) ? Est-ce qu'il s'entend bien avec ses parents ? Le combientième est-il de sa fratrie ? Est-ce qu'il boit ? Parle-t-il couramment une langue scandinave ? (« Nelson », c'était peut-être mauvais signe, mais « Nilsson » aurait été pire.) Janet coupa court en déclarant : « C'est la personne la plus drôle que j'aie jamais rencontrée. »

Andy sourit.

« Maman ?

– Je ne sais pas quoi dire.

– Alors dis que tu es heureuse.

– Je suis heureuse que Jared soit la personne la plus drôle que tu aies jamais rencontrée.

– Et tu es heureuse que je sois enceinte ? »

Le regard d'Andy erra sur les carreaux roses de la salle de bains, s'attarda sur une toile d'araignée minuscule, sur ses chaussures qu'elle avait lancées dans un coin, puis sur la baignoire et le lavabo. Elle changea de position à nouveau et se leva. Selon les règles des alcooliques anonymes, on n'avait pas le droit de mentir. Récemment, elle avait vu une photo d'une installation : papa, maman, la fillette de six ans et le bébé, un petit garçon. Tous étaient représentés mesurant la même taille, un mètre quatre-vingts, mais les proportions étaient réalistes. Résultat, le bébé était énorme, c'était le plus gros et le plus impressionnant des membres de la famille, la fillette venant en seconde position. Aux yeux d'Andy, c'était la représentation de la famille la plus authentique qu'elle ait jamais vue ; seuls des jumeaux prématurés de la même taille auraient pu ajouter à l'horreur de la chose. Malgré tout, elle répondit : « Ma chérie, je suis heureuse pour toi. Et je suis heureuse que ce soit toi et pas moi. » Ainsi se dessinait l'avenir de leur relation mère-fille – le passé laissé sous silence, un nouveau départ, chacune gardant ses sentiments pour elle. D'une certaine manière, c'était très nordique.

Janet se détourna du téléphone et répéta ses paroles. Derrière, quelqu'un se mit à rire, et Janet rit à son tour. Andy laissa échapper le souffle qu'elle retenait. Janet reprit le téléphone et lui dit : « Oh, maman, je t'aime. »

Il y avait vingt ans qu'elle ne l'avait pas dit. Mais Andy fit comme si elle avait l'habitude et répondit : « Mon cœur, il faut que j'y aille. Mais rappelle-moi demain, tu m'en diras plus. »

Janet dit qu'elle le ferait.

Quand Andy entra dans la cuisine une demi-heure plus tard, Frank était penché sur le réfrigérateur ouvert. Elle lui dit : « Il y a des raviolis de chez Antonio dans le carton. Ils sont bons. »

Frank se releva. Avant qu'il ait eu le temps de lui dire quoi que ce soit à propos de son travail, elle lança : « Janet est enceinte. »

Il claqua la porte du réfrigérateur. « Je ne savais pas qu'elle avait un petit ami.

– Moi non plus.

– Ils vont se marier ?

– J'imagine qu'on le saura tôt ou tard. »

Frank encaissa la nouvelle. Les informations que lui avait transmises Eloise l'avaient effrayé, bien qu'il ait seulement dit : « Ça ne me surprend pas. » Andy vint vers lui, le prit dans ses bras et posa la tête sur sa poitrine. Elle entendait son cœur battre – succession de boums, boums sonores. Elle s'était toujours demandé comment ses artères pouvaient charrier un courant aussi puissant. Il demeura très raide pendant un moment, puis se relâcha et l'entoura de ses bras. C'était ainsi, il y avait si longtemps, quarante ans, qu'elle s'était mise à l'aimer. Il fallait pénétrer sa cuirasse pour éprouver de l'empathie à son égard ; et si l'on n'éprouvait pas d'empathie, on ne pouvait pas éprouver d'amour, mais en l'enlaçant ainsi, en sentant la douce tension de sa chair, on accédait à un sentiment de compassion et de tendresse, car il était si seul – il aurait peut-être détesté ça –, il fallait certes un peu de courage, mais on finissait par le ressentir ainsi. Voilà dans quel état d'esprit elle était en cet instant.

Paul avait investi l'argent de la ferme – « leur » argent – sur le marché monétaire à un taux de 9 %, d'abord sur une période de six mois, puis encore six autres mois. Il avait beaucoup attendu cet argent, était heureux de l'avoir obtenu, mais désormais il était inquiet – il faisait de son mieux pour que Gray et Brad, respectivement treize et dix ans, apprennent à faire la distinction entre un certificat de dépôt et les bons obligataires à court terme, tandis que Claire, elle, ne connaissait pas la différence et s'en fichait. Tout ce qu'elle savait, c'est que ses 240 000 dollars de départ faisaient des petits, et que ces petits se montaient à 20 000 dollars par an. Paul affirmait que le plus sage était de laisser les intérêts se cumuler, et il enseigna à ses fils la règle de soixante-douze. Même Brad savait maintenant que si on laissait son argent à la banque à un taux de 10 % par an, et qu'on divisait soixante-douze par dix, le chiffre résultant indiquait le temps qu'il faudrait à votre argent pour doubler de valeur. Par exemple, si on avait 240 000 dollars, disait-il à Brad, le jour de tes dix-huit ans, tu aurais 480 000 dollars, à vingt-quatre ou vingt-cinq ans, presque un million – mais on ne pouvait pas y toucher. L'argent devant rester à la banque. Le truc génial, c'était la suite géométrique : à trente ans, on aurait deux millions ; à trente-sept, quatre millions, etc. À partir de là, Brad pouvait calculer tout seul. Ce qu'il faisait : s'il prenait sa retraite à l'âge de soixante-cinq ans, il aurait alors plus de soixante-quatre millions de dollars !

Claire évoqua l'idée d'inflation (ces soixante-quatre millions de dollars n'auraient pas la même valeur dans cinquante ans, prenez l'Allemagne avant la guerre, eh bien…), mais Paul décréta qu'ils en parleraient un autre jour – à ce stade, il ne fallait pas les décourager.

Quant à Claire, pour la première fois de sa vie, elle comprenait le vieux dicton : « mangeons, buvons, réjouissons-nous, car demain nous mourrons ». Elle songeait à ces pauvres petits 240 000 dollars (comparés aux futurs soixante-quatre millions), et elle voulait sa part. En fait, elle voulait tout. Elle vit soudain ce magot comme une porte de sortie pour échapper à la maison trop propre et étouffante de Paul. À présent que sa mère était morte, elle n'avait plus de comptes à rendre à personne. Tout ce qu'elle avait à faire, c'était prendre sa décision.

Ce n'était pas les garçons qui la retenaient. Peut-être que si elle avait eu des filles, elle aurait hésité (elle les imaginait discutant avec elle, la laissant leur brosser les cheveux, lui poser des questions, prendre conseil auprès d'elle, bien qu'elle n'ait jamais fait ce genre de choses avec Rosanna), mais les garçons, en tout cas les siens, semblaient à peine remarquer l'existence de leur mère. Lors d'une fête, elle avait entendu une femme dire en riant : « Oh, les garçons ! On peut être merveilleuse avec eux chaque jour de leur vie, et voilà ce qu'ils vous disent : "Ma maman ! je l'aime", et c'est tout. Ils ne pensent qu'à leur papa, que ce soit un saint ou un salaud : "ma maman est gentille, mais *papa !* bla-bla-bla-bla." » C'était vrai de Gray et Brad : ils ne perdaient jamais Paul des yeux. Certes, c'était en partie parce qu'ils le craignaient car il était très exigeant, mais tous les trois se comportaient comme si elle n'était pas là, ou disons comme si sa présence n'avait pas d'importance.

En ouvrant les yeux, Janet remarqua deux choses : à sa droite, derrière le corps endormi de Jared (qui ronflait), la fenêtre commençait à s'éclaircir mais il ne faisait pas encore jour, et l'appartement était plongé dans le silence. Emily Inez (baptisée ainsi à cause d'Emily Brontë et de la mère de Jared) dormait encore, et ça n'était pas étonnant car Janet l'avait allaitée deux fois, à vingt-deux heures, puis à trois heures. Puisqu'il n'y avait qu'une seule chambre, Jared avait retiré la porte du spacieux dressing pour le transformer en chambre d'enfant, qui était à la fois visible depuis la cuisine, leur chambre à eux et le salon, mais Janet savait bien qu'il leur faudrait déménager un jour. Ça ne la gênait pas de se réveiller toutes les quatre heures. Emily montrait déjà une telle personnalité qu'elle n'avait eu aucun mal à s'insérer pour de bon dans l'existence facile de Janet et Jared, en présidant désormais à toute leur organisation. Janet suivait avec soin les conseils de Penelope Leach (que Debbie lui avait envoyés), et faisait ce qu'Emily lui demandait.

Elle regarda l'heure : six heures quarante-cinq. Il avait fait beau durant tout l'automne et, en regardant la fenêtre s'éclairer de plus en plus, elle songea que ce serait de nouveau une belle journée ; elle installerait Emily dans son kangourou et partirait dans la rue Burlington, puis elle prendrait par les rues Clinton et Dubuque, pour aller peut-être au Hamburg Inn pour le déjeuner – Emily pompait toutes les forces de Janet si vite qu'elle pouvait s'offrir un cheeseburger, sans parler de pain perdu pour le petit déjeuner. Elle embrassa l'épaule nue de Jared (il dormait en caleçon, exposant son torse musclé et souple d'homme de trente ans, ce qui était le meilleur âge pour un mari, surtout quand on en avait soi-même vingt-huit. Et puis il était gémeaux, alors qu'elle était balance, ce qui n'était pas mal), sortit du lit, passa sans bruit près d'Emily qui dormait la bouche entrouverte, ses lèvres divinement charnues en forme de baiser. Elle poussa la porte de la cuisine et mit la bouilloire à chauffer sur le gaz. Elle songea en bâillant qu'elle pourrait très bien descendre dans le hall en pyjama et ouvrir la porte extérieure pour attraper le journal sur le paillasson. Elle posa une tasse et du café instantané sur le comptoir, repassa sur la pointe des pieds à côté du bébé endormi, près de la porte de sa chambre, puis elle descendit. Six semaines après l'accouchement, quand elle descendait les marches, elle avait désormais l'impression de voler, en comparaison avec les six dernières semaines de sa grossesse, où elle avait ressenti de terribles douleurs dans le ventre. Tendons ? Ligaments ? Quelque chose en elle protestait en hurlant contre la nécessité de porter ces quinze kilos supplémentaires, car son corps n'était pas conçu pour ça. Elle jeta un regard à la porte fermée des Harrison, puis ouvrit lentement celle donnant sur la rue. Le journal était posé là. Elle le prit, remarquant au passage les branches nues et les feuilles brunes éparses dans le caniveau – vision mélancolique. Serrant *The Des Moines Register* (ils recevaient aussi le *Press-Citizen* l'après-midi), elle remonta sur la pointe des pieds, juste à temps pour les premiers pleurs.

Penelope Leach disait qu'il fallait réagir dès les premiers pleurs – les bébés pleuraient toujours pour une bonne raison, et ne pas tenir compte de leur appel leur laissait croire que la communication était vaine – donc elle lança le journal sur la table et se dirigea vers le berceau. Après avoir pris Emily, elle ferma la porte de la chambre, pour que Jared sache qu'il pouvait dormir encore s'il le voulait. Il n'avait pas besoin d'être au labo d'informatique à l'université d'Iowa avant midi ; le lundi, il travaillait jusqu'à vingt heures trente, conseillant les profs complètement perdus qui n'arrivaient pas à se débrouiller avec les ordinateurs. C'était un emploi bien payé, et Jared s'y plaisait : il disait que chacune des compétences nouvelles qu'il introduisait dans le cerveau de ces hommes et femmes plus âgés était un bienfait social, un bon point en faveur de la Grande Intelligence qui gouvernait l'univers. Janet avait quitté son emploi chez Things, Things, and Things quand elle avait commencé à avoir du mal à grimper les escaliers, mais le salaire de Jared leur suffisait. Elle avait l'intention de se réinscrire à l'université au second semestre, au moins aux cours du soir. Debbie disait que l'enseignement était vraiment compatible avec le fait d'avoir un enfant, même deux, ce qui correspondait à sa situation actuelle, aussi Janet voyait-elle ainsi son avenir : deux enfants, habiter là où Jared aurait du travail, enseigner le français au lycée. Ce qui la fit penser à Marla, qui lui avait écrit de Paris pendant l'été. Elle s'assit à la table de la cuisine et après avoir mis Emily au sein, elle ouvrit le journal.

L'article à la une ne disait pas qu'ils étaient tous morts, on dénombrait seulement entre trois et quatre cents victimes. On ne disait pas non plus que des soldats américains avaient lancé un raid sur la propriété au Guyana en fauchant tout le monde à coups de mitrailleuse – idée qui avait immédiatement surgi dans le cerveau de Janet tandis que ses yeux sautaient vers la fin de l'article. En lisant plus lentement, elle comprit qu'il n'y avait aucun soldat américain dans le secteur, tout le monde parlait de « suicide collectif », et aussitôt Janet se demanda comment le révérend Jones avait réussi à persuader Lucas de se tuer. Une telle chose était impossible. Emily lâcha le sein, et Janet lui donna l'autre. Elle relut une nouvelle fois l'article. Pour l'essentiel il était consacré à un représentant du Congrès tué à Jonestown avec d'autres personnes, dont un cameraman de la télévision, descendu pendant qu'il filmait. Le témoin qui rapportait cela disait que son cerveau avait « explosé ». Janet lut cela deux fois, puis elle relut la suite, qui portait sur la visite des lieux par le représentant du Congrès la veille, mentionnant aussi le fait que certains fidèles voulaient repartir avec lui en Californie. Elle fut prise d'un spasme, et la tête d'Emily heurta le rebord de la table. Elle retrouva ses esprits. Emily ne pleura pas, mais quand Janet la regarda, avec ses cheveux bruns et ses grands yeux, elle se sentit sombrer dans un puits de culpabilité. Elle lui caressa la tête ; la fillette allait bien.

Janet se leva et franchit le petit couloir, à présent éclairé (il y avait une lucarne, élément qui avait beaucoup plu à Janet dans cet appartement, contrebalançant sa proximité avec les voies de chemin de fer). Elle vérifia qu'elle tenait Emily à deux mains – c'était un gros bébé. Elle essaya de ne pas vaciller, de poser un pied à plat, l'un après l'autre, pour arriver jusqu'à Jared. Il serait très surpris en apprenant ce massacre, et plus encore de découvrir que Janet avait quoi que ce soit à voir avec ces gens. Elle lui avait raconté quelques détails de sa vie en Californie – qu'elle avait eu un amoureux qui faisait partie d'un groupe, qu'elle avait travaillé dans un merveilleux restaurant et appris à apprécier la cuisine italienne, qu'elle avait plus ou moins vécu dans une communauté. Elle l'avait laissé la taquiner en lui disant qu'elle était une hippie – il venait de Rochester, dans le Minnesota. Peut-être était-elle la seule personne en Iowa qui connaisse ces gens, la seule qui soit jamais allée au Temple des Peuples. Cat. Jorge. Janet avait le visage mouillé de larmes, et quand Jared se redressa dans le lit, déjà, elle hoquetait, en sanglots, sous le choc. Égal à lui-même, Jared se leva et avec tact lui prit Emily.

« Qu'est-ce qui se passe ? » dit-il. Janet aurait voulu répondre, mais elle ne pouvait pas. Elle s'effondra sur le lit. Jared s'assit dans l'éclatante lumière du matin, la contemplant, inquiet ; puis il demanda : « Ça va ? Tu t'es fait mal ? Tu es tombée ? » Elle secoua la tête. Elle ferma les yeux un moment, mais elle savait bien qu'il n'y avait qu'une seule chose à faire, alors elle se leva et retourna à la cuisine pour rapporter le journal. Elle le tendit à Jared qui se redressa, et Janet reprit Emily. Elle s'allongea, la petite contre elle, et lui donna le sein à nouveau. Elle se colla contre Jared ; il posa la main sur sa hanche tout en continuant à lire et dit : « Oh, mon Dieu. »

Ainsi allongée entre eux deux, Janet se sentit suffisamment en sécurité pour se concentrer sur Lucas. Jusqu'à cet instant, elle était sûre qu'elle ne ressentait plus rien pour lui. D'abord, il lui avait paru incroyablement séduisant, si talentueux, joyeux et beau. Et comme le disait tante Eloise, bizarrement, il n'avait aucune conscience de ce qu'il dégageait. Beaucoup de femmes et de jeunes filles le trouvaient attirant. Et puis, dire à Lucas ce qu'il devait faire, ça revenait au même que de lui dire de ne pas le faire : dès qu'il sentait poindre un ordre, il regimbait. Cette espèce de perversité était aux yeux de Janet à la fois audacieuse et sexy. Enfin, leur dernière année au Temple avait été marquée par les querelles, or elle comprenait à présent qu'ils détestaient tous les deux les conflits. À croire que le révérend leur avait inoculé des personnalités différentes, mais à quelle fin, Janet ne parvenait toujours pas à le comprendre. Tout ce qu'elle savait du Temple des Peuples était contradictoire : les gens étaient heureux et malheureux ; ils s'aimaient et se tourmentaient les uns les autres ; Jones était un prédicateur et il était athée ; il aimait ses fidèles et il les haïssait. Ils avaient été vivants, et maintenant ils étaient morts. Tante Eloise avait déclaré avec cynisme : « Pour moi, il ressemble à Dieu. » Alors peut-être, songea Janet, le Temple était-il une version concentrée du monde, en vitesse accélérée, à tel point qu'on finissait par renoncer à comprendre et qu'on courbait la tête pour prier. Mais Lucas. Était-il mort ?

Jared posa le journal par terre. « Eh bien, c'est une sacrée nouvelle. Incroyable. Et ça va continuer. Finalement, la CIA a fini par avoir Ryan.

– De quoi tu parles ?

– Tu sais, le représentant Ryan. Tu ne l'as jamais vu ? Il était de San Francisco. C'est lui l'auteur de la loi Hughes-Ryan Act. Il a poursuivi Jones pendant des années, et finalement il s'est arrangé pour que le Congrès autorise des opérations clandestines. Maintenant, ils doivent…

– Tu parles de ça avec un tel détachement. » Jared s'intéressait tout particulièrement à la CIA – oncle Arthur, encore une chose dont elle ne lui avait pas parlé.

« Oui, un certain détachement. C'est vrai, c'est choquant, mais on l'a vu venir. Jones était dingue.

– Je l'ai effectivement vu venir », dit-elle sans trop savoir ce que cela signifiait. Elle avait seulement dit à Jared qu'elle était allée quelques fois au Temple – comme tout le monde – et qu'elle connaissait des gens qui en faisaient vraiment partie. Elle regarda Emily, sa sauveuse. Elle était tombée enceinte la première fois où ils étaient sortis ensemble, tout simplement parce qu'elle avait eu la flemme de se lever pour mettre son diaphragme, tout simplement parce qu'elle ne s'attendait pas à se retrouver au lit avec Jared Nelson, programmeur informatique. Ils s'étaient mariés alors qu'elle était enceinte de quatre mois. Elle avait eu de la chance, c'était du sur mesure : il était parfait pour elle, gentil avec elle, après avoir erré dans les bois sombres elle avait retrouvé le chemin du village. Au village, les rues étaient propres et bien droites, les jardins entretenus, les habitants amicaux. Le Petit Chaperon rouge n'avait pas besoin de raconter où elle était allée : on lui avait donné à manger, on lui avait trouvé un emploi, on avait ri du grand méchant loup, quel monstre c'était, si imbu de lui-même et prétentieux, ne t'approche pas de lui. Et puis soudain, le bonus : Emily Inez Nelson, le bébé parfait.

Détendue, Emily lâcha le sein. Janet bougea légèrement, et referma son soutien-gorge. Jared se frotta le visage. « On dirait qu'il fait beau. » Encore une journée, pensa Janet, juste cette belle journée, ensuite peut-être qu'elle lui dirait. Mais elle ne voulait pas y penser pour l'instant.

1979

Lillian s'approcha de la fenêtre du salon qui donnait sur l'allée, et regarda Arthur. Il était debout dans le tournant de l'allée, la pelle à la main. Elle le voyait de dos, et elle ne put définir s'il se reposait, ni pour quelle autre raison il avait cessé de pelleter la neige. La maison était enveloppée de silence – elle avait éteint la télévision après avoir regardé *The Edge of the Night*, un *soap opera* qu'Arthur trouvait ridicule, mais que Lillian regardait parce que Rosanna ne le ratait jamais. Le soir tombait et Lillian plissa les yeux. Enfin, elle alla chercher son manteau dans la penderie, s'emmitoufla et ouvrit la porte. Lorsqu'elle arriva près d'Arthur, il s'était remis à pelleter et elle le trouva bien. « Bon. Tu veux des côtes de porc pour le dîner ? Il y en a au frigo. »

Il se retourna et la regarda longuement. « Oui, ça me va. » À son ton, elle sut qu'il y goûterait à peine.

« Sinon, je peux préparer des spaghettis avec une sauce aux clams. Ça te plaît toujours. » Elle frissonna. Arthur prit les deux pans de son manteau et les serra davantage contre elle, puis il lui remonta son col. Ce faisant, il parut s'égayer. Il l'embrassa. « Oui, j'aime bien ça. J'ai presque fini, ici. Quelle heure est-il ? » Il ne portait plus de montre.

« Dix-sept heures passées.

– Tu ne sens pas quelque chose ?

– Quoi donc ?

– Tu ne sens pas notre propriété, Belly Acres, s'élever de toute part pour se refermer sur nous et nous étouffer ?

– Ça fait beaucoup de travail, répondit Lillian d'une voix délibérément neutre. Tu devrais… » mais elle lui avait déjà suggéré d'engager quelqu'un pour l'aider, et il avait refusé, aussi elle dit : « … au moins trouver une entreprise qui s'occupe de l'allée.

– L'extrémité la plus fine de la bêche, dit Arthur. Il y a dix ans, j'aurais mis une heure à déneiger cette allée sur une épaisseur de dix centimètres en courant et en chantant tout du long, maintenant, il faut que je m'arrête toutes les deux minutes pour reprendre mon souffle. »

Lillian frissonna de nouveau bien qu'elle n'ait pas froid : « Peut-être que tu devrais consulter un médecin ? »

Arthur secoua la tête ainsi qu'elle s'y attendait. Il n'avait pas consulté de médecin depuis des années. J'ai eu ma dose, disait-il toujours.

« Et si moi, ta femme, je veux que tu ailles chez le médecin ?

– Alors tu n'as pas de chance. » Puis il la fit se retourner vers la maison, passa le bras autour de ses épaules, tenant la pelle dans l'autre main, et ils remontèrent l'allée. « J'ai la sensation d'avoir soixante ans aujourd'hui. C'est comme ça depuis le début de la journée. À soixante ans, le colonel Manning marchait cinquante kilomètres par jour, et il tenait la liste des fleurs et des oiseaux qu'il avait vus au cours de sa promenade.

– Quel âge avait-il quand j'ai fait sa connaissance ?

– Soixante-six.

– Il avait une étincelle dans le regard.

– Peut-être. Ça devait être un effet de la lumière.

– Tu as une étincelle dans le regard.

– Je prends ça pour un compliment. »

Pendant qu'elle préparait le dîner (haricots verts avec du beurre noisette et des amandes), ils passèrent en revue tout ce qui concernait Debbie, Dean et Tina, pour se prémunir de tout ce qui pourrait leur arriver de mal. Lillian parlait tous les jours à Debbie, qui lui donnait des nouvelles de Carlie, Kevvie, Hugh et leurs chiens. En ce moment, leur seul problème concernait un des chiens qui avait la gale des oreilles. Lillian et Arthur tombèrent d'accord pour dire qu'il n'y avait pas là matière à s'inquiéter. Dean s'était cassé le poignet en jouant au basket avec huit types plus grands que lui – sa main avait heurté le panier de basket (fait assez impressionnant), et il devait porter un plâtre pendant quatre semaines. Lillian demanda : « Ça fait combien d'os cassés au fil des ans ? »

Arthur réfléchit une minute et répondit : « Huit, si les côtes comptent pour deux.

– J'espère que ça lui servira de leçon.

– De quelle leçon tu parles ?

– Qu'il sache qu'il n'a plus dix-sept ans.

– J'espérais que Linda le lui enseignerait.

– Elle aussi », conclut Lillian.

À présent, Tina. Elle était passée à la lampe à souder. Elle vivait à Seattle. Elle leur avait envoyé une photo d'elle avec ses vêtements de protection, lampe à souder dans une main, les cheveux attachés en queue-de-cheval, avec ses gants et son casque, devant une plaque de verre épaisse de trois centimètres, et d'environ un mètre sur un mètre trente de surface. Elle brûlait de magnifiques motifs dans le verre, parfois en forme d'animaux ou de plantes, mais plus souvent astronomiques : le système solaire, les satellites de Jupiter, six galaxies tournant dans le lointain. Son compagnon, qui produisait toujours des peintures cosmologiques, éclairait ensuite ses œuvres de verre et la lumière venant des côtés mettait en valeur les corps célestes. Elle avait envoyé à Lillian et Arthur une de ses œuvres pour leur trente-troisième anniversaire de mariage, intitulée *Virginia Cowslips*, accompagné d'un message : « J'espère que vous ne trouverez pas ça trop sentimental. J'étais dans un drôle d'état d'esprit. » Lillian ne trouvait pas du tout sentimentale l'image de sa fille penchée sur une lampe à souder, mais l'œuvre était très jolie et Lillian la plaça sur la commode de leur chambre. Elle déclara : « Avec Tina, pas de nouvelle, bonne nouvelle.

– Ne pas avoir de nouvelles, c'est normal avec elle.

– Si elle tombe enceinte, elle nous le dira. Même Janet a prévenu Andy lorsqu'elle est tombée enceinte. »

Ils s'inquiétèrent ensuite de Janet. Andy était revenue d'Iowa City en s'extasiant, à croire qu'elle n'avait jamais vu un bébé de sa vie ; aux yeux de Lillian, la photo d'Emily était celle d'un bébé normal, un bébé Langdon, mais comme Andy ne s'était guère penchée sur les siens, elle était médusée devant sa petite-fille.

Lillian continua : « Il y a matière à s'inquiéter pour Michael. » Il avait bousillé la voiture qu'il partageait avec Richie – conduite en état d'ivresse, une fille à l'hôpital pendant une semaine avec un bassin cassé, quant à Michael, qui n'avait pas attaché sa ceinture, son genou avait violemment heurté la clé de contact, endommageant son articulation.

« Pourquoi s'inquiéter ? demanda Arthur. Si tu commences à te faire du souci pour Michael, tu te lances dans un exercice existentiel.

– Jesse ? Annie ? Gray ? Brad ?

– Il y en a d'autres qui s'inquiètent pour eux. Aucun n'est livré à lui-même.

– Dans ce cas, je pense qu'il est temps de manger. »

Arthur mit le couvert et Lillian les servit – elle garnissait toujours trop les assiettes. Elle regardait Arthur du coin de l'œil. C'était pour lui qu'elle s'inquiétait : il était maigre, s'essoufflait facilement, était toujours anxieux (en ce moment c'était à cause des Iraniens). Quand elle se réveillait et qu'elle le découvrait en train de regarder par la fenêtre à trois heures du matin, il lui disait seulement qu'il n'arrivait pas à dormir. Elle lui demandait alors à quoi il pensait, et il répondait : « Au fait que je n'arrive pas à dormir. » Parfois elle songeait qu'il ne dormait peut-être pas du tout, mais il ne bâillait pas et n'avait pas l'air fatigué, juste un peu plus anxieux. Avait-il changé, ou son état s'était-il aggravé ? Lillian n'en avait pas la moindre idée. Peut-être que c'était elle qui accusait le poids des ans, et pas Arthur. Peut-être lui paraissait-il différent parce qu'ils changeaient l'un et l'autre d'une manière qu'elle ne parvenait pas à cerner. Elle se força à ne pas regarder l'assiette de son mari (il avait mangé trois bouchées, posé sa fourchette, pris un morceau de pain) et dit : « Ça s'est bien passé.

– Oui. »

Elle ne lui demanda pas pourquoi il ne mangeait pas. « Peut-être qu'il faudrait s'inquiéter pour Henry.

– Tu veux dire parce qu'il a pris un congé sabbatique d'un semestre et qu'il s'est installé à New York, dans l'East Village, et que personne n'a de nouvelles depuis avant Noël ?

– Il a quarante-six ans. Il n'a pas besoin de demander la permission de minuit.

– Même si c'est évident que depuis un an il se rebelle et tente de rattraper le temps perdu ?

– J'ai des principes.

– Cite-m'en un.

– M'inquiéter, par exemple ».

Arthur se mit à rire, et Lillian en profita pour remettre des haricots dans son assiette. Il avait l'air d'aimer ça.

Joe avait faim en sortant de son rendez-vous à la banque, aussi alla-t-il au café de Denby, s'assit au comptoir et commanda un sandwich grillé jambon fromage. Il songeait aux intérêts qu'il devrait payer sur les semences qu'il s'apprêtait à acheter, et se demandait s'il ne devrait pas renoncer à ce prêt pour utiliser plutôt ses économies (ce qu'il n'avait pas envie de faire). Il savait ce que dirait Lois, ainsi que Minnie, mais les deux possibilités le rendaient également nerveux. Joe était l'agriculteur le plus chanceux de la région, c'était évident, et il n'était pas le seul à le savoir : Minnie avait un bon travail, Lois avait à la fois un emploi et une boutique, et la ferme était payée. Leur maison était comme toutes les maisons assemblées de ce genre : solide, résistante et bien bâtie ;

quant à celle de Gary, qui était fermée pour l'instant, elle était construite pour durer. Avait-il besoin d'un nouveau tracteur ? Tout dépendait s'il voulait être assis dans une cabine ou exposé aux éléments. Rester exposé signifiait qu'il devait affronter la poussière et le bruit, mais il voyait davantage de choses. Dans une cabine, ce serait plus calme (et plus frais), mais à quoi bon être agriculteur si c'était pour être enfermé dans une cabine ?

Puis Dickie Dugan le poussa et il se retourna. Il lui mit sous le nez un chèque crasseux et éclata de rire. Bobby Dugan était mort quelques mois plus tôt – qu'avaient dit les journaux ? qu'il avait dans les soixante-quatre ans, ce qui ne paraissait pas si vieux finalement –, la liste de ses épouses (trois) et de ses enfants (neuf) était assez impressionnante. Dickie était l'aîné des garçons. Le chèque se montait à deux cent mille dollars – ce n'était pas énorme selon certains critères, mais c'était un chiffre impressionnant à exhiber au café de Denby. Les Dugan possédaient environ cent vingt hectares de l'autre côté de l'autoroute. Le chèque avait été signé par Frederick Sanford, P-DG d'Enterprise Pork Producers. Dickie dit : « Il va y avoir un hôtel à cochons, les gars. Des suites avec l'air conditionné pour toutes les truies. »

Des fermiers installés à différentes tables se mirent à secouer la tête – légèrement, parce que ici on n'appréciait guère les querelles. Puis Russ Pinckard qui aimait plaisanter lança : « Les Dugan remplacés par des porcs ? Quelle différence ça va faire ? »

Dickie sentit le rouge lui monter aux joues, mais il sourit. « Attends un peu de nous voir à la télé,

Pinckard ! Tu as entendu parler de *La Famille Partridge ?* Attends un peu de voir *La Famille Dugan* !

– Ce serait plutôt *La Famille Adams !* » s'exclama Russ, et la moitié des agriculteurs présents éclatèrent de rire. Marie, qui apportait la cafetière, secoua la tête et dit : « Allez ça suffit, maintenant ! »

Installer un élevage de cochons sur la propriété des Dugan était plutôt une bonne idée puisque la terre était plate, pas très fertile, et située le long de la route d'Usherton, en direction de l'est. Les Dugan avaient à peine survécu à la grande dépression, et les enfants étaient désormais si nombreux qu'ils étaient devenus incontrôlables. En revanche, le ruisseau Dinky coupait en deux la seconde moitié de la propriété, avant de se jeter dans la rivière, cinq kilomètres plus loin, tandis qu'à l'est, le paysage devenait plat et la rivière décrivait des méandres – un bon endroit pour stocker les déchets générés par les porcs. Mais c'était loin de Denby, et Joe était certain que ceux qui allaient construire les installations prendraient en charge les déchets de ces centaines d'animaux – sans parler de la vue et du bruit.

Joe but son café et parla de sa nouvelle idée d'éthanol, qui consistait en gros à ajouter de l'alcool de maïs à l'essence. (« Que tu le boives, ou que tu le mettes dans ton moteur, c'est ton choix ! » plaisanta Russ Pinckard.) Quel était le prix du grain, quelles terres étaient déjà prêtes pour les labours, qui avait acheté un nouveau tracteur et pourquoi, si le monde crevait de faim pourquoi le prix du maïs et du soja n'augmentait-il pas, et est-ce qu'un avocat tel que Culver, au Sénat, ferait vraiment ce qu'il y avait de mieux pour les agriculteurs, est-ce qu'il se souciait d'eux, et Jepsen ne les représenterait-il pas mieux ? Au bout d'une heure, Joe sortit, remonta dans la Volkswagen de Rosanna et rentra chez lui. Il faisait encore froid et le sol était dur, comme toujours au début du printemps, quand tout semblait encore pétrifié et si laid.

D'Ory et D'Onut étaient assises près de la porte de leur enclos, et leur regard se fixa sur lui dès qu'il descendit de voiture. Elles savaient qu'il ne fallait pas aboyer, mais elles s'autorisèrent à gémir à son approche. D'Ory commençait à avoir le museau grisonnant, mais à l'âge de deux ans D'Onut était encore jeune et mince. Joe ouvrit la porte de leur enclos : D'Ory sortit et D'Onut alla chercher sa balle de tennis préférée pour l'apporter à Joe. Elle aimait plus que tout aller chercher les objets et jamais ne venait le saluer sans lui apporter quelque chose. Lorsque Jesse était à la maison, D'Onut courait partout avec lui. C'était une bonne chienne de chasse et, même en l'absence de Jesse, elle vivait dans l'espoir d'avoir quelque chose à rapporter.

Cela ne pesait jamais à Joe de quitter le café. Pourtant en suivant les deux chiennes vers les nuages bas d'un gris d'acier, il se sentit seul à nouveau. Il traversa le champ situé derrière la maison, regarda dans toutes les directions et ne vit rien d'autre que ses propres granges : la grande, où il y avait son atelier et le tracteur de ses parents, et la petite, où il rangeait le semoir, la moissonneuse-batteuse et d'autres machines. Walter et Rosanna avaient toujours dit qu'après la grande dépression ou la guerre, bref à la suite de tel ou tel événement, les gens feraient un retour à la terre : c'était une vie saine, et la meilleure manière d'élever des enfants. Mais jamais au cours de sa vie, Joe n'avait vu revenir personne. Jesse en était à sa cinquième année d'étude, peut-être était-ce là le signe qu'il ne reviendrait pas non plus. Joe n'était pas certain que ce soit une mauvaise chose.

Quelques jours plus tôt, Jesse avait appelé d'Ames, juste pour dire coucou, mais après avoir parlé à Joe (« Ouais, papa, j'ai eu deux A, deux B, et le professeur Holland dit que mes recherches sur la diarrhée chez les bovins avancent à un bon rythme »), il parla avec Lois, puis avec Minnie. Elle était assise sur le canapé du salon, et Joe demeura immobile sur le palier du premier étage, à l'écouter, invisible. Elle dit : « Oui, tu m'as parlé d'elle. » Puis : « Je sais que tu l'apprécies. » Ensuite : « Tu ne lui avais pas dit que tu avais l'intention de devenir agriculteur ? » Et : « Oui, la vie à la ferme peut sembler difficile à certaines jeunes filles. On est isolé. Ce n'est plus comme autrefois. » Puis : « Bien sûr que tu es déçu, mais il vaut mieux que tout soit clair. » Enfin, à voix plus basse : « Je suis désolée, Jesse. Je suis de tout cœur avec toi. Non, je ne dirai rien. » Joe s'était éloigné sur la pointe des pieds, il s'était enfermé dans la salle de bains, avait ouvert le robinet, et il avait poussé de profonds soupirs à plusieurs reprises.

Son regard errait maintenant sur le paysage désert, les champs encore sombres et gelés, les arbres nus, frissonnant sous le vent (une bise qui lui glaçait le nez). Les chiennes avançaient la truffe au ras du sol : la terre était une source d'infinie fascination pour une retriever, recelant les traces des chevreuils, des ratons laveurs, des souris, des lapins, des oiseaux et même peut-être d'une ou deux dindes. Toute leur enfance, Opa leur avait raconté des histoires de volées de dindes, de canards, de troupeaux de chiens de prairie, et même de couguars se faufilant le long des fenêtres dans la nuit, jusqu'à l'enclos des moutons (d'après Opa, pour avoir une petite conversation sur le sens de la vie). Joe imaginait D'Ory et D'Onut flairant différentes couches de traces remontant de tous les âges du passé et s'égaillant dans toutes les directions. Mais Joe était un homme, pas une chienne, et il ne pouvait percevoir que ce qu'il voyait. Il se sentait seul, et savait que cette solitude n'avait rien à voir avec Lois ou Minnie. Il regarda sa montre : quatorze heures quarante-cinq. Il laissa les chiennes lui montrer le chemin.

Lorsque Michael annonça qu'il allait se marier, Richie se rappelait à peine la fille en question, bien que Michael jure qu'il l'avait rencontrée : Loretta Perroni. Elle terminait ses études à Manhattanville College, elle était très intelligente et son père possédait un ranch de plus de quarante mille hectares en Californie.
« Brune ? demanda-t-il au téléphone.

– La plupart du temps, répondit Michael. Elle était blonde quand j'ai fait sa connaissance, mais elle s'est reteinte en brune.

– Cheveux longs ?

– Brun foncé, avec des yeux bleus. Elle est petite. Le jour où tu l'as rencontrée, tu as fait mine de t'accouder sur sa tête.

– Tu vas l'épouser ? Tu la connais depuis quoi, trois mois ? » Susan, la fille qui était en voiture avec Michael lors de l'accident, avait rompu dès qu'elle avait été remise sur pied, et Richie savait que son frère avait de la chance qu'elle ne le poursuive pas en justice. À l'époque, Michael avait été suffisamment secoué pour accompagner sa mère pendant plusieurs semaines aux alcooliques anonymes. C'était Richie qui avait mis fin à leur habitude de se donner rencard ensemble lorsqu'il avait emménagé avec Ivy – au lit à vingt-trois heures, parce que Ivy aimait beaucoup son travail chez Viking et qu'elle voulait faire carrière. Son objectif était d'avoir sa propre collection. Richie passait la moitié de la journée à faire visiter des espaces de bureaux, et l'autre moitié à écrire des publicités, à enquêter sur les nouveaux bâtiments et à gérer les locataires. Mr Rubino venait rarement. Il était capable de passer quatre heures à déjeuner, puis d'enfiler ses baskets pour aller courir dans le parc. Parfois il lisait deux ou trois journaux dans la journée. Michael était à présent trader. Il racontait que Jim Upjohn l'adorait et disait qu'il avait du flair. Bien sûr, pour Richie, épouser quarante mille hectares de terre en Californie, c'était avoir du flair.

D'abord, les parents de Loretta, Ray et Gail Perroni, vinrent rencontrer les parents de Michael. Sa mère conduisit Mrs Perroni à la maison. Son père emmena Mr Perroni d'abord à son bureau, puis déjeuner au Century Club. Ce soir-là, Richie et Ivy furent conviés à les rejoindre pour le dessert (au Waldorf). Ivy déclara que seule la perspective de la crème brûlée l'incitait à s'y rendre, car elle n'aimait pas les riches, mais Richie savait qu'elle mourait d'envie de voir ces individus étranges venus de la côte ouest (elle n'avait jamais rencontré Loretta, ni été plus loin que Philadelphie).

Richie les vit tous assis à table au restaurant de Peacock Alley, ses parents et Michael, en face des trois Perroni. C'était un spectacle étrange, car les parents Perroni, minces et tannés par le soleil, étaient si petits que leurs pieds touchaient à peine le sol. Ray se leva pour les saluer ; il arrivait à l'épaule de Richie, et aux sourcils d'Ivy. Il avait le visage très mat et très ridé à partir de la moitié du front jusqu'au menton, et des mains carrées, fortes, presque aussi grosses que sa tête. Il portait des bottes de cow-boy. Mrs Perroni était également flétrie. Elle dit : « Eh bien, les gars, vous vous ressemblez vraiment, hein ? J'ai eu une jument qui a mis bas des jumeaux au printemps. Je suis sortie un matin, et elle était debout près de la barrière, avec une minuscule petite femelle à ses pieds, alors je me suis mise à la recherche du placenta, parce qu'il faut s'assurer que tout est sorti, et là, oh, je l'ai trouvé, et dedans, il y avait une autre petite femelle, mais elle était morte. Elles devaient être identiques, ce qui est rare chez les chevaux. La petite femelle parvenait à peine à atteindre les mamelles de sa mère, mais elle a réussi. Je pense que ça va devenir une belle jument. »

Loretta, qui fixait sa mère des yeux, déclara : « Oh, maman, s'il te plaît ! »

Mrs Perroni se défendit : « Mais c'est une histoire intéressante.

– Oui, renchérit Andy avec son détachement habituel, c'est vrai. » Richie sourit, tira une chaise pour qu'Ivy s'assoie à côté de la minuscule Mrs Perroni, puis fit le tour de la table pour aller s'installer à côté de son père, qui ressemblait à une statue de pierre tant il était dans la retenue.

Tout était allé très vite car, à peine avait-elle commandé le dessert, qu'Andy déclara : « Quel jour sommes-nous aujourd'hui. Le 18 mai ? Je suppose que bien sûr Loretta et Michael veulent se marier en juin, et le seul samedi possible cette année tombe le 23, donc il nous reste cinq semaines pour tout organiser. » Richie comprit alors sans qu'on le lui ait dit que Loretta se préservait en vue de son mariage, et que rien de ce que Michael avait pu dire ou faire n'y avait rien changé.

« Oh mon Dieu. C'est comme si c'était fait », répondit Mrs Perroni.

Et c'était vrai, car les Perroni étaient richissimes, connaissaient tout le monde à Carmel et Pebble Beach en Californie, et on aurait dit que la mer Rouge s'était ouverte devant eux : Michael et Loretta n'eurent plus qu'à avancer jusqu'à la porte de la mission de Carmel (la seconde fondée en Californie). Frank les avait conduits lui-même dans son avion : Richie, garçon d'honneur ; Ivy, une des huit demoiselles d'honneur ; et Andy. Ils partirent à six heures, s'arrêtèrent à Des Moines pour prendre au passage oncle Joe, tante Lois, tante Minnie, Jesse et Annie, et atterrirent à Monterey à midi. De là, une limousine les emmena jusqu'à un énorme hôtel au bord de l'océan. Tante Lillian, oncle Arthur, Debbie, Hugh et les enfants étaient arrivés la veille. Janet, avec Emily et Jared, fut là à temps pour le déjeuner au bord de la piscine (les golfeurs étaient dehors en troupeaux), puis tante Claire, Gray et Brad (oncle Paul n'avait pu se libérer) arrivèrent pour le dîner, qui consistait en un immense buffet. Oncle Henry avait promis de venir, mais il appela au dernier moment pour dire qu'il était coincé à Chicago. Tante

Eloise vint assister au dîner de répétition, depuis San Francisco « juste pour jeter un coup d'œil », mais elle semblait tout à fait à sa place, surtout quand Rosa, Lacey et le mari de Rosa, Ross, le fabricant d'archets, furent là. Ross était une vraie célébrité, car tous les invités des Perroni vinrent le serrer dans leurs bras ; même les employés de l'hôtel lui sourirent et lui serrèrent la main. La fête avait lieu à l'étage de l'hôtel, et tout le monde resta là à discuter. Tante Eloise et Ivy se réfugièrent dans un coin pour parler de John le Carré et d'Henry Kissinger, et oncle Arthur demanda : « Qui est-ce, déjà ? », alors tante Eloise emmena tante Lillian dans un autre recoin pour avoir une conversation sérieuse avec elle. Andy demeura auprès d'Emily, la prit dans ses bras, la couvrit de baisers, l'assit sur une chaise, un lit, et la fit sauter sur ses genoux drapés de soie. Pas une fois Ivy ne regarda le bébé.

Le mariage était prévu pour seize heures. La mission était un long bâtiment pâle à flanc de colline, non loin de l'océan. Pendant toute la cérémonie, Richie sentit l'odeur des fleurs qui pénétrait par la porte ouverte. Les Langdon occupaient quatre rangées du côté du marié dans l'église, et lorsque tout le monde devait s'agenouiller, ils s'échangeaient des regards en coin et se penchaient en avant sans faire le signe de croix. Tante Eloise ne bougea pas une seule fois et garda la bouche fermée, tout comme Ivy, mais Rosa et Lacey s'agenouillèrent et inclinèrent la tête. Après la cérémonie, ils prirent un bus qui les ramena par la route tortueuse et venteuse jusqu'à l'hôtel où la réception pour trois cents personnes avait lieu dans une salle dorée, dont les immenses fenêtres donnaient sur la baie. Loretta, enfant unique, ainsi que le comprit Richie, était pourrie gâtée, même d'après son propre père. Elle portait la robe de mariée de sa mère, arrangée pour elle. Elle était très longue, avec une traîne de trois mètres, tout en dentelle. Ivy ne cessait de murmurer : « Cette robe est ridicule ! » Toutes les demoiselles d'honneur étaient en robe noire, avec des gants montant presque jusqu'à l'épaule. Là encore, d'après Ivy, c'était ridicule. La plupart des hommes avaient des bottes de cow-boy. Tout le monde était sympathique. Les gens ne cessaient de venir vers Richie en lui disant : « Oh vous êtes le frère jumeau ! Vous êtes gaucher ? » Il y avait là deux membres du Congrès, quatre membres de la législature d'État, le maire de Carmel-by-the-Sea, ainsi que Nancy Reagan, Clint Eastwood, Doris Day et trois autres acteurs qu'il reconnut vaguement. Tout le monde regardait sa mère, qui portait un magnifique tailleur Chanel. Mais il y avait beaucoup d'autres gens qui n'étaient pas mieux habillés qu'oncle Joe ou tante Lois, et qui couraient partout en dansant, en riant, à tel point qu'Ivy finit par monter enlever sa robe longue. On servait du veuve-clicquot, Richie ne se priva pas mais il vit Loretta arrêter Michael après une seule coupe, et Michael lui sourit. Ainsi donc, un miracle s'était finalement produit.

Le lendemain après-midi, après le départ des jeunes mariés pour Maui, à Hawaï, tout le monde prit le car pour Angelina Ranch. La route était longue, même après avoir franchi le portail de la propriété. Quarante mille hectares, dix fois la taille des terres d'oncle Joe, quatre cents kilomètres carrés d'un seul bloc, composés de collines, de champs, d'*arroyos*. Assis devant Richie, oncle Joe regardait par la fenêtre les versants or pâle, et de temps à autre un groupe de vaches ou de veaux. À côté de lui, Ivy lisait un manuscrit. De l'autre côté de l'allée, sa mère et Janet parlaient d'Emily. Son père était assis à l'avant et, penché, il écoutait le petit Mr Perroni et le chauffeur. Tante Eloise et tante Lillian avaient décidé de ne pas venir, la première pour aller à la plage avec Rosa, la seconde parce que oncle Arthur était un peu déboussolé par le décalage horaire. Le petit ami de Lacy était arrivé et ils étaient partis à Monterey, quant à Ross, il dormait, pas encore remis de la soirée. Richie avait entendu Rosa dire à sa mère : « Non, il n'a pas bu. Mais il n'avait pas vu autant de gens en même temps depuis le dernier concert des Grateful Dead où il est allé en 1969. Ça l'a fait un peu flipper. »

Le temps, tiède et ensoleillé près de la côte, devenait de plus en plus chaud en pénétrant dans les terres. Toutes les fenêtres du car étaient ouvertes, et les cheveux des passagers volaient au vent. Ivy devait tenir ses pages à deux mains. Elle regarda Richie et lui dit : « Je préfère Central Park. »

Enfin, ils passèrent un haut portail, et franchirent une grille de métal sur la route. Le car grimpa une colline plantée d'arbres énormes dont les troncs noueux avaient des formes étonnantes. Au sommet, ils découvrirent la plus belle maison que Richie ait jamais vue. Il donna un coup de coude à Ivy et la lui montra. « Pas mal », dit-elle, et elle se remit à lire. C'était une maison allongée, de style espagnol, un balcon filant le long de l'étage, elle était peinte dans un ton rosé, avec des poutres de bois sombre et un toit de tuiles. La porte principale, en bois, montait jusqu'au toit. Un mur d'adobe partant d'une extrémité de la maison à l'autre formait une boucle enserrant la cour. De l'eau glougloutait dans une assiette posée entre les mains d'une statue, tendues vers le ciel, puis coulait le long de ses bras, sur son visage riant, son corps, jusque dans un bassin, à ses pieds.

Tout le monde entra dans la maison. Il avait beau faire 35 degrés à l'extérieur, dedans il faisait frais – les fenêtres étaient enchâssées dans des murs de trente centimètres d'épaisseur. Ils suivirent tous Mrs Perroni dans une vaste salle à manger où était dressé un brunch mexicain, comprenant tous les aliments que l'on pouvait manger avec de la sauce pimentée et des tortillas, accompagnés de plateaux de pêches et d'abricots, de melons de toute sorte, de mûres et de framboises à la crème. Il y avait aussi du maïs comme en Iowa pendant l'été, mais il avait été cuit sans être épluché et les grains étaient sucrés et marron ; tante Lois et oncle Joe en mangèrent trois chacun. Andy présenta le buffet à Emily, lui faisant goûter des choses du bout du doigt. Elle avait l'air de très bien se débrouiller, ce qui surprit Richie. Il jeta un coup d'œil autour de lui, mais personne ne la regardait – la femme la moins maternelle dans l'histoire du monde, qui à cinquante-neuf ans avait toujours un physique d'adolescente.

Mrs Perroni leur fit ensuite visiter la maison, grimper les marches inégales, suivre les couloirs biscornus, ouvrant des portes pour leur montrer des pièces, des lustres, des tableaux, des compositions de fleurs séchées et un balai constitué de branches. À l'extrémité du couloir, en bas, un portrait de Jésus, regard tourné vers le ciel, et au même endroit, un étage plus haut, celui de la Vierge, les yeux baissés. D'après Mrs Perroni, les deux venaient d'Espagne, et elle avait vu d'autres tableaux du même artiste à Oaxaca, une ville du sud du Mexique dont la cathédrale était tout entière dorée à l'or fin. « La Haute-Californie n'a jamais eu les moyens d'un tel luxe ! » déclara Mrs Perroni.

Angelina Ranch était au départ Angelina Rancho, une propriété de six mille cinq cents hectares accordée à un soldat mexicain en 1835. Une bataille de la guerre américano-mexicaine s'y était même déroulée : on en voyait le site depuis la fenêtre de la chambre principale. Trois Américains et deux Mexicains avaient été tués, mais les Américains avaient réussi à préserver leurs chevaux et à rejoindre le colonel Frémont. La famille avait alors perdu toute sa fortune, aussi lorsque les ancêtres de Mr Perroni étaient arrivés de Suisse à la fin du XIXe siècle, ils avaient acheté ce ranch avec la vieille maison, puis un autre, Rancho Rojas, de l'autre côté de la rivière, où il n'y avait jamais eu d'habitation. La vie était rude naguère sur le ranch : tout le monde partait s'occuper du bétail à l'aurore, même Gail, qui venait de Los Angeles et n'avait jamais vu une vache de sa vie avant de se marier, mais l'apprentissage n'était pas long quand il s'agissait de gagner sa vie et, au bout du compte, c'était plus facile que d'écrire des scénarios pour Hollywood, le métier qu'exerçait son père – est-ce qu'ils avaient vu *Rubis for Rent* ? Ou *The Wild River* ? Non, aucun d'entre eux ne les avait vus. Ils allèrent faire un tour.

Pendant toute la semaine qui suivit leur retour à la maison, Ivy s'agaça de voir Richie ainsi impressionné par « la vie dans l'Ouest sauvage ». Elle s'était presque attendue à assister à un règlement de comptes mis en scène, et elle avait dû prendre quatre douches en rentrant pour se débarrasser de toute cette poussière. Et puis quelle importance ? Michael et Loretta avaient l'intention de vivre à New York comme tout le monde, pour que Michael puisse devenir riche et Loretta finir ses études en psychologie de l'enfant. Tout le monde avait connu une histoire dramatique. Le grand-père d'Ivy, enfant, avait échappé à un pogrom à Odessa, et s'était retrouvé à Ellis Island à l'âge de huit ans, où son nom avait été transformé de Dov Grodno en Dave Gordon. Richie lui-même ne lui avait-il pas raconté que l'arrière-grand-père de sa mère avait maintenu son épouse devenue folle enfermée dans une minuscule cellule condamnée par une trappe dans un verger de poiriers, ou quelque chose de ce genre-là ? Comparé à tout ça, gérer des appartements en location n'était guère excitant. Mais c'était sûr, disait Ivy. Soyons heureux de vivre en sécurité.

Quand Claire sortit du tribunal après avoir fait sa demande de divorce officielle et s'être acquittée des frais de procédure nécessaires, elle alla faire les courses, et acheta un poulet et des pommes de terre pour le dîner. Puis elle rentra chez elle dans le crépuscule glacial en songeant à son nouveau chez-elle, dans le centre-ville – en fait, elle était arrivée un peu en retard au tribunal car elle avait passé du temps dans son nouvel appartement, à profiter du calme qui y régnait même en journée. En revenant dans West Des Moines, elle se gara dans la rue – ce qu'elle n'avait jamais fait auparavant – parce que soudain, le garage lui parut étouffant, et elle remonta l'allée avec ses sacs (il n'y avait pas encore de neige). Sa maison – la maison – ressemblait à une photo : sombre, la porte d'entrée brillante, flanquée de carrés de lumière de part et d'autre, et d'un arc au-dessus. Elle grimpa les trois marches, s'essuya les pieds sur le paillasson et jeta un coup d'œil par la fenêtre. Gray, quatorze ans, était assis sur la troisième marche de l'escalier où il lisait un livre. Il s'essuya le nez d'un revers de main, remonta ses lunettes et tourna la page. Un rire résonna, et Brad déboula sur le dos, dévalant l'escalier recouvert de moquette. C'est alors que Claire fit l'expérience de la femme de Loth – sachant parfaitement qu'elle ne devait pas regarder vers le passé quand l'occasion se présentait. Elle poussa la porte d'une main tremblante et des larmes jaillirent. Comment cela était-il possible après tous ces préparatifs ? L'habitude était-elle donc si puissante ?

Les garçons, évidemment, l'accueillirent à leur manière habituelle : où étaient les deux dernières sucettes glacées ? Pouvait-elle signer le mot du prof tout de suite, avant qu'il oublie ? Est-ce qu'elle avait acheté du lait ? Elle hocha la tête, sourit, leur donna le lait. Arrivée dans la cuisine, elle songea que c'était une illusion de croire que la femme de Loth regardait le passé. En vérité, elle regardait l'avenir, cette étrange ville déserte qui la représentait elle-même, et elle pensa : je ne connais rien d'autre que cette vie-là.

En rangeant les courses, comme toujours, elle imagina ce que les garçons diraient d'elle plus tard : sans raison aucune, elle avait perdu la tête ; ou encore : bon débarras, on ne l'a jamais aimée, on n'a jamais compris pourquoi papa l'avait épousée, de toute façon, les femmes ne sont bonnes que pour deux choses, et j'ai oublié la seconde. Ses mains tremblaient lorsqu'elle beurra le poulet et le mit dans la cocotte.

C'est là que Paul lui fit un formidable cadeau. Elle venait de nettoyer les pommes de terre et commençait à les peler. Brad regardait dans le réfrigérateur et Gray avait apporté son livre dans la cuisine. Il venait de lui demander : « Qu'est-ce que ça veut dire, ce mot-là ? », quand la porte s'ouvrit violemment et claqua contre le mur. Tout le monde sursauta. Paul entra en trombe dans la cuisine en vociférant : « J'ai roulé sur un vélo ! Brad, tu as laissé ton vélo en plein dans l'allée, j'ai roulé dessus et maintenant… »

Brad fit un bond et referma la porte du réfrigérateur. Il était bouche bée. Gray recula vers la porte du salon, prêt à fuir. Paul hurla : « Nom d'un chien !

– La voiture est toujours sur le vélo ? demanda Claire.

– Non, Dieu du ciel ! J'ai reculé.

– Alors il n'y a pas de mal. » Elle regarda Brad : « Sauf pour le vélo.

– Il fait noir ! J'ignore s'il n'y a pas de mal. Il y a peut-être une fuite d'essence ou d'huile maintenant. Et la voiture endommagée, nom d'une pipe ! Cela pourrait être dangereux. Sans parler de…

– Sans parler de quoi ? »

Brad prit la direction de la salle à manger, et Paul lui dit : « Reviens ici, jeune homme ! » Claire posa la pomme de terre et l'économe pour aller s'interposer entre Paul et Brad qui sortit. La voix de Paul se fit plus féroce : « Mais tu m'as entendu ?

– Comment pourrait-il ne pas t'entendre ? Tu hurles comme une sirène ! »

Et ce fut elle qui prit pour Brad : il la frappa au menton, et elle s'effondra.

Par chance, sa tête ne cogna pas contre le bord de la table – ce fut sa première pensée. Elle resta assise. Elle avait mal au cou. Paul était debout au-dessus d'elle, elle vit son visage, cramoisi de rage, qui peu à peu virait à l'incrédulité. C'est vrai, il ne l'avait jamais frappée. Mais pour Claire, l'événement n'avait rien d'étonnant. Elle savait qu'il en avait déjà eu envie, que lorsqu'il donnait un coup de pied dans la porte, tapait du poing sur la table, il ne s'agissait que d'un substitut. Elle ne le formulerait jamais ainsi mais il était possible que son changement d'attitude – son ton un peu sarcastique pour la toute première fois – ait surpris Paul et eu raison de ce qui lui restait de maîtrise de soi. Elle tourna la tête. Les garçons étaient à la porte, pétrifiés. Elle ne dit rien. Paul déclara : « Votre mère est tombée.

– Espèce de menteur », répliqua-t-elle. Il était possible que Gray et Brad n'aient jamais assisté à une dispute car peut-être Claire n'avait-elle jamais répondu. Elle secoua la tête, se pencha et se releva en s'aidant de la chaise. Même l'air désespéré de Paul ne lui inspira aucune pitié, et ainsi elle sut que l'amour qu'elle avait pu éprouver pour lui naguère n'était plus.

Enfin, il dit : « Je suis… »

Claire se redressa devant lui et répondit : « Je m'en fiche. » Puis : « Le dîner sera prêt dans une heure. » Et elle retourna peler les pommes de terre.

Elle servit le dîner à dix-huit heures trente ; le poulet était un peu sec, mais la purée était bonne, et débarrasser la table fut rapide. Ensuite, ils regardèrent leurs séries préférées : à vingt heures, *Barney Miller*, puis à vingt et une heures, *Soap*. Brad allait et venait en posant des questions relatives à ses devoirs, et à vingt et une heures trente, on le somma d'aller se coucher. Gray devait se cacher dans sa chambre, soupçonnait Claire. À vingt-deux heures, ils regardèrent les informations, puis Paul se leva de son fauteuil et annonça : « Je vais me coucher. Je… » Mais devant l'expression de Claire, il se tut et monta. Elle éteignit la télévision, regarda autour d'elle, songea qu'elle détestait tous ces meubles, et qu'elle n'emporterait rien dans son nouvel appartement. Quel était le style du mobilier des Perroni, en Californie ? Ah oui, le style mission, évidemment. Elle commencerait par ça. Paul réapparut au pied de l'escalier. Elle le regarda. Ce qu'il allait dire serait le test ultime.

Il déclara d'un ton irrité : « Il est tard. Il faut que je sois à l'hôpital à… »

Combien de fois avait-elle entendu cela au cours des années ? C'était un homme sec. Et il avait échoué au test. Il avait repris le cours habituel des choses, comme si de rien n'était, n'osant pas s'avouer que tout avait changé.

Elle répondit : « Je demande le divorce.

– Je ne le permettrai pas. »

Elle éclata de rire, tout simplement. Elle le vit serrer les poings, il s'en aperçut, et desserra l'étau. Elle ajouta : « Je vais dormir sur le canapé.

– Et qu'est-ce que tu vas dire aux garçons ? » Claire ne l'avait jamais vu aussi hésitant, déchiré entre la rage et le remords.

« Je leur dirai que j'ai dormi sur le canapé. »

Il la regarda, puis se détourna.

Elle n'avait pas imaginé le plaisir qu'elle éprouverait à dire enfin la vérité.

1980

Joe attrapa la grippe après Noël, et il passa une semaine au lit avec une fièvre qui grimpa jusqu'à 39,5 degrés, s'éveillant à n'importe quelle heure après avoir rêvé de neige. Il y avait en effet beaucoup de neige cet hiver-là – Lois et Minnie autorisèrent même D'Ory et D'Onut à rester dans la maison. Une fois la fièvre tombée, il dormit encore une semaine, et lorsqu'il se réveilla enfin, le 7 janvier, il avait perdu quatre kilos et il avait une faim de loup. Lois trouva cela amusant et pendant quelques jours elle lui prépara ses plats préférés ; dans le fond, Joe était content d'être tombé malade en plein hiver, et de n'avoir contaminé personne. Annie, qui avait passé quelques jours à la maison, avait veillé à le maintenir en quarantaine et interdit à Lois de se rendre chez le médecin pour aller chercher des antibiotiques, car la grippe était une maladie virale et les antibiotiques n'y pouvaient rien. Après être retournée travailler à l'hôpital de Milwaukee, elle appela plusieurs fois pour s'assurer que Lois n'allait pas « chercher d'antibios dans son dos ».

« Qu'elle est autoritaire ! » s'exclama Lois, mais ils savaient tous qu'elle avait raison.

Quand il réussit enfin à monter derrière le volant de la Volkswagen afin de se rendre au village pour le déjeuner, il s'avéra le seul au café de Denby à n'avoir pas pris les armes contre l'embargo sur les céréales de Carter. Marsh Whitehead avait apporté un journal, et ce n'était pas un journal local comme *The Des Moines Register* ou *The Usherton Post*, mais *The Christian Science Monitor*, où deux types du Kansas détaillaient les raisons qui causeraient l'échec de l'embargo. Joe le lut tout en buvant son café et en écoutant les autres agriculteurs se plaindre. Ici, à propos de Carter, on pensait : les cacahuètes ? Mais c'est quoi, cette production ? Pourtant, en 1977, sa sœur n'avait-elle pas manifesté sur son tracteur avec les autres fermiers qui protestaient ? Russ Pinckard déclara : « En tout cas, j'ai vu personne d'ici rouler sur les pelouses de Terrace Hill au volant de son John Deere. »

D'après l'article, on pouvait connaître la quantité de pluie tombée en une année à l'épaisseur des cernes d'un tronc d'arbre, ce que Joe savait, et ces cernes fonctionnaient sur un cycle de douze ans : pendant six ans ils grandissaient, ce qui signifiait abondance de précipitations, puis pendant les six années suivantes, ils diminuaient, car il pleuvait moins. Au cours de cette période, les Russkofs avaient besoin de céréales, parce que moins de précipitations, ça signifiait moins de récoltes, aussi il était évident que cette année, ils n'auraient pas besoin d'importer grand-chose. En outre, tout semblait indiquer qu'ils avaient encore des réserves de 1978, cachées dans d'énormes silos ultramodernes.

Joe leva les yeux et demanda : « Mais pourquoi est-ce qu'il a décrété l'embargo, en fait ?

– Oh, tu étais malade comme un chien, dit Marie. Lois m'a tout raconté.

– Ben je crois qu'ils ont envahi l'Afghanistan, expliqua Russ Pinckard. Va savoir où ça se trouve.

– C'est pareil que si nous, on envahissait le Mexique, reprit Marsh Whitehead. D'après ce que j'ai lu, Carter ferait mieux de les laisser tranquilles parce qu'ils vont vite le regretter sans qu'il ait besoin de lever le petit doigt. »

George, qui tenait les comptes, leva les yeux et Marie le regarda. Il ne disait presque jamais rien, mais cette fois il prit la parole : « Vous croyez qu'il veut se faire traiter de chochotte encore une fois ? Ces gars-là, en Iran, ils lui ont baissé son pantalon ; maintenant, c'est au tour des Russes. » À l'évocation de l'Iran, tout le monde se tut – la prise d'otages remontait à deux mois maintenant. Les femmes et certaines minorités avaient été relâchées, mais il restait encore cinquante-deux hommes coincés là-bas. Oublier tout ça était un autre privilège conféré par la grippe.

« Et va falloir payer », dit Russ Pinckard. Personne ne mordit à l'hameçon ; tout le monde savait que la réponse de Carter à la crise était un sujet brûlant. Russ regarda Joe : « Tu as jeté un coup d'œil aux cours du marché ces derniers temps ? T'étais quand même pas malade à ce point ?

– On est en plein hiver, répondit Joe en haussant les épaules.

– Ouais, dit Marsh Whitehead, n'empêche, tu risques d'avoir une crise cardiaque si tu vas voir, parce que les prix ont dégringolé. Il a fait suspendre le marché pendant deux jours après avoir décrété l'embargo, mais quand ça a rouvert, les prix avaient crevé le plancher, et ils sont pas remontés depuis. La meilleure chose à faire cette année…

– C'est de vendre pour partir s'installer en Floride », acheva Russ Pinckard.

Tout le monde rit, mais le cœur n'y était pas.

Ricky Carson, qui venait d'arriver, s'installa au comptoir : « C'est ce qu'a fait Dickie Dugan. Ils se sont acheté un verger de citronniers là-bas, du côté de Tampa. »

L'assemblée se tut. Si les affaires des Dugan étaient florissantes, alors la vie était vraiment injuste.

Deux semaines plus tard, Reagan connut des ennuis à cause d'une blague que Joe trouva assez innocente : « À quoi on reconnaît un Polonais à un combat de coqs ? C'est le seul qui amène un canard. À quoi on reconnaît un Italien ? C'est le seul qui parie sur le canard. À quoi on reconnaît que la mafia est là ? C'est quand le canard gagne. » Ça avait déclenché un tollé, sauf au café de Denby. Dans le débat du New Hampshire, que Joe suivit à la télévision, Reagan ne l'impressionna guère jusqu'à ce qu'ils en arrivent à la question céréalière : il déclara que la décision de Carter était liée à « la consommation nationale et elle fait plus de mal aux agriculteurs américains qu'à l'Union soviétique », Joe était d'accord, et lorsqu'il ajouta qu'« il pourrait y avoir du grabuge si ça continue », il fut aussi d'accord. Évidemment, Reagan n'était pas un candidat sérieux, mais il était sympathique – ce qu'il disait au sujet de Carter n'était pas malveillant, c'était un peu comme s'il vous parlait en direct, dans votre salon. Oui, Carter avait plus ou moins mis au défi les Russes de franchir la frontière afghane, et le jour où ils avaient relevé le défi, il n'avait plus osé bouger

– d'ailleurs qu'aurait-il pu faire ? Personne en Iowa, ni même sans doute à Washington, ne savait vraiment où se trouvait l'Afghanistan. De toute façon, les Russkofs avaient pris Carter par surprise, tout le monde le savait.

Bien sûr, John Anderson avait tenu tête à Reagan, et ce qu'il disait était juste : pourquoi craignions-nous que les Soviétiques prennent l'Iran ou l'Arabie saoudite ? Dans ce cas-là, d'où viendrait le pétrole ? Reagan sourit – la caméra filma cela – à croire qu'il s'attendait à ce genre de questions dans la bouche d'Anderson (mais qui avait déjà entendu parler d'Anderson ? Pas Joe en tout cas). Ils ne dirent rien de plus au sujet de l'agriculture. Ils parlèrent surtout des impôts et de l'inflation, se demandèrent si l'économie avait besoin d'une thérapie de choc, et s'il fallait ouvrir une enquête au sujet du secrétaire du Trésor. Pas grand-chose sur l'Iran non plus. Rien de tout cela ne pouvait aider Joe à décider ce qu'il allait planter quand il irait à la banque quelques jours plus tard pour demander un prêt afin d'acheter des semences. Le meilleur taux qu'il obtint fut de 14 %, mais si les bateaux remplis de céréales cherchaient déjà où stocker le maïs, le soja et le blé prévus pour les Russes, peut-être qu'arrêter son activité pendant une année ne serait pas une si mauvaise idée après tout. S'il était riche, il planterait du trèfle et labourerait par-dessus à l'automne en restant à l'écart du marché. Lorsqu'il raconta cela à Minnie, elle rit comme s'il plaisantait, aussi n'osa-t-il pas en parler à Lois. Il se contenta de lui dire que Dieu pourvoirait, alors elle acquiesça et cita la Bible : « Ils viendront criant de joie sur la hauteur de Sion, ils afflueront vers les biens de Yahvé : le blé, le vin nouveau et l'huile, les brebis et les bœufs ; ils seront tel un jardin bien arrosé, ils ne languiront plus. » Joe ne l'accompagnait pas souvent à l'église, il ne savait pas exactement en quoi il croyait, mais il trouva ce verset réconfortant et lui demanda de le répéter.

Lillian passait l'aspirateur. Parmi les tâches ménagères, c'était ce qu'elle préférait, et elle s'était même laissé convaincre d'acheter un Kirby par un vendeur qui faisait du porte-à-porte, non qu'elle ait eu besoin de changer son appareil, mais parce que ça lui plaisait d'en avoir un à chaque bout de la maison. À présent, elle le passait sous le lit. L'engin était lourd et bruyant, mais il lui donnait l'impression d'absorber tous les microbes de la moquette et de les atomiser. En se baissant pour l'enfoncer plus loin, elle s'aperçut que le téléphone sonnait. Elle éteignit l'aspirateur et aussitôt songea qu'on l'appelait au sujet d'Arthur.

Mais c'était Janet qui lui téléphonait d'Iowa. Lillian regarda l'heure. Là-bas, il était huit heures. « Bonjour, ma chérie, tout va bien ? »

Janet renifla.

Lillian s'assit sur le lit. Elle demanda : « Comment va Emily ?

– Elle est en forme.

– Et Jared ? Et toi ?

– Oui, moi, ça va. Jared a travaillé toute la nuit pour envoyer des dossiers je ne sais où. » Puis, à voix basse : « Je suis restée debout toute la nuit, j'ai si peur qu'il y ait une guerre nucléaire.

– Ah bon ?

– Oui, c'est pour ça que je fais ça.

– Que tu fais quoi ? demanda Lillian en frémissant.

– Est-ce qu'oncle Arthur est là ?

– Il est déjà parti travailler. » Arthur devait prendre sa retraite bientôt, à moins qu'il réussisse à les persuader de le garder encore un peu, contre l'avis général.

« Oncle Arthur pense-t-il qu'il va y avoir une guerre nucléaire ?

– Il ne m'a rien dit de tel. Quelle en serait la cause ?

– Les Iraniens.

– Mais dis-moi plutôt ce que tu fais. »

Janet se mit à pleurer. Depuis deux ans et demi que Janet avait échappé à ces gens du Temple, Lillian était persuadée qu'il allait arriver quelque chose. Elle en avait discuté des douzaines de fois avec Eloise. Celle-ci était plus optimiste, surtout depuis que cette jeune femme, Marla Machin, avait donné de ses nouvelles, d'abord depuis Paris, puis de New York où elle travaillait maintenant au Manhattan Theatre Club. Janet semblait être complètement passée à autre chose ; Jared était un type gentil, la tête sur les épaules ; Emily avait eu un effet stupéfiant sur Andy, qui ensuite s'était rapprochée de Janet : elles s'entendaient comme des sœurs à présent. Mais Lillian se méfiait de tout, et redoutait plus qu'Eloise et Andy qu'à tout moment les poisons lents distillent leurs effets. Elle changea de position sur le lit et rajusta son soutien-gorge. Janet dit : « Je n'arrête pas de regarder par la fenêtre. Elle donne à l'ouest, et je passe mon temps à imaginer un champignon atomique.

– Pourquoi vers l'ouest ?

– Des Moines.

– Tu habites à Solon, en Iowa, et tu crains qu'il y ait une bombe atomique qui explose à Des Moines ?

– Les vents dominants viennent de l'ouest. »

Lillian n'osa pas sourire, bien qu'elles soient au téléphone. Elle l'interrogea encore : « Mais qui nous bombarderait ?

– Les Iraniens.

– Ah oui, c'est vrai, tu l'as dit… mais les Iraniens ne possèdent pas la bombe atomique. »

Silence.

« Tu en as parlé avec ta mère ? reprit Lillian.

– Elle dit que ça ne serait pas surprenant.

– Dieu du ciel, c'est Andy tout craché, ça.

– Elle dit que, petite, je faisais des cauchemars à propos de la guerre nucléaire.

– Je l'ignorais.

– Je n'en avais pas quand j'étais chez vous.

– Oh, ma chérie. »

Elles se turent. Puis Janet reprit d'un ton plus léger : « Elle pensait que c'était un signe de précocité. »

Elles rirent toutes les deux.

« En 1961, on avait des raisons de s'inquiéter. Beaucoup moins aujourd'hui.

– Mais je n'arrive pas à m'ôter ça de l'esprit. Je regarde Emily à côté de moi, et je suis terrifiée à l'idée qu'il arrive quelque chose. »

Lillian songea à lui exposer la liste des drames dont le taux de probabilité était nettement supérieur, mais elle n'osa pas. À la place, elle dit : « Demande à ton père de te parler de son voyage en Iran. » Lillian était arrivée à un stade où elle ne cachait plus rien.

« Quoi ? fit Janet.

– C'est Arthur qui l'a envoyé en mission là-bas. Il y avait un désaccord avec… » Elle n'aurait pas dû se lancer sur ce sujet. « Tu devais avoir trois ans ? Donc…

– J'avais trois ans l'année où les États-Unis ont réinstallé le shah sur le trône en renversant Mossadegh qui avait été élu selon un processus démocratique. »

Bien sûr, songea Lillian, Janet savait cela. Pas Debbie, ni Dean, ni Tina, ni 90 % de la population américaine ; 95 % même, peut-être. Elle rajusta son soutien-gorge et dit : « Mossadegh faisait les yeux doux aux Soviétiques. On ne pouvait pas courir ce risque. Je m'en suis rendu compte à l'époque. Quand Frank est rentré de la guerre, il a dit que les Russes défiaient les lois des probabilités : avec eux, tout était possible. Arthur semblait tellement…

– Qu'est-ce que mon père est allé faire là-bas ? »

Lillian réfléchit. Au point où elle en était, autant tout lui raconter. « Il a accompagné un transfert d'argent, des sacs remplis de billets.

– Des pots-de-vin.

– Il faut que tu renonces à tes idéaux en ce qui concerne la façon dont tourne le monde. » Lillian ne voulait pas se montrer aussi sèche.

« D'accord. Donc, on n'a que ce qu'on mérite.

– Oh, ma chérie. C'est vrai, mais seulement si tu as de la chance. » Elle garda le combiné contre l'oreille bien que ni l'une ni l'autre ne dise plus rien. Enfin, Janet dut s'écarter car sa voix devint distante : « Ah, Emily se réveille. Il faut que j'aille la voir.

– Je t'aime fort, Janny. »

Mais Janny se contenta de répondre : « Salut, tante Lillian. »

Lillian se releva et se remit à passer l'aspirateur, mais le cœur n'y était plus. Cinq minutes plus tard, elle éteignit le Kirby et le remisa dans le placard du couloir où elle le rangeait avec tous ses accessoires inutiles. Elle éprouvait une sorte de malaise. Elle retourna dans sa chambre et chercha dans son tiroir un soutien-gorge plus confortable. C'est en l'enfilant qu'elle sentit la grosseur, en bas, du côté extérieur de son sein droit, pas vraiment douloureuse, mais présente. Elle alla à la salle de bains et se regarda dans le miroir, ce qu'elle faisait le moins possible désormais (et lorsqu'elle le faisait, elle s'obligeait à se sourire, pour ne pas paraître trop sévère envers elle-même), elle qui avait été une jeune femme si vaniteuse. Le sourire disparut. La grosseur était ferme et visible, et il était évident qu'elle n'était pas destinée à être vivante un jour, puis morte le lendemain, l'idéal d'Arthur.

Pour sa part, Emily Inez Nelson faisait de son mieux avec ce qu'on lui octroyait. Elle ne donnait la main que quand elle ne pouvait l'éviter, et elle hurlait lorsque maman l'attachait. Elle préférait courir sans couche, voire sans vêtement si possible, se moquant complètement d'avoir froid, mais elle courait quand même malgré une couche pleine et des chaussures trop serrées. Elle ne parvenait pas encore à sortir toute seule de son petit lit, mais dès qu'elle se réveillait, à l'aube, elle se levait, saisissait les barreaux et levait les pieds du mieux qu'elle pouvait, l'un, puis l'autre ; certains matins, elle réussissait à passer le gros orteil pardessus le bord. Elle savait qu'elle faisait des progrès. Il était important aussi de laisser des traces sur les surfaces plates. Si nécessaire, elle plongeait la main dans sa couche pour y trouver de quoi faire des traces. Mais les couleurs, c'était mieux : elle aimait le bleu, le rouge, l'orange et le jaune ; elle connaissait leur nom, et elle savait dire « bouh ». Elle ne pouvait se livrer à ses activités préférées que lorsque maman n'était pas dans la pièce.

Elle savait ce qu'était un livre, et que les pages se tournaient. Elle préférait les livres qu'elle n'avait pas le droit de toucher, où il y avait beaucoup de pages à tourner. Elle posait le doigt avec grand soin au coin de la page, appuyait, puis poussait – et la page se tournait. Elle aimait la baignoire remplie d'eau et les tasses. Remplir les tasses pour les vider ensuite lui plaisait beaucoup, mais jamais elle ne les vidait par terre : elle préférait voir l'eau se mêler à l'eau et disparaître.

Les seules choses bonnes à manger étaient le lait de maman et les œufs brouillés. Elle n'aimait pas ce qui lui glissait entre les doigts quand elle serrait ; et elle refusait de manger ce qu'elle pouvait serrer. Elle n'aimait pas être couverte dans son berceau, ni mettre un bonnet pour sortir, ou encore être attachée dans le caddie pour faire les courses. Elle n'aimait pas que maman soit toujours là, partout à la fois. Elle ne lui laissait jamais un moment de répit. Le visage de maman se penchait vers elle et disait : « Ça va, chérie ? » Elle l'attrapait pour l'emmener ailleurs alors qu'elle était en pleine activité. Elle l'asseyait dans sa chaise haute devant la nourriture, même si la dernière chose au monde qu'elle désirait, c'était manger. Maman restait penchée sur la baignoire tout le temps qu'elle prenait son bain ; elle la tenait par le bras pendant qu'elle la lavait, et c'était tous les jours pareil. Chaque fois qu'elle disait quelque chose, maman lui répondait, à croire que c'était à elle qu'elle parlait. Même quand elle était tranquille dans son petit lit, maman se penchait sur elle pour l'écouter. Chaque jour, Emily essayait d'ouvrir les portes, recommençant plusieurs fois. Elle connaissait d'autres personnes – surtout « papa », « Grandy », « Eva », qui ressemblait à Emily, mais se contentait de rester debout à regarder, et le « Jackie » d'Eva, mais aucune de ces personnes n'était comme maman. Emily ne savait pas quoi faire de tout cela.

Entre le moment où Lillian prit rendez-vous chez le médecin et le rendez-vous lui-même, elle passa par les cinq stades de la réaction face à une mauvaise nouvelle, mais elle les affronta seule : il n'y avait rien d'écrit nulle part sur le stade « tout raconter à votre anxieux époux », aussi n'en fit-elle rien. La phase « déni » fut la plus facile : elle demanda à Arthur de l'amener voir *American Gigolo* ; ensuite ils allèrent manger une glace, et Arthur la fit rire à en avoir mal aux côtes en imitant Richard Gere qui disait : « Bonjour, Judy, vous êtes une très belle femme. Très sexy. Je vous plais. Je vous donne du plaisir. » Puis elle lui dit : « Comment fais-tu, Arthur, comment peux-tu séduire toutes ces femmes ? Tu es un fieffé coquin. » Alors il la regarda avec le plus grand sérieux en agitant la tête. Ce fut plus dur une fois rentrés à la maison, car elle dut écarter sa main de son sein droit avec subtilité, mais elle s'en tira bien et ils riaient toujours lorsqu'ils s'endormirent.

La phase « colère » succéda le lendemain lorsqu'elle tomba par hasard au supermarché, au rayon des conserves, sur une femme qui mettait un point d'honneur à propager des commérages au sujet de toutes les personnes qu'elles connaissaient. Elle se montra aimable avec elle et lui confia qu'elle avait vu « la nouvelle coiffure de Mary Jo Canton. Oh, ma chère, ça décoiffe ! ». Dans le parking, au moment où Lillian repartait, elle la vit à nouveau qui suivait un employé, poussant son caddie rempli vers son énorme Mercedes (mais qui pouvait acheter ce genre de voitures ? Lillian aurait voulu le savoir), et là elle ne put s'empêcher de songer que cette femme avait six ans de plus qu'elle, qu'elle buvait beaucoup et qu'elle était gangrenée par la méchanceté. N'était-ce pas elle qui aurait dû avoir une grosseur au sein ?

Naturellement, dimanche fut le jour de la phase « marchandage ». Alors qu'ils étaient au lit, à lire des articles du *Washington Post* et du *New York Times* au sujet de Reagan et de Ford, qui semblaient trop vieux pour briguer la présidence, tandis que Bush siphonnait visiblement tous les électeurs de Ford, et qu'émergeait John Anderson – Arthur l'aimait bien : de toute façon, les Républicains avaient surmonté les querelles entre la droite du parti et le reste des troupes (ils ne cessaient de faire des allers-retours entre les sections) –, Lillian se demanda ce qu'elle aurait accepté de sacrifier pour éviter les épreuves à venir. La maison ? Les œufs ? Les steaks ? Le brie ? Le pop-corn dégoulinant de beurre ? Elle gigotait dans le lit et Arthur lui donna un article sur la différence entre les gens qui gardaient les rideaux fermés et ceux qui ouvraient leurs volets : les gens qui aimaient la lumière, et ceux qui préféraient l'obscurité. Cet article plut à Lillian, mais bon, aurait-elle pu faire les choses de manière différente ? Ne pas utiliser de détergents ? Donner le sein ? Rien d'autre ne lui venait en tête qui ne relève du sacrifice, et si on en arrivait là, alors c'était bien le genre de pacte que proposait la religion, pas vrai ? Quelqu'un doit mourir pour que quelqu'un d'autre vive. Mary Elizabeth ? Tim ? Elle soupira et Arthur lui demanda : « Ça va, ma chérie ? Tu veux une autre tasse de café ?

– Non, merci. Une me suffira aujourd'hui. » En réalité, elle avait envie de cette seconde tasse de café et lorsque Arthur revint dans la chambre avec la sienne, l'odeur lui titilla les narines. Mais renoncer au café, c'était un début.

Le lundi, elle fit semblant de dormir, la tête enfouie dans l'oreiller, et après le départ d'Arthur, elle se redressa et laissa ses larmes se déverser. C'était si facile de s'imaginer morte, et ce n'était pas bon. Elle ne sentirait plus rien, elle en était persuadée et, dans le cas contraire, elle n'avait commis aucun péché qui lui fasse encourir un quelconque châtiment (même si cela ne procédait pas d'une nature vertueuse : on lui avait appris à être une bonne petite fille, et elle s'était montrée docile). Mais que deviendraient Arthur et Debbie sans elle, sans parler de Janet, Tina et Dean ? Elle ne pouvait l'imaginer. Debbie lui téléphonait tous les jours ; Arthur la suivait partout quand il n'était pas à son bureau et, quand il y était, il l'appelait le matin, puis l'après-midi. Dean lui téléphonait lorsqu'il était inquiet ; Tina, lorsqu'elle était prise par l'enthousiasme. Tous ces coups de fil n'avaient rien de désagréable : elle adorait ça. C'était le flux des nouvelles qui s'écoulait librement, agrémenté de plaisanteries et d'histoires drôles, d'anecdotes glanées à la télévision, dans les magazines, à l'école. Dès qu'elle pensait à quelque chose de drôle ou d'étrange, elle se demandait à qui elle pourrait le raconter, et elle appelait ceux que cela pouvait intéresser – qui de leur côté faisaient de même. Seulement ils ne se téléphoneraient pas aussi facilement les uns les autres. Elle était leur point de jonction, la croisée des chemins où aboutissaient et d'où partaient les informations. La situation de Claire était choquante puisque Paul refusait de signer les papiers du divorce, l'accusant de détruire ses enfants et la menaçant d'aller voir un juge qui s'arrangerait pour qu'elle ne touche pas le moindre sou, cependant, le départ de Lillian ne serait-il pas encore pire, dans son genre, un événement dont sa famille ne tirerait aucun bien ? Ces pensées lui occupèrent l'esprit pendant toute la journée, jusqu'au moment où elle mélangea la purée de la veille avec un jaune d'œuf pour préparer des croquettes qu'elle roula dans la chapelure et mit à frire : alors elle songea qu'elle en faisait toute une histoire et que c'était inutile.

Elle rêva toute la nuit d'une scène qu'elle avait vue dans un film, même si elle ne se rappelait plus lequel c'était. Un homme dort, et pendant ce temps, son chien conduit le troupeau de moutons jusqu'à un ravin où il les pousse à se précipiter. L'homme ne peut détacher son regard des moutons ; dans le rêve on ne savait pas comment il se réveillait. Elle rêva cela, puis elle rêva qu'elle le racontait, ensuite elle rêva qu'elle se disait à elle-même que ce n'était qu'un rêve. Mais elle continuait de regarder les cadavres des moutons morts au fond du ravin.

À son réveil, elle sut qu'il n'y avait rien à faire, et elle fut calme pendant toute la journée. Elle prépara le petit déjeuner d'Arthur et l'embrassa sur sa calvitie naissante pendant qu'il mangeait, puis elle fit la vaisselle, la lessive, tria des paquets de graines de fleurs de l'année précédente, et s'émerveilla avec Debbie des progrès de Carlie qui parvenait à assembler toute seule un puzzle de douze pièces. Ensuite, elle prit sa voiture et partit chez le médecin.

Le gynécologue de Lillian était un homme d'expérience – il était plus vieux qu'elle et il se montrait compétent, rassurant, pas désagréable comme Paul (ils auraient dû se méfier de la manière dont il traitait Claire à sa façon de tancer les parents dont les bébés avaient une otite), ni à l'article de la mort tel que le Dr Craddock, dont Lillian se rappelait encore en frissonnant les doigts tachés de nicotine – et on ne pouvait pas dire qu'il soit d'une hygiène irréprochable non plus. Le Dr Champion, lui, était à la fois propre comme un sou neuf, et d'une douceur rassurante. Assisté de sa femme, Kathryn, qui était infirmière, il palpa sa grosseur et les tissus voisins, puis l'autre sein. Il regarda son dossier et lui posa quelques questions, en particulier sur sa mère et sur sa grand-mère. Puis il tapota son stylo sur le bureau et dit : « Je suis sûr qu'il s'agit d'un adénofibrome – une tumeur bénigne très commune. C'est ce qu'il me semble. Tout ce qu'il faut faire pour l'instant, c'est le surveiller pendant trois à six mois. Essayez de ne pas y penser, et surtout ne vous inquiétez pas. Eileen va vous donner un rendez-vous pour l'été prochain. »

En rentrant chez elle, Lillian songea qu'elle entrait à présent dans la phase mort et résurrection. Elle n'éprouvait rien pour l'instant, mais elle savait qu'en rentrant chez elle, elle irait marcher parmi les tulipes éclatantes et de toutes les couleurs, nombreuses cette année-là, surtout les violettes dont les pétales se terminaient en pointe et s'épanouissaient vers l'extérieur. Une fois au milieu des tulipes, elle prendrait une grande inspiration et songerait au dîner, peut-être des steaks et des patates douces caramélisées, elle serait toute contente quand Arthur rentrerait et sans doute rirait davantage encore que d'habitude de ses plaisanteries, elle l'embrasserait plus souvent et lui tiendrait la main pendant *The White Shadow*. Et si jamais elle lui parlait de sa visite chez le Dr Champion, jamais elle ne lui dirait ce qu'elle avait imaginé pendant les cinq derniers jours.

Ce fut Debbie qui prit le rendez-vous. Avec le recul, Lillian comprit que sa fille avait tout préparé longtemps à l'avance, et qu'elle était tombée dans le panneau. D'abord, Debbie les convainquit de louer une maison en août sur Fire Island ; elle avait chargé Henry de trouver la location. Ce serait cher, même si Lillian en ignorait le prix, mais ce serait près de la plage, et grâce à l'océan tout proche, moins chaud que leur maison de McLean. Ensuite, le premier soir, Debbie envoya Lillian et Hugh avec les enfants à la plage pour admirer le coucher de soleil. Elle en profita pour prendre son père entre quat'z-yeux. Il admit qu'il savait que Lillian devait retourner voir le médecin, mais il ne l'y avait pas poussée : il détestait les médecins, et pensait qu'elle devait être libre de choisir, comme pour tout le reste. Bien sûr, ses arguments tombèrent à plat devant la juste colère de sa fille. Ce soir-là, en se mettant au lit, il ne dit rien à Lillian de ce qui l'attendait. Elle aurait dû avoir des soupçons lorsque Henry arriva pour passer le week-end avec eux – avait-il jamais apprécié les réunions de famille ?

Quand Carlie ou Kevvie l'approchait, il tendait la main et bougeait les jambes de manière que leurs doigts sales ne touchent pas son pantalon parfaitement repassé. En guise de cadeaux, il leur apporta des livres : *Oliver Twist* et *The Borrowers*, pas exactement ce qui convenait à des enfants de cinq et deux ans, mais c'était l'intention qui comptait. Puis le dimanche soir, à la fin du dîner, personne ne se leva, mais au signal de Debbie, Hugh alla mettre les enfants au lit, et lorsque Lillian voulut se lever pour débarrasser, sa fille lui dit : « Maman, il faut qu'on te parle de quelque chose. »

Lillian ignorait totalement de quoi il pouvait s'agir, mais étant donné le ton sec de Debbie, elle se rassit.

Installé près d'elle au coin de la table, Arthur n'osait pas la regarder, mais sa main se glissa dessous pour prendre la sienne. Debbie lui dit : « Nous en avons discuté entre nous, et nous pensons que tu dois retourner chez le médecin.

– Mais pourquoi donc ? » demanda Lillian en toute honnêteté : elle n'avait pas encore compris de quoi il s'agissait. Elle s'était habituée à cette grosseur au sens où elle ne s'autorisait jamais à y penser ni à la toucher, et bien qu'Arthur l'ait découverte et lui ait posé la question (voilà pourquoi elle lui avait parlé du rendez-vous chez le Dr Champion), elle ne l'avait plus jamais laissé y toucher. À quoi bon ne plus avoir de rapports sexuels si ce n'était pour se prémunir de soucis sans fondement ?

« Tu sais parfaitement pourquoi », répondit Debbie, et c'est alors qu'elle se souvint. Ensuite Henry prit le relais. « Franchement, Lillian, je n'arrive pas à croire que tu aies attendu si longtemps, en temps normal je considérerais que cela ne me regarde pas, mais là je pense qu'il est nécessaire que tu consultes quelqu'un.

– Nous t'avons pris un rendez-vous, reprit Debbie.

– Comment as-tu osé ! » s'exclama Lillian, pourtant c'était là l'objet de ce genre d'intervention : la même chose était arrivée à Betty Ford, mais à propos de la boisson, pas d'un rendez-vous chez le médecin. « Je veux qu'Arthur m'accompagne.

– Je t'accompagnerai, répondit-il.

– Non, je veux dire, il faut que tu ailles faire un bilan, toi aussi. » Et elle ajouta, pour lui faire la leçon : « Il n'est pas allé chez le médecin depuis dix ans. »

En voyant son air effondré, elle fut envahie de regrets.

Le cabinet se trouvait à Manhattan ; ils prirent le ferry le lendemain matin. Hugh resta garder les enfants, et Debbie entreprit de cornaquer Lillian comme s'il s'agissait d'un jeune veau rétif. Mais Lillian ne se rebella pas. Du moment qu'Arthur était là. Bien sûr, tout cet examen fut une torture dès le moment où la machine lui écrasa le sein gauche, puis le droit, sans parler de la nécessité de retenir sa respiration en restant absolument immobile, avec l'infirmière qui la poussait plus près au point que la machine lui rentre dans les côtes, et qui aboyait chaque fois que Lillian pensait à autre chose – apparemment, cela la faisait bouger. Elle avait mal aux seins – pas de la même manière d'un côté et de l'autre, mais suffisamment pour qu'elle se fasse croire à elle-même pendant cinq minutes qu'il n'y avait pas de problème. L'infirmière ne laissa pas Arthur entrer dans la salle de radio, mais ensuite le médecin l'invita à le suivre dans le cabinet, et là c'est lui qu'il regarda dans les yeux, pas

Lillian. C'était un signe. Le médecin était jeune – Neil Feigenbaum. Autour de quarante ans. Debbie demeura dans la salle d'attente, à croire qu'elle gardait la porte. Oui, la grosseur était importante ; oui, il fallait faire une biopsie. On était lundi. Pouvait-elle revenir le lendemain ? Il travaillait avec l'université de New York ; on pouvait faire la biopsie là-bas. Arthur, ce vieux traître, ne cessait de hocher la tête en disant qu'ils y seraient dès huit heures le lendemain matin. Pour finir, Lillian déclara : « Ça veut dire qu'il faudra prendre le ferry à six heures. »

Arthur lui lança un long regard strict et affectueux : « On va trouver une solution. »

Quand ils revinrent dans la salle d'attente après avoir signé des papiers, Debbie raccrochait juste le téléphone que l'infirmière l'avait autorisée à utiliser, mais Lillian ne songea pas à lui demander qui elle avait appelé – Hugh sans aucun doute. Seulement ce n'était pas Hugh : c'était Andy. Dès qu'ils sortirent dans la chaleur de la 1re Avenue, Andy apparut, et Lillian comprit que le Dr Feigenbaum devait être son gynécologue. Andy la serra mollement dans ses bras, comme à son habitude, puis elle dit : « Allons déjeuner. » Ils partirent à pied, et tout du long, Andy leur parla d'Emily, de Janet, de Michael et de Loretta (« Seigneur, elle le fait marcher au pas »), et de Richie et « cette gentille fille juive ». (« Elle est si ambitieuse. Je suis sûre que notre lignée serait revigorée par un peu de sang juif. Mais je ne dis rien. Je me force à me taire. ») Le restaurant était sombre et démodé, avec de vieux serveurs qui ne faisaient rien sans une serviette repliée sur le bras ; Lillian s'attendait presque que le vieillard âgé de quatre-vingts ans vienne lui essuyer le menton. C'était donc vrai, pensa-t-elle, il lui faudrait repasser par les cinq stades, ou peut-être quatre seulement, car elle ne voyait pas comment elle pourrait retomber dans le déni à présent que Debbie savait, ainsi qu'Andy, et bientôt Henry, Frank, Claire, Janet, Hugh, Jared. Arthur ne la lâchait pas ; même assis, il était presque sur elle, sans doute qu'il ne s'en apercevait pas. Andy et Debbie ne cessaient de parler : Andy d'Emily, Debbie de Carlie et Kevvie. Elles formaient une sorte de chœur. Tout ce que disait Andy au sujet d'Emily rappelait à Debbie quelque chose au sujet de Carlie ou Kevvie, ainsi échangeaient-elles leurs monologues. Lillian prit des petits pâtés de crabe à l'aïoli, et Arthur (elle ne le quittait pas des yeux) commanda des crevettes, et comme c'était bon, il mangea presque tout. Debbie se jeta sur la nourriture. Andy mangea juste un artichaut, prenant chaque feuille du bout des ongles avec une grande délicatesse pour la tremper ensuite dans de l'huile d'olive avec juste une pointe de sel de mer. Au dessert, elle eut une bonne idée : elle commanda deux crèmes brûlées et quatre cuillères. La crème brûlée semblait conçue dans le but même d'encourager le déni.

Ils mirent ensuite Debbie dans un taxi en direction de Penn Station – elle ne serait pas de retour à Fire Island avant seize heures. Andy dit alors : « Mon Dieu, mais il faut que vous preniez une chambre au Waldorf », et Arthur répondit : « Pourquoi pas ? » en lui lançant un large sourire, seulement Lillian en était déjà à la phase chagrin lorsqu'ils entrèrent dans l'hôtel.

Richie roula sur le côté et faillit tomber du lit car Ivy avait disparu. Il se retint, cependant, car il avait de bons réflexes, même à moitié endormi. Trois pensées lui traversèrent l'esprit avant l'élection : il songea qu'il devait se lever pour aller pisser. Puis qu'il était sept heures et demie et qu'il devait être au travail à neuf heures. Ensuite il se demanda si Ivy avait préparé le café. Enfin seulement, qui avait gagné la présidentielle, aussi alla-t-il au salon. Ivy était debout devant la télévision, peignoir ouvert, et elle pleurait. Il demanda : « Reagan a été élu, c'est ça ? »

Elle se contenta de hocher la tête. Au bout d'un moment, elle dit : « Je savais que j'avais eu tort de voter pour Barry Commoner. »

Dans la cuisine, le dernier bagel avait disparu, mais il y avait du pain et un morceau de tarte aux pommes, ce qui était parfait pour un petit déjeuner. Étant donné les différences d'opinions entre Michael et Ivy, Richie avait adopté la position la plus prudente : il n'avait pas voté.

Le téléphone sonna : c'était Loretta, qui paraissait se réjouir, même si elle ne dit mot à propos de l'élection : « Salut, vous voulez venir dîner ce soir ? »

Richie s'entendait bien avec Loretta, qui avait davantage d'humour que Michael et Ivy. « Ça fait un mois qu'on n'a pas eu de vos nouvelles. Vous allez nous laver la bouche au savon ?

– Pas tout de suite.

– Quand alors ?

– Quand vous vous y attendrez le moins.

– Qu'est-ce que tu vas préparer ?

– Des tagliatelles à la modeste.

– On n'aime pas ça.

– D'accord. Ce sera des lasagnes.

– Tu suis toujours tes cours de cuisine italienne ?

– C'est la huitième semaine.

– J'aimerais mieux un plat de Toscane. »

Loretta garde le silence un moment, puis elle dit : « Taglionis à l'huile d'olive et aux herbes ? Puis des médaillons de veau avec une sauce aux noix ?

– Je vais la convaincre.

– Tu sais bien que je lui ai pardonné.

– La question c'est : est-ce qu'elle, elle t'a pardonné… » Ivy apparut alors à la porte et il dit : « Salut », puis raccrocha. Ivy ne demanda pas qui c'était, et il prit les devants : « Maman te passe le bonjour.

– Bonjour, Andy » répondit Ivy.

Richie s'approcha et l'enlaça. Il la serra fort, et elle s'abandonna. « Tu as les pieds tout froids. Ils sont glacés.

– Je suis debout depuis quatre heures. J'aurais dû aller me coucher avant les résultats. Au moins, j'aurais eu une dernière bonne nuit de sommeil.

– Tu crois qu'il va déclarer la guerre tout de suite ? Il ne sera pas intronisé avant deux mois.

– Arrête de plaisanter.

– Tu as parlé à ta mère ?

– À maman et papa. Je les ai eus vers six heures. »

C'était mauvais signe. Ivy avait rencontré tante Eloise, aussi ne pouvait-il critiquer les parents d'Ivy qui, bien que très à gauche, n'avaient jamais été membres du PCUSA, ni été interrogés par la commission de la Chambre sur les activités anti-américaines, et qui de toute façon avaient vingt ans de moins qu'Eloise. Ils avaient tous les deux fait leurs études au City College, même si désormais ils habitaient Long Island. Ils pensaient que l'aide sociale était forcément une bonne chose, et que Wall Street représentait nécessairement le mal. De même qu'Eloise, ils utilisaient des termes tels que « la classe ouvrière », « la bourgeoisie » ou « le capitalisme ». Leur maison en désordre était encombrée de vieux exemplaires de magazines de gauche comme *The Nation*, *Dissent* et *Mother Jones*. Alma et Marcus aimaient tous les deux finir les repas de famille sur une cigarette et une bonne discussion politique ; ils cherchaient à ce que chacune des personnes présentes, y compris Richie, affûte ses arguments, et Richie devait admettre que la plupart du temps ses arguments se résumaient à « l'instinct », ainsi que le disait Alma en secouant la tête. C'étaient de fervents partisans du rationalisme. Alma était plus dure avec Richie que Marcus, qui souvent finissait par lui dire : « Alma ! Laisse ce garçon tranquille ! Il lui plaît et c'est tout !

– Comment pourrais-je le laisser tranquille ? s'exclamait-elle. C'est justement là le problème : on l'a laissé tranquille toute sa vie ! »

Il fallait bien l'avouer, Ivy avait beau lever les yeux au ciel, elle était d'accord avec ses parents. Le problème venait de leur attitude : ils étaient grandes gueules, désordonnés et ne mettaient pas les formes. En privé, elle les aimait, mais elle refusait de se montrer en public avec eux, même pour faire les courses.

Il l'embrassa sur le front, puis plus lentement sur les lèvres, ensuite il prit le coin d'un torchon pour lui tamponner les yeux et essuyer ses larmes. « La seule raison de l'élection de Reagan, c'est que Carter était incompétent. Mon oncle Joe, qui est le type le plus gentil du monde, pense que son embargo sur les céréales va causer sa ruine. On dirait que tout ce qu'a entrepris Carter a mal tourné. C'est l'atout de Reagan.

– Il est trop lisse ! Il n'est que le porte-parole des grandes entreprises, exactement comme au cinéma, ou quand il a été élu gouverneur ! Il a été vraiment nul en Californie.

– Laisse-lui une chance. Peut-être qu'il sera le bon parmi les pommes pourries, hein ? Laisse-lui juste un peu de temps. » Après quoi, il n'osa pas parler du dîner. Malgré sa nature accommodante, il savait que Loretta attendait qu'on fasse amende honorable – elle était comme ça. Et ils ne pouvaient pas remettre cela éternellement ; Loretta n'oubliait jamais rien, elle gardait tout en mémoire. L'élection lui donnait dix points d'avance, mais s'ils ne venaient pas à ce dîner, cela ne ferait qu'empirer la situation.

Lorsqu'il appela Ivy à l'heure du déjeuner, elle lui dit : « C'est bon, on peut y aller.

– Où ça ?

– Chez eux.

– On est invités ?

– Richie, je sais qu'elle t'a appelé ce matin pour nous inviter à dîner. Elle m'a téléphoné au bureau, au cas où tu aurais oublié.

– Mais c'est la CIA, cette fille ! »

Ivy éclata de rire, ce qui signifiait qu'elle commençait à oublier l'élection.

Puis Richie dit pour l'amadouer : « Quelle différence ça fait, qui a gagné ? Ils sont tous pareils.

– Oh, tu es désespérant.

– On ne les voit que quatre ou cinq fois dans l'année. C'est comme une punition. Ou comme payer des intérêts. Naturellement, toi et moi on déteste tous les deux les réunions de famille, mais il faut bien jouer le jeu de temps en temps, non ?

– Bon, d'accord. Oui, d'accord. Quatre heures. Je tiendrai. »

Quand débuta la dispute (après le veau mais avant la Sambuca), les filles se conduisirent en vraies pros du débat, et Michael et Richie restèrent à se regarder l'un l'autre. Ivy lança les hostilités : « Quoi que tu dises, ne me lance pas sur Adam Smith. Il ne faisait pas confiance aux commerçants. Il pensait qu'ils allaient s'allier pour chier sur tous les autres, si possible.

– Je préférerais qu'on parle des otages en Iran », dit Richie. Elles ne lui prêtèrent aucune attention.

« Adam Smith ? releva Michael. C'est le type avec qui tu as couché l'été dernier ? »

Richie lui donna un coup de pied sous la table – assez fort, en fait. Michael s'écria : « Aïe ! »

Les filles avaient l'habitude de leurs combines.

« Pas besoin de théoriciens, dit Loretta. Inutile. Il suffit de jeter un coup d'œil autour de soi et on voit bien le bazar que mettent dans le pays toutes ces agences que je finance avec mes impôts. Les gens voudraient faire des choses, mais ils sont pieds et poings liés à cause de toute cette paperasse.

– Comme mettre le feu à la rivière Cuyahoga. »

Un point pour Ivy, songea Richie.

« Si les gens voulaient que ce soit propre, ils n'avaient qu'à nettoyer, dit Loretta.

– Ils voulaient en effet que ce soit propre, et ça a été nettoyé grâce aux règles de l'Agence pour la protection de l'environnement, pas grâce à la main invisible. »

À ce stade, Michael caressa du bout des doigts la nuque de Loretta. Elle rit mais lui saisit la main. « Toi, tu voulais que ce soit propre, mais peut-être que les gens du coin étaient prêts à accepter des emplois en échange d'un peu de pollution. Rien ne prouve que la pollution soit nocive. Peut-être qu'il s'agit juste de trucs qui ne sont pas à leur place.

– Quand Loretta était petite, dit Michael, les murs de sa chambre étaient tapissés de papier peint contenant du DDT avec Donald Duck dessus. C'était uniquement pour les enfants. »

Loretta fit volte-face. « Et après, quel mal y avait-il ? C'était une bonne idée. Ça tuait les moustiques qui se posaient sur le mur. »

Ivy la dévisageait.

« Si tu interdis le DDT, des millions de gens mourront de la malaria, et tu n'auras fait de bien à personne, reprit Loretta.

– Alors laissons le marché les tuer, dit Ivy.

– Au moins, c'est leur choix.

– Et si l'on mettait des indications sur les rouleaux de papier peint en expliquant tout ce qu'on sait du DDT ?

– On sait que ça tue les moustiques. Rien ne prouve que ce soit mauvais pour les enfants. De toute façon, le marché a décidé du sort du papier peint imprégné de DDT, et voilà. Je n'en ai pas vu à vendre depuis un moment. De même que la peinture au plomb ou les machines à rayons X dans les magasins de chaussures. Les choses apparaissent puis disparaissent. Si tu ne laisses pas faire le marché, alors ça finit comme en Russie. »

Richie songea qu'elle avait marqué un point.

Mais Ivy reprit : « La Russie n'est pas la seule possibilité. Autrefois, aux États-Unis, les banques imprimaient les billets, aujourd'hui c'est le gouvernement, parce que le laisser-faire n'a pas fonctionné, parce que ça a engendré le chaos. Certains domaines doivent être réservés au gouvernement, d'autres aux entreprises. Je ne veux pas la Russie, mais je ne veux pas non plus la mafia. »

Michael commençait à s'ennuyer ferme, de même que Richie. Il déclara : « J'ai adoré *Le Parrain II*. Ta-da ! Qui veut de la sambuca ? On peut faire un truc : on met des grains de café dedans, et on les brûle. Ça fait disparaître l'alcool. Ta-da ! Oh, vous m'avez eu. » Et il se laissa tomber par terre.

Loretta dit : « Reagan est ferme. Les Iraniens le savent, et les otages vont être libérés.

– On verra, dit Ivy

– Oui, on verra », répondit Loretta avec une pointe de satisfaction.

Sur le chemin du retour, Richie et Ivy tombèrent d'accord : plus de Michael et Loretta jusqu'à la fin janvier au moins.

1981

Charlie lisait un livre, adossé aux montants de son lit, genoux relevés, couvertures jusqu'à la taille. Il ne portait qu'un T-shirt déchiré au col qu'il avait rapporté de son camp de vacances, et il avait beau faire zéro dehors, bien que sa mère ait baissé le chauffage pour la nuit, il n'avait pas froid. Il était trois heures et quart et il en était à la page 477. Il lui en restait cent cinquante. Au fil des années, Charlie avait veillé tard pour regarder des films, se balader en voiture, aller dérouler des rouleaux de PQ dans le jardin et sur la maison de Ricky Horan, pour parler à Leslie Gage au téléphone et écouter du rock tout bas, mais jamais pour lire un livre. Et il avait beau suivre l'histoire avec joie et plaisir, il se stupéfiait lui-même.

Il avait trouvé ce livre par terre devant chez Kroger. Il l'avait rapporté à la maison et caché dans sa chambre pour ne pas que maman fasse toute une histoire du fait qu'il lisait enfin un bouquin, puis il l'avait ouvert comme ça, en se disant que c'était écrit petit. La première phrase n'avait aucun sens, mais la deuxième le fit rire : « La gouvernante s'embrouillait toujours avec son astrolabe, et quand elle était particulièrement embrouillée, elle s'en prenait à Wart et lui tapait sur les doigts. » Il commença à comprendre lorsqu'il réalisa que Wart était un enfant. Il lui fallut une demi-heure pour lire les deux premières pages, c'était tellement bizarre. Mais il s'aperçut que c'était écrit exprès pour paraître bizarre, et il se dit que l'auteur avait inventé cette énigme pour lui : j'écris ces mots-là pour que tu comprennes, je garde ceux-là pour moi, quant aux autres là, au milieu, tu parviendras à les déchiffrer si tu y mets du tien. Des images bondissaient de la page dans sa tête, et il les voyait. Il poursuivit, même s'il n'avait qu'une très vague idée de qui étaient Arthur et Gauvain parce que de temps en temps il lisait *Prince Vaillant* dans les pages bédé du journal du dimanche. Malgré ses difficultés avec les mots, il continuait car il avait envie de connaître la suite de l'histoire.

Il s'étira un peu et tourna la page. À présent, c'était l'histoire de Lancelot et Guenièvre. Il aima cette phrase : « La moitié des chevaliers avaient été tués – la meilleure moitié. » Il lut ce qu'on disait de ceux qui restaient, et s'aperçut que le roi Arthur réfléchissait au fait que, quand on s'apprêtait à se lancer dans une aventure, on commençait par mettre en avant ce qu'on avait de mieux, et on se retrouvait coincé ensuite avec ce qui restait de moins bon. Cela ressemblait à l'expérience de Charlie dans les équipes de natation et de plongeon : ils commençaient toujours par leurs meilleurs plongeons, ou par nager sur le dos pour finir par la brasse, afin de prendre assez d'avance sur les autres équipes et qu'elles ne puissent pas les rattraper. Seulement ça signifiait qu'on faisait les plongeons les plus difficiles alors qu'on était déjà fatigué, et du coup les notes étaient encore plus mauvaises. Il ne put qu'imaginer vaguement la suite : un passage sur les vêtements des personnages, et combien ils avaient l'air ridicule. Mais il comprit parfaitement tout ce qui concernait Guenièvre. Les gens bien avaient disparu, et ceux qui restaient étaient comme les autres à l'école : tout ce qu'ils voulaient, c'était la voir se planter, non pas parce qu'ils lui voulaient du mal, mais parce qu'ils n'avaient rien de mieux à faire.

Ce n'était pas la partie du livre que Charlie préférait, même s'il ne put s'empêcher de poursuivre sa lecture. Ce qui lui avait vraiment plu, c'était le moment où Merlin transformait Wart en poisson et en faucon. Il avait beau n'être jamais allé plus loin que Chicago d'un côté, et les monts Ozarks dans l'autre direction – il habitait Saint Louis – en lisant ces lignes il pouvait imaginer à quoi ressemblait l'Angleterre : tous ces oiseaux, ces châteaux, ces collines. Il y avait un passage qui l'avait fait pleurer, ce qui ne lui était jamais arrivé même en regardant un film. Lorsque les enfants – Gauvain, Gareth et les autres – tuaient la licorne pour leur mère et la rapportaient chez eux, toute sale et meurtrie, en la traînant par terre, et que leur mère ne les laissait même pas la faire entrer dans la maison : c'était la chose la plus triste qu'il ait jamais lue ou vue. Il ne savait pas pourquoi. Et il pensa que des choses encore plus tristes allaient se produire.

À quatre heures et quart, le livre glissa sur les couvertures, et sa tête contre le montant du lit. Il était très bien comme ça : un de ses talents consistait à dormir dans n'importe quelle position. Lors de son premier séjour à Current River, les autres l'avaient testé : la tête en dehors de la couchette ? Aucun problème. Les pieds par terre ? Les pieds attachés à la couchette du haut ? Bras et jambes écartés ? Quand il dormait, il dormait : c'était Charlie. Les autres garçons commencèrent à le respecter après qu'il eut collé quelques yeux au beurre noir. De toute façon, il était grand – un bon mètre quatre-vingt-dix pour soixante-quinze kilos, trop grand pour plonger, à moins qu'il se mette à soulever de la fonte. Mais ça ne le dérangeait pas. Lutz, son entraîneur, et lui savaient qu'il arrivait au bout de ses capacités. En natation, Jenkins lui avait dit et répété que Mark Spitz mesurait un mètre quatre-vingt-cinq pour soixante-dix-sept kilos. Charlie pourrait prendre sept ou huit kilos et gagner sept médailles d'or aux jeux Olympiques, ou même ne serait-ce qu'une seule. « Tu es notre espoir ! » lui disait l'entraîneur Jenkins. Mais Charlie avait besoin de l'aiguillon de la peur pour continuer, et la brasse était une activité particulièrement peu dangereuse, à moins de vouloir nager jusqu'à Cuba au milieu des requins. Ça, il n'avait pas encore essayé.

Sa mère vint le réveiller vers dix heures, elle ramassa le livre par terre, le regarda, le posa sur la table de chevet sans rien dire et elle jeta un coup d'œil à son fils – un de ces coups d'œil maternels qui veulent dire : « Et maintenant ? » Charlie sourit. Sa mère sourit. Elle savait qu'il ne fallait plus lui faire de bisou, alors elle lui ébouriffa les cheveux et dit : « Oh, *La Quête du roi Arthur*. J'ai toujours eu envie de le lire. »

Claire avait un problème : un an et demi après avoir demandé le divorce, personne ne voulait affronter l'avocat de Paul. Celui qu'elle avait fini par embaucher était le genre d'homme avec lequel elle ne serait jamais sortie. Il avait passé toute son enfance à Chicago avec son père sur les champs de courses, effaré par les énormes paris que prenait celui-ci, et qui se terminaient souvent mal, au milieu des injures à l'encontre des escrocs et des gangsters. C'était à présent un spécialiste du divorce, grande gueule et costaud, mais chaque fois que l'avocat de Paul leur imposait un ultimatum, il secouait la tête d'un air désespéré en disant qu'ils étaient obligés d'accepter. Claire ignorait totalement si c'était vrai. Elle aurait dû engager l'avocat de Paul, un homme plus froid et plus affable, et elle l'aurait fait si on l'avait conseillée, seulement elle s'était contentée d'ouvrir l'annuaire, de laisser son doigt glisser le long de la colonne de noms en songeant qu'ils devaient être à peu près tous pareils. Mais non, pas même en Iowa, l'un des premiers États à accorder le divorce sans faute. L'expression même de divorce « sans faute » mettait Paul en rage.

Cela ne signifiait pas qu'elle était malheureuse. Elle avait réussi à exiler Paul dans un recoin de son univers, en grande partie parce que, à l'insu de tous à part Paul et son avocat, elle s'était rendue chez le courtier le lendemain du jour où il l'avait frappée et, avec l'aide de la secrétaire, elle avait transféré 240 000 dollars de fonds sous forme de titres sur un autre compte auquel elle seule avait accès. Ces fonds lui rapportaient désormais vingt pour cent, aussi avait-elle tout l'argent qu'il lui fallait. Si Paul était dans une telle rage, c'était parce qu'elle l'avait coiffé sur le poteau. Il avait trouvé une stratégie pour l'empêcher de partir : il s'était rendu chez son courtier, et là ils avaient eu une énorme surprise. La secrétaire s'était montrée admirable, songeait Claire, elle avait déclaré ne pas savoir sous quel prétexte elle aurait pu refuser de procéder à l'opération pour Mrs Darnell.

Claire avait un joli appartement. Sa voiture était en parfait état. Paul lui avait appris à gérer chacun des aspects de sa vie selon un emploi du temps très strict, depuis le coiffeur jusqu'à la transmission de son véhicule, quel que soit son état, et les résultats étaient excellents car cela l'occupait tout en prévenant tout dysfonctionnement éventuel. Elle avait à présent quarante-deux ans. Le même âge qu'Ali McGraw, Lily Tomlin et Tina Turner. Elle partait du principe que sa carrière à elle commençait à peine, tandis que les leurs finissaient, ou atteignaient des sommets. À d'autres moments, elle les enviait, car elles avaient su très tôt quelle était leur vocation, alors qu'elle l'ignorait. Toujours.

Les mardis et jeudis, elle allait chercher les garçons à l'école, les amenait à leurs activités extrascolaires (Gray apprenait l'allemand, Brad le latin et la conduite). Ensuite elle les invitait à dîner puis elle les ramenait chez Paul, où elle supervisait leurs devoirs. Paul rentrait par la porte de derrière, et elle sortait par celle de devant. À seize et treize ans, les garçons étaient assez grands pour rester tout seuls, songeait-elle, d'autant plus qu'ils étaient plus grands qu'elle, et que Gray pesait huit kilos de plus, mais Paul, lui, n'était pas de cet avis. Le samedi, il déposait les garçons à la patinoire à neuf heures, et Claire venait les chercher à midi. L'après-midi, elle les amenait au cinéma ou faire les magasins, puis ils allaient dîner et elle les déposait chez eux, sauf quand Paul sortait, dans ce cas elle restait jusqu'à ce qu'il rentre (toujours avant minuit). Paul refusait qu'ils aillent chez elle, et même qu'ils aient connaissance de son adresse (ce qui était particulièrement absurde, étant donné leur âge). La situation aurait été compliquée si au lieu de garçons ils avaient eu des filles, ou s'ils n'avaient pas été les enfants de Paul Darnell, mais le respect des codes de conduite était inscrit dans leur tête depuis leur naissance, si bien qu'ils respectaient les règles à partir du moment où elles étaient clairement énoncées. Et puis ils n'avaient pas l'habitude de poser de questions, en tout cas pas à leur mère. Elle ignorait ce qu'ils demandaient à leur père. Mais elle était certaine qu'il devait leur mentir, sans desserrer les mâchoires.

La haine qu'elle éprouvait pour lui la surprenait elle-même. Elle ne le haïssait pas à l'époque où ils vivaient ensemble, même après qu'il l'eut frappée. Elle éprouvait alors de la compassion pour lui, reconnaissait qu'il faisait de son mieux, comprenait qu'il portait le poids de son enfance. Elle avait vu sa frustration et sa peur. Pendant des années elle avait glissé d'un jour à l'autre, lui donnant exactement ce qu'il demandait, ni plus, ni moins, et s'accordant à trouver avec lui que c'était une vertu. Mais après son déménagement, et sans qu'il y ait de relation avec ses actes en apparence, elle en était venue à éprouver pour lui une aversion qui la stupéfiait elle-même, depuis sa manière de prononcer certains mots, jusqu'aux cheveux gris sur ses tempes, où aux nuances de marron dans le bleu de son iris gauche. Quand elle bavardait avec ses copines divorcées à la salle de gym (elles étaient deux), elle ne trouvait rien à dire de l'odeur de ses pieds, de ses manières de table, ni de son rapport à l'alcool. C'est comme ça qu'elle comprit, en se comparant à ses amies, qu'elle le haïssait vraiment – à croire que pendant vingt-deux ans, elle avait dressé la liste des détails qui étaient antipathiques en lui chaque fois qu'il lui disait de se montrer attentive. Ces mêmes caractéristiques ne la dérangeaient pas chez ses enfants. Paul représentait un système en soi, et c'est ce système qu'elle méprisait. Son avocat préconisait de cultiver l'indifférence, mais c'était difficile, car Paul refusait toujours de divorcer.

Elle lui avait écrit une lettre, où elle le caressait dans le sens du poil, et lui demandait quel avenir il imaginait pour eux puisque jamais elle ne reviendrait volontairement auprès de lui. Il lui répondit dans la semaine qui suivit. Après le passage obligé sur le mariage qui était un contrat, un sacrement, un engagement, il poursuivait : « Je ne parviens toujours pas à croire que tu aies fait ça. Cela me paraît une sorte d'énorme erreur, une plaisanterie inconcevable qui va bientôt se terminer. Je n'ai rien vu venir. C'est comme si je m'étais réveillé dans un univers différent. Si tu ne retrouves pas tes esprits, il faudra alors que j'accepte l'idée que j'étais fou à l'époque, ou bien est-ce maintenant que je le suis, c'est l'un ou l'autre. » Claire le voyait, ce passage du noir au blanc, et inversement : ses propres sentiments de compassion, si ce n'est d'amour, s'étaient transformés en antipathie ; de même, sa certitude à lui de tout maîtriser s'était muée en une confusion profonde. Mais cela remontait à un an et demi. Et il faisait tant d'efforts pour demeurer ainsi incrédule qu'elle ne l'en détestait que davantage.

Andy lui conseillait d'aller consulter un psy, Lois d'ouvrir une boutique, Minnie de voyager, Lillian de tenir un journal, Henry de reprendre ses études, et Joe disait qu'il y avait plein de place à la ferme, songeant très certainement qu'elle risquait de se retrouver sans logis dans ce vaste monde. Il y avait aussi forcément quelqu'un, quelque part, qui pensait qu'elle devrait entrer au couvent. Le seul conseil qu'elle avait suivi, c'était celui du journal. Elle s'était acheté un vieux registre de vente destiné aux commerçants, où elle notait des observations sur les objets, comme cet ensemble de verres doseurs qu'elle avait reçu en cadeau de mariage de la part d'une des tantes de Paul qu'elle n'avait jamais rencontrée. Il y avait également quatre assiettes à dessert ornées de fruits, à bordure dorée, qu'elle n'avait jamais utilisées. Elle écrivait tout ce qui lui passait par la tête au sujet de ces objets, jusqu'à une page, puis elle remisait le registre sur l'étagère à côté des toilettes. Parfois, elle écrivait aux toilettes, ce qui lui apportait une certaine satisfaction. Elle concevait son cerveau ainsi qu'une grotte, pas très vaste mais extensible – chacun des mots qu'elle rédigeait (de son écriture presque parfaite) agissait tel un doigt minuscule, repoussant un peu plus loin les limites, la membrane, pour ouvrir des espaces nouveaux, laisser pénétrer la lumière. Parfois elle notait cette question : « Et après ? » Mais elle était incapable d'apporter une réponse plus approfondie que : « un sandwich au fromage », ou « un bain », ou *Cosmos*, un livre dont elle lisait les pages deux par deux. Elle s'était acheté un lot de best-sellers, dont l'autobiographie de Shelley Winters – elle avait soixante et un ans. Elle avait également acquis un livre sur les investissements financiers : *Investir en temps de crise : opportunités et profits à tirer de la grande dépression imminente.* D'après l'auteur, elle devait retirer l'argent investi sur les marchés financiers pour acheter de l'or, dont le prix variait entre 16,75 et 17,65 dollars le gramme ; cela lui donnerait un peu plus de 13,6 kilos d'or, mais aucun revenu. Elle songea que ce genre de placement aurait beaucoup plu à Paul, mais ça ne lui convenait pas à elle. Toutefois, elle écrivit une petite section dans son journal au sujet de son alliance, qu'elle conservait au bout d'un fil attaché à la poignée de la fenêtre. Écrire sur le sujet lui donnait l'agréable sensation de comprendre l'or, voire de le posséder, ce qui pour elle revenait presque à en acheter.

Lillian était assise tranquillement dans un coin. Auparavant elle n'était jamais entrée dans cette maison, imposante demeure de style colonial sur Q Street, et les invités étaient nombreux. Elle avait admiré les tableaux, à la fois réalistes et étranges – un âne dans une cuisine, un bébé assis au sommet d'un toit en ardoise tenant une pomme. Quand la femme vint s'asseoir à côté d'elle, Lillian eut du mal à se rappeler son nom – Irene – mais elle lui adressa un sourire amical comme elle en avait l'habitude. L'autre entama la conversation : « Oh, ma chère. J'ai bien pensé à vous. Vous ne devinerez jamais ce qui m'est arrivé.

– Je ne peux…

– C'est tellement bizarre. J'ai senti une grosseur juste ici. » Elle toucha son sein gauche par-dessous. « Naturellement, je suis tout de suite allée voir le docteur, et il a senti quelque chose lui aussi. J'étais terrifiée ! En rentrant à la maison et j'ai tout raconté à Jason. » Mais oui, le mari d'Irene s'appelait Jason. Est-ce qu'il ne travaillait pas au département d'État ? Un bel homme, un peu fripé. « Tout comme moi, il était terrifié. Il s'est montré si gentil avec moi pendant toute la soirée. Très attentionné. »

Lillian eut un sourire de compassion.

« C'est vrai, il m'a mise au lit, m'a apporté du thé, tout ce que je voulais. Le lendemain matin, il m'a emmené faire ma biopsie, et il est resté avec moi dans la salle d'attente jusqu'à ce que ce soit mon tour : la procédure durait ensuite une heure et demie.

– C'est long. Ils doivent se montrer très précis.

– Oui, évidemment. Donc, après, je sors, et Jason ne se trouvait nulle part. J'étais un peu… je ne sais pas. Alors je suis allée attendre dehors, et là je regardais autour de moi, un peu étourdie, quand j'ai vu arriver cette petite Toyota, du genre voiture d'occasion, elle s'est arrêtée au bord du trottoir, Jason en est sorti, et il a fait le tour pour aller embrasser la conductrice !

– Dieu du ciel !

– Oui ! Il la fréquentait depuis des mois ! Je peux vous dire une chose : ça a été un tournant dans ma vie. »

Lillian ne put s'empêcher de jeter un coup d'œil à la poitrine d'Irene.

« Oh, non, la biopsie s'est révélée négative. Ça va très bien malgré mes autres soucis, mais j'ai songé à vous et à tous vos ennuis depuis que Miriam m'a raconté. »

Je ne souhaite ça à personne, pensa Lillian.

« Mais vous allez beaucoup mieux à présent. Vous avez l'air rayonnante. Je voulais vous le dire. »

Au cours des onze mois qui s'étaient écoulés depuis l'opération (mastectomie totale, quatorze ganglions lymphatiques, muscles thoraciques, plus la radiothérapie, le nouveau remède miracle appelé tamoxifène, bref, la totale), elle avait entendu plus de récits de cancers du sein qu'elle ne l'aurait cru possible, de la part de femmes qu'elle connaissait à peine. La mère disparue à trente-sept ans. La grand-mère qui avait vécu jusqu'à quatre-vingt-dix-neuf ans, mais à son âge on n'opérait plus parce que les cellules se divisaient très lentement. Celle qui avait eu un CCIS dans un sein, puis un cancer lobulaire dix ans plus tard. La lumpectomie pendant une grossesse (c'était ça le pire, bien sûr). Chaque semaine ou presque elle apprenait une nouvelle histoire.

Arthur, qui discutait avec un collègue à quelques mètres d'elle (il ne s'éloignait jamais plus, dans la mesure du possible), s'approcha du buffet et posa quelques petits-fours sur une assiette. Lorsqu'il s'assit près d'elle, elle découvrit une miniquiche, un œuf de caille enveloppé d'une feuille de salade et un champignon fourré au crabe. Elle les mangea un par un. « Irene a dû te parler de Jason, dit-il. Elle est très bavarde à son sujet.

– Que s'est-il passé ?

– Il a épousé une fille de vingt-cinq ans. Maintenant, ils ont des jumeaux, et elle attend le troisième. Si jamais tu te promènes du côté de Washington Monument et que tu voies un type avec un énorme ventre et une tonsure parfaitement circulaire qui donne la main à Junior 1 et Junior 2, ce sont eux.

– Des garçons.

– Des filles qui ont très mauvais caractère.

– Pas des casse-cou comme Richie et Michael, hein ?

– Eh bien, jusqu'ici on ne les a pas laissé exprimer leur antipathie l'une envers l'autre, ce qui serait une expérience amusante. Tu es fatiguée ? »

Elle n'eut qu'à soupirer, et il l'aida à se relever. Il passa un bras autour d'elle. « Il y a au moins un kilomètre d'ici à la porte, mais en chemin n'oublie pas de regarder la peinture qui est du même artiste que les autres. C'est une jardinière de violettes avec à côté une grenade dégoupillée. » Pourtant lorsqu'ils passèrent à côté, Arthur lui fit tourner la tête vers lui et la serra plus fort. Sur l'élégante terrasse de briques anciennes, il la fit asseoir sur la balancelle le temps d'aller chercher la voiture.

Lillian pensait qu'elle ne devrait pas être si fatiguée ni si déboussolée. La radiothérapie et la chimiothérapie étaient terminées depuis l'hiver. Ses cheveux avaient repoussé, et ils étaient beaux. Elle avait plusieurs soutiens-gorge confortables adaptés aux prothèses et, habillée, sa silhouette n'avait pas changé. Or qui la voyait nue à part Arthur ? Certainement pas elle-même en tout cas, car elle se brossait les dents dans la cuisine et ne se regardait pas dans la glace quand elle passait dans la salle de bains. Elle n'avait pas mis les pieds dans les cabines d'essayage des magasins depuis un an. Quant à l'opération, elle ne s'en souvenait même pas. Elle se rappelait juste être allongée dans le bloc, puis qu'on la remettait dans son lit d'hôpital, et aussi avec une grande précision les rêves qu'elle avait faits sous anesthésie, ce qui lui fit voir sous un nouveau jour la vie fantasmatique des héroïnomanes. Elle savait qu'elle avait beaucoup dormi pendant une semaine, et qu'Arthur l'avait laissée blottie contre lui pendant des heures, à demi groggy. En soi, cela n'avait rien d'effrayant, et ne méritait ni le déni, ni le chagrin, ni même aucun marchandage. C'était une expérience. Jamais elle ne l'aurait dit aux femmes qui lui racontaient leur histoire, pourtant voilà ce qu'elle en concluait : c'est juste un sein. Pourtant, chaque jour elle faisait deux ou trois grilles de mots croisés dans l'espoir de ranimer les cellules de son cerveau endormies.

Quand Frank arriva au Russian Tea Room où il devait retrouver Andy, Richie, Michael et les filles pour le dîner, il ne pensait qu'à Jesse. Il y avait déjà deux ans qu'il lui avait proposé de venir à New York pour voir la statue de la Liberté, Central Park, le World Trade Center et l'Empire State Building. Mais l'occasion ne s'était jamais présentée – trop de travail, peut-être qu'il pourrait amener avec lui son père et sa mère, ça leur plairait sûrement. Il avait abandonné l'idée ; Frank évitait d'en parler dans ses lettres, bien que chaque fois il en ait envie. Frank s'était occupé de la réservation, sachant qu'à la moindre difficulté, Andy renoncerait pour réserver ailleurs – en fait elle n'était pas difficile. Elle donnait cette impression, mais c'était une erreur. C'était d'ailleurs l'un de ses traits de caractère les plus agaçants. Pourtant ce soir, il ne s'énerverait pas.

Jesse continuait de lui écrire. Frank avait même reçu une lettre dans la semaine : peut-être qu'il devrait tenter l'école vétérinaire après tout. Frank croyait que Jesse y avait renoncé après lui avoir dit que, s'il devenait vétérinaire à la campagne, son activité principale consisterait à abattre des animaux. Il se demandait si Jesse parlait de tout ça à Joe. Parfois, Jesse lui écrivait à propos de la religion. Frank lui disait de faire ce qu'il croyait être bon. Il attendait toujours quelques jours pour lui répondre. Telle une fille qui ne veut pas se montrer trop empressée auprès de son petit ami.

Richie et Ivy arrivèrent les premiers. Richie avait besoin d'aller chez le coiffeur et la chevelure d'Ivy était tout simplement retenue par une barrette. Elle portait une veste noire et traînait comme toujours avec elle son imposant cartable. Elle se débarrassa de son manteau, s'assit et commanda un martini, comme tous les gars après le boulot. Frank demanda : « La journée a été dure au bureau, Ivy ?

– Oh, ce n'était pas vraiment une journée au bureau. On a dû aller à un enterrement, donc j'ai passé la plus grande partie de mon temps dans le train.

– Qui est mort ?

– Le fondateur de Pocket Books. Je ne le connaissais pas, mais mon patron voulait que j'y aille pour rencontrer des gens. C'était intéressant. Il a vendu deux millions et demi d'exemplaires des *Horizons perdus*. Vous l'avez lu ?

– Je n'ai pas réussi à aller jusqu'au bout.

– Il en a vendu plus que le *Meurtre de Roger Ackroyd*, mais pas autant que le livre du Dr Spock sur les enfants.

– Combien d'exemplaires ? demanda Richie.

– Vingt-huit millions », répondit Ivy. Frank sourit. Cette fille avait une vraie vocation, en plus de sa silhouette et de ses belles jambes.

Loretta les prit par surprise, et quand elle lança : « Bonjour, Frank », il fit un bond. Michael était juste derrière elle. Lui aussi avait besoin d'aller chez le coiffeur. Les filles n'étaient pas à la hauteur sur ce plan-là. Loretta avait une bonne excuse : elle était enceinte de cinq mois, la naissance était prévue pour début mars. Elle était en tout point épanouie : chevelure épaisse et brillante, un cul énorme, un ventre protubérant et des chevilles gonflées. Il jeta un regard à Ivy, qui considérait ce ventre d'un air méfiant. Frank songea que Richie aurait de la chance s'il parvenait à obtenir un rejeton d'Ivy. Michael tira une chaise pour Loretta, et elle s'installa en gémissant. « Michael s'est acheté une moto, annonça-t-elle.

– Ne monte pas sur ces engins-là, dit Ivy.

– Quel modèle ? demanda Frank, feignant de s'y intéresser.

– Une Kawasaki 1000, s'exclama Michael. Rouge.

– Pourquoi cela ne me surprend-il pas ? » s'interrogea Ivy d'un ton neutre.

Frank observa Richie qui consultait le menu. Pas de réaction.

Andy arriva comme une fleur, elle referma son sac, regarda autour d'elle, et sembla seulement les reconnaître au dernier moment. Frank se racla la gorge pour dissimuler l'air agacé qui ne manquerait pas de se peindre sur son visage, il le savait, puis il se leva pour l'embrasser. Elle passa son bras autour de sa taille en un geste vaporeux et déclara : « J'avais oublié combien cet endroit est surfait. Mais on y mange bien. » Frank, qui appréciait la pénombre, les murs rouge sombre, les samovars et les alcôves de velours, savait qu'elle commanderait une salade. Elle regarda ses enfants comme si elle avait du mal à se souvenir de qui il s'agissait, puis s'assit. Richie lui dit, sur le ton du commérage : « Michael s'est acheté une moto. »

Andy se tourna vers Michael, mais celui-ci lui renvoya un regard plein de défi, et elle ne fit aucun commentaire, abandonnant cela à Frank, qui demanda : « Tu as déjà fait de la moto ?

– Ouais, répondit Michael d'un air visiblement ennuyé. Tu t'assois dessus, tu regardes vers où tu veux aller et…

– Et tu croises les doigts », acheva Loretta en levant les yeux au ciel. Mais elle souriait. Frank avait remarqué que du moment que Michael ne buvait pas et parlait de Ronald Reagan en termes positifs, elle ne le critiquait pas.

« Si on changeait de sujet », proposa Michael. À l'instant même, un serveur apparut et leur distribua les menus. Frank déclara : « Le caviar est toujours bon, ici. »

Il restait une chaise vide, comme si elle attendait Jesse. Frank la considéra, puis il détourna les yeux et fit signe au serveur de l'emporter ailleurs.

Richie sourit et Michael approuva : « Oui, c'est vrai. » Même Andy sourit. « Le béluga. C'est tellement bon. »

Le béluga fut servi dans un petit bol enchâssé dans la glace, entouré d'autres petits bols avec des blinis, des œufs durs, des oignons émincés et de la crème aigre. Ivy, qui se considérait experte en matière de caviar, disposa très vite un peu de chaque ingrédient sur un blini qu'elle replia et mangea. « Il faut utiliser cette cuillère. C'est de la nacre. On ne peut pas utiliser de métal avec le caviar », expliqua-t-elle.

Frank les observait : Andy prit deux œufs, Loretta se tapota le ventre et secoua la tête, les jumeaux essayaient l'un l'autre de se surpasser. Mais il y avait abondance de toute chose. Dans une lettre que Jesse lui avait envoyée pendant l'été, il avait mentionné un gars de Muscatine qui lui avait donné des œufs de poisson-chat. Lois les avait fait frire. Jesse devrait être là, songea-t-il, il faudrait qu'il connaisse ça au moins une fois dans sa vie. Frank laissa Ivy lui préparer un blini avec tout ce qu'il fallait, puis il le replia lui-même – la chaise n'était plus là, mais l'espace était toujours vacant – et déclara : « Six mois avant la révolution iranienne – quand était-ce, au printemps 78 –, nous avons été invités au consulat iranien ; tu te rappelles, Andy ? C'est la seule fois de ma vie où j'ai vu du béluga servi dans des saladiers.

– En effet, je m'en souviens », répondit Andy, à croire qu'elle était elle-même surprise de se le rappeler. Frank mangea sa part. Plus que le caviar, le souvenir le plus fort qu'il conservait de cette soirée, c'était qu'à un moment où il se tenait près d'une fenêtre, il avait ressenti la même chose que lorsque Arthur l'avait envoyé en Iran ; en voyant des vautours se repaître d'une carcasse de chèvre, sans doute, dans le clair de lune, il avait su soudain combien la frontière était mince entre le vent chaud qui soufflait sur cette piste d'atterrissage et la mort elle-même. La mort scintillait dans l'air – aussi présente que sa prochaine inspiration –, et dans ce consulat tout tendu de satin, donnant sur la 69e Rue, il avait éprouvé à nouveau la même sensation. À présent, oui, en cet instant même au Russian Tea Room, la mort était encore plus proche, bien qu'en deçà de la lisière. Sa main, posée sur la table, lui parut soudain à la fois vivante et pourtant aussi blanche que du marbre.

Le dîner se poursuivit sans anicroche, mais après que Richie eut mangé sa salade de homard avec un plaisir évident, Michael dit en riant : « Vous l'avez vu lécher l'assiette ? » et Loretta rit à son tour. Ivy rétorqua : « Comme tu l'as fait toi-même la dernière fois que nous étions chez vous, en léchant bien toute la surface, ça doit être inscrit dans les gènes. »

Richie éclata de rire.

Andy regarda Frank. D'après elle, les filles ne faisaient qu'accroître les dissensions entre Richie et Michael. Frank n'était pas d'accord : les jumeaux ne pouvaient s'empêcher de se chercher l'un l'autre, et ils l'auraient fait avec ou sans Ivy et Loretta. Mais regardez-les : ils se débrouillaient bien. Michael et Loretta avaient acheté un appartement sur la 78e Rue, entre la 5e Avenue et Madison. Rubino disait que Richie était doué pour l'immobilier, mais qu'il avait pour lui des projets plus vastes et « plus utiles ». Sur le plan des revenus, ils étaient à égalité. Loretta, évidemment, contribuait davantage grâce à son portefeuille boursier qu'Ivy avec son salaire, mais étant donné l'implication d'Ivy, ça ne faisait pas beaucoup de différence.

Jesse. Jesse. Il avait certes un peu perdu de son intérêt depuis deux ans, mais il valait pourtant davantage que les jumeaux – Frank redoutait le jour où Michael, et peut-être aussi Richie, s'en rendrait compte. Toutefois, grâce à ce fil vibrant qui les reliait, lui, ici, et Jesse, en Iowa, il s'en accommodait. Il était vivant et n'avait pas divorcé. Michael n'était ni mort ni en prison ; Richie avait fini par accepter Michael en laissant Loretta et Ivy reprendre le flambeau. Janet avait échappé à ces dingues du Temple des Peuples apparemment sans une égratignure. Si quelqu'un lui avait dit quarante ans plus tôt qu'il tirerait du soulagement de toutes les imperfections de sa vie, qu'il trouverait une espèce de plaisir dans un mariage raté, des enfants décevants, une carrière incertaine, toutes sortes de petites douleurs, et une correspondance intermittente avec le fils de son frère, il lui aurait mis son poing dans la figure. Mais c'était ainsi : dès qu'il parvenait à identifier une chose qu'il voulait vraiment – Lydia, Jesse –, elle lui échappait. Andy aurait peut-être dit qu'il était incapable d'aimer. Mais Frank savait que ce n'était pas vrai. Il dit enfin : « En temps normal je ne vous l'aurais pas proposé, mais voudriez-vous du thé ? Ça vaut la peine ici, ne serait-ce que pour les voir le préparer.

– À la menthe, ce serait encore mieux », ajouta Loretta en tapotant son ventre.

1982

À moitié endormie, Janet vit à nouveau ce visage : un noir en blouse blanche, arpentant un couloir d'hôpital, assenant des termes médicaux comme s'il savait de quoi il parlait. Elle se redressa en criant, et Jared se retourna pour lui demander ce qui se passait : Emily va bien ?

« Je vais voir », répondit Janet en se glissant hors du lit, tout à fait réveillée. Emily, évidemment, allait très bien. Janet resta devant la porte de la chambre de sa fille, tremblante. Il était impossible que ce soit Lucas. Lucas était mort ; Marla pensait aussi qu'il était mort. Le pire, c'est qu'elle ne se souvenait pas de quelle série il s'agissait. Elle avait zappé jusqu'à MTV en espérant tomber sur un vidéoclip de Pat Benatar ou Blondie – Emily adorait danser dans le salon sur « Heart of Glass ».

Elle tomba de nouveau sur lui deux jours plus tard à force de chercher : il avait un bon rôle dans un *soap opera*, même s'il n'était pas l'acteur principal. Il y avait également une infirmière noire qui finirait sans doute par sortir avec lui mais qui pour l'instant le regardait à peine. Elle comprit que le « Dr Thompson » était un nouveau personnage.

Elle écrivit à Marla, mais celle-ci n'était au courant de rien. À Paris, celle-ci avait cru que Janet et Lucas étaient partis tous les deux au Guyana. La première fois où elle avait eu des nouvelles de Janet (deux ans plus tôt), elle était trop heureuse de découvrir qu'elle était en vie, mais elle n'avait pas osé parler de Lucas car Janet elle-même n'en avait pas fait mention.

Entre l'emploi du temps de Jared, ses cours à elle et Emily, tout cela lui sortit de la tête et, de toute façon, Dieu merci, il était en vie, et une fois qu'elle se fut habituée à cette idée, il lui parut inutile d'aller remuer de vieilles histoires – la curiosité est un vilain défaut. Cela dura exactement un mois.

La veille du déménagement (de Solon à Iowa City), elle emballait des livres qu'elle voulait donner, quand de l'un d'eux (c'était la Bible, voilà pourquoi elle ne l'avait jamais ouverte après avoir quitté San Francisco) tomba une note. « Il se passe trop de choses. Il faut que je m'éloigne un moment. J'ai peut-être un concert dans un studio d'enregistrement à LA. Je vais y aller en stop et je t'appellerai dès que je pourrai. Lucas. » Elle retourna le message. Le lissa. Pourquoi l'avait-il laissé entre les pages de cette bible, elle n'en avait pas la moindre idée. À l'époque, elle avait cédé à la panique et laissé tante Eloise l'emmener à Iowa City. Elle resta longtemps agenouillée à regarder ce mot en imaginant le téléphone qui sonnait dans son ancienne chambre, après son départ. Ou encore Lucas qui entendait ce message : « Le numéro que vous demandez n'est plus attribué. » Non seulement il n'était pas mort, mais c'était elle qui avait trahi. Savait-il seulement qu'elle était encore en vie ? Et s'il avait cru qu'elle avait changé d'avis pour partir au Guyana et qu'il avait ensuite lu avec horreur les journaux ? N'était-elle pas plus réceptive que lui aux sermons du révérend Jones ? Elle relut plusieurs fois la note. Elle était datée : « Vendredi », cette nuit où il n'était jamais revenu du concert qu'il était censé donner, selon elle.

Elle la rangea dans son tiroir à chaussettes et l'y laissa. Mais tout en préparant des œufs brouillés à Emily (c'était le soir où Jared travaillait tard), ses jambes s'agitaient et elle faisait les cent pas. Lorsque Emily voulut sortir pour consolider son bonhomme de neige, Janet se mit à sautiller comme si elle avait froid, alors qu'il faisait doux. Quand il fut l'heure d'aller au lit, elle eut du mal à lire un livre à Emily. Celle-ci lui montrait des lettres et même des mots courts qu'elle reconnaissait, mais Janet était trop distraite pour s'en émerveiller. Elle l'embrassa, éteignit la lumière, ferma la porte, puis elle se dirigea vers le tiroir à chaussettes pour relire le message. Elle ne ferait rien.

Jared avait loué un camion. Sept de leurs amis vinrent les aider à déménager. Tout le monde était un peu excité : Janet et Jared achetaient une maison, ils étaient les premiers parmi leurs amis. Elle coûtait 55 000 dollars ; les anciens propriétaires leur consentaient le prêt à un taux de 12 %. C'était une maison en pierres brunes, sur Brown Street, avec une véranda protégée par une moustiquaire devant et derrière, trois chambres à l'étage, et une cuisine spacieuse, si ce n'est moderne. Janet et Jared étaient parvenus à rassembler 10 000 dollars, et ils devraient payer chaque mois 450 dollars, ce qui était énorme, surtout en comparaison de leur loyer de 160 dollars à Solon. Mais le prix de l'essence atteignait 34 cents le litre, et il n'était pas parti pour baisser. Jared pensait économiser environ 120 dollars par mois de carburant sur ses déplacements pour aller au travail, sans parler des occasions où ils se rendaient en ville pour aller au cinéma ou au concert au Mill.

Le sel craquait sous leurs pas, et Janet ne cessait de balayer devant la porte d'entrée. Tout fut chargé dans le camion en une heure quinze minutes. Les garçons partirent, laissant Janet, Leslie et Gina tout nettoyer. Quand elles arrivèrent avec Emily sur Brown Street, les anciens propriétaires étaient sombrement assis sur leurs cartons. Le conducteur de leur camion de déménagement, sur les flancs duquel était peint le nom d'une congrégation religieuse, s'était d'abord perdu en Illinois, puis dans Iowa City : lui et les deux déménageurs étaient trop fatigués pour entreprendre quoi que ce soit après ce long voyage. Jared et Janet ainsi que leurs sept amis chargèrent toutes les affaires des précédents propriétaires dans le camion sous les yeux des déménageurs, auxquels Janet offrit cinq sandwiches. Elle reconnut cette expression sur leur visage : l'air docile de ceux à qui on redonne vie. Elle voulait qu'ils s'en aillent. L'ancien propriétaire la remercia et la serra dans ses bras, alors Janet lui dit : « Soyez prudents, bonne chance, et j'espère que vous arriverez à bon port. »

Elle chassa Lucas de son esprit en se concentrant sur tout ce qu'elle faisait, lire un livre, écouter ses professeurs, jouer aux Lego avec Emily ou discuter avec Jared. Elle sentait qu'elle en faisait trop, qu'elle parlait trop fort, prenait trop de place, se comportait de manière bizarre, comme chaque fois qu'elle essayait de se convertir à quelque chose. Résultat, elle sentit qu'Emily devenait plus réservée, que Jared la regardait de travers, et que son professeur de naturalisme et réalisme cherchait d'autres mains levées que la sienne. Enfin, un jour où Jared était à la maison avec Emily et qu'elle était censée assister à un cours, elle alla parler au Dr Constance à l'infirmerie de la fac. Elle parlait si vite que Constance cessa de prendre des notes, sans parler de tenter de lui poser des questions, et se contenta de la regarder. Elle parla exactement pendant quarante-cinq minutes, laissant à la doctoresse cinq minutes pour lui dire quoi faire. Silence total. Janet attendit. Visiblement, Constance n'en avait pas la moindre idée non plus. Le silence se prolongea. Il leur restait trois minutes. Le regard de Janet qui s'était fixé sur les boucles grises de la doctoresse se tourna vers la fenêtre et elle contempla le mur de brique en se souvenant de la manière dont sa mère disparaissait si souvent pour aller voir le Dr Machin. « Dr Dix », l'appelait son père. Le Dr Constance déclara : « Je crois que vous devriez réfléchir à votre mariage et à vos sentiments pour votre mari.

– Je pense tout le temps à ma famille.

– Non, je ne parle pas du fait de les prendre en considération, mais d'une véritable réflexion. Quand nous éprouvons des sentiments forts, cela est lié à quelque chose qui se déroule dans le présent.

– Je suppose que maintenant vous allez me dire de vivre dans l'instant présent et de prendre les choses une par une.

– Ce n'est pas un mauvais conseil. »

Janet regarda sa montre. Elle ne voulait surtout pas se montrer impolie, alors elle sourit et dit : « Je vous remercie de m'avoir écoutée, et je pense que c'est un bon conseil. » Puis elle partit en courant.

Une nouvelle tempête de neige se préparait – la neige déjà tombée semblait remonter vers le ciel, jusque dans les nuages bas. Elle enfila ses gants, remonta la capuche de son manteau en plumes, qu'elle ferma jusqu'au menton, jusqu'à la bouche. Elle avança avec précaution au milieu des plaques de verglas qui luisaient dans l'après-midi froid et sombre. Elle avait failli tomber dans le piège. Peu importait qui ils étaient, songeait-elle, ou que leurs intentions soient bonnes ; dès qu'ils se mettaient à parler de vous et de vos problèmes, leurs mots vous capturaient et vous enfermaient dans une prison de relations de causes à effets, et vous deviez coopérer, qu'il s'agisse du complexe d'Œdipe, d'un déficit en vitamine, de la nécessité de reconnaître que vous n'y pouviez rien, ou encore d'accepter la parole de Jésus, tout ça dans l'attente d'un résultat que vous deviez sentir en vous-même. La dernière chose au monde que voulait Janet c'était dire : Peut-être que j'aime encore Lucas, il est beau, c'est un être charismatique, fascinant ; pour que la personne à qui elle s'adressait lui réponde : Parlez-moi de votre père. Bien sûr elle dirait : Mon père est un connard, je ne lui demanderai jamais ne serait-ce qu'un penny. Et elle ne voulait surtout pas entendre ensuite : Expliquez-moi ce qu'est un connard. Elle allait avoir trente-deux ans. Elle devait s'accepter telle qu'elle était. La personne qu'elle était devait avancer du mieux qu'elle le pouvait. Quand Janet arriva chez elle – en dérapant un peu lorsqu'elle remonta la colline entre les rues Dubuque et Linn –, Emily était debout sur le tapis du salon, et Jared assis en tailleur face à elle jonglait avec ses trois poupées en disant : « Regarde-les voler, Emmy. Boum ! Elle vole ! Est-ce que je peux la rattraper ? Oh, je n'y arrive pas ! Ah, mais si ! Et en voilà une autre ! » Ce fut Janet qui éclata de rire, pas Emily. Puisqu'ils risquaient d'être coincés par la neige au cours des deux jours à venir, elle décida que cela suffisait comme ça. Puis en regardant sa fille qui lui rappelait tellement ce qu'elle était autrefois, elle songea : Si je n'ai pas réussi à dépasser tout ça au 1er avril, on prend un chien. Tout de suite, elle se sentit mieux.

Lorsque Richie rentra du travail, Ivy lui dit que Michael et Loretta seraient là pour dîner dans vingt minutes. Il rangea son manteau dans l'armoire. L'interphone sonna, il appuya sur le bouton et entendit la voix de Michael : « J'ai besoin de ton aide. »

Richie lança à haute voix : « Mais c'était pas la semaine dernière qu'elle devait accoucher ? Je n'arrive pas à croire qu'ils soient venus. » Il savait que Michael l'entendait. Ivy s'approcha et retira sa main de l'interphone. « Et pourquoi est-ce qu'elle n'aurait pas relevé le défi, à ton avis ? Juste parce qu'elle est passée de quarante-cinq kilos à soixante-sept ?

– Pourquoi tu es méchante avec elle comme ça ?

– C'est un fait. Elle n'en peut plus d'attendre. Et je ne pense pas que ce soit méchant de les inviter à dîner, de faire pour eux la cuisine et la vaisselle, et de leur offrir un peu de compagnie pendant qu'ils se tournent les pouces. »

Richie n'en fut plus si sûr lorsqu'il arriva en bas et découvrit qu'en l'absence d'ascenseur dans leur immeuble, Michael et lui devraient aider Loretta à gravir les marches. Michael passa derrière elle pour la pousser, une main sur chaque fesse, sans que cela lui paraisse étrange. Richie lui prit le bras. L'ascension fut longue.

Loretta ne cessait de parler : « Tu ne trouves pas que je suis en forme ? Je me sens parfaitement bien. Le médecin dit qu'il n'a jamais vu une grossesse qui se déroule aussi sereinement. Quand je suis allée le voir, hier, il a estimé le bébé à 3,6 kilos, ça doit venir de votre côté parce que moi, je pesais moins de trois kilos, et dans la famille on n'a jamais dépassé les 3,2 kilos. Oh ! Et voilà ! »

Ivy était debout à la porte, une cuillère en bois à la main. Elle dit : « Oh, ma chérie. J'espère que ça en vaut la peine : j'ai préparé tous tes plats préférés. »

Il s'agissait d'entrecôtes, de brocolis et de pommes de terre au four. En réalité, Richie s'intéressait beaucoup moins à Loretta qu'à Michael, car celui-ci était particulièrement gentil avec elle, il ne se moquait pas d'elle et portait sur elle un regard plein de tendresse, approuvant tout ce qu'elle disait. Pour Richie, cela signifiait que Michael avait probablement une maîtresse. À chaque nouvelle liaison, il était toujours adorable pendant les six premières semaines. Il n'allait certes pas se confier à son frère, mais de toute façon, Richie ne racontait plus rien à personne, pas même à Ivy. Savoir lui suffisait. Il avait l'impression de « profiler » Michael.

En ce moment, ce dernier était d'humeur à laisser parler Loretta en détail de la manière dont ils allaient élever leur fils. Il y avait en effet deux points essentiels : d'abord, à un an il commencerait à monter à cheval. (Ils ignoraient donc qu'il y avait des écuries à Central Park ? Les chevaux montaient et descendaient dans un monte-charge.) Ensuite, il y avait le cadre. Un enfant se sentait plus en sécurité lorsqu'il était cadré, surtout les garçons. Avec les filles, on pouvait relâcher un peu son attention ; Loretta avait appris cela au cours de ses études sur le développement de l'enfant. Elle changea de position et laissa échapper un gémissement. Ivy posa le plat d'entrecôtes sur la table sans un mot. Richie dit : « Je ne me rappelle aucun cadre qui nous ait jamais plu. »

Loretta le regarda : « Je ne pense pas que ce soit votre faute. De toute façon, vous avez passé des semaines dans une couveuse. Cela a entravé le processus d'attachement. » Comme toujours, Loretta était péremptoire ; jamais de sa vie le doute ne l'avait effleurée. Michael hochait la tête à croire qu'il avait compris quelque chose à la façon dont ils avaient été élevés, sujet sur lequel Richie préférait ne pas se pencher.

Par une sorte d'accord tacite, la conversation vira vers d'autres sujets. Michael déclara qu'il s'attendait que Braniff fasse faillite, puis il dit que le marché avait clôturé à 807 (« Mais pas avant que j'aie vendu un bon paquet de General Motors – plus personne n'achète de voiture »), le baril de brut était au plus bas, l'or à 12,17 dollars le gramme, bla, bla, bla, quand soudain, Richie sentit une éclaboussure. Il se pencha pour regarder sous la table, Loretta se leva à moitié de sa chaise et Ivy demanda : « Qu'est-ce qu'il y a ?

– Chérie, tu as perdu les eaux ? dit calmement Michael.

– C'est pire, répondit Loretta.

– Quoi ?

– J'ai envie de pousser.

– De pousser quoi ? demanda Richie.

– Mais le bébé ! » cria Loretta, qui ferma les yeux, se leva et partit vers la porte en titubant. Ivy se précipita derrière elle. « Le travail a commencé ? demanda-t-elle.

– Je ne sais pas. Je ne sais pas. Peut-être. J'ai des contractions depuis des jours. »

Ivy la prit par les épaules et la dirigea vers la salle de bains. Richie et Michael les suivirent. Richie sentait bien qu'il était bouche bée. Il demanda : « Mais vous n'êtes pas allés à des cours de préparation à l'accouchement ?

– Plus ou moins. On oubliait tout le temps. On y est allés la première fois. C'était vraiment débile. On n'arrêtait pas de rigoler, alors ils nous ont demandé de ne pas revenir. »

Combien de fois Richie avait-il entendu cette phrase ?

Ivy déclara : « Il y a deux ans, j'ai travaillé sur un livre au sujet de la naissance non violente et des massages pour bébés. L'auteur expliquait que le bébé devait naître dans l'eau. Dans une baignoire par exemple. » Elle emmena Loretta vers la baignoire et lui ôta son pantalon. « J'appelle une ambulance ! » s'écria Richie, et Ivy de lui rappeler : « N'oublie pas de les prévenir pour les escaliers ! » Michael le suivit et Ivy ferma la porte de la salle de bains d'un claquement sec.

Pendant tout le temps où Richie chercha l'annuaire, puis la page des urgences, avant de se souvenir du numéro 911 et de le composer, pendant tout ce temps, Michael resta collé à lui, muet. Tandis qu'il donnait l'adresse en précisant qu'il s'agissait d'une « naissance imprévue », décrivait l'escalier, répétant enfin :

« Dix minutes environ, d'accord, merci », il observa chez son frère une expression qu'il ne lui avait jamais vue : il était incapable de réagir. Richie le bouscula, juste pour voir. Pas de réponse. Il dit : « Mais putain, qu'est-ce que tu as ?

– J'arrive pas à croire qu'elle va avoir un bébé.

– Et qu'est-ce que tu croyais qu'elle cachait là-dessous ? Un oreiller ?

– Je n'arrive pas à y croire. Il faut que j'appelle la nurse. » Ils avaient engagé une assistante maternelle pour les six premières semaines. Seulement Michael ne bougeait pas. Il dit : « Je n'ai pas son numéro. Loretta doit l'avoir quelque part.

– Je n'imaginais pas que tu puisses être con à ce point-là. »

Michael le dévisagea.

Richie poussa son frère vers la porte de la salle de bains, mais lorsqu'ils se retrouvèrent devant, il sut tout au fond de lui-même que ni l'un ni l'autre n'avait envie de l'ouvrir. Ils restèrent plantés là. De l'intérieur parvenaient des bruits d'eau, les hurlements de Loretta, les paroles plus sobres et rassurantes d'Ivy qui lui disait : « Mords ce gant de toilette. Il est propre. » Puis un cri étouffé, le robinet qui s'arrête. Richie voyait Ivy comme une personne compétente et responsable, mais il savait qu'elle n'avait jamais assisté à un accouchement. Dans le lointain, un bruit de sirène retentit, qui se rapprochait. Richie tapota l'épaule de Michael : « Descends les chercher.

– Où est le monte-charge ?

– Il n'y en a pas.

– Tu te fous de moi ! » Michael était livide, la panique le gagnait. Mais les sirènes diminuèrent et disparurent. Richie reprit : « Descends. Peut-être que tu pourras arrêter une voiture de police ou je ne sais quoi si jamais l'ambulance n'arrive pas. »

Michael acquiesça. Loretta poussa un cri. Ivy lui dit quelque chose, puis : « Tout va bien. Détends-toi. Essaie de te dééétееendre. Voilà, c'est ça. » Nouveau cri, plus doux, moins désespéré.

« Descends, insista Richie.

– Crie s'il y a quelque chose.

– Ben pourquoi je ferais une chose pareille ? » Michael resta bouche bée. « Allez, je déconne ! Descends ! »

Michael sortit en laissant la porte grande ouverte. Lorsque son frère eut franchi quelques étages, Richie céda à la curiosité et tourna lentement la poignée. Loretta était assise dans la baignoire, nue, énorme et pâle, les seins posés sur son ventre. Elle avait la tête en arrière, un gant de toilette dans la bouche, et lorsqu'elle cria de nouveau, elle se redressa. À genoux, Ivy était penchée sur le rebord de la baignoire. Sur le siège des toilettes, plusieurs serviettes pliées. Loretta hurla de nouveau, d'un vibrato profond, effrayant. Richie regarda sa montre. Il y avait environ une minute entre chacun de ses cris. D'après tous les films qu'il avait vus, c'était mauvais signe, surtout quand on attendait une ambulance avec trois infirmiers capables de descendre une maman sur une civière sur plusieurs étages. « Je peux faire quelque chose ? » demanda-t-il.

Ivy se retourna : « Où est Michael ?

– Parti guetter l'ambulance.

– Je sens les cheveux.

– Quoi ?

– Je sens les cheveux du bébé. Il y en a beaucoup. Il arrive. »

Loretta renvoya la tête en arrière en gémissant. Ivy s'écria : « Oh, merde ! » et elle se pencha en avant. Richie entra dans la salle de bains, sur la pointe des pieds. Loretta cria : « *Ooooh mon Dieeeu aideeeez-moiiii !* » et il apparut, cheveux bruns, petit visage sombre et pincé, ses minuscules bras croisés sur sa frêle poitrine, il sortit d'abord lentement, puis très vite sous la surface, étrange et tout gondolé. Ivy se releva à moitié, se pencha, glissa les mains sous le dos, les épaules et la tête du bébé ; puis avec un soin infini, elle passa les pouces sous ses aisselles et le sortit de la baignoire, cheveux, front, nez, bouche, menton. L'eau ruisselait sur les paupières closes, les joues rebondies et les lèvres pleines ; puis la bouche s'ouvrit en silence. Enfin, il poussa un cri. Sans qu'on lui ait demandé, Richie déplia une serviette et la tendit vers le bébé. Alors se posa un problème auquel ils n'avaient pas réfléchi. Richie et Ivy se regardèrent, puis Ivy se pencha en avant et mordit le cordon ombilical qu'elle sectionna, puis cracha un peu de sang. Richie enveloppa le nouveau-né dans la serviette. Il était beaucoup plus petit qu'il ne s'y attendait. Il rouvrit la serviette, juste pour voir, et déclara : « C'est un garçon. »

Loretta, qui semblait s'être évanouie, les bras ballants par-dessus le rebord de la baignoire, la tête en arrière, se releva et demanda : « Il va bien ? »

Comme pour lui répondre, le bébé ouvrit la bouche et poussa un vagissement plein de santé apparemment sans la moindre douleur. « Il a l'air », dit Ivy. Elle ouvrit la bonde. L'eau rouge mêlée de sang peu à peu s'écoula. Quand il n'y en eut plus, Ivy déposa une autre serviette sur Loretta et lui donna l'enfant. Richie dut avouer qu'il aurait aimé le garder plus longtemps : il n'était ni le père ni la mère, mais ce visage minuscule avec ses cheveux bruns et ses lèvres si joliment dessinées restait gravé en lui. Un moment plus tard, Michael s'engouffra dans la salle de bains en disant : « Ils sont là ! Ils arrivent ! » Et puis il resta planté là, les bras ballants, écarquillant les yeux. Richie demanda : « Comment il s'appelle ? »

Michael et Loretta, le regard rivé sur le minuscule paquet emballé, répondirent d'une seule voix : « Chance.

– Vous voulez appeler ce bébé Chance ? »

Michael reprit une grande inspiration : « Le grand-père de Loretta s'appelait Chance. Jonathan Chance. C'était un éleveur de bétail.

– Mais non ! s'exclama Loretta. C'était un homme d'affaires très respecté. » Elle arborait un sourire jusqu'aux oreilles. « Chance Markham Langdon. Quel bon petit. »

Michael s'avança et Richie recula pour lui laisser la place. Quelques instants plus tard, un infirmier apparut : « Benny, on dirait qu'on est arrivés trop tard encore une fois ! » s'écria-t-il.

Il faisait chaud. Le plus rude hiver qu'Henry ait connu (pire encore que celui de 1978, qui l'avait conduit à quitter la ville), un mètre cinquante de neige, jusqu'en avril – ses jonquilles avaient été couronnées de neige pendant trois jours – avait cédé la place à l'été le plus chaud. En ce moment, il passait son temps assis en short, à boire de l'eau glacée avec du jus de citron vert, en s'interdisant de regarder le thermomètre. Mais comment s'en empêcher ? Il ne l'avait encore jamais vu atteindre les 42 degrés, et encore moins rester coincé si haut trois jours d'affilée. Heureusement que chez lui, il profitait un peu de la brise du lac. Il était prêt à laisser branché l'air conditionné pendant la journée, bien que jusque-là il ne l'ait utilisé que la nuit, allant passer une partie de son temps à Lee Street Beach, sous un parasol, comme en ce moment, ou dans l'eau. Il s'était aussi autorisé à ne faire absolument rien. De toute sa vie, ça ne lui était jamais arrivé. Mais son présent exil à Chicago était entièrement sa faute, puisque c'était lui qui avait persuadé Philip (ils avaient renoué le contact, mais juste en tant qu'amis), et son amant, Yves, qui donnait des cours à l'université de Rennes, d'entreprendre leur voyage en juin pour éviter la cohue du mois d'août. Deux jeunes hommes escortant un quinquagénaire à travers le pays cathare, de Narbonne à Béziers, Mazamet, Carcassonne, puis Tarascon, Montségur, Foix, Mirepoix, un massacre après l'autre, les champs qui se déroulaient, les vignes laissant la place aux montagnes escarpées et aux plages parfaitement entretenues. Philip, spécialiste de la critique structuraliste, et Yves, expert de Baudelaire, avaient été très choqués par les récits d'Henry : Simon de Monfort exterminant tous les habitants de Béziers, même les catholiques réfugiés dans la cathédrale, qu'il avait réduite en cendres en s'exclamant : « Tuez-les tous, Dieu reconnaîtra les siens. » Puis Simon avait eu la tête réduite en miettes par une pierre catapultée depuis l'intérieur de la ville de Toulouse par les « dames, les jeunes filles et les femmes ». Une fin souhaitable, pensèrent-ils tous. En effet, c'était étrange de traverser d'aussi beaux paysages en songeant à ces décennies d'horreurs et de cruauté inspirées par la religion, pourtant Henry s'était bien amusé.

Il trouvait que Philip méritait un homme tel qu'Yves. Philip avait maintenant trente-six ans, il était titulaire de son poste, avait fait des publications, on lui posait souvent des questions incompréhensibles sur la sémiotique et le poststructuralisme, auxquelles il répondait avec une volonté mélodieuse. Certes, la métacritique, c'était beaucoup plus sexy que l'étymologie. Yves avait quelques réserves concernant Lacan et Saussure, son approche de Baudelaire suivait une perspective plus généraliste, il le remettait dans son milieu culturel, son contexte historique, et il écrivait des articles sur l'influence exercée par le poète et ses contemporains. Yves avait vingt-neuf ans, mais il était bien parti pour finir à Paris, si ce n'était à Columbia. Henry était tel un oncle pour eux (peut-être un grand-oncle pour Yves), mais les jeunes gens s'accommodaient de sa présence, et ne parlaient pas trop vite en français pour qu'il puisse les comprendre. En outre, Yves vivait dans une vaste maison entre Rennes et Fougères. Difficile de trouver environnement plus extraordinaire que l'ancienne frontière entre la Bretagne et la France quand on aimait l'époque médiévale – un château au kilomètre –, puis en descendant vers l'Aquitaine, avec ses villes fortifiées au sommet des collines, enfin plus bas, la Navarre, l'Ariège, le Languedoc. Ses collègues étaient partis en famille se déployer le long d'une ligne continue qui reliait Ottawa à Minneapolis ; Henry avait pris l'avion pour Manhattan, puis Toulouse.

Pourtant il sentait sur lui le souffle de l'apocalypse, et ce n'était pas seulement à cause de la chaleur ni du pape Innocent III. Pendant le voyage, Philip et Yves avaient parlé de ce qui arrivait à leurs amis, d'étranges lésions dans la bouche, des infections bizarres, des suées nocturnes, des ganglions enflés. Henry les avait écoutés, posant une question de temps en temps. Il savait bien pourtant que tandis qu'il parlait du pape Innocent III, qui avait lâché Simon de Monfort sur les cathares (ils entretenaient des croyances gnostiques et manichéistes, refusaient de jurer, de se marier et même de se reproduire ou de manger de la viande), ils s'interrogeaient tous deux sur ces fléaux médiévaux qu'étaient le feu de Saint-Antoine, la danse de Saint-Guy, la lèpre, la peste noire. Narbonne, Carcassonne et Foix les avaient mis dans l'ambiance – malédiction divine, les monceaux de cadavres empilés, ces gens qui se tenaient à l'écart des autres pour mieux fuir dans les forêts où ils se faisaient dévorer par les loups. Henry était certain que Philip et Yves avaient été contents de rentrer chez eux au final, tout comme lui lorsqu'il était revenu dans son accueillant petit duplex.

Pourtant, au milieu de la chaleur et de l'ennui, il y avait à présent un nom. Non pas celui d'une malédiction divine, mais « syndrome d'immunodéficience acquise », chaque mot facile à retrouver, trois issus du latin, un du grec, expression sèche et rigide qui n'avait rien de médiéval, mais sonnait au contraire parfaitement dans l'air du temps. Henry fut faussement apaisé par cette expression. À présent qu'il connaissait son nom, il lui paraissait impossible qu'il puisse se laver les dents dans la salle de bains, ainsi que cela lui était arrivé un jour ou deux après être rentré de France, et en regardant dans le miroir découvre une lésion bleue sur sa gencive, juste au-dessus des incisives, ce qui lui avait fait dresser les cheveux sur la tête et frôler la crise cardiaque, jusqu'à ce qu'il touche la lésion en question et s'aperçoive qu'il s'agissait d'un débris de pop-corn de maïs bleu qu'il avait raté en se brossant les dents la veille au soir. Il songea qu'il pouvait désormais passer son système immunitaire en revue et juger lui-même s'il fonctionnait selon ses capacités optimales. Toux ? Deux fois la veille, trois fois le jour précédent. Éternuements ? Seulement lorsqu'il restait enfermé dans une pièce où fonctionnait l'air conditionné. Peau ? Aucune plaie ni bouton. Douleurs ? Rien de très mystérieux : un plombage à remplacer et une migraine occasionnelle (merci à la providence pour les halos et éclairs annonciateurs). Digestion ? Normale.

Henry n'était pas prêt à l'attribuer à une vie placée sous le signe de la modération – même au cours des deux dernières années où il s'était laissé aller, en comparaison, il avait presque toujours été témoin plutôt qu'acteur, mais toute sa vie ne se résumait-elle pas dans son désir d'aller en France en juin plutôt qu'en août, de s'habiller avec sérieux plutôt qu'avec goût, d'aimer sagement et jamais trop ? En parlant de Baudelaire, à la première rencontre avec les « fleurs du mal », Henry serait sorti tranquillement de la pièce, sans même être tenté d'en respirer le parfum.

Il revint en pensée aux cathares. Comment les appelait-on déjà ? Les « parfaits » ? Au cours de toutes ces années passées à observer la religion avec plus ou moins de distance, ce qui était inévitable quand on lisait vingt mille livres sur l'histoire et la culture européenne, il n'en avait trouvé aucune qui l'attire, pourtant il y avait quelque chose qui lui plaisait vraiment dans la manière dont les cathares rejetaient les impuretés terrestres, dans leur aversion pour la richesse et la corruption de l'Église, dans leur croyance en l'égalité des sexes et leur mépris pour l'importance attribuée à la crucifixion. Jamais il n'était parvenu à s'imaginer dans la peau d'un habitant de Mercie ou du Wessex, ces royaumes de l'Angleterre médiévale qu'il aimait pour leur étrangeté, en revanche il se voyait très bien en chaste végétarien considérant le Dieu de l'Ancien Testament comme un usurpateur satanique qui en six jours avait créé un enfer sur Terre. Les preuves de cela étaient partout présentes.

Joe n'allait pas à l'église pendant les moissons, mais Lois, oui, évidemment. Elle faisait entrer dans son emploi du temps tout ce que demandait le pasteur Campbell avec beaucoup de souplesse, et il comptait sur elle pour tout. Joe le croyait inoffensif, mais Minnie n'était pas d'accord – Campbell s'était fâché avec le révérend de l'église luthérienne, Kellog, car il était venu distribuer des brochures devant son temple à lui et lui avait ravi une vingtaine de fidèles, justifiant son geste en disant que la fin était proche, et que Kellog perdait de précieuses minutes de son sermon à évoquer le parking de l'église et la collecte des vêtements usagés. Campbell ne demandait jamais d'argent, il n'évoquait jamais le monde terrestre : il parlait du « ravissement », ce que Joe au départ avait pris pour un chœur. Il mit un moment à comprendre que le ravissement était plus une punition qu'une récompense, toutefois il y voyait toujours une figure de style. Depuis quelques mois, pourtant, Minnie avait réussi à le convaincre que ni le pasteur Campbell ni Lois ne plaisantaient sur la question : ils s'attendaient que leurs corps soient transportés au ciel, quoi qu'ils soient en train de faire, et ils n'admettaient pas que l'on en rie. Joe se contentait de se taire, à part pour se plaindre du prix du maïs et du soja ; de toute façon, il était trop fatigué pour réfléchir à tout ça.

Toutefois, lorsqu'il revint à l'église trois semaines plus tard, la première chose qu'il entendit, avant que les fidèles soient assis et que le pasteur Campbell apparaisse, ce fut que Marsh Whitehead s'était suicidé. Cela lui rappela tellement son oncle Rolf que Lois dut lui répéter trois fois que Marsh s'était tiré une balle dans la tête. Qu'il s'était tué en pointant son fusil dans sa bouche. Pas d'histoire de pendaison cette fois. Joe retrouva ses esprits.

Marsh Whitehead était un bon agriculteur. Ils se connaissaient suffisamment pour se saluer dans la rue, comparer les prix des semences au magasin et sourire avec indulgence quand Sarah Whitehead et Lois se lançaient dans une conversation sur le péché. Ils se connaissaient suffisamment pour qu'on sollicite Joe pour porter le cercueil – il fallait être huit et Marsh n'avait pas de fils. Cependant, Joe n'était pas assez proche pour poser des questions concernant ses dettes, ou ces soixante-cinq hectares qu'il avait achetés sur un coup de tête l'année précédente. Le mieux qu'il pouvait faire, c'était tendre l'oreille.

Pendant la première demi-heure, le pasteur Campbell ne dit pas un mot au sujet de Marsh Whitehead – son sermon portait sur le thème : « Que gagne-t-on à travailler ? J'ai vu le fardeau que Dieu fait porter à la race humaine. » Il passa ensuite à un des sujets préférés de l'assistance, c'est-à-dire l'échec de tous les agriculteurs de la région à dégager le moindre profit, ce qui signifiait bien entendu (et Joe sut qu'il était cynique) peu de rentrées d'argent pour l'église. Toutefois, il ne s'appesantissait pas sur le profit matériel mais moral : les bienfaits du travail en soi, de cultiver la terre, la richesse des épis de maïs, le miracle du soja, que « les israélites auraient adoré s'ils avaient eu la possibilité d'en faire pousser ». N'avions-nous pas de la chance, en dépit des affres du climat, de l'hiver nucléaire que suivait l'été torride, d'être encore là, parmi nos amis et notre famille, assis tranquillement dans la contemplation de Dieu en qui nous trouvions la paix ? Pourquoi le Seigneur fait-il porter ce fardeau à la race humaine ? C'est pour que nous nous souvenions, et certains jours le fardeau est lourd, mais c'est seulement parce qu'il est aussi lourd que nous pouvons sentir ensuite qu'il s'allège. Viendra un jour où notre fardeau s'envolera tout seul, mais tant que nous n'aurons pas fait l'épreuve du labeur, nous ne pourrons accéder à cette compréhension – que dis-je, à ce plaisir. Quand il s'enflammait, le pasteur Campbell utilisait cette formule, « que dis-je ». « Mes amis en Jésus-Christ, vous avez entendu parler d'un certain événement. J'ai failli dire d'un "triste" événement, mais je me suis retenu. Je préfère vous dire que je ne sais pas moi-même si c'est un événement triste ou pas. La manière dont nous considérons cet événement dépend de la manière dont nous considérons Dieu. Si nous croyons vraiment en sa miséricorde et en son amour. Si nous nous autorisons à nous poser d'orgueilleuses questions, ou si nous courbons la tête en disant : "Ainsi soit-il." Nous sommes de tout cœur avec notre ami et notre sœur, Sarah Whitehead, et ses enfants. Comme elle, nous devons faire un pas en arrière et dire : “Père, que ta volonté s’accomplisse”, mais ce qui nous distingue d’elle c’est que nous n’avons pas à affronter la brutalité de cet événement. Sarah ne se trouve pas parmi nous ce matin. Elle l’aurait aimé, mais on lui a conseillé d’attendre un jour ou deux, afin qu’elle puisse retrouver ses esprits et chercher la consolation en Jésus. Mes amis en Jésus-Christ, je sais que vous ferez tout votre possible pour aider notre sœur de votre mieux. J’ai toute foi en vous. »

Joe trouva cela un peu maladroit mais il vit que Lois était touchée. Elle serrait les poings sur ses genoux. Le pasteur recula, Ethel Roach commença à jouer de l’orgue, et toute la congrégation se leva : d’abord, elle joua « What a Friend We Have in Jesus », puis un autre cantique qu’ils n’avaient pas chanté depuis l’année précédente, et qui fit venir les larmes aux yeux de Joe :

Apportons les gerbes, apportons les gerbes,
Nous nous réjouirons en apportant les gerbes,
Apportons les gerbes, apportons les gerbes,
Nous nous réjouirons en apportant les gerbes.

Naturellement, dès que l’office prit fin, tout le monde se mit à parler de Marsh – comment la chaleur avait nui à ses récoltes, comment son exploitation avait toujours été prospère, tout ça pour en arriver là ; hélas, la banque les harcelait. Joe s’éloigna. Il n’avait pas besoin d’en savoir davantage, cela lui suffisait, ainsi que l’air hagard des autres agriculteurs qui n'étaient sans doute guère mieux lotis que Marsh. Joe savait qu'il était dans une situation idéale, et qu'il était peut-être même le seul de toute la région : Minnie avait un emploi bien rémunéré, la boutique de Lois bénéficiait de son emplacement juste à la bonne distance d'Usherton pour donner l'impression d'être vraiment à la campagne, et Denby était devenu un village pittoresque. En outre, Lois s'était fait un réseau d'acheteurs : lorsqu'elle dénichait une pièce rare ou de valeur, elle savait l'estimer et la remettre sur un marché plus lucratif. Cette année-là, Jesse et lui avaient plus ou moins vécu sur les revenus des deux femmes, alors même qu'ils avaient récolté 1 371 tonnes de maïs et près de 500 tonnes de soja. Le prix du maïs atteignait 94,5 dollars la tonne et le soja 200 dollars (et ils avaient de la chance après cette récolte miracle). Joe et Jesse avaient donc tiré près de 230 000 dollars de leurs 365 hectares plantés, mais après avoir payé les semences, le carburant, les réparations du tracteur, le désherbant, l'engrais, et les 19 % d'intérêt sur le prêt contracté pour acheter les semences et l'engrais, il ne leur restait plus que 18 000 dollars, qu'ils devaient mettre de côté pour racheter les semences l'année suivante.

Deux cent trente mille dollars ! Walter aurait été sans voix, songea Joe. Un jour, Joe devait avoir une dizaine d'années environ, n'avaient-ils pas récolté en dessous d'une tonne de maïs en se félicitant de ce rendement ? Toutefois il était une chose que Walter n'avait jamais cessé de répéter, au point que Joe doive se boucher les oreilles : plus la récolte est importante, plus faibles sont les profits. Il faut bien vendre à quelqu'un.

Joe ne voyait pas l'intérêt d'aller à l'église, en tout cas ces temps-ci. Quand les agriculteurs discutaient entre eux, ils évoquaient les périodes difficiles : en ce moment, l'administration Reagan faisait tout son possible pour tuer dans l'œuf le projet d'éthanol, alors même que les usines étaient prêtes à produire. Quand les agriculteurs se taisaient, c'étaient leurs femmes qui parlaient en se demandant ce qu'on allait pouvoir faire, et quand tout le monde se taisait pour écouter le pasteur Campbell, la seule bonne nouvelle qu'il avait à leur offrir concernait un lieu très lointain où ils iraient peut-être, non pas s'ils respectaient les règles, comprit Joe, mais seulement s'ils plaisaient au Seigneur. Voilà pourquoi le pasteur s'était montré si timoré au sujet de Marsh Whitehead : il s'était suicidé, mais rien ne garantissait que cela n'agrée pas à Dieu, car ses voies étaient impénétrables, ses pensées énigmatiques, et c'était là la seule chose que le pasteur Campbell pouvait dire en toute conscience à Sarah Whitehead et ses trois filles.

1983

Tout le monde trouvait sans pourtant l'admettre que ce mariage était un peu précipité. Lillian n'avait jamais entendu dire que Jesse avait une petite amie, et Debbie laissait entendre – il lui suffisait de relever les sourcils – qu'il n'en avait peut-être pas. Toutefois, la jeune femme (elle s'appelait Jennifer Guthrie) n'était pas suffisamment avancée pour que sa grossesse soit visible le jour de son mariage, et à mesure que la date de l'accouchement approchait, Lillian était certaine qu'on parlerait bientôt d'un bébé de 3,6 kilos, né avec six semaines d'avance. Il fallait reconnaître que Lois avait bien fait les choses, à croire qu'elle avait été engagée par les parents de la mariée ; de même on devait admettre que Jesse avait l'air heureux et que Jennifer, une fille du coin, savait parfaitement dans quoi elle s'engageait. Frank se souvenait du grand-père de Jennifer, qui devait avoir six ou sept ans quand lui-même en avait cinq : il avait fait partie de la première équipe de football américain du lycée de North Usherton, d'ailleurs est-ce qu'il n'avait pas épousé Betty Prince, l'équivalent de la meneuse des pom-pom girls de l'époque ? Lillian n'en avait aucune idée, mais elle voyait que son frère Joe était plus heureux que jamais, déambulant à travers la salle de l'American Legion d'Usherton dans son nouveau costume, à serrer des mains, tapoter des épaules et éclater de rire.

Jesse faisait un bel époux – musclé comme on peut l'être à vingt-sept ans. Mieux valait se marier au sommet de sa beauté physique pour se sentir pendant quelques années pareil à Warren Beatty et Natalie Wood, puis dans un second temps pouvoir se laisser aller, petit à petit, au quotidien. Lillian regarda Arthur danser avec Andy. Elle n'avait pas changé – pareille à une mouche prise dans l'ambre –, suivant avec grâce le mouvement d'Arthur, et chaque fois qu'il se retournait, il regardait par-dessus l'épaule d'Andy, croisait le regard de Lillian et souriait. Lillian déclara : « Andy danse bien.

– Elle se laisse conduire », commenta Frank.

Lillian n'aimait pas le manque de respect qui émanait toujours des propos de Frank à l'égard d'Andy, toutefois celle-ci n'avait pas l'air d'y prendre garde, à moins qu'elle ne pense qu'elle le méritait. « Elle m'a dit que son frère s'était cassé la jambe.

– La jambe d'un homme de soixante ans sur une piste noire à Vail. Il a pris des bosses. Ils sont venus le chercher en hélicoptère, et ça n'a pas été facile. Mais il se remet. Je crois qu'il a abandonné ses béquilles au bout de deux semaines. D'après Andy, il considère que la douleur n'a aucune importance.

– Emily est mignonne.

– N'est-ce pas ? Elle aime se tenir debout, les poings sur les hanches, en te regardant d'un air sévère. Elle me rappelle maman.

– Elle est comme Janet. Elle a des modèles exigeants.

– Certes. »

Lillian préféra ne pas pousser plus loin. « J'aurais vraiment aimé voir Richie, et je regrette que Michael et Loretta n'aient pas pu venir.

– Loretta couve à nouveau. Alors que le petit de l'année n'est même pas encore sevré.

– C'est très traditionnel, tout ça.

– Très californien. Andy est totalement pour. Richie a un nouveau job, et pendant les trois premiers mois, il doit vraiment donner l'impression qu'il s'y intéresse.

– Nos enfants semblent mieux préparés que nous ne l'étions.

– Tu crois ? Plus je vieillis, plus je suis stupéfait de voir que l'éducation des enfants est confiée à de jeunes écervelés. C'est le meilleur moyen d'aboutir à une catastrophe, si tu veux mon avis.

– Tu ne m'as jamais paru jeune et écervelé. »

Frank se retourna vers elle et l'observa. Son costume lui allait à la perfection, et il avait toujours cet air prédateur. « Moins tu parais jeune et écervelé, plus tu l'es en réalité.

– Si tu pouvais leur donner un seul conseil, qu'est-ce que ce serait ?

– Ne faites pas ce que j'ai fait. Et toi ? »

Lillian regarda Arthur qui faisait tourner Andy. Elle avait elle-même toutes sortes d'inquiétudes, mais elle ne pouvait réduire les choses à une formule permettant de se prémunir de tout. En réalité, elle était abasourdie par la réponse de Frank. Enfin, elle répondit : « N'attendez pas trop pour visiter Paris. »

Frank éclata de rire – jamais elle ne l'avait entendu rire ainsi, et elle ne put s'empêcher de se laisser gagner par son hilarité. « Ah, il faut que je la note, celle-là », dit-il.

À cet instant, la musique cessa et Arthur ramena Andy à table ; souriante, elle prit son sac à main et se dirigea comme une fleur vers les toilettes. Arthur se rassit, but une gorgée de champagne puis il prit une bouchée de gâteau. « Bien, dit-il, j'ai ouvert grandes les oreilles. Vous voulez savoir ?

– Absolument, répondit Lillian.

– Voyons voir. Ils se sont rencontrés lors d'une soirée à Ames, Jesse est allé là-bas à l'automne dernier pour rendre visite à son ancien camarade de chambre qui est à présent dans une école d'ingénieur, et quand ils ont commencé à discuter, ils se sont rendu compte qu'ils s'étaient connus à la crèche de l'école du dimanche, il y a une vingtaine d'années, avant que sa famille à elle ne rejoigne l'église Foursquare à Usherton, et qu'elle n'entre au lycée de South Usherton parce que leur maison était juste à la limite des deux zones. Elle a ensuite fait ses études de chimie à Mount Vernon.

– Quelle est la date du terme ? demanda Frank.

– Chut. Je n'en suis pas encore là.

– Revenus familiaux ?

– La ferme est payée.

– Oh, mais arrêtez », dit Lillian. Puis elle ajouta : « C'est bien, ça, en tout cas.

– Elle a une tante par alliance, ici, qui a connu Frank autrefois.

– Qui ça ? demanda Frank.

– Tu te rappelles une dénommée Eunice quelque chose ? »

Lillian vit Frank blêmir.

« Peut-être.

– Elle est justement là.

– Non, ce n'est pas possible.

– Si. »

Lillian eut l'impression que Frank était en colère. Arthur ne sembla rien remarquer. « Elle est à gauche du buffet. La robe bleue. Petite, avec de l'ostéoporose. »

Ils la regardèrent tous. Andy qui revenait demanda : « Mais qu'est-ce que vous regardez comme ça ? Oh… Eunice. La pauvre. Elle est méconnaissable.

– Pourtant, tu l'as reconnue, dit Frank.

– C'est elle qui m'a reconnue. C'est la seconde femme du cousin de Betty Prince. Il travaille pour Monsanto. Ils sont venus de Saint Louis. »

C'est alors que Lillian assista au plus étrange des spectacles : Andy, la femme la plus évaporée, la plus résignée, la plus infortunée du monde lança à Frank un regard, tel un coup de poignard, le mettant au défi de réagir. Arthur aussi le vit. Il échangea à son tour un regard avec Lillian, et ils baissèrent les yeux. Quand ils relevèrent la tête, tout était rentré dans l'ordre. Frank répondit : « Il faudra que j'aille la saluer.

– Oui, tout à fait », répondit Andy.

Le moment était venu où la mariée devait jeter son bouquet. Il n'y avait pas d'escalier, mais une petite estrade, et les trois demoiselles d'honneur vêtues de jaune et deux autres filles se rassemblèrent devant, tandis que Jenny, à présent vêtue d'un ensemble vert avec des épaulettes et des bordures blanches, se postait en surplomb. Elle se retourna et lança le bouquet de gardénias en arrière. Les demoiselles d'honneur levèrent les bras en criant. Ce fut la plus jeune qui s'en saisit, d'un geste athlétique, à croire qu'elle voulait l'attraper avant le rebond. Elle se mit à rire et y plongea le nez, puis elle le tendit à une autre fille qui devait être sa grande sœur. Ensuite, tout le monde suivit Jesse et Jenny jusqu'à la voiture – la Volkswagen de Rosanna, toujours bon pied bon œil au bout de onze ans. Ils se rendaient à l'aéroport de Des Moines car ils partaient en voyage de noces en Arizona.

Lillian, qui tenait le bras d'Arthur, aperçut la dénommée Eunice qui venait vers Frank. C'était stupéfiant : on aurait dit qu'ils n'appartenaient pas à la même génération. Elle était frêle, avec les cheveux bleus. Encore plus incroyable : elle saisit le bras de Frank d'un geste familier. Arthur demanda : « Tu n'aimerais pas savoir ?

– Je n'en suis pas certaine.

– Juste pour l'aspect dramatique. »

Lillian secoua la tête.

Ce soir-là, en s'installant dans le très confortable lit que Joe et Lois leur avaient cédé, Lillian dit : « Tu crois que Frank a le sens de l'humour ?

– Frank est un grand romantique, ma chérie. Il a toujours porté son cœur comme un blason.

– Frank ? Je n'ai jamais remarqué.

– Parce que c'est un tout petit cœur. »

Dans la chambre du Best Western d'Usherton, Andy avait pris le lit près de la fenêtre, Frank celui qui était près de la salle de bains. C'était la première fois qu'ils partageaient une chambre depuis des années, et Frank décida qu'il valait mieux pour lui feindre de s'endormir aussitôt afin d'éviter toute conversation. Dans la voiture, Andy n'avait pas parlé d'Eunice ; la seule chose qu'elle avait dite, c'était qu'Arthur paraissait soucieux et Lillian pâle et fatiguée. Elle donnait l'impression de souffrir. Frank avait fait la même observation, mais bon, est-ce que ça les regardait ? La personne la plus intéressante à ses yeux était Claire, qui était arrivée à l'église flanquée de deux gaillards qui ne pouvaient quand même pas être Gray et Brad ? Mais si. Il y avait beaucoup de bonnes choses à dire à leur sujet : Gray était admis à l'université de Pennsylvanie, une des plus prestigieuses des États-Unis ; Brad était ailier de l'équipe de basket junior de l'université, et son équipe briguait le titre de champion de la ligue. Durant la cérémonie, puis la réception, ils n'avaient pas quitté leur mère d'une semelle, pas par timidité, mais pour ne pas la perdre de vue. Même lorsque deux cousines de Jenny étaient venues ouvertement les draguer, Gray avait gardé un œil sur sa mère. Penser à Jenny le fit naturellement penser à Jesse. Celui-ci s'était montré attentionné, il lui avait demandé s'il avait des conseils à lui donner, il voulait que Frank ne soit pas seulement satisfait de Jenny, mais qu'il soit impressionné. Il ne le fut pas, mais bon, c'était une Guthrie – les Guthrie étaient inoffensifs. Et elle l'avait serré dans ses bras avec une telle gentillesse, pas seulement par obligation, mais en lui témoignant une affection réelle.

Satisfait de ces petits plaisirs, Frank se lança dans son rituel habituel pour s'endormir, qui consistait à compter en arrière de cinq en cinq à partir de 1 000, mais en arrivant autour de 435, il ne put s'empêcher de tousser, ce qui hélas montra qu'il ne dormait pas, et Andy déclara d'une voix tout à fait claire et pas du tout ensommeillée : « Claire s'est enfin épanouie.

– Je pensais justement à elle.

– Elle m'a toujours fait pitié. » La voix d'Andy était calme et tranquille.

« Ah bon ? » Frank ouvrit les yeux. Il ne faisait pas noir dans la chambre car toutes les lumières du parking se reflétaient au plafond. Frank regrettait de n'avoir pu rentrer directement après le mariage, mais le temps était toujours menaçant. Il y aurait même peut-être une seconde nuit au Best Western.

« Elle a seulement épousé ce médecin parce qu'elle portait encore le deuil de votre père. Mais votre mère ne l'aimait pas assez pour s'en apercevoir. »

Le devoir de défendre sa mère n'incombait pas à Frank – elle savait très bien se défendre toute seule depuis sa tombe. En outre, il n'était pas en désaccord avec Andy. Celle-ci reprit : « Mais à présent, elle a de la chance.

– Qui ça ?

– Claire. » Elle remua dans son lit et ajouta, comme si elle ruminait : « Quand tes parents ne t'aiment pas, tu es libre. »

Frank se mit sur le côté et la regarda. Il y avait tant de lumière réfléchie sur les parois du mur qu'il la voyait avec netteté : « Tes parents t'aimaient.

– Oui, hein ? Surtout mon père. Seulement tu es là. »

C'est alors qu'ainsi allongé, en la dévisageant à travers le petit espace qui séparait les lits, il s'aperçut que la structure de son visage n'avait pas changé en quarante ans. Ses pommettes, sa mâchoire, son nez étaient plus finement modelés, ses yeux si bleus un peu plus enfoncés. Ses lèvres étaient un peu plus minces, mais pas trop. Il se moquait d'elle aujourd'hui presque par réflexe – mais pas au début. Au début, il avait peur d'elle. Baiser Eunice, être obsédé par cette fille qu'il détestait à cause de Lawrence, c'était une sorte d'échappatoire. Seulement Lawrence était mort depuis quarante ans. Andy sourit, et son sourire était toujours aussi large et agréable. « Tu as fait de ton mieux, Frank. » Ce qui n'était pas grand-chose – termina-t-il tout seul dans sa tête. Puis, juste pour qu'il sache qu'elle ne se montrait pas ironique, elle tendit la main et prit la sienne d'une façon rassurante, maternelle. Puis elle se retourna. Frank reprit son décompte rituel, mais se lassa en arrivant vers 635. Ensuite il resta allongé à contempler les lumières au plafond. Andy dormait, immobile et silencieuse. Il était toujours surpris de ce que les autres pensaient de lui, et même surpris qu'ils pensent à lui. Il se considérait tel un observateur, alors qu'en réalité, c'est lui qu'on observait, non ? Peut-être avait-il justement passé toute sa vie à tenter d'échapper à cela.

Eloise aurait bien voulu aller assister au mariage, mais le temps ne l'avait pas permis : les avions ne pouvaient décoller. Elle avait fini par abandonner en se disant qu'elle irait peut-être au printemps. Elle éprouvait l'étrange désir de revoir l'Iowa une dernière fois – elle n'y était pas retournée depuis l'enterrement de Rosanna. Elle désignait toujours en riant ce qui se trouvait de l'autre côté des Sierras « les terres humides ». Jamais Denby ni Usherton n'avaient enflammé son imagination comme la Californie. Mais les inondations de cette année avaient eu raison du romantisme de la côte ouest à ses yeux. San Mateo était zone sinistrée. Marin était zone sinistrée. Oakland, en quelque sorte, était une zone sinistrée permanente, nuageuse, sombre, humide, menaçante et, pour la première fois de sa vie, Eloise n'avait pas ouvert les rideaux de la journée – elle avait la sensation que quelque chose se rapprochait, semblable à une coulée de boue, lente et inexorable, et non vive ni due au hasard ainsi qu'une tornade.

Son état d'esprit était peut-être lié à ce qu'elle avait fait du tri dans ses placards et jeté des vêtements et des chaussures. Des chaussures à talons roses ! Comment avait-elle pu acheter cela ? Ça défiait la raison. Seigneur, aurait dit Rosanna, elle avait soixante-dix-sept ans ! Les révolutionnaires ne vivaient pas jusqu'à soixante-dix-sept ans. Les bouddhistes, si, et elle en connaissait encore quelques-uns avec qui elle s'entendait bien. Forte de ses trois boîtes de vieux vêtements à donner, Eloise avait la sagesse d'admettre qu'elle avait raté sa vie, mais ça ne la dérangeait pas plus que ça. Elle aimait se considérer comme une excentrique : la branche du pêcher qui produisait des nectarines. Elle avait suffisamment renoncé à ses principes lyssenkistes pour s'interroger sur certains de ses ancêtres Vogel et Augsberger, en Iowa ainsi que là-bas en Allemagne : soit il y avait une malformation cachée quelque part, soit une de ses aïeules avait importé d'autres gènes dans la famille. Toutefois, grâce à son sens de l'humour qu'avaient tellement détesté certains de ses camarades au fil des années, elle savait qu'elle était la petite-fille d'Opa.

Sa première erreur ce jour-là fut de consulter le journal, bien qu'elle haïsse Reagan. Elle se méfiait de lui depuis le début. En Californie, il avait renforcé le droit de grève chez les employés de l'État, mais par la suite il avait licencié les contrôleurs aériens grévistes, montrant son vrai visage : viscéralement antisyndicaliste. Mais plus que Reagan, elle détestait son conseiller, James Watt, le secrétaire à l'Intérieur, spécialement nommé pour détruire cet intérieur, justement. Elle détestait Anne Gorsuch, elle détestait aussi Rita Lavelle (qui par chance avait été virée). Selon Eloise, Rita Lavelle n'était pas une pomme pourrie, c'était la plaie indiquant l'infection souterraine et, dans l'administration Reagan, l'infection souterraine, c'était cette volonté de tirer de la terre tout ce qu'on pouvait pour qu'une poignée de gens s'enrichissent le plus possible. Elle avait entendu Watt dire que le Christ allait bientôt revenir, alors la terre, qu'est-ce qu'on en avait à faire ? Elle avait été mise à la disposition de l'homme, de toute manière. C'était un sentiment que les gens du Wyoming par exemple exprimaient souvent. Les Perroni y adhéraient également, et cette pensée allait main dans la main avec une autre : que personne ne dise à un Perroni ce qu'il avait à faire. Si quelqu'un essayait, il risquait de se faire descendre. Ce n'était pas un sentiment que les gens de l'Iowa partageaient ; à Oakland et Berkeley, les gens qui comme Eloise travaillaient dans les coopératives et les magazines locaux riaient de ce genre d'idées, mais pas elle, pas après avoir discuté avec Mrs Perroni, qui était encore plus dure et intraitable que Mr Perroni. Quarante mille hectares ! Ces terres leur devaient quelque chose, et Mrs Perroni avait bien l'intention de les faire payer. Après avoir lu le journal, ces pensées n'avaient cessé de tourner dans la tête d'Eloise, mais le temps était trop mauvais, et elle ne pouvait aller se promener pour les chasser.

Elle avait vendu sa voiture. Même Rosa l'ignorait. Voilà ce qui s'était passé : elle avait pris l'habitude de ne pas se retourner lorsqu'elle reculait – ça lui faisait trop mal au cou et aux épaules. Elle avait regardé dans ses trois rétroviseurs, à gauche, à droite, au milieu, et cela trois fois de suite. Elle savait qu'il n'y avait rien derrière. Sauf qu'il y avait quelque chose. Elle sentit qu'elle l'avait heurté, poussé, elle entendit le raclement sur la chaussée. Dans la panique, au lieu d'appuyer sur le frein, elle appuya sur l'accélérateur, et la voiture fit un bond dans la rue. C'est alors seulement qu'elle s'arrêta, éteignit le moteur, se précipita dehors, pour découvrir un de ces tricycles en plastique sur lesquels on juchait les tout-petits aujourd'hui – il était rouge et jaune, et heureusement, il n'y avait pas d'enfant dessus. Peut-être qu'il avait roulé sur la rue depuis le jardin d'un voisin, puisqu'il n'y avait aucun gamin dans les parages. Mais Eloise avait été tellement choquée qu'elle était rentrée chez elle et était restée couchée sur le canapé pendant une heure, ensuite elle avait appelé le concessionnaire Ford pour demander à combien il lui reprendrait sa voiture qui n'avait que quatre ans et moins de quarante mille kilomètres au compteur. Elle ne voulait plus conduire ; l'employé de chez Ford vint chercher le véhicule le lendemain, et elle fut soulagée de le voir partir.

Ne plus avoir de voiture n'était pas gênant : elle pourrait louer l'emplacement cinquante dollars à son voisin qui avait trois véhicules. Elle était bonne marcheuse et elle avait son caddie. En outre, la coopérative était près de la pharmacie, qui était près de la clinique, etc. C'était faisable. Mais si elle demandait à quelqu'un de l'emmener une fois de plus à Drakes Bay, à deux heures de route, le lieu le plus pur en Californie, alors elle pourrait marcher sur la plage à son rythme et profiter de cette solitude totale pour prendre sa décision.

Mais à propos de quoi devait-elle prendre une décision ? Et qui cela intéressait-il ? Pourquoi s'en souciait-elle encore ? Rosa lui avait posé la question le matin même lorsqu'elle l'avait appelée pour l'informer de la situation à Big Sur (la Highway 1 était fermée une fois de plus, mais ça ne posait pas de problème). Rosa était la bouddhiste la plus proche d'Eloise parmi ses connaissances, même si elle-même ne se définissait pas ainsi. Quand on demandait à Rosa d'une voix douce, sans le moindre préjugé (ton qu'Eloise était rarement capable d'adopter), comment elle considérait sa vie d'adulte, elle parlait de phases, d'anciens désirs mal dirigés qu'elle avait dépassés ou anéantis. Elle ne « portait pas de jugement » (à part bien sûr sur Eloise), « n'avait aucun désir » (sauf bien sûr qu'Eloise cesse de la harceler), et « prenait les choses comme elles venaient » (en dehors des remarques d'Eloise, qui parfois la conduisaient à ne plus lui parler pendant un mois ou deux). Eloise, elle, portait des jugements, avait des désirs, et visiblement n'était pas capable de prendre les choses comme elles venaient, en outre elle était persuadée que si seulement elle parvenait à ordonner un peu ses pensées contradictoires, elle parviendrait à mettre au point un programme permettant d'expliquer pourquoi il fallait se soucier des choses et comment le faire, alors, elle laisserait une trace, et sa vie n'aurait pas été totalement inutile. Mais elle ne voulait pas se retrouver dans un endroit tel qu'Esalen où le pardon et les sentiments positifs risqueraient de lui embrouiller l'esprit. Elle voulait trouver le moyen de forcer Rita Lavelle, Anne Gorsuch et James Watt à dénoncer eux-mêmes leurs pratiques, à éprouver de la honte, du remords, à faire leur autocritique sincère, puis à faire pénitence.

Pourtant, à soixante-dix-sept ans, elle savait que ce n'était pas possible. Elle savait également que James Watt, Anne Gorsuch et Rita Lavelle lui demanderaient à leur tour, exactement comme elle, si elle était prête à faire pénitence pour le massacre des paysans russes. Pour le goulag. Pour le Grand Bond en avant. Pour le coup d'État en Pologne. Pour le mur de Berlin. Pour la Stasi. Pour les Khmers rouges. Et enfin pour le révérend Jones. Quand ils lui demanderaient cela, elle se trémousserait sur sa chaise et dirait la même chose que ses camarades avaient répétée des années, des décennies durant : « Des erreurs ont été commises. »

Et si c'étaient des gens bien, eux aussi ? Si entre le moment où elle rognait les pouvoirs de l'Agence pour la protection de l'environnement, et celui où elle donnait le feu vert pour qu'on déverse du PCB dans les rivières, Anne Gorsuch allait distribuer la soupe populaire et aider les pauvres ? Et si entre deux autorisations de mise en vente des terres appartenant à l'État américain, James Watt jouait avec ses petits-enfants ? Eloise n'avait-elle pas été choquée par l'assassinat de lord Mountbatten, ce porc impérialiste, qu'elle haïssait depuis le jour où il avait envoyé Julius à la mort à Dieppe ? N'avait-elle pas trouvé ça atroce lorsque, quelques été plus tôt, l'IRA l'avait tué, ainsi que sa femme, son petit-fils et un pauvre gosse du coin ?

C'est plus tard seulement qu'elle s'était demandé si au dernier moment il avait eu le temps d'éprouver des regrets.

La nature humaine était-elle bonne ? Eloise et Julius n'étaient pas d'accord sur ce point. Elle disait que oui, prenait son propre exemple, celui de ses parents : si on montrait aux gens comment bien agir, alors ils désiraient se comporter en ce sens. Julius disait que non, et prenait son propre exemple et celui de ses parents : la contrainte était nécessaire, on ne faisait pas d'omelette sans casser d'œufs. La nature humaine était ainsi. Il la trouvait naïve ; elle le jugeait fâcheux ; aucun d'eux ne se voyait à la manière dont l'autre le voyait.

Eloise alla à la cuisine. Assam ? « Constant Comment » ? Menthe ? Elle se prépara une tasse de chacun et les aligna sur la table basse. Enfin, enfin, enfin, en allumant la télévision pour regarder sa série, *Hill Street Blues*, en retrouvant le beau sergent Esterhaus qui démarrait sa journée au mystérieux commissariat (Eloise imaginait toujours que c'était à Chicago), elle oublia Hobbes et Locke, ses douleurs, et la pluie qui tombait depuis des jours. Son cerveau demeura agréablement vide pendant tout le reste de la soirée – lorsqu'elle posa les tasses dans l'évier, s'assura que les portes étaient bien fermées, vérifia la fenêtre de la véranda, se brossa les dents, enfila sa chemise de nuit et fit son lit, que personne n'avait pris la peine de remettre en ordre après qu'elle s'était levée – personne, c'est-à-dire elle-même. Son livre était posé à côté du lit : *Mémoires du comté d'Hécate*. Difficile de croire que l'œuvre eût été censurée, et pourtant c'était vrai. Elle avait un peu de mal à y entrer. Elle décida de ne pas troubler son esprit vide en s'y essayant une nouvelle fois et se mit au lit.

Oh, comme c'était agréable de ne rien faire par un jour de pluie. De songer à cette longue plage si plate, si loin de tout. Eloise soupira et bâilla, bâilla encore. Si la pluie s'arrêtait et qu'elle puisse aller à la coopérative demain, il ne fallait pas oublier d'acheter du brie. Elle avait des envies de brie depuis quelque temps, chaque soir, elle y pensait, au brie et, le lendemain, elle oubliait. Elle avait laissé la lumière allumée dans la salle de bains. Mais non. Du brie, songea-t-elle, du brie.

Emily devait manger un bol de Cheerios et des fruits, et puis elle devait boire du lait. Les Cheerios, ça allait. L'un des principaux reproches qu'elle faisait à maman, c'est qu'elle l'obligeait à boire quatre verres de lait par jour devant elle. Elle lui disait : « Tu es toute maigre, Emily. » Ensuite, elle secouait la tête. Pour se donner un peu de plaisir pendant qu'elle buvait son lait, Emily observait sa chienne, Eliza. Emily savait tout d'Eliza. Elle avait presque deux ans, était croisée labrador noir et golden retriever ; elle dormait dans la chambre d'Emily, juste à côté de son lit (parfois elle réussissait à se faufiler sous le lit, et lorsqu'elle se tortillait, le lit frétillait, et ça faisait rire Emily). Elle savait s'asseoir, ne pas bouger, venir si on l'appelait, se coucher et attraper au vol un biscuit pour chien. Quand maman lui demandait de faire ces choses, elle s'exécutait tout de suite. Quand c'était Emily, elle tirait la langue comme si elle lui souriait, puis le faisait aussi, mais avec un peu plus de lenteur.

Eliza se posta devant la porte du jardin et se mit à gémir. Maman lui ouvrit.

Emily bondit de sa chaise, montra son bol à maman et le posa à côté de l'évier. « D'accord », dit maman.

Emily alla à la balançoire, mais en réalité, elle observait Eliza qui semblait avoir une idée derrière la tête, comme lorsqu'elle s'apprêtait à voler quelque chose. Ses menus larcins faisaient toujours rire maman : un gant, une chaussure, qu'on retrouvait toujours dans son panier.

Emily s'assit sur la balançoire, les pieds touchant le sol, et elle se poussa d'avant en arrière, les bras accrochés aux chaînes. Eliza alla se coucher près du mûrier ; Emily se pencha pour l'observer. Dans le jardin voisin, Mrs Gilkisson apparut avec un saladier ; elle traversa le jardin d'un pas rapide et ouvrit la porte du poulailler. Quelques instants plus tard, elle ressortit, ferma la porte, et rentra chez elle.

Emily s'en alla jusqu'au bac à sable et s'assit au milieu. Elle prit une truelle et se mit à lisser le sable. Eliza se leva, avança le long de la clôture jusqu'à un endroit précis, envahi de chèvrefeuille, et se glissa parmi les feuilles. Emily ne s'était jamais aperçue qu'il y avait un trou dans la clôture, mais elle se leva pour aller voir et poussa le chèvrefeuille. Elle ne bougea pas et regarda Eliza ramper jusqu'au poulailler. Celle-ci poussa la porte du museau. La première fois, elle ne bougea pas ; la seconde, elle céda. Eliza entra.

Emily songea à appeler maman parce que quelqu'un risquait d'avoir des ennuis. Il y eut du bruit dans le poulailler : les poules caquetaient. Emily commença à avoir peur. C'est alors qu'Eliza ressortit. Elle n'avait pas de poule dans la gueule, aussi Emily se sentit moins effrayée. Malgré tout, elle courut à la balançoire, et se mit à se balancer de toutes ses forces. Elle s'agrippait aux chaînes, se penchait en arrière, tendait les jambes le plus loin possible, puis les renvoyait en arrière et se penchait en avant. Au bout de quatre balancements, elle montait déjà très haut, mais elle vit Eliza rentrer dans le jardin et se diriger vers le fond, là où se trouvait le garage. Emily cessa ses mouvements, lâcha les chaînes et sauta. Elle aimait bien faire ça.

Eliza avait disparu. Emily regarda la maison. Aucun signe de maman. Elle se dirigea lentement vers le garage, presque sur la pointe des pieds, et fit le tour : Eliza était là, elle creusait la terre avec soin de ses pattes avant. Emily l'observa. Le trou était assez profond mais la terre était meuble, donc elle n'avait pas besoin de fournir de gros efforts. Elle s'arrêta pour regarder au fond. Puis elle alla chercher quelque chose qu'elle avait laissé à côté et le ramassa très doucement pour le déposer au creux du trou. Tout ce temps Emily n'avait cessé de s'approcher et enfin, juste avant qu'Eliza ne commence à reboucher le trou, Emily arriva suffisamment près pour voir. C'était un œuf, blanc, parfait. La terre retomba doucement dessus et le recouvrit. Quand elle eut fini de reboucher le trou, Eliza tourna sur elle-même et se coucha par terre. Elle regarda Emily, les oreilles dressées. Emily s'approcha pour la caresser, et Eliza lui lécha le menton. « D'accord, Lizie. Je dirai rien. »

1984

Le mardi, Lillian appela Debbie et lui raconta qu'elle était allée toute seule chez le médecin : elle avait pris la voiture en douce tandis qu'Arthur déterrait des bulbes au fond du jardin, elle avait conduit jusque là-bas, et tout s'était bien passé. Debbie ne trouvait-elle pas ça très amusant ? Oui, en quelque sorte, songea celle-ci, mais le mercredi, quand son père l'appela pour lui dire de venir avec Carlie et Kevvie, Debbie se mit à hurler que ce n'était pas possible, qu'elle n'y croyait pas, qu'elle ne pouvait pas y croire, alors son père se montra affreusement patient et lui dit que Dean viendrait la chercher à l'aéroport, et que Tina arriverait le samedi. À l'heure du dîner, elle avait retrouvé ses esprits : elle raconta tout à Hugh d'un ton assez calme pour que les enfants ne s'imaginent pas qu'elle devenait folle, puis elle alla s'asseoir sur le canapé du salon avec les enfants en leur annonçant qu'elle avait quelque chose à leur dire. Carlie comprit – elle hocha la tête et serra plus fort la main de sa mère, mais Kevvie la dévisagea, le bras passé autour de son nounours, tout en suçant son pouce. Debout à la porte, Hugh déclara : « C'est pour ça qu'il faut qu'ils t'accompagnent, Deb ; il faut qu'ils voient par eux-mêmes. »

Il en fut donc ainsi et, comme à l'image du reste de sa vie, la dernière heure de Lillian Langdon Manning ne fut pas si difficile, et Debbie n'eut pas à tout prendre en charge, ce qu'elle faisait toujours d'instinct. Elle demeura assise dans la cuisine à bavarder avec celles et ceux qui passaient par là, à les prendre dans ses bras, leur proposant à manger les mets que les autres avaient apportés car ils n'avaient pu s'en empêcher. Il faisait un temps magnifique pour un mois de janvier. Les enfants s'étaient détendus et jouaient avec les autres ; Carlie se montrait gentille et même maternelle avec Eric, le fils de Dean âgé de deux ans. Elle lui lut un vieux livre trouvé dans la chambre de Tina, le lui relut encore et encore, ce qui rendit Debbie à la fois fière et mélancolique.

Certes, Lillian était allée toute seule chez le médecin le mardi, mais dans la nuit, quelque chose s'était rompu dans sa tête, une petite membrane, un fil conducteur, un verrou (tout dépendait comment on imaginait le cerveau), et les hallucinations avaient commencé. Elle s'était réveillée le mercredi matin et avait demandé à Arthur : « Vous avez vu Arthur ? » Celui-ci lui avait patiemment rappelé qu'il était là, sans jamais cesser de le lui répéter et, à présent, allongée dans son lit, elle regardait la fenêtre ou le plafond en demandant : « Est-ce que c'est un lac ? » ou : « Vous saviez que mon frère Henry était mort ? »

Arthur lui tapotait la main en disant : « Non, chérie, c'est le plafond ; je suis là ; et Henry va bien, tu le verras demain. » Alors elle hochait la tête en répondant : « Je suppose que vous avez raison. »

Elle souffrait peu, voire pas du tout semblait-il, et si jamais elle avait mal, il y avait des antalgiques pour la soulager, mais elle avait dit à Arthur des semaines plus tôt qu'elle voulait rester consciente aussi longtemps que possible.

Elle avait salué Debbie en l'embrassant et lui avait demandé si Carlie et Kevvie étaient ses enfants et comment ils s'appelaient. Debbie avait fait de gros efforts pour ne pas comparer la manière dont sa mère réagissait à sa présence et à celle de Dean, ni au nombre de fois où elle avait demandé si quelqu'un avait vu Tim. Sa mère avait été précisément égale à elle-même pendant toute la vie de Debbie, c'est-à-dire trente-six ans, et celle-ci l'avait toujours trouvée la plupart du temps trop désorganisée, trop souple, trop fusionnelle avec son mari, trop centrée sur Tim, trop affectueuse avec Janet. Mais depuis la naissance de Carlie, elle l'appréciait mieux (l'appréciait : elle l'avait toujours aimée démesurément) et lui parlait tous les jours, parfois pour lui demander des conseils, mais la plupart du temps juste pour entendre le son apaisant de sa voix. En réalité, c'était le son de sa propre voix que Debbie entendait, surtout quand elle l'appelait, mais elle ne pouvait s'empêcher de prendre de ses nouvelles, sans parler des « comment ça va ? », « oui ma chérie », « quelle bonne idée », et « je t'aime »…

Il n'y aurait plus d'appels. À présent, toutes les deux heures, Debbie se glissait dans la chambre pour écouter l'étrange conversation qui se tenait entre ses parents, sachant qu'elle ne l'oublierait jamais, et qu'il vaudrait peut-être mieux que ce ne soit pas là son dernier souvenir.

Le reste du temps, elle préparait les obsèques. Il fallait bien que quelqu'un s'en charge. Elle appela les pompes funèbres, choisit la robe, les chaussures, écrivit un mot pour *The Washington Post* et le journal local de McLean. Puis elle prit le carnet d'adresses de Lillian en essayant de déterminer qui il fallait prévenir. Elle cuisinait, faisait la vaisselle, encore la vaisselle.

Son père était parfait – infiniment gentil, aimant, rassurant – et sa mère semblait trouver cela normal (quand cette pensée lui vint, elle la jugea stupide). Dean et Linda s'occupaient des commissions à l'extérieur. Linda faisait de son mieux. Debbie n'avait rien à lui reprocher, sauf lorsqu'elle entra dans la chambre de Lillian et que celle-ci lui dit : « Linda. Je te reconnaîtrais n'importe où. Tu es très jolie, tu le sais ? »

Debbie, c'était cette fille qui avait eu la mère parfaite – sympa, indulgente, organisée, efficace –, mais si on éprouvait ce genre de ressentiment pour la mère parfaite, alors ça signifiait que la mère parfaite n'existait pas, et qu'il valait mieux ne pas essayer de l'être soi-même.

Debbie était présente au moment fatidique. Son père avait pris la main de sa mère pour l'embrasser et il s'était levé du lit pour se dégourdir les jambes. Au moment où il se redressa, elle cria – simplement « Oh ! Oh ! » –, puis elle se rallongea, les yeux ouverts, la bouche béante. Debbie fit un pas vers le lit, son père était juste devant elle. Il dit : « Lilly Pons ? Ma chérie ? »

Debbie se rua à la porte et d'une voix sourde mais chargée d'émotion appela : « Tina ! Dean ! », et elle revint près du lit. Tina arriva aussitôt. Lillian demanda : « Quel est ce bruit ? » puis Dean apparut, et tous les trois s'approchèrent. Lillian releva la tête, la laissa retomber, et son dernier mot fut : « Chéri. »

Peu importait à qui elle pensait en le prononçant, mais par la suite, Debbie raconta toujours que sa mère regardait son père, qu'elle avait dit « Chéri », et qu'elle avait rendu son dernier souffle.

Debbie avait contacté sept personnes, Tina quatre ou cinq, et leur père, aucune, parce que après la mort de leur mère, il s'était effondré. Voilà pourquoi après s'être habillée et avoir préparé les enfants, Debbie fut stupéfaite de découvrir que le salon était rempli de monde jusqu'à la porte, qu'il y avait des gens dans le couloir – qui se turent en la voyant et lui adressèrent des regards pleins de compassion –, que la porte d'entrée était grande ouverte, qu'il y avait des voitures garées jusqu'au bout de l'allée, et que d'autres gens, tous en tenue de deuil, continuaient d'arriver. La cérémonie aurait dû avoir lieu dans le salon des pompes funèbres ou à l'église, finalement – comme elle ne pouvait consulter personne, elle escomptait une trentaine de visiteurs, plus oncle Henry, oncle Frank, tante Andy et Janet. Lorsqu'elle avait appelé oncle Joe, à peine avait-elle dit : « Ma maman… » qu'il avait fondu en larmes, mais n'avait pas osé venir – Lois avait attrapé une espèce de grippe intestinale et il avait peur de contaminer tout le monde. Tante Claire ne pouvait pas venir non plus parce qu'elle commençait juste à travailler chez Younkers ; avec Debbie, elles s'étaient mises d'accord pour organiser une autre cérémonie à la ferme pour Thanksgiving ou pour Noël, et c'est là que Claire avait craqué à son tour et dit, en larmes : « Oh, mon trésor, ta mère était mon idole.

Quand j'étais petite, je la confondais avec Maureen O'Hara, sauf que je trouvais ta mère beaucoup plus séduisante ! » La première chose que fit Debbie en voyant tous ces gens fut d'aller vérifier que la barrière de protection de la piscine était bien en place, puis elle alla dans le bureau de son père et verrouilla le bar. Le cercueil, fermé car son père ne pouvait supporter l'idée qu'il soit ouvert, se trouvait dans le salon, comme dans un roman du XIXe siècle, même si ce n'était pas là son intention – ce qu'elle voulait en réalité, c'était garder sa mère auprès d'elle le plus longtemps possible, pour qu'elle ne quitte la maison qu'à la dernière minute.

Son père était une vraie loque. Il ne cessait de se passer la main dans les cheveux, tout ébouriffés, et ne pouvait supporter sa cravate qu'il avait donc ôtée pour la garder pendante autour du cou. Il portait un costume noir tout froissé qui reflétait son état d'esprit. Debbie l'observait. Un homme venait vers lui, lui serrait la main, lui murmurait quelques mots, puis passait le bras autour de ses épaules, et l'emmenait un peu à l'écart de la foule. Suivaient quelques paroles sérieuses, des hochements de tête, des tapes dans le dos ; enfin l'homme le ramenait parmi les visiteurs, alors un autre se présentait et recommençait le même manège. Son père était pâle, hagard, comme s'il trouvait toute cette attention déconcertante, mais Debbie ignorait comment y mettre fin, ou comment le tenir à l'écart.

Le temps était toujours calme et beau. Un peu avant treize heures, Debbie se fraya un chemin à travers la foule en distribuant le programme que Linda avait réalisé à la boutique de photocopies. Mr Littlejohn, venu jouer du piano, avait dû parcourir presque un kilomètre à pied. Debbie le remercia chaleureusement, et elle vit qu'il comprenait – ils étaient les deux seules personnes capables de prendre en charge cette foule. Dean, Linda et Tina installèrent des chaises louées pour l'occasion – pas en nombre suffisant – ainsi que tous les bancs, toutes les chaises de cuisine et les tabourets qu'ils pouvaient trouver. À treize heures, Mr Littlejohn se mit à jouer le *Canon* de Pachelbel. Tout le monde se tut et entra dans le salon, s'asseyant là où il y avait de la place. Debbie prit alors son père en charge : elle le fit s'asseoir près d'elle, et lui prit la main. Tante Andy était assise de l'autre côté et oncle Frank était appuyé au mur tout proche. Janet était venue sans Emily ni Jared, elle préférait rester seule au fond. Elles avaient parlé tard la veille au soir, Debbie savait que Janet faisait d'énormes efforts pour ne pas s'effondrer, mais elle ne pouvait la prendre en charge. Tante Andy attrapa doucement l'autre main de son père. Lorsque tout fut silencieux, Mr Littlejohn joua l'introït du *Requiem* de Mozart dans une version pour piano, beaucoup plus sombre que le morceau de Pachelbel. Les visages adoptèrent une expression de circonstance.

La musique se tut, et un révérend qu'ils connaissaient en dehors de l'église – un homme jovial, très libéral – se leva pour prononcer le sermon. Il ne parla pas de « Dieu », mais de « notre Père », et il récita les prières les plus neutres possibles, que tout le monde connaissait. Ensuite oncle Frank se leva et vint parler de la ferme, il raconta que Lillian avait sa petite troupe d'amis dévoués, et qu'un jour, tout à coup, elle avait été enlevée par un étranger, il s'avéra que c'était Arthur, et lorsqu'il les vit ensemble la première fois, il sut qu'il avait devant les yeux l'image du véritable amour. Ensuite, Janet vint à son tour dire quelques mots sur Tim, puis ce fut au tour de Tina, qui déclara que toute sa vie, elle avait observé sa mère en se disant : oh, alors c'est comme ça qu'on fait ; à présent, elle avait vu mourir sa mère, et à nouveau elle se disait : oh, alors c'est comme ça qu'on fait ; et elle songeait que sa mère était partie au-devant d'elle vers ce royaume inconnu, et elle se sentait rassurée. Puis vint le tour de Dean, et il se mit à parler de son enfance, quand on lui laissait faire tout ce qu'il voulait, et que c'était la meilleure... mais il ne put continuer, et au bout d'un moment, Linda vint le chercher pour le ramener à sa place.

Debbie serra son papier dans sa main, regarda ses pieds chaussés d'escarpins noirs qui étrangement la menaient vers l'avant de la pièce. En passant près du cercueil, elle laissa ses doigts caresser le bord brun-rouge. Acajou ? on dirait : c'est sa mère qui l'avait choisi. En voyant tous ces visages tournés vers elle, elle serra son papier encore plus fort, puis elle regarda le mur du fond, par la fenêtre, et elle vit l'eau de la piscine miroiter dans l'air tiède. Elle ouvrit la bouche : « Je suis une madame je-sais-tout, et je l'ai toujours été, pendant toutes ces années j'ai passé mon temps à expliquer à ma mère ce qu'elle devait faire, et parfois elle s'y conformait, d'autres fois avec une extrême gentillesse elle faisait ce que bon lui semblait, de manière tout à fait différente de la mienne, et beaucoup mieux. Malgré ma persistance à tout savoir mieux que les autres », tout le monde souriait, « j'ai toujours compris que ma mère, Lillian Manning, savait parfaitement être une mère aimante, une épouse aimante, une amie aimante. C'est insupportable ce qu'elle nous manque déjà, et comme elle nous manquera demain, et à jamais ensuite. » Alors, de même que Dean, elle se mit à pleurer, et retourna s'asseoir, voyant à peine où elle allait à travers ses larmes.

Son père se leva. Debbie attrapa un Kleenex et s'essuya les yeux, étalant son mascara. Tante Andy lui prit le bras par-dessus le fauteuil vide. Debbie jeta un coup d'œil à oncle Frank, à nouveau appuyé contre le mur, qui observait son père avec une curiosité intense. Tous se demandaient : comment va-t-il lui survivre ?

Mais son père avait repris ses esprits et il était de nouveau égal à lui-même. Il joignit les mains et commença : « Je voudrais vous raconter une petite histoire. Il y a longtemps, très longtemps, je revenais à Washington depuis Rapid City, dans le Dakota du Sud, et j'ai fait halte dans une petite ville de l'Iowa où je suis entré dans un bar. Non, ce n'était pas un bar, car je me rappelle, à l'époque, on ne vendait pas d'alcool dans l'Iowa, en réalité il s'agissait d'un drugstore avec un bar à sodas. Et derrière le comptoir, il y avait une très jolie jeune fille. À cette période, comme beaucoup d'entre nous à la fin de la guerre, je me considérais pareil au Grand Méchant Loup. Aujourd'hui, grâce à Farley Mowat, nous savons qu'en réalité, le Grand Méchant Loup est un loup qui a sans doute perdu sa mère, et été écarté de la meute à un très jeune âge, peut-être qu'il a vu sa compagne tuée par des chasseurs, et sa seule progéniture mourir de faim, mais à l'époque, un loup, c'était un loup, forcément animé de mauvaises intentions. J'ai baratiné la jolie fille, je l'ai raccompagnée à sa voiture en lui disant, évidemment, que c'étaient les autres qui étaient animés de mauvaises intentions, pas moi. Je suis allé jusqu'à la ville la plus proche, et j'ai pris une chambre pour la nuit.

« Le lendemain, j'ai déployé tous mes talents d'espion pour découvrir que cette jeune fille commençait son service au drugstore à midi, et à l'instant même où elle nouait son tablier j'étais déjà vissé sur mon tabouret. Je lui ai commandé vingt-six Coca cerise, et depuis je n'en ai jamais rebu. Je lui ai servi mon meilleur discours de Grand Méchant Loup et, bien sûr, à la fin de la journée, je la tenais entre mes griffes. Elle était d'accord pour m'accompagner dans ma tanière, même si elle était loin, très loin de Denby.

« Vous savez, le Petit Chaperon rouge passe toujours pour la proie du loup, mais en réalité, le loup se moquait pas mal d'elle – ce qui l'intéressait c'était les côtes d'agneau braisées qu'elle apportait à sa grand-mère – et c'est ainsi qu'il faut imaginer cette jolie jeune fille, non pas comme le Petit Chaperon rouge, mais comme un petit agneau folâtre et plein d'entrain assis à côté de moi dans la voiture. Nous avons roulé et pendant une heure elle m'a parlé gentiment de son travail, de sa famille, de son frère parti faire la guerre. Je me disais qu'en roulant suffisamment loin je devrais pouvoir éviter le frère. Le soleil était déjà assez bas lorsque nous étions partis, on s'est donc arrêtés pour manger un morceau à Cedar Rapids, et on a continué. Enfin, on est arrivés dans une grande ville au bord d'un fleuve, le petit agneau avait sommeil, aussi je lui ai dit : “Tu veux qu'on fasse halte ici pour la nuit ?” tout en me léchant mes babines de loup. »

Debbie regarda autour d'elle. Tout le monde avait les yeux rivés sur son père, et elle pensa que c'était une excellente chose que la plupart d'entre eux le connaissent bien. Il poursuivit : « Donc, je suis allé à la réception d'un petit motel près du fleuve et j'ai demandé une chambre, la vieille grand-mère m'a regardé comme si elle avait peur que je la dévore, et elle m'a remis une clé. Ensuite, j'ai laissé sortir le petit agneau de la voiture, et je dois dire qu'elle avait l'air un peu nerveuse, donc je lui ai donné la clé de la chambre et je suis remonté dans ma voiture. Longtemps je suis resté là à méditer sur ma nature de prédateur. Puis je me suis endormi. Avec le brouillard qui montait du fleuve, j'ai fini par avoir très froid et cela m'a réveillé. J'ai regardé alentour, et j'ai ressenti un certain effroi. Impossible de me souvenir où j'étais, ni comment j'étais arrivé là, même ma voiture me paraissait étrange au clair de lune – parce que naturellement, la lune s'était levée. Alors j'ai ouvert la portière et je suis sorti en titubant. Il y avait de la lumière à la fenêtre de la chambre, je me suis approché pour jeter un coup d'œil à l'intérieur. »

Il regarda son public autour de lui, ainsi qu'il le faisait si souvent à table quand les enfants étaient petits et qu'il les mettait au défi de ne pas croire qu'un petit oiseau lui avait apporté le bulletin scolaire de Tim, et qu'il avait pleuré en voyant ses mauvaises notes. « Les stores étaient baissés, mais juste à ce moment-là, j'ai vu deux doigts qui écartaient les lattes, et la jeune fille qui me regardait. Nous avons éclaté de rire tous les deux, et j'ai su aussitôt où j'étais, ce que j'étais censé faire, à quelle espèce de loup j'appartenais, que ce petit agneau m'avait démasqué, et que je ne pouvais rien lui cacher. » Tout le monde se mit à rire et Debbie songea : C'est à ça que ça sert, les enterrements : à rire. « Le lendemain matin, nous sommes allés à la recherche d'un juge, à Clinton, où nous nous trouvions, et comme c'était un homme sage il a négligé quelques détails, ce dont je n'ai jamais cessé de le remercier du fond du cœur. »

Le silence se fit. Debbie vit que les gens avaient envie d'applaudir, mais bien sûr ils n'osèrent pas. Son père regarda le cercueil, s'en approcha. Il posa la main dessus, le tapota. Debbie se mordit la lèvre. Il la regarda et sourit. Elle renifla. Mais il ne se rassit pas. Ainsi debout, une main sur le cercueil, il tira un papier de sa poche, qu'il regarda longuement. Debbie l'identifia – une page du carnet de cuisine de sa mère – et elle songea qu'il allait peut-être leur jouer un de ses tours à lui, en lisant sa dernière liste de courses. Il reprit la parole : « Au début de l'été, après qu'on eut établi le diagnostic pour Lillian, nous avons parlé de ce jour, et elle m'a demandé de faire quelque chose pour elle, c'est-à-dire d'inclure sa tante Eloise dans notre hommage. Certains d'entre vous ont connu Eloise Silber, la sœur de la mère de Lillian, qui est décédée à San Francisco au printemps dernier. »

La police avait découvert le cadavre de tante Eloise dans son lit après avoir enfoncé la porte. La mort remontait à dix ou quinze jours. La route qui menait chez Rosa avait été coupée, au même moment, le toit de la coopérative où avait travaillé Eloise avait cédé sous la pression de l'eau, et personne ne s'était inquiété jusqu'à… Ah, dirent les policiers, ça n'est pas si rare à Oakland.

« Lillian était très affectée par les circonstances de la mort de sa tante et le fait qu'il n'y ait eu qu'une crémation sans service religieux, voilà pourquoi elle a écrit ce petit texte que je vais vous lire. »

Certains se raclèrent la gorge, et tante Andy fit : « Oh mon Dieu. »

« Je vous remercie d'honorer avec moi la mémoire d'Eloise Mary Vogel Silber, qui fut peut-être communiste mais ne défendit jamais ni Staline, ni même Lénine, et encore moins Mao Tsé-Toung. Si elle avait grandi dans l'un de ces pays, et non en Iowa, on l'aurait mise à mort très tôt car jamais elle n'hésitait à dire la vérité, quelles que soient les gens qui l'écoutaient. Elle rendait fou beaucoup de monde, dont le comité des activités non américaines de Californie. Lorsque Eloise dut témoigner, non seulement elle reconnut adhérer à certaines idées, mais elle ne cessa de répéter : "Oui, j'avais une bonne opinion du Parti communiste allemand. Pas vous ?" Elle fut très honnête aussi en déclarant que même s'ils la jetaient en prison, elle ne parlerait de personne excepté d'elle-même et de son défunt mari et, quand ils lui demandèrent des précisions sur lui, elle répondit : "Il fut tué par les Allemands parce que cette ordure de Mountbatten avait décidé de tester ses projets d'invasion à Dieppe." J'aimais ma tante Eloise, et sa vie est la preuve que des gens animés de bonnes intentions peuvent avoir des idées différentes. Elle quitta le parti, sauva ma nièce Janet, et toute sa vie elle réfléchit au bien et au mal. Merci de vous joindre à moi pour honorer sa mémoire, qui que vous soyez. » Arthur embrassa la feuille de papier, la replia et la glissa dans sa poche de poitrine.

À la dernière ligne, Debbie sut que sa mère avait prévu avec exactitude qui serait présent à son enterrement et qu'elle avait l'intention d'avoir le dernier mot. Tante Andy se tamponna les yeux, oncle Frank sourit et son père tapota à nouveau le cercueil. Puis il les remercia tous d'être venus. La cérémonie d'adieu au cimetière commencerait dans une heure, pour celles et ceux qui désiraient y assister.

1985

Le lendemain du jour où Claire obtint le divorce, la température tomba à moins 35 degrés, sur ses fenêtres se dessinaient des étoiles de givre. Les rues du centre-ville de Des Moines étaient verglacées, presque vides, et Younkers ouvrait une heure plus tard pour laisser le temps à ses employés d'arriver. Paul avait accepté de divorcer lorsqu'il avait rencontré Veronica, vingt-sept ans, elle aussi médecin. L'idée qu'il y ait des femmes médecins l'avait toujours fait rire, mais Veronica s'était limitée au champ de la gynécologie. En outre, elle était menue et avait toujours obtenu les meilleures notes à Grinell puis à l'école de médecine de l'université de l'Iowa. En d'autres termes, songea Claire, il lui faudrait entre treize et quinze ans pour ouvrir les yeux et se rendre compte qu'elle n'en pouvait plus. Elle avait contracté d'énormes dettes pour financer ses études, si bien que c'était une chance pour elle que le juge aux affaires familiales ait décidé que la moitié de l'héritage de Claire revienne à Paul. Il ne lui restait donc plus que 150 000 dollars. D'autres étaient en colère pour elle – surtout Lois et, avec moins d'ardeur, Minnie. Mais Paul payait les études de Gray à l'université de Pennsylvanie et Brad s'apprêtait à entrer à

Haverford, qui au moins était sur la côte est. Il avait été accepté à John Hopkins, ce qui avait failli donner à Paul un orgasme, d'après Gray, mais Brad avait absolument refusé d'y aller, et Paul avait dû se résigner à l'envoyer dans l'établissement le plus proche.

Claire aimait à penser qu'il allait également dépenser une bonne partie de son argent lors de la cérémonie de mariage avec Veronica, qui avait lieu le jour de la Saint-Valentin, au toujours aussi fascinant Wakonda Country Club, et qui compterait sûrement parmi les invités, si ce n'est son ancienne meilleure amie, Ruth ? D'après Gray, Ruth était cul et chemise avec Paul, et elle l'avait convaincu de la laisser prendre en main Veronica pour lui apprendre à mitonner ses petits plats préférés. Gray racontait cela d'un ton ironique, les sourcils relevés, avec humour. Claire se disait que même si elle avait meurtri l'âme de son fils, il parvenait à l'exprimer à travers toutes sortes de plaisanteries à la fois charmantes et drôles. Il était impossible que son sens de l'humour lui vienne de son père, par conséquent elle s'en attribuait tout le crédit. Un jour, il lui dit : « Est-ce que tu hais papa ? » Elle se surprit elle-même en répondant que non – bien sûr que non. Il ajouta alors : « Moi, oui, parfois », et elle déclara : « Il fait de son mieux. » Or c'était justement là que résidait la tragédie, non ? Comme Hamlet, comme Macbeth, comme Lear, il faisait de son mieux. (Claire trouvait ça amusant qu'elle ait pu lire tous ces livres ainsi seule dans son lit.) Oui, c'était bien là le problème : non qu'ils soient princes ou rois, et par conséquent supérieurs à vous ou moi, mais qu'ils soient les artisans de leur propre ruine uniquement parce qu'ils étaient « eux-mêmes » (ce qui, chose encore plus tragique, n'était pas gravé dans le marbre, d'après les divorcés et les thérapeutes qu'elle connaissait). Aussi la pitié en elle avait-elle remplacé la haine, dont il ne restait plus trace.

Elle finit son café, déposa la tasse dans l'évier, puis elle se prépara pour aller au travail : bottes fourrées ; manteau en duvet descendant jusqu'aux chevilles, avec capuche et ceinture, acheté à Minneapolis ; gants en mouton. Quand elle ouvrit la porte donnant sur la rue, le vent faillit la lui arracher des mains, elle dut s'accrocher à son sac et tourner la tête. Malgré cela, ses yeux se mirent à larmoyer. Était-ce cela l'hiver nucléaire ? Elle habitait le centre-ville, à trois rues de Younkers, donc elle n'avait pas d'excuse pour ne pas aller travailler. Deux voitures la dépassèrent, roulant très lentement, et lorsqu'elle s'éloigna du haut bâtiment qui la protégeait, une bourrasque faillit la renverser. Le ciel était dégagé, voilà pourquoi il y avait autant de vent, mais au moins ne neigerait-il pas. Elle s'enfonça plus encore dans son manteau.

Quand elle arriva au magasin, Les, un des gars de la maintenance, attendait. Il la fit entrer, ainsi que Bev Kinder, qui était employée au rayon des chaussures. À travers son écharpe, Bev déclara : « Tu devrais venir voir la nouvelle collection de printemps. Tu n'imagines pas à quel point les talons aiguilles vont être vertigineux cette année. Ça me flanque une peur bleue. » Claire éclata de rire, et Les répondit : « Moi, les talons aiguilles, j'ai arrêté – à part pour planter les clous. » Bev répliqua : « Oh, Les… »

Claire déboutonna son manteau. « Je ne pense pas qu'il y aura beaucoup de clients aujourd'hui, avec ce temps. »

Bev haussa les épaules : « S'ils arrivent à venir, ils achèteront quelque chose, juste pour avoir le sentiment d'être des héros. »

Les 150000 dollars placés à 9 % lui rapportaient 13500 dollars par an – pas grand-chose. Chez Younkers, elle travaillait au rayon des accessoires pour la maison, et passait son temps à faire des lits ou des démonstrations de robots pour la cuisine. Certes, elle aurait préféré se livrer elle-même aux révolutionnaires nicaraguayens plutôt que d'utiliser un crochet pétrisseur pour son propre usage, n'empêche, elle ressemblait trait pour trait à la femme de la publicité pour les préparations à gâteaux Betty Crocker : mince, souriante, mais trop popote pour être dangereuse. Au travail, elle portait un petit anneau d'or ressemblant à une alliance. Sur son badge était inscrit « Claire », donc elle ne mentait pas sur son statut postmarital. Les jeunes mariées et fiancées venaient la voir tous les jours pour lui demander conseil sur ce dont elles auraient besoin dans leur nouvelle vie. Claire était la magicienne des listes de mariage.

Après avoir accroché son manteau et enfilé ses chaussures de travail – des souliers de dame comme il faut aux épais talons hauts de cinq centimètres – elle se rendit au rayon literie. Le blanc et les dentelles qu'elle avait mis en valeur la semaine précédente lui paraissaient à présent glaciaux, aussi déballa-t-elle deux parures plus vives, un joli dessus-de-lit en patchwork à l'ancienne dans des tons de roses et de verts, aux quatre taies différentes, à la fois gaies et printanières, et une parure rouge, bleu et blanc, parfaite en toutes circonstances. Elle changea même le volant de lit, car celui qui allait avec la parure tricolore était plissé, ce qui était très élégant. Chez elle, elle avait un édredon de plume beige de chez Land's End, épais et uni. Deux personnes ne pouvaient dormir avec sans attraper une suée, ce qui ne dérangeait pas Claire.

Elle avait envisagé de quitter Des Moines, mais si elle voulait continuer de travailler chez Younkers, elle devait forcément choisir entre Fort Dodge, Waterloo, Burlington et Dubuque. Elle avait caressé l'idée de déménager à Minneapolis pour se faire engager chez Dayton. Elle adorait le centre-ville de Minneapolis, qui était devenu une sorte de centre commercial géant, avec d'excellents restaurants et de superbes boutiques, mais les trois fois où elle s'y était rendue, il y faisait presque dix degrés de moins, et 20 % plus sombre qu'à Des Moines. Claire ne parvenait pas à comprendre qu'il y ait une telle différence à seulement quatre cents kilomètres de distance. En d'autres termes, elle était coincée sur place, et le reste de la famille pensait la même chose, car Andy ne cessait de l'inviter à New York, Minnie lui proposait de l'accompagner lors de son prochain voyage à Oaxaca, au Mexique, ou Maui, à Hawaï, ses deux prochaines destinations, quant à Lois elle la pressait de venir à Denby voir Guthrie, dix-neuf mois, et Perky, surnom de « Franklin Perkins », quatre mois. Elle avait vu les bébés. Ils étaient mignons, c'étaient des bébés, quoi.

Personne ne considéra la dernière crise en ces termes, à part Janet. Voilà ce qui s'était passé : le temps était épouvantable, Emily manquait à Andy, aussi au cours d'une de ces conversations à bâtons rompus qu'elle avait avec sa mère, et lors desquelles elle baissait la garde, Janet avait accepté d'aller passer une semaine avec ses parents à Pinehurst Resort. Avant de partir, elle s'imaginait simplement se promener dans les forêts humides et tièdes de Caroline du Nord, peut-être se rendre à South Pine une journée pour assister à un spectacle équestre. Jared avait beau lui avoir dit qu'il était à deux doigts de faire une grande découverte, elle n'avait pas senti le danger.

Elle le vit jouer au golf avec son père. Le mercredi, elle se rendit à un petit spectacle équestre et se demanda s'il serait possible d'avoir un cheval en Iowa. Emily considérait ces animaux avec crainte et dégoût, et restait au loin, donnant la main à Andy, mais Janet s'approcha, caressa leur mufle du bout des doigts, respira leur odeur incroyable, elle aima leurs grognements, le mouvement de leur tête, et elle posa des questions pas complètement stupides au propriétaire. La chaleur enveloppante de la pinède, le confort des rocking-chairs sur la véranda, la simple beauté des lieux, tout était délicieux, mais alors Jared déclara qu'ils devraient acheter des parts – avec juste un mètre carré, on jouissait de privilèges au club. Et puis ils pourraient vivre dans le Triangle. Même comparé à Iowa City, les maisons à Raleigh étaient…

« Le Triangle est à plus d'une heure de Pinehurst : ce serait comme travailler à Iowa City en habitant à Davenport. »

Jared cligna pour lui faire comprendre qu'elle parlait d'un ton bien trop sec : « Ton père dit qu'acheter à Raleigh serait un bon investissement, c'est un vrai pôle universitaire et la côte est… »

Janet avait été embauchée à l'automne précédent en tant que professeure adjointe en écriture technique. Elle avait trois classes par semaine avec vingt *geek* par section, dont la plupart n'avaient pas l'anglais pour première langue, même s'ils étaient nés aux États-Unis de parents américains. Non, leur première langue à eux, c'était le langage informatique et, en tant qu'épouse d'informaticien, le travail de Janet consistait à leur apprendre à transmettre leurs pensées et leurs idées à des gens dont la dernière expérience en mathématiques remontait aux côtés d'un triangle rectangle. Elle dit : « J'aime mon travail. » Elle devait feindre de ne rien comprendre afin de pousser ses étudiants à être de plus en plus clairs et faire preuve de simplicité. Ils pensaient qu'elle était nulle, mais elle brandissait l'arme des notes. La prof avec laquelle elle partageait son bureau à l'université, qui donnait un cours de littérature pour débutants, voyait ses étudiants attendre pensifs à la porte de son bureau, les jambes ramenées devant eux, dans l'espoir de discuter de la révélation qu'ils avaient eue en lisant *Sur la route* ou *1984*. Janet avait bien remarqué que dans les soirées lorsqu'elle disait enseigner l'écriture technique, ses interlocuteurs avaient tendance à détourner les yeux. Elle répéta : « J'aime vraiment mon travail. »

Jared la regarda posément, d'une manière qui signifiait qu'elle avait l'air enragée, ou complètement folle.

Ce soir-là, assise dans la salle à manger aux nombreuses baies vitrées de Pinehurst Resort, en voyant peu à peu la conversation entre son père et Jared gagner en intensité, elle comprit que le petit cocon protecteur qu'elle s'était créé – vivre en Iowa, éviter les réunions de famille autant que possible, ne jamais accepter d'argent de son père ni parler de lui, faire comme si Michael et Richie n'existaient pas vraiment – allait céder. Cela ne tarderait pas : d'abord des allers et retours depuis l'aéroport de Cedar Rapids ; Jared la tête pleine de projets ; son père au téléphone. Et que dirait-elle ? « Je te le passe » ou : « Je vais bien. Emily va bien. Je vais le chercher » ? Voilà ce qu'elle imaginait. Certes, Jared pouvait faire installer sa propre ligne téléphonique, juste pour ces appels. Toutes ces pensées défilèrent dans sa tête en trois ou quatre minutes – le temps que sa mère emmène Emily jusqu'au buffet et revienne. La fillette reprit sa place à table et Janet s'aperçut que son père la regardait avec intérêt, peut-être pour la première fois, et pourquoi ? Parce que c'était la fille de Jared, et qu'il avait une idée prometteuse. Janet se leva, dit qu'elle avait mal à la tête et retourna à sa chambre.

Là, elle songea à appeler Debbie. Elle l'avait fait à plusieurs reprises depuis la mort de tante Lillian. Debbie ne montrait pas de compassion particulière, elle n'était pas plus sage qu'elle – elle avait à peine trois ans de plus, et donc guère plus de maturité. Mais Debbie avait la voix de tante Lillian. Une voix d'alto, chaude, bienveillante, qui prononçait certains mots exactement à la manière de tante Lillian. Debbie lui avait dit qu'elle ne pouvait lui donner de conseil, et encore moins la laisser ainsi lui téléphoner depuis si loin. Elle était occupée. Elle avait un emploi, une famille, et son propre deuil à faire. Est-ce que j'ai toujours été ainsi, se demanda Janet, à m'étaler comme ça pour demander conseil ?

La réponse était oui.

Elle n'appela pas Debbie.

De retour à Iowa City, Jared ne lui adressa pas la parole pendant près d'une semaine, mais alors son ami Oz lui proposa de déménager à San Jose. Jared revint à la maison en présentant cette idée telle une révélation. Janet ne céda pas à la panique ; elle répondit : « Je ne suis jamais allée à San Jose. » Elle pensa : pas de pluie, pas de Lucas, pas de révérend Jones, pas de Cat. Et son père à près de cinq mille kilomètres. Puis elle poursuivit : « Il paraît que le climat est très ensoleillé à San Jose. » Jared la prit dans ses bras. Enfin elle ajouta : « On peut faire du cheval toute l'année à San Jose. »

Il l'embrassa.

Jesse était allé au magasin de matériel agricole à North Usherton et il s'arrêta pour acheter des couches. Il n'avait pas beaucoup de monnaie en poche – quel agriculteur avait de l'argent sur lui de nos jours ? – mais quand il voulut faire un chèque d'un montant de trente-deux dollars, Pete, le vendeur, lui dit : « Je ne peux pas accepter ce chèque, Jesse », et c'est ainsi qu'il apprit la faillite de la Randolph Bank de Denby. Pour Jesse, ce fut un choc et un gros embarras – Pete le laissa repartir en sachant que quelqu'un passerait payer plus tard – mais pour Joe ce fut encore pire. Jesse lui raconta tout, et Joe laissa son regard se perdre parmi les rayons de soleil brûlants remplis de poussière qui pénétraient dans la grange, et il se sentit paralysé. Ils avaient un prêt en cours à la banque Randolph à Denby, mais ils y avaient aussi leurs comptes : celui de la boutique de Lois, celui de la ferme, leur compte joint, et leur épargne. Joe sauta dans son camion et fila au bourg, mais il n'eut pas besoin d'aller informer Lois : debout devant la porte de son magasin, l'air soucieuse, elle fixait des yeux la banque, dont deux types démontaient déjà l'enseigne. En le voyant, elle déclara : « Heureusement que j'ai vendu ces deux fauteuils assortis hier, et mieux encore : je n'avais pas déposé l'argent de la semaine. »

Il lui raconta l'histoire de Jesse au magasin.

« Les enfants ont du liquide sur eux ? demanda-t-elle.

– Ça m'étonnerait.

– Min a toujours dit qu'elle avait des raisons pour avoir ses comptes à Usherton, mais je n'ai jamais réussi à retenir de quoi il s'agissait. Maintenant, j'ai compris. J'imagine qu'elle va s'occuper d'eux pendant quelques semaines. »

Malgré les suicides et les faillites dont ils entendaient parler, ça n'était pas comme dans les années 30 – il y avait la FDIC qui garantissait les dépôts bancaires – mais Joe n'avait pas la moindre idée du temps qu'il faudrait pour qu'on leur restitue leurs avoirs, et il se demandait si le système n'allait pas partir en couille une fois de plus. Quant à l'exploitation, dans les années 30, elle valait à peu près vingt-cinq dollars l'hectare, ou peut-être trente-cinq – Rosanna le lui avait dit. Aujourd'hui, on en était à deux mille cinq cents dollars l'hectare, un tiers du prix que Frank avait payé à Gary, et ça continuait de baisser. Walter aurait-il considéré qu'il avait réussi ou échoué ? Il produisait en telles quantités que le gouvernement allait le payer pour cultiver une surface plus petite, mais personne au café de Denby ne laisserait ses meilleures terres en jachère – seulement celles qui étaient en pente, ou marécageuses, ou situées le long d'une rivière, ou encore qui étaient tout simplement devenues stériles. Et c'est ce que ferait également Joe : il s'attendait à récolter onze tonnes de maïs à l'hectare et deux tonnes sept de soja, il ne parviendrait pas à rembourser ses emprunts, aussi recevrait-il un petit chèque de Frank à Noël, pour couvrir ses pertes. Dave Crest, Russ Pinckard et Rudy Jenkins le regardaient toujours d'une certaine manière, comme s'ils savaient qu'il avait un frère riche – bien sûr qu'ils le savaient. C'était gênant d'avoir un frère riche, et Joe n'ignorait pas comment Frank avait connaissance de tous ces détails – il entretenait avec Jesse une correspondance régulière. Il lui racontait sans doute toutes sortes de choses qu'il ne disait ni à son père ni à sa mère. N'était-ce pas toujours ainsi ? Joe ressentit un pincement de jalousie.

Il se gara dans l'allée près de l'ancienne maison de John, dans laquelle il avait emménagé avec Lois, laissant la grande maison à Jesse, Jenny et Minnie. Jesse l'appelait « le labyrinthe » – c'était plus spacieux qu'il ne semblait : sept pièces. Dans les années 1880, le constructeur avait dessiné un carré de treize mètres sur treize, qu'il avait ensuite divisé en neuf parties : les deux carrés de devant étaient attribués au salon, les deux carrés du côté est, au fond, à la cuisine, et les cinq autres, des pièces carrées, restaient libres d'être utilisées à sa guise, ce qui donnait à la maison cet air de dédale qui plaisait à Joe. Mais on était loin de l'élégance de la maison en kit de Roland Frederick avec ses panneaux de chêne, ses portes-fenêtres coulissantes, ses parquets aux larges lattes. La grange des Frederick était tout aussi simple et brute de décoffrage, mais elle était vaste et solide. Depuis qu'ils avaient démoli la grange de Walter, la seule trace qui demeurait des lieux de son enfance, c'était la haie d'oranger des Osages, qui leur posait toujours autant de problèmes.

Il éteignit le moteur et ouvrit la portière : une vague de chaleur le frappa de plein fouet. Il grimpa les marches de la véranda et jeta un coup d'œil au thermomètre : au moins 38 degrés, mais la véranda était orientée au sud. À l'ombre, il ne faisait peut-être que 36 degrés. Le temps s'obstinait à demeurer sinistrement beau, à cette époque de l'année on entendait le maïs pousser, si on parvenait à le supporter. Au 4 juillet, il monterait à hauteur de poitrine.

Ça lui faisait toujours bizarre de contempler l'exploitation depuis cet endroit : de là où il se trouvait, elle s'étendait vers le sud et l'ouest, et non plus vers le nord et l'est. La maison se dressait auprès d'une butte allongée surplombant les alentours, où John avait laissé paître du bétail jusqu'à sa mort – Joe y avait fait pousser du soja et du fourrage : c'était cette partie qu'il renoncerait à cultiver. Mais la demeure était bâtie au pied du versant. Pour un agriculteur de l'Iowa, disposer d'une longue allée ou d'une vue panoramique ne présentait aucun intérêt. John avait planté quelques pommiers ; l'un d'eux donnait des fruits rouges marbrés de vert, différents de tous les autres, et qui faisaient de merveilleuses tartes. Alors, oui, on pouvait dire que tous ses rêves avaient été exaucés.

Joe traversa la route. Le toit de la grande maison apparaissait de l'autre côté de la butte ; à l'intérieur se trouvaient des personnes qui lui étaient chères : Joseph Guthrie, deux ans, et Franklin Perkins, dix mois. Un autre rêve réalisé : ils demeuraient assis sur le tapis à empiler des cubes de couleur, pour les renverser en riant, tandis qu'à l'autre bout de la pièce Lois et Jenny comparaient leurs recettes de biscottes. Il voyait la maison, orientée au sud – il imaginait les couches superposées –, le toit, le premier étage, le rez-de-chaussée. Il voyait les enfants, Jesse, Jenny, Lois et Minnie, projetés en l'air sur un geyser de dettes, s'égaillant au vent ; puis il vit le maïs et le soja balayés, la terre arable, couche autrefois épaisse de trente centimètres, et qui n'en mesurait plus que quinze, balayée elle aussi, puis le loam argileux sédimentaire, plutôt gris que noir, ensuite le sous-sol d'argile brunâtre, jusqu'à une couche jaune, essentiellement constituée d'argile, bien plus profonde, oui il vit toutes ces couches les unes après les autres exposées, qui s'envolaient dans les airs comme de l'argent, brûlant sous le chaud soleil, avant de disparaître. Il secoua la tête, ferma les yeux, retira sa casquette, puis la remit. Le paysage se recomposa : ciel bleu, maïs vert, toit marron.

1986

Leur mariage, apprit Richie, aurait lieu à la mairie, avec pour témoin l'assistante d'Ivy, Jeannine, et serait ensuite annoncé à leurs amis et leurs familles par faire-part. La seule exigence d'Ivy était que la cérémonie ait lieu un vendredi matin, parce que c'était le moment le plus calme de la semaine au bureau, ensuite ils prendraient un taxi pour aller déjeuner chez Katz Deli. Sa cousine, qui avait quatre ans de moins qu'elle, s'était mariée à l'automne à la synagogue très libérale de Philadelphie, sous une houppa, avec juste ses parents. Personne n'avait pleuré, tout le monde avait mangé des blinis, et ils avaient passé la première nuit de leur voyage de noces dans un B&B sur la côte du New Jersey, à ouvrir les enveloppes en comptant l'argent. D'une certaine manière, pour Ivy, ce mariage contrebalançait celui de Michael et Loretta, « bacchanale capitaliste prétentieuse », et même si les effets en étaient lents, ils étaient durables. Il lui avait bien demandé six fois si elle voulait vraiment se marier, jusqu'à ce qu'enfin elle l'emmène chez Macy's, où elle l'avait aidé à trouver un costume bleu marine et une chemise rayée rose et blanc avec un col blanc.

Ils allèrent chercher leurs papiers officiels le jeudi avant de se rendre au travail. Le vendredi, Richie quitta son bureau à dix heures et prit un taxi pour Worth Street, où il aperçut Ivy et Jeannine qui montaient les marches, ouvraient le grand portail doré et disparaissaient à l'intérieur. Il ne les interpella pas, parce que le secret exigeait qu'il feigne de passer par là par hasard et que, tombant ainsi sur elle, ils décidaient de se marier. Cela lui fit plaisir de la voir de l'autre côté de la rue. De face, elle était séduisante, mais de dos, c'était une bombe, avec ses épaules carrées, sa taille fine, son joli cul et sa démarche élégante : Oh, enchantée de vous rencontrer, Mr Roth, Mr Updike, Mr Cheever, Ms Morrison – pour qui vous prenez-vous donc ? À l'intérieur, il la vit à l'autre bout du hall et la suivit. Lorsqu'elle ouvrit la porte de la salle, il eut un drôle de pressentiment, mais c'est seulement en entrant lui-même qu'il comprit : Michael et Loretta étaient là, souriant de toutes leurs dents. Dès que Michael le vit, il poussa un cri et éclata de rire. Ivy ne les avait sans doute pas remarqués dans la foule ; elle fit volte-face. Soudain Loretta passa les bras autour d'elle, et l'embrassa en s'exclamant : « On n'allait tout de même pas vous laisser vous en tirer comme ça ? Oh, tu es superbe ! Finalement, tu n'es peut-être pas enceinte ! »

En embrassant Richie pour le saluer, Ivy lui pinça très fort le biceps, et il dit à Michael : « Tu es vraiment un connard. Tu as fouillé dans mes affaires.

– Comme toujours », répondit-il, et Richie sut que c'était vrai.

Ils n'avaient pas vu Michael et Loretta depuis des mois, surtout à cause de l'affaire Donald Manes. En janvier, celui-ci avait prétendu qu'on avait tenté de lui voler sa voiture avec violence, puis il se trouva qu'en réalité, il avait fait une tentative de suicide. En mars, il recommença et cette fois réussit, s'enfonçant un poignard dans le cœur alors que son psy l'avait mis en attente, au téléphone. Ensuite, ce fut le grand déballage : pots-de-vin, corruption, le maire Koch en première ligne, et Dieu sait qui en bas de l'échelle, peut-être Alex Rubino. Le patron de Richie, le représentant au Congrès Scheuer, était riche et n'avait pas besoin de se préoccuper de tout cela, si bien qu'il s'était discrètement éclipsé. Richie avait expliqué aux donateurs que quels que soient les actes du flamboyant président du Queens, son représentant était un héros de guerre qui avait survécu à la polio, jouait de l'harmonica en virtuose, était l'un des hommes les plus puissants de Washington, mais Michael lui rétorquait sans cesse que la corruption était l'âme du Parti démocrate, pas seulement à New York – Loretta connaissait toutes sortes d'histoires sur San Francisco, où ses parents refusaient même de se rendre. Richie connaissait Koch, pas Manes. Pourtant, détail curieux, il avait rencontré son frère jumeau un jour où il était allé voir des voitures dans le Queens avec Ivy. Le dénommé Manes – Morton, de son prénom – vendait des BMW. « Manes » était un nom peu courant, aussi Ivy lui avait-elle demandé s'il connaissait Donald Manes ; Morton avait répondu qu'il était le frère jumeau aîné ; Ivy lui avait ensuite montré Richie en disant qu'il était lui aussi l'aîné de jumeaux. « Est-ce que votre frère est du genre incontrôlable ? » avait-elle demandé, et Morton Manes avait levé les yeux au ciel avant d'éclater de rire.

Richie croyait que Loretta, Chance, Tia et maintenant Binky (également connue sous le nom de Beatrice), passaient l'hiver en Californie. En souriant, Loretta lui mit à la boutonnière une petite rose parfumée couleur lavande. Elle présenta à Ivy un bouquet de gardénias, semblable à celui qu'elle portait dans les cheveux. Quand leurs noms furent appelés, ils se rendirent devant le représentant, prononcèrent leurs vœux et signèrent ; Loretta sortit son appareil photo de son sac. Tout ça n'était pas si mal après tout ; Richie se sentait presque dans un état normal, voire d'humeur positive, jusqu'à ce qu'ils ressortent du bâtiment et découvrent vingt à trente de leurs amis qui les acclamèrent et leur jetèrent du riz. Ivy le serra contre elle et dit : « Oh mon Dieu ! » Richie repéra immédiatement Lynne, la nouvelle maîtresse de Michael, à côté d'une amie de Loretta, du temps où elle prenait des cours de cuisine. Il prit Ivy par la main et ils descendirent les marches, tandis que les autres les félicitaient, les serraient dans leurs bras, puis on les emmena à Foley Square où apparemment avait lieu la réception. Comment Michael et Loretta avaient-ils obtenu les numéros de téléphone de tous leurs amis sans photocopier le carnet d'adresses d'Ivy ? Richie n'en avait aucune idée. Sauf si… Il regarda Jeannine : elle souriait mais n'avait pas l'air coupable.

Une table, une nappe, un gâteau, du champagne, des petits sandwiches. Richie entendit Loretta dire à sa copine des cours de cuisine qu'elle était rentrée du ranch trois jours plus tôt ; elle avait amené avec elle la nounou et les trois enfants ; ils campaient tous les uns sur les autres dans l'appartement de la 57e Rue. Michael s'était occupé de presque toutes les invitations, mais naturellement il avait oublié les fleurs et même le gâteau – mais que croyait-il donc qu'ils allaient manger ? Elle s'en était occupée. Ah, si jamais elle revenait habiter à New York en continu, elle avait un œil sur Park Avenue, au niveau de la 60e Rue, parce que ce quartier avait quelque chose de pastoral, non ? Quand Loretta se détourna, son amie leva les yeux au ciel. Ivy contemplait le gâteau : deux étages de marbre blanc, avec des ornements architecturaux. Il n'y avait jamais de gâteau dans les mariages juifs. Richie ne parvenait pas à savoir si c'était vrai. Michael n'avait pas pris la peine d'inviter les parents. Mais bon, Ivy non plus. Michael déboucha le champagne – Moët & Chandon – et Jeannine fit passer des gobelets en plastique. Lorsqu'elle arriva à la hauteur de Richie, il lui demanda : « Vous étiez de mèche ?

– Pas avant ce matin. Je suis arrivée la première, ils attendaient. Ils m'ont demandé de ne rien dire.

– Ivy déteste ça.

– Uniquement parce qu'elle ne l'a pas organisé. »

Lorsque tout le monde eut son verre de champagne, les toasts commencèrent, et Richie écouta en souriant les cris qui s'élevaient – un bras passé autour d'Ivy, qu'il regardait par moments avec tendresse. Michael s'autoproclama garçon d'honneur, il leva son verre et dit : « Pendant des années, j'ai veillé sur mon petit frère ici présent, j'ai fait en sorte de lui épargner des ennuis, ou tout au moins qu'il ne se fasse pas prendre, et enfin nous y voilà, je peux désormais le remettre entre de meilleures mains, sachant qu'il sera en sécurité, ou à peu près – ouais, on va dire ça ! » Tout le monde rit et but du champagne. Lynne rit plus fort que tous les autres. Un instant, elle attira la curiosité de Loretta ; puis celle-ci se détourna et leva son verre pour déclarer : « Je n'ai jamais eu ni frère ni sœur, mais dès que j'ai rencontré Ivy, avant même qu'elle mette au monde mon fils Chance dans sa baignoire, au douzième étage de cet immeuble miteux, je savais que c'était elle que je voulais. Je ne sais pas si c'est leur rêve à eux, mais c'est le mien, et je suis heureuse qu'il se soit réalisé ! » Tout le monde cria « Hourrah ! » et se remit à boire.

Le moment était venu de découper le gâteau. D'un ton qui laissait entendre que celle-ci s'était peut-être égarée en quittant East Broadway, Loretta dit à Lynne « Pardon », car elle se trouvait à présent tout près de Michael. L'autre jeune femme n'avait rien de commun avec Loretta : râblée, les cheveux courts, avec des lunettes. Richie eut l'impression qu'il lisait dans les pensées de sa belle-sœur : Peut-être ; non ; pas sexy ; pas possible. Ivy s'exclama : « Quel beau gâteau. Et quelle surprise : je suis sans voix ! » ce qui détourna l'attention des deux autres femmes. Richie n'avait pas besoin d'observer Michael pour savoir qu'il était excité comme une puce à l'idée de flirter avec le danger. Loretta tendit à Ivy un couteau en argent orné d'un nœud de satin blanc. Elle le prit, Richie posa la main par-dessus la sienne, et à deux ils coupèrent une part. Ils avaient suffisamment fréquenté les mariages pour savoir qu'à présent, ils devaient se donner à manger l'un l'autre. La main de Richie tremblait, aussi Ivy dut-elle incliner la tête pour recevoir cette offrande. Tout le monde se mit à crier, à applaudir, Ivy entreprit de couper des parts pour les autres, soudain Richie entendit Loretta dire : « Nous ne nous connaissons pas. Je suis Loretta Langdon. » Elle s'adressait à

Lynne. Derrière elle, plus loin sur la droite, Michael exultait.

Lynne répondit : « Je croyais qu'on s'était déjà rencontrées. Mais si ce n'est pas le cas, alors il le faut. » Tout le monde savait que Michael avait des maîtresses. Tout le monde savait que le jour même de la naissance de Binky, Loretta n'avait pas réussi à le joindre (et elle avait dû charger Richie de lui apprendre la nouvelle) car il était parti dans les Catskills avec l'une d'entre elles. Peut-être Lynne.

« Et pourquoi donc ? » demanda Loretta.

Après avoir coupé une douzaine de parts, Ivy posa le couteau. « C'est vraiment délicieux. Parfumé avec une liqueur... De l'amaretto ? Loretta ! C'est à moi que tu dois prêter attention ! C'est moi, la mariée ! Qui a préparé ce gâteau ? »

Loretta se retourna, tout sourires, et Lynne, à présent rouge et l'air très jeune, s'éclipsa.

« Ça vient de chez Veniero. Voilà la véritable raison pour laquelle je voulais que tu te maries ! »

Richie passa un bras autour d'Ivy, la fit se tourner vers lui et l'embrassa avec amour et gratitude, en toute conscience, car il ne l'avait pas fait à l'issue de la cérémonie. Sauvé, une fois encore.

Charlie était blond à présent. Ça faisait quatorze heures, et chaque fois qu'il se regardait dans le rétroviseur, il riait. Riley, sa petite amie, riait elle aussi en lui prenant la main. Elle était rousse, maintenant. Elle avait commencé par se teindre elle-même, puis ils étaient retournés à la boutique, avait acheté une autre couleur, et elle s'était occupée de lui. Riley soutenait que lorsqu'on quittait sa ville dans sa nouvelle Toyota Tercel pour partir vers l'ouest sur l'I-70 en direction du Kansas et du Colorado, quittant les bois pour les grandes plaines jusqu'à Denver, changer de couleur de cheveux était la meilleure des préparations. Après Denver, qui sait ? Ils avaient tous les deux un boulot. Charlie allait travailler pour un magasin de vêtements de sport qui organisait également des randonnées et des descentes en rafting dans les montagnes Rocheuses, quant à Riley, elle serait stagiaire au SERI, l'institut de recherche sur l'énergie solaire. Si ce connard de Reagan n'avait pas coupé 90 % des financements de l'institut (« Qu'est-ce que je t'avais dit ? » disait toujours sa mère, comme s'ils connaissaient quelqu'un qui ait voté pour Reagan), elle aurait peut-être été payée, mais bon, sa situation pouvait évoluer. Les loyers étaient peu élevés ; les parcs nombreux ; encadrer des descentes en rafting amuserait beaucoup Charlie, lui qui ne tenait pas en place. Riley croyait très fort au tempérament, à la nature plutôt qu'à la culture. Charlie aimait Riley. Jamais elle n'était déprimée, elle trouvait toujours le moyen de convaincre les gens (en particulier les parents de Charlie), elle n'avait peur de rien, pas même des coupes drastiques dans le financement de l'énergie solaire. En rousse, elle était particulièrement impressionnante.

Ils roulaient toujours, dépassèrent Topeka, jusqu'à Abilene. Le paysage était plat et chaud, semé de noms que Riley lisait sur la carte – « Tonganoxie ! », « Salina ! », « Cawker City ! », « Kanopolis ! » – qu'il lui disait ensuite à l'envers « Eixonagnot » – en les prononçant à la française – « Anilas, Rekwac Ytic,

Siloponak. » Pourquoi cela lui paraissait-il slave ? (Ils rirent à nouveau.) Elle laissa choir la carte, se mit à genoux, et l'embrassa sur tout le côté du visage tandis qu'il conduisait. Il avait vingt et un ans, une petite amie géniale et une nouvelle voiture. Il appuya sur l'accélérateur et l'aiguille monta à cent quarante.

Frank était assis face à Loretta au dîner lorsque Andy déclara : « J'ai reçu une lettre de Frances Upjohn aujourd'hui, Jim ne l'accompagnera pas, même à l'Arc. Je crois que c'est dans trois semaines à peu près.

– Quel arc ? demanda Chance.

– C'est une course de chevaux », répondit Loretta.

À quatre ans, Chance avait son propre poney en Californie, qu'il montait à cru. Il acquiesça.

« Pourquoi ne vient-il pas ? demanda Frank.

– Il ne veut pas rater la cueillette des airelles, à ce qu'il dit, mais je…

– Quelle cueillette des airelles ? » demanda Loretta qui installait Binky sur ses genoux, puis détacha le bonnet de son soutien-gorge. Frank admirait la façon dont elle allaitait Binky sans fausse pudeur, et ce chaque fois que la fillette manifestait son insatisfaction. Tout était ainsi beaucoup plus calme. Ensuite, Andy tendit les bras, et Loretta lui donna Binky, puis elle se remit à manger le plat qu'elle avait elle-même préparé – d'excellents *scaloppini* de veau. Frank expliqua : « À l'est de Philadelphie. Près de Chatsworth. Il a mille deux cents hectares de terrain là-bas, et la récolte des airelles a commencé il y a à peu près une semaine. »

Sur le visage de Loretta s'épanouit une expression où se mêlaient le plaisir et l'approbation. « Mille deux cents hectares ?

– Il y a vingt-cinq ans qu'il a commencé à parler d'acheter des terres. Un haras, un verger de pruniers en France, des pavots en France, un vignoble à Sonoma, et même du blé pendant un moment. Il a fini avec des airelles.

– Pas très pittoresque, fit Andy. Frances dit qu'il refuse de revenir à Paris. Et apparemment, elle a du mal à trouver quelqu'un pour l'accompagner aux fêtes. Or on ne peut y aller seule. Elle est furieuse.

– Elle trouvera quelqu'un. Elle a l'habitude de rester près de la lumière et de laisser les phalènes lui tourner autour. Seulement Jim ne veut plus jouer ce rôle-là.

– Vous pourriez m'emmener ? » Frank s'aperçut que Loretta s'adressait à lui, et qu'elle parlait du New Jersey et non de Paris.

Fait étrange, il accepta.

Ils partirent de bon matin le lendemain. Loretta dut tirer assez de lait pour deux biberons, emporter la mallette avec le tire-lait, la glacière, et un autre biberon pour tirer son lait en cours de route. Il fallut expliquer à Dalla quelles seraient les activités de Chance et de Tia, bien qu'elle préside elle-même chaque jour à ces activités. Malgré tout, Loretta poussa Frank dehors, alors que Michael venait de s'asseoir à la table de la cuisine en peignoir pour boire sa première tasse de café. Andy dormait encore dans sa chambre. Tout cela plaisait à Frank. Il y avait là quelque chose d'étrangement clandestin.

Ils montèrent dans la Mercedes. Loretta commenta : « C'est la première fois que je monte dans une Mercedes. C'est très confortable. »

Elle était toujours pleine de surprises.

« Que conduisent vos parents ?

– Mon père, un pick-up Chevrolet, et ma mère, une Chevrolet El Camino. »

Frank éclata de rire.

« Mon père a juré que sur sa pierre tombale il sera écrit : "Ici gît Raymond Perroni, qui conduisit vingt-cinq pick-up Chevrolet jusqu'à ce qu'ils soient bons pour la casse, entre 1938 et telle date." Il ne veut rien de plus significatif.

– Et votre mère ?

– Oh, elle dit qu'elle veut une crémation. Il y a un autel à la maison… Je suppose qu'on mettra l'urne entre la Catrina qu'elle a achetée à Oaxaca et le sabot d'Hickock qu'elle a fait plaquer en argent quand il est mort de coliques.

– La Catrina ?

– C'est une statue mexicaine. C'est le squelette d'une femme en céramique richement vêtu, en particulier le chapeau. Celle de maman en porte un rouge avec des fleurs jaunes sculptées sur le dessus. » Elle regarda dehors. Ils approchaient de Garden State Parkway. Elle rajusta son soutien-gorge et battit des pieds. Frank s'étonnait de voir combien il goûtait davantage la compagnie de Loretta, d'Ivy et de Jesse que celle de ses propres enfants. Être avec ses enfants, c'était comme avoir du sable dans son caleçon dont on ne pouvait se débarrasser – la voix de Janet, la brutalité vaine de Michael, les réactions épidermiques de Richie au moindre geste de son frère. Il n'avait pas ce genre de pensées à propos des enfants des autres ; on les appréciait pour ce qu'ils étaient. Loretta était une excentrique unique en son genre qui ne se rendait pas compte de son originalité ; Ivy l'ambitieuse était intelligente et drôle ; Jesse, enfin, était le fils qu'il ne pouvait avoir car il n'était pas son frère. Et il n'avait rien contre son gendre, Jared, avec sa réserve du Minnesota, mais qui savait absolument tout des 1 et des 0, comment les combiner pour en tirer cette spirale magique d'ADN électronique. Janet avait réussi à persuader Jared de se rendre non pas en Caroline du Nord, mais dans la Silicon Valley, tout simplement parce qu'elle ne supportait pas que son père interfère dans leur vie, seulement l'argent était de plus en plus dématérialisé, et Jared n'y était pas plus allergique que n'importe quel Américain de base. Frank conduisait avec régularité. Il y avait peu de circulation ; la Mercedes montrait une réactivité de félin ; déjà ils traversaient Elizabeth.

« Chance a un excellent tempérament, dit-il.

– C'est pour ça qu'il réussit toujours à obtenir ce qu'il veut. On peut le détourner de son but, lui interdire quelque chose ou le mettre au lit, quand il a une idée en tête, il ne l'a pas ailleurs. Cet été, il a décidé qu'il y avait un trésor caché sous une des dalles de l'allée. Il s'est rendu dans l'atelier de mon père, a pris un gros clou et il s'est mis à retirer le ciment autour de la dalle en question. Chaque fois qu'on le voyait, on lui disait : “Ça suffit”, et Chancie hochait la tête, rangeait le clou dans sa poche et s'en allait tranquillement, puis il revenait à la charge. Il lui a fallu deux semaines. Il a même trouvé le moyen de soulever la dalle à l'aide d'un couteau. Il n'y avait rien dessous. Ça lui était égal : il fallait juste qu'il sache.

– J'étais comme lui », dit Frank. Mais soudain, il comprit qu'en vérité il cherchait à briser les choses, quelles qu'elles soient, pas seulement à voir ce qu'elles étaient, mais à les mettre en pièces. « Certains enfants sont curieux.

– Moi, j'ai porté une culotte sur la tête pendant toute une année parce que je trouvais que ça faisait un joli chapeau. Mais Chancie n'est pas têtu, il est déterminé. Tia ne parle pas beaucoup encore. Je la vois observer Chancie, et décider de faire exactement l'opposé de son frère. »

Elle poursuivit. Ils avaient dépassé Perth Amboy et n'étaient plus très loin de Sea Bright. Dommage, pensa Frank, qu'écouter les gens parler de leurs enfants soit si ennuyeux car il y avait sûrement des leçons à en tirer. Dans le cas présent, par exemple, le fait que Loretta était une jeune femme observatrice et réfléchie, qui se connaissait bien elle-même. Par conséquent, elle savait sûrement pour Lynne Rochelle – d'après Richie, Michael l'avait installée dans son propre loft à Soho pendant l'été. Pourquoi Michael voulait-il deux femmes ? Frank n'en avait aucune idée. Richie disait que c'était pour leur potentiel explosif : Loretta était la nytro, et Lynne, la glycérine.

Frank regarda furtivement Loretta. Elle observait la forêt qui défilait. Trois enfants en trois ans avaient laissé leur empreinte dans sa silhouette et sur son visage. Elle avait l'air d'avoir quarante ans, alors que Michael en avait trente-trois. Mais à l'examiner ainsi, on voyait qu'elle était faite pour être épouse et mère, c'était à prendre ou à laisser pour Michael. Et dans ce cas, sa stratégie double était peut-être la seule viable.

Quand ils revinrent au vaste mobile home de Jim après avoir exploré les marais aux airelles, Loretta alla chercher sa mallette dans la Mercedes et demanda où se trouvait la salle de bains. Frank et Jim allèrent à la cuisine. L'évier était rempli de tasses de café et de bols de soupe ; la poubelle débordait de soupes Campbell, par-dessus des emballages de pain de mie. Pas le genre de nourriture que Frank l'aurait imaginé consommer – sans parler d'y avoir jamais goûté, car ses ancêtres étaient affreusement riches depuis quatre générations au moins. Quel âge avait-il ? Soixante et onze ans ? Cinq ans de plus que Frank ? Au fil du temps, il était resté bien plus innocent que Frank, et même qu'aucune des personnes qu'il connaissait, un gentil garçon capable de vous décapiter, mais toujours avec grâce, douceur et à regret, ce qui de nos jours était une espèce rare. Dans un placard de la cuisine, il prit des cacahuètes. « Viens voir ça », dit-il. Et Frank le suivit sur la véranda. Jim Upjohn descendit les marches et il s'approcha d'un des cèdres les plus hauts, là il retira ses mocassins, les plaça au pied de l'arbre. Puis il siffla et appela : « Ronnie ! Nancy ! » Il s'accroupit et sema des cacahuètes dans ses chaussures, puis il se releva et s'écarta. On entendit des petits cris et, au bout de quelques instants, deux écureuils à la queue touffue et à l'épaisse fourrure descendirent de l'arbre. Chacun choisit un des mocassins, à croire qu'ils savaient exactement ce qu'ils faisaient. Ils s'assirent sur leur derrière, attrapèrent les cacahuètes et commencèrent à les manger, tout en exprimant leurs opinions. Lorsqu'il n'y eut plus de cacahuètes, ils s'arrêtèrent, et saluèrent à leur manière avant de remonter à toute vitesse dans leur arbre. Jim Upjohn dit à Frank : « Étonnant comme ils coûtent peu cher. » Il rayonnait.

Puis il se retourna : « C'est un miracle que tu sois venu, Frankie, parce que j'ai besoin que tu me rendes service. Cela nécessite que tu remontes dans ton avion et que tu décolles dans le soleil couchant.

– Tout le monde dit que je suis en semi-retraite et que j'ai trop de temps à tuer, je suis donc à ton service.

– Je sais.

– Comment le sais-tu ? Je ne t'ai pas parlé depuis quatre mois, et tu n'as pas de téléphone.

– Tu n'imagines quand même pas que les plaintes ne vont que dans un sens, entre Paris et Englewood Cliffs, non ?

– Andy ne se plaint jamais.

– Elle fait des remarques. »

C'était tout à fait possible, songea Frank.

« Bref, je veux que tu ailles à Aspen pour rencontrer quelqu'un. Il y a une conférence là-bas. Je devais y aller pour participer à la conquête du monde, mais je ne supporte plus cette ambiance, donc je suis resté chez moi.

– Est-ce que tu vas encore seulement quelque part ?

– À la plage, à Barnegat. Il y aura un type, là-bas, Prechter. Il a une théorie sur la façon dont fonctionne le marché, et je veux que tu ailles t'entretenir avec lui.

– Quelle théorie ?

– En fait, c'est la version mathématique de “oui, hum, très bien, peut-être pas, OK répétez-moi ça”. Grande échelle, petite échelle, échelle moyenne. Il l'a reprise, il n'en est pas l'auteur, dit-il.

– Et qu'est-ce que ça peut te faire ? Regarde-moi cet endroit. Tu as tout. »

Jim ne nia pas. « Je ne possède pas de théorie. J'aimerais en avoir une. »

Le luxe ultime, pensa Frank.

« Quoi qu'il en soit, tu aimes piloter, et tu aimes voyager », conclut Upjohn.

Frank ne répondit ni oui ni non, mais il savait qu'il accepterait.

Loretta fut enchantée par les marécages, les airelles qui flottaient, le mystère du paysage. Elle voulut rester le plus tard possible, malgré son désir de retrouver Binky. À la fin, ils observèrent les hommes qui ramassaient les airelles luisantes au moyen de longues perches en les poussant dans un coin, masse rouge brillante dans le soleil étincelant. Au moment où ils partaient, Jim Upjohn les arrêta et courut chez lui, ressortant aussitôt avec une plante en pot arborant une fleur couleur lavande, tirant vers le blanc. « Aréthuse bulbeuse. C'est une orchidée. » Loretta la garda sur ses genoux pendant tout le trajet du retour.

Lorsqu'ils arrivèrent, Binky hurlait, Chance se disputait avec Dalla, et Andy faisait sauter Tia sur ses genoux. Loretta se redressa, l'air martial, remit l'orchidée à Frank et lui dit : « Vous êtes très gentil. Merci. »

Avant ce jour, elle n'aurait jamais cru une telle chose possible, songea Frank.

Prechter avait en effet une théorie plutôt intéressante. Quand Frank laissa échapper le nom de Jim Upjohn, Prechter s'épanouit comme un tournesol face au soleil. Prechter semblait être riche, mais là n'était pas l'essentiel : il s'agissait d'avoir raison. Frank lui fit des excuses, il était obligé d'enregistrer leur conversation « pour Mr Upjohn, qui ne peut être là en raison des médias », mais il n'y avait pas lieu de présenter des excuses : Prechter devint encore plus emphatique et éloquent à l'idée qu'on transmette ses idées à une telle divinité. Frank lui affirma que Mr Upjohn prendrait contact avec lui, il en était certain. Ou pas. Lorsqu'ils se serrèrent la main pour se dire au revoir, Prechter était au bord de la syncope tant son désir était puissant : son but était enfin dans sa ligne de mire, même s'il n'était pas encore à portée de main.

Pour le reste, Frank salua de loin quelques messieurs qu'il reconnut, il déjeuna, écouta les conversations des autres, fit de son mieux pour respirer malgré l'altitude et ne pas s'endormir. Un type était certain que le Dow Jones allait atteindre les 2 000 points à Noël (celle-là, Frank l'avait déjà entendue). Un autre rapporta que Maggie Thatcher soutenait l'Apartheid en Afrique du Sud, ce à quoi son voisin d'en face répondit : « Ah, vous savez, la chérie aide aussi Pol Pot, même si évidemment elle ne l'avouera jamais.

– Ce n'est pas la seule », ajouta une autre voix. À cause du décalage horaire, Frank s'endormit à vingt heures trente et il se réveilla à quatre heures. À l'aube, il quitta l'hôtel Jerome et prit à gauche. Aspen lui rappelait étrangement l'Iowa – sans doute à cause des rues larges et des bâtiments peu élevés – et il s'attendait à moitié à voir des silos en se retournant. Déjà à cette heure le soleil s'annonçait. On était le 24 septembre, c'était bien ça ? Lillian aurait eu soixante ans. Il se dit qu'il lui faudrait appeler Arthur en rentrant à l'hôtel. Il regarda son propre reflet dans la vitrine d'un café déjà ouvert, vit des jeunes au comptoir – des randonneurs sans doute –, qui désignaient des choses sur le menu affiché au mur, d'autres restés assis dans les alcôves avec leurs grosses chaussures, leur équipement empilé autour d'eux, les mains entourant de grandes tasses jaunes. Une fille passa près de lui, ouvrit la porte et entra, laissant filtrer une bouffée de vanille, de chocolat et de beurre. Le reflet de Frank avait l'air métallique, comme si sa peau s'écaillait peu à peu, révélant un homme de fer. Il avait perdu plus de quatre kilos l'année précédente, mais son médecin disait qu'il était en parfaite santé. Cette perte de poids lui donnait l'impression désagréable d'avoir de plus grandes mains. Il les observa et les croisa dans le dos. Il regarda à nouveau par la vitre, et sa vision s'ajusta, à croire qu'il regardait dans des jumelles, et celui qu'il vit debout à l'intérieur, embrassant sa petite amie rousse, puis se resservant une autre tasse de café, c'était lui-même.

Il mit sa main en visière, se pencha. Le jeune homme devait avoir une vingtaine d'années, il était blond, large d'épaules, au moins un mètre quatre-vingt-cinq. Il avait de belles dents et les montrait – il adressa un grand sourire joyeux à la serveuse, presque en forme de cœur. Ses yeux étaient forcément bleus, même si Frank était trop loin pour en être sûr. La véritable ressemblance – Frank le vit lorsqu'il retourna à sa place – était dans sa démarche, dans la forme de ses hanches, l'inclinaison de son torse et, fait étrange, dans la forme de sa tête. Frank y vit son oncle Rolf, mais plein de gaieté plutôt qu'obstiné. Il traversa la rue, puis il resta là tranquillement, en se disant qu'il prenait l'air, quel que soit l'air en question. En réalité, il attendait, et quand le jeune homme et sa petite amie sortirent du café, il les suivit. Lydia, son ancienne maîtresse partie sans laisser d'adresse, avait dû avoir un enfant. Peut-être était-ce pour cette raison qu'elle avait disparu. C'était en 1965, ce qui collait avec l'âge du garçon, mais il croyait qu'elle avait le même âge que lui, par conséquent elle aurait eu un enfant entre quarante-cinq et cinquante ans. Possible ? Impossible ? Frank n'en était pas certain. En les observant depuis l'autre côté de la rue, il se surprit à faire ce qu'il faisait toujours : évaluer le potentiel de la petite amie. Elle était râblée, solide, portait un sac à dos ; vêtue d'un short, ses jambes avaient l'air de poteaux robustes. Elle avait les cheveux ramenés sur sa tête, ils s'échappèrent de la barrette à un moment et lui tombèrent dans les yeux. Elle les enroula sans y penser tout en continuant de parler. Elle était plutôt pas mal, dans son genre.

Lui aussi avait un sac à dos, et il tenait un autre sac, peut-être une tente. Frank consulta sa montre : presque huit heures. Il ralentit pour laisser le couple prendre de la distance. À un feu, la jeune femme, qui était en train de parler, fit mine d'avancer. Le garçon passa le bras autour d'elle par automatisme, pour la protéger, tout en regardant de chaque côté. Elle lui prit la main et ils attendirent tranquillement, bien qu'il n'y ait pas de voitures. Après avoir traversé, ils longèrent un gros bâtiment de brique et s'arrêtèrent. Le garçon déverrouilla une porte et entra, puis referma derrière lui. Frank continua de son côté de la rue, traversa à son tour et reprit sa position. Il s'agissait d'un magasin de vêtements de sport, à présent au soleil, et on ne distinguait pas grand-chose à travers les vitres. Il vit des lumières s'allumer à l'intérieur, puis un homme vêtu d'un sweat-shirt actionner la poignée, reculer, regarder les horaires d'ouverture, et repartir. Ça ouvrait à neuf heures, sans doute. Frank retourna à l'hôtel Jerome et demanda à garder la chambre une nuit de plus. Son cœur battait fort. Pourquoi ? Il n'en avait aucune idée, sauf qu'il lui paraissait évident que ce garçon était son fils et celui de Lydia Forêt. Il prit le téléphone et composa le numéro d'Arthur.

Arthur habitait désormais un petit appartement au-dessus d'un magasin, face à un parc à Hamilton, dans l'État de New York, près de Colgate où enseignait Hugh. Il ne se plaignait pas. Régulièrement, Andy l'emmenait faire une virée à New York où ils allaient à une exposition et où elle veillait à le faire manger. Il était maigre. Frank trouvait que c'était un miracle qu'il soit encore vivant, mais pour Arthur c'était peut-être une malédiction. Il disait qu'il appréciait ses petits-enfants.

Il répondit à la troisième sonnerie, ni « allô », ni « oui », mais en toussant. « Comment vas-tu ? lui demanda Frank.

– En cet instant, je suis vibrant de curiosité.

– Parce que je t'appelle le jour de l'anniversaire de Lillian et que je m'enquiers de ton état ? » Le fait que Lillian soit morte depuis trois ans stupéfiait Frank. Quand on avait vu naître quelqu'un, on n'était pas censé le ou la voir mourir : c'était une vie tout entière nichée au sein de la vôtre.

« Il y a une chose que je me suis toujours demandée, dit Arthur.

– Quoi donc ?

– Quel a été son premier mot.

– "Maman", j'en suis sûr. Ce n'est pas toujours le cas ?

– Non, réfléchis, je veux dire après ça.

– Quel âge pouvait-elle avoir ?

– Frank, tu as trois enfants et quatre petits-enfants. Le premier mot de Debbie, c'était "lever !". Celui de Tim, c'était "tiens".

– Ou “sein” ! »

Arthur éclata de rire pour la première fois.

Frank reprit : « Je me souviens que ses poupées s'appelaient Lolly, Dula et Lizzie. Elle leur donnait des petites tapes dans le dos pour qu'elles fassent leur rot et elle leur essuyait la bouche. Elle s'en occupait très bien.

– Naturellement.

– Naturellement. »

À présent, il fallait ne surtout pas poser de question sur le moral d'Arthur, aussi Frank changea de sujet : « Si je note le numéro d'une plaque d'immatriculation ici, à Aspen, comment faire pour retrouver le nom du propriétaire du véhicule ?

– Il faut à peu près une journée. »

Frank nota qu'Arthur n'avait pas précisé le mode opératoire. « Je t'appellerai. Je ne veux pas envoyer ça par courrier.

– Tu as peur que je mette la lettre en boule et que je m'étouffe avec ? La présence du KGB à Aspen, dans le Colorado, est au mieux intermittente. J'attendrai avec intérêt ta prochaine communication.

– Je te téléphone tout à l'heure.

– Fais en sorte d'appeler d'une cabine, c'est à l'heure du déjeuner que les gens sont le moins attentifs. »

À onze heures trente, il entra dans la boutique. Il ne vit pas le jeune homme. Le type qui était derrière le comptoir avait dans les quarante ans, un peu dégarni, jovial. Ses affaires étaient florissantes : il ne cessait d'enregistrer des marchandises vendues, cent dollars, deux cent soixante-dix, c'est vraiment le débardeur que vous voulez ? Frank passa au rayon des chaussures, moins étouffant. Il jeta un coup d'œil dans la réserve. Il était là, à ranger des boîtes de bottes sur des étagères. Libre de ses mouvements, il était gracieux, le bras long, la démarche souple. Il fredonnait un air. Frank tendit l'oreille, se pencha, mais il ne put reconnaître la mélodie. À ce moment-là, le jeune homme se retourna et le vit. « Oh, bonjour ! Je peux vous aider ? » Un sourire éclaira son visage, comme une seconde nature.

Non, se dit Frank. Ce n'était pas son fils. Tous ses enfants affichaient une certaine méfiance. Il posa une question sur les chaussures de randonnée. Le jeune homme regarda autour de lui et attrapa une boîte. « Ce sont mes préférées. Vous faites quoi, du 45 ? Ce sont des Timberland. C'est increvable. »

Frank s'assit et le laissa s'agenouiller devant lui, lui passer la lourde chaussure rouge, et la lacer en partie. Il déclara : « Je ne les lace pas jusqu'en haut, sauf si je fais de la rando en terrain un peu compliqué, mais elles vous stabilisent bien… » Il continua à lui vanter ce modèle. « Elles coûtent quatre-vingt-cinq dollars, mais cette semaine je les fais à soixante-quinze. En Europe, elles sont deux fois plus chères. C'est la dernière paire en 45.

– D'accord.

– Vous allez les adorer. Bob va vous les emballer. Vous avez besoin d'autre chose ? »

Gentil, généreux, peut-être était-ce le fils de Lydia, qui l'avait accepté tel qu'il était sans jamais rien lui demander, qui peut-être était elle-même « Joan Fontaine », la prostituée qui ne lui avait pas volé son argent, ne l'avait pas fait tuer, ni même jeté dehors lorsqu'il s'était endormi sur place. Sa mère s'était toujours targuée de savoir reconnaître « d'où ça venait » : chaque animal comme chaque humain étaient l'illustration vivante des traits hérités d'Opa ou de mamie Mary, ou encore de la cousine Berta, qui avait fini au foyer pour les nécessiteux d'Independence – mieux valait ne pas en parler. Frank remercia le jeune homme ; il se leva et partit sans se retourner vers la caisse où l'on emballait ses chaussures. Bob n'aurait pu être plus affable – est-ce qu'il était nouveau dans le coin, quel beau pays, Bob lui-même était de Géorgie, vous y croyez, vous ? Frank répondit : « Votre vendeur m'a été très utile.

– Oh, Charlie ? Il commence à savoir se débrouiller. Si vous le voyiez quand il fait de l'escalade. Jamais il n'arrête de parler. Flippant.

– Il aime prendre des risques.

– Heureusement que ses parents habitent le midwest.

– Ah ? Où ça ?

– Kansas City, je crois. Bon, j'espère que tout ira bien. Merci d'être venu chez nous. »

Il était douze heures sept. Frank alla se poster de l'autre côté de la rue, à l'ombre d'un auvent, d'où il voyait à la fois la porte principale et celle sur le côté. Et ainsi qu'il s'y attendait, au bout de cinq minutes, Charlie sortit par la porte sur le côté et traversa pour se rendre au parking tout proche. En voyant passer le véhicule, Frank nota le numéro de la plaque : FIL 645, Colorado. Une Toyota vert clair, remplie de matériel.

Comme toujours, Arthur se réveilla juste avant l'aube, qui au début de décembre, dans le nord de l'État de New York, tombait vers sept heures et demie.

Carlie et Kevvie devaient être en plein petit déjeuner – pas de corn-flakes pour eux, pas même des Cheerios. Ensuite, ils se retrouveraient emmitouflés de moufles, écharpes, bonnets, tous tricotés par la mère de Hugh (un très joli travail, Arthur devait l'admettre). Debbie les accompagnerait à l'arrêt de bus et attendrait avec eux. Carlie avait à présent onze ans, elle était en sixième, et Kevvie, presque neuf ans, en CE2.

Le rapport était enfermé dans le tiroir du bureau d'Arthur, même s'il savait fort bien que ranger un dossier secret dans le tiroir verrouillé de votre bureau était la plus mauvaise cachette. Il ne dissimulait rien à Debbie et Hugh qui jamais n'iraient fouiller son appartement. Il ne cachait rien non plus à Frank, il lui avait fourni les éléments essentiels concernant ce jeune homme : Charles Morgan Wickett, vingt et un ans (né le 4 juin 1965) ; adopté (grâce au foyer Notre-Dame de Miséricorde à Saint Charles dans le Missouri, le 23 juin de la même année) ; fils de Morgan Feller Wickett et Nina Wickett, née Lewis, habitant au 402 Tuxedo Boulevard, Webster Groves, Missouri ; élève au lycée Webster Groves, puis à Washington University (il avait obtenu une licence en sciences) ; verbalisé pour excès de vitesse (le 17 juin 1983, il roulait à 134 kilomètres à l'heure dans une zone limitée à 110) ; employé chez Owl Creek Outfitters à Aspen dans le Colorado ; numéro de sécurité sociale 499-78-5432 ; et il lui avait affirmé qu'il n'était lié à aucune femme que Frank aurait pu connaître. Il était le fils de Fiona Cannon (ça, il ne l'avait pas encore dit à Frank), à l'époque étudiante à Stephens College à Columbia, dans le Missouri. Arthur se souvenait parfaitement d'elle : une jeune fille audacieuse, petite, aux talents d'écuyère, grande amie de Debbie. Celui qu'Arthur voyait dans les photos du permis de conduire et du lycée, glissées dans le rapport, ce n'était pas Frank, mais Tim. Et la personne à laquelle il voulait cacher cela, c'était lui-même.

Arthur repoussa les couvertures, il resta allongé encore un petit moment, puis il se retourna et posa les pieds sur le sol froid. Soudain, il repensa à son camarade de chambre, lors de sa première année à l'université. Il venait de quelque part dans l'Ouest, et un jour il avait raconté à Arthur que son souvenir le plus ancien remontait à l'âge de sept ans – dix ans plus tôt seulement. Tout le reste n'était qu'un blanc. Quel était ce souvenir ? avait demandé Arthur. Il se rappelait qu'on avait posé devant lui une assiette de hachis Parmentier à l'orphelinat où il vivait. Arthur l'avait envié, lui qui gardait de cette époque des souvenirs trop précis et abondants. Tout à coup, ce sentiment d'envie lui revint, puis un autre souvenir émergea : un été, à trois ou quatre ans, habillé avec soin, assis sur la véranda de leur maison du Maryland : sous lui, une sorte de tapis de sol vert, les jambes passées entre les barreaux peints en blanc, penché en avant, les mains sur ses genoux nus. Trois garçons plus âgés descendaient la rue. L'un d'eux poussait une bicyclette, un autre avait deux battes de base-ball, et le troisième lançait et rattrapait trois balles de base-ball tout en marchant. Ils riaient. Très certainement, on était venu chercher le petit Arthur quelques instants plus tard, si bien que ce souvenir lui était resté en tête telle une photo, symbole de cet instant où il avait compris ce qui lui manquait : à partir de là on aurait pu prévoir qu'il allait se retrouver avec Lillian, Frank, et la bruyante tribu sauvage des

Langdon, qui parfois acceptaient de faire ce qu'on leur demandait, mais toujours en ajoutant quelques commentaires. La solitude ne lui convenait pas, pourtant, il était revenu à son point de départ.

Si Charles, ou Charlie, comme disait Frank, était né à terme, il avait été conçu sous le nez d'Arthur, vers l'époque où Tim était parti pour l'université de Virginie. Que Tim ait pu avoir une relation, une histoire d'amour ou juste une aventure avec Fiona, l'amie précieuse – adorée, se rendit-il compte – de Debbie, lui paraissait à la fois surprenant et en même temps normal. Le rapport contenait aussi quelques informations sur Fiona : elle s'appelait désormais Fiona Cannon McCorkle, dirigeait une école d'équitation avec son mari, Jason McCorkle, à Pasadena, en Californie. Le couple avait sur le dos un prêt de 126 000 dollars pour la maison, somme importante, mais peut-être pas tant que ça en Californie. Jason McCorkle avait été remplaçant dans l'équipe de saut d'obstacle aux jeux Olympiques de Los Angeles.

Arthur se leva pour aller regarder par la fenêtre. L'intérêt principal de l'État de New York, c'était le mauvais temps – si ce n'est la neige, alors le vent ; si ce n'est le gel, alors le froid ; si ce n'est la pluie, alors les lourds nuages. Il n'avait pas eu son mot à dire lors des négociations qui avaient abouti à son transfert sur place. Tina habitait Sun Valley dans l'Idaho, où elle dirigeait une galerie tout en continuant de créer ses sculptures de verre. Dean était à Yardley en Pennsylvanie ; Linda et lui étaient tous les deux agents immobiliers. L'immobilier, tout le monde le savait, était un métier très prenant.

Arthur ne gardait guère de souvenirs de l'automne 1964 – sans doute un effet des nombreux électrochocs qu'il avait subis. S'il parlait à Debbie du rapport, elle insisterait pour prendre contact avec Fiona. Si le rapport restait au secret dans son tiroir, rien ne se passerait.

Arthur se détourna de la fenêtre. Le trou de la serrure en cuivre scintilla. Il détourna les yeux.

À Thanksgiving, Frank lui avait redit : « La ressemblance était ahurissante. En voyant Charlie marcher dans la rue, j'ai ressenti sa démarche dans mon corps. Si tu voyais ce gosse, tu comprendrais. » Un jour, Frank songerait à Tim, Arthur en était sûr : ils avaient toujours ri de la ressemblance entre Tim et Frank, surtout dans sa détermination de petit garçon buté. Arthur secoua la tête. Il n'avait aucun droit sur ce jeune homme, quoi qu'il arrive.

Il y avait bientôt trois ans que sa vie s'était arrêtée. Après la mort de Lillian, il était complètement parti en vrille, mais bon, ça n'avait rien d'étonnant : quand on regrettait de ne pas être mort, à quoi bon se raser, se laver, dormir, ou parler ? À quoi bon sortir les poubelles ? À quoi bon manger, surtout lorsqu'on ne pouvait rien avaler, que votre estomac faisait des nœuds et empêchait que la moindre bouchée franchisse votre gosier, finissant par vous étrangler ? Pourquoi ne pas laisser les portes de la maison ouvertes, même s'il faisait très froid, pourquoi ne pas tout vider : laisser le charbon brûler et la chaleur s'en aller, les souris et les rats faire main basse sur le garde-manger, l'eau couler hors de l'évier jusque sur le sol, la foudre frapper les arbres et l'herbe pousser dans le jardin jusqu'à ce qu'il soit envahi. Laisser les barrières s'effondrer. C'est ainsi qu'on l'avait pris en main, et la douleur s'était atténuée désormais. À présent, il ne restait plus rien, et c'était mieux ainsi pour tout le monde.

Seulement ils l'avaient fait retomber dans cette enfance qu'il avait tout fait pour laisser derrière lui, y compris en lui interdisant l'accès aux objets dangereux tels que les couteaux de boucher et les tapis glissants. Cela se passait-il toujours comme ça quand on vieillissait ? Le téléphone se mit à sonner. C'était sûrement Debbie. Elle avait mis les enfants dans le bus et, à présent, elle l'appelait pour savoir comment il avait dormi, ce qu'il avait mangé au petit déjeuner, ce qu'il comptait faire de sa journée : est-ce qu'il aimerait l'accompagner au sport, pour aller nager dans la piscine ? L'eau était chaude. Ils pourraient s'arrêter à la bibliothèque en rentrant, s'il voulait emprunter un livre. Elle venait de lire *Anna Karénine* ; est-ce qu'il l'avait lu ? Pensait-il que c'était le meilleur roman jamais écrit ? Si la mémoire d'Arthur était bonne, Tolstoï avait écrit *Anna Karénine* un peu avant la cinquantaine. Arthur ne s'intéressait pas à un roman écrit par quelqu'un de cet âge, et il soupçonnait que Tolstoï lui-même, s'il avait été là, assis en face de lui par exemple, sur le rebord de la baignoire à se brosser les dents, sa barbe lui tombant jusqu'à la taille, se retournant de temps en temps pour cracher dans la bonde de la baignoire, les cheveux emmêlés, oui, quand il se serait relevé et se serait penché pour regarder dans la glace de quoi il avait l'air, Tolstoï aurait été d'accord. Voilà ce qu'ils allaient faire, Léon et lui : ils descendraient l'escalier en se tenant aux deux rambardes. Ils feraient la grimace en entendant la porte d'entrée grincer. Ils sortiraient en titubant dans la rue, prendraient à droite, et marcheraient en agitant les bras. Les passants les éviteraient.

Le téléphone sonna de nouveau dix minutes plus tard. Arthur décrocha. Comme d'habitude, il ne put se résoudre à parler. Mais ce n'était pas Debbie. La voix à l'autre bout de la ligne (un appel longue distance) demanda : « Bonjour je suis bien chez Arthur Manning ? »

Arthur toussa, puis il se força à répondre : « Oui.

– Oh, génial ! J'arrive pas à y croire… Voilà, je m'appelle Charlie Wickett. On m'a dit que vous aviez essayé de me contacter.

– En réalité, monsieur Wickett, je fais de mon mieux pour ne pas entrer en contact avec vous, mais apparemment, j'ai échoué. »

Charlie éclata de rire, et ce fut le rire de Tim, à gorge déployée, mais contrôlé, et Arthur fondit en larmes.

Vingt-quatre heures plus tard, la situation avait explosé, ainsi que cela finissait toujours par arriver. Debbie fut à la fois ébahie et blessée, mais elle ne savait quel aspect des choses l'offensait le plus. Frank était tout à la fois soulagé, déçu et curieux, prêt à emmener Arthur à Aspen faire la connaissance du jeune homme. Tina se sentait très concernée – il vivait à Aspen, pas si loin que ça de Sun Valley, où se trouvait son atelier : cela avait du sens. Dean sembla irrité par toute l'affaire, comme si Tim revenait une fois de plus sous le feu des projecteurs. Frank rapporta qu'Andy avait déclaré : « Je suis certaine que ce n'est pas le seul. » Arthur creusait la question de savoir comment Charlie l'avait retrouvé. Il ne s'attendait pas que quelqu'un le retrouve, lui, sauf dans le cas où il se présentait lui-même. Mais quand il posa la question à Charlie quelques jours plus tard, celui-ci lui répondit très franchement : sœur Otilia, de l'agence d'adoption, était très proche de sa mère, pas officiellement bien sûr, mais il y avait eu des rumeurs et sa mère était allée jusqu'à Saint Charles voir directement la mère supérieure pour la gourmander, ainsi avait-elle appris qui faisait des recherches. Sa mère avait toujours été très franche avec lui, elle lui avait dit très tôt qu'il avait été adopté, et lorsqu'on mesurait un mètre cinquante-sept, qu'on était mariée à un homme d'un mètre soixante-treize, et qu'on avait un fils d'un mètre quatre-vingt-dix, mieux valait dire la vérité aux voisins ; d'après Charlie, sa mère n'avait jamais eu de secret de sa vie. Arthur lui dit que les Manning et les Langdon formaient une grande famille, et Charlie s'écria : « Vous plaisantez ? C'est génial ! J'ai toujours rêvé d'avoir une grande famille. »

Quatre jours plus tard, Debbie décréta que la plus grande trahison était celle de Tim : il savait que Fiona était son amie, mais que diable avait-il fait ? C'était donc pour ça que quand elle avait retrouvé Fiona au Madison Square Garden, quatorze ans plus tôt, et qu'elle lui avait appris la mort de Tim, Fiona avait blêmi, s'effondrant presque, et n'avait pas pu participer au reste de la compétition ce soir-là. Debbie ne voulut pas rejeter la faute sur elle.

« Qu'est-ce que ça peut te faire ? » lança Hugh quand elle haussa le ton.

Alors elle posa sa fourchette sur son assiette et regarda autour d'elle. Carlie la dévisageait, Kevin paraissait inquiet et Hugh en avait visiblement assez.

Pour une fois dans sa vie, elle répondit : « Je ne sais pas », puis elle secoua la tête en regardant Arthur et prit son visage dans ses mains. Après qu'il eut débarrassé la table avec Hugh (pas un mot, à part : « Je ferai tourner le lave-vaisselle demain matin »), Arthur alla frapper à la porte de sa chambre. Peut-être qu'elle répondit. En tout cas, il entra.

Leur chambre était une œuvre d'art : Hugh, l'historien, avait fabriqué la tête de lit en érable. Sa mère avait tricoté le couvre-lit en dentelle gris mousse. Les deux tables de chevet en verre sculpté avaient été confectionnées par Tina. Dans un angle, un vieux rocking-chair à l'assise en rotin. Debbie était assise par terre en tailleur, comme si elle n'osait pas toucher ces beaux objets. Arthur s'installa dans le rocking-chair et le tourna vers elle. Puis il fit ce que Lillian aurait fait : il se mit à se balancer sans un mot. Lillian disait toujours : « Si tu ne leur demandes rien, ils viendront te parler. »

Debbie ne le regarda pas lorsqu'elle lui demanda : « Tu te souviens quand tu avais quarante ans ?

– Plus ou moins.

– Tu avais le sentiment d'être adulte ?

– Malgré moi.

– Tout le monde dit ça !

– Ah bon ? releva Arthur, réellement surpris.

– Ça ou quelque chose du genre. Tout le monde veut rester jeune, tout le monde veut être irresponsable.

– Ou peut-être juste “pas responsable”.

– Moi, j'ai toujours voulu grandir !

– Je te comprends. C'était le bazar à la maison.

– Et tout le monde adorait ça, sauf moi ! Tu es sûr que vous ne m'avez pas adoptée ?

– Je suppose que tu es statistiquement à la marge.

– Mais je n'ai pas grandi ! Non ! Je me suis contentée de laisser certains sentiments derrière moi sans m'en rendre compte, et ils me reviennent toujours.

– Je sais.

– Ne dis pas ça.

– Il faut bien que je te le dise, ma chérie. C'est nécessaire. Parce que c'est aussi ce que je ressens. Demande à ton oncle Frank ; à ta tante Andy. Oui, demande-lui : elle connaît mieux la psychanalyse que personne, elle saura.

– Elle est à côté de la plaque.

– Oui, mais elle a des intuitions étonnantes.

– Comment est-ce possible que vous ayez aimé Tim parce qu'il faisait des bêtises, et moi parce que j'étais sage ? » demanda-t-elle d'un ton calme, à croire qu'elle posait la question juste comme ça, sans le moindre ressentiment.

Arthur se pencha, lui prit le menton dans la main. Il ne savait pas quoi dire, mais il voulait la regarder dans les yeux. Il avait beau la considérer plus ou moins comme sa geôlière, il savait l'apprécier à sa juste valeur : elle était minutieuse, soigneuse, des rides apparaissaient déjà entre ses sourcils à force de s'être inquiétée pendant toutes ces années, et en deçà de tout cela, elle dégageait un air fantomatique de vulnérabilité transformée en courage qu'il n'avait peut-être jamais remarqué auparavant. « Tu dois savoir qu'on n'aime pas ses enfants parce qu'ils sont sages ou qu'ils font des bêtises. Oui, bien sûr que tu le sais.

– Dans ce cas, pourquoi est-ce qu'on les aime ?

– Parce qu'on les aime. » Arthur se tut et reprit : « Parce qu'ils ne savent pas ce qui les attend, alors que nous, oui.

– Est-ce que ça n'en fait pas des figures tragiques ? Je ne peux pas croire ça.

– Mais si tu peux le croire, parce que tu…

– Parce que je les mets dans le bus le matin, et que je les récupère à la descente l'après-midi, parce que je ne leur donne pas de sucre, parce que la maison a été étudiée pour qu'ils ne courent aucun danger, parce qu'ils portent des casques pour faire du vélo.

– Et donc, nous t'aimions parce que tu t'assurais que la barrière de la piscine était fermée, et nous aimions Tim parce qu'il sautait du toit dans le grand bain, nous aimions Dean parce qu'il avait l'audace de courir après la quatrième fausse balle, mais pas la cinquième, et nous aimions Tina parce qu'elle avait fait subir un *tie and dye* à toutes les taies d'oreiller un après-midi où tout le monde était sorti. Ta personnalité donne forme à la façon dont on t'aime.

– Vous ne nous aimiez pas tous de manière égale.

– On vous aimait pour ce que vous étiez individuellement. Comment faire autrement ?

– Comment faire autrement ? » répéta-t-elle.

En rentrant chez lui ce soir-là, Arthur se rappela qu'il avait cru avoir complètement résolu le problème de son enfance en accaparant Lillian et en l'enveloppant dans ses rêves – plus personne ne restait oisif, plus personne n'était miné par la solitude, tout le monde riait. Le problème qu'il n'avait pas résolu, dont il ignorait même l'existence, c'était combien passeraient vite chaque plaisanterie, chaque étreinte, chaque naissance et chaque enfance, chacune des fois où il avait cru avoir résolu un problème pour de bon, mais aussi des moments comme celui-ci : quand soudain il retrouvait le moral alors qu'il n'avait même pas vu le garçon, ne savait rien de lui, n'avait fait qu'entendre sa voix, son rire, son enthousiasme…

Résumé de *Nos premiers jours* (Un siècle américain, I)[1]

En 1920, Walter Langdon, tout juste revenu d'Europe où il fut soldat pendant la guerre, épouse Rosanna Vogel. Le couple achète une ferme dans l'Iowa. Très vite naît leur premier enfant, Frank. Viendront ensuite : Joe, Mary Elizabeth (morte à trois ans d'une chute pendant un orage), Lillian, Henry et Claire.

Durant les premières années, tout se concentre sur le quotidien à la ferme, la difficulté de la condition paysanne que la mécanisation vient peu à peu transformer, et les liens avec les grands-parents et les ancêtres européens. Les épreuves successives que traverse la famille – mauvaises récoltes, crise de 29, mort de la petite Mary Elizabeth, accouchement difficile dans la solitude – transforment la jeune fille qu'était Rosanna en une femme pieuse et plus dure. Frank s'impose comme le personnage central de la fratrie, meneur et séducteur.

Quand éclate la Seconde Guerre mondiale, Frank abandonne ses études pour s'engager dans l'armée.

1. Éditions Rivages, Paris, 2016 ; Rivages poche n° 896 ; traduit de l'anglais (États-Unis) par Carine Chichereau.

Il devient sniper, parcourt l'Afrique du Nord, l'Italie, puis l'Allemagne. Il rentre après l'armistice. Pendant ce temps, sa petite sœur Lillian a fui le toit familial avec Arthur, un homme plus âgé qui travaille pour la CIA. Frank retrouve son ancienne petite amie de l'université, Andy, qu'il épouse, créant à son tour une famille installée à New York. Il réussit brillamment dans les affaires.

Joe a abandonné ses études pour se consacrer à l'agriculture, prenant la suite de Walter. Il épouse une de ses voisines. Henry, le plus jeune des frères Langdon, passe son temps dans les livres, peu attiré par tout ce qui concerne la ferme. Il finit par partir pour l'université. Claire, la petite dernière encore adolescente, vit toujours chez ses parents à la fin du premier volume.

Nos premiers jours s'achève sur la mort de Walter Langdon, terrassé par une crise cardiaque un matin de 1953.

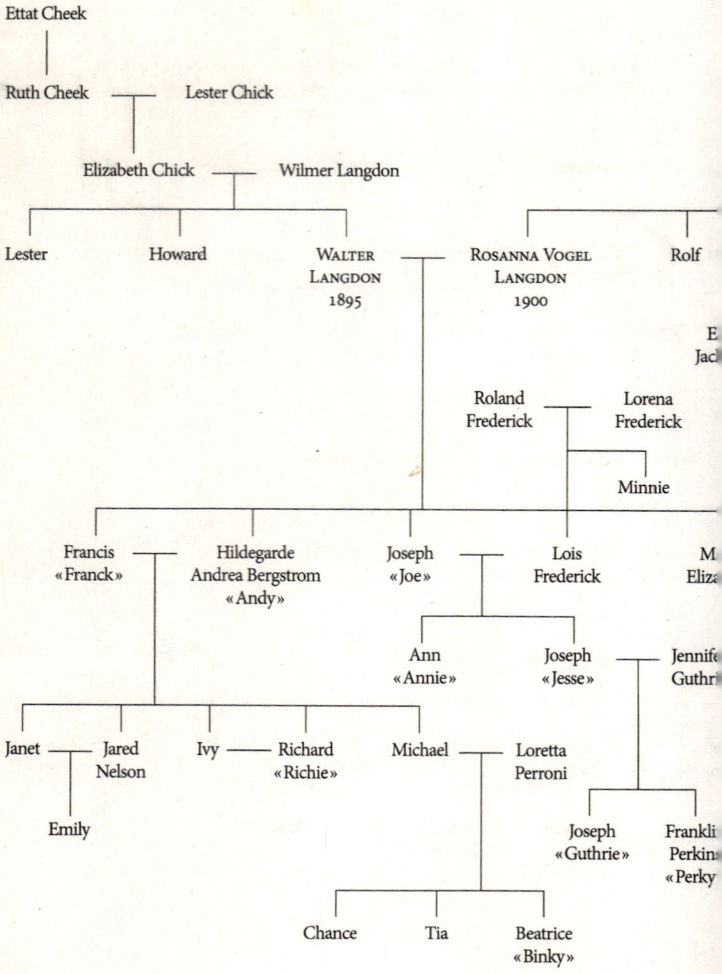
Ettat Cheek
Ruth Cheek
Lester Chick
Elizabeth Chick
Wilmer Langdon
Lester
Howard
WALTER LANGDON 1895
ROSANNA VOGEL LANGDON 1900
Rolf
E
Jac
Roland Frederick
Lorena Frederick
Minnie
Francis «Franck»
Hildegarde Andrea Bergstrom «Andy»
Joseph «Joe»
Lois Frederick
M
Eliz
Ann «Annie»
Joseph «Jesse»
Jennif
Guthr
Janet
Jared Nelson
Ivy
Richard «Richie»
Michael
Loretta Perroni
Emily
Joseph «Guthrie»
Frankli
Perkin
«Perky
Chance
Tia
Beatrice «Binky»

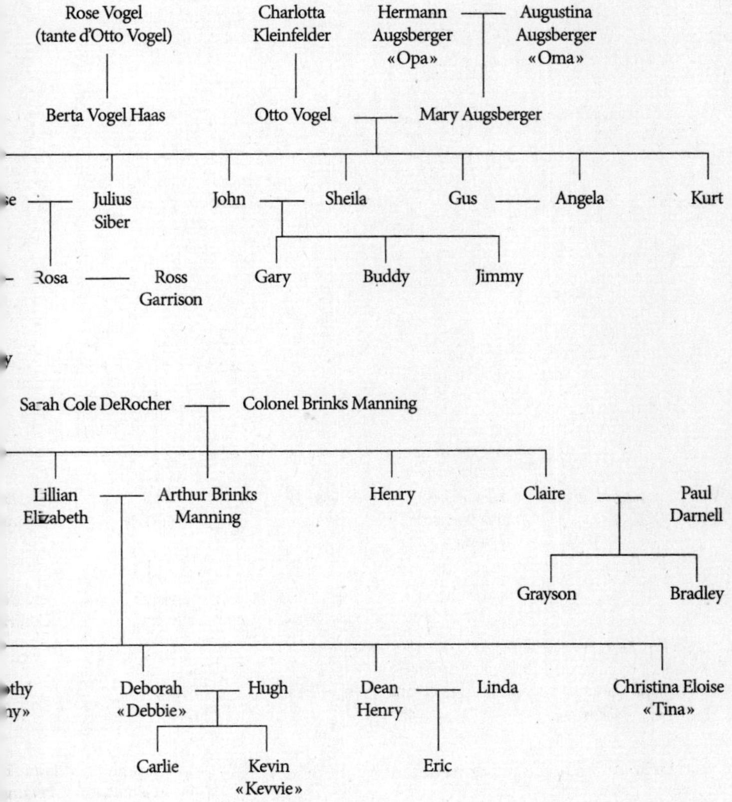
Rose Vogel
(tante d'Otto Vogel)
Charlotta Kleinfelder
Hermann Augsberger «Opa»
Augustina Augsberger «Oma»
Berta Vogel Haas
Otto Vogel
Mary Augsberger
Julius Siber
John
Sheila
Gus
Angela
Kurt
Rosa
Ross Garrison
Gary
Buddy
Jimmy
Colonel Brinks Manning
Lillian Elizabeth
Arthur Brinks Manning
Henry
Claire
Paul Darnell
Grayson
Bradley
Deborah «Debbie»
Hugh
Dean Henry
Linda
Christina Eloise «Tina»
Carlie
Kevin «Kevvie»
Eric

pca
cmb
édition pré-presse
livres numériques

44400 Rezé

Imprimé à Barcelone par:
BLACK PRINT
en janvier 2020

Imprimé en Espagne